GLOBAL WARMING
Die Wärmekatastrophe und wie wir sie verhindern können

GLOBAL WARMING

Die Wärmekatastrophe und wie wir sie verhindern können

Der Greenpeace Report

Herausgegeben von Jeremy Leggett

Mit einem Vorwort zur deutschen Ausgabe
von Wolfgang Lohbeck

Aus dem Englischen von Friedrich Griese, Hainer Kober,
Inge Leipold und Thorsten Schmidt

Mit 62 Abbildungen und 33 Tabellen

Piper
München Zürich

Die Originalausgabe erschien unter dem Titel »Global Warming« 1990 bei Oxford University Press, Oxford, New York.

Für die deutsche Ausgabe wurde auf die Kapitel 9 und 14 der Originalausgabe verzichtet.

Die Kapitel 1–4 wurden von Inge Leipold, die Kapitel 5–9 von Hainer Kober, die Kapitel 10–12 von Friedrich Griese und die Kapitel 13–17 von Thorsten Schmidt übersetzt.

Kapitel 13 (= Kapitel 15 der Originalausgabe) ist die bearbeitete Fassung des Berichts »Deforestation Rates in Tropical Forests and Their Climatic Implications«, den Norman Myers (mit einem Kapitel über Klima-Analyse von Richard A. Haughton) für »Friends of the Earth UK« erstellt hat.

ISBN 3-492-03471-3

Umschlag: Federico Luci,
unter Verwendung eines Fotos von Vilbert Stokes / Ace Photo Agency
Gesamtherstellung: R. Oldenbourg, Graphische Betriebe,
Kirchheim b. München

Printed in Germany

Inhalt

Vorwort zur deutschen Ausgabe

Liebe Leserin, lieber Leser,
wir legen Ihnen hiermit die deutsche Fassung des Greenpeace-Reports »Global Warming« vor, der in der englischen Originalversion anläßlich der letzten Weltklimakonferenz in Genf im Herbst 1990 in England von Greenpeace herausgegeben wurde.

Schon ein erster Blick auf den Umfang des Buches und die verschiedenen Beiträge zeigt, in welcher Vielfalt der Aspekte sich das Problem der globalen Klimaveränderung darstellt. Die relativ breite Palette der Beiträge versucht einer hellhörig gewordenen Öffentlichkeit schwerpunktartig die brennendsten Themenbereiche nahezubringen. Es geht ja längst nicht mehr »nur« um ein geophysikalisches Phänomen, um dessen Erklärung sich die Wissenschaftler bemühen. Dieser Zug ist sozusagen längst abgefahren. Unter den Wissenschaftlern herrscht kein Zweifel mehr über die dramatischen Veränderungen, die wir, die Industrienationen, uns eingebrockt haben: Wir bewegen uns in Richtung auf ein Zeitalter, das (unter anderem) von einem drastisch geänderten globalen Klima geprägt sein dürfte, einem Klima, das sich in wenigen Jahrzehnten schneller und stärker erwärmt als in den 100 000 Jahren vorher. Wir gehen einem Zeitalter entgegen, das sich von den vorherigen durch ein Ausmaß an Umweltzerstörung und Ressourcen-Ausbeutung unterscheidet, das alles auf diesem Gebiet bisher Dagewesene in den Schatten stellt – und immer noch an Dynamik gewinnt. Die heraufziehende Klimakatastrophe ist nichts anderes als die Auswirkung eines globalen Experiments, dem wir unsere Atmosphäre ausgesetzt haben und das wir sehenden Auges und in vollem Wissen um die Konsequenzen derzeit immer noch fortführen.

»Naturwissenschaftliche« Fakten dieses Kalibers – hinsichtlich ihrer Auswirkungen auf das Leben auf der Erde – erfordern neben weiterer Forschung und wissenschaftlicher Erklärung ein Umdenken, das kaum einen Bereich menschlicher Aktivitäten unbeeinflußt läßt. Vor allem unseren Umgang mit den fossilen Brennstoffen, der Hauptquelle für den künstlichen weltweiten Treibhauseffekt. Bestimmte Chemieerzeugnisse, so praktisch, bequem oder preiswert sie auch sein mögen, müssen verschwinden, denn sie tragen in verheerendem Umfang zum Treibhauseffekt bei. Gemeint sind die berüchtigten Fluorchlorkohlenwasserstoffe (FCKW) und verwandte

Produkte, auf deren Weiterproduktion und Anwendung die technisch-industrielle Welt nach wie vor beharrt. Wir werden auch nicht umhinkönnen, unsere landwirtschaftlichen Methoden – und damit einhergehend unsere Ernährungsgewohnheiten, insbesondere unseren enormen Fleischkonsum – zu ändern. Ferner werden wir, und das ist eine der vorrangigen Aufgaben, unser Verhältnis zu den Entwicklungsländern ändern müssen, denn ohne sie – und erst recht nicht gegen sie – werden wir die globalen Umweltprobleme nicht lösen können. Und natürlich geht es um das Aufzeigen von Alternativen, ein Feld, das traditionellerweise von der »offiziellen« Energiepolitik, wie von der Industriepolitik insgesamt, nicht gefördert, sondern aktiv behindert wurde.

Die Konferenzen zum Thema im letzten Jahr, insbesondere die Genfer Weltklimakonferenz, haben gezeigt, daß sich die internationale Staatengemeinschaft nicht zu einschneidenden Maßnahmen gegen den Treibhauseffekt und zu mehr Zurückhaltung beim Spiel mit dem Feuer »Klimaveränderung« hat durchringen können. Bei der Verhinderung von Beschlüssen und Maßnahmen hatten hier, wie schon als Verursacher von Emissionen und Ressourcen-Ausbeutung, die Industrienationen den Ton angegeben. Allen voran die USA: Obwohl selbst mit Abstand der Welt größter Klima-Anheizer und Kohlendioxid-Emittent, haben sie durch ihren Vorsitz in maßgeblichen internationalen Gremien jeden positiven Ansatz aktiv blockiert.

Leserinnen und Leser im deutschen Sprachraum sollten wissen, daß weder die Klimaveränderung und deren Konsequenzen noch die notwendigen Gegenmaßnahmen ein Problem nur anderer Erdregionen sind. Es ist konkret unser Problem hier. Auch bei uns gibt es keine Anzeichen für eine »Energiewende«, auch bei uns wird die »Abhängigkeit« vom Erdöl mit allen düsteren Konsequenzen als die anscheinend natürlichste Sache der Welt weitergeführt. In der Bundesrepublik werden trotz aller gegenteiligen Beteuerungen und Ankündigungen weiterhin FCKWs hergestellt und angewendet. Wir hoffen, mit der deutschsprachigen Ausgabe dieses Reports, der das Klimaproblem von verschiedensten Seiten beleuchtet, die Diskussion über die notwendigen Änderungen auch hier bei uns, in Ländern, die sich selbst international gern als Vorreiter in der Umweltpolitik darstellen, mit voranzutreiben.

Die Beiträge sind aus dem Englischen übersetzt. Der Verlag und wir haben uns bemüht, mit der deutschen Übersetzung so nah wie möglich am englischen Original zu bleiben. Deshalb sind einzelne Texte vielleicht schwerer lesbar als Texte, deren Originalsprache

Deutsch ist. Wir hoffen damit aber, den Intentionen der Autoren gerecht zu werden, zumal es sich um Experten von internationalem Rang handelt, wie etwa José Goldemberg, Amory Lovins oder Stephen Schneider, nur um einige zu nennen.

Leserinnen und Leser, die an weiteren inhaltlichen Details interessiert sind, können sich inzwischen einer Fülle weiterführender (populär-)wissenschaftlicher Literatur bedienen. Einen besonderen Hinweis verdienen die Abschlußberichte der Enquete-Kommission des Deutschen Bundestages *Vorsorge zum Schutz der Erdatmosphäre* und des Zwischenstaatlichen Ausschusses zur Klimaänderung (Intergovernmental Panel on Climate Change – IPCC), die Ende letzten Jahres vorgelegt wurden und in denen die wesentlichen heute bekannten Fakten in sehr komprimierter Form zusammengetragen sind.

Hamburg, im Januar 1991

Wolfgang Lohbeck
Greenpeace e.V.

Nachtrag (31. 1. 1991)

In die Schlußphase der Vorarbeiten für die deutsche Ausgabe fiel der Beginn des Golfkrieges; ein schreckliches Ereignis, aber möglicherweise auch eine Zäsur im Übergang zu neuen globalen politischen und ökonomischen Machtkonstellationen. Vieles deutet darauf hin, daß die Auflösung des lähmenden Ost-West-Konflikts nicht in die erhoffte »friedlichere« Weltordnung einmündet, sondern abgelöst wird von einer dramatischen Verschärfung des Nord-Süd-Gegensatzes. Es erscheint kaum möglich, die Ereignisse am Golf stillschweigend zu übergehen, auch wenn der Zusammenhang mit den Fragen des Weltklimas nicht zu den im Augenblick erkennbaren bedrohlichsten Auswirkungen dieses Krieges zählt. Fällt es schon schwer, beim Gedanken an die Opfer und das Leid der betroffenen Menschen sich mit Umweltfragen zu beschäftigen, so läßt dieser Krieg gleichwohl die Dimensionen dessen erkennen, was moderne Kriegführung auch für die Umwelt bedeutet.

Die Auswirkungen dieses Krieges auf Atmosphäre und Klima sind derzeit völlig unabsehbar. Die öffentlich zugänglichen Angaben darüber, was sich bisher abgespielt hat, sind widersprüchlich, gefiltert und unvollständig, und bislang ist offen, was dieser Krieg an ökologischen Überraschungen noch bereit hält. Selbst »worst-case«-Szenarios sind möglich. Die unmittelbaren Folgen für den Treibhauseffekt dürften die am wenigsten gravierenden sein; der für ein Jahr zu erwartende Kohlendioxid-Beitrag liegt nach Schätzungen verschiedener Experten unter fünf Prozent. Das ist immerhin so viel wie die Gesamtemission des vereinigten Deutschlands, also keineswegs vernachlässigbar. Die Vermutungen über die Ausbreitung von Rußwolken, deren Auswirkungen bis hin zu denkbaren Temperaturstürzen infolge der Absorption des Sonnenlichts, weichen – je nach gewählten Eingangsdaten – zum heutigen Zeitpunkt so stark voneinander ab, daß gesicherte Aussagen unmöglich sind. Sollte es zu dem befürchteten Abbrennen von Ölquellen in der Größenordnung einer kuwaitischen Jahresproduktion (etwa 80 Mio. Tonnen) kommen, muß mindestens ein Fünftel der nördlichen Hemisphäre mit erheblichem Rußniederschlag rechnen. Sollten die Rußwolken sogar bis in die Stratosphäre vorstoßen, was bei labil geschichteter Atmosphäre, etwa im Sommer, durchaus möglich ist, wäre auch die Südhemisphäre betroffen. Die hierdurch erzeugte Rußmenge am Boden und in der Luft betrüge ein Mehrfaches der heutigen »normalen« Belastung, selbst in Großstädten. Eine bereits heute absehbare katastrophale Konsequenz in ökologischer Hinsicht könnte die Beeinflussung des Sommermonsuns sein, eines Regen spendenden Windsystems, das für Millionen Menschen in Vorderasien und auf dem indischen Subkontinent die Existenzgrundlage ist. Die Abkühlung großer Landmassen von Iran bis Indien, ausgelöst durch die darüber hinwegziehenden Rußwolken, könnte dieses Windsystem verändern oder zum Erliegen bringen.

So bleibt zum Zeitpunkt der Herausgabe dieses Buches kaum mehr als die Hoffnung auf die Beendigung dieses Krieges und auf die Einsicht, daß Kriege kein Mittel der Politik mehr sein dürfen. Angesichts der nicht mehr beherrschbaren Dynamik ebenso wie der ökologischen Konsequenzen in ungeheuerlicher Größenordnung stellt sich die Frage nach den politischen Zielen, die diesen Einsatz rechtfertigen. Und, um zum Thema »Treibhauseffekt« zurückzukommen: es ist dringlicher denn je, unverzüglich die Maßnahmen zur Reduzierung der Treibhausgase durchzuführen. Denn das Klimaproblem ist nach wie vor eine Existenzfrage. Und es gehört zu den tragischen Seiten dieses Krieges, daß hier nicht zuletzt um einen Rohstoff gekämpft wird, der, wenn es um die Lösung der Klimafrage geht, gar nicht mehr zum Einsatz kommen dürfte.

Die Autoren

Herausgeber:

Dr. Jeremy Leggett ist wissenschaftlicher Direktor von Greenpeace UK (Greenpeace-Sektion in England). Ehe er sich 1989 Greenpeace anschloß, war er elf Jahre lang Fakultätsmitglied des Fachbereichs Geologie am Imperial College of Science, Technology, and Medicine. Der Verfasser von über fünfzig wissenschaftlichen Abhandlungen wurde für seine Forschungen mit zwei Preisen ausgezeichnet und im Alter von 33 Jahren zum Dozenten ernannt. Seine zahlreichen Artikel über Umweltprobleme und Wissenschaftspolitik erschienen unter anderem in *New Scientist, The Times, Sunday Times* und *Observer.* Er gehörte mehreren Beratungsausschüssen für den UK Natural Environment Research Council an.

In der Reihenfolge der Beiträge:

Dr. Stephen H. Schneider, ein führender Klimatologe und Spezialist für Umweltpolitik, ist Leiter der Abteilung Interdisciplinary Climate Systems am US National Center for Atmospheric Research. Er gibt die interdisziplinäre Zeitschrift *Climate Change* heraus, ist Autor eines populären Bestsellers, *Global Warming,* für den er den American Meteorological Society's Louis Battan Award erhielt, und hat an mehr als 150 Veröffentlichungen zu den Themen Klimatheorie, Klimamodelle, Gültigkeit von Klimamodellen und Implikationen von Klimaveränderungen mitgearbeitet.

Professor David Schimel, außerordentlicher Professor im Fachbereich Forest and Wood Sciences an der Colorado State University, erwarb 1977 den Grad eines BA (Baccalaureus) in Biologie und Angewandter Mathematik und arbeitete bis 1979 am Ecosystems Center of the Marine Biological Laboratory. Er promovierte an der Colorado State University und war von

1982 bis 1988 als Forscher am Natural Resource Ecology Laboratory der Colorado State University tätig. Schwerpunkt seiner Forschungstätigkeit ist die Biochemie von Spurengasen in Ökosystemen der Erde.

Dr. Mick Kelly ist wissenschaftlicher Leiter der Climatic Research Unit der School of Environmental Sciences an der University of East Anglia. Seit den siebziger Jahren mit der Untersuchung des Treibhauseffekts befaßt, hat er über fünfzig wissenschaftliche Arbeiten zu diesem und anderen Aspekten des Klimas veröffentlicht. Er hat an jüngsten Untersuchungen für das US Department of Energy und das Scientific Committee on Problems of the Environment (SCOPE = Wissenschaftliches Komitee für Umweltprobleme) mitgearbeitet.

Dr. George M. Woodwell ist Präsident und Direktor des Woods Hole Research Center in Massachusetts. Seit vielen Jahren untersucht er die mit der globalen Erwärmung in Zusammenhang stehenden biotischen Wechselwirkungen und hat gut 300 Beiträge über Ökologie veröffentlicht. Vorlesungstätigkeit an der University of Maine sowie an der Yale University. Vierzehn Jahre lang war er Fakultätsmitglied des Brookhaven National Laboratory, zehn Jahre arbeitete er am Marine Biological Laboratory in Woods Hole. Von 1977 bis 1978 war er Präsident der Ökologischen Gesellschaft von Amerika; gegenwärtig ist er Dozent der Amerikanischen Akademie für Kunst und Wissenschaft und Mitglied der Nationalen Akademie der Wissenschaften.

Dr. Brian Huntley ist seit 1981 Dozent für Pflanzenökologie an der University of Durham. Der Botaniker untersucht die Reaktion von Pflanzen auf Klimaveränderungen in der Vergangenheit. Von ihm liegen mehr als 25 wissenschaftliche Abhandlungen vor, außerdem war er Herausgeber eines wichtigen Sammelbandes zur Geschichte der Pflanzenwelt im Laufe der letzten zwei Millionen Jahre. Der IPCC (Intergovernmental Panel on Climate Change = Zwischenstaatlicher Klimaausschuß) hat ihn zur Klärung der Frage, welche Rolle paläontologische Umweltdaten für die Vorhersage zukünftiger Klimaveränderungen spielen können, herangezogen.

Professor Andrew Haines ist Professor für Gesundheitsvorsorge am University College and Middlesex School of Medicine in London. Seine Forschungen konzentrieren sich auf die Bereiche Vorbeugung und Epidemiologie; auf diesem Gebiet hat er zahlreiche Abhandlungen veröffentlicht. Er ist Ehrenvorsitzender der »Action in International Medicine«, einer kürzlich gegründeten Organisation, die sich der Förderung einer weltweiten Zusammenarbeit von Colleges und Akademien für Medizin und andere Berufe des Gesundheitswesens, insbesondere bei Projekten zur Verbesserung der Infrastruktur der Gesundheitsfürsorge in Entwicklungsländern, verschrieben hat.

Professor Jose Goldemberg, Staatssekretär für Wissenschaft und Technologie, ist Mitglied der brasilianischen Regierung. 1954 zum Doktor der Naturwissenschaften promoviert, wurde er anschließend Ordinarius an der Universität São Paulo. Unter anderem war er Präsident der Brasilianischen Gesellschaft zur Förderung der Wissenschaft, Vorsitzender der Energiegesellschaft des Staates São Paulo und Rektor der Universität São Paulo. Der Autor zahlreicher technischer Abhandlungen und Bücher über Kernphysik und Energie war Koautor des internationalen Bestsellers *Energy for a Sustainable World*.

Dr. Amory Lovins ist Forschungsdirektor am Rocky Mountain Institute, einer gemeinnützigen Stiftung, die sich mit effizienter Ressourcennutzung befaßt und deren Forschungsergebnisse mehr als 160 Energieversorgungsunternehmen und ähnliche Organisationen in dreißig Ländern verwerten. Dr. Lovins hat ein Dutzend Bücher und Hunderte von Abhandlungen über Probleme der Energieversorgung verfaßt. Nach seiner Lehrtätigkeit in Oxford hatte er noch viele andere Lehrstühle inne und war Mitglied im Obersten Beratungsausschuß des amerikanischen Energieministeriums. Fünfmal wurde er mit der Ehrendoktorwürde ausgezeichnet; darüber hinaus erhielt er den Onassis-Preis und den Alternativen Nobelpreis.

Carlo LaPorta, Präsident der Analysis, Review and Critique Division der R&R Enterprises in Washington, DC, ist als Berater für eine Politik erneuerbarer Energien und Marktentwicklung in Industrie und Regierung tätig. Davor war er unter anderem Fachmann für die Untersuchung europäischer Angelegenheiten an der Library of Congress, Forschungsdirektor bei der US Solar Energy Industries Association und Programmleiter des Renewable Energy Institute. Er hat den Grad eines Magisters für internationale Beziehungen der John Hopkins University School of Advanced International Studies.

Michael Walsh führte wichtige Programme der amerikanischen Regierung gegen Schadstoffbelastung durch Kraftfahrzeuge durch. Als die strengsten Grenzwerte der Welt für Autoabgase eingeführt wurden, war er Leiter des EPA-(Environmental Protection Agency = US-Umweltschutzbehörde-)Programms. Nach seinem Ausscheiden aus der EPA arbeitete er als technischer Berater für verschiedene Organisationen (darunter das Senate Committee on Environment and Public Works, das Office of Technology Assessment, die Vereinten Nationen, die Weltbank, die OECD) und zahlreiche Regierungen in Industrie- und Entwicklungsländern.

Dr. Bill Keepin lebt als Berater für Energie- und Umweltfragen in Berkeley, Kalifornien; er war als Forscher am International Institute for Applied Systems Analysis der Princeton University, am Beijer-Institut der Königlichen Schwedischen Akademie der Wissenschaften und am Rocky Mountain Institute tätig. Neben seiner Vorlesungstätigkeit hat Dr. Keepin zahlreiche Abhandlungen veröffentlicht, Gutachten für Energiefragen erstellt und dem oberen Management großer Ölgesellschaften beratend zur Seite gestanden.

Professor Norman Myers hat sich seit 1970 – und insbesondere während seines 24jährigen Tropenaufenthalts – mit der Untersuchung tropischer Wälder befaßt. Er veröffentlichte mehr als 250 wissenschaftliche Abhandlungen, war Erster Berater für tropische Wälder in der Brundtland-Kommission und arbeitete in der Expertenkommission für Tropische Wälder der Weltbank mit. Er ist Verfasser des Bestsellers *The Primary Source: the tropical forests and our future*. Zu den zahlreichen Auszeichnungen, die ihm zuteil wurden, gehören eine Regents-Professur und ein Albright-Lehrauftrag an der University of California sowie die Aufnahme in die Ehrenliste für Verdienste um die

Umwelt des United Nations Environment Program (UNEP= Umweltprogramm der Vereinten Nationen) Global 500.

Dr. Anne Ehrlich ist Professorin für Biologie und stellvertretende Leiterin des Center for Conservation Biology an der Stanford University, USA. Das Spektrum der Themen, mit denen sie sich in ihren zahlreichen Veröffentlichungen befaßt, reicht von Populationsbiologie bis hin zu einer Vielfalt damit verknüpfter politischer Fragestellungen. Bei der Erarbeitung des White House Council on Environmental Quality's »Global 2000« Report, der 1980 veröffentlicht wurde, fungierte sie als Beraterin. 1988 wurde sie zum Ehrenmitglied der Kalifornischen Akademie der Wissenschaften gewählt, 1989 in die Ehrenliste des UNEP Global 500 aufgenommen.

Dr. Kilaparti Ramakrishna promovierte an der Jawaharlal Nehru University, Neu-Delhi, in internationalem Umweltrecht und war anschließend außerordentlicher Professor an der Indian Academy of International Law and Diplomacy, ehe er 1958 im Rahmen der Fulbright-Stiftung eine Gastprofessur an der Harvard Law School übernahm. Am Woods Hole Research Center, USA, befaßt sich der gebürtige Inder seit zwei Jahren hauptsächlich mit den Problemen der globalen Erwärmung und Klimaveränderungen aus der Perspektive der Entwicklungsländer; er ist dort Professor für Internationales Umweltrecht.

Dr. Susan George, eine in Frankreich lebende Amerikanerin, ist Dozentin und stellvertretende Direktorin am Transnational Institute in Amsterdam. Ihr Anliegen ist es, »die fundamentalen Ungleichheiten zwischen den reichen und armen Völkern und Nationen der Welt anzusprechen, deren Ursachen zu erforschen und Alternativen zu entwickeln, um sie zu beseitigen«. Ihre Ausbildung erhielt sie am Smith College, an der Sorbonne und an der École des Hautes Études en Sciences Sociales in Paris. Veröffentlichte Bücher: *How the Other Half Dies: the Real Reason for World Hunger, Feeding the Few: Corporate Control of Food,* »Les Stratèges de la Faim« (Dissertation), *Food for Beginners, A Fate Worse than Debt* und *Ill Fares the Land*. Sie ist Mitglied der Internationalen Greenpeace-Kommission.

Einführung

»... dem United Nations Intergovernmental Panel on Climate Change (IPCC) – die ihm angehörenden Wissenschaftler ausgenommen – ist es im Rahmen des historisch wichtigsten internationalen Beratungsprozesses nicht gelungen, seiner Verantwortung gerecht zu werden. Die politisch Verantwortlichen haben sich beharrlich geweigert, den dringlichen und nahezu einhelligen Warnungen der führenden Klimatologen der Welt Gehör zu schenken: angesichts einer Situation, in der in Wirklichkeit eine Katastrophenwarnung angebracht ist, empfehlen sie weiterhin nur die Verteilung von ein paar Mullbinden ... Aus diesem Grund ist der *Greenpeace Report* so wichtig ... er sagt das, was der IPCC hätte sagen müssen, nämlich was angesichts der Bedrohung durch den Treibhauseffekt zu tun ist ...«

Innerhalb weniger Jahre ist die weltweite Klimaveränderung zu einem vordringlichen wissenschaftlichen und politischen Thema geworden. Mehr oder weniger halbherzig versuchen Politiker auf der ganzen Welt, im Gefolge von Meinungsumfragen, die eine ständig wachsende Besorgnis der Allgemeinheit zum Ausdruck bringen, irgendwie Stellung zu beziehen. Wissenschaftliche Fachzeitschriften strotzen von Kommentaren und Analysen. Neunundvierzig Nobelpreisträger haben an US-Präsident Bush appelliert, die Treibhausgas-Emissionen einzuschränken, und erklärt, daß »sich die globale Erwärmung als die größte Umweltbedrohung des 21. Jahrhunderts herausgestellt hat ... nur wenn wir jetzt handeln, können wir sicherstellen, daß künftige Generationen nicht gefährdet werden«.[1] Mittlerweile finden sogar schon in Versuchsanstalten für Nuklearwaffen Konferenzen zum Treibhauseffekt statt.[2]

Die Botschaft ist klar: Die Menschheit wird in große Schwierigkeiten geraten, wenn wir die Emissionen von Treibhausgasen in die Atmosphäre nicht drastisch reduzieren. Obwohl dies aus wissenschaftlichen Zeitschriften längst sattsam bekannt war, haben im Mai 1990 die führenden Klimatologen der Welt in einem Bericht für den Intergovernmental Panel on Climate Change (IPCC = Zwischenstaatlicher Klimaausschuß) – ein 1988 von der UN-Vollversammlung eingesetztes Gremium, das den führenden Politikern die Bedeutung der Klimaveränderung klarmachen sollte – noch einmal eindeutig festgestellt. »Wir sind sicher«, so die mehr als dreihundert Wissenschaftler aus über zwanzig Ländern, daß »durch menschliche Aktivitäten hervorgerufene Emissionen die Konzentration der Treibhausgase in der Atmosphäre nachhaltig erhöhen ... Dies wird den Treibhauseffekt verstärken, was wiederum, aufs Ganze gesehen, eine zusätzliche Erwärmung der Erdoberfläche zur Folge haben wird.« Ausgehend von ihren Computersimulationen des Klimas sagten die Wissenschaftler ferner voraus, daß, wenn die Treibhausgasemissionen mit unverminderter Geschwindigkeit zunehmen, die durchschnittliche Temperatur auf der Erde innerhalb von nur dreißig Jahren um zirka 1 Grad Celsius (nahezu 2 Grad Fahrenheit) steigen wird. Ein Grad – das mag nicht sonderlich viel erscheinen, doch handelt es sich dabei um einen weltweiten Durchschnittswert. Aus historischen Klimaaufzeichnungen geht hervor, daß die globalen Durchschnittswerte nie zuvor so rapide zugenommen haben. Binnen eines knappen halben Jahrhunderts werden wir – wenn wir so weitermachen wie bisher – Durchschnittstemperaturen ausgesetzt sein, wie es sie seit Menschengedenken noch nicht gegeben hat.[3]

Darüber hinaus befürchten die IPCC-Wissenschaftler, daß sie ihre Schätzung vermutlich zu niedrig angesetzt haben: die Unsicherheitsfaktoren bei der Vorhersage einer Klimaveränderung sind Legion, aber die bei den Computersimulationen, auf die sie ihre Vorhersage gründeten, außer acht gelassenen Aspekte des Klimasystems legen den Schluß nahe, daß die Erwärmung mit größter Wahrscheinlichkeit durch natürliche Prozesse noch verstärkt wird.[4] Eine von mehreren Möglichkeiten, die eintreten können, ist, daß aufgrund der Erwärmung die Ozeane nicht mehr in der Lage sind, soviel Kohlendioxid aus der Atmosphäre zu absorbieren, wie dies gegenwärtig der Fall ist. Kohlendioxid, das hauptsächlich bei der Verbrennung von Kohle, Erdöl und Erdgas entsteht, ist das beherrschende Treibhausgas. Andere wichtige Treibhausgase sind Fluorchlorkohlenwasserstoffe (FCKWs), Methan und Distickstoffoxid (Lachgas).

Zunehmend an atemberaubende Veränderungen auf der politischen Bühne gewöhnt, werden wir Zeugen einer wachsenden Bedrohung der Umwelt, die sich auf die Art und Weise, wie Menschen ihr Zusammenleben organisieren wollen, radikal auswirkt – ein wahrhaft globales Problem, sowohl hinsichtlich der Folgen als auch der Ursachen. Daß gegenwärtig Treibhausgase im Überfluß produziert werden, ist eine Folge der Methoden, wie wir Menschen Energie erzeugen und nutzen, der Verwendung von bestimmten Industriestoffen (FCKWs und verwandte Gase), der intensiven Bewirtschaftung des Bodens und des Abholzens der tropischen Wälder. In einer Welt, die es zuläßt, daß der Treibhauseffekt sich immer weiter zuspitzt, wären wir – zu einem bestimmten Zeitpunkt – allesamt Verlierer, und wir alle wären – in unterschiedlichem Maße – dafür verantwortlich.

Nicht einmal ein Quantensprung im wissenschaftlichen Verständnis kann diese Situation erklären. Das, was uns alle – Wissenschaftler, Industrielle, Bauern, Politiker, Umweltschützer und Durchschnittsmenschen gleichermaßen – völlig unvorbereitet aufgeschreckt hat, könnte durchaus ein zufälliges Zusammentreffen verschiedener Faktoren sein. In den achtziger Jahren sahen wir Computermodelle auftauchen, die – in allen Zentren für Klimaforschung – eine noch nie dagewesene globale Erwärmung für die kommenden Jahrzehnte vorherzusagen begannen. Und wir erlebten die fünf heißesten Jahre der Geschichte. Medienwirksame Auswirkungen der heißen achtziger Jahre – Dürrekatastrophen, Überschwemmungen, Wirbelstürme, ob sie nun das unmittelbare Ergebnis der Treibhauserwärmung oder aber eine Folge natürlicher klimatischer Schwankungen waren – trugen das Ihre dazu bei, die Aufmerksamkeit der Öffentlichkeit auf die globale Erwärmung zu lenken.[5]

1988 rückte das Thema in den Mittelpunkt des Interesses. Eine von der kanadischen Regierung in Toronto veranstaltete internationale Konferenz endete mit einer gemeinsamen Erklärung des Inhalts, daß die Auswirkungen »nur von einem weltweiten Atomkrieg übertroffen« würden, wenn die Menschheit nicht alle Kräfte aufböte, um die Emissionen von Treibhausgasen beträchtlich zu reduzieren.[6] Die Vereinten Nationen wurden hellhörig. Dies war die Geburtsstunde des Intergovernmental Panel on Climate Change.

Die meisten Regierungen schoben politische Entscheidungen bis zum August 1990 hinaus, dem Zeitpunkt, zu dem die IPCC-Berichte veröffentlicht werden sollten – manche in unverhohlener Angst. Die Implikationen einer konzertierten Aktion zur weltweiten Reduzierung der Emissionen von Treibhausgasen sind nichts für risikoscheue Politiker. Einfache Verbesserungsmaßnahmen, etwa Investitionen in regenerative Formen der Energieerzeugung und eine umfassende Rationalisierung der Energienutzung werden von Politikern, die jeweils nur vier oder fünf Jahre im Amt bleiben, und den Interessengruppen der Industrie, die sie so nachhaltig beeinflussen, als zu weit außerhalb des aktuellen Bezugsrahmens liegend erachtet, um sie in Angriff zu nehmen. Ganz zu schweigen von dem Versuch, das Weltwirtschaftssystem neu zu überdenken, das alljährlich Dollarbeträge in Zigmilliardenhöhe aus den Entwicklungsländern in die Industriestaaten fließen läßt – positive Transfers von Süden nach Norden, nur weil seit 1982 allein der Schuldendienst 300 Milliarden Dollar übersteigt –, oder irgendeinem ernsthaften Bemühen, die Rüstungsausgaben um mehr als ein paar lachhafte Prozente einzuschränken. Schon spricht man in Umweltschutzkreisen vom NIMTOO-Syndrom: Not In My Term Of Office – nicht während meiner Amtszeit.

Dennoch machen sich erste Anzeichen von Panik bemerkbar. So erklärte zum Beispiel der stellvertretende Premierminister von Holland 1989 dem brasilianischen Präsidenten, falls die Abholzung im Amazonasgebiet mit dem derzeitigen immensen Ausstoß an Kohlendioxid bis zum Ende weitergeführt werde, Holland als Land zu existieren aufhörte, da es vom infolge der globalen Temperaturzunahme gestiegenen Meeresspiegel überflutet würde.[7]

Die maßgeblichen Interessengruppen, die ebenfalls von dieser Entwicklung überrascht wurden, haben mittlerweile mit der unvermeidlichen Beschwichtigungstaktik begonnen. Weltweit werden jährlich bis zu einer Billion Dollar für Kohle, Erdöl und Erdgas ausgegeben[8], eine weitere Billion Dollar für Waffen[9]. Die von diesen Molochen im Lauf der Jahre ausgebaute multinationale Infrastruktur wird wohl kaum Sinn haben für eine Welt, in der die Nutzung fossiler Brennstoffe drastisch reduziert und die Konzepte nationaler Sicherheit vom militärischen auf den Umweltbereich verlagert werden müssen.

»Krise? Was für eine Krise?« Den Lesern eines Leitartikels im *Wall Street Journal* vom 6. Februar 1990 sei diese uralte Reaktion verziehen. Sie waren gerade über die ernsten Gefahren »wissenschaftlicher Moden« und die Unzuverlässigkeit der »Modelle einer globalen Erwärmung, die sich etliche Bürokraten ausgedacht haben«, aufgeklärt worden. Der Leitartikel war eine Antwort auf die Kritik von Umweltschützern an einer Rede, die Präsident Bush einige Tage vorher vor dem dritten Plenum des IPCC in Washington gehalten hatte. In dieser Rede hatte Bush sich zu der Feststellung durchgerungen, daß »wir alle uns dessen bewußt sind, daß die Atmosphäre sich auf unerwartete und noch nie dagewesene Weise verändert« und daß »wir wissen, daß die Zukunft der Erde nicht aufs Spiel gesetzt werden darf«. Wahrhaft edle Gefühle, aber der Präsident vermied – sehr zur Erbitterung vieler Anwesenden – jegliche Festlegung, wie man sich gegen derlei Gefahren absichern könnte. »Die Politik und die öffentliche Meinung«, so teilte der Präsident uns mit, »haben die Wissenschaft überrundet.« Ich war selber unter den Zuhörern und bemühte mich verzweifelt, diese Orwellsche Verkehrung dessen, was ich allwöchentlich in den wissenschaftlichen Zeitschriften lese, nachzuvollziehen. Der Leitartikler des *Wall Street Journal* lieh ein paar Tage später dem gesamten Amerika seine Stimme: »Wir hoffen, daß der Präsident in diesem Punkt nicht nachgibt.«[10]

Die erste brenzlige politische Folge der globalen Erwärmung wurde im April 1990 spürbar. Ein Versuch der Bush-Administration, andere Regierungen für ihren Standpunkt – »weitermachen wie bisher« in Sachen Treibhauseffekt – zu gewinnen, scheiterte in Washington: die Mehrzahl der europäischen Länder – außer Großbritannien – will Taten sehen, um den Treibhauseffekt abzuschwächen. Auf einer Tagung zum Thema globale Erwärmung, die im Weißen Haus stattfand, sorgte der bundesdeutsche Umweltminister Töpfer für Aufregung, als er ankündigte, er werde seiner Regierung eine – einseitige – Reduzierung des Kohlendioxid-Ausstoßes um mindestens 25 Prozent bis zum Jahre 2005 vorschlagen. Holland gehörte zu den Staaten, die die Bush-Administration des unziemlichen Versuchs beschuldigten, sie verschleppe eine wirksame internationale politische Reaktion auf den Treibhauseffekt, um die US-Industrie zu schützen. Zwölf europäische Regierungen forderten, daß noch vor der Weltklimakonferenz im Oktober 1990 internationale Verhandlungen mit dem Ziel einer Entschließung zum Schutz des Weltklimas – einer Klimakonvention – aufgenommen werden sollten.

Die IPCC-Klimatologen sind nur eine von drei Arbeitsgruppen im Rahmen des IPCC. Ihre Folgerungen sollten mit denen der beiden anderen Gruppen kombiniert werden: die eine untersuchte die Auswirkungen einer Klimaveränderung (Arbeitsgruppe 2: Potentielle Auswirkungen), die andere befaßte sich mit den politischen Antworten (Arbeitsgruppe 3: Gegenstrategien). Die zusammengefaßten Ergebnisse der drei Arbeitsgruppen sollten, als umfassender IPCC-Bericht, im August 1990 veröffentlicht werden. Im Juni war bereits klar, daß die unheilvollen Warnungen, die die Wissenschaftler bei Abschluß ihres Berichts im Mai ausgesprochen hatten, von den Politikern der dritten IPCC-Arbeitsgruppe schlichtweg ignoriert worden waren. In deren Bericht war nicht einmal von einer »globalen Erwärmung« die Rede – lediglich von einer »möglichen Klimaveränderung«.[11] Und das, obwohl die Wissenschaftler einhellig die Ansicht vertraten, sie seien »sicher«, daß es zu einer globalen Erwärmung kommt, wenn nicht beträchtliche Anstrengungen unternommen werden, um die Emissionen von Treibhausgasen zu reduzieren.

Die Arbeitsgruppe »Gegenstrategien« konnte sich nicht einmal auf ein Einfrieren der Treibhausgasemissionen auf dem gegenwärtigen Stand einigen, geschweige denn auf die von den Wissenschaftlern für notwendig erachteten einschneidenden Verringerungen, wenn man auch nur den Versuch unternehmen will, den Treibhauseffekt zu verlangsamen oder einzudämmen. Die IPCC-Wissenschaftler gehen »mit Sicherheit« davon aus, daß die weltweiten Emissionen bestimmter Treibhausgase um mehr als 60 Prozent reduziert werden müßten, um die Kohlendioxid-Konzentration in der Atmosphäre auf ihrem gegenwärtigen Stand zu halten. Sie stehen mit ihren Überlegungen nicht allein. In einem Bericht, der lange Zeit von der Washingtoner Bürokratie blockiert wurde, ist die US Environmental Protection Agency (EPA; amerikanische Umweltschutzbehörde) zu ähnlichen Schlußfolgerungen gelangt[12], ebenso eine neuere Studie, die Greenpeace bei einem führenden Klimatologen des Fachbereichs Klimaforschung an der University of East Anglia in Auftrag gegeben hatte[13] (Zusammenfassung in Kapitel 4 dieses Buches).

Die Atmosphäre enthält bereits jetzt 25 Prozent mehr Kohlendioxid als in den vorangegangenen 160000 Jahren. Und der Anteil des Gases nimmt stetig um 0,5 Prozent pro Jahr zu.[14] Angesichts dessen befürworten viele Experten Verringerungen des weltweiten Kohlendioxid-Ausstoßes um 20 Prozent im Verlauf des nächsten Jahrzehnts. Und selbst dies wäre nur ein erster Schritt im Hinblick auf das Ziel, den Gehalt an Treibhausgasen in der Atmosphäre konstant zu halten. Wenn dies allerdings nicht die Zielsetzung ist, dann ergibt sich aus dem IPCC-Bericht klipp und klar folgendes: Eine Entscheidung, so weiterzumachen wie bisher – oder in ähnlicher Form –, legt notwendigerweise den Schluß nahe, daß man willens ist, die Sicherheit der Umwelt von morgen im Interesse eines kurzfristigen Profits der Industrie aufs Spiel zu setzen, und daß man sich nur widerstrebend der Herausforderung einer Veränderung stellt.

Die Risiken einer globalen Erwärmung sind enorm, wie selbst Präsident Bush bemerkt hat. Als er sich im Februar an den IPCC wandte und davon sprach, daß man keinesfalls die Zukunft unseres Planeten gefährden dürfe, stellte er fest: »Wir stehen in einer unverbrüchlichen Treuhandschaft hienieden – und haben eine Verpflichtung gegenüber jenen, die uns am teuersten sind: unseren Kindern und Enkeln.« Und Frau Thatcher sprach, in ganz ähnlichem Sinne, von »der Gefahr, daß der Atmosphäre, den Meeren und der Erde selbst irreparabler Schaden zugefügt wird«.[15] Jetzt, da die führenden Klimatologen der Welt jeder nur denkbaren Ausrede für eine weitere Verzögerung die Grundlage entzogen haben, ist es bloß eine Frage der Zeit, bis in vollem Umfang klar wird, wie sehr Bush und Thatcher sich kompromittiert haben. Während sie angeblich auf die Stellungnahmen des IPCC warten, stärkt die von ihnen in der Zwischenzeit betriebene Politik kaum die Zuversicht, daß sie die Bedrohung durch den Treibhauseffekt tatsächlich ernst nehmen. In den Vereinigten Staaten beispielsweise sagt die Energiebehörde einen 22prozentigen Zuwachs des Kohlendioxid-Ausstoßes bis zum Jahre 2010 voraus; Präsident Bush seinerseits hat sich einer Klausel im Clean Air Act (Erlaß zur Reinhaltung der Luft) widersetzt, die die Autohersteller verpflichtet hätte, die Nutzleistung ihrer Kraftfahrzeuge auf zirka 5,6 Liter pro 100 Kilometer (40 Meilen pro Gallone) zu steigern, um damit die Kohlendioxid-Emissionen aus Benzin zu verringern. In Großbritannien rechnet das Verkehrsministerium – und dies ist nur ein Beispiel von vielen – mit einer Zunahme des Kraftfahrzeugaufkommens auf den Straßen um 80 bis 140 Prozent, und das Energieministerium war eifrig bemüht, seine Energiebedarfsplanungen möglichst in die Höhe zu treiben, um die Auswirkungen eventueller Entscheidungen über eine Schadstoffverringerung möglichst gering zu halten.[16]

Mittlerweile wächst die Besorgnis der Bevölkerung rapide. In England hat eine Meinungsumfrage ergeben, daß heute so gut wie jeder vom Treibhauseffekt gehört hat; 76 Prozent machen sich deswegen Sorgen (28 Prozent »große Sorgen«), und an die 80 Prozent sind der Ansicht, daß die Regierung zuwenig dagegen unternimmt (14 Prozent: »viel zuwenig«).[17] In den USA glauben 60 Prozent der Bevölkerung, daß die globale Erwärmung Anlaß zur Beunruhigung gibt, und 72 Prozent wünschen, daß die US-Regierung im Kampf gegen dieses Übel die Führung übernimmt.[18] Alle diese Zahlen stammen aus der Zeit vor Veröffentlichung des Berichts der IPCC-Wissenschaftler. Kommentatoren, die vorhergesagt haben, der Treibhauseffekt werde das politische Thema der neunziger Jahre sein, haben also recht behalten.

Eine Vielzahl von Expertenstudien hat gezeigt, daß sich die Kohlendioxid-Emissionen während des nächsten Jahrzehnts beträchtlich reduzieren lassen, und zwar ohne Mehrkosten. Innerhalb des geeigneten gesetzlichen Rahmens ist es im allgemeinen weit billiger, Energie zu sparen, als die Kapazitäten zur Erzeugung von Energie auszuweiten. Da bei einigen regenerativen Methoden der Energieerzeugung der Preis für die Kilowattstunde sinkt, gibt es heute viele Möglichkeiten, neue Voraussetzungen für eine künftige Energieerzeugung zu schaffen, die den Treibhauseffekt nicht verstärkt und ohne fossile Brennstoffe auskommt. All dies erfordert jedoch eine allgemeine Bereitschaft zu Veränderungen sowie die richtige Weichenstellung für staatliche Eingriffe und Investitionen. Die englische Regierung führt die Phalanx derer an, die Opfer ihrer eigenen Vorurteile geworden sind. Die Forschungs- und Entwicklungsaufwendungen für eine rationellere Energienutzung beliefen sich zwischen 1989 und 1990 auf lediglich 8,9 Millionen Pfund (15,5 Millionen Dollar), für alle regenerativen Energien auf ganze 18 Millionen Pfund (31,4 Millionen Dollar). Summen in dieser Größenordnung gibt die Regierung regelmäßig für ihre Eigenwerbung aus. Andernorts bietet sich das gleiche Bild. In den Vereinigten Staaten wurden die Gelder für die rationellere Energienutzung und für erneuerbare Energien in den achtziger Jahren einschneidend gekürzt. In der Europäischen Gemeinschaft übersteigen die Forschungs- und Entwicklungsbudgets für Kernkraft nach wie vor bei weitem jene für regenerative Energien und rationellere Energienutzung zusammen.

Global Warming: the Greenpeace Report entsprang unserer Gewißheit, daß die IPCC-Wissenschaftler den beispiellosen Konsens unter Wissenschaftlern, wie wir ihn heute erleben, ungeschminkt zum Ausdruck bringen würden, sowie unserer Überzeugung, daß die meisten Regierungen sie soweit wie möglich ignorieren würden. So ist es dem United Nations Intergovernmental Panel on Climate Change – die ihm angehörenden Wissenschaftler ausgenommen – nicht gelungen, im Rahmen des historisch wichtigsten internationalen Beratungsprozesses seiner Verantwortung gerecht zu werden. Die politisch Verantwortlichen haben sich beharrlich geweigert, den dringlichen und nahezu einhelligen Warnungen der führenden Klimatologen der Welt Gehör zu schenken: angesichts einer Situation, in der in Wirklichkeit eine Katastrophenwarnung angebracht ist, empfehlen sie weiterhin die Verteilung von ein paar Mullbinden.

Doch müssen die Regierungen politische Antworten auf der Grundlage des IPCC-Berichts formulieren, und auf der Weltklimakonferenz Ende Oktober muß ein gemeinsames Vorgehen für Verhandlungen über eine Klimakonvention in Verhandlungen auf Regierungsebene beschlossen werden, die ebenfalls von den Feststellungen des IPCC-Reports ausgehen. Wenn man der Arbeitsgruppe der Wissenschaftler des IPCC Glauben schenkt – und wer sonst könnte uns Auskunft über die zukünftige Bedrohung durch den Treibhauseffekt geben, wenn nicht die herausragendsten Klimatologen der Welt? –, könnte das Überleben der Menschheit auf dem Spiel stehen, ganz zu schweigen von den ökologischen Traumata, die eine ungehemmte globale Erwärmung der Umwelt und ihren unglückseligen Bewohnern aufzwingen würde. In den Überlegungen der IPCC-Politiker ist jedoch kein Platz für derlei Dringlichkeiten.

Aus diesem Grund ist der *Greenpeace Report* so wichtig. In Teil I (»Wissenschaftliche Grundlagen«) wird das zweifache Risiko erläutert, das unser mangelhaftes Verständnis von Klimaveränderungen in sich birgt. In Teil II (»Auswirkungen«) werden die schrecklichen Folgen einer globalen Erwärmung – selbst bei Werten, die die IPCC-Wissenschaftler vorhersagen (geschweige denn bei jenen höheren, die nach Ansicht der IPCC-Wissenschaftler positive Rückkopplungen »wahrscheinlich« hervorbringen) – zusammengefaßt.[19] Teil III, eigentlich der wichtigste, zeigt die Vielfalt der Möglichkeiten auf, wie man eine globale Erwärmung drosseln – oder sogar aufhalten – könnte.

Der *Greenpeace Report* wurde aus Beiträgen von namhaften Wissenschaftlern und Fachleuten für Energiefragen aus den USA, Großbritannien, Schweden, Brasilien und Indien zusammengestellt. Jede/r Autor/in hat ihr/sein Kapitel eigenständig verfaßt – es handelt sich hier nicht um den Rechenschaftsbericht eines Gutachterausschusses. Aber die wesentlichen Schlußfolgerungen des Berichts sind eindeutig und werden von allen Autoren mitgetragen, ob sie nun in allen Einzelheiten mit dem Forderungskatalog von Greenpeace – wie er im Schlußkapitel formuliert ist – übereinstimmen oder nicht. Diese Schlußfolgerungen lauten: infolge der Bedrohung durch den Treibhauseffekt befindet sich die Menschheit in potentiell ernsten Schwierigkeiten; die Risiken tatenlosen Zuschauens übersteigen bei weitem alle nur denkbaren Risiken, die ein Reagieren auf diese Bedrohung mit sich bringen könnte; Möglichkeiten zu Gegenmaßnahmen – insbesondere rationellere Energienutzung und Ersetzen fossiler Brennstoffe durch regenerative Energiequellen, Unterbinden des Gebrauchs von FCKWs und verwandten chemischen Treibhausgasen, Abholzungsstopp sowie Änderung der landwirtschaftlichen Verfahren – sind gegeben und sie sind durchführbar, wenn die Menschheit nicht umhinkann, in einer gemeinsamen Anstrengung dieses Problem einer Neuorientierung anzugehen. *Dies ist also das Buch, in dem das gesagt wird, was der Intergovernmental Panel on Climate Change – um sich den von seiner eigenen wissenschaftlichen Arbeitsgruppe formulierten Warnungen anzuschließen – hätte sagen müssen, was nämlich angesichts der Bedrohung durch den Treibhauseffekt zu tun ist.*

In Anbetracht der Tatsache, daß bislang kaum Fortschritte erzielt wurden, ist es durchaus verständlich, wenn diejenigen, die sich über die durch die globale Erwärmung heraufbeschworene Krise im klaren sind, fragen, ob die Menschheit wirklich in der Lage ist, einen Ausweg aus dieser Krise zu finden. Die rhetorischen Kraftakte waren oft beeindruckend, die tatsächlichen Ergebnisse immer minimal. Wir hören die führenden Politiker dieser Welt von der Notwendigkeit sprechen, Maßnahmen zu ergreifen, und wir sehen, daß die Budgets für eine rationellere Energienutzung gekürzt werden. Wir sehen führende Politiker um Veranstaltungen internationaler Seminare Schlange stehen, aber sie wollen sich keinesfalls darauf festlegen, die Kohlendioxid-Emissionen einzufrieren, geschweige denn zu drosseln. Alle derzeitigen Entscheidungsträger werden tot und begraben sein, wenn die schlimmsten Auswirkungen der globalen Erwärmung, wie die gängigen Klimamodelle sie vorhersagen, eintreten. Sie sind vielleicht nicht einmal mehr imstande, zu bereuen, daß sie ihre Chance verpaßt haben, wenn die schlimmste Fallanalyse Wirklichkeit wird: ein Zusammenwirken positiver Rückkopplungen, das den Treibhauseffekt völlig außer Kontrolle geraten läßt. Damit würden wir auf eine Atmosphäre zusteuern, wie sie Planeten aufweisen, auf denen kein Leben mehr existiert.

Es haben sich jedoch Oasen des Fortschritts gebildet. Die bundesdeutsche und die holländische Regierung sowie die Bundesstaaten Vermont (USA) und Victoria (Australien) streben bis zum Ende des Jahrhunderts eine Reduzierung des Kohlendioxid-Ausstoßes an. Das gleiche gilt für die Stadt Toronto. Und wir leben in einer Welt, in der Dogmen ins Wanken geraten, Mauern einstürzen, und das von Woche zu Woche. Während der paar Monate, in denen ich an der Herausgabe dieses Buches arbeitete, habe ich die Berliner Mauer fallen sehen, ich habe gesehen, wie das Zentralkomitee der Kommunistischen Partei der Sowjetunion für ein Mehrparteiensystem votierte und auf einem Gipfeltreffen des Warschauer Pakts mehr nichtkommunistische als kommunistische Staatsoberhäupter zusammenkamen, und ich habe gesehen, wie Nelson Mandela freigelassen wurde.

Ich habe aber auch gehört, wie ein hochrangiger EG-Beamter – ein Mann, zu dessen Obliegenheiten es gehört, die europäischen Regierungen in ihrer Energiepolitik zu beraten – sich folgendermaßen äußerte: »Wenn die IPCC-Wissenschaftler recht haben, dann befinden wir uns an Bord der *Titanic,* und die Frage ist nur noch, ob wir Erster Klasse oder Touristenklasse untergehen. Ich persönlich ziehe die Erste Klasse vor.« Diese Einstellung ist, wie wir in diesem Buch zeigen werden, auf traurige Weise irrig und unverantwortlich zugleich. Aber eben diese Einstellung müssen all jene unter uns, die die »Verpflichtung gegenüber unseren Kindern und Enkelkindern« einhalten wollen, überwinden. Das Bild, das wir in diesem Buch von einer anderen Zukunft entwerfen, weist uns den einzig praktikablen Weg, der sicherstellen kann, daß wir dieser Verpflichtung gerecht werden.

Unseren Großvätern und Großmüttern ist es – wider alle damaligen Erwartungen – gelungen, die Sklaverei abzuschaffen. So können auch wir es – entgegen dem zynischen Festhalten am Status quo solcher Leute wie jenem EG-Beamten – vermeiden, die Zukunft unserer Kinder dadurch zu gefährden, daß wir unser großes, weltweites Roulettespiel mit den Treibhausgasen weiterspielen.

Jeremy Leggett
London, 6. Juli 1990

I Wissenschaftliche Grundlagen

»... wir haben ein richtungweisendes Frühwarnsystem: eine einhellige Bewertung von mehr als dreihundert der führenden Wissenschaftler der Welt, was mit dem Weltklima geschieht ... ein Bericht von historischer Tragweite ... was er voraussagt, wird unser Alltagsleben beeinflussen.«

Englands ehemalige Premierministerin Margaret Thatcher am Tag der Vorlage des abschließenden Berichts der Wissenschaftler des Intergovernmental Panel on Climate Change (Arbeitsgruppe 1) am 15. Mai 1990.

Übersicht

1988 forderte die Vollversammlung der Vereinten Nationen die führenden Klimatologen der Welt auf, einen Bericht über die Gewichtigkeit der Bedrohung durch den Treibhauseffekt vorzubereiten. Im Mai 1990 legten die Wissenschaftler ihren Bericht auf einer überfüllten Pressekonferenz irgendwo auf dem Land in England vor.

»Wir sind sicher«, sagten sie, daß »durch menschliche Aktivitäten hervorgerufene Emissionen die Treibhausgaskonzentrationen in der Atmosphäre nachhaltig erhöhen... Dies wird den Treibhauseffekt verstärken, was wiederum, aufs Ganze gesehen, eine zusätzliche Erwärmung der Erdoberfläche zur Folge haben wird.«

Am nächsten Morgen prangten auf den Titelseiten fast aller englischen Zeitungen Schlagzeilen zum Treibhauseffekt. »Wettrennen zur Rettung unserer Welt«, verkündete der *Daily Express* in fettgedruckten Lettern. Es ist in der Tat eine Seltenheit, daß einem Expertenbericht in den Medien soviel Aufmerksamkeit zuteil wird.

In welchem Maße wird die Erde sich erwärmen? Die Computersimulationen – Klimamodelle – der IPCC-Wissenschaftler sagen eine Zunahme der durchschnittlichen globalen Oberflächentemperatur um zirka 1 Grad Celsius (1,8 Grad Fahrenheit) bis 2030 und um 3 Grad Celsius (5,4 Grad Fahrenheit) noch vor Ende des nächsten Jahrhunderts voraus, wenn die Emissionen von Treibhausgasen nicht drastisch reduziert werden. Kapitel 1 des *Greenpeace Report* macht deutlich, wie beispiellos ein solcher Temperaturanstieg wäre.

Allerdings sind – wie jeder Klimatologe Ihnen bestätigen wird – Klimamodelle und damit auch Vorhersagen zu Klimaveränderungen mit vielen Unwägbarkeiten behaftet. Warum also sich Sorgen machen? Warum nicht abwarten, ob nicht weiterführende wissenschaftliche Untersuchungen die Unsicherheiten eingrenzen können? In Kapitel 2 vertritt Dr. Stephen Schneider vom US National Center for Atmospheric Research die Ansicht, daß wir es uns nicht leisten können, einfach abzuwarten. Die Wahrscheinlichkeit, daß die führenden Klimatologen der Welt recht haben, ist derart hoch – ganz abgesehen davon, daß ihre derzeitigen Voraussagen sich in Wirklichkeit als Unterschätzungen dessen erweisen könnten, was im kommenden Jahrhundert Realität sein wird –, daß wir gar keine andere Wahl haben, als die von Menschen verursachten Emissionen von Treibhausgasen unverzüglich einzudämmen.

»Die Komplexität des [klimatischen] Systems bringt es mit sich, daß wir Überraschungen nicht ausschließen können«, stellen die IPCC-Wissenschaftler in ihrem Bericht fest. Das zeugt von kluger Selbstbescheidung. Ehe das Ozonloch über der Antarktis entdeckt wurde, waren die Wissenschaftler einhellig der Meinung, daß die FCKWs die Atmosphäre nicht schädigten. In der Wissenschaft von der globalen Erwärmung lauern potentielle Überraschungen in den »Rückkopplungen« innerhalb des Klimasystems – natürliche Phänomene, die in einer sich erwärmenden Welt ausgelöst werden und die Erwärmung verstärken (»positive« Rückkopplungen) oder dämpfen (»negative« Rückkopplungen) können. Aufgrund der zahlreichen damit verbundenen Unsicherheiten bleiben viele dieser Rückkopplungen selbst in den besten Klimamodellen der Welt unberücksichtigt. Allerdings kommen die IPCC-Wissenschaftler zu dem Schluß: »Bei Erwärmung des Klimas werden aller Wahrscheinlichkeit nach die Rückkopplungen insgesamt eher zu einer Zunahme als zu einer Abnahme der massenhaften natürlichen Treibhausgase führen. Aus diesem Grund wird eine Klimaveränderung unsere Schätzungen voraussichtlich weit hinter sich lassen...«

Dieses unheilschwangere Fazit hätte in dem Bericht der IPCC-Wissenschaftler klarer zum Ausdruck gebracht werden müssen. Es ist einer der bedeutendsten Schlüsse, die die Wissenschaftler gezogen haben, da er die Diskussion über die Unsicherheiten geradewegs in die Richtung lenkt, sich das »Prinzip Vorsorge« zu eigen zu machen. Im ersten Teil des *Greenpeace Report* beschreiben Dr. Jeremy Leggett, wissenschaftlicher Direktor der englischen Greenpeace-Sektion, und Professor David Schimel vom Fachbereich Forest and Wood Sciences der University of Colorado, welche Art »Überraschungen« diese Rückkopplungen mit sich bringen könnten.

Die IPCC-Wissenschaftler haben ganz klar aufgezeigt, daß ein bloßes Einfrieren der Kohlendioxid-Emissionen auf dem gegenwärtigen Stand nicht mehr als den weiteren Anstieg der Konzentration dieses vorherrschenden Treibhausgases in der Atmosphäre bringen würde, und zwar auf Werte, wie sie seit Menschengedenken noch nie erreicht wurden – mit all den Gefahren, die dies für künftige Generationen in sich birgt. Es wäre jedoch, wie die IPCC-Wissenschaftler folgern, »notwendig, die vom Menschen verursachten Emissionen langlebiger Treibhausgase (wie Kohlendioxid) unverzüglich um über 60 Prozent zu verringern, um ihre Konzentration auf dem gegenwärtigen Stand zu stabilisieren«.

Ein unerreichbares Ziel – außer es gelänge, die Menschheit davon zu überzeugen, ihren Verbrauch von Kohle, Erdöl und Erdgas von heute auf morgen um mehr als die Hälfte zu verringern. Was aber können wir tun, um die Treibhauskonzentration innerhalb eines realistischeren Zeitrahmens zu stabilisieren? Dies ist die Kernfrage, mit der sich Dr. Mick Kelly von der Climate Research Unit der University of East Anglia in Kapitel 4 auseinandersetzt.

Kapitel 1
Der Treibhauseffekt

Jeremy Leggett

»... in einer Welt, in der alles beim alten bleibt und in der die Treibhausgasemissionen in unvermindertem Maße zunehmen, steuern wir auf in der Menschheitsgeschichte beispiellose Temperaturanstiegsraten zu; die geologischen Zeugnisse führen uns alarmierend vor Augen, wie beispiellos sie wären ... Und diese Schlußfolgerung bezieht sich lediglich auf derzeit existierende Modellvorhersagen und nicht auf die natürlichen Verstärkungen [positiven Rückkopplungen] der globalen Erwärmung, die die führenden Klimatologen für ›wahrscheinlich‹ halten ...«

Treibhausgase sind Gase, die bewirken, daß Infrarotstrahlung in der Atmosphäre zurückgehalten wird, so daß die Erdoberfläche sowie der untere Bereich der Atmosphäre sich erwärmen (Abb. 1.1). In der gesamten Erdgeschichte waren sie in winzigen Mengen immer Bestandteil der Atmosphäre. Wasserdampf ist, da im Überfluß vorhanden, das bei weitem wichtigste natürliche Treibhausgas. Kohlendioxid (CO_2), das zweitwichtigste Treibhausgas, wird sowohl auf natürliche als auch auf nicht natürliche Weise in die Atmosphäre eingebracht. Im Verlauf der Erdgeschichte ist es durch Vulkanausbrüche auf natürliche Weise in die Atmosphäre gelangt und den vielen natürlichen Wegen des sogenannten Kohlenstoff-Kreislaufs gefolgt. Ohne das Kohlendioxid läge die Temperatur der Erdoberfläche um etwa 33 Grad

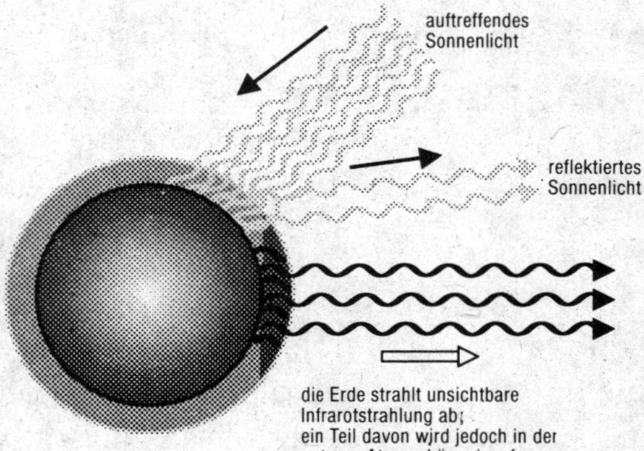

Abbildung 1.1 Die Wirkungsweise des Treibhauseffekts. Energie von der auftreffenden Sonnenstrahlung erreicht die Erde. Ein Teil davon wird reflektiert; der Großteil dringt sogleich durch die Atmosphäre hindurch und erwärmt die Erdoberfläche. Die Erde sendet unsichtbare Infrarotstrahlung aus und kühlt dadurch ab. Ein Teil dieser Infrarotstrahlung wird jedoch durch Treibhausgase in der Atmosphäre eingefangen, die gleich einer Decke die Hitze zurückhält.
(Quelle: UK Department of the Environment, Global Climate Change, *Mai 1990).*

Celsius niedriger, als es heute der Fall ist – eine lebensfeindliche Temperatur.[1] Kohlendioxid wird jedoch infolge moderner menschlicher Verhaltensweisen – hauptsächlich durch die Nutzung fossiler Brennstoffe und (heutzutage) durch die Zerstörung der Regenwälder (das Abholzen von Wäldern in den gemäßigten Breiten hat in der Vergangenheit ebenfalls wesentlich dazu beigetragen) – auf nicht natürliche Weise in die Atmosphäre eingebracht. Man muß daher zwischen dem natürlichen und dem vom Menschen verursachten (oder anthropogenen) *verstärkten* Treibhauseffekt unterscheiden. In dem vorliegenden Buch verwenden die Autoren die Begriffe »Treibhauseffekt« und »globale Erwärmung« wahlweise bei der Beschreibung des verstärkten Treibhauseffekts.

Mittlerweile werden wohl die meisten, die regelmäßig die Nachrichten verfolgen, über die Treibhausgase Bescheid wissen. Sie sind in Tabelle 1.1 zusammen mit den Quellen, denen sie hauptsächlich entstammen, den jeweiligen Zuwachsraten in der

Atmosphäre sowie ihrem gegenwärtigen Beitrag zur globalen Erwärmung[2] aufgeführt.

Beim Weltklima spielt sehr viel mehr als nur die Atmosphäre eine Rolle. Klima ist das Ergebnis komplexer Wechselbeziehungen zwischen Atmosphäre, Ozeanen, Eisflächen, Lebewesen und sogar Felsen und Sedimentgestein. Die Wissenschaftler sprechen vom »Klimasystem« und bezeichnen damit all die Faktoren der natürlichen Umwelt, die in ihren Wechselwirkungen das Klima hervorbringen. Das Klimasystem setzt sich im wesentlichen aus fünf Komponenten zusammen: der Atmosphäre, den Ozeanen, der Kryosphäre[3], der Biosphäre[4] und der Geosphäre[5].

Wenn das Klimasystem sich im Gleichgewicht befindet – wie es vor der industriellen Revolution und den in ihrem Gefolge um ein Vielfaches gestiegenen Emissionen anthropogener Treibhausgase der Fall war –, befindet sich die absorbierte Sonnenstrahlung mit der von Erde und Atmosphäre in den Weltraum ausgesandten Strahlung exakt im Gleichgewicht. Jeder Faktor, der dieses Gleichgewicht stören und somit das Klima verändern kann, wird als strahlungsrelevante Kraft bezeichnet.[6] Dazu gehören die strahlungsrelevanten Gase, die wir Treibhausgase nennen, aber auch solare Strahlung, Aerosole[7] und Albedo[8].

Seit Ende des letzten Jahrhunderts ist der physikalische Prozeß, wie Treibhausgase die Lufttemperaturen in die Höhe treiben können, bekannt.[9] Dennoch haben sich bis in jüngste Zeit viele Wissenschaftler kaum für die vom Menschen freigesetzten Treibhausgasmengen interessiert. Zum Teil ist dies darauf zurückzuführen, daß man die natürliche Schwankungsbreite des Klimas im Verlauf der letzten Jahrmillionen kannte. Neuere Bohrkernanalysen aus unberührtem Tiefseesediment und aus antarktischem Eis stützten ältere Vorstellungen, daß die Welt zwischen Eiszeiten und Zwischeneiszeiten hin und her pendelt, und zwar in einem vom Umlauf der Erde um die Sonne festgelegten Rhythmus.[10] Da die früheren Zwischeneiszeiten offenbar jeweils zirka 10000 Jahre gedauert haben und wir uns seit etwa 10000 Jahren in der gegenwärtigen Zwischeneiszeit befinden, gingen viele Wissenschaftler davon aus, daß der Erde eine neue Eiszeit bevorstehe und daß anthropogene Treibhausgasemissionen diesen natürlichen Ablauf nicht veränderten – ihn möglicherweise sogar verlangsamten.

Tabelle 1.1 Die bekanntesten Treibhausgase, ihr Ursprung, ihre Zuwachsrate in der Atmosphäre und ihr Beitrag zur globalen Erwärmung in den achtziger Jahren.

Gas[1]	Hauptquellen	derzeitige jährliche Zuwachsrate und Konzentration[2]	Beitrag zur globalen Erwärmung (Prozent)[3]
Kohlendioxid (CO_2)	Nutzung fossiler Brennstoffe (ca. 77%); Abholzung (ca. 23%)[4]	0,5% (353 ppm)[6]	55
Fluorchlorkohlenstoffe (FCKs) und verwandte Gase[5] (FKWs und FCKWs)	industrielle Nutzung: Kühlmittel; schäumende Lösungsmittel	4% (280 ppt FCKW-11 484 ppt FCKW-12)	24
Methan (CH_4)	Reisanbau; enterische Fermentierung; Erdgaslecks	0,9% (1,72 ppm)	15
Distickstoffoxid (N_2O = Lachgas)	Verbrennung von Biomasse; Düngung; Nutzung fossiler Brennstoffe	0,8% (310 ppb)	6

Quellen und Anmerkungen:

1 Der Beitrag troposphärischen Ozons ist ebenfalls beträchtlich, aber sehr schwierig zu quantifizieren. Ozon bildet sich in der Troposphäre als Folge chemischer Wechselwirkungen zwischen nicht verbrannten Kohlenwasserstoffen und Stickoxiden (die aus der Nutzung fossiler Brennstoffe unter der Einwirkung von Sonnenlicht entstehen).

2 IPCC, *Working Group 1 Report,* Policymakers' Summary, S. 6.

3 ibid., Schätzungen für die achtziger Jahre.

4 ibid., Abschnitt 1, S. 12, auf-/abgerundet (zu Fehlergrenzen vgl. die Originaltabelle).

5 Beachten Sie, daß mit der Erzeugung von Fluorchlorkohlenstoffen (FCKs) erst ein paar Jahre vor dem Zweiten Weltkrieg begonnen wurde. Da mittlerweile feststeht, daß diese Gase das Ozon abbauen, arbeitet die chemische Industrie an Ersatzstoffen – Fluorchlorkohlenwasserstoff-Verbindungen (FCKWs) und Fluorkohlenwasserstoffen (FKWs). Auch wenn sie das Ozon nicht so stark abbauen (dennoch in industriellem Maßstab hergestellt werden sollen), sind sie hochwirksame Treibhausgase.

6 ppm = parts per million = millionstel Volumenanteile; ppb = parts per billion = milliardstel Volumenanteile; ppt = parts per trillion = billionstel Volumenanteile.

In den achtziger Jahren sind jedoch Wissenschaftler, die – ausgehend von Treibhausgasemissionsraten in der Gegenwart und der jüngeren Vergangenheit – Modelle für zukünftige Klimaveränderungen entwickeln, übereinstimmend zu der Ansicht gelangt, daß die Erde – sofern Anstrengungen zur Begrenzung von Treibhausgasemissionen unterbleiben – auf einen seit Menschengedenken noch nie dagewesenen Anstieg der globalen Durchschnittstemperatur zusteuert. Dieser Konsens – der eigentlich, abgesehen von einer winzigen Minderheit, seit etwa zehn Jahren unter allen mit Klimamodellen befaßten Spezialisten besteht[11] – hat kürzlich im Bericht der Arbeitsgruppe 1 des Intergovernmental Panel on Climate Change (IPCC), einem von mehr als 300 der führenden Klimatologen der Welt im Mai 1990 fertiggestellten ausführlichen Bericht, seinen Niederschlag gefunden.[12]

Dieses Kapitel soll einen ersten Eindruck von den wichtigsten im Bericht der IPCC-Wissenschaftler enthaltenen Erkenntnissen, den Unsicherheitsfaktoren in der Wissenschaft, die den Vorhersagen einer globalen Erwärmung zugrunde liegen, und von den Rückkopplungen im Klimasystem vermitteln. Rückkopplungen sind für die Art und Weise, wie wir die mit einer globalen Erwärmung verbundenen Risiken einschätzen, von grundlegender Bedeutung. Es handelt sich dabei um physikalische Phänomene, die mit der Erwärmung der Atmosphäre und der Ozeane in Gang gesetzt werden können und auf eine Weise wirken, die die Erwärmung abschwächen (negative oder »abkühlende« Rückkopplungen) oder verstärken (positive oder »aufheizende« Rückkopplungen) können.

1.1 Vorhersage einer künftigen Klimaveränderung

Es gibt nicht einmal zehn große klimatologische Zentren, in denen in großem Maßstab Computermodelle des zukünftigen Klimas durchgerechnet werden.[13] Diese *Global Circulation Models* (GCM = globale oder allgemeine Zirkulationsmodelle) genannten Modelle sind, zumal sie die vielen untereinander zusammenhängenden Aspekte der Natur, die das Klima gestalten, zu berücksichtigen suchen, ungeheuer rechenaufwendig. In Kapitel 2 erklärt Stephen Schneider, wie diese Modelle funktionieren.

Zur Zeit sagen die globalen Zirkulationsmodelle einen Anstieg der globalen Durchschnittstemperatur zwischen 1,5 und 4,5 Grad Celsius bei einer äquivalenten Verdopplung des Kohlendioxids im Vergleich zu den vorindustriellen Werten voraus.[14] »Äquivalente Verdopplung« bedeutet eine Verdopplung des gesamten Treibhauseffekts in bezug auf die vorindustriellen Werte von Kohlendioxid, das heißt eine Kohlendioxid-Zunahme, die, wenn sie zu der Auswirkung der gleichfalls steigenden anderen Treibhausgase hinzukommt, einer Verdopplung allein der vorindustriellen Kohlendioxid-Werte entspricht. Diese äquivalente Verdopplung wird etwa im Jahre 2030 eintreten, wenn die Treibhausgasemissionen unvermindert weitergehen wie bisher.[15]

Wegen der thermischen Trägheit der Ozeane (der Langsamkeit, mit der sie sich erwärmen) unterscheiden Klimatologen zwischen einer »realisierten« oder tatsächlichen und einer »Gleichgewichts«erwärmung.[16] Die von den IPCC-Wissenschaftlern vorausgesagte realisierte Erwärmung liegt bei etwa 1 Grad Celsius über dem derzeitigen Stand bis zum Jahr 2030 und bei 3 Grad Celsius noch vor dem Ende des kommenden Jahrhunderts. Bei der Gleichgewichtserwärmung handelt es sich um die Erwärmung, die erreicht wird, nachdem die zusätzliche potentiell mögliche Erwärmung zur Wirkung gekommen ist. Beispielsweise liegen heute die Weltdurchschnittstemperaturen um 0,3 bis 0,6 Grad Celsius höher als in der vorindustriellen Zeit.[17] Das kann auf den Treibhauseffekt zurückzuführen sein oder auch nicht; dies hängt mit der natürlichen Veränderlichkeit des Klimas zusammen. Die potentiell mögliche Erwärmung durch die Treibhausgasemissionen jedoch – die Erwärmung, die zu einem durch die Treibhausgasemissionen zwischen 1880 und 1989 bedingten Gleichgewichtszustand führen würde – wird einen zusätzlichen Anstieg um zwischen 0,5 und 1,5 Grad Celsius irgendwann in der Zukunft mit sich bringen.[18] Aus ihren besten Klimamodellen ziehen die IPCC-Klimatologen den Schluß, daß die realisierte Temperatur – sofern die Strahlungskraft stetig zunimmt – immer 60 bis 80 Prozent der potentiell möglichen Temperatur entspricht. Sie können nicht sagen, ob das langsame Ansteigen bis zu einem Gleichgewicht, das in dem (unwahrscheinlichen) Fall einträte, daß diese Kraft einfach konstant gehalten wird, Jahrzehnte oder aber Jahrhunderte beanspruchen würde.[19] Der Einfachheit halber ist es daher am besten, sich auf eine Erwärmung in Begriffen tatsächlicher Temperaturen zu beziehen. Die Vorhersagen der IPCC-Wissenschaftler für einen realisierten Temperaturanstieg im nächsten Jahrhundert sind in Abbildung 1.2 dargestellt. Im *Greenpeace Report* ist, wenn nicht ausdrücklich erwähnt, immer von tatsächlicher Temperatur die Rede.

1.2 Lehren aus früheren Klimaveränderungen

Um die Auswirkungen der vom IPCC vorausgesagten Temperaturänderungen auf die natürliche Umwelt zu begreifen, ist ein Verständnis der Entwicklung des Klimas in der geologischen Vergangenheit von Nutzen. In den letzten Jahren hat die Wissenschaft mit der Untersuchung von Eis- und Sedimentbohrkernen unser Verständnis früherer Klimaveränderungen sehr vertieft. Messungen von Sauerstoff- und Wasserstoffisotopen im Eis erlauben eine Berechnung der Lufttemperaturen zu der Zeit, da sich das Eis bildete.[20] Mit Bohrungen im antarktischen Eis konnte man die kontinuierliche Geschichte der Eisdecke bis auf 160000 Jahre vor unserer Zeit zurückverfolgen. Schalen winziger planktonischer Organismen in Tiefsee- und Seensedimenten liefern ebenfalls solche isotopischen Informationen. In diesem Fall geben Sauerstoffisotopen einen Anhaltspunkt für die Temperatur des Wassers, in der die Schale entstanden ist. Mit Hilfe von Eis- und Sedimentbefunden verschiedenen Alters kann man Trends der Temperaturentwicklung nachvollziehen. In den letzten Jahren wurden viele solche Untersuchungen durchgeführt[21]; dies ermöglichte den Wissenschaftlern zunehmend detaillierte Rekonstruktionen von Klima und Meeresströmungen, die (im Fall von Tiefseesedimenten) zehn Millionen Jahre in die Vergangenheit zurückreichen.

Ein großer Vorteil solcher Untersuchungen von Eisbohrkernen ist es, daß man mittels der Analyse winziger Luftblasen, die in verschiedenen Schichten des Eises eingeschlossen sind, den

Kohlendioxid-Gehalt der Luft zu verschiedenen Zeiten bestimmen kann. Dabei stellten die Wissenschaftler fest, daß der Kohlendioxid-Gehalt der Luft der Temperatur auf dem Fuße folgt. In Zwischeneiszeiten liegt er hoch, nämlich im Durchschnitt bei etwa 280 millionstel Volumenanteil (ppm); in Eiszeiten ist er niedrig – Durchschnittswert 210 ppm – und kann bis auf 180 ppm absinken.[22] (Die derzeitige Konzentration beträgt volle 353 ppm – ein Wert, der noch nie erreicht wurde, seit es auf diesem Planeten Menschen gibt.) Warum finden wir ein solches Muster vor? In jüngerer Zeit neigen immer mehr Wissenschaftler zu der Ansicht, daß der Wechsel von einer Eiszeit zu einer Zwischeneiszeit und wiederum zu einer Eiszeit von Veränderungen der Umlaufbahn der Erde um die Sonne verursacht wird.[23] Derlei Veränderungen von orbitalen Parametern allein wären jedoch nicht einflußreich genug, um die Geschwindigkeit und die Größenordnung der in Eis- und Sedimentbohrkernen festzustellenden Wechsel zu erklären. Die Veränderungen müssen durch Rückkopplungen verschiedener Art verstärkt worden sein, und dabei haben zweifelsohne Treibhausgase eine Rolle gespielt. Stephen Schneider wird in Kapitel 2 näher auf diesen wichtigen Punkt eingehen.

Abbildung 1.2 zeichnet die Entwicklung der globalen durchschnittlichen Oberflächentemperaturen in Zusammenhang mit dem Übergang von der letzten Eis- zu einer Zwischeneiszeit nach und stellt den vom IPCC vorhergesagten Temperaturanstieg als Folge des vom Menschen verursachten Treibhauseffekts dar. Abbildung 1.2a ist eine Verallgemeinerung globaler Durchschnittstemperaturen, die auf der Gesamtheit der Daten aus Untersuchungen von Eisbohrkernen, mikrofossilen Schalen und anderen Indikatoren früherer Klimate, etwa fossilen Überresten von Pollen und anderen Fragmenten von Pflanzenarten, die – analog ihren Nachkömmlingen – temperaturempfindlich waren, beruht.[24] Im Verlauf einiger Jahrtausende kam es zu einer relativ raschen Erwärmung, die uns die moderne Zwischeneiszeit bescherte, in der sich die Zivilisation entwickelte.

Während der gegenwärtigen Zwischeneiszeit scheinen die mittleren globalen Temperaturen weder nach oben noch nach unten wesentlich vom derzeitigen Durchschnittswert von 15 Grad Celsius abgewichen zu sein. Zu bestimmten Zeiten, etwa während der »kleinen Eiszeit« vom 16. bis zum 18. Jahrhundert, lagen die Temperaturen im Durchschnitt niedriger. Zu anderen Zeiten wiederum, etwa während der Wärmeperiode im Mittelalter, als die Wikinger Grönland – das sie möglicherweise wegen seiner Begrünung so nannten – kolonisierten, lagen sie im Durchschnitt höher. Die durchschnittliche Temperatur scheint zu keinem Zeitpunkt um mehr als etwa 1 Grad Celsius höher als gegenwärtig gewesen zu sein, und dennoch gab es in jenen Epochen bemerkenswerte Klimaunterschiede. Beispielsweise kam es 1816 – »dem Jahr ohne Sommer«, obwohl die globale Durchschnittstemperatur nur um weniger als 1 Grad Celsius unter der gegenwärtigen lag – im Juni noch in Südengland zu Frost und verheerenden Mißernten.[25]

Aus Abbildung 1.2 geht die Geschwindigkeit des von den IPCC-Wissenschaftlern vorhergesagten Anstiegs der globalen Durchschnittstemperatur deutlich hervor. Die Abbildung zeigt die Kurve für die »wahrscheinlichste Schätzung« eines Temperaturanstiegs – wenn man davon ausgeht, daß die Treibhausgasemissionen in unvermindertem Maße zunehmen – um 1 Grad Celsius über die gegenwärtige durchschnittliche Oberflächentemperatur bis zum Jahre 2030 und um etwa 3 Grad Celsius noch vor Ablauf des nächsten Jahrhunderts. Zugleich gibt sie die geschätzten Höchstwerte der von den Modellen vorhergesagten tatsächlichen Temperaturen an (mehr als 5 Grad Celsius über dem gegenwärtigen Wert bis zum Jahre 2100). Was sie nicht zeigt, ist eine Darstellung des Temperaturverlaufs, der sich ergeben würde, wenn – wie die IPCC-Wissenschaftler es für »wahrscheinlich« halten[26] – die in den derzeitigen Klimamodellen nicht berücksichtigten positiven Rückkopplungen ins Spiel kommen.

Wenn wir uns auf das kommende Jahrhundert beschränken und uns mehr auf Änderungsraten und nicht sosehr auf absolute Temperaturen konzentrieren, ist es aufschlußreich, Ereignisse während des Übergangs von einer Eiszeit zu einer Zwischeneiszeit vor etwa 10000 Jahren mit den auf globalen Zirkulationsmodellen basierenden Vorhersagen für das 21. Jahrhundert und darüber hinaus zu vergleichen. Setzt man den durchschnittlichen postglazialen Temperaturanstieg auf 5 Grad Celsius an, hat sich die globale Durchschnittstemperatur etwa alle 500 Jahre

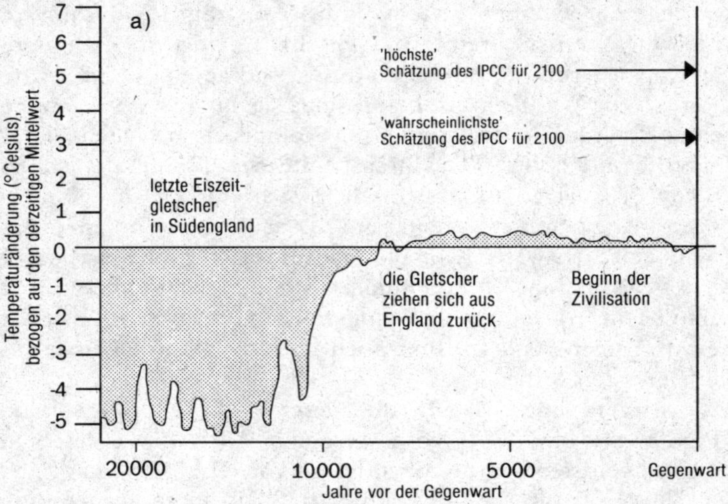

Abbildung 1.2 Globale Standardmittelwerte der Temperaturen unmittelbar vor und im Verlauf der Geschichte der menschlichen Zivilisation. a) Die letzten 20000 Jahre. b) (nächste Seite) Die letzten 1000 Jahre. Die Durchschnittswerte beruhen auf einer Reihe von Analysen von Sediment- und Eisbohrungen. Auffällig ist, daß die Temperaturen zum letztenmal vor etwa 12000 Jahren, als die letzte Eiszeit sich ihrem Ende zuneigte, rapide anstiegen. Die globalen Durchschnittstemperaturen stiegen damals im Verlauf etlicher Jahrtausende um etwa 5°C. Der von den IPCC-Wissenschaftlern für die Zeit nach 1990 vorhergesagte durchschnittliche Temperaturanstieg wird um ein Vielfaches schneller ablaufen. *In a) würde sich der Temperaturanstieg in der dikken Linie, die den rechten Rand der Abbildung markiert, verlieren. In b) bezeichnet der graue Spitzenwert die »wahrscheinlichste Schätzung« der IPCC-Wissenschaftler; der schwarze Spitzenwert markiert die aus den IPCC-Modellen abgeleitete »höchste Schätzung«. Nach Ansicht der IPCC-Wissenschaftler legt die Wahrscheinlichkeit positiver Rückkopplungen – von denen viele in Klimamodellen nicht berücksichtigt werden – allerdings die Vermutung nahe, daß der Temperaturanstieg im nächsten Jahrhundert »wahrscheinlich« sogar noch höher, als vorhergesagt, ausfallen wird.*

(Nach: International Geosphere Biosphere Program Report no. 6, Global Changes of the Past, *Juli 1988, und UK Department of the Environment,* Global Climate Change, *Mai 1990; unter Berücksichtigung der Ergebnisse der IPCC-Wissenschaftler leicht abgeändert.)*

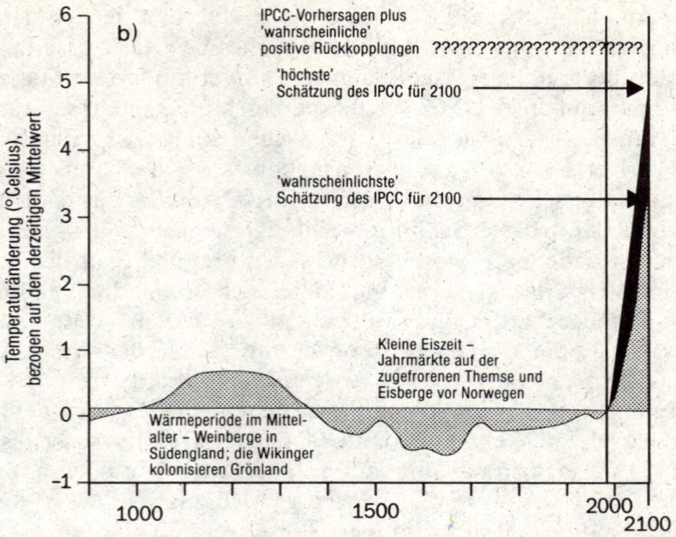

um zirka 1 Grad Celsius verändert (obwohl auf Grönland erhobene Daten belegen, daß sich die Temperaturen in Perioden von einigen Jahrzehnten Dauer auf einmal wesentlich schneller geändert haben könnten).[27] Selbst wenn man von der »wahrscheinlichsten Schätzung« des IPCC ausgeht, wird der tatsächliche Temperaturanstieg um das Jahr 2100 etwa 3 Grad Celsius betragen[28]; dies entspricht einer Änderungsrate von etwa 1 Grad Celsius in ungefähr dreißig Jahren oder 0,3 Grad Celsius pro Jahrzehnt. Angesichts der Bandbreite der gegenwärtigen Schätzungen anhand globaler Zirkulationsmodelle rechnet Stephen Schneider damit, daß der Anstieg der globalen Durchschnittstemperatur zehn- bis hundertmal schneller stattfinden wird als während des Übergangs von Eiszeit zu Zwischeneiszeit vor etwa 10000 Jahren.[29] In Kapitel 6 dieses Buches untersucht Brian Huntley die Begleiterscheinungen, mit denen derart rapide, bisher nie dagewesene Temperaturänderungen einhergehen könnten.

Aus Abbildung 1.2 sowie der vorangegangenen Diskussion ergibt sich ganz klar, worum es im wesentlichen geht: unabhängig davon, ob es zu positiven Rückkopplungen kommt oder nicht, steuern wir – sofern die überwiegende Mehrheit der Klimatologen recht hat – in einer Welt, in der alles beim alten bleibt und in der die Treibhausgasemissionen in unvermindertem Maße zunehmen, auf in der Menschheitsgeschichte beispiellose Temperaturanstiegsraten zu; die geologischen Zeugnisse führen uns alarmierend vor Augen, wie beispiellos sie wären und wie sehr es die natürliche Umwelt belasten würde, wenn es tatsächlich geschieht. Und diese Schlußfolgerung bezieht sich lediglich auf derzeit existierende Modellvorhersagen und nicht auf die natürlichen Verstärkungen einer globalen Erwärmung, die die führenden Wissenschaftler für »wahrscheinlich« halten, wenn wir zulassen, daß die Treibhausgaskonzentrationen in der Atmosphäre weiterhin zunehmen (wie in Abschnitt 1.5 erklärt wird).

Einen weiteren Punkt gilt es zu bedenken. Der Temperaturanstieg als Folge exzessiver anthropogener Treibhausgasemissionen ist im Prinzip nach oben hin unbegrenzt. Die Wissenschaftler präsentieren Computervorhersagen lediglich für die nächsten fünfzig oder höchstens hundert Jahre, und zwar nur aus dem Grund, weil in diesem Bezugsrahmen die Unsicherheiten nicht ganz so erschreckend sind. Die absoluten Temperaturen auf der Erde waren einst viel höher. Die Geologen schätzen, daß die globalen Durchschnittstemperaturen im Zeitalter der Dinosaurier vor etwa 100 Millionen Jahren um zirka 10 bis 15 Grad Celsius höher lagen. Laut den von Paläontologen durchgeführten Klimarekonstruktionen scheint dies in der 600 000 000jährigen Geschichte höheren tierischen Lebens die Epoche gewesen zu sein, in der die Atmosphäre ihre bislang höchste Temperatur erreichte.[30] Werden Treibhausgase weiterhin in gegenwärtigem Umfang ausgestoßen, dann wird die daraus resultierende globale Erwärmung schließlich zu Temperaturen führen, die alle Werte bei weitem übertreffen, denen je ein Tier, das irgendwann einmal auf diesem Planeten existiert hat, ausgesetzt war.

1.3 Machen sich erste Auswirkungen des anthropogenen Treibhauseffekts bereits bemerkbar?

Als während der Dürrekatastrophe 1988 einer der führenden NASA-Wissenschaftler vor dem amerikanischen Kongreß aussagte, daß »wir fast mit Sicherheit die Erwärmung [von rund 0,5 Grad Celsius der mittleren globalen Temperatur in diesem Jahrhundert] mit dem Treibhauseffekt in Zusammenhang bringen können«[31], löste er eine Welle der Kritik aus[32]. Mittlerweile stimmen einige andere Wissenschaftler dahingehend mit ihm überein, daß physikalische Auswirkungen des anthropogenen Treibhauseffekts sich bereits deutlich bemerkbar machen. Richard Houghton und George Woodwell stellten fest: »Die Hitze und Dürre, die Nordamerika und andere Weltgegenden in den letzten Jahren heimgesucht haben, stimmen mit den Vorhersagen eines Trends zur globalen Erwärmung überein. Es gibt noch andere Hinweise auf eine beschleunigte Erwärmung.« Sie zitieren Berichte, nach denen der Permafrost in Alaska und in der kanadischen Arktis immer weiter zurückweicht, die Durchschnittstemperaturen der kanadischen Seen zunehmen, die jährliche maximale Ausdehnung der Eisdecke im nördlichen und südlichen Polarmeer sich verringert, die Gletscher in Europa und anderswo auf dem Rückzug sind.[33] Außergewöhnliche klimatische Ereignisse in den letzten Jahren – der Hurrikan Hugo, Überschwemmungen in Afrika und Indien, Stürme mit wenig Regen in Europa – haben Spekulationen genährt, daß das »Signal« des verstärkten Treibhauseffekts »angekommen« ist.

Im September 1988 kam die Meldung, daß die arktische Eisdecke in dramatischem Maße dünner wird. Das Scott Polar Institute in England veröffentlichte einen Bericht, laut dem Sonarmessungen, die von britischen Atom-U-Booten durchgeführt worden waren, zeigten, daß die Dicke des Eises in einem Gebiet nördlich von Grönland von durchschnittlich 6,7 Meter im Jahr 1976 auf 4,5 Meter im Jahre 1987 zurückgegangen war.[34] Ein ungewöhnliches Abschmelzen wurde auch von einer englischen Überwachungsstation in der Antarktis gemeldet, und zwar in der Folge eines Anstiegs der mittleren Lufttemperatur um 1,1 Grad Celsius im Zeitraum von 1982 bis 1986.[35]

Angesichts der allgemein bekannten natürlichen Variabilität

des Klimas kann man all dies immer noch als durch besondere Umstände bedingt oder schlichtweg »anekdotisch« abtun. Die IPCC-Wissenschaftler kommen zu dem Schluß, daß das Ausmaß der Erwärmung im 20. Jahrhundert »im großen und ganzen mit den Voraussagen der Klimamodelle übereinstimmt, sich aber zugleich in derselben Größenordnung wie natürliche Klimaveränderungen bewegt ... es ist unwahrscheinlich, daß man mittels Beobachtung den verstärkten Treibhauseffekt für einen Zeitraum von zehn oder mehr Jahren eindeutig feststellen kann«.[36] Wie jedoch Wallace Broecker hervorgehoben hat, liegt »das Kernproblem nicht darin, daß wir nicht beweisen können, daß die Erwärmung im Verlauf des letzten Jahrhunderts durch die vom Menschen freigesetzten Treibhausgase verursacht wurde. Das Kernproblem ist vielmehr, daß wir, indem wir die Atmosphäre mit Infrarotbestrahlung absorbierenden Gasen anreichern, mit unserem Klima russisches Roulett spielen«.[37]

1.4 Der Kohlenstoff-Kreislauf

Bevor wir uns im nächsten Kapitel näher mit den Methoden der Klimasimulation befassen, müssen wir zuerst einmal die Atmosphäre in ihrer Beziehung zu den anderen Komponenten des Klimasystems betrachten. Eine Vielzahl natürlicher Prozesse reguliert die Art und Weise, wie Kohlenstoff zwischen der Atmosphäre und den wichtigsten Kohlenstoff-Speichern des Planeten ausgetauscht wird: die Fauna und Flora, der Erdboden und die Meere. Abbildung 1.3 gibt eine vereinfachte Darstellung dieser Prozesse. Die jeweiligen Kohlenstoff-Mengen sind in Milliarden (1000 Millionen) von Tonnen (Gigatonnen oder Gt) angegeben.

Die terrestrische Flora und Fauna – alle Lebewesen auf festem Land (vom Umfang her von pflanzlichem Leben dominiert) – absorbieren pro Jahr rund 102 Gigatonnen Kohlenstoff, und zwar in dem Kohlendioxid, das bei der Photosynthese – der Erzeugung von organischen Molekülen aus Kohlendioxid und Wasser unter der Einwirkung des Sonnenlichts – herausgezogen wird.[38] Dies entspricht in etwa 14 Prozent des gesamten Kohlendioxid-Gehalts in der Atmosphäre. Respiration aus Flora und Fauna – Erzeugung von Kohlendioxid als Folge der Nutzung organischer Moleküle – gibt jährlich zirka 50 Gigatonnen Kohlenstoff an die Atmosphäre zurück. Bakterielle Zersetzung abgestorbener Pflanzenteile im Boden, hauptsächlich aus Oberflächenabfall stammend, fügt dem Kohlendioxid, das an die Atmosphäre abgegeben wird, weitere zirka 50 Gigatonnen Kohlenstoff hinzu. Es besteht daher eine annähernd ausgeglichene Kohlenstoff-Bilanz zwischen der terrestrischen Flora und Fauna und der Atmosphäre; etwa zwei Gigatonnen Kohlenstoff werden alljährlich in der terrestrischen Flora und Fauna zurückbehalten.

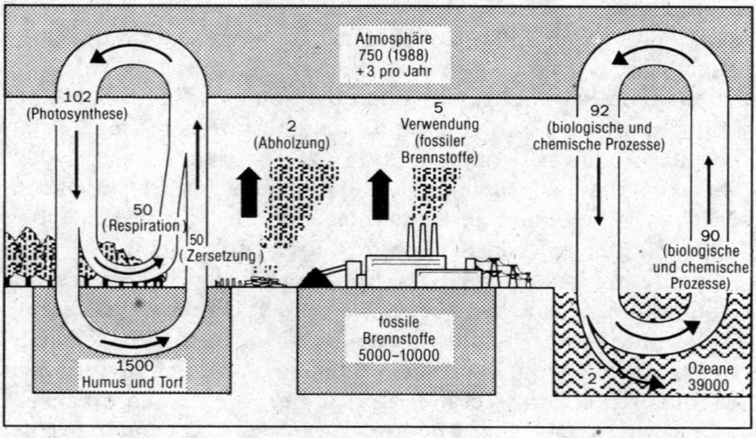

Abbildung 1.3 Die schematische Darstellung des Kohlenstoff-Kreislaufs zeigt die wichtigsten Speicher und Flüsse. Mengenangaben für Kohlenstoff in Gigatonnen (Speicher) und Gigatonnen pro Jahr (Flüsse).
Die Schätzungen stammen aus: IPCC, Scientific Assessment of Climate Change *sowie Abbildung 1.1 und den darin genannten Quellen. (Unter Verwendung von Stephen Schneiders graphischer Darstellung in:* Scientific American, *Dezember 1989.)*

Auch die Ozeane entziehen der Atmosphäre Kohlendioxid. Es ist dies das Ergebnis sowohl chemischer als auch biologischer

Prozesse. Kohlendioxid wird in Form von Bicarbonat-Ionen gelöst, und einzellige Pflanzen (Phytoplankton) stellen, infolge ihrer Photosynthese, ein Auffangbecken (eine sogenannte Senke) für Kohlendioxid dar. Insgesamt werden jährlich etwa 92 Gigatonnen Kohlenstoff aus der Atmosphäre abgezogen. Vom Oberflächenwasser werden jedes Jahr rund 90 Gigatonnen Kohlenstoff an die Atmosphäre zurückgegeben. Wiederum sind dafür sowohl physikalische als auch biologische Prozesse verantwortlich: Freisetzung von Kohlendioxid unmittelbar aus dem Meerwasser mittels Diffusion und infolge der Respiration des Phytoplanktons. Im Endergebnis werden jährlich etwa zwei (plus oder minus 0,5) Gigatonnen Kohlenstoff in den Ozeanen zurückbehalten.[39]

Ohne menschliche Einflußnahme wäre die Kohlenstoff-Bilanz von terrestrischer Flora und Fauna, Ozeanen und Atmosphäre ausgeglichen, mit einer Nettoaufnahme von Kohlendioxid in die terrestrische Flora und Fauna und die Ozeane, die im Laufe der Zeit durch das infolge von Vulkanausbrüchen in die Atmosphäre gelangte Kohlendioxid in etwa ausgeglichen würde.[40] Allerdings hat der Mensch, wie wir bereits festgestellt haben, seit dem Aufkommen der Industriegesellschaft in zunehmenden Maße Einfluß auf den Kohlenstoff-Kreislauf genommen.

Fossile Brennstoffe – Kohle, Erdöl und Erdgas – bestehen aus Kohlenstoff, der aus vormals existierenden Organismen stammt. Kohle besteht hauptsächlich aus komprimierten Pflanzenüberresten. Erdöl ist im wesentlichen ein Produkt der thermischen Alterung (chemische Veränderung aufgrund eines Absinkens im Boden) von organischer Materie – hauptsächlich von altem Phytoplankton – überwiegend in Meeressedimenten. Erdgas stammt größtenteils aus der thermischen Alterung von in den verschiedensten Sedimenten abgelagerter organischer Materie, hauptsächlich Pflanzenüberresten. Dieser Kohlenstoff ist – wenn er nicht vom Menschen zutage gefördert und verbrannt wird – vom natürlichen Kohlenstoff-Kreislauf praktisch abgeschnitten. Die Menschen verbrennen jedoch fossile Brennstoffe in einem Ausmaß, das gegenwärtig jährlich zirka 5,7 (plus oder minus 0,5) Gigatonnen Kohlenstoff zusätzlich in die Atmosphäre einbringt. Dazu kommen noch die zirka zwei Gigatonnen Kohlenstoff, die aus der Verbrennung und Rodung von Wäldern stammen.[41]

Zählt man dies zu den in den Ozeanen gespeicherten zirka zwei Gigatonnen und den in der terrestrischen Flora und Fauna zurückbehaltenen zwei Gigatonnen hinzu, ergibt sich in der Atmosphäre eine Nettozunahme von etwa drei Gigatonnen Kohlenstoff jährlich. Diese Nettozunahme von Kohlendioxid in der Atmosphäre – nur ein Bruchteil des gesamten anthropogenen Inputs – wird als in der Luft schwebender Anteil bezeichnet.

In welchem Maße ist nun also die Arithmetik des Kohlenstoff-Kreislaufs verändert worden, seit man mit der Nutzung fossiler Brennstoffe und, seit den fünfziger Jahren, mit dem massiven Abholzen tropischer Wälder begonnen hat?[42] Tabelle 1.2 faßt die recht auffällige Statistik zusammen. Aus den aus Eiskernbohrungen gewonnenen Daten wissen wir, daß zirka 280 ppm Kohlenstoff die in Zwischeneiszeiten in einer stabilen Atmosphäre vorhandene Menge ist. Dies entspricht ungefähr 575 Gigatonnen Kohlenstoff. Zum Vergleich: Etwa dieselbe Menge Kohlenstoff ist in der Gesamtheit aller lebenden Pflanzen gespeichert.[43]

Tabelle 1.2 Im Klimasystem vorhandene Mengen Kohlenstoff in Milliarden Tonnen (Gigatonnen Kohlenstoff)

Kohlendioxid in der Atmosphäre heute	750
Kohlendioxid in der vorindustriellen Atmosphäre	575
Derzeitige Freisetzung pro Jahr durch Nutzung fossiler Brennstoffe	mehr als 5
Derzeitige Freisetzung durch Abholzen	zirka 2
Menge des in Phytomasse (Gesamtheit der Pflanzen) enthaltenen Kohlenstoffs	560
Kohlenstoff in regenerierbarer Kohle und Erdöl	4000
Kohlenstoff in potentiell regenerierbaren fossilen Brennstoffen	5000–10000

Der derzeitige Kohlendioxid-Gehalt der Atmosphäre, wie er beispielsweise auf Hawaii direkt gemessen wird, beträgt 353 ppm (Abb. 1.4). Das entspricht 750 Gigatonnen Kohlenstoff. Mit anderen Worten: Seit 1980 haben die Menschen rund 175 Gigatonnen Kohlenstoff in die Atmosphäre eingebracht. Das meiste davon stammt mit Sicherheit aus der Zeit nach dem Zweiten Weltkrieg. Abbildung 1.5 veranschaulicht einen der Hauptgründe dafür: die Nutzung fossiler Brennstoffe. Seit dem Zwei-

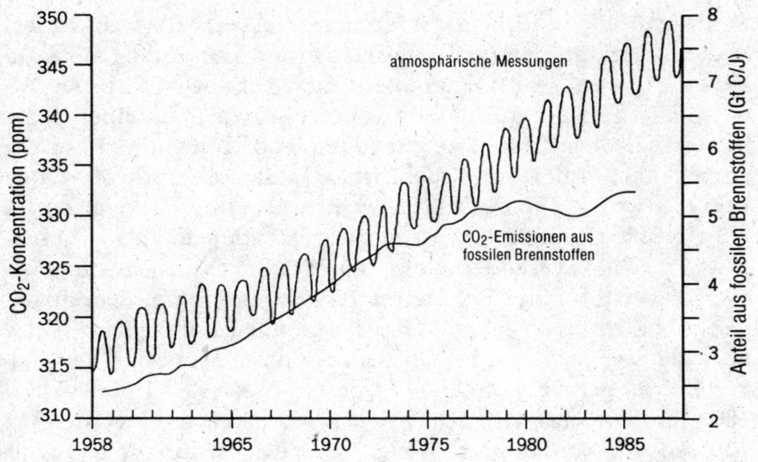

Abbildung 1.4 Kohlendioxid-Konzentrationen in der Atmosphäre (Messungen in Mauna Loa, Hawaii, seit 1958). Sie haben mehr oder weniger linear zugenommen. Beachten Sie, daß die Kohlendioxid-Emissionen aus fossilen Brennstoffen nach der Ölpreiserhöhung Anfang der siebziger Jahre weniger schnell zugenommen haben, der Kohlendioxid-Gehalt der Atmosphäre jedoch weiterhin steil angestiegen ist. Dies ist unter Umständen auf ein vermehrtes Abholzen der tropischen Wälder, auf eine Freisetzung von Kohlendioxid aus Bodenerwärmung aufgrund der Flächenrodung oder darauf zurückzuführen, daß die Ozeane immer weniger Kohlendioxid aus der Atmosphäre abzuziehen vermögen; denkbar ist zudem ein Zusammenwirken verschiedener Faktoren. Beachten Sie auch, wie in den jährlichen Daten die jahreszeitlich bedingten Schwankungen hinsichtlich Photosynthese und Respiration zum Ausdruck kommen.
(Quelle: D. A. Lashof und D. A. Tirpak (Hrsg.), Policy Options for Stabilizing Global Climate *(US Environmental Protection Agency, 1989).*

ten Weltkrieg hat die durchschnittliche Nachfrage nach fossilen Brennstoffen jährlich um mehr als fünf Prozent zugenommen.[44]

Aber bis zu welchem Punkt liegt es in der Macht der Menschen, den Kohlenstoff-Kreislauf aus dem Gleichgewicht zu bringen? Wenn wir damit fortfahren, immer mehr fossile Brennstoffe zu verfeuern, könnte die Menschheit innerhalb von etwa zweihundert Jahren seit Beginn – mit Einsetzen des industriellen

Zeitalters – einer solch konzertierten Verbrennung mehr Kohlenstoff in die Atmosphäre abgegeben haben, als in der gesamten Masse aller Organismen auf diesem Planeten (da ja die Gesamtheit der lebenden Tiere nur einen kleinen Bruchteil der in lebenden Pflanzen vorhandenen Kohlenstoff-Masse enthält) gespeichert ist. Aber im Prinzip bedeutet dies nicht notwendigerweise ein Ende unseres massiven Einwirkens auf den Kohlenstoff-Kreislauf. Die fossilen Brennstoffvorräte enthalten zwischen 5000 und 10000 Gigatonnen Kohlenstoff.[45] Nachgewiesene Kohle- und Erdöllager enthalten 4000 Gigatonnen, davon allein in China 730.[46] Nichts könnte die Menschen daran hindern,

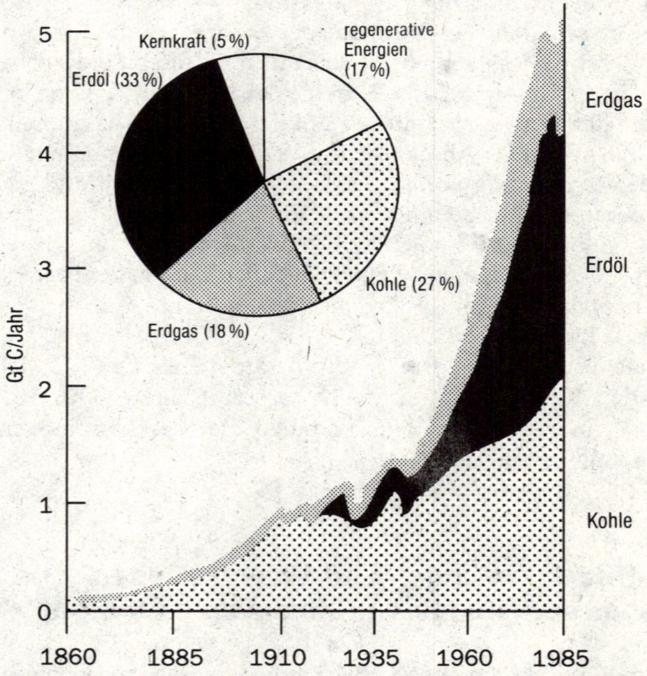

Abbildung 1.5 Zunahme des Verbrauchs fossiler Brennstoffe seit der industriellen Revolution und der gegenwärtige weltweite Energieverbrauch. (Zu berücksichtigen ist, daß die anteilige Zunahme regenerativer Energien in einigen Schätzungen davon abhängt, wie Biomasse in unterentwickelten Ländern gemessen wird.)
(Quelle: British Petroleum, Worldwatch)

diese Lager auszubeuten – und in der Tat fassen die aktuellen Energieplanungen in fast allen Ländern eine Steigerung der Verbrennung ins Auge.[47] Beispielsweise hat China vor, bis 2025 so viel Kohle zu verbrennen, daß drei Gigatonnen Kohlenstoff zusätzlich in die Atmosphäre gelangen – mehr als die Hälfte der derzeitigen Gesamtmenge.[48]

Wenn man ein gleichbleibendes Verhältnis zwischen dem in der Luft schwebenden Anteil und dem in Flora und Fauna sowie in den Ozeanen gespeicherten Kohlenstoff annimmt, würde eine Verbrennung der gesamten 4000 Gigatonnen bekannter Kohle- und Erdölvorräte den Kohlendioxid-Gehalt der Atmosphäre um nahezu 2000 Gigatonnen Kohlenstoff steigern; das wäre mehr als das Dreifache der Menge, die die Atmosphäre gegenwärtig enthält. Wie sich das auf die Zunahme der Oberflächentemperaturen auf der Erde auswirken würde, kann man – wegen der Unwägbarkeiten der klimatischen Reaktionen, die ich im nächsten Abschnitt dieses Kapitels zusammenfassen werde – unmöglich vorhersagen. Wie bereits erwähnt, lagen die Temperaturen im Zeitalter der Dinosaurier (in der Kreidezeit, etwa 140 bis 66 Millionen Jahre vor unserer Zeit) um 10 bis 15 Grad Celsius höher als heute. Geochemiker haben berechnet, daß damals der atmosphärische Kohlendioxid-Gehalt vier- bis achtmal höher war als heute.[49]

Stellen die fossilen Brennstoffvorräte die einzige Möglichkeit dar, den Kohlenstoffkreislauf zu destabilisieren? Die Antwort lautet nein. An dieser Stelle kommen die Rückkopplungen auf das Klimasystem ins Spiel.

1.5 Rückkopplungen und Unsicherheiten bei der Vorhersage von Klimaveränderungen

Die mannigfaltigen Wechselwirkungen zwischen den physikalischen, chemischen und dynamischen Aspekten der Atmosphäre sowie zwischen der Biosphäre und dem übrigen Klimasystem habe ich bereits erwähnt. »Keines der derzeitigen Klimamodelle berücksichtigt diese Wechselwirkungen«, stellte eine Gruppe amerikanischer Klimaforscher in der Ausgabe von *Physics Today* vom Mai 1989 fest, »und es wird vielleicht noch Jahrzehnte dauern, bis wir eines entwickeln können, das dies leistet. Einstweilen stehen wir vor der undankbaren Aufgabe, mit unserem noch sehr unzureichenden Verständnis des Klimasystems das Ausmaß der anthropogenen Einwirkung zu bestimmen. Die Frage lautet jedoch nicht: Handelt es sich hier tatsächlich um ein ernstes Problem?, sondern: Bei welchem Konzentrationspegel werden die Spurengase eine noch nie dagewesene Klimaveränderung auslösen?«[50] Hier werden offen die Bedenken ausgesprochen, die einer Reihe von Äußerungen im Bericht der IPCC-Wissenschaftler zugrunde liegen. »Die Komplexität des Systems bedeutet, daß wir Überraschungen nicht ausschließen können«, schrieben sie in der offiziellen Zusammenfassung.[51] Damit bezogen sie sich auf die Rückkopplungen innerhalb des Klimasystems und folgerten daraus, daß es, »obwohl man über viele dieser Rückkopplungen nur sehr wenig weiß, wahrscheinlich ist, daß sie sich, aufs Ganze gesehen, eher in Richtung einer Verstärkung denn einer Abschwächung der Treibhausgaskonzentrationen in einer wärmeren Welt auswirken«.[52] Der Stellenwert dieser Unsicherheiten kommt auch in den »wahrscheinlichsten Schätzungen« ihrer Voraussagen hinsichtlich einer Klimaveränderung im kommenden Jahrhundert zum Ausdruck: »Da die natürlichen Quellen und Auffangbecken von Treibhausgasen auf eine Klimaveränderung reagieren, können sie unter Umständen künftige Konzentrationen in beträchtlichem Maße beeinflussen ... Aus diesem Grund ist es wahrscheinlich, daß die Klimaveränderung die von uns gegebenen Schätzungen übertrifft.«[53]

Es handelt sich hier um einen entscheidenden Aspekt in der Diskussion der wissenschaftlichen Unsicherheiten hinsichtlich einer globalen Erwärmung. In den übrigen Abschnitten dieses Kapitels will ich kurz die einzelnen, von den IPPC-Wissenschaftlern in ihrem Bericht beschriebenen Rückkopplungen zusammenfassen. In nachstehenden Kapiteln werden Stephen Schneider, David Schimel und George Woodwell ebenfalls auf Aspekte der Rückkopplungen eingehen. Tabelle 1.3 gibt einen Überblick über die Rückkopplungen.

Tabelle 1.3 Die wichtigsten Rückkopplungen beim Treibhauseffekt (Quelle: *IPCC Scientific Assessments of Climate Change;* zusätzliche Informationen von Lashof, in: *Climatic Change* (1989), Bd. 14 und dort angegebenen Literaturhinweisen.)

	Vorzeichen (+ = positiv − = negativ)	In globalen Zirkulationsmodellen berücksichtigt?	Erläuterungen (Literaturhinweise usw. siehe Text)
Wasserdampf	+	ja	im Weltall empirisch nachgewiesen
Eis und Schnee	+	ja	einigermaßen klar
Wolken	unbekannt	ja	netto in der gegenwärtigen Welt − ; in einer sich erwärmenden Welt potentiell größte Rückkopplung[1]
Chemie der Troposphäre	unbekannt	nein	potentiell +, verstärkter Abzug von Hydroxyl (OH)
Aerosole	unbekannt	nein	Dimethylsulfid (DMS) aus Phytoplankton
Meerestemperatur	+	ja	große Unsicherheit hinsichtlich der Größenordnung
Meereszirkulation	+	seit neuestem	potentiell groß und sehr schnell
Gasaustauschraten in den Ozeanen	unbekannt	ja	wahrscheinlich geringfügig
biochemischer Kreislauf in den Ozeanen	unbekannt	nein	möglicherweise +
Kohlendioxid-Düngung	unbekannt	nein	kurzfristig wahrscheinlich −
Eutrophierung/Vergiftung	−	nein[2]	einige halten dies für eine »Ingenieurslösung«
Temperatur und Pflanzenrespiration	+	seit neuestem	potentiell groß
Bodenfeuchte	beides	ja	abhängig von Niederschlag und Breitengrad
Vegetationsverteilung	unbekannt	nein	potentiell +
Vegetationsalbedo	+	seit neuestem	am Ende einer Eiszeit wahrscheinlich beträchtlich[3]
UV-Strahlung (UVB) und Phytoplankton	+	nein	große Unsicherheiten, möglicherweise groß
UVB und terrestrische Flora und Fauna	+	nein	mit der Größe der terrestrischen Kohlenstoff-Senke zunehmende Bedeutung
Reisfelder	+	nein	Bodenfeuchte als kritische Unbekannte[4]
natürliche Sumpfgebiete	+	nein	wahrscheinlich geringfügig[4]

Fortsetzung Tabelle 1.3

	Vorzeichen (+ = positiv − = negativ)	In globalen Zirkulationsmodellen berücksichtigt?	Erläuterungen (Literaturhinweise usw. siehe Text)
Methan im Permafrost	+	nein	zukünftige Grundwasserspiegel als Unbekannte[4]
organische Materie im Permafrost	+	nein	Größenordnung hängt von der Temperatur im Boden ab
Methanhydrate im Permafrost	+	nein	wahrscheinlich langsam, aber auf lange Sicht groß
Methanhydrate unter Wasser	+	nein	Größenordnung unsicher, aber möglicherweise enorm; möglicherweise kurzfristig

Spalte 2 gibt an, ob die Rückkopplung den Treibhauseffekt wahrscheinlich verstärkt (+) oder abschwächt (−). Spalte 3 zeigt, ob die Rückkopplungen in Klimamodellen berücksichtigt werden. Beachten Sie, daß zwischen globalen Zirkulationsmodellen (Modelldurchläufe in großem Maßstab auf Supercomputern) und experimentellen Klimamodellen in kleinerem Maßstab ein großer Unterschied besteht. Hier handelt es sich um globale Zirkulationsmodelle.

[1] In einer sich erwärmenden Welt kann sich eine Reihe von Wolkenparametern ändern – der IPCC-Bericht hebt vor allem Aufkommen, Höhe und Wassergehalt hervor –, aber diese stehen wahrscheinlich in zu enger Wechselwirkung miteinander, als daß man sie als eigenständige Rückkopplungen betrachten könnte.

[2] In den neuesten Forschungsmodellen berücksichtigt (Modelle in kleinerem Maßstab als globale Zirkulationsmodelle).

[3] Die Information in dieser Zeile beruht auf Lashof und den dort angegebenen Referenzen.

[4] Der IPCC-Bericht behält sich die Beurteilung hinsichtlich des Vorzeichens dieser Rückkopplungen vor. Ein positives Vorzeichen bezieht sich auf Lashof und die entsprechenden Angaben dort.

1.5.1 Wasserdampf

Infolge gestiegener Verdunstungsraten wird eine wärmere Atmosphäre mehr Wasserdampf enthalten. Wasserdampf an sich ist schon ein potentes Treibhausgas. Es handelt sich hier also um eine positive Rückkopplung; dies wurde erst vor kurzem anhand von Satellitenmessungen im Rahmen des Earth Radiation Budget Experiment (ERBE = Experiment zum Strahlungshaushalt der Erde) deutlich, die zeigten, daß auf unserem Planeten, so wie er heute beschaffen ist, die in der Atmosphäre eingefangene Menge an Infrarotstrahlung deutlich erkennbar mit der Oberflächentemperatur der Meere zunimmt. Klimatologen simulieren diese Rückkopplungen in globalen Zirkulationsmodellen, und noch bevor die ERBE-Daten zur Verfügung standen, war erwiesen, daß die von Raval und Ramanathan erhobenen empirischen Daten mit der in den globalen Zirkulationsmodellen vorhergesagten Größenordnung der Rückkopplung übereinstimmten.[54]

1.5.2 Eis und Schnee

In einer sich erwärmenden Welt werden Eis und Schnee der Gletscher auf den Bergen und Teile der Polarregionen schmelzen. Dies bedeutet, daß die Erdoberfläche bei zunehmender Erwärmung nicht mehr so viel auftreffende Sonnenstrahlung ins All zurückreflektieren kann, da dann die helle Eisbedeckung kleiner sein wird, als sie es heute ist. Die »dunklere« Oberfläche absorbiert mehr Strahlung: eine positive Rückkopplung. Diesen Faktor berücksichtigen Klimaforscher in ihren globalen Zirkulationsmodellen. Obwohl es sich hierbei um einen gut ergründeten klimabestimmenden Prozeß handelt, kommen die IPCC-Wissenschaftler zu dem Schluß, daß in Wirklichkeit die Situation »wahrscheinlich weit komplexer ist« und »daß es notwendig ist, die interaktive Natur der Rückkopplungsmechanismen noch genauer zu bestimmen«.[55]

1.5.3 Wolken

Wolken nehmen nur etwa ein Zehntel des Volumens der Troposphäre in Anspruch[56], und nur etwa ein Millionstel einer Wolke besteht aus kondensiertem Wasser. Dennoch stellen Veränderungen der Wolkendecke und deren Folgen hinsichtlich der Strahlung wahrscheinlich den größten Unsicherheitsfaktor bei der Vorhersage des Ausmaßes einer globalen Erwärmung dar.[57] Wolken können über Veränderungen von Eigenschaften wie Menge, Höhe und Wassergehalt sowohl als positive wie auch als negative Rückkopplungen für die globale Erwärmung wirken. Das Earth Radiation Budget Experiment zeigt, daß in der heutigen Welt Wolken, aufs Ganze gesehen, die Wirkung haben, die

Erde abzukühlen. In einer sich erwärmenden Welt wird dies jedoch nicht unbedingt so bleiben. Wenn sich beispielsweise mehr Wolken in größeren (und kälteren) Höhen bilden als gegenwärtig – wie dies einige globale Zirkulationsmodelle voraussagen –, dann werden sie weniger Strahlung abgeben und sich folglich als positive Rückkopplung auf den Treibhauseffekt auswirken.[58] Ähnliche Unsicherheiten hinsichtlich einer Vorhersage des Vorzeichens von Rückkopplungen ergeben sich aus der Veränderlichkeit des Aufkommens und/oder des Wassergehalts von Wolken.[59]

Klimatologen versuchen, solche Rückkopplungen bei Wolken in globalen Zirkulationsmodellen zu simulieren. In der Tat ist es weitgehend auf winzige Veränderungen bei der Parametrisierung von Wolken zurückzuführen, daß die bislang von den wichtigsten Zentren für Klimamodelle veröffentlichten Modellvorhersagen im Bereich von Verdopplungstemperaturen sehr weit nach oben und unten variieren. Zum Beispiel endete vor kurzem ein Durchlauf des Modells am UK Meteorological Office damit, daß die vorhergesagte Verdopplungstemperatur infolge von Veränderungen der Art und Weise, wie Wolken in den Modellen dargestellt (»parametrisiert«) wurden, von 5,5 auf 1,9 Grad Celsius fiel. Allerdings ist, wie die Autoren bemerkten, zwar »das revidierte Wolkenschema detaillierter, aber deswegen nicht unbedingt genauer als das nicht so ausgeklügelte Schema«.[60] Während diese GCM-Vorhersage einer globalen Durchschnittstemperatur als Folge einer Verdopplung des Kohlendioxids abgefallen ist, sind andere gestiegen.[61] In seinem Kapitel wird Stephen Schneider näher auf diesen Aspekt von Klimamodellen eingehen.

1.5.4 Chemie der Troposphäre

Die Chemie der Troposphäre umfaßt ein komplexes Netz chemischer Rückkopplungen; am wichtigsten sind jedoch die Reaktionen, die sich auf die Hydroxylradikale (OH) auswirken. Hydroxyl ist das »Reinigungsmittel« der Atmosphäre. Es handelt sich dabei um ein chemisches Lösungsmittel, das so verschiedene Gase wie Methan, Kohlenmonoxid, Stickstoffoxide, Nichtmethankohlenwasserstoffe (NMKWs), FCKWs und FKWs oxidiert. Eine wärmere Erde wird eine höhere absolute Feuchtigkeit haben, und darum kann sich in ihrer Atmosphäre mehr Hydroxyl bilden. Gleichzeitig wird jedoch infolge der (falls man so weitermacht wie bisher) zunehmenden Emissionen von Gasen, die es oxidiert, ein starker Hydroxylabbau stattfinden. Welcher Faktor wird gewinnen? Die Wissenschaftler sind unterschiedlicher Meinung, und die Klimatologen versuchen gar nicht erst, ein definitives Ergebnis in ihre Modelle einzubauen. So behaupten Hameed und Cess, die Folge werde eine kleine negative Rückkopplung sein.[62] Ramanathan und andere sowie Lashof vertreten hingegen die Auffassung, daß es zu einer positiven Rückkopplung kommen wird.[63]

Die Unsicherheiten sind enorm, und die Risiken sind sehr hoch. In der Atmosphäre ist Hydroxyl nur in einer winzigen natürlichen Menge vorhanden,[64] und in einer Atmosphäre, in der Hydroxyl in hohem Maße abgebaut wird, steigt die Verweildauer (und daher das globale Erwärmungspotential) kritischer Treibhausgase – Methan, FCKWs und FKWs. Zudem können in der Atmosphäre Kohlenmonoxid, Stickstoffoxide und Nichtmethankohlenwasserstoffe zunehmen, weil weniger Hydroxyl zur Verfügung steht, das sie oxidieren könnte. Diese Gase führen, infolge chemischer Reaktionen unter Einwirkung von Sonnenlicht, zur Erzeugung eines weiteren Treibhausgases, des troposphärischen Ozons.[65]

1.5.5 Aerosole (Schwebpartikel)

Vom Menschen verursachte Schwefelemissionen, die infolge der Nutzung fossiler Brennstoffe im Verlauf des letzten Jahrhunderts über der nördlichen Hemisphäre zugenommen haben, bilden Schwebpartikel, die die Strahlungseigenschaften der Wolken in der Weise beeinflussen, daß sie für eine Abkühlung der Erde sorgen. Es handelt sich hier also um eine vom Menschen verursachte negativ wirkende Kraft. Zwar ist es schwierig, die Größenordnung dieser Kraft richtig einzuschätzen, aber es ist durchaus denkbar, daß sie in diesem Jahrhundert bis jetzt der Treibhauskraft vergleichbar ist (auch wenn mit umgekehrtem

Vorzeichen).[66] Mit anderen Worten: Ohne diese Schwefelemissionen hätte der beobachtete Anstieg der globalen Durchschnittstemperatur in diesem Jahrhundert (0,3 bis 0,6 Grad Celsius)[67] doppelt so hoch ausfallen können.

In der Zukunft werden Aerosole möglicherweise natürliche Rückkopplungen hervorrufen. Der Grund dafür ist, daß Phytoplankton (mikroskopische Algen in der Oberflächenschicht der Ozeane) Dimethylsulfid (DMS) erzeugen, ein Gas, das die Bildung von Wolkenkondensationskernen bewirkt. Es ist nicht auszuschließen, daß erhöhte Phytoplankton-Konzentrationen mehr Dimethylsulfid und folglich mehr Wolken erzeugen, wie David Schimel in Kapitel 3 beschreibt. Allerdings gibt es keinerlei Hinweis darauf, welches Vorzeichen diese Rückkopplung in einer sich erwärmenden Welt haben oder von welcher Größenordnung sie sein wird.

Negativ auf das Klima einwirkende Kräfte anthropogener Schwefelemissionen sollte man jedoch nicht als potentiellen Beitrag zu einer Abschwächung der globalen Erwärmung betrachten, sondern als einen Teilaspekt des Problems. Ursache dafür ist, daß die Schwefeldioxid-Emissionen, die Wolkenkondensationskerne erzeugen, die wiederum die Rückkopplung auslösen, auch die Ansäuerung der Atmosphäre fördern. Angesichts der Bedeutung der terrestrischen Flora und Fauna als Auffangbekken für Kohlendioxid – auf diesen Punkt werde ich später noch genauer eingehen – gefährden Schäden der Wald-Ökosysteme infolge Übersäuerung ein wichtiges Reservoir innerhalb des Kohlenstoffkreislaufs auf eine Weise, die den Kohlendioxid-Gehalt der Atmosphäre erhöht, weil weniger Kohlendioxid abgebaut wird. David Schimel wird in seinem Kapitel näher auf diesen Punkt eingehen.

1.5.6 Meerestemperatur

Der gesamte Kohlendioxid-Fluß zwischen der Atmosphäre und der Oberflächenschicht der ozeanischen Gewässer wird aufgrund der Unterschiede in den Partialdrücken des Kohlendioxids über die Meeresoberfläche getrieben.[68] Wenn die Temperatur des Meerwassers steigt, nimmt die Löslichkeit von Kohlendioxid ab, und der Partialdruck von Kohlendioxid im Oberflächenwasser der Ozeane nimmt zu. Dies hat zur Folge, daß die Ozeane insgesamt weniger Kohlendioxid aufnehmen können: eine positive Rückkopplung.[69] Man schätzt allgemein, daß etwa ein Viertel der gesamten anthropogenen Kohlendioxid-Emissionen gegenwärtig (durch Photosynthese) in der terrestrischen Flora und Fauna gespeichert wird; ein weiteres Viertel scheint in die Ozeane aufgenommen zu werden – sowohl durch chemische Prozesse (Diffusion) als auch durch biologische Prozesse (Photosynthese des Phytoplanktons).[70] Folglich würde bei steigender Meerestemperatur ein wichtiges Auffangbecken für das wichtigste Treibhausgas geschädigt.

In welchem Maße wird die künftige Zunahme von atmosphärischem Kohlendioxid verstärkt werden? Nach Lashofs Schätzungen um fünf Prozent[71], aber die Unsicherheiten sind groß. Der englische Natural Environment Research Council hat im Rahmen seiner Biochemical Ocean Flux Study (BOFS) beträchtliche Mittel für die Untersuchung dieses Problems und der Auswirkungen der Temperatur auf die biologische Produktivität in den Ozeanen zur Verfügung gestellt.[72] Die mit diesen Unsicherheiten verknüpften Risiken sind hoch: Die Ozeane sind ein riesiges Kohlendioxid-Reservoir – sie enthalten fünfzigmal mehr als die Atmosphäre und zwanzigmal mehr als die Biosphäre, und es ist, mit den Worten Taro Takahashis, »die einzigartige Eigenschaft der Ozeane, daß eine große Masse hochgradig mit Kohlendioxid übersättigten tiefen Wassers (das heißt, das nicht mehr in der Lage ist, noch mehr aufzunehmen) mit einer dünnen Schicht warmen und weniger dichten Wassers abgedeckt ist, die einen schnellen Transfer des Kohlendioxids aus dem tiefen Wasserreservoir in die Atmosphäre verhindert«.[73]

1.5.7 Meereszirkulation

Abgesehen von der Temperatur und der Fähigkeit des Kohlendioxids, sich in Meerwasser schnell zu lösen, regulieren noch zwei weitere Faktoren die Eigenschaft der Ozeane, Kohlendioxid zu binden. Der erste ist eine Art »biologische Pumpe«, die das in organischen Schweb- und Sinkstoffen – abgestorbene

Mikroorganismen, Fäkalien und so weiter – enthaltene Kohlendioxid von der Oberflächenschicht in tiefere Wasserschichten transportiert. Auf diesen Prozeß werde ich an späterer Stelle eingehen. Den zweiten Faktor bilden Zirkulationsgeschwindigkeit und -muster des Meerwassers.[74]

Die Zirkulation von Wassermassen in den Ozeanen ist komplex und wird vom Klimasystem bestimmt. Mit der Veränderung des Klimas wird sich wahrscheinlich auch die Meereszirkulation ändern. Wenn die Temperatur der Meeresoberfläche steigt, könnte das Thermoklin (diejenige Schicht des Ozeans, die unmittelbar unter der permanent durchmischten Oberflächenschicht liegt) viel stabiler und gegen eine vertikale Durchmischung des Wassers resistenter werden. Die Aufnahme von Kohlendioxid hängt von dieser Durchmischung ab: der Produktivität des Phytoplanktons sind durch den Nachschub an nährstoffreichem tieferen Wasser Grenzen gesetzt. Das Endergebnis ist, wie die IPCC-Wissenschaftler folgern, daß die Aufnahme von anthropogenem Kohlendioxid wahrscheinlich verlangsamt wird.[75] Diese potentielle Rückkopplung ist unter der Bezeichnung »Planktonmultiplikator« allgemein bekannt.

Es ist schwierig bis unmöglich, solche Veränderungen in Modelluntersuchungen zu quantifizieren, aber die geologischen Zeugnisse warnen uns, daß sie abrupt und tiefgreifend sein können. Untersuchungen von in Eisbohrkernen aus Grönland eingeschlossener Luft zeigen, daß während des Übergangs von der letzten Eiszeit zur gegenwärtigen Zwischeneiszeit vor mehr als 10 000 Jahren binnen weniger als einem Jahrhundert offenbar sehr beträchtliche Veränderungen in der atmosphärischen Kohlendioxid-Konzentration – in der Größenordnung von 50 ppm oder 20 Prozent des Gesamtgehalts von Kohlendioxid in der Luft – stattgefunden haben, und zwar parallel zu regionalen Temperaturänderungen in der Größenordnung von 5 Grad Celsius.[76] Die IPCC-Wissenschaftler sind mit anderen Kollegen der Ansicht, daß sie wahrscheinlich durch Veränderungen großräumiger Strömungen im Gebiet des nördlichen Atlantiks verursacht wurden.[77]

1.5.8 Windmuster und ozeanische Gasaustauschraten

Die Größenordnung des Gasaustausches zwischen der Meeresoberfläche und der Atmosphäre oder umgekehrt hängt von der Turbulenz der Oberflächenschicht des Ozeans und damit von der Windgeschwindigkeit darüber ab.[78] In einer sich erwärmenden Welt werden sich mit der Veränderung klimatischer Muster auch die Windmuster verändern. Je höher die Windgeschwindigkeit ist, desto größer wird die Austauschgeschwindigkeit für Kohlendioxid sein. Die IPCC-Wissenschaftler sind der Auffassung, daß für die Bestimmung der Netto-Kohlendioxid-Aufnahme durch die Ozeane die vertikale Durchmischung wichtiger ist als der Gasaustausch, und kommen zu dem Schluß, daß diese Rückkopplung wahrscheinlich nur geringfügig sein wird.[79]

1.5.9 Veränderung des biochemischen Kreislaufs der Ozeane

Die IPCC-Wissenschaftler äußern die Befürchtung, daß die gegenwärtige Balance der »biologischen Pumpe« in den heutigen Ozeanen in sich erwärmenden Meeren gestört werden könnte. Heute wird der von der Oberflächenschicht des Wassers niedergehende organische Detritus (und daher Nährstoffe) durch einen aufwärts gerichteten Transport von gelöstem Kohlenstoff und Nährstoffen in Bereichen aufsteigenden Wassers ausgeglichen. Zu diesen Bereichen gehören die Polarregionen und Gebiete entlang den östlichen Rändern der großen Meeresbecken. Laut dem Bericht der Arbeitsgruppe 1 des IPCC »könnte das Gleichgewicht infolge von Veränderungen der Dynamik der Ozeane solcherart gestört werden, daß dies sich auf das atmosphärische Kohlendioxid auswirkt«. Allerdings »ist es zur Zeit nicht möglich, die Richtung und Größenordnung solcher Auswirkungen vorherzusagen«.[80]

1.5.10 Kohlendioxid-Düngung

Ein allgemein bekannter und vielzitierter Aspekt der Zunahme des Kohlendioxids in der Atmosphäre ist, daß Kurzzeitexperimente unter kontrollierten Bedingungen in Treibhäusern bei den meisten Pflanzen die Photosynthese und das Wachstum beschleunigen. Wollte man dies auf natürliche Ökosysteme übertragen, dann hätte ein in Zukunft steigender Kohlendioxid-Gehalt eine signifikante negative Rückwirkung auf die globale Erwärmung zur Folge. Dabei wären die Wälder von besonderer Bedeutung, falls ihre Biomasse sich weiter ausdehnt, da etwa zwei Drittel der gesamten Photosynthese von Wäldern durchgeführt werden.[81] Aber die wirkliche Welt ist kein Treibhaus. Lashof rechnet damit, daß eine Verdopplung des Kohlendioxids eine Zunahme der gesamten Biomasse der Erde um mehr als 15 Prozent nach sich zöge; die IPCC-Wissenschaftler kommen jedoch zu dem Schluß, daß »es nicht klar ist, ob erhöhte Photosynthese und Wachstum länger als einige wenige Anbaujahre anhalten, ob sie in natürlichen Ökosystemen überhaupt stattfinden und bis zu welchem Grad sie eine vermehrte Speicherung von Kohlenstoff in terrestrischen Ökosystemen zeitigen würden«.[82]

Diese Unsicherheiten werden noch beängstigender, sollten sich die neuesten Arbeiten von Takahashi, Tans und anderen als zutreffend erweisen. Wie wir gesehen haben, wurde in der heutigen Atmosphäre eine Nettoansammlung von drei Gigatonnen Kohlenstoff aus dem gesamten Kohlendioxid-Ausstoß (fossile Brennstoffe und Abholzen) gemessen.[83] Mit der Verfeuerung fossiler Brennstoffe werden weitere 5,7 (plus oder minus 0,5) Gigatonnen Kohlenstoff ausgestoßen.[84] Takahashi und seine Kollegen rechnen damit, daß bis zu zwei oder sogar drei Gigatonnen Kohlenstoff pro Jahr in die Flora und Fauna der nördlichen Hemisphäre gelangen.[85] Mit anderen Worten: Wenn sie recht behalten, wird heute ein beträchtlicher Teil der gesamten Kohlendioxid-Emissionen aus der Nutzung fossiler Brennstoffe und der Brandrodung von den Wäldern der Nordhemisphäre aufgenommen. Takahashi berechnet, daß nur etwa 1,6 Gigatonnen Kohlenstoff pro Jahr ihren Weg in die ozeanischen Speicher finden.[86] Danach hätten diese Wälder womöglich bereits seit der industriellen Revolution auf die Kohlenstoff-Düngung durch die Kohlendioxid-Emissionen reagiert. Der künftige Zustand der Wälder ist daher von um so vitalerer Bedeutung. Angesichts der zunehmenden Übersäuerung der modernen Umwelt und der zusätzlichen Belastungen durch sonstige Luftverschmutzung und unvorhersehbare Veränderungen des Bodenwassers, die mit der globalen Erwärmung in Zusammenhang stehen, kann man sich nicht darauf verlassen, daß die Wälder in der Zukunft tatsächlich wachsen und gedeihen.

1.5.11 Eutrophierung und Vergiftung

Die Verwendung stickstoffhaltiger Düngemittel in der Landwirtschaft führt zur Emission des Treibhausgases Distickstoffoxid, trägt aber auch zu einer negativen Rückwirkung auf den Treibhauseffekt bei.[87] Nitrate aus den auf die Böden ausgebrachten Düngemitteln gelangen in Flüsse, Seen und Meere, wo sie eine Eutrophierung fördern – eine Stagnation des Wassers aufgrund übermäßigen Algenwachstums. In Umweltschützerkreisen hat man sich in letzter Zeit darüber ziemlich viele Gedanken gemacht, und mittlerweile befassen sich auch Wissenschaftler eingehender mit einer Reihe ungewöhnlicher Algenphänomene in Seen und Meeren.[88] Nach Meinung eines im IPCC-Bericht zitierten Wissenschaftlers könnte eine Eutrophierung in den Ozeanen und auf dem Festland neue Biomasse erzeugen, die bis zu einer Gigatonne Kohlenstoff entspricht.[89]

Bestimmte Kreise haben versuchsweise vorgeschlagen, das Wachstum von Phytoplankton im offenen Meer durch Zuführen von fehlenden Nährstoffen künstlich zu stimulieren, um damit die Photosynthese – das Mittel, die ozeanische Kohlendioxid-Senke künstlich zu vergrößern – zu fördern. Mit einer solchen »Ingenieurslösung« würde man allerdings das Entstehen jener Arten giftigen Algenflors riskieren, wie sie in den letzten Jahren beispielsweise in unnatürlichen Mengen in der Nordsee aufgetreten sind, und dies würde unweigerlich zahlreiche ethische und rechtliche Probleme aufwerfen.

1.5.12 Temperatur und Respiration durch terrestrische Vegetation

Mit steigender Temperatur laufen auch die Photosynthese und Respiration bei Pflanzen und Mikroben in kürzerer Zeit ab. Allerdings geschieht das bei Respiration schneller als bei der Photosynthese. Dies wird eine wichtige positive Rückkopplung in einer sich erwärmenden Welt sein[90], da heute die beiden Prozesse einigermaßen ausbalanciert sind: kraft der Photosynthese gelangen schätzungsweise 102 Gigatonnen Kohlenstoff pro Jahr in die terrestrische Flora und Fauna, während die Respiration von Flora und Fauna rund 50 Gigatonnen und die Zersetzung organischer Materie in Böden rund 50 Gigatonnen freisetzen.[91] Einige Wissenschaftler haben berechnet, daß der zusätzliche Kohlenstoff-Fluß in die Atmosphäre aufgrund dieser Rückkopplung sehr groß ausfallen könnte. Nach Woodwells Schätzung könnten es bei einer Verdopplungstemperatur von 4 Grad Celsius möglicherweise sogar drei bis zehn Gigatonnen Kohlenstoff pro Jahr sein.[92] Lashof kritisiert eine derartige Schätzung, da sie nicht zwischen labilen (leicht zu zersetzenden) und widerstandsfähigen (zersetzungsresistenten) Kohlenstoff-Komponenten im Boden unterscheidet, rechnet aber seinerseits mit einem Kohlenstoff-Fluß von 0,5 Gigatonnen pro Jahr[93]: annähernd zehn Prozent des jährlichen Flusses aus der Nutzung fossiler Brennstoffe.

1.5.13 Bodenfeuchte

Daß Veränderungen des Bodenwassergehalts sich auf die Kohlenstoff-Aufnahme und -Speicherung durch die terrestrische Flora und Fauna auswirken werden, ist klar. Erhöhte Bodenfeuchte führt zu einer vermehrten Speicherung von Kohlenstoff in Torf und zu einem besseren Pflanzenwachstum in vormals trockenen Gebieten. Allerdings trifft auch das Gegenteil zu, und da die globalen Zirkulationsmodelle in ihren Vorhersagen der Veränderungen der Bodenfeuchte stark variieren, kommen die IPCC-Wissenschaftler zu dem Schluß, daß »es nicht möglich ist, die geographische Verteilung von Veränderungen des Bodenwassers oder die Nettoauswirkung dieser Veränderungen auf Kohlenstoff-Flüsse und -Speicherung in verschiedenen Ökosystemen verläßlich vorherzusagen«.[94]

1.5.14 Vegetationsverteilung

1.5.14.1 Auffangbecken für Kohlendioxid

Die Gesundheit der Wälder, die ein wichtiges Auffangbecken für Kohlendioxid sind, wird in hohem Maße davon abhängen, wie schnell sich eine Temperaturänderung vollzieht. Wenn sie wandern und sich anpassen können, wird sich möglicherweise die Auffangkapazität nicht verändern. Ist der Zeitraum für eine erfolgreiche Wanderung zu knapp bemessen und/oder erweisen sich städtische und Anbaugrenzen als unüberwindlich, werden die Wälder Schaden nehmen, und die Netto-Auffangkapazität wird sich verringern. Der IPCC-Bericht behält sich eine Beurteilung dieses Aspekts vor[95], aber Brian Huntley und andere Autoren haben – ausgehend davon, wie die Vegetation gegen Ende der Eiszeit auf einen Temperaturanstieg von 5 Grad Celsius reagierte – behauptet, daß selbst bei der »wahrscheinlichsten Schätzung« für das Tempo von Veränderungen die Wälder Schaden leiden werden (siehe Kapitel 6). Overpeck und andere haben ebenfalls argumentiert, daß eine globale Erwärmung die Zunahme von Waldschäden (Bränden, Stürmen und Sturmfluten), die das Volumen der gesamten Biomasse stark verändern, sowie die Reaktion der Wälder in bezug auf ihre Zusammensetzung beschleunigen und folglich das Auffangbecken für Kohlenstoff abbauen wird.[96]

1.5.14.2 Albedo

Veränderungen der terrestrischen Flora und Fauna werden sich auch auf die Gesamtalbedo unseres Planeten auswirken. Lashof glaubt, daß dies »wahrscheinlich die bedeutsamste von der terrestrischen Biosphäre ausgelöste Rückkopplung« sein wird.[97] Der wichtigste Prozeß ist eine Verringerung der Albedo – eine positive Rückkopplung – infolge einer Verlagerung der Grenze zwischen Tundra und borealen Wäldern in Richtung Pol. Ein derartiger Wandel könnte die Temperaturänderung gegen Ende der letzten Eiszeit in erheblichem Maße verstärkt haben.[98]

1.5.15 Ultraviolett-B-Strahlung

1.5.15.1 Auswirkungen auf das Phytoplankton

Eine Zunahme der Intensität der Ultraviolett-B-Strahlung auf der Erdoberfläche ist bekanntlich das Ergebnis eines Abbaus von stratosphärischem Ozon. Die IPCC-Wissenschaftler kommen zu dem Schluß, daß »dies wegen einer Abnahme der marinen Produktivität negative Auswirkungen auf die Meeresflora und -fauna und damit auf die biologische Kohlenstoffpumpe haben könnte«.[99] Das Resultat wären steigende Kohlendioxid-Konzentrationen in der Oberflächenschicht des Wassers und folglich in der Atmosphäre. Auch andere Studien haben die Aufmerksamkeit auf dieses Problem gelenkt – es handelt sich nicht nur um eine positive Rückkopplung, sondern um eine möglicherweise ernste Bedrohung der Nahrungsreserven der Welt.[100]

1.5.15.2 Auswirkungen auf die terrestrische Flora und Fauna

Das gleiche gilt für den Fall, daß die terrestrische Flora und Fauna einer erhöhten Ultraviolett-B-Strahlung ausgesetzt wird. Empirische Untersuchungen zeigen, daß viele Feldfrüchte ungünstig darauf reagieren, und die IPCC-Wissenschaftler folgern daraus, daß dieses Problem Auswirkungen auf die Kapazität des biosphärischen Kohlendioxid-Auffangbeckens an Land haben könnte. Hervorzuheben ist, daß das Protokoll von Montreal – das die Freisetzung von FCKWs und Halonen begrenzen sollte, die hauptsächlich den Abbau von Ozon in der Stratosphäre verursachen – auf Jahrzehnte hinaus kaum zur Lösung dieses Problems beitragen wird. Der Grund dafür ist die hohe atmosphärische Verweildauer der wichtigsten Ozonzerstörer und die Tatsache, daß das Protokoll, in seiner revidierten Fassung, die Herstellung dieser Substanzen für weitere zehn Jahre erlaubt; ein weiterer Grund ist, daß auch die »Ersatzstoffe« (H-FCKWs) stratosphärisches Ozon abbauen.

1.5.16 Tropische Methan-Quellen

1.5.16.1 Reisfelder

Auf Reisfeldern werden jährlich etwa 110 Millionen Tonnen Methan produziert, etwa 20 Prozent der gesamten anthropogenen Methan-Emissionen.[101] Methan hat im Zeitraum von zwanzig Jahren ein Erwärmungspotential von 63: das bedeutet, ein Kilogramm Methan wird in dieser Zeit 63mal mehr zu einer globalen Erwärmung beitragen als ein Kilogramm Kohlendioxid.[102] Bedenkt man, daß die Methan-Erzeugung von Reisfeldern in hohem Maße von der Temperatur und der Bodenfeuchte abhängt – Zunahmen führen zu größeren Flüssen –, steht man vor einem sehr ernst zu nehmenden Problem. Hinzu kommt, daß wir über erstaunlich wenige Vor-Ort-Messungen von den Reisfeldern in der Welt verfügen und daß die vorhandenen Daten sehr stark variieren.[103] Die IPCC-Wissenschaftler äußern sich nicht zu der Frage, ob die Nettoflüsse in einer sich erwärmenden Welt zu- oder aber abnehmen werden[104], aber Lashof[105] schätzt, ausgehend von den verfügbaren Daten, daß Methan-Emissionen von Reisfeldern um mehr als 30 Millionen Tonnen pro Jahr zunehmen werden.

1.5.16.2 Natürliche Sumpfgebiete

Die Sumpfgebiete der Erde setzen jährlich etwa 115 Millionen Tonnen Methan frei. Die IPCC-Wissenschaftler schließen sich neueren Schätzungen an, die die relative Bedeutung von tropischen Quellen und von Quellen in hohen Breiten umkehren: sie sprechen von 55 Millionen Tonnen aus tropischen Sumpfgebieten und 39 Millionen Tonnen aus Sumpfgebieten in hohen Breiten. Die Frage, in welcher Richtung Veränderungen der Bodenfeuchte die Rückkopplung von tropischen Sumpfgebieten beeinflussen könnten, lassen sie offen.[106] Laut Lashofs Analyse ist bei Sumpfgebieten in niederen Breiten das Risiko einer potentiellen Rückkopplung in bezug auf Methan-Emissionen geringer als bei Reisfeldern, da sie nur eine begrenzte Menge Kohlenstoff aufnehmen können.[107]

1.5.17 Methan-Quellen in hohen Breiten

1.5.17.1 Methan im Permafrost

In der flachen Tundra ist der Grundwasserspiegel für die Regulierung der Entstehung von Methan im Boden von ausschlaggebender Bedeutung. Wie die IPCC-Wissenschaftler hervorheben, kann schon eine Veränderung um nur wenige Zentimeter eine entscheidende Auswirkung haben, da überflutete Böden hundertmal mehr Methan produzieren können als trockene.[108] Wärmere und feuchtere Böden würden daher zu einem Anstieg der Methan-Emissionen führen. Wärmere und trockenere Böden hingegen könnten eine Abnahme der Methan-Emissionen bewirken. Die IPCC-Autoren behalten sich ein Urteil über das Vorzeichen der Rückkopplung vor.[109] Lashof kommt zu dem Schluß, daß man in hohen Breiten infolge des Auftauens der Tundra mit einer Zunahme der Emissionen rechnen kann, da die »Saison für Emissionen« aus dem Boden, der jedes Jahr kürzere Zeit gefroren ist, länger sein wird.[110] In einer umfassenden Beurteilung der Methan-Erzeugung in nördlichen Quellen führt auch Nisbett triftige Gründe für eine positive Rückkopplung aus Sumpfgebieten an.[111]

1.5.17.2 Organische Materie im Permafrost

Die Tatsache, daß eine Unmenge zersetzbarer Materie im Permafrost eingefroren ist, könnte einen weiteren dynamischen Prozeß auslösen, der eine positive Rückwirkung von Methan in hohen Breiten begünstigt. In diesen Breiten sind, wie die IPCC-Wissenschaftler bemerken, »Methan-Emissionen bei höheren Temperaturen erheblich größer, und zwar aufgrund der beschleunigten mikrobiologischen Zersetzung organischer Materie«.[112] Man sollte im Auge behalten, daß schon bei den von den globalen Zirkulationsmodellen vorhergesagten Verdopplungstemperaturen die Lufttemperatur in der Arktis auf bis zu 15 Grad Celsius ansteigen wird.[113] Wenn nun irgendeine der in diesem Artikel erwogenen positiven Rückkopplungen zusätzlich ins Spiel kommt, ohne daß sie durch negative Rückkopplungen ausgeglichen wird, kann der Temperaturanstieg noch größer ausfallen.

1.5.17.3 Methanhydrate im Permafrost

Methanhydrate, eisähnliche Festkörper, die aus einem Netz von Wasserkristallen und unter Druck darin eingeschlossenem Methan-Gas bestehen[114], sind unter dem Permafrost und unter der schwimmenden Eisdecke in der Arktis zu finden. In solchen Hydraten ist eine enorme – allerdings kaum quantifizierte – Menge Methan gespeichert. Am unteren Ende der Skala der veröffentlichten Schätzungen steht ein häufig zitierter Wert von etwa 10000 Gigatonnen; davon befinden sich 400 Gigatonnen möglicherweise unter dem Permafrost.[115] Schon allein dieses Reservoir ist um eine Ordnung größer als der gesamte in atmosphärischem Kohlendioxid enthaltene Kohlenstoff – 750 Gigatonnen – sowie der in allem Leben auf der Welt enthaltene: laut einer Schätzung rund 760 Gigatonnen.[116] Aber die bislang veröffentlichten Schätzungen über die Größe des globalen Methanhydrat-Reservoirs reichen von 10000 Gigatonnen um volle drei Größenordnungen aufwärts.[117]

Die wenigen Wissenschaftler, die sich mit dieser potentiell enormen Rückwirkung auf den Treibhauseffekt beschäftigt haben, sind unterschiedlicher Meinung. Da die Oberfläche der Hydratschicht mehr als hundert Meter unter der Permafrostschicht liegt, wird es wahrscheinlich auf viele Jahrzehnte hinaus keine nennenswerte Freisetzung geben, zumal die Temperaturwelle von der erwärmten Arktisoberfläche nur langsam in den Boden eindringen würde. Keith Kvenvolden – von den IPCC-Wissenschaftlern in einer unverbindlichen Passage ihres Berichts zitiert – vertritt eine recht optimistische Ansicht mit der Vermutung, daß der Methan-Fluß aus Hydratzersetzung binnen einem Jahrhundert 100 Millionen Tonnen pro Jahr nicht überschreiten wird. Auf längere Sicht allerdings – wenn man von unverminderten Treibhausgasemissionen aus anthropogenen Quellen und/oder, ausgelöst durch positive Rückkopplungen, aus natürlichen Quellen ausgeht – gibt es theoretisch keine Grenze für die Destabilisierung dieser Depots. Sowohl Gordon MacDonald[118] als auch Ewan Nisbett[119] sind der Auffassung, massenhafte Destabilisierung von Methanhydraten habe den Mechanismen zugrunde gelegen, die das Ende der Eiszeit herbeiführten. Nisbett behauptet, in einer sich erwärmenden Welt, in der man die

Treibhausgasemissionen unvermindert fortsetzt, wäre »die Gefahr eines thermischen ›Durchgehens‹ aufgrund einer Freisetzung von Methan aus dem Permafrost zwar geringfügig, aber durchaus gegeben ... selbst wenn derartige Ereignisse mit einer Wahrscheinlichkeit von nur einem Prozent eintreten, sind die sozialen Implikationen tiefgreifend«.[120] Seine Besorgnis gilt vor allem der Möglichkeit, daß ein Anstieg der Oberflächentemperatur die Hydrate nicht mittels einer einfachen – und langsamen – Übertragung in den Boden erreicht, sondern durch einen schneller ablaufenden Prozeß eines konvektiven Hitzetransfers über Bruchstellen. Dies würde zu vereinzelten Methan-Auswürfen führen.[121] Im schwimmenden Eis der sowjetischen Arktis hat man solche Methan-Ausbrüche bereits beobachtet.[122]

1.5.17.4 Methanhydrate unter Wasser

Weltweit kommen Hydrate in mehr als zwei- bis fünfhundert Meter tiefen submarinen Sockeln vor, und da der Wasserdruck dazu beiträgt, das Wasser des Hydrats in seinem kristallinen Zustand zu halten, treten sie näher an der Oberfläche des Sediments auf als unter dem Permafrost. In diesen Tiefen des kalten arktischen Meeres ist Hydrat stabil oder befindet sich in der Nähe des Meeresbodens. Wie Nisbett bemerkt, »wird jede geringfügige Erwärmung der arktischen Gewässer fast unverzüglich Hydrat aus dem Meeresboden freisetzen. Eine Temperaturänderung von wenigen Graden wird binnen weniger Jahre Methan aus den obersten Meeresbodensedimenten in dieser Tiefe freisetzen«.[123]

Man weiß nicht, wieviel Hydrat dem Risiko einer solchen Destabilisierung ausgesetzt wäre. Selbst ein Bruchteil der Gesamtmenge des globalen Methanhydrat-Reservoirs wäre schon eine riesige Menge. Ebensowenig weiß man, in welchem Maße arktische Gewässer in den fraglichen Tiefen sich erwärmen würden. Die Unsicherheiten sind in diesem Fall enorm und die Risiken wahrscheinlich größer als bei irgendeiner anderen Rückkopplung.

1.6 Auswirkungen einer Reduzierung der Treibhausgasemissionen

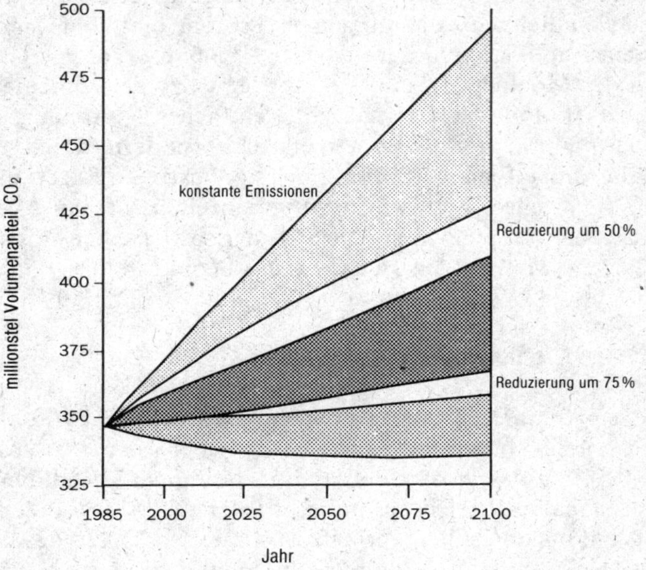

Abbildung 1.6 Auswirkung einer Reduzierung der weltweiten Kohlendioxid-Emissionen um 50 beziehungsweise 75 Prozent auf atmosphärische Kohlendioxid-Konzentrationen im Vergleich zu weiterhin konstanten Emissionen (1985: 5,9 Milliarden Tonnen Kohlenstoff pro Jahr). Die breite Streuung der Werte ist darauf zurückzuführen, daß zwei unterschiedliche Modelle der Kohlendioxid-Aufnahme durch die Ozeane zugrunde gelegt wurden.
(Quelle: D. A. Lashof und D. A. Tirpak, Policy options for stabilizing global climate; *US Environmental Protection Agency, 1989.)*

Die IPCC-Wissenschaftler ziehen verschiedene Szenarios für Mischungen und Mengen von Treibhausgasemissionen in die Atmosphäre im Laufe der kommenden Jahrzehnte in Betracht. Dabei ergeben sich zwei bedeutsame Schlußfolgerungen. Die erste beinhaltet die Tatsache, daß Konzentrationen von Kohlendioxid, Distickstoffoxid und FCKWs in der Atmosphäre nur langsam auf Veränderungen der Emissionen reagieren; denn diese Gase haben eine relativ lange atmosphärische Verweildauer. Aufgrund dieser langsamen Anpassung der atmosphärischen Konzentrationen wird eine stetige Freisetzung dieser Gase auf dem bisherigen oder einem vergleichbaren Niveau die Atmosphäre auf Jahrzehnte bis Jahrhunderte hinaus immer höheren Konzentrationen aussetzen, mit all den Folgen einer erhöhten Strahlungskraft und daraus resultierender globaler Erwärmung. Dies bedeutet, so heben die IPCC-Wissenschaftler hervor, notwendigerweise folgendes: »Je länger Emissionen weiterhin [im derzeitigen Tempo] zunehmen, desto größer müßten Reduzierungen sein, um [die Konzentrationen] auf einem gegebenen Niveau zu stabilisieren. Falls es kritische Konzentrationswerte gibt, die nicht überschritten werden sollten, dann wäre eine Reduzierung der Emissionen um so wirksamer, je eher sie vorgenommen wird.«[124] Die IPCC-Wissenschaftler sowie andere an einer neueren Untersuchung für die amerikanische Umweltschutzbehörde (EPA) beteiligte Wissenschaftler[125] haben berechnet, was getan werden müßte, um die Konzentrationen der langlebigen Treibhausgase in der Atmosphäre auf dem gegenwärtigen Niveau zu stabilisieren. In Sachen Kohlendioxid lautet das Ergebnis: eine drastische Einschränkung um mehr als 60 Prozent (Tab. 1.4, Abb. 1.6). In Kapitel 4 spielt Mick Kelly anhand einiger Modellrechnungen durch, in welchem Maße die Emissionen in den folgenden Jahrzehnten verringert werden müßten, um die globale Erwärmung zum Stillstand zu bringen.

Tabelle 1.4 Notwendige Emissionenreduzierung, um die Treibhausgase in der Atmosphäre auf dem derzeitigen Niveau zu stabilisieren

Treibhausgas	IPCC-Schätzung (Prozent)	EPA-Schätzung (Prozent)
CO_2	> 60	50– 80
CH_4	15–20	10– 20
N_2O	70–80	80– 85
FCKW-11	70–75	75–100
FCKW-12	75–85	75–100
FCKW-22	40–50	n/a

Kapitel 2
Wissenschaftliche Klimamodelle – Ein Beitrag zur Diskussion über globale Erwärmung

Stephen H. Schneider

»... Viele Kritiker übersehen aus irgendeinem Grund die Tatsache, daß die Unsicherheit ein zweischneidiges Schwert ist: das heißt, Unsicherheiten bei physikalischen oder biologischen Prozessen, die die Möglichkeit offenlassen, daß die heutige Generation von Modellen die Auswirkungen einer künftigen Erwärmung überschätzt hat, bergen ebenso wahrscheinlich die Möglichkeit in sich, daß in diesen Modellen die Veränderung unterschätzt wurde ...«

Das Klima unserer Erde verändert sich. Jetzt ist es ganz anders als das Klima vor hundert Millionen Jahren, als Dinosaurier unseren Planeten bewohnten und selbst in hohen Breiten tropische Pflanzen gediehen; es unterscheidet sich sogar von dem Klima vor 18000 Jahren, als Eisflächen einen weit größeren Teil der nördlichen Hemisphäre bedeckten. Und es wird sich mit Sicherheit auch in Zukunft verändern. Teilweise wird diese Entwicklung natürliche Ursachen haben, etwa allmähliche Veränderungen der Erdumlaufbahn im Laufe vieler Jahrtausende. Aber eine künftige Klimaveränderung wird, abweichend von der Vergangenheit, wahrscheinlich noch eine andere, wohl ebenso wichtige Ursache haben: menschliches Tun und Handeln. Vielleicht spüren wir bereits die Auswirkungen davon, daß wir die Atmosphäre mit Gasen wie Kohlendioxid verunreinigt haben.

Nicht alle Klimatologen sind sich darin einig, daß derzeitige klimatische Trends wahrscheinlich vom Menschen bewirkt worden sind. Einige, wenn auch nicht viele, bestreiten sogar, daß durch menschliche Aktivitäten möglicherweise noch nie dagewesene Klimaveränderungen ausgelöst werden, die erst im 21. Jahrhundert voll zum Tragen kommen. Diese Diskussion beherrschte die Leitartikel und Titelseiten von Zeitungen und Zeitschriften, wobei oft bitterböse und irreführende Vorwürfe und Gegenvorwürfe hin und her gingen. Der Hauptleidtragende dieser lautstarken und oft polemischen Auseinandersetzung ist die Öffentlichkeit, die sich des wissenschaftlichen Konsenses nicht mehr sicher sein kann, daß es in den kommenden Jahrzehnten aufgrund menschlichen Verhaltens mit großer Wahrscheinlichkeit zu beispiellosen Klimaveränderungen kommen wird. Die neue Formulierung dieses Konsenses im Intergovernmental Panel on Climate Change (IPCC) Working Group Report[1] könnte daher wesentlich dazu beitragen, das Vertrauen der Öffentlichkeit wiederherzustellen, von dem politische Entscheidungen, die Treibhausgase einzuschränken, abhängen.

Allerdings ist diese Öffentlichkeit selten bereit, dreihundert Seiten Stellungnahmen in einem Dutzend verschiedener Stile von Dutzenden von Wissenschaftlern aus Dutzenden Ländern zu lesen. Zudem unternehmen derlei Stellungnahmen wie die des IPCC selten den Versuch, bestimmte Kritiker gezielt zu widerlegen, selbst wenn diese Kritiker in Kampagnen meiner Meinung nach die Öffentlichkeit, zumal da es um das Verständnis eines so komplizierten Problems wie Klimaveränderung geht, eher irritiert als aufgeklärt haben. Daher lege ich an dieser Stelle, in Ergänzung zu dem IPCC-Bericht, meine Beurteilung der wissenschaftlichen Debatte über Ursachen und Wirkungen einer globalen Erwärmung vor. Mein Anliegen ist es, die Probleme einer globalen Erwärmung einer breiteren Öffentlichkeit verständlich zu machen und die fast aufdringliche, oft erbitterte Auseinandersetzung in den Medien, die 1989 und 1990 so viel Verwirrung gestiftet hat, etwas zurechtzurücken. Ich beginne mit einer Darstellung des wichtigsten Instruments, dessen man sich zur Prognose künftigen Klimas bedient: der Klimamodelle[2] (von denen dieser Streit zum großen Teil seinen Ausgang genommen hat).

2.1 Sinn und Zweck eines Modells

Um die Folgen eines Naturereignisses vorherzusagen, entwickelt man normalerweise ein Experiment und führt es durch. Was aber tun, wenn die Probleme sehr komplex sind oder das Experiment von der Größenordnung her undurchführbar ist? Die Vorhersage der Folgen der anthropogenen Umweltverschmutzung konfrontiert uns mit eben dieser Schwierigkeit, denn dieses unkontrollierte Experiment läuft derzeit im Laboratorium Erde ab. Wie sollen wir jedoch etwas voraussagen, wenn wir kein aussagekräftiges physikalisches Experiment durchführen können? Zwar lassen sich die Fragen nicht mit Sicherheit beantworten, aber wir können in ein Ersatzlabor ausweichen, allerdings nicht in einen Raum voller Teströhrchen und Bunsenbrenner, sondern auf ein kleines Kästchen mit Transistoren und Mikrochips. Wir können mathematische Modelle der Erde erstellen und unsere »Experimente« mit Computern durchführen.

Mathematische Modelle übersetzen begriffliche Vorstellungen in quantitative Aussagen. Es gibt eine ganze Reihe von Modellen, angefangen bei solchen, die ein oder zwei Prozesse detailliert untersuchen, bis hin zu Simulationsmodellen in großem Maßstab, die eine Vielzahl von Prozessen berücksichtigen. Derlei Modelle sind natürlich keine wahrheitsgetreuen Simulatoren der komplexen Realität, aber sie können uns die logischen Folgen aus einer genau definierten Reihe plausibler Annahmen sagen. In meinen Augen ist dies ein großer Schritt über die bloße Vorstellung hinaus – oder, um es etwas einfacher auszudrücken: Die Entwicklung von Modellen ist ein großer Fortschritt gegenüber »handgestrickten« Vorhersagen globaler Veränderungen.

Zu der Art von Problemen, die man anhand von Klimamodellen untersuchen kann, gehören vertikale atmosphärische Auswirkungen ungewöhnlicher Muster der Oberflächentemperatur von Ozeanen (beispielsweise sogenannte El-Niño-Ereignisse), klimatische Auswirkungen von Vulkanausbrüchen, Eiszeit-Zwischeneiszeit-Sequenzen, ehemalige Klimate, die klimatischen Auswirkungen von Umweltschadstoffen, die durch menschliche Aktivitäten freigesetzt werden – etwa Kohlendioxid (CO_2) –, und selbst die klimatischen Nachwirkungen eines Atomkriegs. Einige solcher Beispiele werden wir später näher betrachten.

2.2 Grundelemente von Modellen

Um das Klima zu simulieren, muß der Modelleur entscheiden, welche Komponenten des Klimasystems er mit einbeziehen und welche Variablen er berücksichtigen will. Wenn wir uns beispielsweise entschließen, die Langzeitsequenz von Kaltzeiten (Eiszeiten) und Warmzeiten (Zwischeneiszeiten) zu simulieren, muß unser Modell so explizit wie nur möglich die Auswirkungen aller wichtigen miteinander in Wechselwirkung stehenden Komponenten des Klimasystems im Verlauf etwa der letzten Million Jahre mit einschließen. Dazu gehören außer der Atmosphäre die Eismassen, oberflächennahe und tiefere Schichten der Meere und die Auf-und-Ab-Bewegungen der Erdkruste. Selbst Leben beeinflußt das Klima und muß daher ebenfalls mit einbezogen werden; beispielsweise können Pflanzen auf die chemische Zusammensetzung der Luft und der Meere ebenso einwirken wie auf das Reflexionsvermögen (das heißt die Albedo) oder den Wasserkreislauf des Bodens. Diese miteinander wechselwirkenden Subsysteme sind Teil der internen Komponenten des Modells. Wenn wir andererseits lediglich sehr kurzfristige Wetterereignisse im Modell durchspielen wollen – beispielsweise für die Dauer einer Woche –, dann können wir die Gletscher, die Tiefsee, Bodenformationen und Wälder außer acht lassen, da diese Variablen sich innerhalb einer Woche offensichtlich kaum verändern. Für kurzfristige Wetterprognosen braucht nur die Atmosphäre selber Teil des internen Klimasystems des Modells zu sein.

Man sagt, daß die langsam sich verändernden Faktoren – etwa Ozeane und Gletscher – gegenüber dem internen Teil des Systems, das man modelliert, extern sind. Modelleure bezeichnen externe Faktoren auch als Randbedingungen, da sie »Ränder« für die internen Modellkomponenten darstellen. Diese Ränder sind nicht immer physikalischer Art, wie etwa die Ozeane, die sich ganz unten in der Atmosphäre befinden, sondern sie können auch Masse oder Bewegungsgröße oder Energieflüsse über physikalische Ränder hinweg sein. Ein Beispiel ist die auf die Erde auftreffende Sonnenstrahlung. Klimamodelleure bezeichnen Solarstrahlung oft als eine die Anschlußbedingungen bestimmende Funktion des Modells, und zwar aus zwei

Gründen: der Energie-Output von der Sonne ist keine wechselwirkende, interne Komponente des Klimasystems des Modells; und die Energie von der Sonne zwingt das Klima zu einer bestimmten Temperaturverteilung.

Wir könnten uns bei einem Modell darauf beschränken, lediglich eine global gemittelte Temperatur vorherzusagen, die ihren Wert in der Zeit nie ändert (das heißt, die sich im Zustand des Gleichgewichts befindet). Dieses äußerst simple Modell bestünde aus einem internen Teil, der, wenn er über die Gesamtheit von Atmosphäre, Ozeanen, Biosphäre und Gletscher gemittelt wird, zwei typische Eigenschaften beschriebe: das durchschnittliche Reflexionsvermögen der Erde und ihre durchschnittlichen Treibhauseigenschaften. Die Randbedingung für ein solches Modell wäre lediglich die auftreffende Sonnenenergie. Ein solches Modell wird als nulldimensional bezeichnet, da es die räumlichen Dimensionen der realen Welt – Ost-West, Nord-Süd sowie Auf und Ab – in einen Punkt zusammenlegt, der irgendeinen globalen Durchschnittswert aller Temperaturen des Systems Erde–Atmosphäre an allen Stellen darstellt. Es legt zudem alle dreidimensionalen Prozesse in einen globalen Durchschnitt zusammen, der in einigen Fällen – etwa beim Wärmetransport durch Winde – den Prozeß als solchen völlig vernachlässigt. Würde man unser nulldimensionales Modell ausweiten, um Temperatur oder Winde in verschiedenen Breiten, Längen und Höhen aufzulösen, dann wäre es dreidimensional. Die *Auflösung* eines Modells steht für die Anzahl der berücksichtigten Dimensionen und das Maß an räumlicher Detailliertheit, mit der eine jede Dimension explizit behandelt wird.

Modelleure sprechen von einer Modellhierarchie, die von einfachen, über die Erde gemittelten, zeitunabhängigen Temperaturmodellen bis hinauf zu hochaufgelösten, dreidimensionalen, zeitabhängigen Modellen reicht, die man als *General Circulation Models* (= GCMs = allgemeine oder globale Zirkulationsmodelle) bezeichnet. Da vom Dynamischen her genauer, sind dreidimensionale, zeitabhängige Modelle im allgemeinen sehr rechenaufwendig. Es ist daher manchmal notwendig, physikalisch, chemisch und (irgendwie) biologisch umfassende Modelle bei niedrigerer Auflösung durchzurechnen. Das Auswählen einer optimalen Faktorenkombination ist eine intuitive Kunst, die

Vollständigkeit und (so die Hoffnung des Modelleurs) Genauigkeit gegen Anwendbarkeit und Wirtschaftlichkeit aufrechnet. Darüber hinaus muß die theoretische Durchführbarkeit einer weitreichenden Simulation abgeschätzt werden; mit anderen Worten: Einige Probleme sind von Natur aus unvorhersagbar. Bei Problemen, bei denen eine Vorhersagbarkeit nicht prinzipiell ausgeschlossen ist, ist eine solche Aufrechnung zwischen Genauigkeit und Wirtschaftlichkeit nicht *per se* »wissenschaftlich«, sondern unterliegt eher einer subjektiven Beurteilung, die auf dem Abwägen vieler Faktoren basiert. Wie eine solche Entscheidung ausfällt, hängt in hohem Maße von dem Problem ab, das mit dem Modell geklärt werden soll.

2.3 Probleme der Parametrisierung und klimatische Rückkopplungsmechanismen

Wolken reflektieren, da sie sehr hell sind, einen großen Teil des Sonnenlichts ins All zurück und tragen auf diese Weise zur Regulierung der Temperatur auf der Erde bei. Daher ist eine Vorhersage der sich in der Zeit verändernden Bewölkung von wesentlicher Bedeutung für eine verläßliche Klimasimulation. Die meisten einzelnen Wolken sind jedoch kleiner als selbst der kleinste durch das kleinste aufgelöste Element (»Gitter-Box« oder Einheitszelle) erfaßte Bereich eines globalen Klima- oder eines Wettervorhersagemodells. Ein einzelnes Gewitter hat typischerweise eine Ausdehnung von einigen wenigen, nicht von Hunderten Kilometern – die Größe vieler »hochaufgelöster« Gitter globaler Modelle. Es gibt deshalb zur Zeit kein globales Klimamodell (und wird innerhalb der nächsten Jahrzehnte wohl auch keines geben), das jede einzelne Wolke explizit auflösen kann. Diese wichtigen Klimaelemente werden daher als subskalige (nicht durch das Gitter auflösbare) Phänomene bezeichnet. Obwohl wir nicht alle individuellen Wolken explizit erfassen können, sind wir dennoch imstande, ihre kollektiven Auswirkungen auf das mit dem Gitter erfaßbare Klima zu betrachten. Die Methode dafür wird als »Parametrisierung« (eine Begriffsbildung aus »parametrischer Repräsentierung«) bezeichnet.

Anstatt uns zu bemühen, subskalige Details zu lösen – was unsinnig wäre –, suchen wir nach einer Beziehung zwischen klimatischen Variablen, die wir auflösen (beispielsweise jene, deren Abweichungen über größeren als den dem Gittermaßstab entsprechenden Bereichen auftreten) und solchen, die wir nicht auflösen. So haben Klimamodelleure die – über große Gebiete hinweg gemittelten – Daten einiger Jahre zur Feuchte der Atmosphäre untersucht und diese Werte mit der über dieses Gebiet gemittelten Bewölkung in Beziehung gesetzt. Normalerweise wählt man zu diesem Zweck ein Gebiet von der Größe des Gitters eines numerischen Modells – mit einigen hundert Kilometern Seitenlänge. Während es nicht möglich ist, eine perfekte Entsprechung zwischen diesen gemittelten Variablen zu finden, hat man doch plausible Beziehungen zwischen einer Vielfalt von Begleitumständen festgestellt. Zur Untersuchung dieser Beziehungen braucht man normalerweise etliche Faktoren oder Parameter, von denen einige empirisch aus beobachteten Daten und nicht aus Gesetzen abgeleitet sind. Die Methode der Parametrisierung läßt sich auf fast alle Simulationsmodelle anwenden, ob es sich nun um physikalische, biologische oder sogar soziale Systeme handelt. Die wichtigsten Parametrisierungen haben mit Prozessen zu tun, die man als Rückkopplungsmechanismen bezeichnet. Dieses Konzept ist auch in Kreisen, die nichts mit Computermodellen zu tun haben, gebräuchlich, und das Wort »Rückkopplung« (wie auch der entsprechende Terminus *feedback*) ist mittlerweile in den allgemeinen Sprachgebrauch eingegangen. Der Begriff impliziert ja schon, daß Information zu Ihnen rückgekoppelt (an Sie »zurückgefüttert«) werden kann, die vielleicht Ihr Verhalten verändert.

Dasselbe gilt für das Klimasystem. Prozesse beeinflussen sich gegenseitig und verändern so den Gesamtzustand des Klimas. Nehmen Sie einmal an, ein Kälteeinbruch bringt eine Schneedecke mit hoher Albedo mit sich, die sich dahingehend auswirkt, daß die Menge der absorbierten Sonnenwärme reduziert und es folglich kälter wird. Klimatologen bezeichnen diesen Interaktionsprozeß als »Schnee-und-Eis/Albedo/Temperatur-Rückkopplungsmechanismus«. Seine destabilisierende Wirkung als positive Rückkopplung versteht man mittlerweile ziemlich gut, und sie wird in die Parametrisierungen der meisten Klimamodelle aufgenommen. Leider weiß man über andere, möglicherweise wichtige Rückkopplungsmechanismen im allgemeinen nicht so gut Bescheid. Einer der schwierigsten ist die sogenannte Wolkenrückkopplung, bei der es sich – je nach den Umständen – um einen Prozeß entweder mit positiver oder mit negativer Rückkopplung handelt. Ein weiterer ist das Ausmaß, in dem Veränderungen der Bodentemperatur oder der Bodenfeuchte aufgrund einer Klimaveränderung die mikrobische Zersetzung abgestorbener organischer Materie in wärmebindende Gase wie Kohlendioxid oder Methan verändern könnten.[3] Im folgenden Kapitel wird David Schimel näher auf diese Unwägbarkeiten eingehen.

2.4 Verifizierung von Modellen

Können wir uns angesichts der mit Modellparametrisierungen verbundenen Unsicherheiten und Rückkopplungen überhaupt auf Modellvorhersagen verlassen? Man kann sich zumindest einiger Methoden bedienen, und keine ist für sich alleine ausreichend. Als erstes müssen wir die Gesamttauglichkeit der Modellsimulation am tatsächlichen Klima überprüfen, und zwar gemäß den heutigen Bedingungen, um zu sehen, ob das Kontrollexperiment verläßlich ist. Ein guter Test ist der Jahreszeitenzyklus. Abbildung 2.1, ein Ergebnis der Arbeit von Syukuro Manabe und R. J. Stouffer am Geophysical Fluid Dynamics Laboratory in Princeton, New Jersey, zeigt, wie bemerkenswert gut ein dreidimensionales globales Zirkulationsmodell die regionale Verteilung der Oberflächentemperatur entsprechend dem Jahreszeitenzyklus simulieren kann – eine Klimaveränderung, über die man viel weiß und die, über die Erde gemittelt, größer ist als die Veränderungen beim Übergang von einer Eiszeit zu einer Zwischeneiszeit! Die Simulation des Jahreszeitenzyklus ist ein notwendiger Test dessen, was man als »schnelle Physik« bezeichnen könnte, etwa von Wolkenformationen, aber er sagt uns nicht, wie gut das Modell langsame Veränderungen der Eisdecke oder organischer Materie im Boden oder von Temperaturen in der Tiefsee simuliert, da diese Variablen – obwohl sie

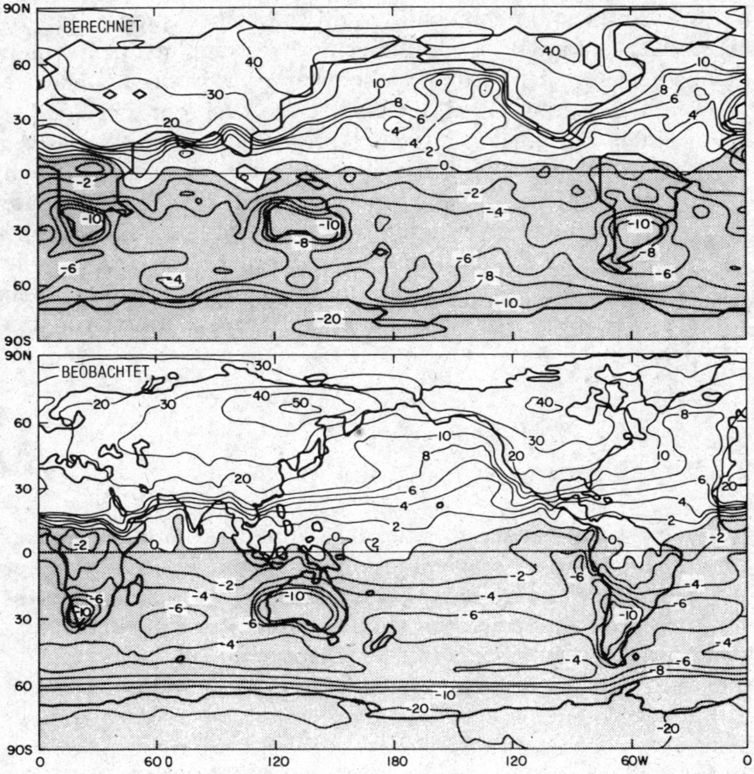

Abbildung 2.1 Zur Berechnung der weltweiten Temperaturunterschiede von Winter zu Sommer wurde ein dreidimensionales Klimamodell verwandt. Wieweit das Modell zutrifft, kann man anhand der beobachteten Daten (Abbildung darunter) überprüfen. Diese Verifizierung zeigt, daß das Modell recht eindrucksvoll viele Eigenschaften des Jahreszeitenzyklus widerspiegelt. Diese jahreszeitlich bedingten Temperaturextreme liegen im wesentlichen höher als jene, die zwischen Eiszeiten und Zwischeneiszeiten oder aufgrund irgendeiner einigermaßen plausiblen Veränderung des Kohlendioxids in der Zukunft auftreten.

(Quelle: S. Manabe und R. J. Stouffer, »Sensitivity of a global climate model to an increase of CO_2 concentration in the atmosphere«, in: Journal of Geophysical Research *(1980), Bd. 85, S. 5529–54.)*

Langzeitentwicklungen beeinflussen – sich im Verlauf eines Jahreszeitenzyklus kaum ändern.

Eine zweite Verifizierungsmethode ist die, daß man einzelne physikalische Teilaspekte eines solchen Modells (etwa seine Parametrisierungen) getrennt an tatsächlichen Daten und/oder höheraufgelösten Prozeßmodellen überprüft. Dies ist zwar noch keine Garantie, daß die Gesamtwirkung aller miteinander in Wechselwirkung stehenden physikalischen Untersysteme richtig berechnet worden ist, aber es handelt sich um einen wichtigen Test. Zum Beispiel kann man die aufwärts gerichtete, von dem Planeten in den Weltraum ausgesandte Infrarotstrahlung über Satelliten messen oder aber in einem Klimamodell berechnen. Zieht man diese Größe von der von der Erdoberfläche nach oben ausgesandten Infrarotstrahlung ab, dann bezeichnet die Differenz zwischen diesen beiden Größen, T, den »Treibhauseffekt«, wie auf Abbildung 2.2 von Raval und Ramanathan zu sehen ist.[4] Obwohl Strahlungsprozesse unter Umständen nicht die einzigen sind, die in der Natur oder in den Ergebnissen des globalen Zirkulationsmodells wirksam werden, spricht die große Übereinstimmung zwischen den Ergebnissen von Satelliten (fettgedruckte, mit ERBE gekennzeichnete Linie in Abb. 2.2), jenen einer GCM-Berechnung (dicke gestrichelte, mit CCM bezeichnete Linie) und jenen von zeilenweisen Berechnungen des Strahlungstransfers (dünne gestrichelte Linie) sehr dafür, daß dieses physikalische Subsystem im Gittermaßstab des Modells gut erfaßt ist. Eine weitere Überprüfung vergleicht die aus einem Modell gewonnene mit der für die Tagesvariabilität an Gitterpunkten beobachteten Statistik.[5] Einige Variablen (beispielsweise die Temperatur) sind im Modell gut erfaßt, während andere (etwa die relative Feuchte) die beobachtete Variabilität nicht so gut simulieren.

Drittens setzen einige Forscher von vorneherein größeres Vertrauen in ein Modell, dessen interne Aufgliederung ein Mehr an räumlicher Auflösung oder mehr physikalische Details bietet, in dem Glauben, »mehr ist besser«. In einigen Fällen und für einige Fragestellungen trifft dies zu, aber keineswegs für alle. Das »optimale« Maß an Komplexität hängt von dem Problem ab, das wir zu lösen versuchen, sowie von den Mitteln, die uns dabei zur Verfügung stehen.

Während die Modelle weiterentwickelt werden, müssen alle drei Methoden immer wieder von neuem angewandt werden, wenn wir unsere Vorhersagen zuverlässiger machen wollen. Und zusätzlich können wir uns einer vierten Methode bedienen: der Brauchbarkeit des Modells, die sehr unterschiedlichen Klimate vergangener Zeiten auf der Erde oder sogar auf anderen Planeten zu simulieren.

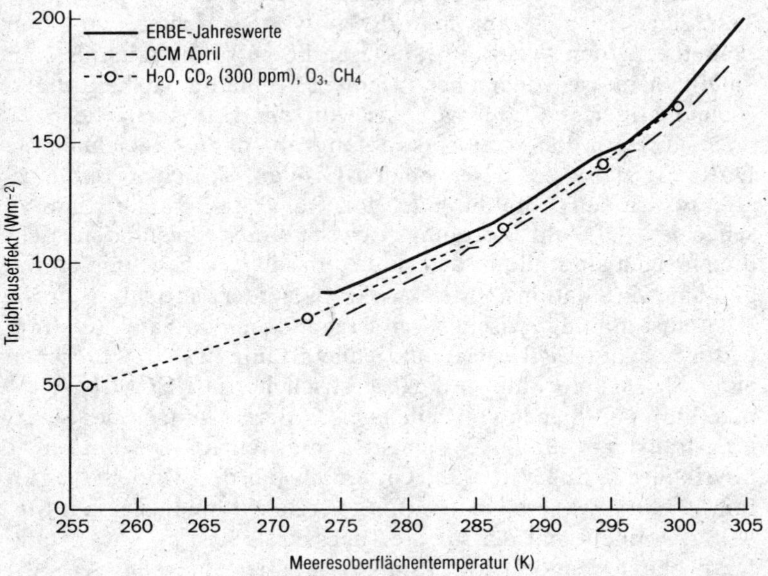

Abbildung 2.2 Aus drei Quellen hergeleiteter Vergleich des vom Treibhauseffekt abhängigen Parameters T für Wärmespeicherung mit der Temperatur der Meeresoberfläche: fettgedruckte Linie – aus den Werten für April, Juli und Oktober 1985 sowie Januar 1986 gemittelte ERBE-Jahreswerte; dicke gestrichelte Linie – dreidimensionale Klimamodellsimulationen für eine perpetuelle Aprilsimulation (National Center for Atmospheric Research, Community Climate Model = CCM); dünne gestrichelte Linie – zeilenweise Berechnungen nach dem Strahlungsmodell von Dr. A. Arking unter Berücksichtigung von Kohlendioxid, Ozon und Methan. Die Ergebnisse aus den zeilenweisen Berechnungen und dem Klimamodell kommen den beobachteten ERBE-Werten sehr nahe.

Die vielleicht beunruhigendste Frage ist jedoch, ob wir unser Vertrauen in die Voraussagen der Modelle je als hinreichenden Anlaß dafür ansehen sollen, unsere derzeitige Gesellschaftspolitik zu ändern – etwa im Hinblick auf die Aktivitäten bei der Kohlendioxid-Erzeugung. Von diesem Standpunkt aus betrachtet, könnte das scheinbar rein akademische Fachgebiet der mathematischen Klimamodelle ein wesentliches Instrument zur Beurteilung der Sozial- und Gesellschaftspolitik werden.

2.5 Empfindlichkeitsstudien und Szenarios

Wenngleich das eigentliche Ziel jeder Vorhersagesimulation wahrscheinlich immer eine einzelne, genaue Prognose irgendeiner sich in der Zeit entwickelnden Variablen ist, so ist vielleicht ein niedriger gestecktes Ziel auch recht nützlich und ganz bestimmt leichter zu realisieren: plausible Szenarios verschiedener fehleranfälliger oder nicht prognostizierbarer Variablen zu entwerfen und dann zu bestimmen, wie empfindlich eine vorhergesagte Variable entweder auf verschiedene Szenarios oder auf verschiedene Annahmen im Rahmen des jeweiligen Modells reagiert.

Um beispielsweise die gesellschaftlichen Auswirkungen klimatischer Veränderungen infolge zunehmender Konzentrationen bestimmter Spurengase wie Kohlendioxid vorherzusagen, ist es erst einmal notwendig, von Annahmen hinsichtlich des Verhaltens zukünftiger Populationen sowie ökonomischer und technologischer Entwicklungen auszugehen. (Solche Faktoren sind natürlich für das Klimavorhersagemodell externer Art, müssen jedoch trotzdem im voraus bedacht werden.) Auch wenn es unmöglich scheint, sie mit Sicherheit vorauszusagen, kann man doch eine Reihe plausibler Szenarios ableiten. Und dann lassen sich die jeweils unterschiedlichen Folgen für die Klimavorhersage eines jeden dieser Szenarios beurteilen.

Bei einer anderen Art von Empfindlichkeitsanalyse entwickelt man ein Modell, in dessen interne Struktur wichtige, aber höchst ungewisse beziehungsweise fehleranfällige Variablen aufgenommen werden. Interne Schlüsselfaktoren, etwa die Parameter

Wolkenrückkopplung oder vertikale Durchmischung der Ozeane, kann man im Rahmen einer plausiblen Bandbreite von Werten variieren, um zu entscheiden, welchen internen Prozessen die größte Bedeutung für die Empfindlichkeit des Klimas auf, sagen wir, eine Zunahme von Kohlendioxid zukommt. Auch wenn man nicht mit Sicherheit sagen kann, welche der Simulationen die realistischste ist, kann die Empfindlichkeitsstudie a) es leichter machen, eine Prioritätenliste für nachfolgende Untersuchungen unwägbarer Modellelemente aufzustellen, b) eine Abschätzung der plausiblen Bandbreite künftiger Klimate erleichtern, auf die die Gesellschaft sich im Laufe der kommenden Jahrzehnte unter Umständen einstellen muß. Angesichts dieser plausiblen Zukünfte mag der eine oder andere von uns es vorziehen, ein mit einem bestimmten Szenario verbundenes Ergebnis von geringer bis mittlerer Wahrscheinlichkeit und mit weitreichenden Konsequenzen zu vermeiden. In der Tat scheuen sich die meisten Politiker, plausible Szenarios mit hohen Folgekosten in Betracht zu ziehen. Das gleiche gilt für Leute, die Versicherungen abschließen. Hingegen ziehen risikofreudigere Leute unter Umständen eine besonders weitreichende wissenschaftliche Absicherung vor, ehe sie der Gesellschaft zumuten, gegenwärtig verfügbare Mittel in Vorsichtsmaßnahmen gegen eine ungewisse, wenn auch plausible klimatische Zukunft zu investieren. Eine gekoppelte Empfindlichkeitsstudie zur Reaktion einiger vorhergesagter Variablen auf ungewisse interne und/oder externe Parameter würde es uns zumindest ermöglichen, die unterschiedlichen Konsequenzen einer genau definierten Reihe von plausiblen Annahmen quantitativ zu untersuchen.

Jedenfalls sind wir vielleicht – wenn wir schon keine verläßliche Einzelvorhersage für einige künftige Variablen machen können – in der Lage, glaubwürdigere Empfindlichkeitsstudien durchzuführen, die man praktisch umsetzen kann, um die Wahrscheinlichkeit und die Konsequenzen plausibler Szenarios zu untersuchen. Derlei Prognosen sind möglicherweise die besten »Vorhersagen«, die ein seriöser Natur- oder Sozialwissenschaftler bieten kann, um die Gesellschaft über eine Reihe plausibler alternativer Zukünfte komplexer Systeme zu informieren.[6] Wie man mit solchen Informationen umgeht, das ist natürlich eine ethische und eine politische Frage.

Lassen Sie uns also im folgenden einige Beispiele für diesen Prozeß betrachten.

2.6 Ergebnisse von Klimamodellen

2.6.1 Klimate in der Vergangenheit

Um zukünftige Klimaveränderungen zu untersuchen, wollen wir uns zunächst nicht der Gegenwart, sondern der Vergangenheit zuwenden. Wenn man dieselben Grundmodelle, derer wir uns bedienen, um die Auswirkungen einer Zunahme der Treibhausgase im kommenden Jahrhundert abzuschätzen, auch auf Klimaveränderungen in längst vergangenen Zeiten (Paläoklimate) anwenden kann, dann liefert dies sowohl eine wissenschaftliche Erklärung des Paläoklimas wie auch einen gewissen Nachweis für die Tauglichkeit des Modells, radikal verschiedene künftige Klimaperioden darzustellen.

Dreidimensionale Modellstudien der atmosphärischen Zirkulation, die explizit Land und See auflösen und ebenso explizit atmosphärische Bewegungen berechnen, hat man auf die Abfolge klimatischer Veränderungen von der letzten Eiszeit vor 18000 Jahren bis in die Gegenwart angewandt. Eine der bislang erfolgreichsten paläoklimatischen Simulationen wurde von John Kutzbach und einigen Mitarbeitern an der University of Wisconsin in Madison durchgeführt.[7] Kutzbach versuchte, die wärmste Periode in der neueren klimatischen Geschichte, das sogenannte Klimaoptimum vor etwa 5000 bis 9000 Jahren, zu erklären. In jener Zeit lagen die Sommertemperaturen in der nördlichen Hemisphäre wahrscheinlich um einige Grade höher als heute, und in Afrika und Asien gab es weit stärkere Monsunregenfälle. Wie Kutzbach herausfand, ließ sich dieses Optimum ganz einfach durch die Tatsache erklären, daß die Neigung der Erdachse (ihre »Schräge«) etwas größer war als heute. Auch sah die Umlaufbahn unseres Planeten so aus, daß die Erde eher im Juni der Sonne am nächsten war (das heißt, ihr Perihelium hatte) und nicht im Januar, wie es heute der Fall ist. Diese Abweichungen, winzige Störungen der Umlaufbahn der Erde, verändern die Menge der von der Erde jährlich empfangenen Sonnenstrahlung nur unwesentlich, aber den Unterschied zwischen Winter und sommerlichen Wärmeperioden beeinflussen sie ganz beträchtlich. Etwa fünf Prozent mehr Sonnenwärme über einem Großteil der nördlichen Hemisphäre und vergleichbar weniger im Winter, das war die Situation etwa 9000 Jahre vor unserer Zeit. Diese Abwandlung reichte in Kutzbachs Simulation aus, um die kontinentale Erwärmung in den Sommermonaten in erheblichem Maße zu verändern; in den Modellen führte das zu verstärkten Monsunregenfällen und Überschwemmungen.

Seine Ergebnisse stimmten ziemlich genau mit einem Großteil der paläoklimatischen Daten überein, die ein internationales Team von Wissenschaftlern zusammengestellt hat[8]; sie helfen uns, eines der größten Geheimnisse der paläoklimatischen Überlieferung zu klären. In einem späteren Kapitel dieses Bandes wird Brian Huntley detaillierter auf diese wichtige Untersuchung eingehen.

2.6.2 Prognostizierung einer globalen Erwärmung im 21. Jahrhundert

Die wichtigste Frage im Rahmen der Treibhausgas-Kontroverse lautet schlicht: Wie wird die regionale Verteilung klimatischer Veränderungen im Zusammenhang mit einer beträchtlichen Zunahme des Kohlendioxids und anderer Treibhausspurengase aussehen? (Andere Spurengase, etwa Fluorchlorkohlenstoffe, Methan, Stickstoffoxide oder Ozon können, zusammengenommen, im Laufe des nächsten Jahrhunderts einen dem Kohlendioxid vergleichbaren Treibhauseffekt haben.)[9] Zur Untersuchung solcher Möglichkeiten braucht man ein Modell mit regionaler Auflösung. Es muß Prozesse wie den Wasserkreislauf und die Feuchtespeicherung im Boden einbeziehen – zumal da diese Faktoren von ausschlaggebender Bedeutung sowohl für eine Klimaveränderung als auch für ihre Auswirkungen auf Landwirtschaft und Wasserversorgung sind. Klimamodelleure haben, um plausible Klimaszenarios zu untersuchen, meistens »Gleichgewichtssimulationen« durchgerechnet, in denen plötzlich angestiegene Kohlendioxid-Werte auf einen Ausgangszeitpunkt festgesetzt und dann konstant gehalten werden, während das Modell sich einem neuen Gleichgewicht annähern kann.

So stellen etwa Syukuro Manabe und R. T. Wetherald in einem der meistzitierten Ergebnisse (siehe Abb. 2.3) eine sommerliche »Trockenzone« im mittleren Nordamerika und gleichzeitig eine gestiegene Feuchtigkeit in einigen Monsungürteln fest. All dies rührte von einer Verdopplung des Kohlendioxids her, die in der Zeit konstant gehalten wurde. Man ließ das Modell einige Jahrzehnte simulierter Zeit durchlaufen, um ein Gleichgewicht zu erreichen. Manabes Team arbeitete jedoch mit einem künstlich konstruierten Ozean, der aus einer gleichförmigen Durchmischungsschicht von siebzig Meter Tiefe bestand, ohne Wärmefluß zu oder von der Tiefsee darunter. Während dieses seichte »Meer« eine zufriedenstellende Simulation des Jahreszeitenzyklus erlaubt (siehe Abb. 2.1), schließt ein reiner Durchmischungsozean die wichtigen Prozesse, bei denen Wasser horizontal von den Tropen in Richtung der Pole oder vertikal zwischen der Durchmischungsschicht und den unendlichen Tiefen transportiert wird, nicht mit ein. Letztere Prozesse verlangsamen die Annäherung an ein thermisches Gleichgewicht des Oberflächenwassers und würden mit Sicherheit die temporären Veränderungen der Oberflächentemperatur im Ozean aufgrund der tatsächlichen, zeitabhängigen Zunahme der Treibhausspurengase beeinflussen.

Während der temporären Phase der Erwärmung könnte daher die Zunahme der Oberflächentemperatur von Breite zu Breite und von Land zu Meer ein anderes Muster als im Gleichgewichtszustand aufweisen. Dies könnte seinerseits klimatische Anomalien während der temporären Phase verursachen, die sich beträchtlich von den aus Untersuchungen der Empfindlichkeit des Gleichgewichtszustands auf eine Zunahme der Spurengase abgeleiteten Werten unterscheiden würden.

Um die Frage dieser temporären Reaktion zuverlässiger zu beantworten, wurde der Vorschlag gemacht, dreidimensionale Atmosphärenmodelle mit einigermaßen realistischen dreidimensionalen Ozeanmodellen zu koppeln. Bislang ist lediglich eine Handvoll solcher Modellexperimente durchgeführt worden[10], jedoch keines innerhalb des zeitlichen Rahmens von ein bis zwei Jahrhunderten, der geboten wäre, um dieses wichtige Problem wirklich in den Griff zu bekommen. Ich gehe an dieser Stelle

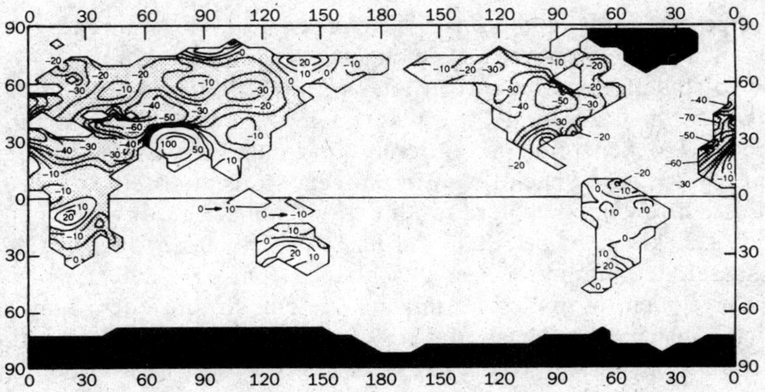

Abbildung 2.3 Durch Kohlendioxid bedingte Veränderung der Bodenfeuchte, prozentual ausgedrückt zu der anhand eines Computermodells mit verdoppeltem Kohlendioxid ermittelten Bodenfeuchte im Vergleich zu einem Kontrollauf mit normalen Kohlendioxid-Mengen. Beachten Sie, daß die Reaktion dieser ökologisch wichtigen Variablen auf die gleichmäßige Veränderung des Kohlendioxids nicht gleichmäßig verläuft.
(Quelle: S. Manabe und R. Wetherald, »Reduction in Summer Soil Wetness Induced by an Increase in Atmospheric Carbon Dioxide«, in: Science *(1986), Bd. 232, S. 626.)*

so detailliert auf das Beispiel der temporären/regionalen durch Kohlendioxid bedingten Klimaanomalie ein, weil ich das Erfordernis verschiedener Empfindlichkeitsexperimente quer durch eine Hierarchie von Modellen deutlich machen will. Insbesondere in der Entwicklungsphase der Modelle sind solche Methoden von ausschlaggebender Bedeutung. 1980 haben Starley Thompson und ich einige quasi eindimensionale Modelle durchgerechnet, um die potentielle Bedeutung dieser temporären Erscheinung zu klären.[11] Diese Modelle ließen jedoch – aufgrund ihrer simplen Physik – keine verläßlichen Simulationen zu. Allerdings waren die eindimensionalen Modelle immerhin so wirtschaftlich, daß wir sie über die Jahrhundert-Zeitspanne durchrechnen konnten, die unerläßlich ist, um den temporären vom Kohlendioxid abhängigen Wert zu untersuchen. Unsere Ergebnisse legten den Schluß nahe, daß es zwingend notwendig ist, gekoppelte atmosphärische, ozeanische, kryosphärische und Landoberflächen-Submodelle mit hoher Auflösung durchzurechnen, wenn regionale, zeitabhängige Szenarios klimatischer Veränderungen einigermaßen zuverlässig sein sollen. Hingegen sind die komplexeren dreidimensionalen globalen Zirkulationsmodelle noch nicht so weit entwickelt, daß sie verläßliche gekoppelte Atmosphären-/Ozeanmodelle ermöglichen, die sowohl ausreichend verifiziert als auch wirtschaftlich genug sind, um sie über den für temporäre Treibhausgassimulationen erforderlichen Zeitraum von Hunderten Jahren hinweg durchlaufen zu lassen. So hilft das einfache Modell, potentiell wichtige Probleme zu erkennen und abzugrenzen, einige quantitative Empfindlichkeitsuntersuchungen durchzuführen und die Prioritäten für die Erforschung dreidimensionaler, gekoppelter Modelle oder notwendiger Beobachtungsprogramme im Laufe der nächsten Jahrzehnte richtig zu setzen. Die Folgen einer Zunahme der Treibhausgase für die Landwirtschaft und die Umwelt hängen generell von der spezifischen regionalen und jahreszeitlichen Verteilung einer klimatischen Veränderung ab. Dies ist, unter anderem, ein abschließendes Ergebnis der Diskussion um die temporäre Reaktion des Klimas und von grundlegender Bedeutung für die Beurteilung der klimatischen Auswirkungen und nicht zuletzt für angemessene Reaktionen auf eine bereits eingetretene oder bevorstehende Zunahme von Treibhausgasen.

Wie lange könnte es dauern, bis solche Untersuchungen gekoppelter Modelle größere Fortschritte zeitigen? Einige Befürworter einer abwartenden Haltung gegenüber politischen Vorbeugungsmaßnahmen hinsichtlich der bevorstehenden globalen Erwärmung haben die Ansicht geäußert, daß man schon binnen drei bis fünf Jahren beträchtliche Fortschritte erzielen könnte, wenn die Forschungsmittel um 100 Millionen Dollar aufgestockt werden.[12] Zwar bin ich ebenfalls der Meinung, daß verstärkte Anstrengungen im Forschungsbereich den Fortschritt voraussichtlich beschleunigen, aber das Gerede, daß in einem kürzeren als Jahrzehnte umfassenden Zeitabschnitt verläßliche Klimaprognosen möglich sein könnten, ist schlichtweg absurd. Allein die entsprechende Rechenkapazität zur Verfügung zu stellen und routinemäßig gekoppelte Atmosphäre-/Ozean-/Land-/Eis-Modelle über simulierte Zeiträume von fünfzig bis hundert Jahren hinweg durchlaufen zu lassen, wird drei bis fünf Jahre verstärkter Forschungsanstrengungen bedürfen. Satellitenprogramme zur Erhebung von Daten, um die Modelle zu überprüfen, befinden sich gegenwärtig im Entwicklungsstadium, aber es wird ein Jahrzehnt dauern, bis die erforderlichen Daten allgemein verfügbar sind. Wenn wir Glück haben und sich uns keine größeren wissenschaftlichen oder technischen Hindernisse in den Weg stellen, könnte man vielleicht in – von jetzt an gerechnet – zehn bis 15 Jahren einen wissenschaftlichen Konsens über regionale Prognosen erzielen. Wahrscheinlicher ist es allerdings, daß wir noch einmal fünf bis zehn Jahre brauchen, um Schwierigkeiten, die wir jetzt nicht vorhersehen können, zu überwinden. Meiner Ansicht nach darf eine Politik, die auf die Zukunft gerichtet ist, nicht so lange warten.

2.7 Die gegenwärtige Diskussion zum Thema globale Erwärmung

Bevor ich jedoch auf mögliche politische und verwaltungstechnische Reaktionen auf derlei Prognosen eingehe, möchte ich hervorheben, daß nicht alle ernst zu nehmenden Wissenschaftler darin übereinstimmen, daß es zu solchen Veränderungen kommen wird. In der Tat könnte, wer die jüngste, recht lautstarke und oft polemische Auseinandersetzung in den Medien verfolgt hat, den (wie ich glaube: falschen) Eindruck gewinnen, als gäbe es zwei radikal gegensätzliche Denkrichtungen zum Thema globale Erwärmung: 1) Klimaveränderungen werden so drastisch, so plötzlich und so gewiß eintreten, daß in der Folge immer mehr Arten aussterben, der Anstieg des Meeresspiegels zehn Millionen von Umweltflüchtlichen schafft, Millionen bis zu – möglicherweise – Milliarden Menschen verhungern und praktisch mit Sicherheit Ökosysteme zerstört werden; oder, im Gegensatz dazu, 2) alle Aussagen über globale Erwärmung sind höchst unsicher; es gibt keinerlei Beweise dafür, dem 20. Jahrhundert anzulasten, was die Modelleure vorhergesagt haben, und jeder, der behauptet, daß es zu einer Klimaveränderung kommt, ist schlicht ein „Umweltextremist" – es besteht also keinerlei Veranlassung, sich vorbeugend auf ein Ereignis einzustellen, das unwahrscheinlich ist; auf keinen Fall dürfe eine dieser Maßnahmen in den »freien Markt« oder die Probleme bankrotter Länder eingreifen.[13] Unglücklicherweise vermittelt eine derart aufgeheizte und polarisierte Auseinandersetzung – so unterhaltsam diese streibaren Leitartikel oder die von Einschaltquoten abhängigen Fernsehdiskussionen auch sein mögen – ein völlig verzerrtes Bild von der aktuellen wissenschaftlichen Diskussion oder dem breiten Konsens über grundlegende Fragen innerhalb der wissenschaftlichen Gemeinschaft. Meiner Ansicht nach stellt die Alternative: »das ist das Ende der Welt« oder »kein Grund zur Sorge« die beiden unwahrscheinlichsten Fälle dar; jedes beliebige, zwischen diesen beiden Extremen liegende Szenario ist wahrscheinlicher.

Abbildung 2.4 projiziert die verschiedenen Möglichkeiten einer globalen Erwärmung bis ins 21. Jahrhundert hinein; sie stammt von einer internationalen Gruppe von Wissenschaftlern, die sich Mitte der achtziger Jahre auf Einladung des International Council of Scientific Unions trafen. Ihre Beurteilung entspricht weitgehend der des IPCC-Reports. Abbildung 2.4 zeigt eine Erwärmung von einem recht bescheidenen zusätzlichen halben Grad bis zu dem katastrophalen Wert von 5 Grad Celsius noch vor Ende des kommenden Jahrhunderts. Ich zögere nicht, letzteren Extremwert als katastrophal zu bezeichnen, denn dies ist das Maß an Erwärmung, das vor 15000 bis 5000 Jahren stattfand, als die letzte Eiszeit in die derzeitige Zwischeneiszeit überging. Die Natur hat 5000 bis 10000 Jahre gebraucht, um diese Erwärmung zu vollziehen, die mit einem Meeresspiegelanstieg um ungefähr hundert Meter, einer Wanderung von Baumarten über Tausende Kilometer hinweg, einer radikalen Veränderung der Habitate, dem Aussterben vieler Arten und der Evolution neuer Spezies sowie anderen einschneidenden Veränderungen der Umwelt einherging. Der Übergang von der Eiszeit zur Zwischeneiszeit hat in der Tat unserem Planeten ein neues ökologisches Aussehen verliehen.

Wenn die mittlere bis schlimmste Extrapolation so schnell wie auf Abbildung 2.4 dargestellt eintritt, dann würde dies in der Tat die beträchtlichen Sorgen vieler Wissenschaftler über die Perspektive einer globalen Erwärmung rechtfertigen. Hingegen

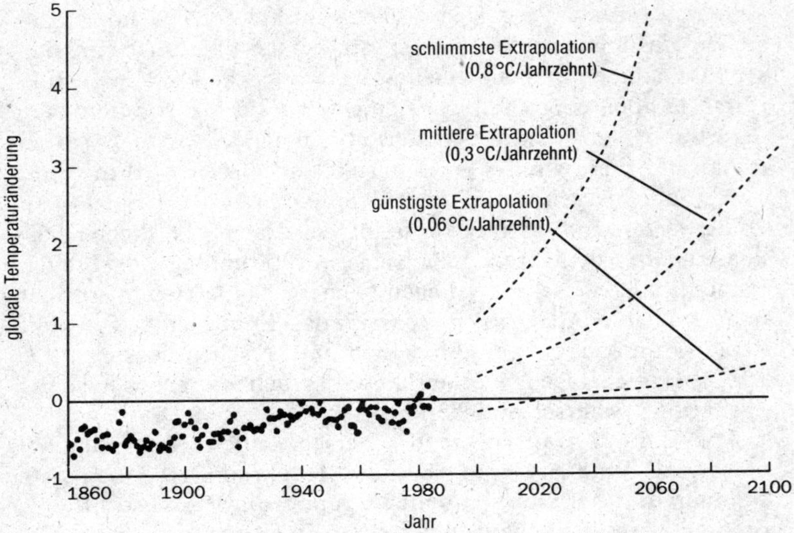

Abbildung 2.4 Drei Szenarios für eine globale Temperaturänderung bis zum Jahr 2100, abgeleitet aus der Kombination von Unsicherheiten bei künftigen Prognosen für Treibhausspurengase einschließlich Unsicherheiten bei der Modellierung der klimatischen Reaktionen auf diese projizierten Werte. Anhaltende weltweite Temperaturänderugen von über 2 °C (3,6 °F) hat es in der gesamten Geschichte der menschlichen Zivilisation noch nie gegeben. Die mittlere bis schlimmste Extrapolation entspräche einer Klimaänderung, die zehn- bis hundertmal schneller abläuft als typische Langzeit-Durchschnittsraten einer natürlichen globalen Veränderung.
(Quelle: J. Jaeger, Developing Policies for Responding to Climatic Change: a summary of the discussions and recommendations of the workshops held in Villach, 28. September bis 2. Oktober 1987).

könnten die vielen unbekannten Faktoren – die die meisten Wissenschaftler, mich eingeschlossen, zögern lassen, andere als qualitative oder intuitiv-probabilistische Vorhersagen zu machen – für das 21. Jahrhundert durchaus auf ein Klima hindeuten, in dem die globale Temperatur sich lediglich um etwa ein Grad ändert. Während diese scheinbar geringfügige Veränderung für bestimmte Lebewesen bereits ernste Folgen haben könnte (beispielsweise für einige Pflanzen- und Tierarten, die nahe den Berggipfeln leben und schon bei einer minimalen Erwärmung aussterben könnten), würden Abweichungen von weniger als zirka einem Grad im großen und ganzen natürliche (und mit Sicherheit menschliche) Systeme eindeutig weniger belasten als die Zunahme um einige Grad innerhalb von fünfzig Jahren oder weniger. In der Tat könnte die Geschwindigkeit der Veränderung sich als äußerst wichtiger Faktor für die Anpassungsfähigkeit sowohl menschlicher als auch natürlicher Systeme erweisen, insbesondere was letztere anbetrifft, da Ökosysteme – im Gegensatz zu unseren Bauern – nicht die Möglichkeit haben, neue, dem ungewohnten Klima angepaßte Getreidesorten anzupflanzen.[14]

Kritiker von Sofortmaßnahmen gegen eine globale Erwärmung haben schnell viele Unsicherheiten zur Hand, die die Durchschnittsprognosen, wie sie in Klimamodellen erstellt werden (etwa die mittlere Kurve in Abb. 2.4), abschwächen könnten. Die meisten Klimamodelleure machen in ihren Abhandlungen auch tatsächlich solche Einschränkungen, und viele von uns nehmen es diesen Kritikern in gewisser Weise übel, daß sie sich als die einzig Verantwortungsbewußten gebärden, die die Öffentlichkeit auf diese Unsicherheiten aufmerksam machen, während die Klimamodelleure sie angeblich bewußt verschweigen und das Problem überbetonen.[15] Viele Kritiker[16] übersehen aus irgendeinem Grund die Tatsache, daß die Unsicherheit ein zweischneidiges Schwert ist: das heißt, Unsicherheiten bei physikalischen oder biologischen Prozessen, die die Möglichkeit offenlassen, daß die heutige Generation von Modellen die Auswirkungen einer künftigen Erwärmung überschätzt hat, bergen ebenso wahrscheinlich die Möglichkeit in sich, daß in diesen Modellen die Veränderung unterschätzt wurde.

Andere Kritiker[17] haben behauptet, Prozesse unterhalb der Gitterauflösung (nämlich tropische Cumulus-Konvektion) könnten derart massive negative Rückkopplungen darstellen, daß sie die gegenwärtigen Schätzungen für eine globale Erwärmung (normalerweise 2 bis 4 Grad Celsius bei einer Verdopplung des Kohlendioxid-Gehalts) um einen Faktor von 4 oder mehr verringern könnten. Sie haben keinerlei Berechnungen im Rahmen eines globalen Modells vorgelegt, die ihre Behauptungen stützten. Wenn jedoch ein grober Irrtum (etwa um einen Faktor von fünf) beispielsweise in der Schätzung unterliefe, wie ein Bewölkungswechsel die Extrapolationen des Modells für hypothetische Szenarios mit einer Kohlendioxid-Zunahme verstärken oder abschwächen könnte, dann wären die Modelle überhaupt nicht in der Lage, den Jahreszeitenzyklus der Oberflächentemperatur auch nur annähernd so genau zu bestimmen, wie sie dies offenbar tun. In Abbildung 2.1 haben wir gesehen, daß gerade der Jahreszeitenzyklus normalerweise sehr gut simuliert ist. Bewölkungswechel finden sehr schnell statt. Sie entfalten sich in einem weit kürzeren Zeitraum als einer Jahreszeit. Aber Auswirkungen von Veränderungen in der Tiefsee brauchen Jahrzehnte oder noch länger. Aus diesem Grund ist der Test mit dem Jahreszeitenzyklus kein unmittelbarer Gültigkeitsmaßstab für alle bei einer globalen Erwärmung potentiell wichtigen Prozesse. Er eignet sich zum Beispiel nicht für die Verläßlichkeit einer Modellvorhersage für die regionale Veränderung von Sturmspuren, die für die Bewohner der betroffenen Gegend so wichtig ist. Hingegen bietet uns der Jahreszeitentest einen, sagen wir, Wahrscheinlichkeitsfaktor von 2 bis 3, daß die Größenordnung der Veränderung der globalen Oberflächentemperatur, wie sie in Abbildung 2.4 prognostiziert ist, gute Aussichten hat, korrekt zu sein – und dies ist in der Tat der Grund, weshalb ich die Perspektive einer globalen Erwärmung im 21. Jahrhundert oft mit »der Wahrscheinlichkeit, daß beim Werfen einer Münze ein völlig unerwartetes Ergebnis herauskommt,« vergleiche, da eine durchgängige globale Veränderung von mehr als 2 Grad Celsius für die letzten 10000 Jahre der Geschichte der menschlichen Zivilisation beispiellos wäre.

Ich habe bereits an früherer Stelle erwähnt, daß A. Raval und V. Ramanathan an der University of Chicago Satellitenbeobachtungen ausgewertet haben, um den sehr wichtigen Treibhaus-Rückkopplungsmechanismus von Wasserdampf zu untersuchen, einen Prozeß, der bei den meisten Modellschätzungen einer Langzeiterwärmung von etwa 3 Grad Celsius (plus oder minus 1,5 Grad Celsius) infolge einer Verdopplung des Kohlendioxid-Gehalts eine zentrale Rolle spielt. Sie kommen zu dem Schluß, daß »der Treibhauseffekt offenbar mit der Temperatur der Meeresoberfläche beträchtlich zunimmt. Die Anstiegsrate liefert einen zwingenden Beweis für die positive Rückkopplung zwischen Oberflächentemperatur, Wasserdampf und dem Treibhauseffekt; die Größenordnung der Rückkopplung stimmt mit den Vorhersagen von Klimamodellen überein«.[18] Mit anderen Worten: Die Fähigkeit der Atmosphäre, Wärme einzufangen, ist durch Messungen auf der Erde erwiesen, und ein Großteil der manchmal polemischen Auseinandersetzung in den Medien zum Thema Treibhauseffekt hat nur wenig mit der Realität zu tun. Diese empirische Bestätigung des natürlichen Treibhauseffekts steht wie die der Klimamodelle in starkem Gegensatz zu den theoretischen Postulaten der Kritiker, daß irgendwelche stabilisierende Wasserdampf-Rückkopplungsprozesse in Teilen der Tropen die in derzeitigen Modellen vorgenommenen Schätzungen einer globalen Erwärmung um zirka einen Faktor von 4 verringern könnten.

Es ist allgemein bekannt, daß die seit Beginn der industriellen Revolution nachgewiesene 25prozentige Zunahme des Kohlendioxids, der Methan-Anstieg um 100 Prozent im selben Zeitraum und die Einführung vom Menschen produzierter Chemikalien, etwa von Fluorchlorkohlenstoffen (die auch für den Abbau des stratosphärischen Ozons verantwortlich sind), seit den fünfziger Jahren über jedem Quadratmeter der Erde etwa zwei Watt Strahlungsenergie zusätzlich eingefangen haben. Dies wird von den meisten Klimatologen weitgehend akzeptiert. Alles andere als einig ist man sich hingegen darin, wie man diese zwei Watt Erwärmung in »x« Grad Temperaturänderung übersetzen soll; denn hier kommen Annahmen mit ins Spiel, wie diese Erwärmung sich auf steigende Oberflächentemperaturen, zunehmende Verdunstung, Bewölkungswechsel, Veränderungen der Eisbedeckung und so weiter verteilen wird. Der Unsicherheitsfaktor von 2 bis 3 für Prognosen eines globalen Temperaturanstiegs, der in den für die amerikanische National Academy of Sciences oder den IPCC typischen Berichten zitiert wird, spiegelt eine berechtigte Einschätzung der Unsicherheit wider, der sich der Großteil der wissenschaftlichen Gemeinschaft angeschlossen hat. Neuere Versuche einer britischen Gruppe, die Auswirkungen von Wolkentröpfchen zu simulieren, haben zwar die Empfindlichkeit ihres Modells auf eine Kohlendioxid-Verdopplung halbiert – aber das Endergebnis liegt nach wie vor innerhalb der oft zitierten Bandbreite von 1,5 bis 4,5 Grad Celsius. Allerdings haben die Autoren der am British Meteorological Office durchgeführten Studie klugerweise hervorgehoben, daß »zwar das revidierte Wolkenschema detaillierter, aber deswegen nicht unbedingt genauer ist als das nicht so ausgeklügelte Schema.«[19] Ich habe selten erlebt, daß einer der Kritiker der Theorie der globalen Erwärmung – die fast immer die Arbeit der Briten als Begründung dafür heranziehen, unsere Besorgnis um einen Faktor von plus oder minus 2 zu mindern – so unumwunden einen so wichtigen Vorbehalt zitiert hat.

Schließlich ist, wie bereits erwähnt, eine Vorhersage der genauen regionalen Verteilung klimatischer Anomalien – das heißt, wo und wann es feuchter oder trockener sein wird, wie viele Überschwemmungen im Frühjahr in Kalifornien oder wie viele Waldbrände in Sibirien im August zu erwarten sind – einfach hochgradig spekulativ, auch wenn man einige plausible Szenarios entwickeln kann, wie sie beispielsweise im IPCC-Bericht[20] oder in einer früheren Einschätzung (Tab. 2.1) möglicher Klimaveränderungen infolge einer Verdopplung des Kohlendioxid-Gehalts durch einen Ausschuß der amerikanischen National Academy of Sciences 1987 erstellt worden sind.[21]

Ein weiterer Einwand gegen Prognosen einer globalen Erwärmung ist, daß die Erwärmung der Erde dem ganz allmählichen Anstieg der Treibhausgase im Verlauf der letzten hundert Jahre (siehe Abb. 2.5, unteres Diagramm) nicht perfekt entspricht. Man hat behauptet, die Trends der Temperaturentwicklung im 20. Jahrhundert könnten nicht auf die Zunahme der Treibhausgase zurückgeführt werden, da die im Verlauf des 20. Jahrhunderts erfolgte Erwärmung hauptsächlich zwischen 1915 und den vierziger Jahren stattgefunden hat; darauf folgte eine Abkühlung, und zwar zu genau derselben Zeit, als die Treibhausgase global zunahmen.

Diese Argumentation hat etliche Schwachstellen. Erstens ist die Natur ständigen Schwankungen unterworfen. Trends von einigen Zehntelgrad Celsius Erwärmung oder Abkühlung über Jahrzehnte hinweg sind Teil des natürlichen Ablaufs und ganz normal. Die Wissenschaftler bezeichnen sie als »klimatisches Rauschen«. Sie sind, soweit man das beurteilen kann, nicht vorhersagbar, da sie anscheinend durch die interne Neuverteilung

Tabelle 2.1 Mögliche Klimaveränderungen infolge einer Verdopplung des Kohlendioxids
Quelle: US National Academy of Sciences

Starke Abkühlung der Stratosphäre (praktisch sicher). Niedrigere Ozon-Konzentrationen in der oberen Stratosphäre werden eine verringerte Absorption ultravioletter Sonnenstrahlung und mithin eine geringere Erwärmung zur Folge haben. Eine Zunahme der stratosphärischen Konzentration von Kohlendioxid und anderen strahlungsrelevanten Spurengasen wird die Hitzeabstrahlung aus der Stratosphäre erhöhen. Die Kombination von verringerter Erwärmung und erhöhter Abkühlung wird einen beträchtlichen Temperaturabfall in der oberen Stratosphäre hervorrufen.

Globaler Anstieg der durchschnittlichen Oberflächentemperatur (sehr wahrscheinlich). Bei einer Verdopplung des Kohlendioxids (oder seines Strahlungsäquivalents aus allen Treibhausgasen) rechnet man auf lange Sicht mit einer Erhöhung der globalen Durchschnittstemperatur um 1,5 bis 4,5 Grad Celsius. Den größten Unsicherheitsfaktor bildet die Wirkung von Wolken. Natürlich hängt die tatsächliche Geschwindigkeit der Erwärmung im Verlauf des nächsten Jahrhunderts von der Anstiegsrate der Treibhausgase, von natürlichen Schwankungen innerhalb des Klimasystems sowie davon ab, wie genau die langsam reagierenden Teile des Klimasystems, das heißt Meere und Eisflächen, darauf ansprechen.

Globale Zunahme der durchschnittlichen Niederschläge (sehr wahrscheinlich). Eine zunehmende Erwärmung der Oberfläche wird zu erhöhter Verdunstung und damit zu – im globalen Durchschnitt – mehr Niederschlägen führen. Trotz dieser Zunahme der Niederschläge im globalen Durchschnitt könnte es in einigen Regionen durchaus zu einer Abnahme der Regenfälle kommen.

Verringerung der ozeanischen Eisdecke (sehr wahrscheinlich). Bei einer Erwärmung des Klimas rechnet man mit einem teilweisen Abschmelzen der Eisdecke der Ozeane.

Erwärmung der Oberfläche im Polarwinter (sehr wahrscheinlich). Für den Fall, daß die Vereisungsgrenze sich polwärts verlagert, sagen die Modelle eine dramatisch ansteigende Erwärmung in Gegenden des Polarwinters voraus. Bleibt ein größerer Teil des Wassers eisfrei und wird die Eisdecke der Meere dünner, kommt es wahrscheinlich zu einer Erwärmung der bodennahen Luftschicht in der Polarregion um das Dreifache der durchschnittlichen globalen Erwärmung.

Trockenheit/Erwärmung der Kontinente im Sommer (auf lange Sicht wahrscheinlich). Einige Studien haben auf lange Sicht eine deutliche Abnahme der Bodenfeuchte in einigen innerkontinentalen Regionen mittlerer Breite während des Sommers vorausgesagt. Diese Trockenheit wird hauptsächlich dadurch verursacht, daß die Schmelz- und Regenperioden früher zu Ende gehen und die Abnahme der Bodenfeuchte in der Übergangszeit von Frühling zu Sommer vorzeitig einsetzt. Natürlich können diese Simulationen der langfristigen Gleichgewichtsbedingungen keine verläßliche Richtschnur für Trends im Laufe der nächsten Jahrzehnte (für die mit einer sich verändernden Zusammensetzung der Atmosphäre und mit einem sich wandelnden Klima zu rechnen ist) bieten.

Zunahme der Niederschläge in hohen Breiten (wahrscheinlich). Sobald das Klima wärmer wird, dürfte aufgrund des verstärkten Vordringens warmer, feuchter Luft in Richtung Pol die Jahresdurchschnittsmenge der Niederschläge in hohen Breiten zunehmen.

Globales Ansteigen des durchschnittlichen Meeresspiegels (wahrscheinlich). Aufgrund der thermischen Ausdehnung des Meerwassers in einem wärmeren Klima rechnet man allgemein mit einem Ansteigen des Meeresspiegels. Weit weniger sicher ist, wieviel das Abschmelzen oder Kalben von Landeis dazu beitragen wird.

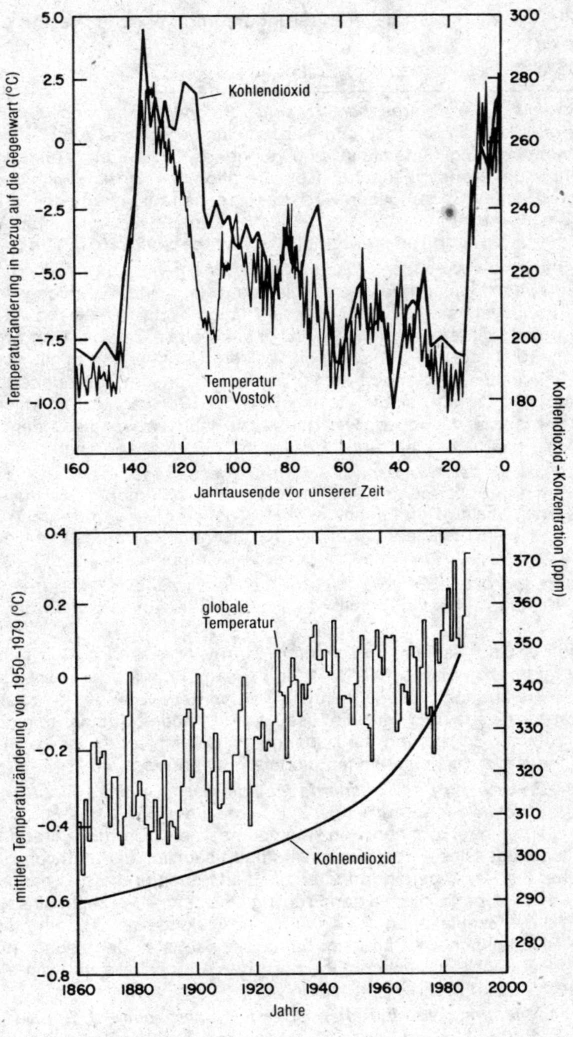

Abbildung 2.5 Kohlendioxid und Temperatur waren im Verlauf der letzten 160 000 Jahre (oben) und – in geringerem Maße – der letzten 100 Jahre (unten) eng miteinander korreliert. Die Langzeitdarstellung, die auf Daten aus der Antarktis beruht, zeigt, wie die lokale Temperatur und das atmosphärische Kohlendioxid fast im Gleichschritt anstie-

von Energie und Chemikalien unter den Hauptspeichern: Atmosphäre, Ozeane, Eis, Landoberfläche und Lebewesen, verursacht werden. Daher könnten natürliche Schwankungen die krasse Erwärmung bis in die dreißiger Jahre, die Abkühlung bis 1975 und möglicherweise auch die auffällig schnelle Erwärmung der späten siebziger bis in die achtziger Jahre – das wärmste Jahrzehnt, seit man Messungen durchführt – teilweise erklären. Zweitens wissen wir nicht genau, was andere potentielle »Kräfte« (das heißt Prozesse, die Klimaveränderungen erzwingen könnten) während der letzten hundert Jahre bewirkt haben. Hierzu gehören der Energieausstoß der Sonne, atmosphärische Teilchen von Vulkanausbrüchen und durch menschliche Aktivitäten erzeugte Partikel.

Dieses Problem von Ursache und Wirkung ist – metaphorisch ausgedrückt – einer kriminalistischen Untersuchung nicht unähnlich, bei der man das Alibi von nur einem Hauptverdächtigen kennt, während die Alibis anderer möglicher, erst in zweiter Linie verdächtiger Personen nicht genau überprüft worden sind. In unserem Fall ist das »Verbrechen« natürlich der Trend zu einer Erwärmung um 0,5 Grad Celsius (plus oder minus 0,2 Grad Celsius) im Lauf des 20. Jahrhunderts, und der bekannte »Hauptverdächtige« ist die Zunahme der Treibhausgase (wie auf Abb. 2.5 unten zu sehen ist). Da wir bedauerlicherweise nicht über quantitativ genaue Methoden verfügen, um exakt zu messen, welches die anderen potentiellen klimatischen Kräfte waren (das heißt die anderen Verdächtigen, die nicht unter Beobachtung standen), können wir nicht ausschließen, daß auch sie möglicherweise eine Rolle gespielt haben. Zu diesen anderen Kräften gehören der Energieausstoß der Sonne, Luftver-

---

gen, als vor etwa 130 000 Jahren eine Eiszeit endete, zu Beginn einer neuen Eiszeit fast synchron absanken und wiederum anstiegen, als vor etwa 10 000 Jahren das Eis erneut zurückging. Die Temperaturkurve für die neuere Zeit zeigt eine leichte weltweite Erwärmung, die Mitarbeiter der Climatic Research Unit der University of East Anglia festgestellt haben. Ob die gleichzeitige Zunahme von Kohlendioxid in der Atmosphäre die Erwärmung um ein halbes Grad verursacht hat, ist heftig umstritten.

schmutzung durch Schwefeloxide, Nutzungsänderungen der Landoberfläche und Vulkanausbrüche.

Darüber hinaus haben einige Kritiker die Ansicht geäußert, daß eine jahrhundertelange Aufheizung der Sonne um ein paar Zehntelprozent die Ursache für die Erwärmung der Erde im 20. Jahrhundert sein könnte[22]. Doch vergessen diese Kritiker oft zu erwähnen, daß es – da man dies nicht mit der notwendigen Genauigkeit messen konnte – genauso wahrscheinlich ist, daß die Sonne sich in eben diesem Maße abgekühlt und mithin einen Teil des Treibhauseffekts abgeschwächt hat, der ansonsten in den Messungen zutage getreten wäre; dies hätte uns zu der irrigen Annahme verführen können, die von Luftverunreinigung hervorgerufene globale Erwärmung sei bislang geringer, als es in Wirklichkeit der Fall ist. Es ist ganz simpel – die Kritiker können nicht in beider Hinsicht recht haben. Was wir nicht wissen, könnte unsere Schätzungen übertreffen oder auch darunterliegen.

In einigen Untersuchungen[23] hat man abzuschätzen versucht, welche Treibhausgase, vulkanische oder solare Kräfte zu den Temperaturtrends im 20. Jahrhundert beigetragen haben könnten. Tatsächlich stimmen, rechnet man in solchen Schätzungen diese drei Kräfte hinzu, unsere Computersimulationen besser mit der beobachteten Entwicklung der Temperaturen überein. Ohne quantitativ verläßlichere Informationen darüber, was für Kräfte hier eigentlich am Werk waren, können jedoch derlei Gedankenspiele – wie alle diese Wissenschaftler bereitwillig einräumen – nicht mehr leisten, als daß sie eher plausible denn definitive Ergebnisse in groben Umrissen skizzieren. Auch der Intergovernmental Panel on Climate Change[24] hat diese Schwierigkeit hervorgehoben. Dennoch ist es, so erneut die Schlußfolgerung des IPCC, ziemlich wahrscheinlich, daß eine Erwärmung um 1,5 bis 4,5 Grad Celsius der tatsächlichen langfristigen Reaktion der Temperatur auf eine Verdopplung des Kohlendioxid-Gehalts entsprechen wird. Aber die meisten stimmen dahingehend überein, daß es ohne weitere zehn bis zwanzig Jahre der Beobachtung von Temperaturen, Sonne, Luftverschmutzung und Vulkantätigkeit schwierig sein wird, überhaupt etwas mit einer 99prozentigen Wahrscheinlichkeit zu bestimmen.

Eine beliebte Taktik etlicher Kritiker der Theorie der globalen

Erwärmung bestand, wie ich bereits erwähnt habe, in dem Einwand, daß Klimamodelle nicht imstande waren, Temperaturschwankungen detailliert im Zehnjahresrhythmus vorherzusagen. Diese Kritik ist jedoch der Argumentation vergleichbar, daß wir – nur weil wir nicht in der Lage sind vorherzusagen, wie bei einem Spiel die einzelnen Würfel in den verschiedenen Durchgängen fallen werden – die langfristigen Chancen eines Paschs nicht vorhersagen können. Jeder Spieler kann Sie da eines Besseren belehren! Auch wenn wir die Wahrscheinlichkeit, daß wir eine bestimmte Zahl würfeln, kennen, würde doch kein Mensch von uns erwarten, daß wir wissen, welche Zahlenfolge wir bei verschiedenen Würfen erzielen.

Im Frühjahr 1990 sorgten zwei NASA-Wissenschaftler[25] für Schlagzeilen, als sie behaupteten, ihre experimentellen Satelliten-Sonarmessungen von Temperaturen hätten keinerlei Hinweis auf eine globale Erwärmung in den achtziger Jahren ergeben. Man kann jedoch nicht erwarten, daß eine einzelne Dekade jemals einen Trend globaler Erwärmung zeigt, der eindeutig größer als klimatisches Rauschen ist; ein Punkt, den sie nicht gebührend hervorgehoben haben und der auch in der Medien-Berichterstattung über ihre Arbeit unter den Tisch gefallen ist. Zudem haben die Satellitenergebnisse von Spencer und Christy die bereits vorher veröffentlichten Thermometeranalysen der Entwicklung der globalen Oberflächentemperatur, laut denen die frühen sowie die späten achtziger Jahre sehr warm und die mittleren achtziger Jahre um ein paar Zehntelgrad kälter waren[26], eher bestätigt als widerlegt. (Zufällig fielen diese kühleren Jahre in etwa mit einer stratosphärischen Aerosolwolke infolge der Eruption des Vulkans El Chichón im Jahre 1982 zusammen.)

Kurz gesagt, diejenigen, die behaupten, die fehlende exakte Übereinstimmung – im Zehnjahresrhythmus betrachtet – zwischen beobachteten Temperaturschwankungen und der Zunahme von Treibhausgasen beweise gleichsam, daß die Treibhausgasempfindlichkeit der Modelle nicht stimme, argumentieren schlichtweg unlogisch, zumal da eine solche Übereinstimmung im Detail so lange nicht möglich sein wird, wie ein derart hoher Anteil an klimatischem Rauschen für einen Großteil der im Zehnjahresrhythmus aufgezeichneten Temperaturschwankungen verantwortlich ist. Glücklicherweise messen wir inzwischen den

Energieausstoß der Sonne, Vulkanausbrüche und andere luftverunreinigende Aktivitäten und können daher ihre Auswirkungen besser berücksichtigen. Schließlich beobachten wir jetzt auch die anderen »Verdächtigen«. Daher wird man, falls im Laufe der neunziger Jahre und bis ins 21. Jahrhundert hinein trotz künftig weiter zunehmender Treibhausgase keine Treibhauserwärmung mit annähernd der vorhergesagten Geschwindigkeit eintreten wird, in der Tat – ausgehend von direkten Beweisen – behaupten können, daß der von den derzeitigen Modellen prognostizierte Effekt jeglicher Grundlage entbehrt.

Die Klimatologen werden weiterhin neue Modelle entwickeln und sie noch verbessern, indem sie leistungsfähigere Computer einsetzen, um sie durchzurechnen, und mehr Informationen eingeben, um sie genauer zu machen und zu verifizieren. Wir müssen die Gesellschaft um Nachsicht und Verständnis dafür bitten, daß sofortige, definitive Antworten nicht wahrscheinlich sind, da es ein Jahrzehnt oder länger beanspruchen wird, um gekoppelte Atmosphären-, Ozean-, Eisbedeckungs-, Landoberflächen- und Chemie-Submodelle mit höherer Auflösung zu entwickeln. Im Grunde genommen stehen Klimamodelle und ihre Anwendung für eine wachsende Anzahl Probleme, mit denen wir keineswegs nur beim Klima konfrontiert, sondern die uns auch von anderen Bereichen her vertraut sind: die Entsorgung nuklearen Abfalls, die Unbedenklichkeit von Nahrungszusätzen und Medikamenten, die Wirksamkeit der strategischen Verteidigung und so weiter. Es handelt sich hier um Probleme, auf die es keine garantierten »wissenschaftlichen« Antworten geben kann – außer wir exerzieren die Experimente am eigenen Leib durch. Mit diesen komplexen soziotechnischen Problemen umzugehen erfordert ein neues Verständnis dafür, welch zentrale Bedeutung der (irgendwie begrenzten) Unsicherheit zukommt, und die Bereitschaft, sich auf probabilistische Schätzungen einzulassen; es ruft auch nach mehr Modellierungen – vorausgesetzt, man begreift den Kontext, in dem Modellierung zu sehen ist, und führt gleichzeitig, zur Kontrolle, parallele Beobachtungsprogramme durch. Ein effizientes Funktionieren unserer Gesellschaft wird von unserem Verständnis sowohl der Nützlichkeit als auch der Begrenztheit von Modellen abhängen. In gewissem Sinne steht jedoch mehr auf dem Spiel als wirtschaftliche Leistungsfähigkeit, denn das schiere Überleben von Menschen – vor allem in niedriggelegenen Küstengebieten – wird von den Entscheidungen abhängen, die wir heute treffen, Entscheidungen, wie wir mit der klimatischen Zukunft, die uns wahrscheinlich bevorsteht, umgehen werden.

Wenn die Öffentlichkeit überhaupt nichts vom Wesen, vom Nutzen oder von der Aussagekraft klimatischer (und vieler anderer) Modelle weiß, dann werden aus Modellen resultierende politische Entscheidungen bestenfalls zufällig zustande kommen. In diesem Fall werden vermutlich Sonderinteressen oder eine technisch hochqualifizierte Elite die Entscheidungsprozesse dominieren.

Kapitel 3
Biogeochemische Rückkopplungen im System Erde

David Schimel

»... Rückkopplungen zwischen Atmosphäre und Biosphäre sind nichtlinear, reagieren empfindlich auf Ausgangsbedingungen und sind zu massiven Verstärkungen in der Lage. Komplexe Rückkopplungen im System Erde können unerwartete und gewaltige Reaktionen hervorrufen ... Ohne nun gleich blinden Alarm zu schlagen – die Tatsache, daß biogeochemische und ökologische Rückkopplungen zu einer schnelleren Veränderung unserer Umwelt führen können, als rein physikalische Modelle vorhersagen, verdient es, daß wir als Gesellschaft uns darüber Gedanken machen.«

Viele Treibhausgase werden durch Lebensprozesse erzeugt oder aufgebraucht. Die Disziplin, die sich mit Erzeugung, Verbrauch und Zirkulation von Chemikalien in der Umwelt durch und mittels Flora und Fauna befaßt, wird als Biogeochemie bezeichnet. Biogeochemie und das rein physikalische Klima können miteinander in Wechselwirkung stehen und Rückkopplungen hervorrufen, wenn beispielsweise eine Klimaveränderung zur Zunahme oder Abnahme eines Treibhausgases führt, was wiederum eine Klimaveränderung auslöst.

Einige der größten Unsicherheiten bei der Vorhersage der Reaktionen des globalen Klimas auf Treibhauskräfte sind auf ein mangelndes Verständnis der Rückkopplungen zwischen biogeochemischen und physikalischen Prozessen im System Erde zurückzuführen.[1] Etliche dieser Rückkopplungen sind geophysikalischer Natur, etwa die Reaktion von Wolken und der Wasserkreislauf oder die Kopplung von atmosphärischem mit ozeanischem Wärmehaushalt.[2] Andere Wechselwirkungen sind biogeochemisch, beispielsweise die Regulierung der ozeanischen und terrestrischen Aufnahme oder Freisetzung von Kohlendioxid. Die Paläogeschichte (die Erdgeschichte, wie sie sich an Fossilien und Gestein ablesen läßt) zeigt eindeutig, daß Klimaänderungen mit Veränderungen in der Biochemie einhergehen: das machen die enormen Veränderungen der Kohlendioxid- und Methan-Mengen jeweils zu Beginn und gegen Ende von Eiszeiten klar.[3] Kausalbeziehungen zwischen Veränderungen der Biogeochemie und dem Klima aus Paläodaten abzuleiten ist schwierig, und sie zu beweisen ist unmöglich; aber sie dokumentieren eine enge Beziehung zwischen beiden.

Treibhauskraft hat zwei Aspekte: die strahlungsrelevante Kraft, die Treibhausgase auf das physikalische Klima ausüben, und die dynamische Kraft, die sich über die kontinuierlich sich ändernden Treibhausgaskonzentrationen auf das System Erde auswirkt. Man hat sich zwar ernsthaft darum bemüht, die Kraft abzuschätzen, die eine veränderte, aber konstante Kohlendioxid-Menge – über Strahlung, Wolken und den ozeanischen Wärmehaushalt – auf das Klima ausübt, doch wird das Tempo der Veränderung dieser Kraft bestimmen, wie schnell das Klima sich wandeln und folglich auch, in welchem Maße sich dies auf die Menschheit auswirken wird. Die Rate der Treibhauskraft müßte eigentlich einer der Aspekte des Problems eines globalen Wandels sein, die man einigermaßen gut versteht, zumal da Kohlendioxid- und Fluorchlorkohlenstoff-Emissionen relativ vorhersagbar oder aus Industriestatistiken bekannt sind.[4] Allerdings bestimmt sich die Treibhauskraft aus der Belastung der Atmosphäre durch Gase; das ist nicht dasselbe wie die ausgestoßene Menge. In diesem Kapitel möchte ich zeigen, daß die atmosphärische Belastung durch die gesamte Palette von biogenen Spurengasen sich kaum als eine Funktion des industriellen Einbringens von Treibhausgasen in die Atmosphäre vorhersagen läßt. Die atmosphärischen Konzentrationen von Kohlendioxid, Methan, Distickstoffoxid und anderen Gasarten werden durch eine Vielzahl biologischer Prozesse beeinflußt, die sich ihrerseits verändern werden, sobald die Treibhauskraft sich verändert. Diese biologischen Rückkopplungen werden, soweit wir wissen, den Treibhauseffekt wahrscheinlich beschleunigen – mit einer großen Ausnahme.

3.1 Biogeochemische Rückkopplungen und atmosphärisches Kohlendioxid

Das wichtigste Treibhausgas, das direkt der menschlichen Einflußnahme unterliegt, ist natürlich Kohlendioxid. Es wird bei der Nutzung fossiler Brennstoffe und bei der Zersetzung organischer Materie erzeugt und bei der Photosynthese verbraucht. Austausch mit dem Carbonat-Kreislauf in Felsen und Wasser moduliert den Kreislauf signifikant; dabei bildet die Aufnahme von Kohlendioxid durch die Ozeane eines der wichtigsten Auffangbecken für Jahre bis Jahrhunderte; im Ablauf der geologischen Zeit dominiert der Gesteinszyklus. Hinsichtlich der Auffangbecken (oder Senken) für industrielles Kohlendioxid herrscht beträchtliche Unsicherheit; das gleiche gilt für biologische Quellen, das heißt Abholzung, Urbarmachen von Boden für landwirtschaftliche Nutzung und Auswirkungen von Klimaveränderungen. Ziemliche Unsicherheit herrscht auch darüber, wie der globale Kohlenstoff-Kreislauf in Zukunft funktionieren wird, wenn die atmosphärische Kohlendioxid-Konzentration und das Klima sich im Vergleich zu heute verändern.

Die sich wandelnde globale Umwelt wird die Art und Weise, wie der terrestrische Kohlenstoff-Kreislauf abläuft, beeinflussen. Mehr Kohlendioxid wird unter bestimmten Bedingungen zu einer verstärkten Photosynthese führen – ein Vorgang, der als Kohlendioxid-Düngung bezeichnet wird. Drei Faktoren können die Bedeutung dieser Zunahme einschränken. Erstens kann sie vorübergehender Natur sein; es gibt Hinweise darauf, daß Pflanzen sich an eine Zunahme von Kohlendioxid akklimatisieren und allmählich immer weniger darauf reagieren. Diese Akklimatisierung dürfte bei mehrjährigen Pflanzen größer sein als bei einjährigen Pflanzen.[5]

Zweitens könnten die Auswirkungen des Kohlendioxids, bedingt durch Einschränkungen von seiten anderer Grenzfaktoren, abgeschwächt werden. Nährstoffe oder Wasser könnten die Kohlendioxid-Aufnahme auf einem Niveau begrenzen, das nur geringfügig über dem der derzeitigen Kohlendioxid-Konzentrationen liegt. Die Wechselwirkung zwischen Kohlendioxid-Düngung und anderen Grenzfaktoren bedarf noch einer viel eingehenderen Untersuchung in einer Reihe von Ökosystemen mit variierenden Grenzfaktoren. Kohlendioxid-Düngung kann den Wirkungsgrad der Stickstoffnutzung verändern, indem sie einen höheren Enzym-Wirkungsgrad zuläßt (photosynthetische Enzyme enthalten große Mengen Stickstoff). Sie kann auch den Wirkungsgrad der Wassernutzung steigern. In den meisten Fällen werden diese Veränderungen des Wirkungsgrades der Stickstoff- oder Wassernutzung zur Erzeugung von pflanzlichem Gewebe mit einem niedrigeren Gehalt an Stickstoff und anderen Nährstoffen führen. Man kennt nämlich keinen Mechanismus, durch den Kohlendioxid-Düngung die Verfügbarkeit von Nährstoffen steigert, und bei einem höheren Wirkungsgrad muß mehr Biomasse aus der gleichen Menge an Nährstoffen erzeugt werden. Die Erzeugung von pflanzlichem Gewebe mit einem höheren Verhältnis von Kohlenstoff zu Grundstoff wird bei der Zersetzung des Gewebes die Aufnahme von Nährstoffen durch Mikroben erhöhen; das führt zu einer Konkurrenz mit Pflanzen und zu einer Reduzierung der zur Verfügung stehenden Nährstoffe.[6] Diese Rückkopplung wird dazu tendieren, die Auswirkungen einer Kohlendioxid-Düngung auf die Primärproduktion homöostatisch zu verringern. Wir haben die Auswirkungen einer Kohlendioxid-Zunahme auf die Kohlenstoff-Speicherung in einem Wiesenmodell untersucht (Abb. 3.1) und festgestellt, daß es tatsächlich zu dem eben beschriebenen Verhalten kommt; das heißt, Rückkopplung durch Konkurrenz zwischen Pflanzen und Mikroben um Nährstoffe hat die Auswirkungen der durch Kohlendioxid ausgelösten Zunahme des Wirkungsgrades der Ressourcennutzung begrenzt.

Drittens legt eine Extrapolierung des eben beschriebenen Effekts den Schluß nahe, daß die Fähigkeit terrestrischer Ökosysteme, Kohlenstoff zu speichern, durch die Verfügbarkeit anderer Ressourcen begrenzt wird. Wenn Kohlendioxid die Kohlen-

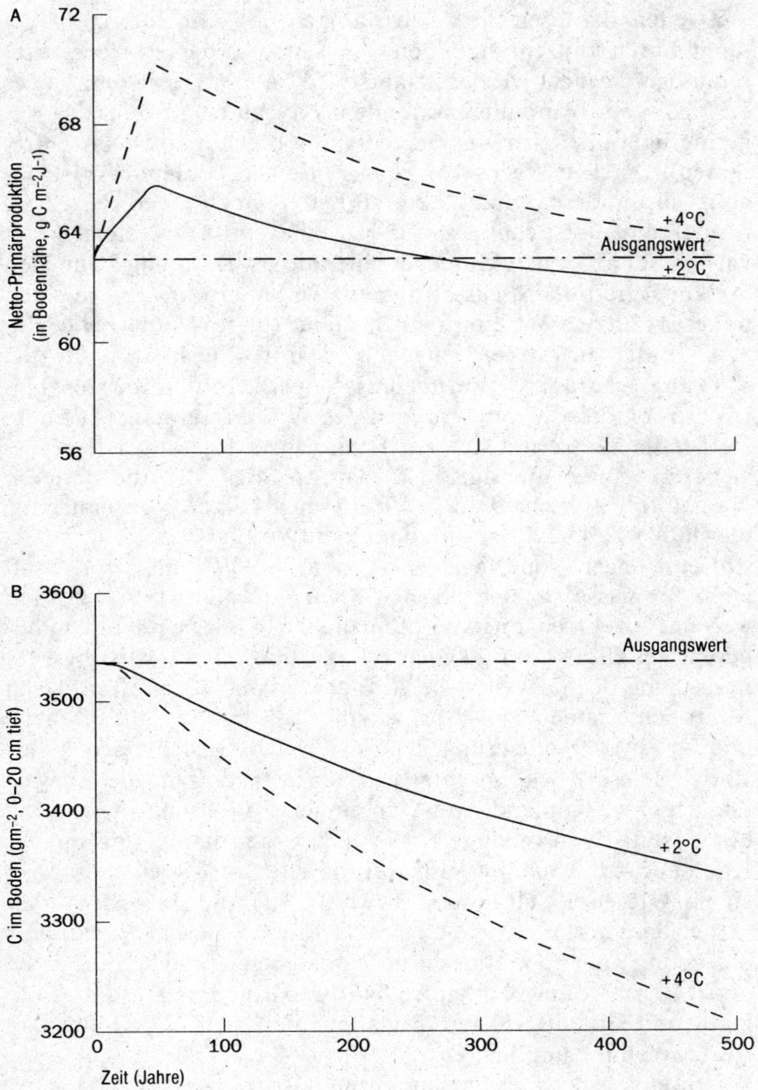

Abbildung 3.1 Wir haben das »Century model« (»Jahrhundertmodell«)[7] verwandt, um die Auswirkungen einer Klimaveränderung auf zwei Wiesen zu simulieren. Mittlere jährliche Temperaturen stiegen –

stoff-Speicherung in einigen oder den meisten Ökosystemen fördern würde, wieviel Kohlenstoff könnten diese dann speichern? Eine bestimmte Menge Kohlenstoff kann in pflanzlicher Biomasse gespeichert werden, vor allem in Holz. Der maximalen Biomasse von Wäldern sind aber mechanische Grenzen gesetzt, und zwar durch Nährstoffe und Licht sowie durch den Bedarf der Menschen an Forstprodukten. Kohlenstoff-Speicherung in organischer Materie im Boden stellt ein dauerhafteres Auffangbecken dar, da die Umwandlungszeit Hunderttausende Jahre beträgt. Mit aller organischen Materie sind jedoch Nährstoffe verbunden, und organische Materie im Boden ist normalerweise ziemlich reich an Nährstoffen. Zum Beispiel kommt Stickstoff in Humus in der Regel fünf- bis zwanzigmal konzentrierter vor als in pflanzlicher Biomasse.[10] Folglich wird jedes nennenswerte Ansteigen des Kohlenstoff-Gehalts im Boden ein wichtiges Auffangbecken für Stickstoff und andere Nährstoffe schaffen, was schließlich zu der gleichen Art von Einschränkungen der Nettoproduktivität führt, wie ich sie oben beschrieben habe. Im Endeffekt wird der Humus zu einem mit den Pflanzen konkurrierenden Auffangbecken für Nährstoffe, und die Produktion muß abnehmen. Moore und andere Sumpfgebiete, in denen sich Torf ansammelt, sind heutzutage Beispiele für diesen Prozeß; sie weisen eine hohe Kohlenstoff-Speicherung und eine geringe Primärproduktivität auf.

Auf den ersten Blick könnte es den Anschein haben, als verstärkte die Verwendung von Düngemitteln in der Landwirtschaft, die der Unterstützung oder Steigerung der unmittelbaren Auswirkungen des Kohlendioxids auf die Primärproduktion dient, eine negative Rückkopplung auf die atmosphärische Koh-

---

mit jahreszeitlichen Schwankungen, wie Schimel und andere sie beschreiben[8] – im Verlauf von fünfzig Jahren linear an. (A) Die jährliche Netto-Primärproduktivität am Boden nahm auf beiden Wiesen zu, da während des Zersetzungsprozesses organischer Materie im Boden überschüssiger Stickstoff freigesetzt wurde. Als kein überschüssiger Stickstoff mehr da war, sank die Produktion auf oder unter den vorherigen Stand. (B) Infolge steigender Temperaturen ging organischer Kohlenstoff im Boden gleichmäßig verloren.[9]

lendioxid-Konzentration. In landwirtschaftlichen Systemen sind jedoch die Zersetzungsraten relativ hoch und die Raten der Kohlenstoff-Stabilisierung niedrig. Die meisten landwirtschaftlich genutzten Böden enthalten höchstens ein paar Prozent Kohlenstoff, und der Kohlenstoff-Gehalt neigt dazu, allmählich abzunehmen oder sich auf niedrigem Niveau zu stabilisieren.[11] Daher ist die negative Rückkopplung infolge der Düngung landwirtschaftlich genutzter Böden begrenzt. Wenn sich allerdings der Kohlenstoff in bestellten Böden erst einmal stabilisiert hat, kann dies für Jahrtausende vorhalten.[12]

Schließlich ist es unwahrscheinlich, daß terrestrische Ökosysteme zu langfristigen Senken für Kohlendioxid werden, obwohl bestimmte Gegenden für bestimmte Dauer diesen Zweck erfüllen können. Die Speicherfähigkeit von Ökosystemen für Kohlenstoff ist begrenzt, und es ist nicht anzunehmen, daß sie jene zusätzlichen Mengen Kohlenstoff aufnehmen können, die als Folge der Industrialisierung – sofern man sich nicht zu einer einschneidenden Reduzierung der Kohlendioxid-Emissionen durchringt – prognostiziert werden.

Wenn Treibhausgasemissionen zu höheren Temperaturen führen, wird sich dies auch auf den Kohlenstoff-Kreislauf auswirken. Höhere Temperaturen werden – wenn andere Faktoren gleichbleiben – die Zersetzung beschleunigen, gespeicherten Kohlenstoff freisetzen und damit den Kohlendioxid-Ausstoß in die Atmosphäre vervielfachen.[13] Im allgemeinen reagiert Zersetzung sehr empfindlich auf Temperatur.[14] Die – bereits erwähnte – kürzlich durchgeführte Simulation hat gezeigt, daß Temperaturzunahme bei einer Reihe von Wiesen zu Kohlenstoff-Abbau führte, obwohl die Produktion infolge der Anreicherung mit Kohlendioxid stieg (Abb. 3.1). Während dieses spezielle Ergebnis lediglich für einen Typ von Ökosystem gilt, zeigen andere Modelle, daß andere Ökosysteme sich ähnlich verhalten[15]; dies legt den Schluß nahe, daß dieses Ergebnis ziemlich allgemeine Gültigkeit hat. Wenn dies der Fall ist, könnte es passieren, daß Reaktionen auf eine Kohlendioxid-Düngung (die, wie bereits dargelegt, ohnehin problematisch sind) mit den durch einen Temperaturanstieg bedingten Respirationsverlusten nicht Schritt halten. Die positive Reaktion von Zersetzung auf Temperatur stellt eine direkte und möglicherweise starke positive

Rückwirkung der Biogeochemie auf das physikalische Klima dar. George Woodwell wird sich in Kapitel 5 eingehender mit dieser Möglichkeit befassen.

3.2 Methan

Methan ist ein wichtiges Treibhausgas, das bei anaerober Zersetzung erzeugt wird. Die Hauptquellen für Methan sind Reisfelder, Sumpfgebiete, wilde und Zuchtviehbestände, Termiten, Erdgas und andere anaerobe Milieus.[16] Methan nimmt in der Atmosphäre mit einer Rate von etwa ein Prozent pro Jahr zu. Über die Gründe dieser Zunahme weiß man nur wenig. Teilweise ist sie wohl auf das Anwachsen der Viehherden, gesteigerten Reisanbau und auf die Zunahme bei anthropogenen Quellen – etwa Erdgaslecks oder Landaufschüttungen – zurückzuführen. In der Atmosphäre ist Methan relativ kurzlebig; es hat eine Verweildauer von weniger als zehn Jahren, weil es in der Atmosphäre und zu einem geringen Teil auch in Böden verbraucht wird.[17] Da Verbrauch im globalen Haushalt eine wichtige Größe ist, könnten Veränderungen der Verbrauchsrate teilweise auch für die Zunahme der atmosphärischen Konzentration verantwortlich sein. Das heißt, die Ursache für die beobachtete Zunahme der atmosphärischen Konzentrationen könnten entweder mehr Quellen oder weniger Auffangbecken oder eine Kombination von beiden sein.

Reisanbau ist derzeit für 60 bis 140 Teragramm pro Jahr (Tg/J) der Methan-Emissionen verantwortlich (gesamte weltweite Emissionen: 400 bis 640 Tg/J).[18] In Asien werden Ausdehnungsbereich und Intensität des Reisanbaus zunehmen; beträchtliche Steigerungen des Reisanbaus sind geplant, um die ständig wachsende Bevölkerung Asiens zu ernähren.[19] Methan-Erzeugung aus Reis hängt mit der Reisproduktion, den jeweiligen betriebswirtschaftlichen Voraussetzungen und organischen Zusatzstoffen zusammen. Schutz hat gezeigt, daß Methan-Emissionen aus Reis das Ergebnis sehr dynamischer und wechselseitig sich beeinflussender Prozesse sind; dazu gehören die Umwandlung der Ausgangssubstanzen (Acetat und Kohlendioxid), die Reoxidierung des Methans vor der Emission und der Transport in die Atmosphäre.[20] Es bedarf noch erheblicher Forschungsarbeit, bis man in der Lage sein wird, Methan-Emissionen aus Reis exakt vorherzusagen und geeignete Bewirtschaftungsmethoden zu entwickeln, um die Emissionen zu verringern. Organische Zusätze in Böden, auf denen Reis angebaut wird, sind von großer Bedeutung, um die Erträge auf ihrem Niveau zu halten oder zu steigern, und sie scheinen ihnen vermehrt zugesetzt zu werden.[21] Aus diesem Grund wird Reis wahrscheinlich auf absehbare Zeit eine wichtige Quelle für immer mehr Methan bleiben. Darüber hinaus wird ein Ansteigen der Temperatur und der Feuchte den Methan-Ausstoß aus Reis erhöhen, so daß eine biologische positive Rückkopplung zu der anthropogenen hinzukommt.

Thema dieses Kapitels sind Rückkopplungen zwischen Biogeochemie und strahlungsrelevanten Kräften: Welche Rückkopplungen sind aufgrund der Biogeochemie von Methan möglich? Zur Zeit werden vor allem drei Rückkopplungen genauer untersucht. Erstens existieren enorme Mengen Methan in Form von Hydraten – im Permafrost der Polarregionen (an Land und unter Wasser) eingeschlossenes Methan. Eine signifikante Erwärmung in den hohen Breiten könnte sie in beachtlichem Ausmaß freisetzen und mithin die Methan-Belastung der Atmosphäre verstärken.[22] Der Wahrscheinlichkeitgrad, daß dergleichen passiert, ist umstritten; hier sind noch weitere Untersuchungen notwendig.

Zweitens sind in Böden nördlicher Ökosysteme – etwa Tundren und borealen Wäldern – riesige Mengen Kohlenstoff gespeichert. Würden, wenn es in diesen Regionen zu einer signifikanten Erwärmung des Klimas käme, Methan-Emissionen zunehmen und zu einem verstärkten Treibhauseffekt und damit zu einer positiven Rückkopplung führen? Auf den ersten Blick müßte dies eigentlich geschehen, da Zersetzungsraten temperaturempfindlich sind[23] und mit der Temperatur steigen. In der Tat zeigen wichtige Beobachtungsdaten, daß Methan-Flüsse mit der Temperatur zunehmen können. Allerdings könnte eine Klimaveränderung aufgrund einer vermehrten Verdunstung und Pflanzenrespiration im Norden eine Austrocknung von Sumpfgebieten zur Folge haben. Dies würde wahrscheinlich zu verstärkter Zersetzung und Kohlendioxid-Freisetzung führen, könnte aber die Methan-Emissionen stabilisieren oder verringern; denn Methan wird nur in feuchtem, anaerobischem Milieu erzeugt. Während fast mit Sicherheit anzunehmen ist, daß eine Erwärmung im Norden über Kohlendioxid-Freisetzung eine positive Rückkopplung bewirkt, ist die Rolle, die nördliche Böden für Methan-Erzeugung spielen, ungeklärt; auch hier sind genauere Vorhersagen regionaler Klimaveränderungen erforderlich.[24]

Über die Regulierung der Methan-Erzeugung in Sumpfgebieten weiß man ganz gut Bescheid, doch neuere Untersuchungen zum Jahreszeitenzyklus von Methan-Emissionen[25] weisen darauf hin, daß Methan-Emissionen einer komplexen Regulierung unterliegen. Temperatur ist ein Faktor, aber in kleinem Rahmen kommen auch Kontrollmechanismen der Umwelt zum Tragen; insbesondere hängen Methan-Flüsse mit dem jeweiligen Zeitpunkt des Wachsens, der Fortpflanzung und des Absterbens der Sumpfvegetation zusammen. Diese Abhängigkeit von dem Stadium, in dem die Vegetation sich gerade befindet – wie sie übrigens auch bei Reiskulturen zu beobachten ist –, legt den Schluß nahe, daß Auswirkungen eines globalen Wandels auf die Sumpfvegetation die Methan-Emissionen beeinflussen werden.

Drittens ist man gerade dabei, die Bedeutung, die den Böden beim Methan-Verbrauch zukommt, neu zu bewerten. Während die globale Aufnahmekapazität der Böden für Methan im Verhältnis zu Quellen und dem Verbrauch in der Atmosphäre gering ist, könnte sie im Verhältnis zur Steigerungstendenz beträchtlich sein. Vor kurzem haben Melillo und Mitarbeiter dargelegt, daß eine regelmäßige Zufuhr von Stickstoff in Wald-Ökosysteme – etwa in durch sauren Regen geschädigten Gegenden – sich auf den Spurengasaustausch auswirkt.[26] Vor allem kann eine zunehmende Verfügbarkeit von Stickstoff konkurrierend eine Methanoxidation in Böden verhindern. Da der Ausdehnungsbereich der durch sauren Regen geschädigten Ökosysteme immer größer wird, müßte eigentlich die Bedeutung, die diese Gebiete für den Methan-Verbrauch haben, abnehmen. Dies könnte auch in Gegenden passieren, die landwirtschaftlich nutzbar gemacht und gedüngt worden sind. Dieser Prozeß, daß Stickstoff die Aufnahme von Methan behindert, ist zwar für die atmosphärische

Konzentration von Methan nicht besonders wichtig, könnte aber die Zuwachsrate in der Atmosphäre beeinflussen. Da die Verweildauer – und damit das Potential, zu einer globalen Erwärmung beizutragen – von Methan durch die Auffangbecken stark beeinflußt wird, sollte man jede Veränderung hinsichtlich dieser Methan-Auffangbecken sorgsam im Auge behalten. Der enge Zusammenhang zwischen Stickstoffdüngung und Methan-Verbrauch ist ein ernüchterndes Beispiel dafür, auf wie vielfältige Weise biogeochemische Kreisläufe der Elemente miteinander verknüpft sind und welch schier unerschöpfliche Quelle für Überraschungen sie darstellen.

3.3 Distickstoffoxid (Lachgas)

Distickstoffoxid wird in Böden erzeugt; man glaubt, daß zirka 90 Prozent der globalen Distickstoffoxid-Emissionen aus dem Boden stammen. Sein potentieller Beitrag zu einer globalen Erwärmung ist groß, da es sehr effizient Infrarotstrahlung absorbiert und in der Atmosphäre sehr lange verweilt; auf einer kürzlich abgehaltenen Konferenz wurde ihm ein Potential für thermische Absorption von 150 im Vergleich zu 1 für Kohlendioxid zugeschrieben.[27] Zur Zeit ist man der Auffassung, daß es etwa fünf Prozent zu der strahlungsrelevanten Kraft beiträgt. Aber obwohl man die Biologie von Distickstoffoxid ziemlich gut kennt, »... ist der Haushalt für den Distickstoffoxid-Austausch zwischen terrestrischen Ökosystemen und der Atmosphäre weitgehend unbekannt«.[28] Das heißt, über die geographische Verteilung und die Größenordnung der Quellen weiß man fast nichts. Diese Unkenntnis im Verein mit der langen Verweildauer von Distickstoffoxid in der Atmosphäre und folglich seiner Auswirkung auf die Treibhauskraft stellt es in der Prioritätenliste für weitere Forschungen an prominente Stelle.

Wie eben erwähnt, wissen wir nur ziemlich wenig über den Distickstoffoxid-Haushalt; aber bestimmte Daten weisen darauf hin, daß ein zunehmend beschleunigter Stickstoffkreislauf, mit dem man in einer wärmeren, feuchteren Welt rechnen muß, zu einer Zunahme der Emissionen führen könnte.[29] Der Mensch hat den globalen Stickstoff-Kreislauf durch Düngung bereits beschleunigt und Zersetzung und industrielle Abgase beträchtlich – nach einigen Schätzungen um 50 Prozent – verstärkt. Es überrascht, daß die Stickstoff-Spurengas-Emissionen im Grunde so geringfügig zugenommen haben; das Potential für massive Veränderungen der Distickstoffoxid-Emissionen ist durchaus real. Störungen und Urbarmachung in den Tropen könnten ebenfalls zu verstärkten Distickstoffoxid-Emissionen führen; damit ist ein Zusammenhang zwischen diesem Gas und dem allgemeineren Problem des Abholzens und der Urbarmachung hergestellt. Distickstoffoxid stellt eines der Probleme dar, bei denen weitere Forschungen und Beobachtungen dringend geboten sind, insbesondere in Gegenden, die einem rapiden Wandel ihrer Umwelt unterliegen.

3.4 Die Wechselwirkung zwischen Chemie und Bewölkung

Kürzlich haben Charlson und andere[30] die Ansicht geäußert, Emissionen von Dimethylsulfid (DMS) aus Meeresplankton könnten als globaler Thermostat wirken. Der von ihnen beschriebene Grundmechanismus sieht folgendermaßen aus: 1. Dimethylsulfid-Emissionen der Ozeane stellen eine wichtige Quelle für Sulfat dar, das in die Atmosphäre über den Ozeanen gelangt, und Sulfat-Aerosole sind die Hauptquelle für Wolkenkondensationskerne in den maritimen Luftmassen.[31] 2. Eine Zunahme der Sulfat-Aerosole wird zu vermehrter Bewölkung und in der Folge zu niedrigeren Wasseroberflächen-Temperaturen der Meere führen. 3. Dies wird schließlich eine Verringerung der Planktonaktivität und folglich eine Verringerung der Dimethylsulfid-Emissionen nach sich ziehen; damit ist der Kreis geschlossen (siehe Abb. 3.2.).

Lassen Sie mich das etwas ausführlicher erläutern: Dimethylsulfid wird als Nebenprodukt des Stoffwechsels von Meeresplankton (Algen) erzeugt. Dimethylsulfid ist die wichtigste flüchtige (organische) Schwefelverbindung in den Ozeanen, und

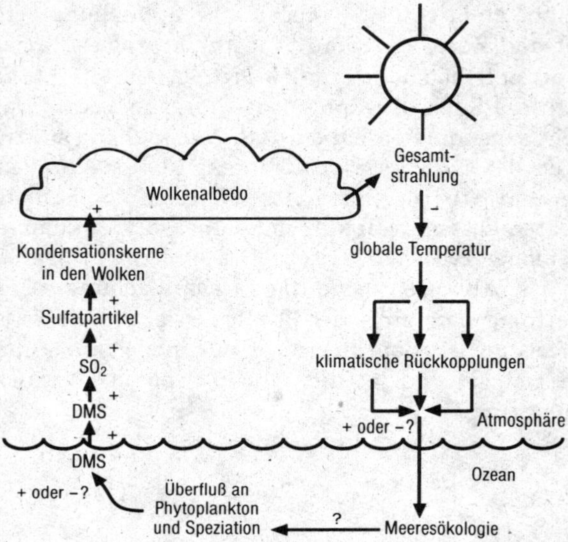

Abbildung 3.2 Schematische Darstellung der durch Dimethylsulfid (DMS) ausgelösten Rückkopplung zwischen Wolken und Klima.[32] *Beachten Sie die Abhängigkeit des Zyklus von der Reaktion der Meeresökologie und der Phytoplanktonspeziation.*

sein Austausch stellt einen maßgebenden Faktor innerhalb des globalen Schwefelkreislaufs dar. Über seine derzeitige Verteilung in den Weltmeeren weiß man einigermaßen Bescheid, aber darüber, wie es sich hinsichtlich seiner Verteilung oder Menge verändern könnte, gibt es kaum Zahlen.[32] Man glaubt, daß Dimethylsulfid als Nebenprodukt der Osmoregulierung von Planktonzellen oder ihrer Anpassung an Salz entsteht. Dimethylsulfid ist also ein Nebenprodukt aus einem der grundlegenden Prozesse, die im Meeresplankton ablaufen, wobei allerdings bestimmte Gruppen dominieren, hauptsächlich die Kokkolithforiden. Aufgrund der Abhängigkeit von der Planktonspezies spielt bei der Rückkopplung über Dimethylsulfid die Populationsdynamik der Meeresorganismen eine Rolle. Andreae hat darüber hinaus die These aufgestellt, daß ein Zusammenhang zwischen Dimethylsulfid-Emissionen und dem Stickstoffgehalt der Ozeane besteht.[33]

In der Atmosphäre durchläuft das Dimethylsulfid eine komplizierte Reihe chemischer Reaktionen mit verschiedenen oxidierenden Chemikalien. Im allgemeinen wird Dimethylsulfid allerdings zu Methan-Sulfonsäure und Schwefeldioxid oxidiert. In der marinen Atmosphäre wird Schwefeldioxid sehr schnell zu Sulfat umgewandelt. Diese beiden Chemikalien bilden Aerosole; das heißt, es entstehen winzige Wassertröpfchen, die das Schwefelgemisch enthalten. Schwefelhaltige Aerosole stellen den Großteil der Wolkenkondensationskerne über den Ozeanen. Wolkenkondensationskerne bestehen aus Feuchtigkeit anziehenden Partikeln (in diesem Fall Aerosolen), die Wolkenwassertröpfchen bilden. Diese Wolkenwassertröpfchen streuen Sonnenstrahlung, und dies führt im Endeffekt dazu, daß Sonnenenergie in den Weltraum zurückreflektiert wird. Zunehmende Dimethylsulfid-Emissionen müßten also zu mehr Wolkenkondensationskernen führen; aufgrund der überreichlich vorhandenen Kondensationskerne müßte die Bewölkung zunehmen, und dies müßte – aufgrund des hohen Reflexionsvermögens von marinen Wolken – eine Abkühlung zur Folge haben. Die globale Strahlungsbilanz und damit die globale Durchschnittstemperatur reagieren empfindlich auf Wolken über den Ozeanen. Modellberechnungen lassen darauf schließen, daß Veränderungen der globalen Temperatur um einige wenige Grade zu einer Veränderung des Dimethylsulfid-Flusses um einen Faktor von 2 führen müßten.[34]

Etliche Faktoren könnten dieses Bild komplizieren; beispielsweise könnte eine Erwärmung – aufgrund von Veränderungen der Planktonarten weg von Spezies mit hohem Dimethylsulfid-Ausstoß – eben nicht zu verstärkten Dimethylsulfid-Emissionen führen. Veränderungen der ozeanischen Nährstoffe infolge einer weltweiten Veränderung der Zirkulationsmuster der Meeresströmungen könnten den Effekt abschwächen. Eine verringerte Verdunstung unterhalb der Wolken könnte einer Bewölkungszunahme durch Dimethylsulfid entgegenwirken. Aber dennoch könnte dieser Mechanismus eine signifikante negative Rückkopplung auf die globale Erwärmung sein.

Diese negative Rückkopplung sollte eigentlich zu einem »thermostatischen« Effekt hinsichtlich der globalen Durchschnittstemperatur führen und die Auswirkungen des Treibhauseffekts abschwächen. Zwar komplizieren viele Faktoren – etwa Wechselwirkungen mit dem Wasserkreislauf, die Populationsdynamik des Planktons und die Physik der Wechselwirkungen Aerosole–Bewölkung – diese potentielle Rückkopplungsschleife, aber dieser Typus biogeochemischer Wechselwirkung ist plausibel und könnte für eine Klasse von Prozessen stehen, deren Gesamtwirkung die Empfindlichkeit des physikalischen Klimasystems gegen biogeochemische Störungen reguliert. Man sollte noch erwähnen, daß eine Bewölkungszunahme zwar die globale Durchschnittstemperatur stabilisieren könnte, aber zugleich die durchschnittliche Sonneneinstrahlung auf die Meeresoberfläche vermindern und die Varianz der auftreffenden Strahlung erhöhen würde; beide Auswirkungen zusammengenommen verminderten wahrscheinlich die marine Primärproduktivität.

Es handelt sich hier um eine der wenigen angeblich stabilisierenden Rückkopplungen im System Biogeochemie–physikalisches Klima. Beachten Sie, daß die derzeitigen anthropogenen Sulfat-Emissionen als negative Kraft einer globalen Erwärmung entgegenwirken, wie dies von den IPCC-Wissenschaftlern beschrieben wird.[35]

3.5 Nichtlineare Rückkopplungen zwischen Atmosphäre und Biosphäre

Rückkopplungen zwischen Atmosphäre und Biosphäre sind nichtlinear, reagieren empfindlich auf Ausgangsbedingungen und sind zu massiven Verstärkungen in der Lage. Komplexe Rückkopplungen im System Erde können unerwartete und gewaltige Reaktionen hervorrufen. Man hat mehrere Reaktionen beobachtet, die Frühwarnsymptome für derartige Phänomene sein könnten: das Ozonloch über der Antarktis, die zunehmende Amplitude des Kohlendioxid-Jahreszeitenzyklus oder die unerklärten Quellen für Distickstoffoxid. Daraus ergeben sich einige Verallgemeinerungen hinsichtlich der Wechselwirkungen zwischen Flora und Fauna und der physikalischen Umwelt.

Erstens wird, in bezug auf eine einzelne Variable, die Reaktion des Organismus oft anhand einer »Unterstützungs-Belastungs-Kurve« beschrieben, wobei die Erhöhung des Wertes der Variablen (beispielsweise Temperatur oder Stickstoff) die Aktivität bis zu einem bestimmten Niveau verstärkt; ab diesem Punkt kommt dann Streß ins Spiel. Weder Temperatur noch Wasser, noch Nährstoffe haben lineare Auswirkungen auf Organismen, und das gilt für die Natur in ihrer ganzen Vielfältigkeit.

Zweitens stehen die Regulationsmechanismen biologischer Aktivität in Wechselwirkung miteinander. Beispielsweise kann eine Erhöhung der Temperatur zu einer verstärkten photosynthetischen Enzymaktivität führen, aber bei Pflanzen eine Belastung aufgrund von Wassermangel – bei bestimmten Werten der Bodenfeuchte – hervorrufen, bei anderen hingegen nicht. Die Auswirkung der Temperatur auf Kohlendioxid-Austausch ist also eine Funktion der Verfügbarkeit von Wasser. Komplexe Wechselwirkungen treten, was die Entwicklung von Spurengasen betrifft, allgemein auf. Betrachten Sie beispielsweise die Regulierung der Distickstoffoxid-Emission. Bei einer Erhöhung der Temperatur steigt sowohl die anorganische Stickstoff-Produktion als auch die Emission von Distickstoffoxid. Ein gleichbleibender Temperaturanstieg hingegen kann zu einem Abbau von organischem Substrat führen; und die Auswirkung von Temperatur auf Gaserzeugung in der Zeit ist eine Funktion der ursprünglich vorhandenen Menge an Substrat und der Umwandlung. Wechselwirkungen bestehen auch hinsichtlich einer Zunahme des Wassers; steht mehr Wasser zur Verfügung, dann steigt die Denitrifikation. Distickstoffoxid-Produktion erreicht hingegen bei einem durchschnittlichen Wassergehalt einen Höhepunkt, da unter Sättigungsbedingungen der Großteil des Distickstoffoxids verbraucht und zu Stickstoff reduziert wird.

Ein dritter Typ nichtlinearer Wechselwirkung tritt als Ergebnis von Veränderungen der biologischen Spezieszusammensetzung auf. Sich wandelnde Umweltbedingungen können dazu führen, daß eine Spezies oder eine Speziesgruppe durch eine andere ersetzt wird; dies wirkt sich wiederum auf den Austausch zwischen Biosphäre und Atmosphäre aus. So wird Dimethylsulfid vorwiegend von einer Gruppe von Phytoplankton, den Kokkolithforiden, erzeugt. Die Dimethylsulfid-Produktion kann sich radikal verändern, wenn sich die Geochemie oder die Biologie des Meerwassers ändert und diese Organismen entweder begünstigt oder behindert. In terrestrischen Systemen sind Menge und Art des Ausstoßes von sekundären Gemischen – etwa die verschiedenen Nichtmethankohlenwasserstoffe – für bestimmte Pflanzentaxa charakteristisch. Die Ersetzung einer Pflanzengruppe durch eine andere kann zu einer vollständigen Veränderung regionaler Kohlenwasserstoff-Emissionen führen. Veränderungen aufgrund von Wechselwirkungen zwischen Arten können zweigliedrig sein und bewirken, daß ein Spurengas-Austausch in der Richtung erfolgt, die der aufgrund des Vorzeichens der Veränderung der auslösenden Kraft vorhergesagten entgegengesetzt ist.

3.6 Schlußfolgerungen

Rückkopplungen im System Erde erstrecken sich über jeweils ganz unterschiedliche Zeiträume. Prozesse innerhalb der Atmosphäre haben die kürzeste Reaktionszeit. Die Reaktion des Wolkensystems auf erhöhte Wärmespeicherung erfolgt, wenn man sie im Zusammenhang mit den jahrzehntelangen Veränderungen der dahinterstehenden Kraft betrachtet, praktisch augenblicklich. Über die Kopplung von atmosphärischer Erwärmung und marinem Wärmetransfer weiß man nur wenig; wahrscheinlich aber wird sie in einem Zeitrahmen von einem Jahr bis zu einem Jahrzehnt wirksam.[36] Die Zeiträume der Veränderung biogeochemischer Kreisläufe variieren von Reaktionen binnen annähernd einem Jahr bei Photosynthese und mikrobischen Prozessen bis hin zu Veränderungsraten, die mit terrestrischer Kohlenstoff-Speicherung einhergehen und sich über Jahrzehnte bis Jahrtausende hinziehen.

Diese Veränderungsraten muß man berücksichtigen, wenn man die mit einer globalen Veränderung verbundene Unsicherheit abschätzen will. Zur Zeit konzentrieren sich die Untersuchungen auf Rückkopplungen innerhalb des physikalischen Klimas und hydrologische Subsysteme des Systems Erde.[37] Bei globalen Zirkulationsmodellen für das Verhältnis Atmosphäre–Ozean müssen diese Unsicherheiten beseitigt werden, damit man mit Hilfe der Modelle quantitative Aussagen machen kann.

Auf längere Sicht wird man sich auch mit den Unsicherheiten bei biogeochemischen Kreisläufen beschäftigen müssen, und zwar aus zwei Gründen. Erstens reagiert der »in der Luft schwebende Anteil« von Kohlendioxid – die Menge industriell freigesetzten Kohlendioxids, die in der Atmosphäre verbleibt – sehr empfindlich auf Veränderungen der marinen und terrestrischen Aufnahme durch Flora und Fauna. Daher muß der Kohlenstoff-Kreislauf so modelliert werden, daß Vorhersagen des Terms der atmosphärischen Erwärmung in der Klimaveränderungs-Gleichung möglich werden, wenn man Veränderungen im Zehnjahresrhythmus simuliert. Simulationen von Veränderungen des Kohlenstoff-Kreislaufs über zehn bis fünfzig Jahre stellen eine große Herausforderung für die wissenschaftliche Gemeinschaft dar, der man sich stellen muß.

Zweitens führen die meisten Rückkopplungen zwischen Atmosphäre und Biosphäre, die derzeit untersucht werden, zu positiven Rückkopplungen, das heißt zu einer Verstärkung der globalen Erwärmung. Wie massiv diese Rückkopplungen sind, weiß man nicht; die Erforschung der gekoppelten Systeme steckt noch in den Kinderschuhen. Ohne nun gleich blinden Alarm zu schlagen – die Tatsache, daß biogeochemische und ökologische Rückkopplungen zu einer schnelleren Veränderung unserer Umwelt führen können, als rein physikalische Modelle vorhersagen, verdient es, daß wir als Gesellschaft uns darüber Gedanken machen.

Wir sind gegenwärtig nicht in der Lage, mit den Auswirkungen biogeochemischer Rückkopplungen zumindest einigermaßen zurechtzukommen, zumal da viele von ihnen das Ergebnis von Prozessen sind, die sich über ausgedehnte Gebiete erstrekken, was wiederum von umfassender Klimaveränderung, der Landwirtschaft oder von Luftverschmutzung im regionalen Maßstab herrührt.[38] Wenn wir Veränderungen durchsetzen wollen, die sich großräumig und nicht nur punktuell, »unmittelbar an der Quelle«, auf die Umwelt auswirken, ist ein besseres Verständnis sowohl der Prozesse, die ihre Wirkung weiträumig entfalten, als auch der politisch-ökonomischen Strukturen erforderlich. Man muß endlich das hohe Maß an Koppelung zwischen räumlich getrennten Bereichen des globalen Systems berücksichtigen.[39]

3.7 Empfehlungen

Es ist ein undankbares Unterfangen, Argumente vorzubringen, die die große Bedeutung biogeochemischer Rückkopplungen für eine Klimaveränderung belegen. Denn einerseits muß man komplizierte und häufig dem gesunden Menschenverstand zuwiderlaufende Begründungen dafür anführen, wie diese Wechselwirkungen ablaufen, andererseits liefert uns die Paläogeschichte eindeutige Beweise dafür, daß Biogeochemie und Klima eng miteinander verknüpft sind. Was ist notwendig, um die Probleme in diesem Bereich zu erhellen? Nachstehend einige Grundvorstellungen dazu:

1. Um die Auswirkungen des sich verändernden Kohlendioxids und des sich wandelnden Klimas »vorherzusagen«, brauchen wir einige Langzeitexperimente, das heißt über einen Zeitraum von etwa zehn Jahren. Das US National Science Foundation's Long Term Ecological Research Program hat die Durchführung von Experimenten in einer Reihe von Ökosystemen vorgeschlagen, um die unmittelbaren Auswirkungen eines anhaltenden Kohlendioxid-Anstiegs auf Prozesse in Pflanzen und Böden zu untersuchen. Dieselbe Gruppe hat sich auch für Langzeitexperimente zur Bodenerwärmung ausgesprochen, um die weiter oben dargelegten Vorstellungen über das Verhältnis Kohlenstoff–Nährstoffe–Produktivität im Boden zu testen. Im Mittelpunkt der Diskussion standen langfristige Experimente zu Säureablagerung (Untersuchungen ganzer Seen in Schweden, den Vereinigten Staaten und Kanada); sie sollten in weltweitem Maßstab durchgeführt werden. Derartige Experimente, die in verschiedenen Gegenden durchgeführt werden, um allgemeine Zusammenhänge aufzudecken, wären sehr hilfreich für eine Analyse der Empfindlichkeit von Ökosystemen, und man hätte damit graphisches Anschauungsmaterial in der Hand, das man den Politikern und der Öffentlichkeit vorlegen kann.

2. Wir müssen die Rückkopplungen in Modellen des Klimas und des Systems Erde – zumindest schematisch – besser erklären. Stephen Schneider spricht im vorliegenden Buch von der Bedeutung, die Empfindlichkeitsstudien und Szenarios in bezug auf Klimamodelle zukommt. Solche Empfindlichkeitsanalysen

könnten unter Verwendung von Darstellungen biogeochemikalischer Rückkopplungen durchgeführt werden, um ihre Bedeutung für die Regulierung der Geschwindigkeit, mit der sich das Klima verändert, zu erhellen. Die Entwicklung von Modellen, mit denen man solche Analysen durchführen kann, sollte forciert werden und in Forschung und Politik als Richtschnur dienen.

3. Die Biogeochemie stellt einen direkten Zusammenhang zwischen einer globalen Veränderung und bestimmten Waren her, die für die Leute wichtig sind. Veränderungen der terrestrischen Produktivität und des Kohlenstoff-Haushalts schlagen sich direkt in der Produktion von Nahrungsmitteln und Faserstoffen nieder, wobei es wahrscheinlich in all jenen Gesellschaften zu den größten Veränderungen kommen wird, die am wenigsten in der Lage sind, technologische Gegenmaßnahmen zu ergreifen. Verringerungen des im Boden gespeicherten Kohlenstoffs wirken sich auf den globalen Kohlendioxid-Haushalt aus, wirken sich aber auch in verminderter Fruchtbarkeit, stärkerer Erosion und eine Verschlechterung der Wasserqualität aus. Der Begriff »Biogeochemie« sagt vielen Bürgern und Politikern nichts. Aber wen betreffen diese biogeochemischen Wechselwirkungen eigentlich? Bauern, Forstwirtschaftler, alle, die mit Produkten aus den Wäldern zu tun haben, diejenigen, die sich um die Qualität des Wassers und die Reinhaltung der Luft sorgen, für sie alle sind die biogeochemischen Auswirkungen einer globalen Veränderung unmittelbar von Belang; aber die Belange und Sorgen sind den Politikern und der Öffentlichkeit gegenüber nicht klar genug geäußert worden. Hier muß die Kommunikation verbessert werden, und die Folgen einer sich verändernden Biogeochemie (das heißt die Fruchtbarkeit der Böden, die Wasserqualität, Treibhausrückkopplungen) müssen in die politischen Auseinandersetzungen Eingang finden.

4. Der globale Stickstoff-Kreislauf müßte stärker ins Auge gefaßt werden. Vom Menschen ausgelöste Veränderungen des globalen Stickstoff-Haushalts sind, proportional betrachtet, genauso groß oder noch größer als die Veränderungen im Kohlenstoff-Kreislauf. Distickstoffoxid hat eine schätzungsweise 150mal[40] bis 300mal[41] größere Auswirkung auf eine globale Erwärmung als

Kohlendioxid. Über den Distickstoff-Haushalt weiß man praktisch nichts; man kennt lediglich die Zuwachsrate in der Atmosphäre. Nichtlinearitäten im Stickstoff-Kreislauf könnten die Distickstoff-Emissionen beträchtlich erhöhen, wenn der Mensch weiterhin den globalen Distickstoff-Kreislauf beschleunigt. Neben Distickstoffoxid kommt den biogenen Emissionen von Stickoxid große Bedeutung zu, auch wenn sie kaum quantifiziert sind. Stickoxid ist ein wichtiger Regulierungsfaktor für troposphärisches Ozon, und Veränderungen der Stickoxid-Emissionen könnten beträchtliche Auswirkungen auf die Chemie der Troposphäre und viele wichtige Spurengase haben. Unser Wissensstand in Sachen globaler Stickstoff-Kreislauf läßt keine plausiblen Vorhersagen hinsichtlich Veränderungen des Stickstoff-Kreislaufs zu. Hier muß Abhilfe geschaffen werden; dem globalen Stickstoffkreislauf sollte man in nächster Zukunft ebensoviel Aufmerksamkeit schenken wie dem Kohlenstoff-Kreislauf.

Kapitel 4
Was tun gegen die globale Erwärmung?

Mick Kelly

»... die Wirkung einer Produktionseinstellung von Fluorchlorkohlenstoffen (und aller verwandten Ersatzstoffe) bis zum Jahre 1995, eines Abholzungsstopps bis zum Jahr 2000 und einer Halbierung der Emissionen aus fossilen Brennstoffen bis zum Jahre 2030 müßte zusammengenommen die zukünftige Erwärmung im Vergleich zur Fortschreibungsprognose um mehr als ein Drittel geringer ausfallen lassen. Aber der äquivalente Kohlendioxid-Gehalt der Atmosphäre wird beständig ansteigen. Weitere Maßnahmen sind erforderlich, um das Ziel einer Stabilisierung zu erreichen ...«

Zweck der in diesem Kapitel beschriebenen Untersuchung ist es, eine Reihe von Maßnahmen zur Reduzierung von Treibhausgasemissionen, die die globale Erwärmung zum Stillstand bringen könnten, vorzustellen und damit einen – dringend notwendigen – Maßstab zu setzen, an dem von politischem Pragmatismus geprägte Zielsetzungen gemessen werden können. Um unsere Umwelt zu erhalten, muß das Ziel ein stabiles, ausschließlich natürlichen Schwankungen unterworfenes Klima sein, wenn das Überleben auf unserer Erde gewährleistet sein soll.

Politische Zielsetzungen mit einem tolerablen Maß an Erwärmung zu verbinden – wenn man dies überhaupt definieren kann –, ist nur für kurze Dauer akzeptabel. Solange die Erde sich weiter erwärmt, muß man sich dem anpassen, unabhängig davon, wie schnell diese Veränderung stattfindet. Können sich stabile Ökosysteme entwickeln, wenn die Umwelt sich unablässig verändert? Im Hinblick auf welche klimatischen Bedingungen wird die Menschheit ihre Zukunft planen? Sobald einmal kritische Grenzwerte überschritten sind, könnte eine Anpassung nicht mehr möglich sein. Ziel muß es sein, Tempo und Dauer einer solchen Veränderung so niedrig wie möglich zu halten, um schädliche Auswirkungen weitestgehend zu vermeiden.

Will man ein stabiles Klima schaffen, ist die erste Voraussetzung, daß man den Anstieg des Treibhausgasgehalts der Atmosphäre stoppt, damit es zu keiner weiteren Verstärkung des Treibhauseffekts kommt. Präzise gesagt, Ziel dieser Untersuchung ist es zu definieren, was getan werden muß, um dem Ansteigen der »äquivalenten Kohlendioxid-Konzentration« der Atmosphäre Einhalt zu gebieten. Die äquivalente Kohlendioxid-Konzentration berücksichtigt den jeweiligen Beitrag aller wichtigen Treibhausgase; dabei wird jeder individuelle Beitrag entsprechend der Konzentration von Kohlendioxid angegeben, die den Treibhauseffekt in gleichem Ausmaß verstärken würde. Ist der äquivalente Kohlendioxid-Gehalt erst einmal stabilisiert, sollte das Klima schließlich einen Gleichgewichtszustand erreichen. Man muß sich jedoch darüber im klaren sein, daß dies nicht auf der Stelle erfolgen wird, da das Klimasystem nur langsam auf Veränderungen der Zusammensetzung der Atmosphäre reagiert.

Das Niveau, auf dem sich die globale Durchschnittstemperatur schließlich stabilisiert, wird erheblich höher liegen als in vorindustrieller Zeit vor dem 19. Jahrhundert, als der Mensch das Klima kaum beeinflußte. Auch wenn es zu keiner zusätzlichen Verstärkung des Treibhauseffekts kommt, könnte es passieren, daß Prozesse in Gang gesetzt werden, die zu einer weiteren Klimaveränderung führen. Dann wird die Frage lauten, ob man weitere Maßnahmen ergreifen sollte, um das Ausmaß des Treibhauseffekts zu verringern und das Klima auf einem Niveau zu stabilisieren, das dem der vorindustriellen Zeit näher kommt. Unmittelbares Ziel muß es jedoch sein, den derzeitigen Anstieg des Ausmaßes des Treibhauseffekts zu stoppen.

Um zu zeigen, was erreicht werden könnte, wenn man sofort

handelt, werde ich für die Zeit bis 2020 gestaffelte Maßnahmen auflisten, die sicherstellen, daß der äquivalente Kohlendioxid-Gehalt der Atmosphäre sich bis Mitte des 21. Jahrhunderts stabilisiert. Dieser zeitliche Rahmen ist zwar ehrgeizig, steht aber in Einklang mit der Durchführung großer technologischer Projekte und dem Zeitrahmen für die Veränderung sozioökonomischer Strukturen. Mit dem Problem der Machbarkeit werden sich spätere Kapitel befassen.

Ausgangspunkt der Analyse ist ein Szenario für eine Verringerung der Emissionen, das auf Messungen beruht, die man, da sie aufgrund bereits abgesicherter Tatsachen in hohem Maße gerechtfertigt sind, so übernehmen sollte, wie sie sind. Schrittweise werden dann zusätzliche Messungen mit einbezogen, bis eine bestimmte Strategie – das »Stabilisierungs«-Szenario – entwickelt ist, die den Anstieg des äquivalenten Kohlendioxid-Gehalts in der Atmosphäre zum Stillstand brächte. Um die Auswirkung der verschiedenen Szenarios einer Emissionenverringerung auf die Zusammensetzung der Atmosphäre und auf die globale Temperatur zu beurteilen, bediene ich mich einer Reihe der im Climatic Research Unit der University of East Anglia entwickelten Computermodelle.

- Als erstes geht das »Primärstufen«-Szenario darauf ein, mit welchen Auswirkungen zu rechnen ist, wenn die Produktion von Fluorchlorkohlenstoffen und verwandten Chemikalien eingestellt und mit der Abholzung Schluß gemacht wird.
- Als nächstes wird im »Halbierungs«-Szenario eine Regulierung der Kohlendioxid-Emissionen aus Energieträgern – in Übereinstimmung mit von der 1988 in Toronto abgehaltenen Konferenz, The Changing Atmosphere, vorgeschlagenen allgemeinen Richtlinien – mit einbezogen.
- Das »Stabilisierungs«-Szenario schließlich steckt die Ziele hinsichtlich Kohlendioxid noch etwas höher und bezieht Regulierungsmaßnahmen für Methan und Distickstoffoxid mit ein, mit dem Ziel, die äquivalente Kohlendioxid-Konzentration der Atmosphäre zu stabilisieren.

Als Ausgangssituation, an der die Effizienz dieser Szenarios zu messen ist, entwickle ich ein »Fortschreibungs«-Szenario.

Bei der Beurteilung der jeweiligen Konsequenzen dieser Szenarios bezieht sich die Analyse auf den neuesten wissenschaftlichen Konsens – der grundlegende Unsicherheiten zuläßt –, wie er in einer Reihe von Berichten Mitte der achtziger Jahre[1], dem EPA-Report, *Policy Options for Stabilizing Global Climate* (1989 erschienen)[2] und weiteren Arbeiten, die an entsprechender Stelle zitiert werden, dokumentiert ist.

Im Rahmen der Arbeit des Intergovernmental Panel on Climate Change[3] sind einige Parameter und Schätzungen revidiert worden. Für diese Untersuchung sind Neubewertungen der historischen Dokumentation von Treibhausgaskonzentrationen und der mit Veränderungen der Konzentrationen in Zusammenhang stehenden strahlungsrelevanten Kraft von Bedeutung. Betrachtet man die Zwischenergebnisse dieses Prozesses, scheint es unwahrscheinlich, daß eine dieser Veränderungen die allgemeinen Schlußfolgerungen des vorliegenden Berichts wesentlich beeinflussen wird. Weitere Details finden Sie in einem technischen Anhang zu dieser Untersuchung, der in erweiterter Form über Greenpeace International zu beziehen ist.[4]

4.1 Modellierung der sich verändernden Atmosphäre

4.1.1 Zusammensetzung der Atmosphäre

Im Mittelpunkt jeglicher Bemühung, die globale Erwärmung einzudämmen, muß eine Verringerung der Emissionen von Kohlendioxid, Methan, Distickstoffoxid und der Fluorchlorkohlenwasserstoffe (insbesondere FCKW-11 und FCKW-12) stehen. Diese Gase sind für rund 90 Prozent der Verstärkung des Treibhauseffekts verantwortlich, die bereits eingetreten ist (Abb. 4.1). Um zu bestimmen, was zu geschehen hat, damit die äquivalente Kohlendioxid-Konzentration der Atmosphäre stabilisiert und in ihrem Gefolge die globale Erwärmung zum Stillstand gebracht werden kann, wird eine Reihe von jeweils für ein Jahrzehnt angesetzten Zielvorgaben zur Reduzierung dieser Gase benannt und die Auswirkungen auf die Zusammen-

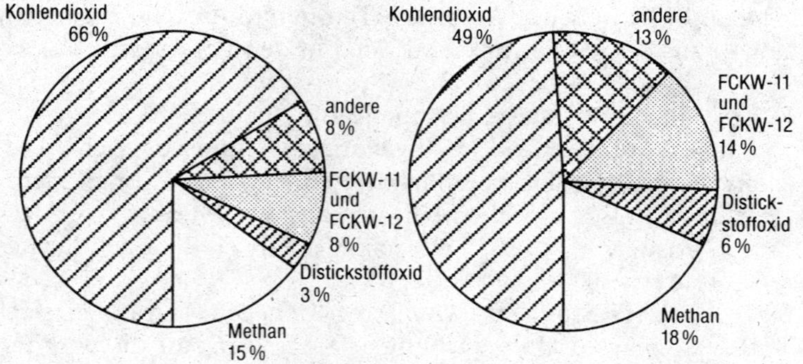

Abbildung 4.1 Prozentualer Beitrag der verschiedenen Treibhausgase zur globalen Erwärmung: a) 1880 bis 1980; b) achtziger Jahre. Unter »andere« fallen troposphärisches Ozon, Halone und stratosphärischer Wasserdampf.
(Quelle: D. A. Lashof und D. A. Tirpak [Hrsg.], Policy Options for Stabilizing Global Climate; *Environmental Protection Agency, Washington DC, 1989.)*

setzung der Atmosphäre und die global gemittelte bodennahe Lufttemperatur beschrieben.

Auf welche Weise Treibhausgas-Emissionen die Zusammensetzung der Atmosphäre beeinflussen werden, ist gar nicht so einfach vorherzusagen. Über Emissionsraten – sei es aufgrund menschlicher Aktivitäten oder aus natürlichen Quellen – weiß man nichts Genaues. Ebensowenig weiß man über die physikalischen, chemischen und biologischen Prozesse, wie Treibhausgase aus der Atmosphäre entfernt werden, Bescheid. Die Überlieferung von Unterschieden in der Vergangenheit, von ausschlaggebender Bedeutung, wenn man theoretische Modelle überprüfen will, reicht nur kurze Zeit zurück.

Zudem ist ungewiß, auf welche Weise Erzeugung und Beseitigung der Gase durch künftige Veränderungen der Zusammensetzung der Atmosphäre und des Klimas beeinträchtigt werden. In welchem Maße werden sich andere Schadstoffe auf die Beseitigung von Methan aus der Atmosphäre durch Hydroxylradikale auswirken? Werden die Ozeane einen höheren oder einen geringeren Wirkungsgrad als Auffangbecken (Senken) für

Kohlendioxid haben? Wird ein Temperaturanstieg zusätzlich Methan aus derzeit gefrorenen Böden in den Polarregionen freisetzen?

Selbst die raffiniertesten Modelle für die Auswirkungen von Emissionen auf atmosphärische Konzentrationen weisen Mängel auf. Es handelt sich bei ihnen um Hilfskonstruktionen, derer man sich hauptsächlich bedient, um das Verständnis der wichtigsten Prozesse zu vertiefen, weniger, um eindeutige Vorhersagen zu machen.[5]

Die in dieser Studie verwandten Modelle beschränken sich, wie in den meisten Untersuchungen dieser Art, auf die wirklich grundlegenden Prozesse, um den Einfluß zusätzlicher Unsicherheitsfaktoren – aufgrund der Einbeziehung von Mechanismen, über die man kaum etwas weiß – zu verringern. Sie sind jedoch ausreichend genau, um die allgemeinen Konsequenzen einer Reduzierung der Emissionen zu bestimmen. Sie sind erfreulich einfach, das heißt nicht sonderlich rechenaufwendig, und man kann sie im Rahmen von »Empfindlichkeitsstudien« oft durchlaufen lassen, um den Einfluß zentraler Annahmen zu überprüfen.

Im Falle des Kohlendioxids und der Fluorchlorkohlenstoffe stellen die Modelle explizit einen Bezug zwischen Emissionen beziehungsweise Erzeugung und atmosphärischer Konzentration her.

Das Kohlendioxid-Modell geht von der Annahme eines unveränderlichen »in der Luft schwebenden Anteils« von 50 Prozent aus.[6] Das bedeutet, daß – und dies stimmt mit der historischen Überlieferung überein – die Hälfte des infolge menschlicher Aktivitäten ausgestoßenen Kohlenstoffs in der Atmosphäre verbleibt. Zur Zeit läuft eine Empfindlichkeitsanalyse, die die Folgen einer Veränderung des in der Luft schwebenden Anteils untersucht. Der Anteil des in der Atmosphäre verbleibenden Kohlenstoffs könnte unter 50 Prozent fallen, wenn die Emissionen kräftig herabgesetzt würden.

Das im Climatic Research Unit von Wigley entwickelte[7] Fluorchlorkohlenwasserstoff-Modell simuliert die Auswirkungen der veränderten Erzeugung von FCKW-11 und FCKW-12. Andere Fluorchlorkohlenstoffe und verwandte Chemikalien werden berücksichtigt, indem die Verstärkung des Treibhauseffekts durch

FCKW-11 und FCKW-12 um einen bestimmten Prozentsatz höher angesetzt wird. Es könnte die Genauigkeit dieses Modells beeinträchtigen, wenn es zu erheblichen Einschränkungen der FCKW-11- und FCKW-12-Erzeugung kommt. Zwar stellt das Modell eine angemessene Annäherung dar, soweit es die derzeitige Situation betrifft; für den Fall, daß Ersatzstoffe für FCKW-11 und FCKW-12 eingesetzt werden, die ebenfalls Treibhausgase sind, wird es jedoch den Gesamtbeitrag der Fluorchlorkohlenwasserstoffe unterschätzen. Der Einfachheit halber bezeichnet in diesem Kapitel der Begriff »Fluorchlorkohlenwasserstoff« FCKW-11 und FCKW-12 und alle verwandten ozonabbauenden Chemikalien.

Was Methan und Distickstoffoxid anbelangt, so haben theoretische Modelle des Verhältnisses zwischen Emissionen und atmosphärischer Zusammensetzung nur sehr begrenzten Aussagewert; Schätzungen beruhen zumeist auf aus früheren Werten abgeleiteten empirischen Verhältnissen.[8] Die Zahlenangaben in dieser Untersuchung basieren auf der Extrapolation früherer Entwicklungen der atmosphärischen Konzentration. Reduzierungs-Szenarios sind in Form einer entsprechenden Abnahme des jährlichen Anstiegs der Konzentration, zu der es gekommen wäre, wenn die Trends der letzten Zeit sich fortgesetzt hätten, aufgeschlüsselt.

Im Falle von Kohlendioxid, Methan und Distickstoffoxid werden, in Anlehnung an die im Climatic Research Unit von Warwick und Wilkinson[9] entwickelte Methodologie, die Emissionen für feste Zehnjahres-Planungsperioden (bis 2000, 2010, 2020 und so fort) angegeben. Zielvorgaben für das Ende einer jeden Planungsperiode werden linear über die vorhergehenden zehn Jahre berechnet. (Exponentielle Entwicklungen sind vielleicht realistischer, aber das präzise Ergebnis dürfte sich nur geringfügig von den Gesamtergebnissen unterscheiden.) Für die FCKWs wird der Zeitpunkt angegeben, zu dem das Ziel einer prozentualen Verringerung erreicht ist, um die Möglichkeit drastischer Verringerungen noch vor Ende unseres Jahrhunderts berücksichtigen zu können. Alle Zielvorgaben einer Verringerung der Emissionen sind als globale Mittelwerte zu verstehen.

Das Ergebnis dieser Aufeinanderfolge von Modellen ist eine Jahr-für-Jahr-Prognose der atmosphärischen Konzentration der wichtigsten Treibhausgase für die Zeit von 1991 bis 2050. Der Anstieg der Konzentration eines jeden Gases wird sodann in die strahlungsrelevante Kraft umgerechnet, die solchermaßen erzeugt würde – die Verstärkung des Treibhauseffekts; die Zunahme dieser Kraft, für alle Treibhausgase zusammengenommen, wird in Form der äquivalenten Kohlendioxid-Konzentration dargestellt. Hierbei handelt es sich um die Menge an Kohlendioxid, die die gleiche Wirkung hätte. Zu beachten ist, daß es darum geht, diesen Parameter – und nicht unbedingt die Konzentration der einzelnen Treibhausgase – zu stabilisieren. Nicht berücksichtigt wird der Beitrag von Ozon, stratosphärischem Wasserdampf und anderen weniger wichtigen Treibhausgasen. Das könnte zwar dazu führen, daß in den Ergebnissen dieser Analyse die äquivalente Kohlendioxid-Konzentration unterschätzt wird, aber diese Differenz würde das Ergebnis nicht wesentlich beeinflussen und wäre den vielen anderen Unsicherheitsfaktoren in den Prognosen vergleichbar.

4.1.2 Das Weltklima

Wie würde die Veränderung der Zusammensetzung der Atmosphäre die globale Temperatur beeinflussen? Um das zu beurteilen, bediene ich mich eines im Climatic Research Unit von Wigley und Raper[10] entwickelten Modells. Dieses Modell arbeitet mit einem vereinfachten Ozean; es ist daher in der Lage, die Rolle zu simulieren, die die Ozeane für die sich verzögernde Reaktion der oberflächennahen Lufttemperatur auf eine Änderung der Zusammensetzung der Atmosphäre spielen. Man bezeichnet dies als Simulation einer »temporären (transienten) Reaktion«.

Die temporäre Reaktion ist aus dem Grund wichtig, weil die Verstärkung des Treibhauseffekts sowohl die Atmosphäre als auch die oberen Schichten des Ozeans erwärmt. Bedingt durch ihre größere thermische Trägheit heizen sich die Ozeane langsamer auf als die Atmosphäre; dadurch wird die atmosphärische Reaktion verzögert oder abgeschwächt. Energie, die andernfalls zur Verfügung gestanden hätte, um die Luft zu erwärmen, wird von den Ozeanen aufgenommen. Infolgedessen könnte die volle

Auswirkung irgendeiner Veränderung der Zusammensetzung der Atmosphäre, soweit es die oberflächennahe Lufttemperatur betrifft, erst nach Ablauf vieler Jahrzehnte spürbar werden, wenn zwischen den Ozeanen und der Atmosphäre eine Balance oder ein Gleichgewicht erreicht ist.

Das bedeutet, daß die atmosphärische Erwärmung, die letztendlich durch die derzeitige Treibhausgaskonzentration in der Atmosphäre hervorgerufen werden wird, zu jedem beliebigen Zeitpunkt nur zum Teil realisiert sein wird. Man kann daher die Auswirkung eines bestimmten Treibhausgasgehalts der Atmosphäre auf zweierlei Weise ausdrücken: als realisierte oder tatsächliche Erwärmung – die temporäre Reaktion – oder als Gleichgewichtstemperatur, sobald einmal der Punkt einer Ausgewogenheit erreicht ist.

Zwei Aspekte eines derartigen Modells sind von entscheidender Bedeutung für die Bestimmung der simulierten Reaktion des Klimasystems auf eine Verstärkung des Treibhauseffekts: die Empfindlichkeit des Klimas und die Wärmeabsorption der Ozeane.[11]

Die Empfindlichkeit des Klimas ist ein Maß für den Grad, in dem eine »Rückkopplung« die grundlegende strahlungsrelevante Wirkung der Treibhausgase verstärkt oder abschwächt; es handelt sich hierbei um eine sehr fehleranfällige Größe, wie in Kapitel 1 und 2 dieses Buches erläutert wurde. Beispielsweise kann sich bei steigender Temperatur die Beschaffenheit einer Wolkendecke ändern. Dies kann zu einer positiven Rückkopplung führen, da bestimmte Wolkentypen die Isolierung der Oberfläche des Planeten verstärken, so daß mehr Wärme eingefangen wird, oder aber es kommt zu einer negativen Rückkopplung, da andere Wolkenarten mehr Sonnenenergie von der Oberfläche weg reflektieren. Es ist schwierig, die Nettoauswirkung zu bestimmen; dennoch ist man der Ansicht, daß sie positiv sein wird. Die Bandbreite plausibler Schätzungen der Klimaempfindlichkeit, die um einen Faktor von 3 schwanken können, ist der größte Schwachpunkt in diesen Modellen.

Wie bereits erwähnt, beeinflußt die Wärmeabsorption durch die Ozeane die Verzögerung der Reaktion der Atmosphäre. In dem in dieser Untersuchung verwandten Modell wirken sich vor allem die Diffusionsrate, die Aufstiegsgeschwindigkeit und die

Temperatur des Wassers, das bei der Bildung der Tiefenwasserschicht nach unten sinkt, aus.

Um die Bandbreite der Unsicherheit klimatischer Prognosen zu veranschaulichen, sind die Ergebnisse für drei Fälle dargestellt – »höchster«, »mittlerer« und »niedrigster« Wert, in Tabelle 4.1 definiert –, die die plausible Bandbreite von Schätzungen der Empfindlichkeit des Klimas und der Diffusionsrate umfassen.[12] Dies sind nicht die einzigen Unsicherheitsfaktoren des Klimamodells, aber sie verdeutlichen, daß die Bandbreite der Möglichkeiten hinsichtlich des Ausmaßes einer künftigen Erwärmung beträchtlich ist.

Tabelle 4.1 Schlüsselparameter in Simulationen der globalen Temperatur

Wert	Verdopplungstemperatur (Grad Celsius)	Diffusion (cm^2s^{-1})
niedrigster	1,5	2,0
mittlerer	3,0	1,0
höchster	4,5	0,5

Anmerkung: Die Klimaempfindlichkeit wird in Relation zu der »Verdopplungstemperatur« angegeben – der Anstieg der Gleichgewichtstemperatur im Zusammenhang mit einer Verdopplung der Kohlendioxid-Konzentrationen. Eine höhere Meeresdiffusion bedeutet eine langsamere Reaktion der Atmosphäre.

cm^2s^{-1} = Quadratzentimeter pro Sekunde

Das Klimamodell verwendet als Input Schätzungen der äquivalenten Kohlendioxid-Konzentration, wandelt diese Schätzungen in strahlungsrelevante Kraft um[13] und berechnet die global gemittelte oberflächennahe Lufttemperatur, die in jedem einzelnen Jahr wahrscheinlich vorherrschen wird. Dabei handelt es sich um die tatsächliche Erwärmung beziehungsweise die temporäre Reaktion. Zugleich berechnet es in Jahresschritten die Temperatur, die vorherrschen würde, hätte das Klimasystem in dem betreffenden Jahr ein Gleichgewicht mit der Zusammensetzung der Atmosphäre erreicht. Dies wird hier als die Gleichgewichtstemperatur bezeichnet. Die Modellsimulation umfaßt die Zeit von 1765 bis 2050, dabei greift sie für den Zeitraum vor 1990 auf historisch überlieferte Werte der jeweiligen Konzentrationen zurück[14], während sie sich für die Zeit von 1990 bis 2050 auf Prognosen stützt. Alle Temperaturschätzungen sind als Abweichung von dem vorindustriellen Wert ausgedrückt, der als die 1765 vorherrschende Temperatur definiert ist.

Bei alldem muß man im Auge behalten, daß die mit Hilfe dieser Modelle aufgestellten Prognosen keinesfalls als definitive Vorhersagen angesehen werden dürfen. Zu viele Unsicherheiten spielen bei der Modellierung der Reaktion des Klimas auf Treibhausgasemissionen eine Rolle. Daß diese Schätzungen teilweise mit einer Genauigkeit bis auf die zweite Stelle hinter dem Komma angegeben werden, hat einen einfachen Grund: es erleichtert einen Vergleich der einzelnen Ergebnisse; man sollte dies nicht als einen Ausdruck besonderer Genauigkeit mißverstehen. Die Prognosen sind jedoch ausreichend genau, um die relative Effizienz der verschiedenen zur Debatte stehenden Regulierungsstrategien anzugeben. Die möglichen Auswirkungen der grundlegenden Unsicherheiten sind angegeben, wo sie von Bedeutung sind; weitere Einzelheiten bezüglich der Modelle finden Sie in dem umfassenden Rechenschaftsbericht zu dieser Studie.[15]

4.2 Weitermachen wie bisher

Ehe wir eine Strategie zur Stabilisierung des Treibhauseffekts entwickeln, wollen wir uns überlegen, wie das wahrscheinliche Ergebnis aussähe, wenn die bisherigen Emissionstrends sich fortsetzen, ohne daß etwas zur Verringerung des Ausstoßes der wichtigsten Treibhausgase unternommen wird. Dies ist die »Fortschreibungsprognose«. Sie bietet einen Vergleichsmaßstab für die verschiedenen Szenarios einer Verringerung der Emissionen.

Bei der Entwicklung der Fortschreibungsprognose gehen wir von folgenden Annahmen aus:

- Kohlendioxid-Emissionen aus der Nutzung fossiler Brennstoffe werden in der Zeit bis 2050 um ein Prozent pro Jahr zunehmen.[16]
- Der jährliche Anteil der Biosphäre aufgrund von Nutzungs-

änderungen der Landflächen und damit in Zusammenhang stehender Faktoren (im wesentlichen das Verhältnis zwischen Abholzen und Aufforstung) wird linear steigen, und zwar von 0,8 Petagramm (800 Millionen metrische Tonnen) Kohlenstoff im Jahre 1990 bis auf 2,05 Petagramm im Jahre 2040, ehe er – laut der von der amerikanischen Umweltschutzbehörde (EPA) entwickelten Prognose »Slowly Changing World« (Eine allmählich sich verändernde Welt) – im Jahre 2050 auf 1,8 Petagramm Kohlenstoff zurückgehen wird.[17]

- Entsprechend neueren Ergebnissen werden Methan-Konzentrationen um konstant 16 ppb (milliardstel Volumenanteile) pro Jahr und Distickstoffoxid-Konzentrationen um konstant 0,8 ppb pro Jahr anteigen.
- Im Falle der FCKWs wird es auf seiten der Gesamtheit der herstellenden Nationen[18] eine völlige Übereinstimmung mit dem Montrealer Protokoll von 1987 geben: Die Produktion von Ersatzstoffen, die zu den Treibhausgasen gehören, wird unterbleiben.

Es handelt sich hierbei keineswegs um extreme Annahmen. Zum Beispiel wird die Möglichkeit noch gar nicht in Betracht gezogen, daß es zu einer Beschleunigung moderner Trends kommen könnte, wenn der Energieverbrauch weiterhin steigt.[19] Es sind vielmehr mittlere Ausgangswerte. Zwei Aspekte dieser Prognose rechtfertigen jedoch eine eingehendere Diskussion. Sie betreffen Unsicherheiten hinsichtlich der biosphärischen Verteilung und deren weiteren Entwicklung sowie die Folgen eines Auslaufens der Produktion von FCKW-11 und FCKW-12.

Die Annahme, daß aus der Biosphäre derzeit 0,8 Petagramm (800 Millionen metrische Tonnen) Kohlenstoff pro Jahr freigesetzt werden, stimmt mit dem in der Luft schwebenden Anteil und der vorindustriellen Konzentration von Kohlendioxid, von denen diese Untersuchung ausgeht, überein.[20] Es gibt zwar Hinweise, daß gegenwärtig ein größerer Anteil freigesetzt wird – möglicherweise an die zwei Petagramm Kohlenstoff pro Jahr[21] –, dennoch ist es unwahrscheinlich, daß die atmosphärische Konzentration im Jahre 2050 sehr viel anders ausfiele, sollte dies tatsächlich der Fall sein. Das Ausmaß der Abholzung würde in der Zeit bis 2050 eher zurückgehen als steigen, da die Kapazitäten

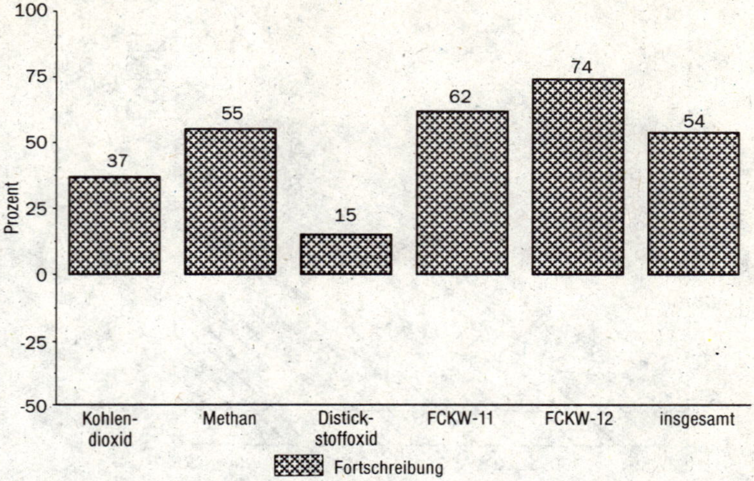

Abbildung 4.2 Fortschreibungsprognose für die Änderung des Prozentsatzes der Treibhausgaskonzentrationen in der Zeit von 1990 bis 2050. »Insgesamt« steht für die äquivalente Kohlendioxid-Konzentration. Die Konzentrationen im Jahre 2050: Kohlendioxid – 486 ppm; Methan – 2694 ppb; Distickstoffoxid (= Lachgas) – 364 ppb; FCKW-11 – 461 ppt; FCKW-12 – 849 ppt; äquivalentes Kohlendioxid – 634 ppm.
(Anmerkung: ppm = parts per million = millionstel Volumenanteile; ppb = parts per billion = milliardstel Volumenanteile; ppt = parts per trillion = billionstel Volumenanteile.)

der restlichen Waldgebiete schneller erschöpft wären. Zudem müßte man von einem niedrigeren in der Luft schwebenden Anteil ausgehen, wenn er mit den früheren Werten für Emissionen und atmosphärische Konzentration übereinstimmen soll.

Die Prognose der FCKW-Konzentrationen geht von der Annahme aus, daß alle Erzeugernationen – einschließlich derjenigen, die als Kleinhersteller oder -verbraucher gelten – sich an die Vorgaben des Montrealer Protokolls von 1987 halten, wie sie zur Zeit für die Großproduzenten unter den Nationen gelten. Im Grunde nimmt dies eine Verschärfung der gegenwärtigen Vorschriften des Abkommens voraus.

Man geht ferner davon aus, daß keine Ersatzstoffe, die ihrer-

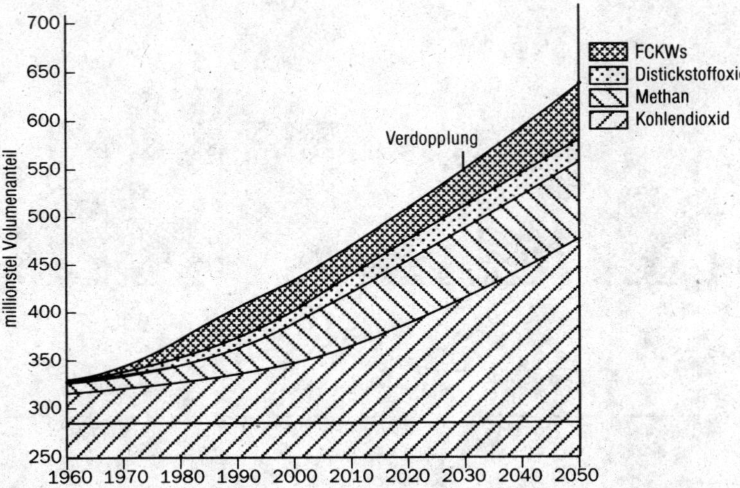

Abbildung 4.3 Fortschreibungsprognose für die Entwicklung der äquivalenten Kohlendioxid-Konzentration. Dargestellt ist der relative Anteil der verschiedenen Gase. Die horizontale Linie bezeichnet die vorindustrielle Ausgangssituation.

seits Treibhausgase sind, eingesetzt werden, wenn die wichtigsten FCKWs auslaufen. In dem extremen Fall, daß beispielsweise FCKW-22 verwendet wird, um den verringerten Gebrauch von FCKW-11 und FCKW-12 völlig auszugleichen, könnte in der Fortschreibungsprognose die strahlungsrelevante Kraft – die Verstärkung des Treibhauseffekts – aufgrund des FCKW-22 die Abschwächung dieser Kraft durch den Verzicht auf FCKW-11 und FCKW-12 ernstlich in Frage stellen.[22] Für die Zwecke dieses Szenarios gehen wir davon aus, daß man dies unterlassen wird. In den folgenden Szenarios wird die Vermeidung von Ersatzstoffen, die Treibhausgase sind (FCKWs, FKWs), ein ausdrücklich formuliertes politisches Ziel sein.

Abbildung 4.2 zeigt, wie sich die atmosphärischen Konzentrationen der wichtigsten Treibhausgase verändern werden, wenn alles beim alten bleibt. Bis 2050 wird die Kohlendioxid-Konzentration gegenüber dem aktuellen Wert um 37 Prozent zunehmen, Methan um 55 Prozent, Distickstoffoxid um 15 Prozent, FCKW-11 um 62 Prozent und FCKW-12 um 74 Prozent. Die äquivalente Kohlendioxid-Konzentration wird sich in den frühen dreißiger Jahren des 21. Jahrhunderts im Vergleich zu dem vorindustriellen Wert verdoppeln, wie Abbildung 4.3 zeigt, und bis zum Jahre 2050 auf 634 ppm ansteigen, 54 Prozent über dem Wert von 1990. Am auffälligsten beim relativen Anteil der einzelnen Gase ist, daß die FCKWs nach wie vor einen beträchtlichen Beitrag leisten werden, obwohl gemäß dem Montrealer Protokoll ihre Herstellung eingeschränkt wird.

Zur Zeit steigt die äquivalente Kohlendioxid-Konzentration alle fünf Jahre um drei bis vier Prozent. Das geht ziemlich weit über die für frühere Jahrzehnte charakteristische Geschwindigkeit hinaus und spiegelt die rapide Zunahme der Emissionen seit den fünfziger Jahren wider. Was die Verunreinigung der Atmosphäre anbetrifft, so kennzeichnen Entwicklungen der letzten vierzig Jahre ein ebenso entscheidendes Stadium, wie die industrielle Revolution es war. Bezogen auf strahlungsrelevante Kraft bedeutet die derzeitige Veränderungsrate, daß der Treibhauseffekt alle fünf Jahre um acht Prozent verstärkt wird; das zeigt ganz klar, mit welchen Konsequenzen zu rechnen ist, wenn man noch länger zögert, etwas gegen die globale Erwärmung zu unternehmen.

Die Konzentrationsprognosen, die sich aus dem Fortschreibungszenario ergeben, stimmen weitgehend mit denen des von der amerikanischen Umweltschutzbehörde (EPA) entwickelten Szenarios »Slowly Changing World«[23] überein. Dieses geht von einer Fortsetzung des zur Zeit bescheidenen wirtschaftlichen Wachstums ohne eine konzertierte Aktion als Antwort auf die globale Erwärmung aus. Die FCKW-Prognosen liegen in unserem Szenario wesentlich niedriger als in der EPA-Studie, die von pessimistischeren Annahmen hinsichtlich der Wirksamkeit des Montrealer Protokolls ausgeht.

Abbildung 4.4 zeigt die Auswirkung auf die globale oberflächennahe Lufttemperatur. Es handelt sich hier um die realisierte Erwärmung, bei der der Verzögerungseffekt der Ozeane berücksichtigt ist. Wie im vorangegangenen Abschnitt beschrieben, wird eine ganze Skala von Werten für jeden beliebigen Zeitpunkt angegeben, um die Bandbreite der Unsicherheiten bei Klimaprognosen zu veranschaulichen. In der folgenden Diskussion wird zuerst die auf den »mittleren« Werten für die Empfindlichkeit des Klimas und die Diffusionsrate des Meerwassers basierende Temperaturprognose genannt, dann die Spanne der Unsicherheit, die von den »niedrigsten« bis zu den »höchstmöglichen« Werten reicht. Alle Temperaturschätzungen sind als Abweichungen vom vorindustriellen Normwert ausgedrückt.

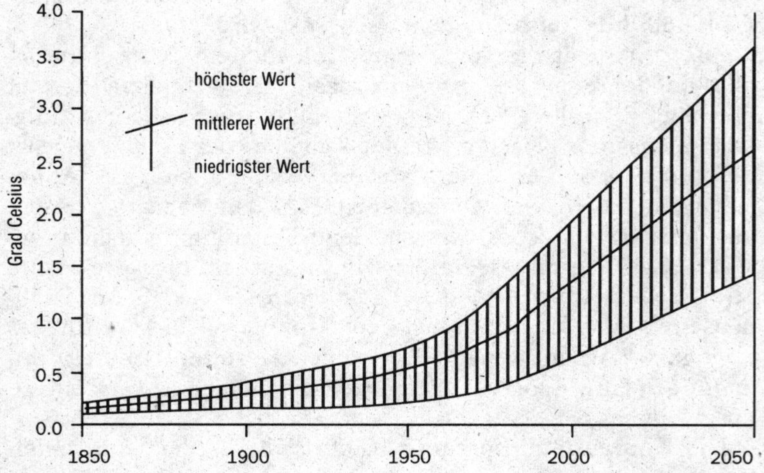

Abbildung 4.4 Fortschreibungsprognose für die Entwicklung der globalen Lufttemperatur in Bodennähe bei den höchstmöglichen (Verdopplung der Temperatur, 4,5 °C; Diffusionsrate des Meerwassers 0,5 cm^2s^{-1}), den mittleren (3 °C; 1 cm^2s^{-1}) und den niedrigsten (1,5 °C; 2 cm^2s^{-1}) Werten. Die globale Temperatur wird als Abweichung vom vorindustriellen Normwert ausgedrückt.

Entsprechend dieser Simulation hätte infolge früherer Treibhausgasemissionen bis 1990 ein Anstieg der globalen Temperatur um, verglichen mit dem vorindustriellen Wert, 1,1 ± 0,5 Grad Celsius stattfinden müssen. Wenn man die zukünftigen Emissionen mit berücksichtigt, könnte die Temperatur weltweit bis zum Jahre 2050 um 2,6 ± 0,5 Grad Celsius über dem vorindustriellen Niveau liegen. In der Zeit von 1990 bis 2050 beträgt die durchschnittliche Erwärmung, ausgehend von der Differenz zwischen der *Modellschätzung* der realisierten Erwärmung im

Jahre 1990 und im Jahre 2050[24], 0,26 ± 0,12 Grad Celsius pro Jahrzehnt. Das ist eine drei- bis siebenmal höhere Rate als im Verlauf der letzten hundert Jahre. Im Jahre 2050 liegt die Gleichgewichtserwärmung (die Erwärmung, zu der es kommen wird, wenn Ozeane und Atmosphäre einen Zustand der Ausgewogenheit erreicht haben) bei 3,6 ± 1,8 Grad Celsius über dem vorindustriellen Niveau.

Die mögliche Auswirkung dieser Klimaveränderung wird klar, sobald man sie im historischen Zusammenhang betrachtet. Selbst am unteren Ende der Unsicherheitsskala stellt ein Anstieg der globalen Temperatur um 2 Grad Celsius über den vorindustriellen Normwert eine in der Geschichte der Zivilisation noch nie dagewesene Klimaveränderung dar. Wie die IPCC-Wissenschaftler hervorheben, haben sich die globalen Oberflächentemperaturen in den 10000 Jahren seit dem Ende der letzten Eiszeit wahrscheinlich um kaum mehr als 1 Grad Celsius verändert.[25] Die globale Temperatur ist zumindest seit dem Ende der Eem-Sangamon-Periode vor etwa 125000 Jahren nie um mehr als 3 Grad Celsius über den im 19. Jahrhundert vorherrschenden Wert angestiegen. Sucht man nach einer Analogie für eine Welt, die um 5 Grad Celsius wärmer ist als heute, müßte man unter Umständen mindestens drei Millionen Jahre zurückgehen, in das Pliozän. Globale Erwärmung stellt eine Krise der Umwelt dar, die in der ganzen Geschichte der Menschheit keine Parallele hat.[26]

So weit dürfen wir es nicht kommen lassen.

4.3 Ein erster Schritt

Es gibt viele Möglichkeiten, anhand von vier wichtigen Treibhausgasen und einer Vielfalt von Quellen, aus denen sie stammen, eine Strategie zu entwickeln, die das Ziel, den Anstieg der äquivalenten Kohlendioxid-Konzentration zu stoppen, erreicht. Man bedient sich zweier grundlegender Kriterien, um einen Ausgangspunkt zu bestimmen, von dem aus die weiteren Schritte der Strategie entwickelt werden können.

- Priorität haben Maßnahmen, die gerechtfertigt sind, weil sie auch in anderen Umweltbereichen zu Verbesserungen führen.
- Priorität haben Maßnahmen in Bereichen, die die nachteiligen gesellschaftlichen Auswirkungen dieser Strategie auf ein Minimum beschränken.

Diesen Kriterien liegt das Prinzip zugrunde, daß die stabilisierende Strategie darauf abzielen sollte, andere Umwelt- und soziale Probleme zu mindern – und gewiß nicht, sie zu verschärfen; dazu gehört das derzeitige Nord-Süd-Gefälle.

Ausgehend von diesen beiden Kriterien lassen sich zwei politische Zielsetzungen benennen, die einen Bezugsrahmen abgeben, in den weitere Zielvorgaben integriert werden können.

Als erstes gehen wir von der Annahme aus, daß die Produktion von FCKWs und verwandten ozonabbauenden Chemikalien im Verlauf der neunziger Jahre eingestellt wird. Darüber hinaus werden, wenn diese Chemikalien auslaufen, keine Ersatzstoffe eingesetzt, die ihrerseits Treibhausgase sind. Sowohl die Auswirkung der FCKWs auf die stratosphärische Ozonschicht wie auch die Tatsache, daß ihr Nutzen, im Vergleich zu den Aktivitäten, bei denen die anderen Treibhausgase freigesetzt werden, nicht gerade als wesentlich betrachtet werden kann, rechtfertigen dies als vorrangiges Ziel.

Zweitens gehen wir von der Annahme aus, daß die Abholzung, die Hauptquelle für die Freisetzung von Kohlendioxid im Zusammenhang mit der Bodennutzung, bis zum Jahre 2000 gestoppt wird. Abholzung ist die Ursache vieler ökologischer, ökonomischer und sozialer Probleme und führt zum Verlust unschätzbarer Ressourcen.[27]

Das »Primärstufen«-Szenario baut daher auf zwei Maßnahmen auf:

- Einstellung der Produktion von FCKWs und allen verwandten ozonabbauenden Chemikalien bis 1995; kein Einsatz von Ersatzstoffen, die Treibhausgase sind;
- Abholzungsstopp (genauer gesagt: der Nettoemissionen aus der Biosphäre) bis zum Jahre 2000.

Methan- und Distickstoffoxid-Emissionen sowie durch den Energieverbrauch bedingte Kohlendioxid-Emissionen folgen der Fortschreibungsprognose.

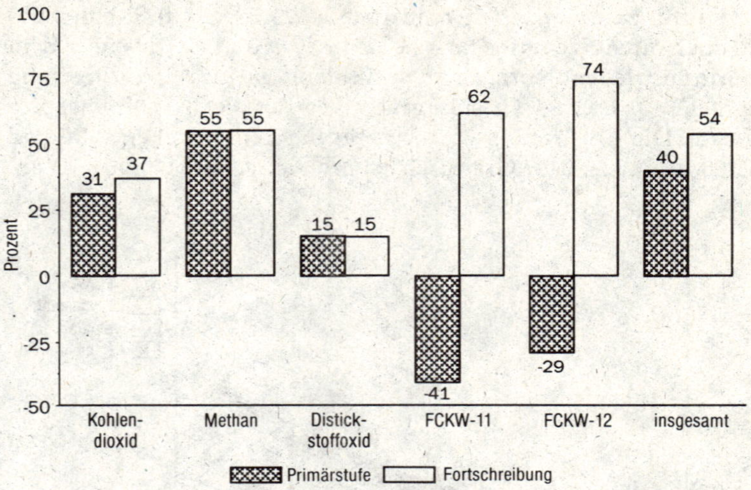

Abbildung 4.5 Primärstufenprognose für die prozentuale Veränderung der Treibhausgaskonzentrationen in der Zeit zwischen 1990 bis 2050. »Insgesamt« steht für die äquivalente Kohlendioxid-Konzentration. Die Konzentrationen im Jahre 2050: Kohlendioxid – 465 ppm; Methan – 2649 ppb; Distickstoffoxid – 364 ppb; FCKW-11 – 167 ppt; FCKW-12 – 345 ppt und äquivalentes Kohlendioxid – 578 ppm.

Aufgrund der Einstellung der FCKW-11- und FCKW-12-Produktion sinken die Konzentrationen bis Mitte des 21. Jahrhunderts um 41 beziehungsweise 29 Prozent ihres heutigen Werts. Im Rahmen der Fortschreibungsprognose sind sie um 62 beziehungsweise 74 Prozent gestiegen. Ein Abholzungsstopp verringert den Anstieg der Kohlendioxid-Konzentration von 37 auf 31 Prozent über dem derzeitigen Niveau.

Kraft dieser beiden Maßnahmen wird der Zeitpunkt, zu dem sich die äquivalente Kohlendioxid-Konzentration gegenüber dem vorindustriellen Wert verdoppelt, um etwa zehn Jahre hinausgeschoben. Im Vergleich zur Fortschreibungsprognose beträgt die äquivalente Kohlendioxid-Konzentration im Jahre 2050 statt 634 nur 578 ppm, 40 Prozent über dem derzeitigen Wert. Beide Maßnahmen tragen gleichermaßen zu einer Abschwächung der Treibhauskraft bei.

Die bis zum Jahre 2050 realisierte Erwärmung im Rahmen des Primärstufen-Szenarios liegt bei 2,4 ± 1,0 Grad Celsius über dem vorindustriellen Normwert; das entspricht einer Verringerung um 0,2 ± 0,1 Grad Celsius gegenüber der Fortschreibungsprognose. Die Erwärmungsrate liegt für die Zeit zwischen 1990 und 2050 bei 0,22 ± 0,10 Grad Celsius pro Jahrzehnt, 15 Prozent un-

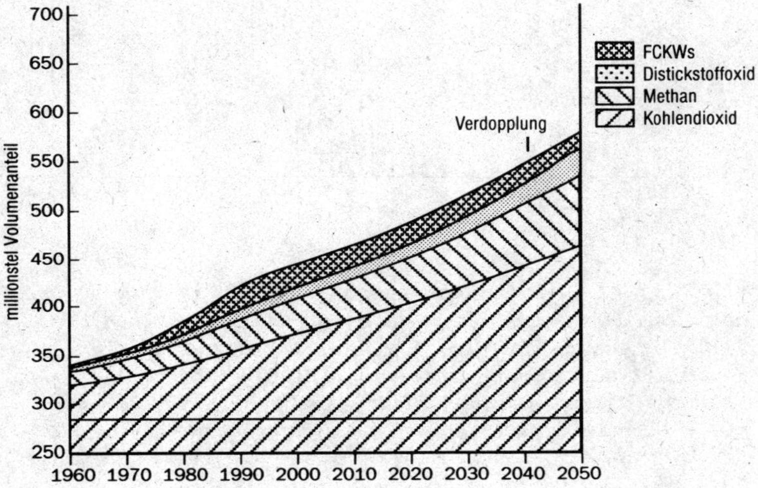

Abbildung 4.6 Primärstufenprognose für die Entwicklung der äquivalenten Kohlendioxid-Konzentration. Dargestellt ist der relative Anteil der verschiedenen Gase. Die horizontale Linie bezeichnet die vorindustrielle Ausgangssituation.

ter dem Wert der Fortschreibungsprognose. Im Jahre 2050 wird die Gleichgewichtstemperatur um 3,2 ± 1,6 Grad Celsius über dem vorindustriellen Niveau liegen; während der ersten Hälfte des 21. Jahrhunderts wird sie weiter ansteigen, da der Treibhauseffekt weiterhin verstärkt wird.

Trotz dieses ersten Schritts bleibt es bei einer beträchtlichen Erwärmung, der man folglich mit anderen Mitteln entgegenwirken muß.

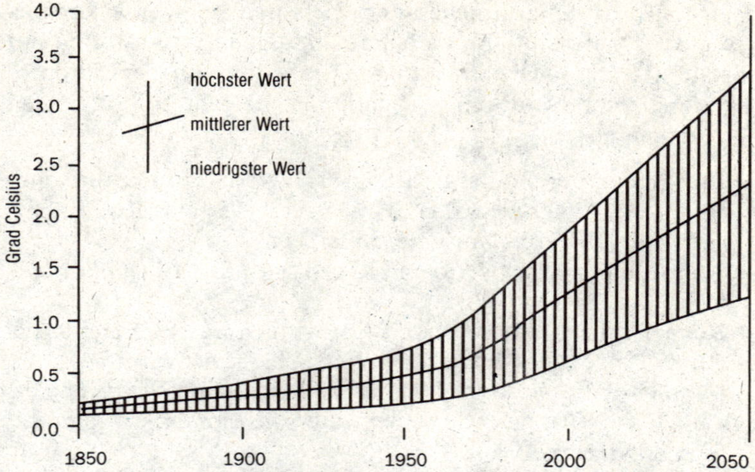

Abbildung 4.7 Primärstufenprognose für die Entwicklung der globalen Lufttemperatur in Bodennähe bei den höchstmöglichen (Verdopplung der Temperatur, 4,5 °C; Diffusionsrate des Meerwassers 0,5 cm^2s^{-1}), den mittleren (3 °C, 1 cm^2s^{-1}) und den niedrigsten (1,5 °C, 2 cm^2s^{-1}) Werten. Die globale Temperatur wird als Abweichung vom vorindustriellen Normwert ausgedrückt.

4.4 Empfehlung: eine Halbierung

Die Teilnehmer der Konferenz The Changing Atmosphere: Implications for Global Security, die 1988 in Toronto stattfand, empfahlen eine Reihe von Maßnahmen zur Verlangsamung der globalen Erwärmung. Im Hinblick auf Kohlendioxid-Emissionen aus Energieträgern machten sie den Vorschlag, bis zum Jahre 2005 die Freisetzungen auf 80 Prozent der in den späten Achtzigern vorherrschenden Werte zu reduzieren; um die atmosphärischen Werte zu stabilisieren, sei eine Verringerung um 50 Prozent oder mehr notwendig.[28] Für diese Zielvorgabe wurde kein Zeitrahmen festgesetzt.

Das »Halbierungs«-Szenario bezieht – zusätzlich zu den im

Primärstufen-Szenario genannten Zielvorgaben – eine Regulierung der Kohlenstoff-Emissionen aus fossilen Brennstoffen mit ein, und zwar in Übereinstimmung mit den von der Toronto-Konferenz vorgeschlagenen Richtlinien. Es geht von folgenden Annahmen aus:

- Einstellung der Produktion von FCKWs und allen verwandten ozonabbauenden Chemikalien bis 1995; Verzicht auf Ersatzstoffe, die Treibhausgase sind.
- Abholzungsstopp (Nettoemissionen aus der Biosphäre) bis zum Jahre 2000.
- Reduzierung der Kohlenstoff-Emissionen aus Energieträgern auf 80 Prozent des derzeitigen Wertes bis zum Jahre 2005 und, in einer Extrapolation über 2005 hinaus, auf 50 Prozent bis zum Jahr 2030; danach bleiben die Emissionen konstant auf diesem Niveau.

Wie in Abschnitt 4.1 bemerkt, könnten Prognosen, die von einem konstanten in der Luft schwebenden Anteil ausgehen, die Reaktion der atmosphärischen Konzentrationen auf erhebliche Verringerungen der Kohlenstoff-Emissionen, wie sie in diesem

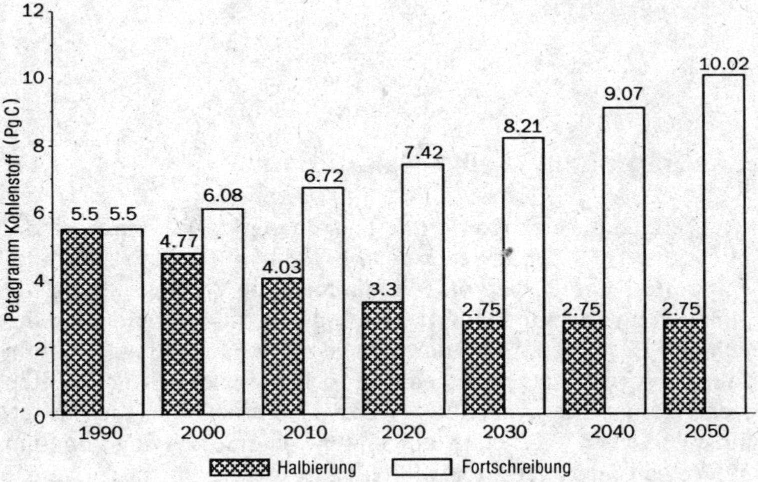

Abbildung 4.8 Zwei Szenarios für Kohlenstoff-Emissionen aus fossilen Brennstoffen: Fortschreibungs- und Halbierungsprognose.

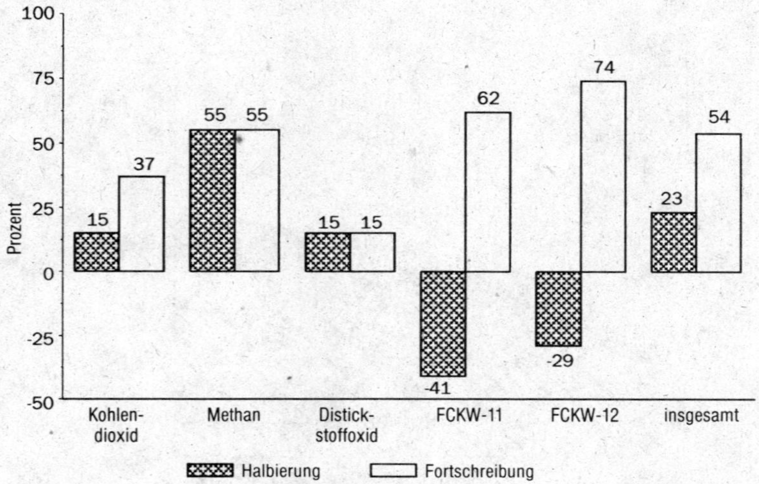

Abbildung 4.9 Halbierungsprognose für die prozentuale Veränderung der Treibhausgaskonzentrationen in der Zeit von 1990 bis 2050. »Insgesamt« steht für die äquivalente Kohlendioxid-Konzentration. Die Konzentrationen im Jahre 2050: Kohlendioxid – 408 ppm; Methan – 2694 ppb; Distickstoffoxid – 364 ppb; FCKW-11 – 167 ppt; FCKW-12 – 345 ppt und äquivalentes Kohlendioxid – 507 ppm.

Szenario ins Auge gefaßt werden, unterschätzen. Die Auswirkungen einer Veränderung des in der Luft schwebenden Anteils werden an späterer Stelle zusammengefaßt.[29]

Infolge des Abholzungsstopps und der Reduzierung der Emissionen aus fossilen Brennstoffen bleibt der Anstieg der Kohlendioxid-Konzentration bis Mitte des 21. Jahrhunderts auf 15 Prozent über dem derzeitigen Niveau begrenzt, im Gegensatz zu den 37 Prozent über dem aktuellen Wert im Rahmen der Fortschreibungsprognose. Die äquivalente Kohlendioxid-Konzentration steigt auf 507 ppm im Jahre 2050, und der Verdopplungspunkt ist auf diese Weise bis gegen Ende des 21. Jahrhunderts hinausgeschoben worden.

Bis zum Jahre 2050 steigt die Temperatur weltweit auf 2,1 ± 0,8 Grad Celsius über den vorindustriellen Normwert an. Das sind 0,3 ± 0,2 Grad Celsius weniger als im Fortschreibungs-Szenario. Es handelt sich dabei um eine Erwärmungsrate von 0,16 ± 0,08

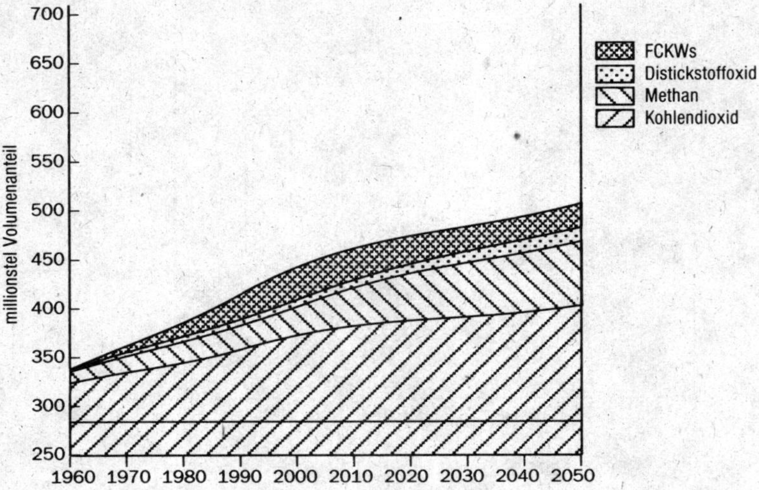

Abbildung 4.10 Halbierungsprognose für die Entwicklung der äquivalenten Kohlendioxid-Konzentration. Dargestellt ist der relative Anteil der Gase. Die horizontale Linie bezeichnet die vorindustrielle Ausgangssituation.

Grad Celsius pro Jahrzehnt für die Zeit bis 2050 – 38 Prozent unter dem Wert der Fortschreibungsprognose, aber immer noch über den 0,1 Grad Celsius pro Jahrzehnt, die die Teilnehmer an dem Villach-Bellagio-Workshop, ausgehend von der Toleranzgrenze von Waldsystemen, vorgeschlagen haben.[30] Die Gleichgewichtstemperatur steigt bis zum Ende der zur Diskussion stehenden Periode auf 2,6 ± 1,3 Grad Celsius über den vorindustriellen Wert und wird auch danach ansteigen, da der Treibfhauseffekt weiter verstärkt wird.

4.5 Die globale Erwärmung kommt zum Stillstand

Die Wirkung einer Produktionseinstellung von Fluorchlorkohlenstoffen (und aller verwandten Ersatzstoffe) bis zum Jahr 1995, eines Abholzungsstopps bis zum Jahre 2000 und einer

Halbierung der Emissionen aus fossilen Brennstoffen bis zum Jahr 2030 müßte die zukünftige Erwärmung – im Vergleich zur Fortschreibungsprognose – um mehr als ein Drittel geringer ausfallen lassen. Aber der äquivalente Kohlendioxid-Gehalt der Atmosphäre wird beständig ansteigen. Weitere Maßnahmen sind erforderlich, um das Ziel einer Stabilisierung zu erreichen. Es gibt dafür eine ganze Reihe von Möglichkeiten – zwei Vorgehensweisen bieten sich geradezu an.

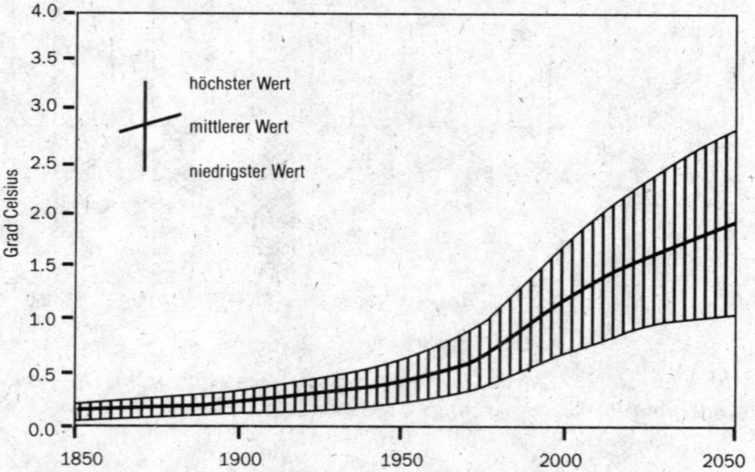

Abbildung 4.11 Halbierungsprognose für die Entwicklung der globalen Lufttemperatur in Bodennähe bei den höchstmöglichen (Verdopplung der Temperatur, 4,5 °C, Diffusionsrate des Meerwassers 0,5 cm^2s^{-1}), den mittleren (3 °C, 1 cm^2s^{-1}) und den niedrigsten (1,5 °C, 2 cm^2s^{-1}) Werten. Die globale Temperatur wird als Abweichung vom vorindustriellen Normwert ausgedrückt.

Als erstes wäre die Biosphäre durch Aufforstung zu einem Auffangbecken zu machen.[31] Der Kohlenstoff, den wachsende Bäume und andere Vegetationsformen der Atmosphäre entziehen, könnte dann die restlichen Emissionen aus Energieträgern kompensieren. Um dies zu veranschaulichen, nehmen wir an, daß eine Aufforstung die Freisetzung von Kohlenstoff in die Atmosphäre ausgleichen könnte, die sonst – entsprechend der

Fortschreibungsprognose – infolge der Abholzung stattfinden würde. Sie beläuft sich in der ersten Hälfte des 21. Jahrhunderts auf zirka 1,65 Petagramm (1650 Millionen metrische Tonnen) Kohlenstoff pro Jahr.

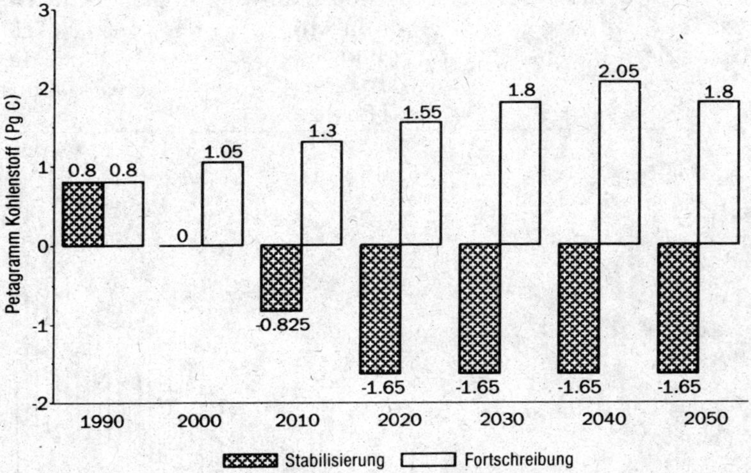

Abbildung 4.12 Biosphärische Kohlenstoff-Emissionen im Stabilisierungs- und im Fortschreibungs-Szenario.

Schätzungen, in welchem Umfang wiederaufgeforstet werden müßte, um diesen Grad an Kohlenstoff-Aufnahme zu erreichen, variieren um einen Faktor von 2 oder mehr, je nachdem, von welchen Annahmen hinsichtlich der Produktivität pro Anbaueinheit man ausgeht und so weiter.[32] Es könnte sich als notwendig erweisen, mehr als 200 Millionen Hektar (1 Hektar entspricht 10000 Quadratmetern) neuer Wälder zu schaffen, was eine Ausdehnung der derzeit bewaldeten Flächen um etwa fünf Prozent bedeutete. Das entspricht etwa einem Viertel der Waldgebiete, die bislang weltweit gerodet worden sind.

Wir gehen davon aus, daß das Ziel einer Absorption von 1,65 Petagramm Kohlenstoff jährlich bis zum Jahre 2020 erreicht werden kann. In den ersten zwei Jahrzehnten des 21. Jahrhunderts müßten pro Jahr zehn Millionen Hektar Wald – eine Fläche, die in etwa Guatemala entspricht – angepflanzt werden, wenn die gesamte neu bewaldete Fläche im Jahre 2020 200 Millionen Hektar umfassen soll.

Um die Kohlendioxid-Werte zu stabilisieren, muß eine weitere Reduzierung der Emissionen aus fossilen Brennstoffen, die über das Halbierungs-Szenario hinausgeht, mit dieser Aufforstung einhergehen. Emissionen müssen auf 30 Prozent des aktuellen Standes – die 1,65 Petagramm Kohlenstoff jährlich, die die neuen Wälder aufnehmen werden – verringert werden, damit ein Gleichgewicht zwischen Quellen und Auffangbecken erreicht wird und es zu keinem weiteren Anstieg der atmosphärischen Kohlendioxid-Konzentration mehr kommt (Abb. 4.13).

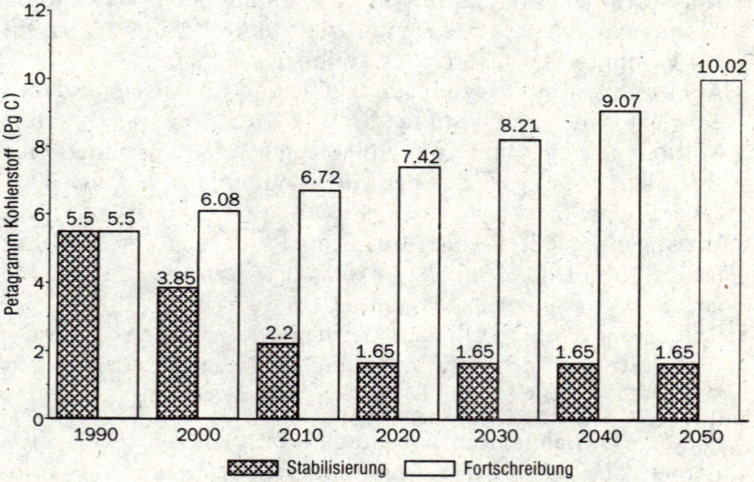

Abbildung 4.13 Kohlenstoff-Emissionen aus fossilen Brennstoffen im Stabilisierungs- und im Fortschreibungs-Szenario.

Die zweite Vorgehensweise zielt darauf ab, steigende Methan- und Distickstoffoxid-Emissionen durch die Verringerung der FCKW-Konzentration auszugleichen, so daß es nicht zu einem von diesen Gasen verursachten Nettoanstieg der kumulativen äquivalenten Kohlendioxid-Konzentration kommt. In der Zeit bis 2050 nehmen die FCKW-Konzentrationen stetig ab, so daß ihr Beitrag zum Treibhauseffekt reduziert wird. Diese Verringerung der Strahlungskraft kann gegen einen weiteren Anstieg – auch wenn dieser langsamer erfolgt als zur Zeit – des Anteils von Methan und Distickstoffoxid aufgerechnet werden. Wenn man den jährlichen Anstieg der Methan- und Distickstoffoxid-Konzentrationen bis zum Jahre 2020 linear auf 25 Prozent des heutigen Standes reduziert, wäre ein Ausgleich möglich. Hinsichtlich Emissionen würde dies bedeuten, daß man Methan-Emissionen in etwa auf dem derzeitigen Stand hält und die anthropogenen Distickstoffoxid-Emissionen um einen Faktor von mehr als 2 reduziert.[33]

Das Stabilisierungs-Szenario umfaßt also folgende Zielsetzungen:

- Einstellen der Produktion von FCKWs und allen verwandten ozonabbauenden Substanzen bis zum Jahre 1995 und Verzicht auf Ersatzstoffe, die ihrerseits Treibhausgase sind.
- Abholzungsstopp bis zum Jahre 2000 und im Anschluß daran eine extensive Aufforstung, um die 1,65 Petagramm (1650 Millionen metrische Tonnen) Kohlenstoff-Emissionen aus Energieträgern auszugleichen; dies sollte bis zum Jahre 2020 erreicht sein.
- Verringerung der Kohlenstoff-Emissionen aus der Nutzung fossiler Brennstoffe auf 30 Prozent des derzeitigen Werts bis 2020.
- Reduzierung des jährlichen Anstiegs der Methan- und Distickstoffoxid-Konzentrationen auf 25 Prozent des derzeitigen Wertes bis 2020.

Dieses Maßnahmenbündel stimmt weitgehend mit den Zielvorgaben des von Krause und anderen entwickelten »Toleranz«-Szenarios[34] überein. Der Zeitrahmen für die Durchführung ist allerdings enger gefaßt als in dieser Studie, um das vordringliche Ziel einer Stabilisierung des Treibhauseffekts bis zur Mitte des 21. Jahrhunderts zu erreichen.

Der Nettoeffekt dieser Maßnahmen ist eine Stabilisierung der Kohlendioxid-Konzentration in der Atmosphäre bei 375 ppm im Verlauf der zwanziger Jahre des 21. Jahrhunderts, nur fünf Prozent über dem Niveau von 1990, im Vergleich zu einer Zunahme um 37 Prozent in der Fortschreibungsprognose.

Die Methan-Konzentration steigt bis zum Jahre 2050 auf

2148 ppb, 24 Prozent über dem derzeitigen Niveau, im Vergleich zu 55 Prozent über dem gegenwärtigen Stand in der Fortschreibungsprognose. Die Distickstoffoxid-Konzentration erreicht 337 ppb, sieben Prozent über dem aktuellen Stand, verglichen mit 15 Prozent über dem derzeitigen Niveau in der Fortschreibungsprognose. Im Verlauf der letzten Jahrzehnte des Untersuchungszeitraums wird die Verstärkung des Treibhauseffekts aufgrund des weiteren Ansteigens der Methan- und Distickstoffoxid-Konzentrationen durch die Reduzierung infolge des Absinkens der FCKW-Werte ausgeglichen.

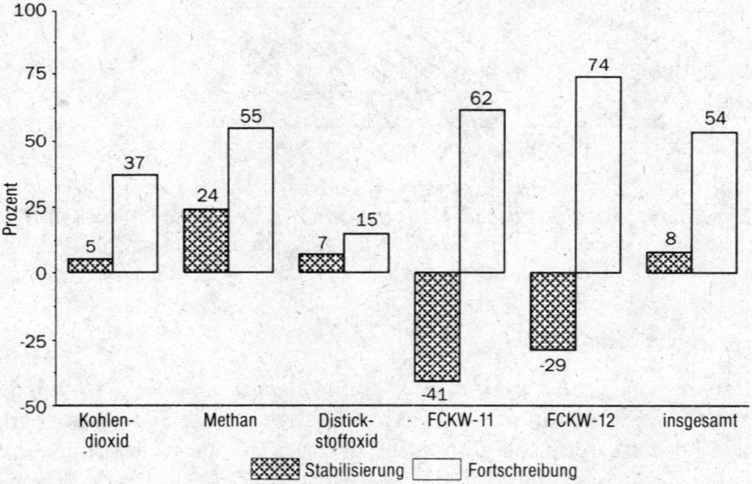

Abbildung 4.14 Stabilisierungsprognose für die prozentuale Veränderung der Treibhausgaskonzentrationen in der Zeit von 1990 bis 2050. »Insgesamt« steht für die äquivalente Kohlendioxid-Konzentration. Konzentrationen im Jahre 2050: Kohlendioxid – 375 ppm; Methan – 2148 ppb; Distickstoffoxid – 337 ppb; FCKW-11 – 167 ppt; FCKW-12 – 345 ppt und äquivalentes Kohlendioxid – 445 ppm.

Der Anstieg der äquivalenten Kohlendioxid-Konzentration der Atmosphäre wird bis zum Jahre 2030 zum Stillstand gebracht. Das Stabilisierungsniveau liegt bei 445 ppm – lediglich acht Prozent höher als der derzeitige Wert. Das Ziel ist erreicht.

Obwohl sich die äquivalente Kohlendioxid-Konzentration in

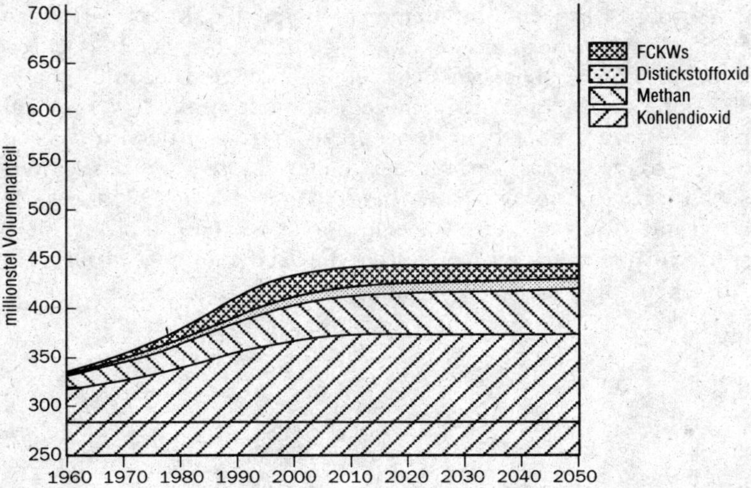

Abbildung 4.15 Stabilisierungsprognose für die Entwicklung der äquivalenten Kohlendioxid-Konzentration. Dargestellt ist der relative Anteil der verschiedenen Gase. Die horizontale Linie bezeichnet die vorindustrielle Ausgangssituation.

den zwanziger Jahren des 21. Jahrhundert stabilisieren wird, setzt sich der globale Temperaturanstieg weiter fort, während das Klimasystem sich allmählich in ein Gleichgewicht bringt. Im Jahre 2050 liegt die globale Temperatur $1,7 \pm 0,8$ Grad Celsius über dem vorindustriellen Niveau, $0,9 \pm 0,3$ Grad Celsius unter der Fortschreibungsprognose. Zu diesem Zeitpunkt liegt jedoch die Erwärmungsrate – $0,04 \pm 0,03$ Grad Celsius pro Jahrzehnt – deutlich unter der Toleranzgrenze von 0,1 Grad Celsius pro Jahrzehnt.

Laut dieser Prognose wird sich die globale Temperatur schließlich auf $2,0 \pm 1,0$ Grad Celsius über dem vorindustriellen Normwert stabilisieren. Der – aufgrund der Unsicherheiten mögliche – oberste Grenzwert liegt bei etwa 3 Grad Celsius über dem vorindustriellen Niveau; das entspricht annähernd der von Krause und seinen Kollegen definierten Toleranzgrenze.[35] Eine durchgreifende Politik ist gefragt, um dieser Herausforderung

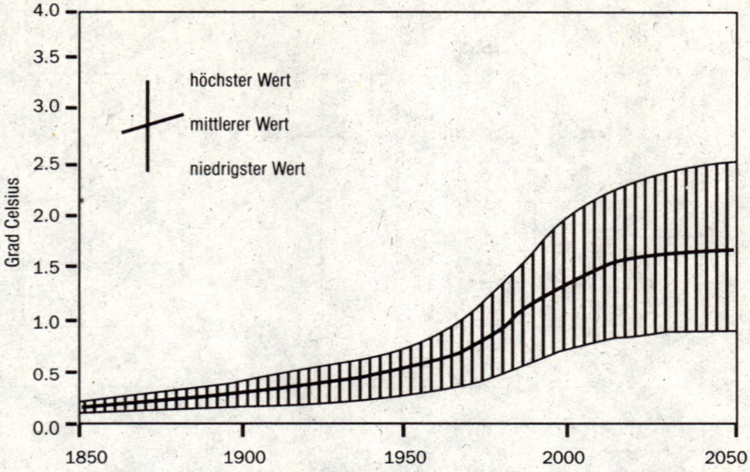

Abbildung 4.16 Stabilisierungsprognose für die Entwicklung der globalen Lufttemperatur in Bodennähe bei den höchstmöglichen (Verdopplung der Temperatur, 4,5 °C; Diffusionsrate des Meerwassers 0,5 cm^2s^{-1}), den mittleren (3 °C, 1 cm^2s^{-1}) und den niedrigsten (1,5 °C, 2 cm^2s^{-1}) Werten. Die globale Temperatur wird als Abweichung vom vorindustriellen Normwert ausgedrückt.

zu begegnen – das unterstreicht noch einmal die Dringlichkeit, umgehend zur Tat zu schreiten.

Die Ergebnisse der Stabilisierungsprognose berücksichtigen kaum die Annahme eines unveränderlichen, in der Luft schwebenden Anteils des Modells für Kohlendioxid-Konzentration. Die in der vollständigen Fassung des Rechenschaftsberichts zu dieser Untersuchung[36] enthaltenen Empfindlichkeitsuntersuchungen zeigen, daß die Annahme eines sich verändernden Anteils in der Luft – der sinkt, wenn die Emissionen verringert werden – für das Niveau, auf dem das Weltklima sich schließlich stabilisieren würde, nahezu außer acht gelassen werden kann. Die vorhergesagte Kohlendioxid-Konzentration ist offenbar niedriger, aber der Unterschied ist nicht wesentlich. Das liegt daran, daß der Großteil des zusätzlichen Kohlenstoffs zu einem frühen Zeitpunkt in der Phase der Emissionsverringerung in die

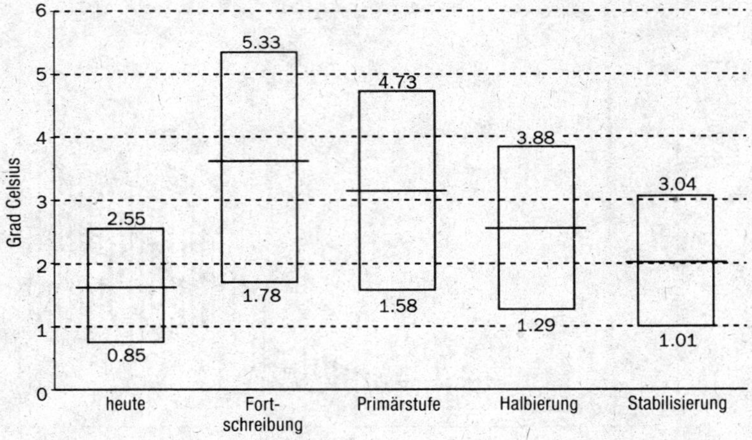

Abbildung 4.17 Die globale Gleichgewichtstemperatur heute (1990) und den in dieser Studie entwickelten Prognosen zufolge im Jahre 2050 bei den höchstmöglichen (Verdopplung der Temperatur, 4,5 °C, Diffusionsrate des Meerwassers 0,5 cm^2s^{-1}), den mittleren (3 °C, 1 cm^2s^{-1}) und den niedrigsten (1,5 °C, 2 cm^2s^{-1}) Werten. Die globale Temperatur wird als Abweichung vom vorindustriellen Normwert ausgedrückt. Die horizontale Linie bezeichnet den mittleren Wert.

Atmosphäre aufgenommen wird, wenn der in der Luft schwebende Anteil nach wie vor nahe bei 50 Prozent liegt.

Die Empfindlichkeitsstudien beleuchten schlaglichtartig einen wichtigen Punkt: den Zeitplan für die Reduzierung der Emissionen. Harvey[37] hat dargelegt, daß der in der Luft schwebende Anteil auf Null sinken könnte, falls man die Emissionen für kurze Zeit erheblich reduziert. Wenn die Ozeane nur langsam auf eine Emissionsverringerung reagieren und annähernd genausoviel Kohlenstoff absorbieren wie vor der Reduzierung des Schadstoffausstoßes, würde sich ihr Anteil in der Luft beträchtlich verringern. Das bedeutet: würde man unverzüglich die Emissionen in beträchtlichem Umfang beschneiden, dann müßten langfristige Maßnahmen bei weitem nicht so schnell durchgeführt werden. Dies würde zum Beispiel das Ausmaß der im frühen 21. Jahrhundert notwendigen Aufforstung halbieren, und die

Verringerung der Emissionen aus fossilen Brennstoffen auf 30 Prozent des derzeitigen Werts könnte bis 2050 hinausgeschoben werden. Ob sich die Welt tatsächlich so verhält, wie Harvey glaubt, bleibt abzuwarten. Die Auswirkungen einer Anfangsphase reduzierter Emissionen müssen genau abgeschätzt und Modelle im Hinblick auf die beobachtete Wirkung kalibriert werden.

Im Mittelpunkt des Interesses stand in dieser Untersuchung die unmittelbare Zukunft. Es könnte sich als notwendig erweisen, die Zielvorgaben im Licht der Erfahrung neu zu formulieren. In der zweiten Hälfte des 21. Jahrhunderts werden weitere Maßnahmen erforderlich sein. Das Gleichgewicht zwischen unvermeidlichen Kohlendioxid-Emissionen und Aufforstung muß aufrechterhalten werden. Neue Bäume müssen gepflanzt werden, um die absterbenden zu ersetzen. Geschlagenes Holz darf nicht oxidieren. Darüber hinaus werden trotz der Abnahme der FCKW-Konzentrationen die Methan- und Distickstoffoxid-Werte weiter steigen, und zwar noch lange über das Jahr 2050 hinaus. Die Stabilisierungsstrategie ist erst ein Anfang.

4.6 Schlußfolgerungen

Angesichts der potentiellen Auswirkungen und der Größenordnung der Reaktionen, die notwendig sind, um diese Auswirkungen zu vermeiden, sind prophylaktische Maßnahmen gegen das Problem einer globalen Erwärmung gerechtfertigt. Zeit ist hier der Dreh- und Angelpunkt.

Diese Untersuchung hat gezeigt, daß die äquivalente Kohlendioxid-Konzentration der Atmosphäre im Verlauf der ersten Hälfte des 21. Jahrhunderts stabilisiert werden könnte, wenn innerhalb der nächsten dreißig Jahre die richtigen Planungsentscheidungen getroffen werden. Die Entscheidungsträger von heute haben es in der Hand, mit Blick auf zukünftige Generationen die Weichen für die Entwicklung des Weltklimas zu stellen.

Laut den in diesem Bericht gestellten Prognosen könnte man anhand der Stabilisierungsstrategie den globalen Temperaturanstieg bis zum Jahr 2050 auf 1,7 ± 0,8 Grad Celsius über dem vorindustriellen Niveau begrenzen. Die Erwärmungsrate würde um die Mitte des 21. Jahrhunderts beträchtlich unter 0,1 Grad Celsius pro Jahrzehnt liegen, und die globale Temperatur würde sich schließlich bei 2,0 ± 1,0 Grad Celsius über dem vor dem 19. Jahrhundert vorherrschenden Niveau einpendeln.

Die vollständige Stabilisierungsstrategie umfaßt folgende Punkte:

- Erstens die Einstellung der Produktion von FCKWs und allen verwandten ozonabbauenden Chemikalien bis zum Jahr 1995 sowie der Verzicht auf Ersatzstoffe, die ebenfalls Treibhausgase sind.
- Zweitens, ein Abholzungsstopp bis zum Jahr 2000 und Wiederaufforstung bis zum Jahr 2020, um die Emissionen in Höhe von 1,65 Petagramm (1650 Millionen metrische Tonnen) Kohlenstoff auszugleichen.
- Drittens eine Verringerung der Kohlenstoff-Emissionen aus der Nutzung fossiler Brennstoffe auf 30 Prozent des derzeitigen Werts bis zum Jahr 2020.
- Schließlich eine Reduzierung des jährlichen Anstiegs der Methan- und Distickstoffoxid-Konzentrationen auf 25 Prozent des derzeitigen Werts bis zum Jahr 2020.

In den darauffolgenden Jahrzehnten werden weitere Maßnahmen erforderlich sein, um die Stabilisierung sicherzustellen. Diese spezielle Strategie ist kein Rezept dafür, wie man gegen eine globale Erwärmung vorgehen soll. Sie dient vielmehr der Veranschaulichung dessen, was vom Physikalischen her möglich ist, wenn soziale, ökonomische und politische Hindernisse aus dem Weg geräumt werden. Das Problem der Machbarkeit wird an anderer Stelle in diesem Band erörtert.

Es wird unumgänglich sein, die jeweiligen Zielvorgaben im Licht der Erfahrung immer wieder neu zu überdenken. Unser derzeitiges Verständnis der Art und Weise, wie atmosphärische Konzentrationen auf Emissionsreduzierungen reagieren und wie die Reaktion des Klimasystems auf die Verstärkung des Treibhauseffekts aussehen wird, weist viele Unsicherheiten auf. Zwar wird die Grundlagenforschung einige dieser offenen Fragen lösen können, andere jedoch werden sich nur durch direkte Beobachtung klären lassen.

Tabelle 4.2 Zusammenfassung der Zielvorgaben für jeweils ein Jahrzehnt im Rahmen des Stabilisierungs-Szenarios. Ab 2020 bleiben die Vorgaben konstant

Jahr	fossiles Kohlendioxid (Prozent)	biosphärisches Kohlendioxid (Petagramm Kohlenstoff/Jahr)	Methan/ Distickstoffoxid (Prozent)
2000	70	0,00	75
2010	40	−0,83	50
2020	30	−1,65	25

Anmerkungen:

1. Die Zielvorgaben für Kohlendioxid (CO_2) aus fossilen Brennstoffen sind als Prozentsatz der derzeitigen Emissionen, 5,5 Petagramm (5500 metrische Tonnen) Kohlenstoff pro Jahr, ausgedrückt.
2. Die biosphärischen Zielwerte sind als Nettoemissionen (im wesentlichen Abholzung–Aufforstung) in Petagramm Kohlenstoff pro Jahr ausgedrückt. Zur Zeit haben wir eine Nettofreisetzung von 0,8 Petagramm (800 Millionen metrische Tonnen). Ein negativer Wert bedeutet die Emission aus fossilen Brennstoffen, die ausgeglichen werden muß.
3. Die Zielvorgaben für Methan (CH_4) und Distickstoffoxid (N_2O) sind als prozentuale Reduzierung der jährlichen Zuwachsrate der atmosphärischen Konzentration laut Fortschreibungsprognose ausgedrückt: 16 ppb im Falle von Methan; 0,8 ppb bei Distickstoffoxid.
4. Es wird von der Annahme ausgegangen, daß die Produktion von FCKWs und verwandten Gasen 1995 ausläuft.

So legt eine im Verlauf dieser Untersuchung durchgeführte Empfindlichkeitsstudie den Schluß nahe, bei der Festlegung der langfristigen Ziele dieser Strategie sei möglicherweise die Schnelligkeit, mit der in den ersten Jahrzehnten des 21. Jahrhunderts Maßnahmen durchgeführt werden müssen, überschätzt worden. Bei einem prompten Vollzug einschneidender Maßnahmen zur Verringerung der Kohlenstoff-Emissionen könnte man sich die Tatsache, daß die Ozeane nur langsam reagieren, zunutze machen, um so die Rate, mit der Emissionen auf längere Sicht reduziert werden müssen, einigermaßen niedrig zu halten. Inwieweit die theoretische Fundierung dieser Möglichkeit korrekt ist, kann erst in einer abschließenden Analyse und nur durch Experimente in der realen Welt entschieden werden.

Die Analyse hebt hervor, wie die Prioritäten in unserem Jahrzehnt zu setzen sind – Zielvorgaben, die sicherstellen, daß diese Gesellschaft den ersten Schritt getan hat, um der globalen Erwärmung Einhalt zu gebieten. Diese Maßnahmen brächten eine ganze Reihe von Vorteilen mit sich, gleichgültig, ob die derzeitigen Voraussetzungen einer globalen Erwärmung sich als zutreffend erweisen oder nicht.[38] Je mehr unser Verständnis des Problems wächst – oder je mehr es zu unerträglichen Auswirkungen kommt –, desto leichter wird die Entscheidung fallen, den nächsten Schritt zu tun.

Die Prioritäten für das Jahrzehnt der „Wende", die neunziger Jahre, sollten folgendermaßen aussehen:

- Unverzügliche Einstellung der Produktion von FCKWs und aller verwandten ozonabbauenden Substanzen,
- sofortiger Abholzungsstopp und
- Reduzierung der Kohlenstoff-Emissionen aus Energieträgern auf 70 Prozent des derzeitigen Wertes bis zum Jahr 2000.

Die Hauptverantwortung für diese Maßnahmen müssen die Industrieländer übernehmen; zugleich sind Möglichkeiten zu entwickeln und umzusetzen, wie man den Ländern der Dritten Welt in diesem Punkt helfen kann.

Gleichzeitig gilt es eine längerfristige Strategie zu entwickeln, um weitere Verringerungen der Treibhausgasemissionen und eine extensive Aufforstung sowohl in der Dritten Welt als auch in den Industrieländern sicherzustellen. In Anbetracht der Tatsache, daß ein gewisser Grad an Erwärmung für die kommenden Jahrzehnte nicht verhindert werden kann, muß man sich auch überlegen, wie man schädliche Auswirkungen begrenzen kann. Diese Strategie muß, wenn sie erfolgversprechend sein soll, einen politischen Umdenkungsprozeß auf diesem Gebiet einleiten, der mit den überkommenen Ansichten über das, was machbar ist, aufräumt. Will man die globale Erwärmung wirklich in den Griff bekommen, erfordert dies das gleiche Engagement wie damals, als die Landung des Menschen auf dem Mond alle gängigen Vorstellungen und Erwartungen gründlich über den Haufen warf.

II Auswirkungen

»... Die Erde stirbt langsam, und das Unvorstellbare – das Ende des Lebens selbst – wird allmählich vorstellbar. Wir Menschen sind zu einer Gefahr für unseren Planeten geworden ...«

Königin Beatrix der Niederlande in ihrer Weihnachtsbotschaft an das holländische Volk, 1988.

Übersicht

Ist das schon der Treibhauseffekt? Diese Frage war mit zunehmender Häufigkeit immer dann zu hören, wenn in den letzten Jahren Dürren, außergewöhnliche Stürme, größere Überschwemmungen oder Hitzewellen auftraten.

Doch die Frage ist falsch gestellt. Die natürlichen Klimaschwankungen sind groß, und auch wenn wir mit Sicherheit davon ausgehen können, daß in einer sich erwärmenden Atmosphäre die Häufigkeit von Dürren, Mißernten in Trockengebieten, heftigen Hurrikans, Überschwemmungen durch den Anstieg des Meeresspiegels und Niederschlägen in mittleren und großen Höhen zunehmen wird, werden wir niemals mit absoluter Gewißheit entscheiden können, ob ein bestimmtes Klimaextrem auf die natürlichen Klimaschwankungen der Erde oder auf den verstärkten Treibhauseffekt zurückzuführen ist.

Sogar der Umstand, daß die fünf heißesten Jahre dieses Jahrhunderts alle in den achtziger Jahren gemessen wurden, könnte theoretisch ein Zufallsprodukt der natürlichen Klimaschwankungen sein. Die Klimawissenschaftler der Welt kommen in ihrem IPCC-Bericht zu dem Ergebnis, daß »der unstrittige Nachweis des Treibhauseffekts durch Beobachtungen im Zeitraum der nächsten zehn Jahre oder mehr noch nicht wahrscheinlich ist«. Doch in zehn Jahren – wenn der Strom der Umweltflüchtlinge anschwillt, wenn sich die Nationen am Rande von Kriegen um immer knapper werdende Wasservorkommen befinden und wenn Legionen von Pflanzenschädlingen immer wärmer werdende Winter überleben – werden sich die Wissenschaftler vermutlich noch immer zögernd verhalten und sich nicht aufraffen können zu der eindeutigen Aussage: „Jetzt sind die Auswirkungen des Treibhauseffekts eindeutig zu erkennen!«

Sinnvoller ist die Frage, welche generellen Auswirkungen einer globalen Erwärmung wir zu erwarten haben, wenn wir einen globalen Temperaturanstieg in dem Ausmaß zulassen, wie ihn die Klimatologen der Welt für das nächste Jahrhundert vorhersagen. Da gibt es bereits Anschauungsmaterial in Hülle und

Fülle aus Untersuchungen der natürlichen Umwelt, so daß wir einige sehr zuverlässige Voraussagen machen können.

Ein verbreitetes Mißverständnis ist die Auffassung, daß es nicht nur »Verlierer«, sondern auch »Gewinner« der weltweiten Erwärmung geben wird. Vertreter dieser Meinung berufen sich auf Studien, denen zufolge Pflanzen in einer mit Kohlendioxid angereicherten Atmosphäre schneller wachsen, weil die Photosynthese gefördert wird, und auf die Annahme, daß Landwirtschaft künftig in Gebieten möglich sein wird, die gegenwärtig, wie Sibirien, zu kalt und/oder zu trocken sind. In Kapitel 5 zeigt George M. Woodwell, Direktor des Woods Hole Research Centers in den USA, daß die natürliche Welt nicht so einfach wie ein Gewächshausexperiment ist. So wissen wir, daß die Respiration von Pflanzen und Bodenmikroben durch die Erwärmung stärker angeregt wird als die Photosynthese. Diese entzieht der Atmosphäre Kohlendioxid, während die Atmung es wieder zurückerstattet. Folglich können wir, so Woodwell, von der Pflanzenwelt im nächsten Jahrhundert einen höchst unwillkommenen positiven Rückkopplungseffekt erwarten, der die globale Erwärmung in einer Weise beschleunigen wird, wie sie in den Klimamodellen bislang keine Berücksichtigung findet.

Untersuchungen zur Reaktion von Pflanzen auf frühere Perioden eines raschen und anhaltenden Anstiegs der natürlichen Temperatur zeigen, wie Brian Huntley von der University of Durham in Kapitel 6 beschreibt, daß selbst nach den »günstigsten« Voraussagen der IPCC-Wissenschaftler in den nächsten Jahrzehnten mit einer ökologischen Katastrophe zu rechnen ist. Am Ende der letzten Eiszeit, vor ungefähr 10000 Jahren, stieg die durchschnittliche Oberflächentemperatur der Erde um ungefähr 5 Grad Celsius. Doch das geschah im Laufe von mehreren tausend Jahren, nicht in hundert Jahren – oder weniger – , wie es in einer Treibhauswelt der Fall wäre, in der alles beim alten bleibt. Die fossilen Anhaltspunkte lassen nicht darauf schließen, daß die Pflanzenwelt (und folglich auch die Geschöpfe, die von ihr abhängig sind) in der Lage sein wird, sich an Veränderungsraten anzupassen, die mehr als zehnmal so schnell sind wie die Veränderungsraten, denen sie sich in Hunderttausenden – sehr wahrscheinlich sogar Millionen – von Jahren gegenübersah.

Was ist mit den Menschen? In Kapitel 7 beschreibt Andrew Haines, Professor für Primärversorgung am University College in London, wie sich eine Erwärmung in dem von den Klimatologen vorhergesagten Ausmaß auf die Gesundheit auswirken könnte. Neben den gesundheitlichen Konsequenzen der Klimaveränderung auf die Landwirtschaft und die Wasservorräte werden wahrscheinlich auch Krankheiten in Richtung der Pole vordringen, die bislang auf die Tropen beschränkt sind, die Todesraten im Verlaufe von Hitzewellen werden anwachsen, und man hat mit einer erhöhten Epidemiegefahr unter der steigenden Zahl von Flüchtlingen zu rechnen. Die Menschen täten gut daran, eine Treibhauszukunft zu fürchten, in der alles beim alten bleibt; statt dessen sollten sie alle erdenklichen Anstrengungen unternehmen, ihren Kindern die Schrecken einer solchen Welt zu ersparen.

Kapitel 5
Folgen der globalen Erwärmung

George M. Woodwell

»... Es besteht die Möglichkeit, daß die Erwärmung so weit voranschreitet, daß die durch diesen Prozeß hervorgerufene biotische Freisetzung [von Treibhausgasen] die Gasemissionen übertreffen, die unmittelbar auf menschliche Aktivitäten zurückgehen. In diesem Falle wird die Erwärmung durch keine der Maßnahmen mehr zu beeinflussen sein, die heute als vernünftig gelten. Wir wissen nicht, wie weit wir von diesem Punkt entfernt sind, weil wir nicht hinreichend über die Zirkulation des Kohlenstoffs in den Reservoirs des Kohlenstoff-Kreislaufs informiert sind. Wir werden diese Fragen auch in absehbarer Zukunft nicht beantworten können. Inzwischen steigt die Konzentration der wärmespeichernden Gase in der Atmosphäre weiter an ...«

Wenn die gegenwärtige Entwicklung anhält, wird die Atmosphäre in dem Zeitraum von 2030 bis 2050 Treibhausgase enthalten, deren Gesamtkapazität zur Absorption von Strahlungswärme ungefähr doppelt so groß ist wie die des Kohlendioxids in der Mitte des letzten Jahrhunderts.[1] Diese Extrapolation beruht auf Beobachtungen über die Geschwindigkeit, mit der sich Kohlendioxid und andere wärmespeichernde Gase in der Atmosphäre sammeln, und auf der Annahme, daß sich die Klimaveränderungen nicht auf die Akkumulationsrate der Gase auswirken werden. Eine solche Menge von Treibhausgasen wird nach den Schätzungen von Klimatologen eine durchschnittliche Erwärmung der Erde von 1,5 bis 4,5 Grad Celsius bewirken.[2] Nach Berechnungen von Klimatologen, die den Einfluß von Wald und Boden noch gar nicht berücksichtigen, wird die Erwärmung in mittleren und größeren Höhen im Winter 50 bis 100 Prozent höher liegen als die durchschnittliche Erwärmung der Erde insgesamt. In den Tropen wird die Erwärmung nur gering sein, doch die Menge und das zeitliche Auftreten der Niederschläge werden sich vermutlich wesentlich verändern.[3]

In diesem Kapitel möchte ich im einzelnen untersuchen, welche biotischen Konsequenzen die Erwärmung der Erde haben könnte. Ich werde beweisen, daß die verstärkte Respiration infolge der Erwärmung alle anderen biotischen Effekte in den Schatten stellen wird und daß es durch die Pflanzenatmung und die Fäulnisprozesse organischer Stoffe im Boden zu einer vermehrten Freisetzung von Kohlendioxid und Methan kommt. Diese beiden Gase sind für etwa drei Viertel der Erwärmung verantwortlich. Ich werde auch kurz auf die möglichen Auswirkungen der globalen Erwärmung für den Ackerbau, Wasserressourcen, Küstengebiete und menschliche Siedlungen eingehen.

5.1 Biotische Effekte

Man nimmt an, daß sich die Erwärmung auf unbestimmte Zeit fortsetzen wird, wenn ihr nicht durch entschlossenes menschliches Handeln Einhalt geboten wird.[4] Die Wissenschaftler vom Intergovernmental Panel on Climate Change (IPCC) haben nachgewiesen, daß die Erde, wenn keine nennenswerten Anstrengungen unternommen werden, die Emission von Treibhausgasen einzudämmen, aus einer Periode weitgehend stabiler Klimabedingungen in eine Periode schnell und ständig wechselnder Klimaverhältnisse eintreten wird, die durch eine globale Erwärmung von außerordentlichem Tempo charakterisiert sein wird.[5] Klimatologen und Biologen können vielleicht noch abschätzen, wie sich Veränderungen der Erdtemperatur von 1 bis 2 Grad Celsius auswirken, größere Veränderungen werden jedoch unsere Welt in klimatische Bereiche katapultieren, die jenseits aller bisherigen Erfahrung von Wissenschaft und Wissenschaftlern liegen. Beispielsweise kann niemand in allen Einzelheiten voraussagen, welchen Wandlungen die Meeresströmungen unterworfen sein werden oder wie sich ein eisfreies Nordpolarmeer auf die Klimaverhältnisse in anderen Breiten auswirken wird. Wir können auch nicht im einzelnen vorhersagen, was mit dem Fischbestand und der Fischereiwirtschaft geschehen wird, wie sich dann das Ackerland verteilen wird, was genau mit den Wäldern, den Tieren, den Parasiten und Krankheiten des Menschen sein wird. Die mit den »Auswirkungen« befaßte IPCC-Arbeitsgruppe hat sich zwar darum bemüht,[6] aber ihre Analyse, die zu dem Ergebnis kommt, die globale Erwärmung werde sowohl »Gewinner« als auch »Verlierer« haben, erfaßt nur etwa die nächsten fünfzig Jahre und berücksichtigt allein die Erwärmung, die von den gegenwärtigen Klimamodellen vorausgesagt wird. Sie erklärt nicht, was geschehen wird, falls positive Rückkopplungsprozesse, die in den gegenwärtigen Klimamodellen keine Berücksichtigung finden, ins Spiel kommen. Und auch über die langfristigen Perspektiven macht sie keine Aussagen. Die Effekte sind schwerer vorherzusagen, wenn sich die Veränderungen kontinuierlich verstärken, wie es der Fall sein wird, wenn die Menschen keine Gegenmaßnahmen treffen. Ich werde darlegen, warum ich der Meinung bin, daß es keine Gewinner der globalen Erwärmung geben wird und daß ihre Risiken größer, als durchweg vermutet, sind, wenn man den Emissionen der Treibhausgase nicht in geeigneter Weise entgegenwirkt.

5.1.1 Quellen des Kohlendioxids und des Methans

Die Ursachen der Akkumulation von wärmespeichernden Gasen sind komplex und weniger genau bekannt, als man gemeinhin annimmt. Weitgehend einig ist man sich darüber, daß die Hauptursache die industrielle Revolution ist mit ihrem hohen Verbrauch an fossilen Brennstoffen als Energiequelle. Als einen weiteren Grund hat man in jüngerer Zeit die Abholzung erkannt,[7] wobei davon auszugehen ist, daß sich die atmosphärische Gesamtbelastung mit Kohlendioxid und Methan erheblich erhöht, wenn man die verbleibenden Wälder weltweit zerstört.[8]

Ein dritter Grund für die Zunahme von Kohlendioxid und Methan in der Atmosphäre ist die Anregung der Respiration, auch die Respiration (oder die Fäulnis) organischer Materie im Boden, durch die Erwärmung selbst.[9] Dieser Effekt könnte ein positiver Rückkopplungsmechanismus sein, eine neue Ursache für die Akkumulation wärmespeichernder Gase, die von dem Tempo und dem Ausmaß der Erwärmung abhängt. Als die Klimatologen die oben beschriebene Erwärmungsrate schätzten, haben sie sich vor allem auf die fossilen Brennstoffe konzentriert und weder die immer rücksichtsloser betriebene Abholzung noch die Auswirkungen der Erwärmung auf die Respiration von Pflanzen und Böden ausdrücklich berücksichtigt. Besonders letzterer Effekt ist so groß, daß er die Erwärmungsrate erheblich beschleunigen kann. Seine Bedeutung hängt davon ab, wieviel Kohlenstoff in den Landökosystemen, vor allem den Wäldern, enthalten ist, und wie sich die Klimaveränderungen auf diese Ökosysteme auswirken.

5.1.2 Kohlenstoff-Reservoirs und Kohlenstoff-Flüsse in Ökosystemen

Die in Pflanzen und Böden vorkommende Kohlenstoff-Gesamtmenge wird auf ungefähr 2000 Milliarden Tonnen geschätzt,[10] fast dreimal soviel, wie gegenwärtig in der Atmosphäre vorhanden ist. Die Vorkommen sind in Abbildung 1.3 von Jeremy Leggetts Einleitung zu diesem Buch dargestellt.

Für den Fortbestand der Kohlenstoff-Vorkommen in der Atmosphäre und zu Lande, vor allem in den Wäldern, sind die jährlichen Kohlenstoff-Flüsse durch die irdischen Ökosysteme verantwortlich. Kohlenstoff wird als Kohlendioxid durch die Bruttoproduktion (die gesamte Photosynthese des Ökosystems) aus der Atmosphäre aufgenommen; durch die Respiration wird es aus Pflanzen und Böden an die Atmosphäre abgegeben. Man nimmt im allgemeinen an, daß sich diese gegensätzlichen Prozesse weltweit ungefähr die Waage halten. Die Kohlenstoff-Flüsse sind umfangreich und so diffus, daß sie sich insgesamt nicht messen lassen. Für unseren Zusammenhang mag genügen, daß man ihren Umfang auf annähernd 100 Milliarden Tonnen

Kohlenstoff jährlich schätzt, etwas weniger als ein Siebtel der gegenwärtigen atmosphärischen Kohlenstoff-Belastung in Form von Kohlendioxid. Eine kleine Veränderung in einem dieser Flüsse von ein bis zwei Prozent wird sich wahrscheinlich im Zeitraum eines Jahres kaum messen lassen, könnte aber die Zusammensetzung der Atmosphäre schon nach wenigen Jahren erheblich verändert haben. Die Frage, wie diese Flüsse durch die Klimaveränderungen derartig beeinträchtigt werden könnten, daß sie ihrerseits auf das Klima zurückwirken, ist die Kernfrage meiner Untersuchung.

Ein zweites Paar von Kohlenstoff-Flüssen stellt eine Verbindung zwischen der Atmosphäre und den Weltmeeren her. Diese Flüsse befinden sich nicht im Gleichgewicht: Es gibt einen bestimmten Fluß in die Meere hinein, doch wie viel von den Meeren absorbiert wird, ist nicht leicht zu messen. Wir wissen, daß der Nettofluß in die Ozeane geringer ist als die Gesamtmenge des Kohlendioxids, das an die Atmosphäre abgegeben wird. Daraus ergibt sich die Kohlendioxid-Akkumulation, die wir beobachten. Auf die ozeanischen Austauschprozesse werde ich im folgenden nicht mehr eingehen.

Ein weiterer Kohlenstoff-Fluß entsteht durch die Verbrennung von Kohle, Öl und Gas – die fossilen Brennstoffe. Der Fluß verläuft nur in eine Richtung: Durch den Abbau und die Verfeuerung fossiler Brennstoffe wird Kohlenstoff als Kohlendioxid und Methan an die Atmosphäre abgegeben. Für das Jahr 1990 hat man die Kohlenstoff-Freisetzung in Form von Kohlendioxid auf 5,7 Milliarden Tonnen (plus oder minus 0,5 Milliarden Tonnen) geschätzt.[11]

Auch durch die Abholzung wird Kohlenstoff in die Atmosphäre freigesetzt – wenn die Wälder verbrannt werden oder wenn die Überreste des Abholzens oder anderer Störungen verwesen. Die Kohlenstoff-Menge aus dieser Quelle ist schwer zu schätzen, weil sie sehr diffus abgegeben wird. Dabei handelt es sich um Kohlendioxid und Methan. Methan entsteht überall dort, wo anaerobe Verwesung stattfindet. Für das Jahr 1990 wird die Kohlenstoff-Freisetzung in Form von Kohlendioxid durch Abholzen auf 1,5 bis drei Milliarden Tonnen geschätzt.[12]

5.1.3 Positive und negative Rückkopplungseffekte

Die Erwärmung der Erde wird regional und global die physikalischen, chemischen und biotischen Prozesse verändern. Die entscheidende Frage lautet, ob der Gesamteffekt dieser Veränderungen spürbar zu einer Beschleunigung oder Verlangsamung der Erwärmung beitragen kann. Ein negativer Rückkopplungseffekt würde den Erwärmungsprozeß im Verlaufe seiner Intensivierung dämpfen, ein positiver würde ihn verstärken. Zu diesen Rückkopplungsschleifen gehören Veränderungen der Wolken- oder Schneedecke, die das Reflexionsvermögen der Erde und die an der Oberfläche aufgenommene Energie modifizieren. Eine verstärkte Schnee- und Wolkendecke wird das Reflexionsvermögen erhöhen, die Energieaufnahme verringern und die Erwärmung reduzieren – ein negativer Rückkopplungseffekt. Ein Rückgang des Reflexionsvermögens wirkt sich umgekehrt aus – ein positiver Rückkopplungseffekt. Solche Veränderungen sind in den gegenwärtigen klimatologischen Schätzungen der Erwärmung berücksichtigt worden.

Es besteht auch die Möglichkeit der Auswirkung von Veränderungen der Meeresströmungen[13] auf die Geschwindigkeit der Austauschprozesse zwischen dem atmosphärischen Kohlendioxid und dem Kohlenstoff, der in verschiedenen Formen im Meereswasser enthalten ist.[14] Diese Veränderungen und andere Prozesse biologischer Art sind schlechter vorherzusagen und deshalb von den Klimamodellen bei der Einschätzung der künftigen Erwärmung nicht berücksichtigt worden. Sie alle sind für Überraschungen gut, die weit über den Bereich der heutigen systematischen Untersuchungen hinausgehen könnten.

Unter Umständen gibt es noch eine Reihe weiterer negativer Rückkopplungseffekte, die auf biotischen Wechselwirkungen beruhen. Der wichtigste Prozeß ist, wie man vermutet, die Anregung der Kohlenstoff-Fixierung und -Speicherung durch Landpflanzen unter dem Einfluß der erhöhten Kohlendioxid-Konzentration in der Atmosphäre. Dabei geht man von der Hypothese aus, daß das Kohlendioxid in der Atmosphäre die Photosynthese beschleunigt. Die Daten, die auf einen solchen Mechanismus schließen lassen, stammen großenteils aus Pflanzenexperimenten unter kontrollierten Bedingungen[15] und aus sehr begrenzten Feldstudien, etwa den Untersuchungen von Drake in der Marsch[16] und von Oeschel in der Tundra[17]. Aus diesen Daten geht hervor, daß erhöhte Kohlendioxid-Konzentrationen oft, aber nicht immer, die Wachstumsrate von Jungpflanzen steigert. In der Regel nimmt der Effekt mit der Zeit und mit wachsendem Alter der Pflanze ab. Waldbäume scheint er kaum zu beeinflussen. Es liegen keine Daten über natürliche Gemeinschaften vor, aus denen hervorgehen würde, daß die 25prozentige Konzentrationserhöhung des Kohlendioxids in der Atmosphäre während des letzten Jahrhunderts generell eine entsprechende Auswirkung gehabt hätte. Wenn ein solcher Effekt existiert und wenn er groß genug ist, um jährlich und weltweit zwei Milliarden Tonnen Kohlenstoff in Pflanzen und Böden zu sammeln, beträfe die Veränderung 0,1 Prozent der gesamten Kohlenstoff-Masse und wäre nicht zu entdecken. Die unmittelbare Beobachtung der Trends bei der Kohlenstoff-Speicherung in Wäldern und Böden läßt darauf schließen, daß es mit dem Rückgang der Waldgebiete und dem verstärkten Einfluß von Umweltverschmutzung und anderen Toxinen Jahr für Jahr zu einem Nettoverlust kommt. Wir nehmen an, daß die Anregung der Kohlenstoff-Speicherung nur gering ist; sie hat der Zunahme der Kohlendioxid-Konzentration in der Atmosphäre nicht in erkennbarer oder meßbarer Weise entgegenwirkt.

Es besteht natürlich die Möglichkeit, daß eine Erwärmung der Erde die Gebiete erweitern wird, auf denen sich Wälder ausbreiten können, und dadurch die gesamte Kohlenstoff-Speicherung in Pflanzen und Böden steigert. Mit der Frage hat sich Woodwell[18] befaßt; anschließend wurde sie von Lashof[19], Emanuel und anderen[20] sowie Solomon und anderen[21] untersucht. Es erscheint zweifelhaft, daß bei einer Erwärmung, wie sie für die nächsten Jahrzehnte vorhergesagt wird, die Gebiete, auf denen Wälder gedeihen können, weltweit zunehmen werden. Wahrscheinlicher ist das Gegenteil: Die Erwärmung der Kontinentalzentren wird weltweit für eine Zunahme der Trockengebiete auf Kosten der heute bewaldeten Zonen sorgen. Die Größenordnung ist schwer zu schätzen, doch ein Temperaturanstieg um 1 Grad Celsius in den Übergangsbereichen zwischen Wald und Grasland auf der nördlichen Hemisphäre würde diese Grenze um 100 bis 150 Kilometer verschieben und 100 bis 200 Millionen

Hektar Wald durch Grasland ersetzen. Eine so massive Veränderung der Waldverteilung würde Kohlenstoff in einer Größenordnung von zehn Milliarden Tonnen freisetzen und einen hochsignifikanten positiven Rückkopplungseffekt darstellen, welcher durch das Vordringen von Wäldern in Gebiete mit günstig gewordenem Klima nicht aufgewogen würde.

Der wichtigste Aspekt biotischer Rückkopplungseffekte ist das weltweite Verhältnis der Bruttoproduktion (der gesamten Photosynthese) zur gesamten Respiration. Die Bruttoproduktion ist die Summe der photosynthetischen Vorgänge, die von Pflanzen ausgeführt werden. Die Respiration der grünen Pflanzen und aller heterotrophen Organismen, einschließlich der Fäulnisbewohner und Tiere, wird gewöhnlich als Gesamtrespiration des Ökosystems zusammengefaßt. Wenn die Bruttoproduktion die Gesamtrespiration übertrifft, werden Kohlenstoff-Verbindungen in den großen Kohlenstoff-Reservoirs der Pflanzen und Böden angesammelt. Wenn die Atmung dominiert, wird das Kohlenstoff-Reservoir abgebaut. Die Beziehungen zwischen diesen manchmal verwirrenden Eigenschaften von Ökosystemen sind von Woodwell und Whittaker eingehend erläutert worden[22].

Diese beiden Prozesse hängen vor allem von den Faktoren Licht, Wasser, Nährstoffangebot und Temperatur ab. Im allgemeinen wirkt sich fast jede Störung auf die Bruttoproduktion aus. Meist erfolgt dann eine Reduktion der Brutto- wie der Nettoproduktion (Bruttoproduktion abzüglich der Respiration der grünen Pflanzen); eine Anregung ist selten. Um die Primärproduktion zu fördern, sind gewöhnlich besondere und nachdrückliche Anstrengungen erforderlich, deren Wirksamkeit meist begrenzt ist. Licht, Nährstoffe und Wasser sind von entscheidender Bedeutung. Auch die Temperatur beeinflußt den Prozeß, doch bleibt ihre Wirkung über eine große Bandbreite von Temperaturen bescheiden.

Die Frage lautet, in welcher Weise sich das Verhältnis von Bruttoproduktion und Gesamtrespiration verändern wird, wenn sich die Erde erwärmt. Wie so oft in der Wissenschaft sind absolute Beweise schwer beizubringen. Nachdem ich den Stoffwechsel von Wäldern mehrere Jahre hindurch gemessen habe, bin ich zu dem Schluß gekommen, daß der bestimmende Effekt in dem kurzfristigen zeitlichen Rahmen von Jahren und Jahrzehnten die

Reaktion auf die Temperatur sein wird: Eine Erwärmung wird die Respirationsraten erheblich steigern, ohne sich auf die Bruttophotosynthese merklich auszuwirken.[23] Wenn das richtig ist, wird es zu einer vermehrten Freisetzung des Kohlenstoffs in Form von Kohlendioxid und Methan aus Wäldern und Böden, vor allem in größeren Höhen, und zu einer Beschleunigung der Erwärmung kommen. Immer mehr Anhaltspunkte sprechen für diese Hypothese. Wir können uns dabei auf drei Aspekte berufen: 1. die Grundprinzipien der Ökologie, 2. die Hinweise auf Veränderungen während der Eiszeit und 3. die beobachteten Reaktionen auf die gegenwärtige Erwärmung.

Betrachten wir zunächst die grundlegenden Gesichtspunkte der Ökologie. Zwei Veränderungen erfolgen gleichzeitig, und wir möchten wissen, welche wichtiger ist. Es gibt eine Zunahme der Kohlendioxid-Konzentration in der Atmosphäre. Die Zunahme ist feststellbar. Im Laufe des letzten Jahrhunderts betrug sie mehr als 25 Prozent. Im selben Zeitraum hat eine weltweite Erwärmung stattgefunden, offenbar von ungefähr 0,5 Grad Celsius. Welche dieser Veränderungen hat sich stärker auf die Erde ausgewirkt? Die möglichen Auswirkungen der erhöhten Kohlendioxid-Konzentration auf die Photosynthese und Kohlenstoff-Speicherung in Wäldern wurden bereits angesprochen. Eine Zunahme der Kohlenstoff-Speicherung in Wäldern oder andernorts würde voraussetzen, daß die Bruttoproduktion größer ist als die Gesamtrespiration. Bei Feuchtigkeit bewirkt ein Temperaturanstieg um 1 Grad Celsius in der Regel eine Zunahme der Respirationsraten um zehn bis 35 Prozent oder mehr. Das gilt sowohl für die Respiration der Pflanzen als auch für die der organischen Materie im Erdboden. Wenn die Pflanzenrespiration zunimmt, so verringert sich damit sowohl die Netto-Primärproduktion als auch die Nettoproduktion des Ökosystems. Verstärkte Fäulnis organischer Materie im Boden reduziert die Nettoproduktion des Ökosystems. Zwar gibt es nur wenige Daten über Ökosysteme als Ganzes, doch befindet sich so viel Kohlenstoff in den Böden des borealen Nadelwaldgürtels, daß bei einer Konzentrationszunahme des Kohlendioxids in der Atmosphäre die dadurch angeregte Fäulnis die verstärkte Netto-Primärproduktion ausgleicht oder übertrifft. So ergibt sich das schlüssige Bild einer Situation, in der sowohl die Netto-Primärproduktion als auch die Gesamtatmung durch den gemeinsamen Einfluß stärkerer Kohlendioxid-Konzentrationen in der Atmosphäre, vermehrter Niederschläge und höherer Temperaturen gesteigert werden, mit dem Nettoeffekt, daß die Kohlenstoff-Freisetzung durch das Ökosystem zunimmt, weil die Steigerung der Atmung die Oberhand hat.

Wie oben erwähnt, werden sich die wärmeren und trockneren Grenzen der Waldverbreitungsgebiete verschieben, wenn sich das Klima erwärmt. Man rechnet in diesen Gebieten mit hohen Erwärmungsraten, möglicherweise bis zu 1 Grad Celsius in zehn Jahren, was einer Verlagerung der Verbreitungsgrenzen von 100 bis 150 Kilometern in Nord-Süd-Richtung entspräche. Es ist ausgeschlossen, daß sich die Wälder an anderer Stelle genauso schnell regenerieren könnten. So ergibt sich insgesamt mit fortschreitender Erwärmung eine weitere Freisetzung von Kohlenstoff in die Atmosphäre.

Aus dieser Berücksichtigung der Wälder und aus ähnlichen Untersuchungen über die Tundra ergibt sich, daß eine Erwärmung mit großer Wahrscheinlichkeit die Respiration der Landökosysteme, einschließlich der Fäulnis organischer Materie im Erdboden, so stark anregen wird, daß ihre Steigerungsrate die der Netto-Primärproduktion übertrifft. Dadurch wird mit der Erwärmung der Erde und der verstärkten Respiration der Landökosysteme noch mehr Kohlenstoff freigesetzt.

Diese Hypothese scheint durch die Daten des Eisbohrkerns von Wostok[24] bestätigt zu werden, einer Eisprobe, die bis in das eiszeitliche Eis der Antarktis hinunterreicht, in Schichten, die die letzten 160 000 Jahre umfassen.[25] Der Kern hat Daten über die Temperatur und die Konzentration von Kohlendioxid und Methan während dieses Zeitraums geliefert (vgl. Kapitel 2, Abb. 2.5). Die Daten zeigen, daß mit steigender Temperatur auch die Konzentration von Methan und Kohlendioxid zunahm, mit fallender Temperatur die Kohlendioxid- und Methan-Konzentration zurückging. Die Beobachtungen lassen auf einen positiven Rückkopplungseffekt schließen: Eine Erwärmung korreliert mit der Zunahme der wärmespeichernden Gase in der Atmosphäre, eine Abkühlung mit dem Rückgang ihrer Konzentrationen. Den Daten läßt sich allerdings nicht entnehmen, welche Ursache die Erwärmung oder Abkühlung hat oder warum auf eine Erwärmung eine Abkühlung erfolgt und umgekehrt. Sie zeigen aber, es sei nochmals gesagt, für die letzten 160 000 Jahre eine überwiegend positive Korrelation zwischen der Temperatur und den beiden wichtigsten wärmespeichernden Gasen – Kohlendioxid und Methan. Diese Daten lassen keinen Anhaltspunkt für die Behauptung erkennen, daß die steigende Kohlendioxid-Konzentration in der Atmosphäre die Kohlenstoff-Speicherung durch Pflanzen beschleunigen und die Zusammensetzung der Atmosphäre stabilisieren wird. Sie rechtfertigen auch nicht die Annahme, daß sich irgendein anderer negativer Rückkopplungseffekt durchsetzen und die Erwärmung zum Stillstand bringen könnte.

Aus Analysen der Erdtemperatur, die an der University of East Anglia (England) und am Goddard Institute of Space Studies der Columbia University durchgeführt wurden, geht hervor, daß sich die Erde im Laufe des letzten Jahrhunderts um 0,5 bis 0,7 Grad Celsius erwärmt hat. Fünf der wärmsten Jahre in dem Zeitraum, seit Aufzeichnungen existieren, lagen in den achtziger Jahren unseres Jahrhunderts.[26] Das Jahr 1988 war bei weitem das wärmste Jahr, das jemals registriert wurde. Die Erwärmung war so plötzlich und so heftig, daß sie als deutlicher Anstieg in der Kohlendioxid- und Methan-Konzentration der Atmosphäre erkennbar sein müßte.

Ein solcher Anstieg scheint gegenwärtig tatsächlich zu erfolgen, obwohl keine Daten über die Methan-Konzentration vorliegen. In den letzten 15 Jahren hat es in der Atmosphäre eine jährliche Kohlendioxid-Akkumulation von ungefähr 1,5 ppm (millionstel Volumenanteil) gegeben. Diese Akkumulation entspricht einer jährlichen Menge von ungefähr drei Milliarden Tonnen Kohlenstoff, etwas mehr als 50 Prozent der Freisetzung aus fossilen Brennstoffen allein, aber erheblich weniger als 50 Prozent der Gesamtfreisetzung von Kohlenstoff durch menschliche Aktivitäten.[27]

Vor kurzem haben die Beobachtungsstationen am Mauna Loa und am Südpol einen Anstieg der Kohlenstoff-Konzentration in der Atmosphäre registriert.[28] Die Beobachtung erstreckte sich über 18 Monate und läßt nach Keeling auf eine Beschleunigung der Akkumulation von 2,4 ppm oder etwa fünf Milliarden Tonnen Kohlenstoff pro Jahr schließen – ein 60prozentiger Anstieg der in der Vergangenheit beobachteten Rate. Diese jähe Steigerung ist angesichts des in den letzten zehn Jahren festgestellten Erwärmungstempos nicht verwunderlich. Überraschend ist allerdings, daß diese Korrelation bei früheren Veränderungen der regionalen oder globalen Temperaturen nicht festgestellt worden ist. Ob diese gesteigerte Akkumulationsrate fortdauert, bleibt abzuwarten. Ein ähnlich plötzlicher Anstieg in dem Zeitraum zwischen 1973 und 1974 erwies sich als vorübergehend. Mit der Ursache des gegenwärtigen Anstiegs werden sich in den nächsten Jahren viele Spekulationen und Forschungsarbeiten beschäftigen. Keeling und andere und Siegenthaler[30] vermuten, daß er auf den veränderten Stoffwechsel von Wäldern zurückgeht und daß diese Stoffwechselveränderungen wiederum durch Trockenperioden bedingt sind. Diese hängen schließlich mit einer Reihe komplexer Veränderungen des Strömungsverlaufs zusammen, die infolge des El-Niño-Phänomens in den letzten Jahren aufgetreten sind. Natürlich ist es verständlich, daß man den Details eines so komplizierten Systems auf den Grund gehen möchte, doch die Fähigkeit eines einfachen Temperaturanstiegs, die Respirationsraten regional oder global zu verändern, ist so groß, daß man die Details getrost vernachlässigen darf. Nach den jüngsten Erfahrungen muß die jährliche Reduzierung der Kohlenstoff-Freisetzung nicht eine Nettomenge von drei Milliarden Tonnen aufweisen, sondern bis zu fünf Milliarden Tonnen, wenn wir die Zusammensetzung der Atmosphäre in Hinblick auf das Kohlendioxid stabilisieren wollen.

5.1.4 Globale Erwärmung als Ursache für biotische Verarmung

Eine allgemeine Erwärmung der Erde um durchschnittlich 0,1 bis 1 Grad Celsius pro Jahrzehnt würde die Migrationsfähigkeit von natürlichen Gemeinschaften, Wäldern zum Beispiel, um einen Faktor von 100 bis 1000 oder mehr übersteigen.[31] Das wird zur raschen und ersatzlosen Zerstörung von Wäldern führen. Arten werden verlorengehen, weil ihnen Klima und Habitat enteilen. Und nicht nur Arten werden aussterben, sondern auch spezifische Ökotypen – besondere Genkombinationen, die sich für einen bestimmten Standort durch Selektion über viele Generationen herausgebildet haben. Unter solchen Bedingungen werden Wälder in der Regel durch Savanne, Buschland oder Grasland ersetzt. Wie diese biotische Verarmung im einzelnen vonstatten geht, ist unlängst für verschiedene Ökosysteme in der ganzen Welt untersucht worden.[32] Solche Übergangsprozesse beeinträchtigen die Fähigkeit der Erde, Leben, auch menschliches Leben, zu erhalten. Dabei werden nicht nur die Ergiebigkeit und der Ertrag des Bodens eingeschränkt, sondern auch die Organismen der Erde systematisch reduziert. Das Fortschreiten der biotischen Verarmung ist eine bislang unvorhergesehene und noch unberücksichtigte Folgelast der andauernden Zerstörung unseres Klimas.

Kraft solcher Übergänge werden zunächst Arten begünstigt, die für Sukzessionsstadien typisch sind, das heißt für Stadien, die auf Störungen der Lebensbedingungen folgen. Wenn die Störungen fortdauern, werden diese Arten durch Organismen ersetzt, die kleinere Körper haben, sich rasch reproduzieren und weiter verbreitet sind. Bei den Pflanzen sind das die häufig vorkommenden Unkrautarten des Gartens und anderer chronisch gestörter Standorte; bei den Tieren gehören dazu die Insektenschädlinge des Gartens und des Hauses – alles direkte Konkurrenten des Menschen.

5.1.5 Konsequenzen für die Landwirtschaft

Die Arbeitsgruppe »Auswirkungen« des IPCC kommt zu der optimistischen Schlußfolgerung: Die »Nahrungsproduktion läßt sich weltweit auf einem Niveau beibehalten, das der globalen Nachfrage gerecht werden kann«, wenn auch nicht bekannt ist, zu welchen Kosten. Ich frage mich, ob ein solcher Optimismus angesichts der beschriebenen Unwägbarkeiten gerechtfertigt ist.

Die Nahrungsmittelnachfrage richtet sich nach dem Preis. Bevölkerungsgruppen, die unter Hunger leiden, ist nicht nur der Zugang zum Weltmarkt verwehrt, sie haben im eigenen Land auch keine Möglichkeit, die erforderlichen Nahrungsmittel zu produzieren. Zwar könnte die industrialisierte Landwirtschaft in der Lage sein, rasch auf die systematischen Klimaveränderungen zu reagieren, die mit großer Wahrscheinlichkeit zu erwarten sind,[33] doch scheint man eher davon ausgehen zu müssen, daß die Erwärmung in Wirklichkeit eine Reihe von Überraschungen hervorrufen wird. Der Sommer des Jahres 1988, der für Nordamerika und andere Gebiete der Welt ungewöhnliche Hitze und Trockenheit brachte, hat die nordamerikanische Getreideernte um 30 Prozent verringert und sich weltweit auf den Getreidepreis ausgewirkt. Die globalen Reserven wurden so weit erschöpft, daß eine weitere Mißernte einen »Engpaß« erzeugt und die Preise steil nach oben getrieben hätte. Der Markt hätte weiterbestanden, und gehungert hätten wieder, wie jedes Jahr, die Randgruppen der Welt, die sich nicht am Weltmarkt beteiligen und ihre Nahrungsmittel außerhalb dieses Marktes nicht selbst produzieren können. Es ist schwer vorstellbar, daß sich eine Welt mit 5,3 Milliarden Menschen, auf der praktisch alles Ackerland genutzt wird, so ohne weiteres an eine globale Erwärmung mit erhöhten Temperatur- und Feuchtigkeitsextremen anpassen kann. Wahrscheinlich ist vielmehr, daß es mit fortdauernder Erwärmung der Kontinentalzentren in weiten Gebieten zu einer unregelmäßigen Produktion mit systematischen Verlusten kommt. Wärmer bedeutet trockener, und deshalb gehen die meisten Voraussagen davon aus, daß die Bodenfeuchtigkeit abnehmen wird, wenn die Kontinente sich erwärmen.

Verluste in der Getreideproduktion werden in Gebieten erwartet, die gegenwärtig sehr gute Ernten erzielen – etwa in Südeuropa, im Süden der Vereinigten Staaten und Westaustralien. Eine gemäßigte Erwärmung könnte, zumindest kurzfristig, das Produktionsvermögen bestimmter Regionen mittlerer und höherer Breiten steigern, in denen man mit zunehmenden Niederschlägen rechnet. Die Auffassung jedoch, nach der sich Sibirien in die Kornkammer des Ostens verwandeln wird und daß Wälder entstehen werden, wo heute noch kein Baum wächst, halte ich für irreführend und gefährlich. Es mag zwar unter bestimmten Umständen günstige Klimaveränderungen geben, doch weder Getreide noch Wälder werden so rasch auf dem Kanadischen Schild wachsen oder in den anderen weiten Gebieten gedeihen, die heute noch mit borealem Nadelwald oder Tundra bedeckt sind. In niederen Breiten werden die heutigen Erträge unter dem Einfluß der immer größere Gebiete erfassenden Trockenheit zurückgehen.

5.2 Andere Auswirkungen der globalen Erwärmung

5.2.1 Auswirkungen auf die Wasserressourcen

Städte, Wasserkraftwerke, landwirtschaftliche Bewässerungsanlagen, Schiffahrt, unterschiedliche Nutzung von Wasserwegen, Fischwirtschaft, der Transport, die Verdünnung und Behandlung von Abwässern, die Zirkulation von Küsten- und Meerwasser – alle diese Phänomene sind auf Süßwasserzuflüsse vom Festland angewiesen. Die Beziehungen sind zugleich einfach und kompliziert: Die Energieerzeugung am Bonneville-Staudamm ist offenkundig auf eine gleichmäßige Wasserzufuhr des Columbia River angewiesen, während die Abhängigkeit der vielen reichen Fischgründe am Rio Negro und Amazonas nicht so deutlich erkennbar ist. Die Wassermenge dieser Flüsse nimmt nämlich jahreszeitlich stark zu und überflutet dann die Várzeas (Schwemmlandwälder) wochenlang bis zu zehn Meter hoch, wodurch für die Fische die reichen Nahrungsquellen der Wälder erschlossen werden. Die Abhängigkeit ist also nicht weniger groß.

Voraussagen über Oberflächenabflüsse sind den gleichen Unwägbarkeiten unterworfen, die auch für andere Aspekte einer kontinuierlichen Erwärmung der Erde gelten. Innerhalb enger Grenzen, bei einer durchschnittlichen Erwärmung der Erde von vielleicht 1 bis 2 Grad Celsius, scheinen eindeutige Entwicklungslinien vorgegeben zu sein. Jenseits dieser Grenzen herrscht Ungewißheit. Deshalb ist es inzwischen fraglich geworden, ob man sich noch für langfristige und kostspielige Projekte entscheiden kann, die davon ausgehen, daß die gegenwärtigen Niederschlagsverhältnisse fortbestehen. Staudämme, Bewässerungsanlagen und andere Wasserversorgungsprojekte, die normalerweise eine Lebensdauer von Jahrzehnten, einem Jahrhundert oder mehr haben, könnten jetzt schon in einem Zeitraum von wenigen Jahren bis zu einem Jahrzehnt veränderten Niederschlagsverhältnissen zum Opfer fallen.

Die IPCC-Arbeitsgruppe 2 weist in ihrem Bericht ausdrücklich darauf hin, daß wahrscheinlich die Gebiete, die heute bereits unter Trockenheit und Benachteiligung leiden, am wenigsten in der Lage sein werden, ihre »Bevölkerung zu ernähren«. Dazu gehören große und bevölkerungsreiche Regionen, die wesentlich am jährlichen Bevölkerungszuwachs der Erde von 90 Millionen Menschen beteiligt sind – die Sahelzone, Nordafrika, Südafrika, Westarabien, Südostasien, der gesamte indische Subkontinent, Mexiko, Mittelamerika, der Südwesten der USA, der östliche Teil Brasiliens und das Mittelmeergebiet. Neuere Klimamodelle lassen offenbar erkennen, daß die Häufigkeit von Dürren von fünf Prozent unter heutigen Klimaverhältnissen auf 50 Prozent bis zum Jahr 2050 ansteigen wird.

Zu den vielen beunruhigenden Konsequenzen dieser Voraussagen gehört neben den ungewissen Zukunftsperspektiven technischer Großprojekte auch die Gefahr sowohl zwischen- wie innerstaatlicher Konflikte. Man braucht sich nur den Wettlauf um die am Colorado River vorhandenen Wasserressourcen für Bewässerung, Wasserkraft, kommunale Trinkwasserversorgung und andere Zwecke vorzustellen, um zu begreifen, wieviel politischer Zündstoff in diesem Problem steckt.

Andere Gebiete werden sich vor Wasser nicht retten können. Die IPCC-Arbeitsgruppe 2 weist darauf hin, daß es beispielsweise an vielen nördlich gelegenen Flüssen in der UdSSR zu schweren Überschwemmungen kommen könnte.

5.2.2 Auswirkungen auf die Weltmeere und die Küstengebiete

Die Wissenschaftler vom IPCC gelangen an Hand von Klimamodellen zu dem Schluß, daß der Meeresspiegel, falls keine Anstrengungen unternommen werden, die Emissionen von Treibhausgasen einzuschränken, bis zum Jahr 2030 um zehn bis 30 Zentimeter ansteigen wird (wobei der wahrscheinlichste Wert 20 Zentimeter ist) und bis zum Ende des nächsten Jahrhunderts um 30 bis 100 Zentimeter (mit einem wahrscheinlichsten Wert von 65 Zentimeter). Ursache dieses Anstiegs ist die Wärmeausdehnung des Wassers und das Abschmelzen der Gletscher; deshalb nimmt man an, daß im Laufe des nächsten Jahrhunderts die Eisdecken Grönlands und der Antarktis dünner werden. Andere Wissenschaftler beurteilen den Einfluß der Antarktis auf das Meeresniveau während eines solchen Zeitraums weniger optimistisch. Danach stünde viel auf dem Spiel: Wenn die Eisdecke der Westantarktis zusammenbrechen sollte, würde der Meeresspiegel weltweit um fünf Meter ansteigen. Solche Prognosen sind natürlich extrem spekulativ, und die regionale Situation wird weitgehend davon abhängen, ob die Kontinentalplatten dort nach oben oder nach unten kippen.

Doch nehmen wir einmal an, die IPCC-Analyse sei zutreffend. Der vorhergesagte Anstieg des Meeresniveaus würde zwei bis sechsmal schneller erfolgen als im Laufe des letzten Jahrhunderts (ein Anstieg von zehn bis 15 Zentimeter). Die IPCC-Arbeitsgruppe »Auswirkungen« sagt vorher, selbst bei einem Anstieg des Meeresniveaus um 30 bis 50 Zentimeter entstünden »schwerwiegende Probleme für niedriggelegene Länder und Küstengebiete«. Ein Anstieg von einem Meter, wie er am oberen Ende der Unsicherheitsspanne für das Ende des nächsten Jahrhunderts vorausgesagt wird, »würde ganze Bevölkerungsgruppen vertreiben, niedriggelegene städtische Infrastrukturen zerstören, landwirtschaftliche Nutzflächen überschwemmen, Süßwasserressourcen versalzen und den Verlauf von Küstenlinien verändern«. Diese unmittelbaren Auswirkungen – das Zurückweichen von Küstenlinien und Feuchtgebieten, erhöhter Tidenhub, die Verschiebung der Salzwassergrenzen in Mündungsgebieten und eine stärkere Versalzung küstennaher Acquifere (Grundwasserspeicher) – hätten alle einschneidende Konsequenzen für die menschliche Gesellschaft, vor allem in den vielen dichtbesiedelten Küstengebieten. So könnte ein Anstieg von einem Meter 15 Prozent der landwirtschaftlichen Nutzfläche Ägyptens überschwemmen und in Bangladesch ein Gebiet vernichten, das 14 Prozent der Landesernte liefert. Doch die Probleme blieben nicht auf die Entwicklungsländer beschränkt. Beispielsweise haben im Südwesten der USA mehr als die Hälfte der wirtschaftlich bedeutenden Fischarten ihre Laichplätze im Wattenmeer. Inseln wären in Gefahr, darunter Staaten wie die Malediven, Tuvalu und Kiribati.

5.2.3 Auswirkungen auf die Siedlungen und die Gesellschaft des Menschen

Weltweit würden im nächsten Jahrhundert viele hundert Millionen Menschen durch die Überschwemmung niedriggelegener

Küstenebenen, Flußdeltas und Inseln vertrieben werden, wenn die Anstrengungen, die Akkumulation der Treibhausgase in der Atmosphäre zu verringern, erfolglos blieben. Die IPCC-Arbeitsgruppe »Auswirkungen« streift das Problem der Umweltflüchtlinge nur, wenn sie erwähnt, daß »in den Lagern und Siedlungen der Flüchtlinge Epidemien wüten und auf die einheimische Bevölkerung übergreifen könnten«. Hinzu kämen zahllose Millionen, die durch Trockenheit und biotische Verarmung aus ihren Heimatgebieten vertrieben würden. Wenn die politischen und die Umweltflüchtlinge schon 1990 in einer Welt mit 5,3 Milliarden Menschen ein Problem darstellen, wie wird es dann im Jahr 2000 oder 2010 aussehen, wenn die Weltbevölkerung auf über sechs Milliarden Menschen anwachsen wird?

Die Folgen der globalen Erwärmung für die menschliche Gesundheit sind nicht auf die Entwicklungsländer beschränkt. Die IPCC-Arbeitsgruppe 2 gelangt zu dem Schluß, daß mit der Erwärmung der Erde Krankheiten, die durch Überträger verbreitet werden, nach Norden vordringen werden. Dazu gehören Krankheiten wie Malaria, Bilharziose, Leishmaniose, Denguefieber und japanische Enzephalitis. Mit diesem Problem beschäftigt sich Andrew Haines in Kapitel 7 des vorliegenden Buches.

5.3 Konsequenzen

Die Restabilisierung des Weltklimas ist zweifellos wünschenswert für den Fortbestand unserer Zivilisation. Auf einer Erde, die sich immer schneller erwärmt, gibt es keine Möglichkeit, diese Zivilisation fortzusetzen oder die Existenz der menschlichen Bevölkerung in der heutigen Größenordnung zu sichern. Jede Lösung muß damit beginnen, die Zusammensetzung der Atmosphäre im Hinblick auf die wärmespeichernden Gase, vor allem Kohlendioxid und Methan, zu stabilisieren.

Was ist dazu erforderlich? Sowohl Kohlendioxid wie Methan werden durch die Nutzung fossiler Brennstoffe freigesetzt, beide sind außerdem Respirationsprodukte. Die Zunahme ihrer Dichte in der Atmosphäre verlief in unterschiedlichen Rhythmen. Die Kohlendioxid-Konzentrationen sind im letzten Jahrhundert mit der industriellen Entwicklung, der zunehmenden Nutzung fossiler Brennstoffe und der fortschreitenden Abholzung nach oben gegangen. Die Methan-Konzentrationen haben sich im Laufe von zwei Jahrhunderten verdoppelt, und das Gas akkumuliert jetzt rascher als jemals zuvor. Die Menge beider Gase in der Atmosphäre wird durch die Freisetzungsrate einerseits und die Abbaurate andererseits bestimmt. Das Kohlendioxid wird durch die oben beschriebenen Prozesse abgebaut, Methan durch die Oxidation zu Kohlendioxid. Die Oxidationsrate des Methans ist von großer Bedeutung und könnte sich verändern, wenn sich andere Faktoren in der Atmosphäre wandeln.

In unserem Zusammenhang ist jedoch nur von Bedeutung, daß die Entstehung beider Gase durch jegliche Erwärmung der Erde zunimmt. Die Methan-Produktion durch die Böden spricht noch empfindlicher auf die Erwärmung an als die Kohlendioxid-Produktion. Ein Temperaturanstieg um 1 Grad Celsius könnte die Methan-Emission um 50 Prozent oder mehr steigern.[34] Diese Gase lassen sich also offenkundig nur unter Kontrolle halten, indem man den globalen Temperaturanstieg begrenzt.

Ein Beispiel für die Größenordnung des Problems bietet das Kohlendioxid. Gegenwärtig gibt es in der Atmosphäre einen jährlichen Nettozuwachs an Kohlendioxid zwischen 1,5 und 2,4 ppm, das heißt von drei bis fünf Milliarden Tonnen Kohlenstoff. Diese Menge ergibt sich aus den Gesamtabgaben an die Atmosphäre – wie hoch sie auch immer sein mögen – abzüglich des Abbaus. Um die Zusammensetzung der Atmosphäre in Hinblick auf Kohlendioxid zu stabilisieren, wäre erforderlich, daß wir die jährliche Freisetzung sofort um drei bis fünf Milliarden Tonnen Kohlenstoff in Form von Kohlendioxid vermindern. Würden wir diesen Schritt sofort und abrupt ausführen, würde es noch ein paar Jahre dauern, bis Ergebnisse zu beobachten wären. Doch mit abnehmendem Diffusionsdruckgradienten des Kohlendioxids zwischen der Atmosphäre und der Meeresoberfläche ginge auch die Menge zurück, die durch Diffusion ins Meer gelangt. Eine weitere Emissionsverminderung wäre erforderlich, um zu verhindern, daß die Konzentration in der Atmosphäre ansteigt. Das Problem wäre um so größer, je stärker die

Erwärmung der Erde die Kohlendioxid-Emission aus Landökosystemen beschleunigt.

Unsere Möglichkeiten zur Reduzierung der Emissionen sind begrenzt. Die Nutzung fossiler Brennstoffe und die Abholzung können wir vermutlich in den Griff bekommen. Wir könnten mit einer weltweiten Wiederaufforstung beginnen und in den wachsenden Wäldern Kohlenstoff speichern. Um eine Milliarde Tonnen Kohlenstoff in Wäldern zu speichern, bedarf es ein bis zwei Millionen Quadratkilometer neuer Waldgebiete oder noch mehr, wenn der Boden unergiebig ist. Das wäre ein bedeutsamer Schritt zur Stabilisierung der Atmosphäre. Doch es gibt keine Möglichkeit, eine solche Stabilisierung zu erreichen, ohne die Nutzung fossiler Brennstoffe zu kontrollieren, und keine Möglichkeit langfristiger Stabilisierung, ohne auf fossile Brennstoffe als Energiequelle für industrielle Zwecke so gut wie ganz zu verzichten. Je länger wir aber zulassen, daß sich die Erde weiter erwärmt, desto dringlicher wird die Notwendigkeit werden, die Nutzung fossiler Brennstoffe drastisch einzuschränken.

5.4 Schlußfolgerung

Die Einzelheiten des globalen Kohlenstoff-Kreislaufs, darunter auch die verschiedenen Faktoren, die die Akkumulationsrate des Kohlenstoffs in der Atmosphäre bestimmen, sind nur unzulänglich bekannt. Nicht ganz geklärt ist auch die Frage, welche Bedeutung den Wäldern einerseits und den Meeren andererseits für die Zusammensetzung der Atmosphäre zukommt. Gegenwärtig sprechen die Anhaltspunkte dafür, daß die Wälder kurzfristig – in einem Zeitraum von Jahren bis Jahrzehnten – eine erheblich größere Rolle spielen, Meere dagegen in den größeren Zeiträumen von Jahrzehnten bis Jahrhunderten wichtiger sind.[35]

Wenn sich die Erwärmung der Erde beschleunigt, werden die Wälder aus großen Gebieten zurückweichen. An der wärmeren und trockeneren Grenze des Waldverbreitungsgebiets wird eine Erwärmung um 1 Grad Celsius bewirken, daß 100 bis 200 Millionen Hektar Wald durch Grasland ersetzt werden. Die Zersetzung organischer Materie in Wäldern und Böden unter dem Einfluß der Erwärmung bewirkt die Freisetzung weiterer großer Mengen Kohlenstoff in Form von Kohlendioxid und Methan. Ob es noch andere wichtige Faktoren gibt, die auf die Zusammensetzung der Atmosphäre einwirken, bleibt abzuwarten, doch im Augenblick sprechen alle Anhaltspunkte dafür, daß die Wälder auf der nördlichen Hemisphäre die wichtigste Rolle spielen.

Die größte Unterstützung findet diese These durch die Daten des Wostok-Bohrkerns. Sie zeigen für die letzten 160000 Jahre eiszeitlicher Geschichte eine enge Korrelation zwischen der Temperatur einerseits und der Konzentration von Kohlendioxid und Methan andererseits. Zwar lassen diese Daten nicht erkennen, welche die Ursachen und welche die Wirkungen waren, aber sie schließen die Möglichkeit aus, daß dem globalen Klimasystem ein Mechanismus innewohnt, der die Temperatur durch eine Stabilisierung der Zusammensetzung der Atmosphäre einpegelt. Natürlich könnte es andere Faktoren geben, die für diesen Zusammenhang eine entscheidendere Rolle spielen. Eine Möglichkeit sind Veränderungen der Meereszirkulation und ein dadurch bedingter Wandel in der Fähigkeit der Ozeane, Kohlendioxid zu absorbieren und zu speichern. Da beim Methan sehr ähnliche Zusammenhänge erkennbar sind wie beim Kohlendioxid, schließt man gewöhnlich eine Beteiligung des Meeres aus.[36]

Es besteht die Möglichkeit, daß die Erwärmung so weit voranschreitet, daß die durch diesen Prozeß hervorgerufene biotische Freisetzung die Gasemissionen übertreffen, die unmittelbar auf menschliche Aktivität zurückgehen. In diesem Falle wird die Erwärmung durch keine der Maßnahmen mehr zu beeinflussen sein, die heute als vernünftig gelten. Wir wissen nicht, wie weit wir von diesem Punkt entfernt sind, weil wir nicht hinreichend über die Zirkulation des Kohlenstoffs in den Reservoirs des Kohlenstoff-Kreislaufs informiert sind. Wir werden diese Fragen auch in absehbarer Zukunft nicht beantworten können. Inzwischen steigt die Konzentration der wärmespeichernden Gase in der Atmosphäre weiter an.

In diesem Bereich kann Umweltschutz deshalb nicht bedeuten, daß wir uns vorsichtig und abwartend verhalten, sondern daß wir eine rasche und entschiedene Veränderung anstreben. Das Problem wird sich mit der weiteren Erwärmung der Erde rasch verschlimmern. Es gibt keine einfachen Lösungen, abgesehen von der Einschränkung der Emission von Kohlendioxid, Methan und anderen anthropogenen Treibhausgaben (FCKWs und Distickstoffoxid). Für das Kohlendioxid sind die fossilen Brennstoffe und die Biomasse bekanntlich eine wichtige Quelle. Methan hat eine kleinere Quelle in den fossilen Brennstoffen und eine größere im lebenden organischen Material. Seine Freisetzung weist nur einen begrenzten Zusammenhang mit der Abholzung auf. Für beide Gase ist die Ewärmung als potentielle biotische Quelle von großer Bedeutung. Die Emissionen lassen sich nicht vermindern, ohne daß drastische Einschränkungen in der Nutzung fossiler Brennstoffe vorgenommen werden und mit dem Abholzen Schluß gemacht wird. Das Problem läßt sich durch massive Aufforstungsprogramme zwar bessern, aber nicht lösen. Es geht nicht mehr um Maßnahmen, mit denen wir uns der steigenden Ewärmung anpassen, sondern darum, daß wir mit allen unseren Kräften versuchen, die Zusammensetzung der Atmosphäre zu stabilisieren. Dazu muß die jährliche Nettoakkumulation von Kohlenstoff in der Atmosphäre sofort um drei bis fünf Milliarden Tonnen reduziert werden. Für weitere Einschränkungen wird erforderlich sein, daß wir in erheblichem Umfang auf fossile Brennstoffe verzichten. Je rascher wir den Prozeß in die Wege leiten, desto größer die Hoffnung, daß wir Erfolg haben. Wenn nicht, wird der Abbau des menschlichen Habitats rasche Fortschritte machen, mit allem, was an ökologischen und politischen Konsequenzen dazugehört.

Kapitel 6
Lehren aus Klimaverhältnissen der Vergangenheit

Brian Huntley

»... die wichtigste Lehre: Unter der Voraussetzung, daß nichts unternommen wird, um die Treibhausgasemissionen einzuschränken, sind für das nächste Jahrhundert Klimaveränderungen vorherzusagen, die wärmere Verhältnisse hervorrufen werden, als es sie auf unserer Erde seit mindestens einigen Millionen Jahren gegeben hat – Klimaveränderungen, die um mehr als eine Größenordnung schneller eintreten werden als die raschesten Klimaveränderungen der jüngeren Erdgeschichte ...«

Da die wachsende Aufmerksamkeit sich zunehmend auf die Wahrscheinlichkeit einer beträchtlichen und raschen Klimaveränderung in naher Zukunft, die aus anthropogener Anreicherung der Atmosphäre mit Treibhausgasen resultiert, einstellt, sind einige lebenswichtige Lehren aus der Untersuchung der Umweltgeschichte zu gewinnen.[1] Veränderungen in verschiedenen Komponenten des globalen Systems können zu globalen Klimaveränderungen führen; zu diesen sogenannten »Einflußfaktoren« *(forcing factors)* gehören natürliche Veränderungen in der Zusammensetzung der Atmosphäre, die Lage der Kontinente auf der Erdoberfläche, die Konfiguration der Ozeanbecken, die Topographie der Kontinente und die absorbierte Sonnenstrahlung. Zwar unterliegen alle diese Faktoren einer kontinuierlichen Veränderung, doch dies geschieht in höchst unterschiedlichem Tempo. Deshalb gewinnen die ersten drei nur in Zeiträumen von mehr als zehn Millionen Jahren wirkliche Bedeutung, während die Entstehung von Gebirgszügen in den letzten fünf Millionen Jahren größere Auswirkungen hatte und Klimaumwälzungen bewirkt hat, die vor ungefähr 2,4 Millionen Jahren den Übergang von der erdgeschichtlichen Phase des Tertiärs zu der des Quartärs markierte.[2]

Unsere detailliertesten Informationen über globale Klimaveränderungen betreffen jedoch den nach erdgeschichtlichen Maßstäben kurzen Zeitraum der letzten Million Jahre. In diesem Zeitabschnitt haben sich die meisten klimatischen Einflußfaktoren so wenig verändert, daß sie praktisch konstant waren (etwa die Lage und die Topographie der Kontinente), deshalb werden sie von Wissenschaftlern, die sich mit der Klimageschichte beschäftigen, auch als klimatische »Randbedingungen« bezeichnet. Diese Randbedingungen bestimmen den allgemeinen Zustand des globalen Klimas und die Schwankungsbreite, innerhalb derer es sich in Reaktion auf Veränderungen der sich rascher wandelnden Einflußfaktoren bewegen kann. Die großen Klimaveränderungen während der letzten Million Jahre haben sich in erster Linie aus Schwankungen in der Menge der von der Erde empfangenen Sonnenstrahlung ergeben,[3] wenn sie auch von natürlichen Veränderungen in der Konzentration einiger Treibhausgase in der Atmosphäre begleitet waren.[4]

Die Menge der von der Erde aufgefangenen Sonnenstrahlung schwankt auf vielen verschiedenen zeitlichen Ebenen.[5] Die wichtigsten Schwankungen bestehen jedoch aus einer begrenzten Anzahl von periodischen Fluktuationen, die auf der Ebene der kürzesten Zeiträume die täglichen und jährlichen Zyklen umfassen. In längeren Zeiträumen bewirken Veränderungen in der Umlaufbahn, auf der die Erde die Sonne umkreist, Schwankungen in der Menge der absorbierten Sonnenstrahlung, die, wie man meint, für den Wechsel von Eis- und Zwischeneiszeiten verantwortlich sind.[6] Diese Wechsel haben während der letzten 750000 Jahre in einem zeitlichen Abstand von jeweils zirka 100000 Jahren stattgefunden.[7] Die letzte Eiszeit endete vor ungefähr 10000 Jahren, und erst im letzten Teil der gegenwärtigen Zwischeneiszeit, die gewöhnlich als Nacheiszeit bezeichnet wird, hat sich die menschliche Zivilisation entwickelt.

Diese erdgeschichtlich jungen, aber einschneidenden Klimaveränderungen sind recht eingehend durch Fossilien und andere Umweltindikatoren in Sedimentschichten belegt, die sich auf dem Boden von Meeren und Seen angesammelt haben. Sie finden sich aber auch in Lößansammlungen – Ablagerungen von feinen, verwehten Teilchen, die in manchen Kontinentalregionen bis in große Tiefen reichen. Unser Wissen über frühere Klimate und Umwelten, Paläoklimate und Paläoumwelten, beruht auf der Paläoökologie – der detaillierten stratigraphischen Untersuchung dieser Sedimentschichten und der Rekonstruktion der Ökosysteme, zu denen die Organismen gehörten, deren Fossilien wir heute untersuchen. Diese Zeugnisse, vor allem die der letzten 250000 Jahre, geben uns Einsicht in viele Aspekte des globalen Systems, die von unmittelbarer Bedeutung für die Vorhersage sowohl künftiger Klimaveränderungen als auch der Reaktion von Ökosystemen auf diese Veränderungen sind. Insbesondere können wir Aufschluß gewinnen über:

- die Empfindlichkeit des Weltklimas für Schwankungen des Strahlenhaushalts und für natürliche Veränderungen des atmosphärischen Treibhausgasgehaltes;
- die Mechanismen globaler Klimaveränderung;
- globale und regionale Klimaten zu Zeiten, als die Durchschnittstemperatur weltweit erheblich niedriger und/oder etwas höher als heute war;
- das Tempo früherer Klimaveränderungen;
- die Reaktion von Organismen und Ökosystemen auf Klimaveränderung und
- das Tempo, mit den Organismen und Ökosysteme zu reagieren vermögen.

Obwohl vieles unbekannt bleibt oder nur unzulänglich bekannt ist, wie auf den meisten Gebieten wissenschaftlicher Arbeit, so führen doch die Erkenntnisse, die wir bereits gewonnen haben, zu einigen Schlußfolgerungen, die nicht außer acht gelassen werden dürfen, wenn es um die Einschätzung des anthropogenen Treibhauseffekts geht. Die wichtigsten dieser Schlußfolgerungen und die Lehren, die wir daraus zu ziehen haben, werde ich erörtern. Dabei ist nach meiner Auffassung die wichtigste Lehre: Unter der Voraussetzung, daß nichts unternommen wird, um die Treibhausgasemissionen einzuschränken, sind für das nächste Jahrhundert Klimaveränderungen vorherzusagen, die wärmere Verhältnisse hervorrufen werden, als es sie auf unserer Erde seit mindestens einigen Millionen Jahren gegeben hat – Klimaveränderungen, die um mehr als eine Größenordnung schneller eintreten werden als die raschesten Klimaveränderungen der jüngeren Erdgeschichte. Die Folgen in Hinblick auf die Fähigkeit von Organismen und Ökosystemen, darauf zu reagieren, werden tiefgreifend sein. Viele Ökosysteme werden sich grundlegend wandeln, und es besteht durchaus die Möglichkeit, daß viele Organismen vom Aussterben bedroht sind.

6.1 Paläoklimate – welchen Nutzen haben wir von ihrer Untersuchung?

Wenn wir uns mit den Problemen einer bevorstehenden Klimaveränderung beschäftigen, so können wir dabei aus verschiedenen Gründen auf paläoklimatische Studien zurückgreifen. Dabei werden wohl am häufigsten genannt:

- um wärmere Klimate der Vergangenheit zu dokumentieren, die unter Umständen als Analogien – sogenannte Paläoanaloga – für wärmere Klimaverhältnisse der Zukunft dienen und dadurch »empirische Voraussagen« ermöglichen können, nicht nur für globale, sondern auch für regionale Klimate des nächsten Jahrhunderts;
- um globale Klimate der Vergangenheit zu dokumentieren, die neben dem heutigen Klima zur Validierung globaler oder allgemeiner Zirkulationsmodelle (GCMs nach dem englischen *General Circulation Modells*) herangezogen werden können, und insbesondere, um die Zuverlässigkeit von Klimasimulationen zu untersuchen, in denen Kombinationen von Einflußfaktoren und/oder Randbedingungen angenommen werden, die sich deutlich von denen der Gegenwart unterscheiden;
- um einzuschätzen, wie empfindlich das globale Klima auf Veränderungen in verschiedenen Einflußfaktoren, vor allem den Treibhausgasen und der Sonnenstrahlung, reagiert und

- um Erkenntnisse über die Mechanismen, die Muster, die Größenordnung und das Tempo früherer Klimaveränderungen zu liefern.

Ich werde nacheinander auf alle diese Gründe eingehen und die einschlägigen Ergebnisse kurz wiedergeben.

6.1.1 Paläoanalogien

Paläoklimatische Studien fanden erstmals das Interesse einer breiteren Öffentlichkeit, als man versuchte, wärmere Klimaverhältnisse der Vergangenheit als Analogien für eine wärmere Welt der Zukunft heranzuziehen.[8] Viele Daten deuten auf die Mitte der Nacheiszeit vor etwa 6000 Jahren, als es in vielen Gebieten höherer Breite der nördlichen Hemisphäre wärmer war als heute.[9] Nimmt man verschiedene andere Anhaltspunkte zusammen, so ergibt sich entsprechend, daß das globale Klima während der letzten Zwischeneiszeit vor ungefähr 125000 Jahren wärmer war als zu irgendeinem Zeitpunkt in der Nacheiszeit, und man ist sich weitgehend einig, daß die Welt gegen Ende des Tertiärs, vor ungefähr drei bis vier Millionen Jahren noch wärmer war. Trotzdem stößt der Versuch, diese erdgeschichtlichen Phasen als Analogien für eine immer wärmer werdende Welt heranzuziehen, wie es vor allem Budyko vorgeschlagen hat,[10] offenbar auf unüberwindliche Probleme – so die Wissenschaftler der IPCC-Arbeitsgruppe.

Die meisten Schwierigkeiten wirft das Ende des Tertiärs auf, und doch ist es von entscheidender Bedeutung für die Thesen, die sich auf Paläoanalogien berufen, weil sich für diesen Zeitraum, von uns aus rückwärts gesehen, erstmals ein globales Klima rekonstruieren läßt, das mit der prognostizierten Erwärmung bei einer effektiven Kohlendioxid-Verdopplung zu vergleichen ist.[11] Wenn man das Ende des Tertiärs als Analogie für das nächste Jahrhundert heranzieht, stellen sich vor allem folgende Probleme:

- Der Himalaja, das Hochland von Tibet und die Gebirge im Westen Nordamerikas waren immerhin drei Kilometer niedriger als heute.

- Atlantik und Pazifik waren in niederen Breiten miteinander verbunden, bevor der Isthmus von Panama vor ungefähr drei Millionen Jahren entstand.
- Es gab wahrscheinlich keine größere grönländische Eiskappe, und die antarktische Eisdecke war von weit kleineren und unterschiedlichen Ausmaßen.
- Es hat seit dem Tertiär in vielen Gruppen von Organismen eine beträchtliche morphologische Evolution stattgefunden, wodurch die quantitative Rekonstruktion paläoklimatischer Verhältnisse, die in erster Linie auf fossilen Zeugnissen der Landvegetation beruht, außerordentlich unzuverlässig wird.
- Es gibt Anhaltspunkte für eine große Schwankungsbreite des globalen Klimas am Ende des Tertiärs. Periodisch auftretende Daten lassen darauf schließen, daß sie höchstwahrscheinlich auf Unterschiede in der Sonnenstrahlung zurückgehen, die durch Veränderungen der Erdumlaufbahn hervorgerufen wurden.[12] Die Zeitabstände dieser Schwankungen sind so kurz, daß sie vom Raster der gegenwärtig zur Verfügung stehenden Datierungstechniken nicht erfaßt werden. Deshalb ist es unmöglich, das globale Klima des Tertiärs für eine bestimmte Zeit und eine bestimmte Kombination von Einflußfaktoren zu rekonstruieren.

Klimamodelle, die nur die Rolle der Gebirgsentstehung berücksichtigen,[13] lassen erkennen, daß sich das wärmere Klima allein als Reaktion auf langfristige Veränderungen in der Topographie der Kontinente erklären läßt. Vergleicht man ferner den geschätzten Anstieg der atmosphärischen Kohlendioxid-Konzentrationen mit dem der Nacheiszeit,[14] so gelangt man zu dem Schluß, daß sich mit ihm allein das wärmere globale Klima nicht erklären läßt. Die beträchtlichen Unterschiede im Zustand des globalen Systems und die Hinweise dafür, daß die kontinentale Topographie wichtiger war als die atmosphärischen Kohlendioxid-Konzentrationen, lassen das Ende des Tertiärs als Analogon für künftige Klimaverhältnisse ungeeignet erscheinen.

Die letzte Zwischeneiszeit wirft als Paläoanalogon weniger Probleme auf als das Ende des Tertiärs; die wichtigsten klimatischen Randbedingungen waren denen der Gegenwart sehr ähnlich. Doch während sich der Einfluß der Sonnenstrahlung von dem in der Gegenwart wie auch dem in der mittleren Nacheiszeit unterschied,[15] sprechen die Daten des Wostok-Eisbohrkerns nicht für die Hypothese, daß die atmosphärischen Kohlendioxid-Konzentrationen während der letzten Zwischeneiszeit höher waren als vor der industriellen Revolution.[16] Damit ist auch diese Phase ungeeignet als Analogon für die Zukunft, weil sie sich in Hinblick auf die Einflußfaktoren unterscheidet, die die höheren globalen Durchschnittstemperaturen verursacht haben. Das gleiche gilt für die mittlere Nacheiszeit. Die atmosphärischen Kohlendioxid-Konzentrationen ähnelten offenbar denen vor der industriellen Revolution.[17] Gleiches gilt für die Konzentrationen anderer natürlich vorkommender Treibhausgase,[18] während sich der Einfluß der Sonnenstrahlung erheblich von dem heutiger Zeit unterschied.[19] Im übrigen mochte die Durchschnittstemperatur zwar in vielen Gebieten höherer Breiten der nördlichen Hemisphäre höher gewesen sein,[20] doch bei einer Einschätzung der *globalen* Durchschnittstemperatur gelangte man zu dem Schluß, daß sie das globale Temperaturmittel heutiger Zeit wohl nicht überschritten haben dürfte.[21]

Bestätigung finden diese Schlußfolgerungen durch paläoklimatische Simulationen mit Hilfe globaler Zirkulationsmodelle der Atmosphäre.[22] Die simulierte globale Durchschnittstemperatur unter den vor 6000 Jahren herrschenden Einflußfaktoren und Randbedingungen ist fast die gleiche wie heute. Ferner unterscheiden sich die globalen Klimaverhältnisse, die für eine Verdoppelung des Kohlendioxid-Gehalts[23] simuliert werden, in mehreren wichtigen Punkten von Paläoklimaten, die für Phasen mit größerer Nettosonnenstrahlung simuliert werden. Diese Unterschiede rühren in erster Linie daher, daß der Einfluß der Sonnenstrahlung im Vergleich zu dem der wachsenden Treibhausgaskonzentrationen zeitlich und räumlich ungleich verteilt ist (Schwankungen je nach Jahreszeit und Breitengrad). So sehen wir uns gezwungen, die Idee, Paläoklimate könnten brauchbare Analogien für wärmere Klimaverhältnisse der nahen Zukunft liefern, aufzugeben, mag sie auch noch so verführerisch sein.

6.1.2 GCM-Validierung

Wenn uns empirische Vorhersagen anhand von Paläoanalogien verwehrt sind, müssen wir uns an GCM-Simulationen halten, um die besten verfügbaren Voraussagen über künftige Klimaverhältnisse zu bekommen. Globale Zirkulationsmodelle verwenden jedoch eine Vielzahl klimatischer Randbedingungen und Einflußfaktoren, und die Simulationen reagieren auf Veränderungen in jedem Faktor und jeder Bedingung. Es reicht nicht, mit einem globalen Zirkulationsmodell das gegenwärtige Klima zu simulieren. Dadurch erhalten wir keine Aufschluß über die Zuverlässigkeit, mit der es Klimaverhältnisse unter veränderten Randbedingungen oder in Reaktion auf modifizierte Einflußfaktoren simulieren wird. Quantitative Rekonstruktionen paläoklimatischer Verhältnisse für bestimmte Zeiträume in der Vergangenheit, bei denen auch Randbedingungen und Einflußfaktoren bekannt sind, stellen eine Möglichkeit dar, die Leistungsfähigkeit von globalen Zirkulationsmodellen für die Simulation von Klimaverhältnissen zu validieren, die sich von den heutigen unterscheiden.[24]

Der Arbeit der COHMAP-Gruppe (COHMAP: Cooperative Holocene Mapping Project) verdanken wir die umfassendste Validierungsmöglichkeit.[25] Dabei wurden Simulationen in 3000-Jahr-Intervallen durchgeführt, von der letzten Eiszeit vor 18000 Jahren bis zur Gegenwart. Verwendet wurde dabei das CCM (Community Climate Model) des NCAR (National Center for Atmospheric Research).[26] Dank globaler Synthesen paläoklimatischer Indikatoren aus denselben Zeiträumen ließen sich die Merkmale der simulierten Klimaten auf ihre Gültigkeit überprüfen.[27] Die paläoklimatischen Zeugnisse bestätigten die wichtigsten Eigenschaften der simulierten Klimaverhältnisse, obwohl auch einige Unstimmigkeiten für bestimmte Regionen und/oder bestimmte Zeiten festgestellt wurden.

In jüngerer Zeit sind Klima-Reaktions-Diagramme für Pollendaten entwickelt worden,[28] die eine zusätzliche Möglichkeit zur Validierung der durch globale Zirkulationsmodelle simulierten Klimaverhältnisse bieten. Diese Diagramme beschreiben die Häufigkeit individueller Pollentaxa in Hinblick auf zwei oder mehr der wichtigsten Klimavariablen. So ist es möglich, aus den fossilen Pollenzeugnissen nicht nur das Paläoklima quantitativ zu rekonstruieren, sondern auch die Pollendaten quantitativ zu simulieren, die den von einem globalen Zirkulationsmodell simulierten Klimabedingungen entsprechen.[29] Mit Hilfe dieses Verfahrens hat man Simulationen des Klimas im Osten der Vereinigten Staaten überprüft.[30] Später hat man eine entsprechende Studie auch für Europa durchgeführt.[31] Die Ergebnisse haben dazu beigetragen, die Gebiete genauer zu bestimmen, in denen die fossilen Zeugnisse den paläoklimatischen Simulationen widersprechen, woraus sich der Schluß ergab, daß bestimmte Aspekte der globalen Zirkulationsmodelle und die Interpretation der fossilen Zeugnisse weiterer Untersuchungen bedürfen. Hier eröffnet sich ein weites Feld für künftige Arbeiten, die Verfeinerung der Techniken und die Übertragung des Verfahrens auf andere paläoklimatische Indikatoren. Dies dürfte ein wichtiger Zweig der paläoklimatischen Forschung werden.

6.1.3 Empfindlichkeit des Klimas

Obwohl die genauesten paläoklimatischen Rekonstruktionen, die zur Verfügung stehen, die jüngere Erdgeschichte betreffen, können sie nicht ohne weiteres die Empfindlichkeit des globalen Klimas für Veränderungen in den Konzentrationen der Treibhausgase offenbaren. Nur mit Hilfe paläoklimatischer Rekonstruktionen für die weiter zurückliegende Erdgeschichte und einer ganzen Reihe von Annahmen läßt sich diese Empfindlichkeit beurteilen.[32] Wenn man die Empfindlichkeit der globalen Temperatur für atmosphärische Kohlendioxid-Konzentrationen auf diese Weise schätzt, gelangt man trotz vieler Schwierigkeiten bei der Rekonstruktion nicht nur des Paläoklimas, sondern auch der Einflußfaktoren und Randbedingungen früher erdgeschichtlicher Phasen zu einer ähnlichen Zahl (3 Grad Celsius plus oder minus 1 Grad Celsius) bei einer Verdopplung der atmosphärischen Kohlendioxid-Konzenrationen wie durch numerische Simulation.

Die Zeugnisse jüngerer Paläoklimaten können jedoch wertvolle Hinweise auf die Empfindlichkeit des globalen Klimas für unabhängige Veränderungen verschiedener Randbedingungen und Einflußfaktoren liefern, die es neben den Treibhausgasen noch gibt. Das kann zur Validierung der globalen Zirkulationsmodelle und zum Verständnis der Mechanismen von Klimaveränderungen beitragen.

6.1.4 Mechanismen, Muster, Größenordnungen und Raten der Veränderung

Die Zeitreihen paläoklimatischer Zeugnisse, die – oft mit großer zeitlicher Dichte – in vielen aufeinanderfolgenden Sedimentschichten vorhanden sind, liefern unschätzbare Informationen über den zeitlichen Verlauf paläoklimatischer Veränderungen und damit auch über die Mechanismen, die diesen Veränderungen zugrunde liegen. Die meisten Datierungsversuche der Klimamodellierung und der paläoklimatischen Rekonstruktion haben sich auf »Schnappschüsse« und Gleichgewichtsreaktionen auf gegebene Randbedingungen und Einflußfaktoren konzentriert. Das gleiche gilt für die Mehrzahl der GCM-Simulationen zukünftiger Klimaverhältnisse. In jüngerer Zeit interessiert man sich jedoch zunehmend für die Übergangsreaktionen des Klimas, wenn sich die Einflußfaktoren verändern.[33] Die Modellierung zukünftiger Übergangsreaktionen muß sich eng an validierten Simulationen vergangener Übergangszustände orientieren, wobei paläoklimatische Zeitreihen für die erforderliche Validierung sorgen werden.

Doch auch die räumliche Dimension und das räumliche Auflösungsvermögen der paläoklimatischen Rekonstruktionen sind von Wichtigkeit, weil sie begrenztere regionale Muster des Paläoklimas offenbaren können. Diese Aspekte könnten wichtig sein, um die Mechanismen von Klimaveränderungen zu verstehen und um künftige Klimavorhersagen auf regionale Verhältnisse anzuwenden. Aus vorläufigen paläoklimatischen Rekonstruktionen für Europa[34] geht beispielsweise hervor, daß Südeuropa vor 6000 Jahren, als der größte Teil Nordeuropas mehr als 1 Grad Celsius wärmer war als heute, nicht wärmer war als in der Gegenwart und in einigen Gebieten sogar kälter. Entsprechend zeigen die Anhaltspunkte für die Wasserstände von Seen, daß es seit der letzten Eiszeit in verschiedenen Breiten des

Westens von Nordamerika höchst unterschiedliche Veränderungsmuster im Verhältnis von Niederschlägen und Verdunstung gegeben hat.[35] In Europa[36] und im Osten Nordamerikas[37] hat es offenbar zur Zeit der raschen Klimaveränderung am Ende der Eiszeit eine tiefgreifende Umgestaltung der allgemeinen Klimaverhältnisse gegeben, mit Folgen für den Verlauf der wichtigsten Ökogrenzen – der Grenzen zwischen den Hauptvegetationsarten – auf beiden Kontinenten.

Die Bedeutung paläoklimatischer Informationen über Größenordnung und Tempo früherer Klimaveränderungen liegt nicht in erster Linie in der Möglichkeit, künftige Klimaverhältnisse vorhersagen zu können, sondern darin, daß man die wahrscheinlichen Auswirkungen vorhergesagter Klimaveränderungen auf Ökosysteme und Organismen beurteilen kann. Generell geht man in der Voraussage für das nächste Jahrhundert von einem durchschnittlichen Anstieg der globalen Temperatur von etwa 2,5 Grad Celsius in hundert Jahren aus. Eine Überprüfung der paläoklimatischen Befunde zeigt, daß man bis ins Tertiär zurückgehen muß, um auf eine so warme globale Durchschnittstemperatur zu stoßen. Die meisten heutigen Organismen hatten sich damals noch nicht in ihrer gegenwärtigen Form entwickelt, und die globalen Klimaverhältnisse unterschieden sich erheblich von den heutigen.[38] Rasche Klimaveränderungen von vergleichbarer Größenordnung ereigneten sich in der jüngeren Erdgeschichte. Die sogenannten »Endphasen« der Eiszeiten des Quartärs – die letzte fand in einem Zeitraum zwischen 15000 und 10000 Jahren vor unserer Zeit statt – wiesen globale Anstiege der Durchschnittstemperatur auf, die auf etwa 5 Grad Celsius geschätzt werden,[39] und markieren den raschen Übergang von einer Eiszeit zu einer Zwischeneiszeit. Diese Endphasen verliefen zwar nach erdgeschichtlichen Maßstäben sehr rasch, erstreckten sich aber trotzdem über mehrere Jahrtausende. Nach den vorliegenden Zeugnissen ist zu vermuten, daß die globale Erwärmungsrate während der letzten Endphase nicht mehr als 2,5 Grad Celsius pro Jahrtausend betrug.[40] Das ist immerhin zehnmal langsamer als die Rate, die für das nächste Jahrhundert vorausgesagt wird. Nimmt man die höheren Werte aus den Simulationen der globalen Erwärmung während des nächsten Jahrhunderts und eine der vorsichtigeren Schätzungen für die globale Erwärmungsrate am Ende der letzten Eiszeit, dann könnte das erdgeschichtliche Erwärmungstempo bis zu hundertmal langsamer sein als die für die Zukunft prognostizierte Geschwindigkeit.

6.2 Paläoökologie: biotische Reaktionen auf Klimaveränderungen

Die fossilen Zeugnisse des Quartärs geben nicht nur Aufschluß über paläoklimatische Verhältnisse, sondern zeigen auch, wie Organismen auf Klimaveränderungen reagieren. So können paläoökologische Studien ökologische Felduntersuchungen und Experimentalstudien zur Reaktion einzelner Arten auf Veränderungen in der Umwelt[41] und die Modellsimulation der Reaktionen von Ökosystemen auf Klimaveränderungen[42] ergänzen. Als man die Vegetation des Quartärs und insbesondere der Nacheiszeit untersuchte, haben sich einige wichtige Schlußfolgerungen ergeben.

6.2.1 Migration

Wenn Organismen Klimaveränderungen in den Raten augesetzt sind, wie sie während des Quartärs stattfanden, reagieren sie mit Migration (Wanderung).[43] Nur bei sehr viel längerfristigen Veränderungen erweist sich evolutionäre Anpassung als die primäre Reaktion. So sind während der letzten 12000 Jahre Waldbäume über die Kontinente gewandert, um sich zunächst an die raschen Klimaveränderungen am Ende der Eiszeit anzupassen und um anschließend dem langsameren, aber kontinuierlichen Klimawandel der Nacheiszeit Rechnung zu tragen.[44] Andere Organismen, unter anderem Käfer[45], Wirbeltiere[46] und Wasserpflanzen[47] haben ähnliche Reaktionen gezeigt.

6.2.2 Individualismus

Jede Baumart, deren Pollendaten man untersucht hat, hat in Verteilung und Häufigkeit eine andere nacheiszeitliche Geschichte und damit auch eine andere Migrationsgeschichte gehabt.[48] Diese Neigung zu individuellen Reaktionen ist auch bei anderen Organismengruppen beobachtet worden.[49] Das hat wichtige Konsequenzen für die »Geschichte« von Ökosystemen; im Prinzip haben Ökosysteme als solche keine Geschichte. Sie entstehen als vorübergehender Zusammenschluß von Taxa, deren Verbreitungsgebiet sich zum betrachteten Zeitpunkt deckt.[50] Wenn man also die Paläovegetation Europas auf einer Karte einträgt,[51] so stellt man fest, daß es viele der während der letzten 13 000 Jahre in Europa vorhandenen Vegetationseinheiten heute nicht mehr gibt. Deshalb läßt sich die Vegetationsgeschichte nicht allein durch den Rückgriff auf moderne Vegetationstypen rekonstruieren.[52]

6.2.3 Veränderungsraten

Man hat für verschiedene Regionen im Osten Nordamerikas,[53] für den gesamten Bereich Europas[54] und für einzelne Standorte[55] ermittelt, wie rasch sich die Pollenspektren im Laufe der Zeit verändert haben. Obwohl jede einzelne Region und jeder Standort ein anderes Muster offenbart, wenn man sie im einzelnen untersucht, lassen sie doch alle raschen Veränderungen am Ende der Eiszeit vor etwa 10 000 Jahren und eine Beschleunigung der Veränderungsraten während der letzten 2000 Jahre, vor allem im letzten Jahrtausend, erkennen.[56]

Eine Vernetzung der palynologisch untersuchten Fundorte – Plätze, an denen Pollenanalysen durchgeführt worden sind – ermöglicht Rückschlüsse auf die Migrationsraten höherer Pflanzen, vor allem Bäume, und insbesondere auf ihre größten Migrationsraten. Diese Höchstraten wurden in den meisten Fällen in Reaktion auf die Klimaveränderungen am Ende der Eiszeit erreicht, obwohl in einigen Ausnahmen, vor allem in Europa, die schnellsten Wanderbewegungen während der letzten 2000 Jahre stattgefunden haben.[57] Die ermittelten Migrationsraten bewegen sich im allgemeinen in einer Größenordnung von mehreren hundert Metern pro Jahr, das heißt, sie liegen in einem Bereich von zehn bis hundert Kilometern pro Jahrhundert. Verschiedene Wissenschaftler sind in Europa,[58] im Osten Nordamerikas[59] und in Japan[60] in bezug auf diese Wanderbewegungen zu bemerkenswert ähnlichen Resultaten gelangt. Neuere Untersuchungen über eine rasche, aber kurzlebige Ausdehnung der Kiefernwälder in den hohen Norden Schottlands vor ungefähr 4000 Jahren[61] lassen darauf schließen, daß die erforderlichen Migrationsraten etwa die gleiche Größenordnung besaßen.[62]

Drei offensichtliche Momente sprechen dafür, daß diese Migrationsraten nahe den Höchstwerten liegen, zu denen Bäume, wenn nicht auch andere Organismen, fähig sind. Erstens zeigen die Migrationsraten in getrennten Kontinentalgebieten[63] und die Wanderbewegungen, die eine Reaktion auf maximale Veränderungsraten des Klimas in jüngerer erdgeschichtlicher Zeit darstellten,[64] große Übereinstimmung. Zweitens gibt es Hinweise dafür, daß einige Bäume hinter den raschesten Klimaveränderungen am Ende der Eiszeit herhinkten,[65] was den Schluß nahegelegt, daß die von ihnen erreichten Migrationsraten bereits dem Höchstwert entsprachen, zu dem sie fähig sind. Drittens lassen sich selbst die beobachteten Wanderungsraten nur schwer erklären, wenn man nicht eine relativ weite Streuung der Verbreitungsorgane – Früchte und Samen – annimmt.[66] Ein Baum, der zwanzig Jahre braucht, um zu reifen und Früchte hervorzubringen, und der eine Migrationsrate von 300 Metern pro Jahr erreicht, muß eine durchgehende Streuung seiner Verbreitungsorgane von mehr als sechs Kilometern erreichen, um die genannte Wanderbewegung zu realisieren.

Schließlich gibt es noch ein viertes Argument, das für die These spricht. Wenn man davon ausgeht, daß das Temperaturgefälle in Europa am Ende der Eiszeit ähnlich war wie heute (etwa 8 Grad Celsius der jährlichen Durchschnittstemperatur pro 1000 Kilometer) und daß Europa eine Temperaturveränderung erlebt, deren Rate der globalen Veränderungsrate am Ende der Eiszeit entspricht (zirka 2,5 Grad Celsius in 1000 Jahren), dann betrüge die Migrationsrate, die erforderlich ist, um eine *temperaturabhängige* Verbreitungsgrenze zu bewahren, die mit dem Klima im Gleichgewicht wäre, ungefähr 300 Meter pro

Jahr.[67] Viele nördliche Verbreitungsgrenzen sind in erster Linie temperaturabhängig,[68] und deshalb darf man davon ausgehen, daß während der Klimaveränderung am Ende der Eiszeit an vielen nördlichen Verbreitungsrändern Migrationsraten dieser Größenordnung stattfanden, damit das Gleichgewicht mit dem Klima gewahrt blieb. Diese Annahme deckt sich exakt mit den Beobachtungen. Die rascheren Wanderbewegungen (ein bis zwei Kilometer im Jahr), die für einige Taxa angenommen werden,[69] lassen sich durch eine Vielzahl von Faktoren erklären – unter anderem regional raschere Temperaturveränderungen, Veränderungen im Temperaturgefälle, die mit der allgemeinen Klimaveränderung zusammenhängen,[70] und/oder nördliche Verbreitungsgrenzen, die nicht direkt von der Temperatur abhängig sind, sondern von verwandten Faktoren wie etwa der akkumulierten Wärme während der Wachstumsperiode, die sich möglicherweise schneller verändert als die Temperatur.

6.3 Ökosysteme in einer »Treibhauswelt«

Die wichtigsten Konsequenzen für Ökosysteme würden sich aus der Größenordnung der prognostizierten klimatischen Veränderungsrate ergeben. Die paläoklimatischen Zeugnisse zeigen, daß selbst die raschesten Klimaveränderungen der jüngeren Erdgeschichte zwischen zehn- und hundertmal langsamer vonstatten gingen als die Veränderungen, die für das nächste Jahrhundert vorausgesagt werden. Wie sich aus den paläoökologischen Befunden ergibt, reagieren Organismen auf Klimaveränderungen mit Migration. Deshalb ist davon auszugehen, daß die Organismen zumindest den Versuch machen werden zu wandern, um sich künftigen Klimaveränderungen anzupassen. Allerdings lassen die paläoökologischen Zeugnisse auch durchgehend erkennen, daß Bäume, vielleicht auch andere Organismen, ihre maximalen, zur Bewahrung ihrer Population erforderlichen Migrationsraten bereits entwickelt haben, als sie mit den raschesten Klimaveränderungen in der jüngeren Erdgeschichte – denen der Eiszeitendphasen – Schritt hielten.

Wenn diese Deutung der paläoökologischen Zeugnisse richtig

ist, dann ist die Wahrscheinlichkeit gering, daß viele Organismen – vor allem Bäume – in der Lage sein werden, rasch genug zu wandern, um mit dem künftigen Klima im Gleichgewicht zu bleiben. Bei vielen Organismen dürften die Landnutzung des Menschen und ein bereits reduzierter Bestand die Aussichten noch weiter verschlechtern.[71] Den Extremfall stellen wohl jene Organismen dar, die bereits heute nur noch in kleinen Populationen vorkommen und auf kleine Reservate begrenzt sind, entweder weil sie übermäßig verfolgt wurden oder weil ihr Habitat außerhalb dieser Reservate zerstört wurde. Viele Bäume und Waldorganismen werden erhebliche Schwierigkeiten haben, durch die weitgehend landwirtschaftlich genutzen Gebiete von Westeuropa zu wandern. Wie bereits erörtert, sind sie auf eine zufällige Streuung ihrer Früchte und Samen über große Entfernungen angewiesen, um ihre maximalen Migrationsraten zu erreichen. In der heutigen Landschaft sind die Aussichten, daß glückliche Umstände für eine weite Streuung der Verbreitungsorgane zu geeigneten Standorten sorgen, erheblich geringer als zu jener Zeit, da diese Organismen ihre große Wanderbewegung durch eine Landschaft natürlicher Ökosysteme vollzogen, die noch weitgehend oder völlig unberührt von menschlicher Aktivität war. Die verminderten Erfolgsaussichten einer weiträumigen Streuung werden die Migrationsrate, die zu erreichen ist, verringern.

Wenn, wie wohl aus den Daten zu schließen ist, viele Organismen nicht in der Lage sein werden, ihr Verbreitungsgebiet mit dem sich verändernden Klima im Gleichgewicht zu halten, dann werden die Konsequenzen für die Ökosysteme schwerwiegend sein. Wenn wir das von Grime[72] vorgeschlagene Konzept der alternativen Strategien zugrunde legen, so müssen wir davon ausgehen, daß die konkurrenzfähigen Arten, die heute viele Ökosysteme dominieren, weitgehend von einfachen Ruderalarten verdrängt werden – Arten, die kürzere Lebensspannen haben, mehr Energie auf die Erzeugung von Verbreitungsorganen verwenden und an gestörte Standorte angepaßt sind. Ökosysteme, in denen die bislang vorherrschenden konkurrenzfähigen Arten nicht mehr leben können und in denen konkurrenzfähige dominante Arten, die an eine solche Umwelt angepaßt sind, noch nicht eingetroffen sind, weil sie nicht schnell genug wandern können, werden von solchen opportunistischen Ruderalarten in Beschlag genommen werden. Die Struktur dieser Ökosysteme wird generell einfacher sein als zuvor. Sie werden wahrscheinlich nicht mehr eine gleiche Vielfalt von Pflanzenfressern und anderen Nutznießern ernähren können. Die Biomasse wird insgesamt zurückgehen. Wahrscheinlich wird auch nur ein kleinerer Anteil der im System vorhandenen Nährstoffe in den Organismen gespeichert sein, so daß eine Auslaugung und Verschlechterung des Bodens wahrscheinlich ist. Die verringerte Biomasse und die wahrscheinliche Bodenverschlechterung wären positive Rückkopplungsmechanismen des Treibhauseffekts.

Ökosystemen, die heute von besonders widerstandsfähigen Organismen beherrscht werden,[73] könnte es noch schlechter ergehen als den Ökosystemen, die gegenwärtig von konkurrenzfähigen Arten beherrscht werden. In Bergregionen würden die in größeren Höhen lebenden kälteresistenten Arten relativ rasch durch konkurrenzfähigere, aber weniger kälteresistente Arten aus geringeren Höhen verdrängt, sobald sich das Klima erwärmt. Jahreszeitliche Trockengebiete, die heute von dürreresistenten Organismen bewohnt werden, könnten mit wachsender Aridität auch für diese Arten unbewohnbar werden. Unter den höheren Pflanzen würden wahrscheinlich die opportunistischen Ruderalarten von dieser Situation profitieren, indem sie die langlebigen dürreresistenten und perennierenden Pflanzen verdrängten. Aber auch Gebiete, in denen gegenwärtig konkurrenzfähige Pflanzen leben, könnten sich in Trockengebiete verwandeln, die aber zunächst von den Ruderalpflanzen bevölkert würden, weil resistente Pflanzen langsame Wachstumsraten aufweisen, Verbreitungsorgane nur in begrenztem Umfang erzeugen und deshalb relativ langsam wandern. Wenn wir weiterhin berücksichtigen, wie individuell die einzelnen Arten reagieren, dann werden viele Ökosysteme wahrscheinlich in ihrer heutigen Form verschwinden und durch ganz andere Zusammenschlüsse von Organismen ersetzt.[74]

Betrachten wir das Schicksal einzelner Organismen, so sind die Aussichten für viele recht trostlos. Einigen Arten wird kein Ausweg offenstehen. Wenn sie etwa die höchstgelegenen Teile einer Landschaft bewohnen oder in relativ geringer Entfernung vom Nordpolarmeer vorkommen, so werden sie wohl aussterben, sobald konkurrenzfähigere Arten, das wärmer werdende Klima nutzend, sie nach oben oder nach Norden abdrängen. Eine Erwärmung um 2,5 Grad Celsius entspricht in Nordeuropa einer Höhenveränderung von mehr als 400 Metern und einer Breitenveränderung um mehr als 300 Kilometer; alle Arten, deren Lebensraum auf die oberen 400 Meter einer Landschaft oder auf einen Uferstreifen des Nordpolarmeers von 300 Kilometer Breite eingeschränkt sind, werden vom Aussterben bedroht sein. Tatsächlich ist die Zahl der betroffenen Arten ziemlich klein, doch ist damit zu rechnen, daß einige wohl mit Sicherheit aussterben werden.

Andere Arten werden ein relativ begrenztes Verbreitungsgebiet haben und nicht in der Lage sein, rasch genug in neuerlich geeignete Gebiete vorzudringen, um die Verschiebung der entgegengesetzten Grenze ihres Verbreitungsgebiets auszugleichen. In Europa werden davon viele Arten betroffen sein, deren nördliche Grenze heute vor allem durch die Temperatur oder eines ihrer Korrelate bestimmt wird, während sich ihre südliche Grenze nach der Häufigkeit von Trockenperioden richtet. Mit einer Erwärmung des Klimas werden sich die Einschränkungen an der nördlichen Grenze lockern, so daß eine Migration nach Norden möglich wird, gleichzeitig aber dürfte die südliche Grenze nach Norden wandern, weil in warmen Sommern die Häufigkeit von Trockenperioden zunimmt – ein Effekt, der voraussichtlich dadurch verstärkt werden wird, daß in Südeuropa die Niederschlagsmengen zurückgehen.[75] Während die nördliche Grenze nur so schnell vorankommen wird, wie die Migrationsfähigkeit es zuläßt, wird sich die südliche Grenze so rasch verschieben, wie sich das Klima verändert, und dabei werden Individuen vieler Arten den Trockenperioden zum Opfer fallen. Diese Arten werden einen erheblichen Populationsschwund erleiden. Wenn die südliche Grenze die nördliche einholt, dann sind sie vom Aussterben bedroht. Selbst wenn man die nördliche Ausdehnung der Trockenheit vorsichtig beurteilt, ist damit zu rechnen, daß Arten, deren Verbreitungsgebiet eine Nord-Süd-Ausdehnung von weniger als 200 Kilometern aufweist, aussterben werden. Rechnet man die Prognose häufigerer Trockenperioden in niederen und mittleren Breiten hinzu, dann sind im südlichen Europa Arten vom Aussterben bedroht, deren Verbreitungsgebiete eine Nord-Süd-Ausdehnung von weniger als 500 Kilometern besitzen. Wie oben gilt, daß nur eine kleine Zahl von Arten ein so eingegrenztes Verbreitungsgebiet aufweist, daß aber einige Arten mit Sicherheit betroffen sein werden.

Nun werden aber die Verbreitungsgebiete und/oder Ökogrenzen vieler Arten nicht durch die Temperatur direkt, sondern durch andere Faktoren, wie etwa die Temperatursumme, festgelegt. In Simulationsstudien des borealen Nadelwalds von Fennoskandia anhand der Temperatursummen, die heute seine nördliche und südliche Grenze festlegen, geht hervor, daß er möglicherweise um die eigene Breite nach Norden wandern müßte, um mit dem Klima des nächsten Jahrhunderts im Gleichgewicht zu bleiben.[76] Das bedeutet eine Verschiebung um fast 1000 Kilometer, mehr als den dreifachen Wert der mittleren Verschiebung in Europa, die auf die Temperatur allein zurückzuführen wäre. In diesem Falle betrüge das tatsächliche Vordringen der nördlichen Grenze innerhalb der verfügbaren Zeit möglicherweise nur 50 Kilometer. Wenn irgendeine Folge der sommerlichen Hitze oder Trockenheit die südliche Grenze der dominanten Baumarten festlegt, dann könnte das gesamte Biom – die Vegetation und alle mit ihr verknüpften Tiere und sonstigen Arten – auf lediglich fünf Prozent seiner gegenwärtigen Fläche schrumpfen. Mag auch eine so extreme Reduktion unwahrscheinlich sein, so ist doch damit zu rechnen, daß solche Gebiete erheblich eingeschränkt werden und daß die Populationen der selteneren Arten vieler Biome in Gefahr geraten. Besonders anfällig werden die Arten an der Spitze der Nahrungskette sein, zumal viele von ihnen schon jetzt durch Verfolgung unter Populationsschwund leiden.

Wenn die Emissionen von Treibhausgasen unvermindert anhalten, werden viele Organismen starkem Populationsschwund ausgesetzt sein, andere werden fast mit Sicherheit aussterben. Viele Ökosysteme werden an Komplexität verlieren, ihre Vielfalt einbüßen, ihre Biomasse reduzieren und damit zum Treibhauseffekt durch einen positiven Rückkopplungsmechanismus beitragen. Den Umweltschützern wird sich die Aufgabe stellen, Arten, deren Migrationsfähigkeit nicht ausreicht, um mit ihrer im Wandel befindlichen Umwelt Schritt zu halten, künstlich zu versetzen.[77] Angesichts solcher Gefahren müssen sich die Umweltschutzverbände für eine neue Form des Umweltschutzes einsetzen, wenn nicht viele Arten, vor allem in den Entwicklungsländern, verlorengehen sollen. Wir dürfen keine Reservate mehr einrichten. Die Arten, die sie beherbergen, werden dort morgen nicht mehr überleben können.[78] Statt dessen müssen wir in unserer Landnutzung ein Netzwerk von Habitaten für wild lebende Arten einbeziehen. Durch die Möglichkeit, entlang natürlicher Korridore zu wandern, wächst ihre Fähigkeit, sich Veränderungen anzupassen.[79] Mit solchen Maßnahmen bessern wir jedoch nur an den Symptomen einer Klimaveränderung herum, die wir der Welt bereits beschert haben. Sie werden nicht ausreichen, um mit den Konsequenzen unverminderter Treibhausgasemissionen fertigzuwerden. Die zugrundegelegten Klimasimulationen und Prognosen betreffen einen Zeitpunkt, zu dem sich die Kohlendioxid-Konzentrationen effektiv verdoppelt haben werden. Damit rechnet man etwa im Jahre 2030, wenn keine Schritte unternommen werden, um die Emissionen zu drosseln.[80] Sollten wir jedoch diesen Punkt erreichen, dann ist für die zweite Hälfte des 21. und das 22. Jahrhundert eine steigende Rate anthropogener Treibhausgase und eine entsprechende globale Klimaveränderung prognostiziert. Außerdem wird die Erwärmung in höheren Breiten, die bei einer Verdopplung der atmosphärischen Kohlendioxid-Konzentrationen anzunehmen ist, eine erhöhte Methan-Freisetzung auslösen, zuerst aus dem Torf der Tundren und durch Auftauen der Permafrostböden, anschließend durch Zersetzung der riesigen Methanhydrat-Vorkommen unter der Permafrostschicht und in den Sedimentschichten des Nordpolarmeers.[81] Die Treibhauseigenschaften des Methans sind ungefähr dreißigmal so groß wie die des Kohlendioxids, und der Abbau des Methans in der Atmosphäre hängt vom Vorkommen freier Hydroxidionen ab, deren Zahl durch Reaktion mit den vermehrt auftretenden Stickstoffoxiden und den troposphärischen Ozon-Molekülen vermindert wird. So ist damit zu rechnen, daß von der Methan-Freisetzung in hohen Breiten eine starke positive Rückkopplungswirkung auf den anthropogenen Treibhauseffekt ausgehen wird.[82] Das ist nur einer von etlichen potentiellen Rückkopplungsmechanismen, die bislang noch nicht in die globalen Zirkulationsmodelle zur Simulation künftiger Klimaverhältnisse einbezogen werden. Die Veränderungsraten des Klimas, die für die nächsten sechzig Jahre vorausgesagt werden, hätten außerordentlich schwerwiegende Folgen für Ökosysteme und Organismen. Wenn wir so weitermachen wie bisher, ist fast mit Sicherheit davon auszugehen, daß wir den Prozeß an diesem Punkt nicht stoppen können.[83] Im 22. Jahrhundert würden sich die Klimaverhältnisse wahrscheinlich in einer Weise verändern, wie sie unsere Erde seit der Kreidezeit oder früher (vor mehr als 100 Millionen Jahren) nicht mehr erlebt hat, und möglicherweise die gesamte Biosphäre in Gefahr bringen.

Kapitel 7
Gesundheitliche Folgen

Andrew Haines

»... Schlimmer als die primären Auswirkungen der Temperatur auf menschliche Krankheiten werden wahrscheinlich die sekundären Effekte einer Klimaveränderung für die Gesundheit sein. Vor allem die nachteiligen Folgen für die Nahrungsmittelproduktion, die Wasserversorgung, durch Überschwemmungen von Küstengebieten und Krankheitsübertragung sind besorgniserregend ... Die gesundheitlichen Konsequenzen einer Klimaveränderung werden jedoch nicht auf die Dritte Welt beschränkt bleiben ...«

Im Vergleich zu den vielen Untersuchungen über die Beziehung zwischen der Konzentration von Treibhausgasen in der Atmosphäre und Klimaveränderungen hat man sich mit den potentiellen Folgen einer Klimaveränderung für die Gesundheit relativ wenig beschäftigt. Natürlich ist der Versuch, die Auswirkungen einer Klimaveränderung auf die Erkrankungsraten vorherzusagen, auf ein hohes Maß an Spekulation angewiesen. Trotzdem wissen wir genügend über die direkten und indirekten Einflüsse des Klimas auf die Gesundheit, um eine ganze Anzahl wahrscheinlicher Konsequenzen skizzieren zu können (siehe Abb. 7.1). Die potentiellen gesundheitlichen Auswirkungen einer Klimaveränderung lassen sich nicht isoliert betrachten. Die Weltbevölkerung überschritt bereits die Fünfmilliardengrenze, und man geht davon aus, daß es im Jahr 2000 6,2 Milliarden Menschen auf der Erde geben wird. Ein Großteil dieses Bevölkerungszuwachses wird in der Dritten Welt stattfinden. Wahrscheinlich wird die Bevölkerungszunahme den Treibhauseffekt verstärken, weil die Treibhausgasemissionen größtenteils auf menschliche Aktivitäten zurückgehen. Das beeinträchtigt die Möglichkeit, etwas gegen die wahrscheinlich nachteiligen Auswirkungen einer Klimaveränderung auf die landwirtschaftliche Produktion, die Wasserversorgung und die Höhe des Meeresspiegels zu unternehmen. Neben der Klimaveränderung wird es durch den Abbau der stratosphärischen Ozonschicht auch zu einer verstärkten ultravioletten Strahlung kommen. Dadurch werden wahrscheinlich immer mehr Menschen an grauem Star erkranken, mit der Konsequenz, daß mehr Operationen erforderlich sein werden und daß es in der Dritten Welt mehr Blinde geben wird. Ferner wird sich unter dem verstärkten Einfluß der ultravioletten Strahlung wahrscheinlich die Häufigkeit von Hautkrebs (darunter auch der bösartigen Melanome) erhöhen.

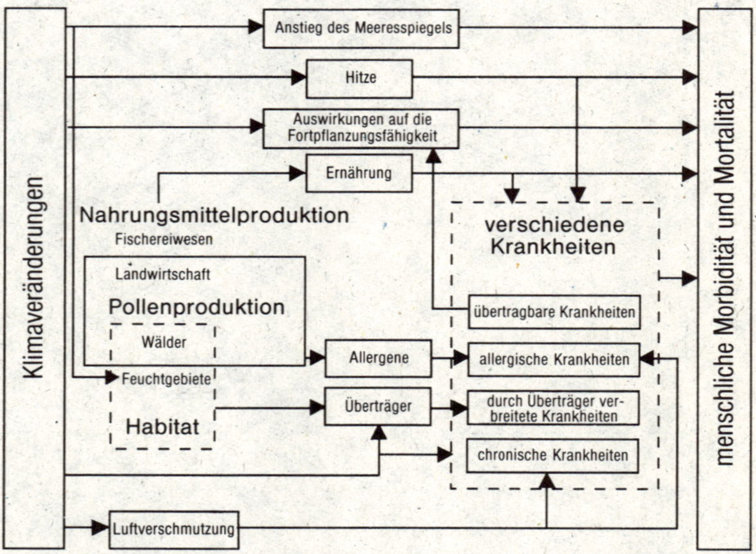

Abbildung 7.1 Schematische Darstellung, die zeigt, wie sich eine Klimaveränderung auf die menschliche Gesundheit auswirken kann.

7.1 Auswirkungen einer Temperaturveränderung auf die Gesundheit

Temperaturveränderungen können sich auf einige größere Gruppen von Krankheiten auswirken, unter anderem Herz-Kreislauf-Erkrankungen, zerebrale Durchblutungsstörungen und Krankheiten der Atemwege (siehe Abb. 7.2). Betroffen wären vor allem Menschen, die schon aus anderen Gründen besonders anfällig sind – ältere, chronisch kranke und sehr junge Menschen. Plötzliche Temperaturveränderungen werden eher nachteilige Folgen haben als allmähliche Veränderungen. Hohe Temperaturen überlasten das Wärmeregulationssystem des Körpers und können in schweren Fällen zum Hitzschlag führen. Die meisten Studien, die sich mit den Auswirkungen des Klimas auf die Gesundheit beschäftigen, orientieren sich an der Mortalitäts-

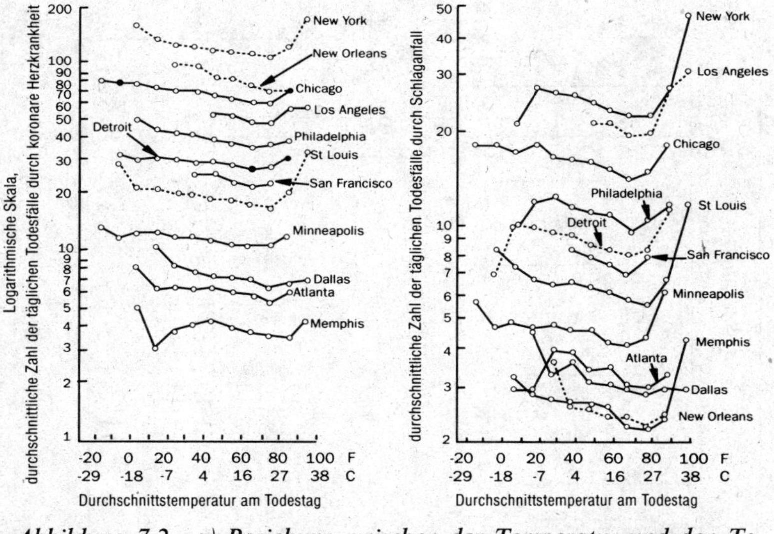

Abbildung 7.2 a) Beziehung zwischen der Temperatur und den Todesraten durch Herzkrankheit; b) Beziehung zwischen der Temperatur und den Todesraten durch Schlaganfall. Nach Rogot und Padgett, Anm. 2.

statistik (den Todesraten). Weit weniger ist über die Veränderung der Erkrankungsraten (Morbidität) bekannt.

Nach Prognosen der wahrscheinlichen Folgen einer Klimaveränderung für die Mortalität in den Vereinigten Staaten könnte es zu einem beträchtlichen Anstieg in der Zahl der Sommertodesfälle kommen, wenn keine Akklimatisierung stattfindet. In einer Analyse von Daten aus New York City, die mit einer Regressionsgleichung arbeitet und neun wetterbezogene Variablen berücksichtigt, darunter Temperatur, Windgeschwindigkeit und Feuchtigkeit, ergab sich eine Temperaturschwelle von 33 Grad Celsius, oberhalb derer die Todesrate anstieg.[1] Als man weitere US-amerikanische Großstädte in die Untersuchung einbezog, zeigte sich, daß Städte im Mittelwesten und Nordosten die höchsten Durchschnittszahlen an Sommertodesfällen aufwiesen und die im Süden die kleinsten Zahlen. Für den Fall, daß keine Akklimatisierung stattfinden sollte, schätzt man, daß die Sommermortalität in den USA bei einer Verdopplung des atmosphärischen Kohlendioxids von gegenwärtig insgesamt etwa 1150 Todesfällen auf ungefähr 7400 ansteigt, weil die Temperaturen über den Schwellenwert ansteigen würden. Die meisten Todesfälle würden wahrscheinlich bei älteren Menschen auftreten. Selbst bei vollständiger Akklimatisierung würde sich die Sommersterblichkeit wohl fast verdoppeln. Die Zunahme der Sommersterblichkeit würde den geringen Rückgang der Wintersterblichkeit wahrscheinlich übertreffen. Diese Zahlen sind jedoch mit Vorsicht zu betrachten, da man nicht sicher absehen kann, wie die verschiedenen Bevölkerungsgruppen in der Zukunft reagieren werden. Zahlreiche Faktoren könnten die Reaktion beeinflussen – zum Beispiel Klimaanlagen, medizinische Versorgung und Pflege und eine veränderte Altersstruktur der Bevölkerung, weil der Anteil der sehr alten Menschen ständig wächst.

Im Bereich von −5 Grad Celsius und +25 Grad Celsius scheint eine umgekehrte Beziehung zwischen Todesfällen durch Herz-Kreislauf-Krankheiten und durch zerebrovaskuläre Erkrankungen (Schlaganfälle) auf der einen Seite und der Temperatur auf der anderen vorzuliegen (das heißt, die Todesfälle gehen zurück, wenn die Temperatur innerhalb dieses Bereichs ansteigt). Oberhalb und unterhalb dieses Bereichs kommt es jedoch zu stärkeren Mortalitätsanstiegen, besonders steil für Schlaganfälle bei Temperaturen über 25 Grad Celsius.[2] So dürften Todesfälle durch Schlaganfälle und Herz-Kreislauf-Erkrankungen wesentlich zu dem Mortalitätsanstieg beitragen, der möglicherweise durch eine Klimaveränderung hervorgerufen wird. Man hat während der Sommermonate in den USA auch eine deutliche Zunahme der Frühgeburten und der perinatalen Sterblichkeit beobachtet und sie mit der erhöhten Ansteckungsgefahr für Geschlechtskrankheiten in Zusammenhang gebracht.[3]

Das Klima könnte die Atemwege in dreierlei Hinsicht in Mitleidenschaft ziehen: durch jahreszeitliche Auswirkungen, durch direkte Einwirkung auf bestimmte Wetterbedingungen, etwa Gewitter und Kaltfronten, und durch das Zusammenwirken des Wetters mit anderen Faktoren der Umwelt oder der Topographie.[4] Akute Bronchitis und Bronchiolitis (eine Viruserkrankung, die bei Kleinkindern Atembeschwerden hervorruft) treten in Wintermonaten häufiger auf. Der Zustand von Patienten mit chronischen obstruktiven Atemwegstörungen verschlimmert sich meist im Winter, und auch Lungenentzündungen treten in dieser Jahreszeit häufiger auf. Im Gegensatz dazu sind Asthma und Heuschnupfen in den Sommermonaten stärker verbreitet. Beim Heuschnupfen ist der Pollenflug verantwortlich, während viele Asthmapatienten nicht auf Pollen ansprechen, so daß hier wohl andere Faktoren wirken, in einigen Fällen zum Beispiel die Konzentration des troposphärischen Ozons. Ein zweiter Gipfel in der Häufigkeit des akuten Asthmas scheint im Herbst zu liegen. Krankenhauseinweisungen mehren sich am Ende des Jahres, wofür wahrscheinlich die Virusinfektionen verantwortlich sind. Man nimmt auch einen Zusammenhang zwischen Sandstürmen und Todesrate beziehungsweise Symptomen infolge von Bronchitis und Asthma an.[5]

Auf welchen Mechanismen die Beziehung zwischen Klima und Atemwegerkrankungen beruht, ist nicht ganz klar. Im Winter könnte die Widerstandskraft gegen Infektionen geringer sein oder eine höhere Virusübertragbarkeit vorliegen, was die erhöhte Häufigkeit von Bronchitis und Bronchiolitis erklären würde. In der Regel verstärken heiße, trockene Sommer den Pollenflug, während regnerisches Wetter ihn vermindert. Verstärkte ultraviolette Strahlung erhöht wahrscheinlich die Kon-

Tabelle 7.1 Nachgewiesene jahreszeitliche Einflüsse auf Erkrankungen der Atemwege

	Betroffene Krankheit	Mögliche Mechanismen	Datenquelle
Winter	▪ Akute Bronchitis/ Bronchiolitis	▪ Niedrigere Temperatur – erhöhte Empfindlichkeit der Bronchien? – stärkere Vermehrung/ Übertragbarkeit der Viren?	▪ GP-Befragungen ▪ HAA ▪ Sterbeliste (DHSS)
	▪ Akute Verschlimmerung chronischer obstruktiver Atemwegserkrankungen/chronischer Bronchitis	▪ Niedrigere Temperatur – stärkere Virenvermehrung – Begünstigung sekundärer Bakterieninfektion	▪ HAA ▪ Sterbelisten ▪ Notaufnahmen
	▪ Asthmafälle mit Krankenhauseinweisung	▪ Durch Viren hervorgerufenes Asthma?	▪ HAA ▪ Krankenhausbehandlungen*
	▪ Lungenentzündungen	▪ Niedrigere Temperatur ▪ Zusammenhang mit relativer Feuchtigkeit eine Woche zuvor?	▪ HAA ▪ Sterbelisten
Sommer	▪ Asthmaanfälle	▪ Pollenflug ▪ Ozon?	▪ GP-Befragungen
	▪ Heuschnupfen	▪ Pollenflug	▪ GP-Befragungen
Herbst	▪ Akute Bronchitis	▪ Virusinfektionen? – Wiederaufnahme des Schulbesuchs plus niedriger Temperatur, die zu stärkerer Virusübertragung führt	▪ GP-Befragungen ▪ HAA
	▪ Akutes Asthma		▪ GP-Befragungen ▪ Krankenhausbehandlungen

Die Daten stammen aus verschiedenen Quellen. Die meisten betreffen Großbritannien: HAA – *hospital activity analysis* (Einweisungen); GP-Befragungen – wöchentliche Befragungsergebnisse einer Forschungsgruppe für Allgemeinmedizin am Royal College; Sterbelisten (OPCS); Krankenhausbehandlungen – die veröffentlichten Zahlen über die Behandlungen von Unfällen und Notaufnahmen.

* nur in einigen Gebieten, zum Beispiel New York, aber nicht New Orleans.

Quelle: vgl. Ayres, Anm. 4

zentration des troposphärischen Ozons, wodurch nachweislich die Atmungsfunktionen beeinträchtigt werden, obzwar hier die Individuen höchst unterschiedlich reagieren. Die Inhalation von Konzentrationen, die nicht mehr als 0,18 ppm betragen, können das Atemsekundenvolumen (das Luftvolumen, das in einer Sekunde forciert ausgeatmet werden kann) des gesunden Erwachsenen vorübergehend vermindern.[6] Ferner kann das Ozon mit anderen Schadstoffen wechselwirken. Unlängst hat eine Untersuchung an jugendlichen Asthmatikern gezeigt, daß Versuchspersonen, die zuvor schwachen Ozonkonzentrationen ausgesetzt waren, unter einem meßbaren Rückgang der Atmungsfunktionen litten, wenn ihnen anschließend Schwefeldioxid in Konzentrationen dargeboten wurde, die normalerweise keinerlei Auswirkungen auf die Lungenfunktion hätten.[7]

Da verschiedene Faktoren wechselwirken und da die Beziehung zwischen Atemwegerkrankungen und Temperatur sehr komplex ist, ist es schwierig, eine eindeutige Vorhersage über die Auswirkungen einer Klimaveränderung zu machen. Zwar würden Winterbronchitis und Lungenentzündung wahrscheinlich zurückgehen, doch würde höchstwahrscheinlich die Häufigkeit von Heuschnupfen und vielleicht auch Asthma zunehmen. Eine Kombination aus Temperaturanstieg und Erhöhung der troposphärischen Ozon-Konzentration könnte schwerwiegende klinische Auswirkungen haben, vor allem bei Patienten mit Asthma und chronischen obstruktiven Atemwegserkrankungen. Die möglichen Wechselwirkungen zwischen Schadstoffen und Temperaturveränderungen und die Gefahr einer langfristigen Lungenschädigung durch Ozoneinfluß, die man bei Tieren beobachtet hat, müßten noch eingehender untersucht werden.

7.2 Übertragbare Krankheiten

Viele Krankheiten, die gegenwärtig weitgehend auf die Tropen eingeschränkt sind, unter anderem Malaria, Trypanosomiasis (Schlafkrankheit), Leishmaniose, Amöbiasis, Filariose, Onchozerkose, Bilharziose und verschiedene Wurmerkrankungen, korrelieren in ihrer Verbreitung mit der Temperatur und könnten theoretisch durch Klimaveränderungen auf andere Gebiete übergreifen. Es gibt auch eine Anzahl übertragbarer Krankheiten, die nicht durch Parasiten verbreitet werden, deren geographisches Vorkommen aber auch mit der Temperatur zusammenhängt – so zum Beispiel Gelbfieber, Denguefieber und andere Arbovirusinfektionen, Pest, Ruhr und andere Diarrhöen.[8]

Entwicklung und Vermehrung der Malariaparasiten oder Viren in ihren Stechmückenwirten sind temperaturabhängig.[9] Die Extreme der exogenen Inkubationszeit (Phase der primären Vermehrung in Stechmücken) für das Geldfiebervirus liegen beispielweise zwischen drei Tagen und einigen Wochen und hängen vollständig von der mittleren Umgebungstemperatur ab. In Ägypten, das teilweise auf der Grenze zwischen der warmen und gemäßigten Zone liegt, verlieren Wasserschnecken in der Regel in den Monaten Januar, Februar und März ihre Schistosominfektionen, weil die Temperatur absinkt. Bei ansteigenden Temperaturen könnten die ägyptischen Wasserschnecken in der Lage sein, Schistosomiase das ganze Jahr hindurch zu verbreiten und so die Situation der ägyptischen Landbevölkerung, die jetzt schon genug unter Parasiten zu leiden hat, noch zu verschlimmern.

Menschliche Aktivitäten spielen eine wichtige Rolle bei der Übertragung vieler tropischer Krankheiten. So sind viele Brutplätze der wichtigsten Malariaüberträger in Afrika menschlichen Ursprungs – eingeschlossen Schlaglöcher, Bewässerungskanäle und so weiter. Durch menschliches Verhalten können die Auswirkungen der Klimaveränderungen für zahlreiche übertragbare Krankheiten verringert oder verstärkt werden. Beispielsweise können die häufiger werdenden Trockenperioden dazu führen, daß sich Menschen und Tiere immer öfter um die schrumpfende Zahl von Wasserlöchern versammeln und so der Ausbreitung von Krankheiten Vorschub leisten.

Schwere Regenfälle könnten sich über kurze Zeiträume unterschiedlich auswirken. Übermäßige Niederschläge können natürlich zu Überschwemmungen führen, die Ernten vernichten und für Insekten, die auf Wasser angewiesen sind, geeignete Brutplätze schaffen. Gelegentlich können sie auch den umgekehrten Effekt haben und die Restbestände von Insektenüberträgern in Flußsysteme spülen.

Die potentielle Wirkung von Klimaveränderungen auf übertragbare Krankheiten dürfte nicht auf die Dritte Welt beschränkt bleiben. Selbst in einem so wohlhabenden Land wie Australien könnten Krankheiten, die von Stechmücken übertragen werden, im Zuge des Treibhauseffekts erhebliche Gesundheitsprobleme hervorrufen.[10] In Australien sind die wichtigsten dieser Krankheiten das Denguefieber, die vom Murray-Valley-Enzephalitis-Virus verursachte Gehirnhautentzündung und die vom Ross-River-Virus hervorgerufene epidemische Polyarthritis. In der Vergangenheit sind auch Malaria und Filariose sehr verbreitet gewesen. Im tropischen Australien könnten Klimaveränderungen günstige Voraussetzungen für ein erneutes Auftreten der Malaria schaffen, die Häufigkeit der epidemischen Polyarthritis erhöhen und dafür sorgen, daß sich das Verbreitungsgebiet des Murray-Valley-Enzephalitis-Virus ausdehnt. Im Falle des Denguefiebers mag der Einfluß beschränkt bleiben, da die für die Übertragung verantwortliche Stechmücke in Haushaltsgefäßen brütet. In den gemäßigten Zonen Australiens könnte es zu einem vermehrten Auftreten der epidemischen Polyarthritis und möglicherweise auch der australischen Enzephalitis kommen. Letztere weist eine beträchtliche Todesrate auf und kann langfristige Folgen haben, von geringfügigen Persönlichkeits- und Verhaltensstörungen bis hin zu Lähmungen und schweren Gehirnschäden.

Als man eine Reihe von Klimaszenarios für die USA durchspielte, gelangte man zu dem Ergebnis, das sich die durch Zekken übertragenen Krankheiten – Zeckenfleckfieber und Lyme-Krankheit – nach Norden ausbreiten würden, wobei sich die Verbreitung allerdings auch nach der Größe der verbleibenden Wälder und der Population der kleinen Säugetiere richten würde. Von gelegentlichen Ausbrüchen der Arbovirus-Enzephalitis abgesehen, sind die durch Stechmücken übertragenen Krankheiten in den USA durch Programme zur Eindämmung der Überträger und verbesserte Hygiene praktisch ausgerottet. Doch sie könnten durchaus wieder aufleben, weil man jetzt die Verwendung von Pestiziden eingeschränkt und weil die gestiegene Zahl von Einwanderern Infektionen einschleppen könnten. Man nimmt an, daß nach einer Klimaveränderung fünf der vielen durch Stechmücken übertragenen Krankheiten zu einer Gefahr in den Vereinigten Staaten werden könnten. Malaria, Denguefieber und die durch ein Arbovirus hervorgerufene Enzephalitis gelten für diesen Fall als erhebliche Risiken, Gelbfieber und Rifttalfieber als mögliche Risiken.[11]

Es hat den Anschein, als könnten die übertragbaren Krankheiten nach einem Klimawechsel zunehmende Probleme hervorrufen, obwohl auch andere Faktoren – etwa menschliches Verhalten, Niederschläge und die Verwendung von Insektiziden – in diesem Zusammenhang eine entscheidende Rolle spielen könnten.

7.3 Ultraviolette Strahlung und Immunsystem

Wir wissen, daß sich ultraviolette Strahlung auf das Immunsystem auswirkt. So tritt Lippenherpes nicht selten zu Beginn eines Sommerurlaubs auf, weil die immunsuppressive Wirkung der ultravioletten Strahlung auf die Haut zu einer Aktivierung des Herpes-Simplex-Virus führt. Möglicherweise könnte die Anfälligkeit für Hautinfektionen wie Leishmaniose und Lepra durch stärkere Einwirkung ultravioletten Lichts erhöht werden, weil der Ausbruch dieser Krankheiten von der zellvermittelten Immunantwort abhängt.[12] Das gilt auch für die Immunreaktion nach Transplantationen. In Tierexperimenten hat man nachgewiesen, daß die Transplantation von Tumoren in der Regel erfolgreicher ist, wenn man die Tiere mit ultraviolettem Licht bestrahlt.[13] Patienten, die wegen einer Organtransplantation (oder aus anderen Gründen, etwa weil sie unter genetischen Krankheiten leiden, die die DNA-Reparatur beeinträchtigen) Immunsuppressiva erhalten, weisen ein höheres Risiko auf, unter dem Einfluß von ultraviolettem Licht Hautkrebs zu bekommen. Ultraviolette Strahlung regt die Bildung von Suppressorzellen an, die die normale Antitumorreaktion unterdrücken und das Auftreten sowie die Progression von Tumoren zulassen.[14] Wenn sich, wie man erwartet, die ultraviolette Strahlung durch den Abbau der stratosphärischen Ozonschicht verstärkt, so könnte der Einfluß des ultravioletten Lichts auf die Immunreaktion der Haut zu einem vermehrten Auftreten von Hautkrebs führen. Ferner könnte die erhöhte Einwirkung ultravioletten Lichts im Falle einiger übertragbarer Krankheiten synergistisch mit Klimaveränderungen zusammenwirken.

7.4 Auswirkungen auf die Nahrungsmittelproduktion

Die Nahrungsmittelreserven der Welt reagieren gegenwärtig sehr empfindlich auf Veränderungen der US-amerikanischen Getreideernte, die für 90 Prozent des Weltüberschusses sorgt. So muß sich jede Beeinträchtigung der Ernte in den Vereinigten Staaten vor allem auf die Länder auswirken, in die das Getreide exportiert wird. Reis ist ein Hauptnahrungsmittel für 60 Prozent der Weltbevölkerung, und einige Länder, in denen die Wasserversorgung und die Bewässerungssysteme noch auf einem niedrigen Entwicklungsstand sind, wie Indien und Myanmar (Birma), könnten sich für Veränderungen in Temperatur und Niederschlagsmenge besonders anfällig erweisen.

Hundertfünfzig Millionen Kinder unter fünf Jahren leiden an Unterernährung, und jedes Jahr sterben 14 Millionen Kinder an Ursachen, die sich größtenteils verhindern ließen. Unterernährung trägt annähernd zu einem Drittel aller Todesfälle bei Kindern bei.[15] Der Anteil und die absolute Zahl der Menschen, die weltweit in Ländern lebten, in denen die durchschnittliche Nahrungsversorgung pro Kopf und Tag weniger als 2200 Kalorien betrug, ging zwischen 1960 und etwa 1980 stetig zurück. Trotzdem haben in diesem Zeitraum ein Drittel der Menschen in den Entwicklungsländern noch immer mit einer täglichen Nahrungszufuhr von weniger als 2200 Kalorien auskommen müssen. Große Teile der Bevölkerung in diesen Ländern dürften unterernährt sein.[16] Zwischen 1950 und 1984 stieg die Weltgetreideproduktion um einen Faktor von 2,6 an, doch seither hat es kaum einen Zuwachs gegeben. Seit 1984 steigt die Pro-Kopf-Getreideproduktion wegen des raschen Bevölkerungswachstums nicht mehr an. In Sambia starben 1984 doppelt so viele Kinder an Unterernährung wie 1980. In Brasilien stieg die Säuglingssterblichkeit 1983 und 1984 zum erstenmal seit Jahrzehnten wieder an, vor allem in den ärmsten Gebieten. Dafür schien die zunehmende Armut infolge der ungeheuren Staatsverschuldung verantwortlich zu sein. Unter weiteren Rückgängen der Nahrungsmittelproduktion pro Kopf der Weltbevölkerung werden in erster Linie die Kinder in der Dritten Welt zu leiden haben.

Gegenwärtig bleibt der kleine durchschnittliche Nettoüberschuß von 15 Millionen Tonnen der Weltgetreideernte deutlich hinter den 28 Millionen Tonnen zurück, die erforderlich wären, um auch nur mit dem Bevölkerungswachstum Schritt zu halten. Die weltweite Steigerung der Nahrungsmittelproduktion leidet unter den Umweltschäden, der Knappheit von landwirtschaftlichen Nutzflächen und Wasser für die Bewässerung, sowie einer immer schwächer werdenden Wirkung von Kunstdüngern. Verschiedene Schadstoffe wie Ozon, Schwefeldioxid und Distickstoffoxid könnten sich ebenfalls nachteilig auf die Ernteerträge auswirken.[17] Von den Auswirkungen auf die Ernteerträge abgesehen, könnten atmosphärische Veränderungen auch Tierkrankheiten beeinflussen. So läßt beispielsweise eine amerikanische Untersuchung darauf schließen, daß es unter bestimmten Klimabedingungen zu einer erheblichen Ausdehnung der Hornfliegensaison kommen könnte. Schon unter gegenwärtigen Verhältnissen verursacht dieses Insekt beträchtliche Verluste in der Fleisch- und Milchviehwirtschaft. Das Verbreitungsgebiet des Insekts, welches die Anaplasmose, eine schwere Infektionskrankheit der Wiederkäuer, überträgt, könnte bei einer Klimaveränderung auf die nördlichen US-Staaten übergreifen.[18] Durch Schädigung von Fisch-, Garnelen- und Krabbenlarven, durch Beeinträchtigung der Wachstumsperiode wirbelloser Zooplanktonpopulationen und durch Störung der Stickstoffixierung beim Phytoplankton könnte sich eine verstärkte ultraviolette Strahlung auch auf die Nahrungskette im Meer negativ auswirken.[19]

7.5 Wasserversorgung

Von den geschätzten 41 000 Kubikkilometern Wasser, die jedes Jahr vom Land ins Meer zurückfließen, sind rund 9000 Kubikkilometer ohne Schwierigkeiten für den Menschen nutzbar. Theoretisch reicht das, um rund 20 Milliarden Menschen zu versorgen, aber praktisch ist die örtliche Verfügbarkeit von Wasser erheblichen Schwankungen unterworfen, weil Bevölkerungsdichte und Wasservorkommen ungleich verteilt sind. Die Verbrauchszahlen unterscheiden sich beträchtlich von Land zu

Land. So verbraucht beispielsweise ein Bewohner der USA pro Jahr durchschnittlich mehr als 70mal soviel Wasser wie ein Bewohner Ghanas.[20] Fast drei Viertel des Wassers werden für landwirtschaftliche Zwecke genutzt, und Jahr für Jahr wächst die Fläche des bewässerten Landes. Der Rückgang der sommerlichen Niederschläge und ein gleichzeitiger Anstieg der Temperatur, wie sie für die Mitte Nordamerikas, Südeuropa und andere Gebiete vorhergesagt werden, würden sich wahrscheinlich nachteilig auf die Landwirtschaft auswirken, könnten langfristig aber auch die Verfügbarkeit von Wasser für den menschlichen Verbrauch beeinträchtigen. Bewässerungssysteme haben den Salzgehalt des rückfließenden Wassers und der Böden in mehreren nordamerikanischen Flußbecken erhöht. Ein Rückgang der Niederschlagsmenge könnte diesen Prozeß verschlimmern.[21] Im Südosten und teilweise auch im Westen der USA stammt ein großer Prozentsatz der kommunalen Wasserversorgung aus dem Grundwasser. Meist wird in diesen Gegenden das Grundwasser rascher entnommen, als es sich wieder auffüllen kann. Alle Trockenheiten, die durch eine Klimaveränderung hervorgerufen würden, könnten den Abbau des Grundwassers beschleunigen.

In Ländern mit mangelhaften Wasserversorgungssystemen trüge eine Reduzierung der Wassermengen unter Umständen zur Verbreitung von Diarrhöe und anderen Krankheiten bei, die auf fäkal-oralem Wege übertragen werden. Der durch Trockenheit verursachte Verlust an Vegetation und Biomasse würde auch die Brennstoffe, die zum Kochen und für das Erhitzen von Wasser gebraucht werden, reduzieren. Dies würde die Verbreitung der Krankheiten weiter beschleunigen. Der Anstieg des Meeresspiegels würde eine verstärkte Versalzung von Flüssen, Feuchtgebieten und Aquiferen (wassertragenden Schichten) bewirken, dadurch viele Süßwasserpflanzen und -tiere schädigen und die Wasserversorgung des Menschen gefährden.

7.6 Anstieg des Meeresspiegels

Die globale Erwärmung könnte den Meeresspiegel bis zum Jahre 2100 um einen halben bis zwei Meter anheben. Schon heute sind viele Küstenregionen durch geologische Ereignisse oder durch sekundäre Geschehnisse wie Grundwasserentzug oder andere menschliche Aktivitäten in Gefahr. Beispielsweise hat in Bangkok die örtliche Absenkung infolge eines übermäßigen Grundwasserentzugs eine Rate von 13 Zentimeter pro Jahr erreicht.[22] Die gefährlichsten Konsequenzen ergeben sich für die dichtbesiedelten Teile der Welt, die schon bei einem geringen Ansteigen des Meeresspiegels gefährdet sind – etwa das Nildelta in Ägypten und das Gangesdelta in Bangladesch. In Ägypten leben rund 16 Prozent der Bevölkerung in einem Gebiet, das 0,4 Prozent der Gesamtfläche des Landes einnimmt und das schon bei einem Anstieg des Meeresniveaus um 50 Zentimeter überflutet würde. In Bangladesch kamen in den siebziger Jahren bei Überschwemmungen 300000 Menschen um. Zu den Ländern, die durch einen Anstieg des Meerespiegels am stärksten gefährdet sind, gehören Bangladesch, Ägypten, Pakistan, Indonesien und Thailand, die alle eine große und relativ arme Bevölkerung aufweisen[23]. Auch für Teile Europas könnte ein erhöhtes Risiko bestehen. 1953 starben in den Niederlanden 1000 Menschen bei einer Überschwemmung. Man hat ausgerechnet, daß ein Anstieg des Meeresspiegels um einen Meter die Wirksamkeit der holländischen Küstenschutzmaßnahmen erheblich beeinträchtigen würde: Die Wahrscheinlichkeit eines Deichbruchs wüchse von einemmal alle 10000 Jahre auf einmal alle 1000 Jahre an. Ein Anstieg um einen Meter würde die meisten englischen Sandstrände, die Marschen und das Watt vernichten.[24]

7.7 Psychische Folgen

Eine Klimaveränderung wird wahrscheinlich eine wachsende Zahl von Katastrophen nach sich ziehen, extreme Naturereignisse wie etwa Stürme in Verbindung mit dem Anstieg des Meeresspiegels oder Hungersnöten. Aus zahlreichen Untersuchungen an den Überlebenden solcher Katastrophen geht hervor, daß sich in einigen Fällen langfristige Beeinträchtigungen der psychischen Gesundheit ergeben können.[25] 1972 brach ein Staudamm in den USA, verursachte den Tod von 125 Menschen und machte 4000 obdachlos.[26] Bei 80 Prozent der Überlebenden stellte man traumatische neurotische Reaktionen fest. Durchgehend gab es Anzeichen für unbewältigte Trauer, Überlebensscham, ohnmächtige Wut und Hoffnungslosigkeit. Zu den schweren psychiatrischen Symptomen gehörten Angst, Depression, Persönlichkeits- und Verhaltensveränderungen. Mehr als 90 Prozent der befragten Kinder hatten noch zwei Jahre nach dem Unglück Entwicklungsprobleme. Eine Untersuchung an Menschen, die im australischen Darwin einen Wirbelsturm erlebt hatten, ergab, daß nach zehn Wochen noch 41 Prozent psychische Störungen hatte, daß sich aber nach 14 Monaten die untersuchte Gruppe nicht mehr von einer Kontrollgruppe unterschied.[27] Die psychischen Reaktionen auf Naturkatastrophen könnten vom Ausmaß der Zerstörung, dem Alter der betroffenen Menschen und der Unterstützung abhängen, die den Überlebenden zuteil wird. Es gibt jedoch keinen Zweifel daran, daß die psychischen Folgen einer solchen Katastrophe das Bedürfnis der Betroffenen erhöht, medizinische Hilfe in Anspruch zu nehmen. Beispielsweise gab es nach einer Überschwemmung im englischen Bristol, bei der 1968 3000 Häuser überschwemmt wurden und ein Mensch ums Leben kam, im folgenden Jahr einen Anstieg der Arztbesuche um 53 Prozent.[28] Eine ähnliche Beobachtung wurde 1974 nach einer Überschwemmung in Brisbane, Australien, gemacht.[29]

Spekulativer sind die Vermutungen über mögliche psychologische Auswirkungen der drohenden Klimaveränderung. In den siebziger und achtziger Jahren wurde in einer ganzen Reihe von Ländern untersucht, wie groß die Angst der Öffentlichkeit vor der Gefahr eines Atomkriegs war. Gegenwärtig wächst das Bewußtsein der Öffentlichkeit, daß auch schwerwiegende Umweltereignisse, wie etwa eine Klimaveränderung, eine ernste Gefährdung unserer Sicherheit darstellen können. So ergab 1988 eine Gallup-Umfrage, daß 70 Prozent der Amerikaner die Beeinträchtigung der Umwelt für ein ernstes Problem halten. Nach Aussage des Forschungsdirektors der Public Agenda Foundation, einer gemeinnützigen New Yorker Organisation, die die öffentliche Meinung erfragt, »glauben viele Menschen, daß der Treibhauseffekt sich allmählich bemerkbar macht, auch wenn sie nicht wissen, was sie davon halten sollen«.[30] Viele Menschen neigen dazu, ihre bewußte Angst vor den Umweltproblemen oder auch ein verschwommenes Unbehagen zu verdrängen. Das mag zum Teil mit ihren Schuldgefühlen zusammenhängen, denn die Größenordnung des Treibhauseffekts wird vom Lebensstil der Menschen abhängen, die in der industrialisierten Welt leben. Anders als in der Frage der Atomwaffen, wo man dem »Feind« oder den Regierungen die Schuld geben kann, wird beim Treibhauseffekt die Akkumulation individueller Verhaltensweisen entscheidend darüber mitbestimmen, inwieweit sich die Klimaveränderung verhindern läßt. Natürlich kann der Staat eine wichtige Rolle spielen, indem er einen gesetzlichen Rahmen schafft, der zur Veränderung unserer Lebensweise beiträgt. Es mag für den einzelnen schwer sein, auf eine Gefahr zu reagieren, die so verschwommen und fern erscheint. So könnten beispielsweise die Sorgen um die Zukunft und die Verzweiflung die Menschen in nihilistischen oder antisozialen Verhaltensweisen bestärken; gleichzeitig könnten aber auch die Bestrebungen der Bürger zunehmen, auf ihre Regierungen Einfluß zu nehmen, um eine Klimaveränderung soweit wie möglich zu verhindern.

7.8 Andere Auswirkungen

Die Klimaveränderung könnte eine Reihe weiterer gesundheitlicher Folgen nach sich ziehen. Einige dürften relativ geringfügig sein – etwa eine verstärkte Häufigkeit von Hautreaktionen wie Frieselausschlag und von Pilzerkrankungen wie Flechten und Fußpilz. Sie werden durch die erhöhte Temperatur und die Feuchtigkeit hervorgerufen. Gewichtiger dürfte sein, daß sich die Umweltschäden infolge der Klimaveränderungen die Gefahr bewaffneter Auseinandersetzungen erhöht und damit auch gesundheitlicher Folgelasten durch die direkten oder indirekten Auswirkungen militärischer Aktionen. Beispielsweise sind 40 Prozent der Weltbevölkerung auf das Wasser von 214 größeren Flußsystemen angewiesen, die sich jeweils zwei oder mehr Länder teilen. An zwölf dieser Flußsysteme sind fünf oder mehr Länder beteiligt. Schon jetzt gibt es zahlreiche Streitigkeiten über die Versorgung aus diesen Flüssen und ihre Verschmutzung. Schwerwiegende Konflikte könnten sich aus dem Streit um das Wasser des Nils, des Indus, des Ganges, des Jordans und des Euphrats entwickeln. Durch Mißernten und Überschwemmung von Küstengebieten könnte es zu umfangreichen Flüchtlingsbewegungen kommen. Neben Gewalt und Unruhe könnten sie durch den Mangel an sanitären Einrichtungen und das Zusammenleben auf viel zu engem Raum auch der Ausbreitung von Krankheiten Vorschub leisten.

7.9 Schlußfolgerung

Schlimmer als die primären Auswirkungen der Temperatur auf menschliche Krankheiten werden wahrscheinlich die sekundären Effekte einer Klimaveränderung für die Gesundheit sein. Vor allem die nachteiligen Folgen für die Nahrungsmittelproduktion, die Wasserversorgung, durch Überschwemmungen von Küstengebieten und Krankheitsübertragung sind besorgniserregend. Die Auswirkungen einer Klimaveränderung sind vor dem Hintergrund einer ständig wachsenden Weltbevölkerung zu sehen, besonders in der Dritten Welt. Die wirtschaftliche Situation und die Bildungschancen der Frau sind neben der Verfügbarkeit von empfängnisverhütenden Mitteln wichtige Bestimmungsfaktoren der Familiengröße. Abgesehen davon, daß die Bewohner der industrialisierten Welt ihre Lebensweise ändern müssen, besteht die dringende Notwendigkeit, Entwicklungsstand, Bildungschancen und medizinische Versorgung in der Dritten Welt zu verbessern, um die gesundheitlichen Auswirkungen des Treibhauseffektes zu lindern.

Die gesundheitlichen Konsequenzen einer Klimaveränderung werden jedoch nicht auf die Dritte Welt beschränkt bleiben. Die Menschen aller Länder werden betroffen sein. Bei den möglichen Folgen, die bisher erörtert wurden, handelt es sich um die Auswirkungen, die nach unserem heutigen Wissensstand wahrscheinlich sind. Es ist durchaus möglich, daß zahlreiche andere gesundheitliche Folgen auftreten, die heute noch nicht vorausgesehen werden können. Das gilt vor allem für den Fall, daß Staaten und Einzelpersonen nicht rasch auf die Forderung nach einer Begrenzung der Treibhausgasemissionen reagieren. Dann werden nämlich positive Rückkoppelungsmechanismen (beispielsweise die Freisetzung von Methan aus Permafrostböden) zum Tragen kommen und die Erwärmung wird noch schneller voranschreiten als bisher angenommen.

III Politische Reaktionen

»... Viele der heutigen Anstrengungen, den menschlichen Fortschritt fortzusetzen und voranzubringen, die menschlichen Bedürfnisse zu befriedigen und die menschlichen Wünsche zu erfüllen, sind einfach nicht durchzuhalten – weder von den reichen noch von den armen Nationen. Sie heben so große Beträge so rasch von den bereits überzogenen Konten unserer Umweltressourcen ab, daß sie dieses Verhalten nicht mehr lange fortsetzen können, ohne den Zusammenbruch dieser Konten heraufzubeschwören. Die Bilanzen unserer Generation mögen noch Gewinne ausweisen, doch unsere Kinder werden die Verluste erben. Wir leihen uns Umweltkapital von zukünftigen Generationen, ohne die Absicht oder die Möglichkeit zu haben, es zurückzuzahlen. Sie können unsere Verschwendungssucht verdammen, sie haben aber keine Chance, ihre Außenstände bei uns einzutreiben. Wir verhalten uns so, weil wir keine Sanktionen zu befürchten haben: Künftige Generationen wählen nicht, sie haben weder politische noch finanzielle Macht und sie haben keine Möglichkeit, gegen unsere Entscheidungen Einspruch zu erheben. Doch die Folgen des gegenwärtigen Raubbaus engen den Spielraum kommender Generationen rapide ein ...«

UN-Weltkommission für Umwelt und Entwicklung, in Our Common Future *(Brundtland-Bericht, 1987).*

Übersicht

Angesichts der bemerkenswerten Übereinstimmung zwischen den Klimatologen der Welt und angesichts der Auswirkungen, die die von ihnen vorhergesagte globale Erwärmung erwarten läßt, müßte eigentlich jeder vernünftige Mensch zu dem Schluß gelangen, daß eine konzentrierte internationale Reaktion auf die globale Erwärmung nicht mehr länger hinausgeschoben werden darf.

Die Politiker in der Response Strategies Working Group (RSWG) des IPCC, also der Arbeitsgruppe, die sich mit den Strategien für eine solche Reaktion beschäftigte, hatten die überaus wichtige – historisch bedeutsame – Aufgabe, die Einschätzung der Treibhausgefahren durch die Wissenschaftler in konkrete politische Maßnahmen zu übersetzen. Die Behauptung, sie seien ihrer Aufgabe nicht gerecht geworden, wäre eine Untertreibung. Die erstaunliche und kaum glaubliche Wahrheit ist, daß die im IPCC vertretenen Politiker sich noch nicht einmal zu der Empfehlung aufraffen konnten, die globalen Emissionen der Treibhausgase auf ihrem gegenwärtigen Stand einzufrieren, von den einschneidenden Einschränkungen ganz zu schweigen, die, wie die Wissenschaftler nachgewiesen haben, notwendig sind, wenn wir wirklich versuchen wollen, die globale Erwärmung merklich zu verlangsamen oder zum Stillstand zu bringen. Die Politiker im IPCC sind einhellig zu der Auffassung gelangt, daß wir es uns leisten können, auch weiterhin von unseren und ihren Kindern Umweltkapital zu borgen, und daß wir das Recht haben, unser großes globales Roulettspiel mit der Zukunft fröhlich fortzusetzen.

Dabei weiß man recht genau, wie sich die Treibhausgasemissionen einschränken lassen. Das werden wir keineswegs mit dem Verlust der Erde bezahlen müssen, wie uns einige Leute, die gewohnt sind, aus ihren Rechnungen die Umweltkosten stets auszuklammern, gerne einreden möchten. Es kann uns vielmehr helfen, die Erde zu retten.

In diesem Teil des *Greenpeace Reports,* seinem wichtigsten

Abschnitt, erörtern namhafte Wissenschaftler auf den Gebieten, die mit der Einschränkung der Treibhausgasemissionen zu tun haben, welche Wege nach ihrer Meinung einzuschlagen sind, um unser aller Überleben zu sichern. Im abschließenden Kapitel wird die Auffassung von Greenpeace dargelegt.

Professor Jose Goldemberg, Staatssekretär für Wissenschaft und Technologie in der amtierenden brasilianischen Regierung und Koautor des Buches *Energy for a Sustainable World* – eines der einflußreichsten Bücher zur Energiepolitik, die je geschrieben wurden –, vertritt die Auffassung, wenn man eine energiearme Zukunft wolle, so sei es von entscheidender Bedeutung, daß man den Entwicklungsländern helfe, die energieintensiven Fehler zu »überspringen«, die die Industrieländer bereits begangen haben, und er zeigt, wie relativ wenig dieser Weg kosten würde. Amory Lovins, Forschungsdirektor eines führenden amerikanischen Instituts für Energiepolitik, weist nach, daß es sich in Wirklichkeit umgekehrt verhält: Wenn der Wille zur Veränderung vorhanden ist, könnten Milliarden Dollar durch das konzertierte Bemühen, weniger Energie zu verbrauchen, *eingespart* werden. Carlo LaPorta, ehemaliger Forschungsdirektor der US Solar Energy Industries Association, legt dar, daß es nicht nur aus Gründen des Umweltschutzes unumgänglich ist, fossile Brennstoffe durch regenerierbare Energieträger zu ersetzen, sondern daß es in vielen Fällen bereits heute die wirtschaftlichere Lösung darstellt – eine Tendenz, die sich noch verstärken wird, wenn technische Entwicklungen, die bereits vorhanden sind, breite Anwendung finden. Michael Walsh, ein ehemaliger Leiter des Programms gegen Schadstoffbelastung durch Kraftfahrzeuge in der amerikanischen Umweltschutzbehörde, erläutert, wie viele Möglichkeiten zur Einschränkung der Treibhausgasemissionen es auf dem Transportsektor gibt. Bill Keepin, der an vielen der wichtigsten energiepolitischen Instituten der Welt gearbeitet hat, beweist, warum jeder Dollar, der im Kampf gegen die globale Erwärmung für die Kernkraft ausgegeben wird, ein vergeudeter Dollar ist – selbst dann, wenn sich die Wirtschaftlichkeit von Kernkraftanlagen erheblich verbessern sollte und sogar die Sicherheits- und Entsorgungsprobleme wie durch ein Wunder aus der Welt geschafft werden sollten. Professor Norman Myers, ein maßgebender Berater der Brundtland-Kommission (Weltkommission für Umwelt und Entwicklung), legt dar, wie notwendig ein Stopp der weltweiten Abforstung und Maßnahmen zur Wiederaufforstung sind. Anne Ehrlich, stellvertretende Leiterin des Center for Conservation Biology an der Stanford University, USA, erläutert, warum die Methan- und Distickstoffoxid-Emissionen aus der Landwirtschaft eingedämmt werden müssen und wie sich das erreichen läßt. Der indische Experte für Umweltrecht, Kilaparti Ramakrishna, und Susan George, stellvertretende Direktorin des Transnational Institute, liefern zum Schluß den Nachweis, daß es für die Menschheit, wenn sie die Gefahren des Treibhauseffekts überleben will, von entscheidender Bedeutung ist, für gerechte und ausgeglichene Beziehungen zwischen Nord und Süd zu sorgen.

Kapitel 8
Politische Reaktionen auf die globale Erwärmung

Jose Goldemberg

»... Würden die Kosten einer Versicherung gegen Klimaveränderungen auf die Staaten der Erde anteilig nach ihren gegenwärtigen Versicherungsausgaben verteilt, so müßten die USA 4,5 Milliarden Dollar mehr im Jahr bezahlen, das sind 1,2 Prozent der Summe, die die Amerikaner bereits für Versicherungen ausgeben ... Die Gesamtsumme, die für die Einrichtung des Fonds erforderlich ist (etwa 30 Milliarden US-Dollar pro Jahr) könnte man leicht zusammenbringen, indem man eine Steuer von einem US-Dollar für den Verbrauch des Äquivalents von einem Barrel Erdöl erhöbe ...«

Stephen Schneiders Beitrag über die wissenschaftlichen Aspekte der steigenden Konzentrationen von Treibhausgasen in der Atmosphäre infolge menschlicher Aktivitäten beweist eindeutig, daß in den nächsten Jahrzehnten auf unserem Planeten (vor allem auf der nördlichen Hemisphäre) einschneidende Klimaveränderungen stattfinden werden. Wenn die Treibhausgasemissionen nicht eingeschränkt werden, sind die folgenden Auswirkungen zu erwarten: ein globaler Anstieg der Durchschnittstemperaturen um 1,5 bis 4,5 Grad Celsius bei einer effektiven Kohlendioxid-Verdopplung in der Atmosphäre, Veränderungen der Niederschlagsmengen und der atmosphärischen Zirkulation und der Abbau der stratosphärischen Ozonschicht.

George Woodwell macht in seinem Aufsatz über die Auswirkungen dieser Veränderungen deutlich, daß es neben vielen anderen Konsequenzen einen Anstieg des Meeresspiegels geben wird, der für die Menschen in niedrigen Küstengebieten katastrophale Folgen haben wird, daß sich die Landwirtschaft verändern wird und daß sich auch die restlichen Waldbestände auf mehreren Kontinenten tiefgreifend wandeln werden.

Angesichts dieser Aussichten müssen wir uns unbedingt überlegen, was wir tun können, um solche Veränderungen zu vermeiden und/oder uns dem veränderten Klima anzupassen. Die politischen Reaktionen auf die Konsequenzen des Treibhauseffekts gehören also zwei großen Kategorien an: Entweder dienen sie der Anpassung – die Menschen wandern ab und/oder verändern ihre Lebensbedingungen, um sich einer neuen Umwelt anzupassen –; oder sie dienen der Vorbeugung beziehungsweise der Abschwächung – man versucht die vom Menschen verursachten Klimaveränderungen durch Beseitigung ihrer Ursachen zu verringern.

In der Vergangenheit hat es zahlreiche Klimaveränderungen gegeben. Unsere heutige Umwelt – nebst der vielen Arten, die es in der Natur gibt – ist das Ergebnis evolutionärer Wandlungen, die solche Veränderungen begleitet haben. Ohne Beispiel in der Vergangenheit wäre jedoch das Tempo einer Klimaveränderung, wie es die Klimasimulationen für eine Welt vorhersagen, in der die vom Menschen verursachten Treibhausgasemissionen mehr oder weniger unvermindert anhalten. Wir werden wahrscheinlich in den nächsten Jahrzehnten Anstiege der Durchschnittstemperaturen erleben, für die in der Vergangenheit Jahrtausende erforderlich waren. Nie dagewesen ist dabei die Geschwindigkeit, mit der diese Veränderungen eintreten werden, nicht ihr absoluter Wert.

Ein anschauliches Beispiel für Anpassungsstrategien wäre der Bau von Deichen zum Schutz gefährdeter Küstenregionen, wie es die Holländer seit Jahrhunderten tun, um dem Meer Land abzugewinnen und es in landwirtschaftliche Nutzflächen umzuwandeln. Solche Techniken könnte man auf andere Länder, wie zum Beispiel Bangladesch, übertragen, wo viele Regionen nur knapp über dem gegenwärtigen Meeresspiegel liegen. Ein anderes Beispiel wäre die Planung veränderter landwirtschaftlicher

Methoden im Zuge der allgemeinen Erwärmung. Durch Veränderung des Klimas und der Niederschläge könnten sich die fruchtbaren Gebiete und der Lebensraum bestimmter Erntepflanzen geographisch erheblich verlagern. So wäre beispielsweise damit zu rechnen, daß der Mittlere Westen der Vereinigten Staaten – in dem gegenwärtig große Getreidemengen produziert werden – weitgehend austrocknen würde, wie es bereits in den dreißiger Jahren der Fall war. Infolgedessen müßte die landwirtschaftliche Produktion der Vereinigten Staaten, sicherlich mit großem Kostenaufwand, in andere Teile des Landes verlagert werden.

Manche sagen, der Mensch sei ein sehr erfinderisches Tier mit einer außerordentlichen Anpassungsfähigkeit und ungeheuren technischen Hilfsmitteln. Das Problem verwandelt sich damit weitgehend in die Aufgabe, die vorhergesagten Veränderungen zu quantifizieren und die Anpassungsmaßnahmen zu finanzieren. Also: Könnte Holland es sich leisten, Deiche zu bauen, wie sie erforderlich wären, um das Land für alle Zukunft vor dem steigenden Meerwasser zu schützen? Selbst wenn es tatsächlich gelänge, die US-Getreideproduktion in die Nordstaaten zu verlagern, was würde das die US-Landwirtschaft alles in allem kosten? Nach den veröffentlichten Zahlen schätzt man die Kosten für solche Anpassungsstrategien auf insgesamt 500 bis 1000 Milliarden Dollar in den nächsten dreißig Jahren[1], wenn nicht gleichzeitig Maßnahmen zur Eindämmung des Treibhauseffekts getroffen werden. Diese Schätzungen sind natürlich sehr grob, beruhen aber auf früheren Erfahrungen und dürften lediglich eine Fehlerspanne aufweisen, die den Faktor 2 nicht überschreitet.

Neben den reinen Kosten ergeben sich noch andere Probleme, etwa die Vertreibung großer Bevölkerungsgruppen. In einigen Fällen könnte das, neben den ungeheuren Belastungen, die auf viele hundert Millionen Menschen zukommen würden, schwerwiegende geopolitische Konsequenzen haben. Beispielsweise darf die wachsende Gefahr regionaler Konflikte, die sich aus solchen Vertreibungen auf dem indischen Subkontinent ergäben, nicht unterschätzt werden.

Strategien zur Eindämmung sind darauf angewiesen, daß wir die Ursachen des Treibhauseffekts verstehen und eine Vorstellung davon haben, wie wir sie beseitigen können. Nach unserem heutigen Wissensstand[2] verteilt sich die Verantwortung für den vom Menschen verursachten Treibhauseffekt wie folgt: Energieerzeugung und -nutzung ungefähr 57 Prozent, Abholzung 9 Prozent, Landwirtschaft 14 Prozent und nichtenergiebezogene industrielle Aktivitäten 20 Prozent (Abb. 8.1a). Der relative Beitrag der verschiedenen Treibhausgase zum Gesamteffekt ist in Abbildung 8.1b dargestellt.

Es liegt nahe, daß man die wichtigsten Verursacher des Treibhauseffekts beseitigt oder radikal einschränkt – vor allem die Kohlendioxid-Emissionen. Lassen sich der Umfang der dafür erforderlichen Maßnahmen und ihre Kosten beziffern? Wie ich unten zeigen werde, entsprechen diese Kosten in etwa den Kosten für Anpassungsmaßnahmen (500 bis 1000 Milliarden Dollar). Entscheidend ist, daß dadurch die enormen Gefahren einer Zukunft, in der sich die Menschheit nur auf Anpassungsmaßnahmen verließe, abgewendet würden.

Man hat eingewandt, daß radikale Einschränkungen in der Energieproduktion Entwicklung und Wachstum in den Entwicklungsländern beeinträchtigen würden[3]. Anderseits hätte die Verwendung von Technologien zur rationellen Energienutzung

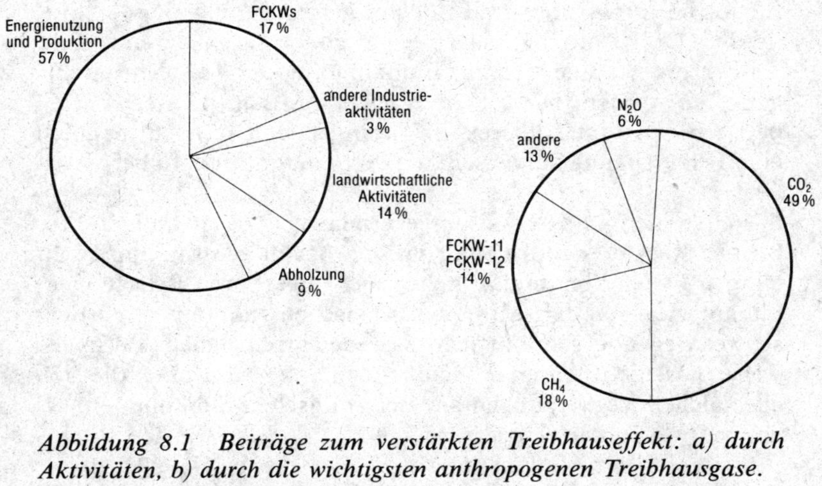

Abbildung 8.1 Beiträge zum verstärkten Treibhauseffekt: a) durch Aktivitäten, b) durch die wichtigsten anthropogenen Treibhausgase. (Quelle: Lashof und Tirpak, Anm. 2)

nicht nur den Vorteil, daß die Kohlendioxid-Emissionen reduziert würden; sie würden auch die Abhängigkeit vieler Länder von Ölimporten verringern, den Rückgriff auf Kernreaktoren überflüssig machen, uns damit all die Probleme für Sicherheit und Umwelt ersparen, die die Nukleartechnik mit sich bringt, und den betroffenen Ländern die Möglichkeit eröffnen, ihre inländischen Energiequellen und Technologien stärker zu nutzen[4].

8.1 Entscheidungsprozesse angesichts ungewisser Voraussagen

Da es zwei Strategien gibt, um auf die Konsequenzen einer globalen Erwärmung zu reagieren, stellt sich die Frage, wie Entscheidungen gefällt werden, die in wissenschaftlicher und anderer Hinsicht Unsicherheiten beinhalten. Vielfach ist zu hören, die Erwärmung der Erde und andere nachteilige Folgen des Treibhauseffekts seien keineswegs sicher, und deshalb sollte man erst einmal abwarten – bis die Klimamodelle so gründlich ausgearbeitet seien, daß sie künftige Klimaveränderungen zuverlässig voraussagen könnten.

Das ist allerdings eine recht merkwürdige Auffassung, weil auf höheren politischen Ebenen die meisten Entscheidungen angesichts »erheblicher Ungewißheiten« getroffen werden. Ein gutes Beispiel dafür, wie solche Entscheidungsprozesse auf Regierungsebene ablaufen, war Präsident Reagans Entschluß, mit SDI (Strategic Defense Initiative) zu beginnen. Im Rahmen dieses militärischen Programms wurden viele Milliarden Dollar ausgegeben, trotz der heftigen Kritik vieler Wissenschaftler, die bezweifelten, daß das vorgeschlagene System überhaupt funktionieren würde. Wenn man »Gewißheit« über die unheilvollen Konsequenzen einer globalen Erwärmung verlangt, bevor man zum Handeln bereit ist, könnte man in eine gefährliche Situation geraten, weil sich alle Maßnahmen als zu spät – oder viel zu kostspielig – erweisen könnten, sobald sich die Zusammensetzung der Atmosphäre erst einmal stärker verändert hat. Wenn man früh genug handelt, dürften die erforderlichen Maßnahmen vielen Menschen akzeptabler erscheinen, weniger kosten und in jedem Falle positive Nebenwirkungen haben – zum Beispiel eine Verringerung des sauren Regens, des Ozon-Abbaus und des photochemischen Smogs.

8.2 Was ist erforderlich, um den Treibhauseffekt zu verringern?

Der anthropogene Treibhauseffekt (das heißt jener Teil des gesamten Treibhauseffekts, der auf menschliche Aktivitäten zurückgeht) läßt sich als plötzliche Störung eines Systems verstehen, das sich bis dahin im Gleichgewicht befunden hat. So läßt sich fragen, was erforderlich ist, um wieder ein Gleichgewicht zu erreichen. Müssen wir die Emissionen stabilisieren? Müssen wir sie reduzieren? Und um wie viel?

Zur Beantwortung dieser Fragen kann man die klassischen Klimamodelle heranziehen und untersuchen, wie stark die Treibhausgasemissionen eingeschränkt werden müssen, um atmosphärische Veränderungen zu vermeiden. Das ist von der amerikanischen Umweltschutzbehörde[5] (EPA) und von Bolin gemacht worden; letzterer hat die Arbeiten der IPCC-Wissenschaftler zusammengefaßt[6]. Die Prognosen beider Studien weisen keine wesentlichen Unterschiede auf.

Da die Treibhausgasemissionen in unterschiedlichem Maße zur globalen Gesamterwärmung beitragen, sind verschiedene Kombinationen von Einschränkungen möglich, um den gewünschten Effekt zu verwirklichen. Deshalb liegt immer eine gewisse Willkürlichkeit in den Szenarien zur Einschränkung der Emissionen und in den vorgeschlagenen Zeitplänen.

Die EPA schätzt, daß zur Stabilisierung der atmosphärischen Treibhausgaskonzentrationen auf dem gegenwärtigen Niveau folgende Emissionseinschränkungen erforderlich sind:

50 bis 80 Prozent Kohlendioxid
10 bis 20 Prozent Methan
75 bis 100 Prozent FCKWs
80 bis 85 Prozent Distickstoffoxid.

Die gegenwärtigen Emissionen entsprechen 12,2 Gigatonnen

Kohlenstoff pro Jahr (Gt C/Jahr) und wären um 5,4 Gt C/Jahr bis zum Jahre 2005 zu vermindern (Abb. 8.2). Um diese Zahlen zu erhalten, werden alle Emissionen in das Äquivalent von Kohlendioxid-Emissionen umgewandelt. Obwohl FCKWs nur in kleinen Mengen abgegeben werden, tragen sie doch sehr kräftig zum Treibhauseffekt bei.

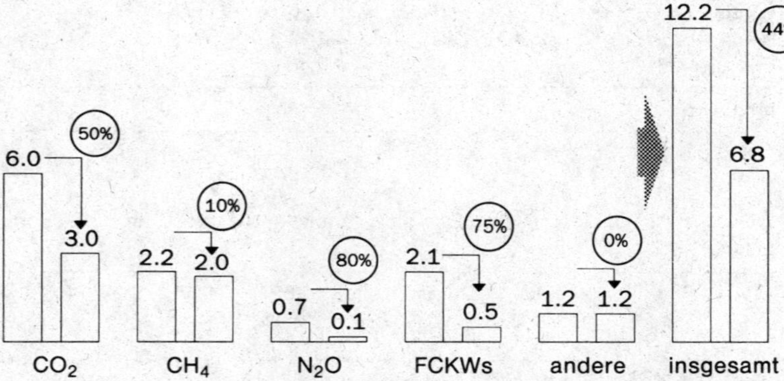

Abbildung 8.2 Drastische Emissionseinschränkungen sind erforderlich: die geschätzten Mindestwerte für anthropogene Emissionsbeschränkungen zur Stabilisierung der atmosphärischen Treibhausgaskonzentrationen auf den gegenwärtigen Niveaus. Die Emissionen werden in Kohlendioxid-Äquivalenten ausgedrückt und in Gigatonnen Kohlenstoff angegeben.
(Quelle: Vgl. Anm. 16.)

8.3 Niedrigste EPA-Schätzungen für die zur Stabilisierung erforderlichen Emissionseinschränkungen

In Tabelle 8.1 ist dargestellt, wie die IPCC-Wissenschaftler die Wirkung bestimmter Gegenmaßnahmen auf die Veränderung der globalen Durchschnittstemperatur einschätzen[7]. Abbildung 8.1 hat bereits deutlich gemacht, wie entscheidend der Energieverbrauch zum Treibhauseffekt beiträgt. Die Tabelle 8.1 zeigt jetzt ebenso, daß der Energieverbrauch, oder vielmehr die Ein-

Tabelle 8.1 Gegenmaßnahmen und ihre mögliche Wirkung auf die globalen Durchschnittstemperaturen aus dem Bericht der zweiten Sitzung des Lenkungsausschusses der IPCC-Arbeitsgruppe vom 3. Mai 1989

Strategie	Veränderung der Durchschnittstemperatur (Grad Celsius)
Verbot der FCKWs	−0,52
Stopp der Abholzung	−0,20
Wiederaufforstung*	−0,20
Wechsel von Öl und Kohle auf Gas	−0,28
Energiesparen	−0,45
insgesamt	**−1,65**

* 500 bis 1000 Millionen Hektar

Tabelle 8.2 Indikatoren des Energieverbrauchs pro Kopf und pro Fertigungseinheit (1986)

	Gesamtbevölkerung (Millionen)	Gesamtenergieverbrauch (MTEP)	TEP/ Kopf	TEP/ US-$ 1000	BIP (US-$)/ Kopf
OECD	818	3855	4,71	0,38	12119
USA			7,2	0,41	17480
Japan			3,2	0,20	12840
BRD			4,5	0,30	12080
Frankreich			3,6	0,28	10720
Großbritannien			3,8	0,46	8870
Italien			2,5	0,24	8550
Entwicklungsländer	3830	1915	0,5	0,59	680
Brasilien			0,8	0,55	1810
Indien			0,2	0,80	290
Mexiko			1,2	0,78	1860
Korea			1,4	0,60	2370
China			0,6	2,12	330
Planwirtschaften	475	2040	4,3	0,61	6749
UdSSR*			4,9	0,62	7340
DDR*			5,9	0,56	10234
CSSR*			4,8	0,55	8500
insgesamt	**5123**	**7810**			

* TEP/1000 US-Dollar bezieht sich auf 1985.

Quellen: *British Petroleum Statistical Review of Energy; World Bank, Report on World Development* (1968); *Handbook of Economic Statistics* (CIA) (1987).

Anmerkung: OECD = Organization for Economic Co-operation and Development (Organisation für wirtschaftliche Zusammenarbeit und Entwicklung).

sparungen, die an ihm vorgenommen werden, erheblich zur Eindämmung des Treibhauseffekts beisteuern könnte.

Der Untertagebau der Kohle war selbst im 15. Jahrhundert ein gefährliches und umweltbelastendes Unternehmen, doch fügte die Verbrennung dieser Kohle der Umwelt damals nur geringe Schäden zu. Heute verbrennen wir ungeheure Mengen von Kohle, Öl, Gas und Brennholz und beschwören damit eine ernsthafte Gefährdung für unsere Umwelt herauf. Ganz abgesehen von den emittierten Treibhausgasen – Kohlendioxid als Verbrennungsprodukt, Methan durch Austritt aus Kohlezechen, Erdgasleitungen und so fort – sind die Schwefel- und Stickstoffoxide, die bei der Verbrennung fossiler Brennstoffe freiwerden, die Hauptursache von Smog, saurem Regen und einer Vielzahl Störungen unserer Umwelt. Kohlendioxid, daß sich nicht filtern und nur unter großen Schwierigkeiten auffangen läßt, ist allein für 49 Prozent des Treibhauseffekts verantwortlich.

Nun ist Energie aber absolut notwendig für die wirtschaftliche und industrielle Entwicklung. Wir brauchen große Mengen, um den Menschen in den Industriestaaten ihr heutiges Maß an Annehmlichkeiten zu sichern. Es sei nur daran erinnert, daß ein Bürger der Vereinigten Staaten im Durchschnitt das Äquivalent von 7,2 Tonnen Erdöl (TEP) pro Jahr verbraucht. Das zeigt, welchen Stellenwert die Energie besitzt. Im Gegensatz dazu muß sich ein Bewohner der Entwicklungsländer mit dem zehnten Teil der Energie zufriedengeben (Tab. 8.2).

Der Energieverbrauch in den USA und in anderen entwickelten Ländern (OECD insgesamt) hat einen Sättigungsgrad erreicht und ist von Mitte der siebziger bis Mitte der achtziger Jahre nicht wesentlich angestiegen, obwohl das Bruttoinlandsprodukt (BIP) dort stetig weitergestiegen ist. In jüngerer Zeit ist der Energieverbrauch wieder angewachsen. Doch in den weniger entwickelten Ländern, China eingeschlossen, steigt der Energieverbrauch seit langer Zeit linear an und läßt keinerlei Anzeichen für eine Sättigung erkennen (siehe Abb. 8.3). Dies gilt auch für die Sowjetunion und die übrigen osteuropäischen Planwirtschaften.

Die politische Führung der Entwicklungsländer ist, wie ihre Bevölkerung generell, der Meinung, daß Wachstum um jeden Preis notwendig sei, und geht im allgemeinen von der Annahme aus, daß das Wirtschaftswachstum in einer linearen Beziehung zum Energieverbrauch stehe. Dabei greift man – wenn notwendig – auf die gleichen Energieformen zurück, die die Industriestaaten früher benutzt haben. Außerdem findet in zahlreichen Entwicklungsländern eine umfangreiche Abholzung statt, weil man die Art der Landnutzung verändern möchte. Zum Teil steht die Abholzung – vor allem in Afrika – mit bestimmten Formen des Energieverbrauchs, dem Kochen zum Beispiel, in Zusammenhang[8]. Abholzung jeglicher Art trägt wesentlich zu den Kohlendioxid-Emissionen bei, trotzdem wird sie gelegentlich als unvermeidlicher Preis des Fortschritts gerechtfertigt[9].

Es mag auf den ersten Blick naheliegend sein, dem Treibhausproblem durch Maßnahmen entgegenzuwirken, die zu einer Verminderung des Energieverbrauchs (und infolgedessen zu einer Einschränkung der Kohlendioxid-Emissionen) führen, wenn möglich ergänzt durch verringerte Abholzung und verstärkte Wiederaufforstungsbemühungen. Maßnahmen dieser Art (das heißt Produktionseinschränkungen an der Quelle) hat man im Falle der FCKWs vorgenommen. Hier hat man rasch gehandelt, weil die Auswirkungen der FCKWs für das »Ozonloch« über der Antarktis unübersehbar waren. FCKWs tragen nämlich nicht nur zur Erwärmung der Erde bei, sondern machen die Atmosphäre auch durchlässiger für ultraviolette Strahlung. Die Entscheidung, das Maß der FCKW-Emission drastisch zu reduzieren – in jüngerer Zeit auch, Strategien zu entwickeln, die allmählich den völligen Verzicht auf sie verwirklichen –, zeigen eindeutig, daß internationale Abkommen geschlossen werden und auch sehr wirksam sein können. Allerdings ist die Absicht, die FCKWs allmählich ganz aus dem Verkehr zu ziehen, auf den Widerstand einiger Entwicklungsländer, vor allem Indien, gestoßen. Indien will sich nur dann an das Montrealer Protokoll halten, wenn es für die Investitionen entschädigt wird, die es bereits gemacht hat, und wenn man ihm zu günstigen Bedingungen Technologien zur Verfügung stellt, mit denen es die FCKWs ersetzen kann. Offenbar sind noch erhebliche Anstrengungen erforderlich, um das angestrebte Ziel eines vollständigen Verzichts auf FCKWs zu erreichen.

Es bleibt zu erwähnen, daß es vermutlich noch schwieriger sein wird, die Emissionen anderer Treibhausgase zu begrenzen.

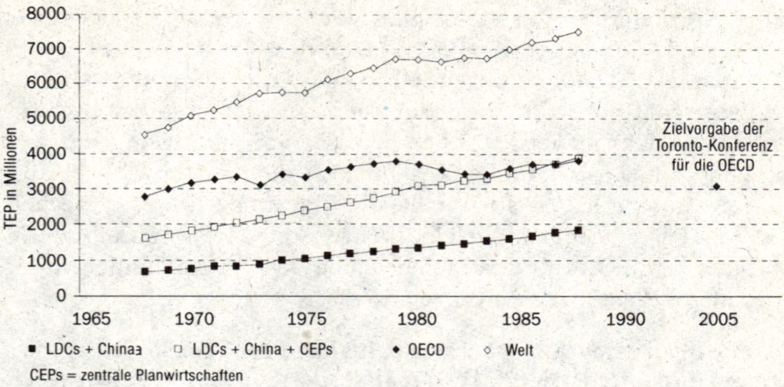

Abbildung 8.3 Weltweiter kommerzieller Energieverbrauch, 1968 bis 1987.

Obwohl weithin verwendet, werden die FCKWs weltweit nur von einer relativ geringen Zahl von Unternehmen hergestellt. Die anderen Treibhausgase dagegen haben eine große Zahl von Quellen der verschiedensten Art.

8.4 Mechanismen zur Lösung des Treibhausproblems

8.4.1 Hintergrund der Umweltschutzmechanismen

Seit Anfang der siebziger Jahre bemüht man sich, vor allem in den OECD-Ländern, die Verursacher dazu zu bewegen, ihre umweltbelastenden Aktivitäten einzustellen. Das »Verursacherprinzip«[10] war der erste wichtige Versuch, die Umweltbelastung in die Produktionskosten einzubeziehen. Manche hielten diese Maßnahmen für ein Allheilmittel und erwarteten die Lösung aller Probleme von ihr. Doch das Verursacherprinzip war nicht sehr erfolgreich. Ein OECD-Bericht aus dem Jahr 1989 macht die folgenden Gründe dafür verantwortlich:[11]

»Normalerweise erwartet man von den wirtschaftlichen Akteuren, daß sie Kosten und Nutzen nur für sich selbst berücksichtigen ... Der umweltbelastende Input und/oder Output wirtschaftlicher Prozesse, vor allem ihre weiteren gesellschaftlichen Konsequenzen, werden nicht vollständig in eine Kosten-Nutzen-Rechnung übersetzt, für die der Verursacher aufzukommen hätte ... Es heißt, die Marktmechanismen wecken in dem einzelnen wirtschaftlichen Akteur fast zwangsläufig die Tendenz, die gesellschaftlichen Kosten auf andere oder auf die Zukunft abzuwälzen.«

Infolgedessen hat man sich sehr bemüht, »soziale Institutionen zu schaffen, die für die Qualität der Umwelt verantwortlich sind, und sie mit Instrumenten auszurüsten, mit deren Hilfe sie die gesellschaftlich angestrebten ökologischen Ziele erreichen können«.

In den 15 Jahren zwischen 1973 und 1988 hat man eine Reihe von umweltpolitischen Instrumenten entwickelt und in Dienst gestellt. Einige bedienen sich ausschließlich wirtschaftlicher Maßnahmen, andere verlassen sich ganz auf Vorschriften der einen oder anderen Art. In den OECD-Ländern hat man folgende Instrumente am häufigsten ausprobiert:[12]

- Gebühren (Abwasser-, Verwaltungsgebühren oder Steuer-Staffelungsmechanismen zugunsten umweltfreundlicherer Produkte);
- Unterstützungen (in der Form von Zuwendungen, niedrigen Darlehen oder Steuererleichterungen);
- Pfandsysteme (als Anreiz für die Menschen, giftige oder schädliche Produkte nicht einfach fortzuwerfen);
- Emissionshandel (wobei »Umweltverschmutzungsrechte« – in Übereinstimmung mit geltenden Vorschriften – von Unternehmen gekauft und wieder an andere verkauft werden);
- Anreize zur Durchsetzung geltender Vorschriften (Bußgelder oder Schuldverschreibungen, die bei Einhaltung der Vorschriften wieder umgewandelt werden können).

Zwar hat der Umweltschutz in einigen Ländern bescheidene Erfolge erzielt, doch insgesamt sind die Ergebnisse sehr unterschiedlich. In Frankreich sind beispielsweise

Mittel aus dem öffentlichen Haushalt schwer zu bekommen, weil wirtschaftliche und soziale Gesichtspunkte Vorrang vor ökologischen Fragen haben. Die Industrie wehrt sich heftig gegen neue oder höhere finanzielle Belastungen, wenn sie die Ausgaben nicht in irgendeiner Form zurückbekommt. Deshalb sind finanzielle Hilfen eng mit dem Gebührensystem verknüpft. Jeder Sektor der Umweltpolitik (Wasser, Luft, Müll, Lärm) hat sein eigenes Zuständigkeitsgebiet, das auf regionaler oder kommunaler Ebene verwaltet wird.[13]

Wenn man das Verursacherprinzip auf die Treibhausgase anwendet, so liegt der Gedanke nahe, Steuern auf Kohlenstoff-Emissionen zu erheben. Die einzelnen »Verursacher« sind in diesem Falle sehr zahlreich, und ihre genaue Identifizierung – die bei den Herstellern von FCKWs so leicht ist – stößt oft auf erhebliche Probleme. Deshalb wäre es am einfachsten, den Preis für kohlenstoffhaltige Brennstoffe – etwa Steinkohle, Erdöl und Gas – beim Erzeuger heraufzusetzen.

Natürlich wäre das kein rein wirtschaftliches Instrument und müßte durch eine Regierungsentscheidung gebilligt werden. Das hätte mittels eines internationalen Vertrags zwischen vielen Ländern zu geschehen, da einige Staaten – vor allem die USA und Japan – solche einseitigen Maßnahmen scheuen. Sie fürchten nämlich um die Wettbewerbsfähigkeit der einheimischen Industrie.

Die Alternative wäre, die Kosten für den Verbrauch von Brennstoffen zu erhöhen. Das Beispiel des Benzinpreises zeigt, daß dieser Mechanismus nicht unbedingt greifen muß. Tatsächlich reagieren Autofahrer ziemlich gleichgültig auf Änderungen der Kraftstoffpreise, weil diese im Vergleich zu anderen Kosten – Anschaffung, Unterhalt und Versicherung – eine untergeordnete Rolle spielen: Der Kraftstoff macht weniger als 10 Prozent der Gesamtkosten aus, und deshalb müßte der Ölpreis wohl verdoppelt oder verdreifacht werden, bevor die Verbraucher überhaupt reagieren würden.[14]

Man hat viele Vorschläge gemacht, wie sich in den Industrieländern, in denen augenblicklich eher ein Trend zum Wirtschaftsliberalismus zu beobachten ist, die Einstellung zum Energiesparen mit Hilfe der »Marktmechanismen« positiv verändern läßt. Einige von ihnen haben einen bescheidenen Erfolg in den Vereinigten Staaten, vor allem im Bereich der Energieeinsparung.[15] Das Problem liegt hier darin, daß der Strompreis meist auf einer »Kostenpreisbasis« (Selbstkosten plus vereinbarter Gewinnzuschlag bei Regierungsaufträgen) festgelegt wird. Das Geld für die großen Anfangsinvestitionen, die erforderlich sind, wird über besondere Kanäle beschafft, etwa günstige kommunale oder staatliche Kredite. Es ist keine leichte Aufgabe, mit so bewährten finanziellen Bedingungen zu konkurrieren, deshalb sind vielleicht besondere Finanzierungshilfen erforderlich, um einer ökologischen Energiewirtschaft einigermaßen aussichtsreiche Startbedingungen zu verschaffen.

8.4.2 Eine Kohlenstoffsteuer

Aus diesem Grunde wird meist vorgeschlagen, eine allgemeine Kohlenstoffsteuer einzurichten. Sie soll in einen Fonds fließen, mit dessen Hilfe dann weitere Kohlendioxid-Emissionen in die Atmosphäre eingeschränkt werden können. Um eine Vorstellung von der erforderlichen Größenordnung dieser Steuer zu gewinnen, hat das Unternehmen McKinsey, das die holländische Regierung berät, in einem Bericht, der für die Noordwijk-Konferenz bestimmt war, die Kosten einer präventiven Strategie abgeschätzt.[16] Dabei wurden die Kosten der drei folgenden Maßnahmen berechnet:

- *Fortgesetzte Finanzierung eines allmählichen Verzichts auf FCKWs:* anfangs ungefähr 150 bis 200 Millionen US-Dollar pro Jahr, und 600 bis 700 Millionen US-Dollar pro Jahr, falls man einen vollständigen Verzicht auf FCKWs anstrebt;
- *Finanzierung von Aufforstungsmaßnahmen:* bis zu einem Maximum von zehn bis 15 Milliarden US-Dollar pro Jahr (jährlich 12 Millionen Hektar Wiederaufforstungsgebiet), bei etwa 1000 US-Dollar pro Hektar;
- *Finanzierung von Einsparungen an Energie aus fossilen Brennstoffen:* in der Größenordnung von zehn bis 15 Milliarden US-Dollar pro Jahr; diese Zahl beruht auf einem vorläufigen Kostenvoranschlag für die Einführung wirksamer Energieeinsparungsmaßnahmen in den Entwicklungsländern.

Die Gesamtsumme, die für die Einrichtung des Fonds erforderlich ist (etwa 30 Milliarden US-Dollar pro Jahr), könnte man leicht zusammenbringen, indem man eine Steuer von einem US-Dollar für den Verbrauch des Äquivalents von einem Barrel Erdöl erhöbe. Da sich viele Formen des Energiesparens als recht wirtschaftlich erweisen, sobald die Hürde der Anfangsinvestitionen genommen oder geringe Subventionen geleistet worden sind, könnten die von dem McKinsey-Bericht ins Auge gefaßten Fonds erheblich mehr Finanzmittel enthalten, als ursprünglich angenommen. Wenn man beispielsweise altmodische Glühlampen durch moderne Leuchtstofflampen ersetzt, so verursacht das hohe Anfangskosten, die jedoch rasch wieder hereinkommen, weil Leuchtstofflampen bei gleicher Lichtwirkung erheblich weniger Strom verbrauchen.

In den USA hat die EPA in einem kürzlich erschienenen Bericht ein Steuermodell entwickelt.[17] Die vorgeschlagenen Steuersätze betrugen: 25 US-Dollar pro Tonne Kohle, sechs US-Dollar pro Barrel Öl und 0,50 US-Dollar für zirka 30000 Kubikmeter Gas. Die Global Climate Coalition, eine einflußreiche Interessengruppe, die die Energieerzeuger aus der Kohle-, Gas- und Ölwirtschaft vertritt,[18] hat geschätzt, wie sich in den USA die Preise nach Einführung solcher Steuern entwickeln würden: danach würde sich der Strompreis um 20 Prozent (bei gegenwärtig 5,8 Cent pro Kilowattstunde), der Benzinpreis um 17 bis 20 Cent pro Gallone (3,78 Liter) und die durchschnittlichen Heizungskosten pro Haushalt um 85 bis 100 US-Dollar jährlich erhöhen.

Andererseits hat Kaya auf den IPCC-Tagungen die Auffassung vertreten, alle Bestrebungen, die Verdopplung der Kohlendioxid-Konzentration in der Atmosphäre hinauszuschieben, würde sich nachteilig auf das Wachstum des Bruttoinlandsprodukts (BIP) in den Industrienationen auswirken.[19] Wenn die Zunahme der Kohlendioxid-Emissionen auf Null zurückgeht, das heißt, wenn die Emissionsrate auf dem gegenwärtigen Niveau eingefroren wird, muß laut Kaya das Wachstum des Bruttoinlandsprodukts von 3,1 Prozent im Jahr (der augenblicklichen durchschnittlichen Wachstumsrate in den OECD-Ländern) auf 1,4 Prozent im Jahr reduziert werden. Um die Zielvorgabe der Toronto-Konferenz zu erreichen[20] – eine Verminderung der

Tabelle 8.3 Kohlendioxid-Emissionen und Wirtschaftswachstum nach Kayas Analyse

angenommener Fall	Konsequenzen	BIP-Wachstum (Prozent/Jahr)
Weitermachen wie bisher	Kohlendioxid-Verdopplung bis 2030	3,1
Einfrieren der Kohlendioxid-Emissionen (0% Wachstum/Jahr)	Kohlendioxid-Verdopplung bis 2090	1,4
Zielvorgabe der Toronto-Konferenz (−1% Wachstum/Jahr)	zwanzigprozentige Kohlendioxid-Verringerung bis 2005	0,4

(Quelle: vgl. Anm. 3)

Kohlendioxid-Emissionen um ein Prozent pro Jahr –, müßte nach Kaya das BIP-Wachstum auf 0,4 Prozent pro Jahr verringert werden.

Die Vertreter Japans und der Vereinigten Staaten im IPCC haben auf der Grundlage von Analysen, wie sie zum Beispiel Kaya vorgelegt hat, die Auffassung vertreten, sie würden bestraft, wenn ein internationales Abkommen Höchstwerte für die Kohlendioxid-Produktion festsetzen würde: Japan, weil es der Meinung ist, es habe schon das Seinige in Sachen rationeller Energienutzung getan, und die Vereinigten Staaten, weil deren Regierung sich gegen eine Erhöhung der Energiekosten sträubt. Das gilt vor allem für das Benzin, das in den Vereinigten Staaten außerordentlich preiswert ist. Großbritannien scheint sich gegenwärtig dieser Position anzuschließen, weil einige OECD-Berichte den Eindruck erwecken, die bequemeren Wege zur Energienutzung seien in diesen Ländern bereits eingeschlagen worden. Zwischen 1973 und 1985 ist der Energieverbrauch um 21 Prozent zurückgegangen, während der Rückgang zwischen 1985 und 1988 nur 4,7 Prozent betragen hat.[21]

Doch viele andere Länder, Schweden etwa und die Niederlande, haben auf dem Gebiet der Energieerhaltung weit mehr vorzuweisen und drängen darauf, Höchstgrenzen für die Kohlendioxid-Emissionen festzusetzen, andere Antitreibhausmaßnahmen zu beschließen und die nötigen Mittel bereitzustellen, um diese Maßnahmen durchzuführen.

Kayas Bericht und eine ähnliche Arbeit, die von Manne und

Richels unlängst in den USA vorgelegt wurde,[22] sind von Williams[23] grundsätzlich in Zweifel gezogen worden, weil sie nach seiner Meinung die strukturellen Veränderungen der Wirtschaft nicht hinreichend berücksichtigen. Solche Veränderungen könnten die Entkopplung von BIP-Wachstum und Energieverbrauch erheblich beschleunigen – ein Prozeß, der übrigens, wie Strout vor Jahren nachgewiesen hat, vor der Ölkrise der siebziger Jahre begonnen hat.[24]

8.4.3 Ein Versicherungsfonds

Eine Alternative zu einer Kohlenstoffsteuer wäre die Einrichtung eines Versicherungsfonds, aus dem man die Kosten einer Präventiv- und/oder Anpassungsstrategie bestreiten könnte. Die weltweiten Versicherungsausgaben sind in Tabelle 8.4 wiedergegeben. Die Summe, die 1986 in den USA für Personen- und Sachversicherungen ausgegeben wurde, betrug 371 Milliarden Dollar (43,2 Prozent des Geldes, das weltweit für Versicherung ausgegeben wurde und ungefähr 8,84 Prozent des US-BIP). Weltweit werden insgesamt mehr als 850 Milliarden Dollar für diesen Zweck aufgebracht.

Wenn man sich entschlösse, einen Fonds von 1000 Milliarden Dollar über einen Zeitraum von dreißig Jahren einzurichten,

Tabelle 8.4 Versicherungsausgaben weltweit 1986 *(Milliarden US-Dollar)*

	Prämien	(Anteil an den globalen Versicherungsgesamtausgaben in Prozent)	BIP
Nordamerika*	390,9	(45,53)	4554
Vereinigte Staaten	371,0	(43,20)	4197
Europa	248,5	(28,95)	4371
Asien	192,5	(22,43)	2845
Ozeanien	9,7	(1,14)	195
Afrika	8,6	(1,01)	158
Mittel- und Südamerika	8,1	(0,94)	401
insgesamt	**858,5**	**(100,00)**	**12519**

* incl. USA; daher rühren die Verschiebungen in den Additionen

müßte man pro Jahr 21 Milliarden Dollar einziehen (wenn man einen realen Zinssatz von drei Prozent voraussetzt). Dieser Betrag entspricht einer Anhebung der gegenwärtig weltweit gezahlten Versicherungsprämien von lediglich 2,5 Prozent.[25] Würden die Kosten einer Versicherung gegen Klimaveränderungen auf die Staaten der Erde anteilig nach ihren gegenwärtigen Versicherungsausgaben verteilt, so müßten die USA 4,5 Milliarden Dollar mehr im Jahr bezahlen, das sind 1,2 Prozent der Summe, die die Amerikaner bereits für Versicherungen ausgeben.

8.4.4 Probleme der Gleichbehandlung und Eigennutz

Die Erhebung einer Kohlenstoffsteuer oder die Einrichtung eines Versicherungsfonds in der vorgeschlagenen Größe wirft weitere Fragen auf. Erstens, Entwicklungsländer, die augenblicklich wenig zu den Kohlendioxid-Emissionen beitragen, müßten ausgenommen werden, bis ihnen Technologien zur Verfügung gestellt werden, mit denen sie später ihre Emissionen von Treibhausgasen reduzieren können. Zweitens, mit der Steuer oder dem Fonds müßten Zugeständnisse verknüpft sein. Man müßte den Entwicklungsländern die Technologie, mit deren Hilfe sie FCKWs ersetzen und eine rationellere Energienutzung erreichen können – und auch die modernen Industrieanlagen zur Herstellung geeigneter Geräte und Systeme –, kostenlos überlassen, um diese Länder zu veranlassen, sich den internationalen Maßnahmen anzuschließen. Andernfalls würden die Entwicklungsländer uns entgegenhalten, daß die ökologischen Aspekte ihren lebenswichtigen wirtschaftlichen Bedürfnissen zuwiderlaufen.

Hier sollte vielleicht darauf hingewiesen werden, daß in den entwickelten Ländern die ökologischen Gesichtspunkte schon eine wichtige Rolle spielten, bevor ihre Armutsprobleme vollständig gelöst waren. Beispielsweise wird in den USA heute immer mehr Geld für eine saubere Umwelt ausgegeben, während ein Teil der Bevölkerung noch in Armut lebt. Auf diesen Umstand hat man hingewiesen, um die beiden Probleme voneinander zu trennen, auch auf die Gefahr hin, daß man ökologisches Bewußtsein als »Problem der Reichen« abtut. Tatsächlich verläuft die Umweltpolitik quer durch alle sozialen Schichten und ist ganz ohne Frage für alle Menschen von Interesse.

Die Entwicklungshilfefonds der OECD-Staaten (unter anderem internationale Banken wie die Weltbank) belaufen sich gegenwärtig auf 50 Milliarden Dollar, das sind etwa 0,2 bis 1,0 Prozent des BIP der OECD-Staaten, wie Abbildung 8.4 zeigt. Mit diesem Geld finanzieren die meisten Regierungen der Entwicklungsländer den Bau von Kraftwerken, Straßen, Eisenbahnstrecken und Schwerindustrien, die Entwicklung von Gesundheits- und Bildungswesen. Die Weltbankkredite, die sich in letzter Zeit auf 14 Milliarden Dollar pro Jahr beliefen, haben lange Laufzeiten und recht günstige Zinssätze. Bilaterale Hilfe erfolgt meist in Form sehr billiger Darlehen an die ärmsten Länder.

Obwohl man jedes Jahr große Anstrengungen unternimmt, die Fonds zu vergrößern, die für solche Zwecke bestimmt sind, hat sich diese Aufgabe als ziemlich schwierig erwiesen. In den großen Staaten verhindern eine angespannte Finanzlage und eine wachsende Abhängigkleit von den Marktmechanismen, daß öffentliche Mittel in größerem Umfange in die Entwicklungshilfe fließen können.

Wenn man sich für eine Kohlenstoffsteuer oder einen Versicherungsfonds entscheidet, dann sollten sie dem Beitrag, den die einzelnen Länder zur gesamten Kohlendioxid-Emission leisten, proportional sein. Auf welche Weise sie die erforderlichen Gelder zusammenbekommen, sollte ihnen überlassen bleiben: In einigen Fällen könnten sie aus dem Staatshaushalt genommen werden (das heißt von den allgemeinen Steuereinnahmen), in anderen Fällen könnten Extrasteuern erhoben werden, um den Bürgern des Landes den Zweck der neuen Maßnahmen vor Augen zu führen. Man könnte von vornherein einen Mechanismus vorsehen, der die Steuern allmählich anhebt, wenn sich herausstellen sollte, daß die Emission der Treibhausgase auf die bisherigen Maßnahmen nicht reagiert.

Das neue Instrument – Kohlenstoffsteuer oder Versicherungsfonds – entspräche noch nicht einmal 0,5 Prozent des Bruttoinlandsprodukts der reicheren Staaten, einschließlich der Sowjetunion (und anderer Planwirtschaften), in der die Energie nicht sehr wirkungsvoll genutzt wird. Doch der absolute Betrag, mit dem gearbeitet wird, ist beträchtlich, und viele Staaten werden mit diesem Plan nicht einverstanden sein. Selbst wenn ein internationales Abkommen geschlossen werden sollte, werden einige Länder nicht unterzeichnen. Der einzige Präzedenzfall für eine internationale Aktion dieses Ausmaßes war der Marshallplan – ein großangelegtes Unternehmen zum Wiederaufbau des durch den Zweiten Weltkrieg zerstörten Europas, in das die Vereinigten Staaten in dem Zeitraum von 1948 bis 1952 jährlich ein Prozent ihres BIP investierten.

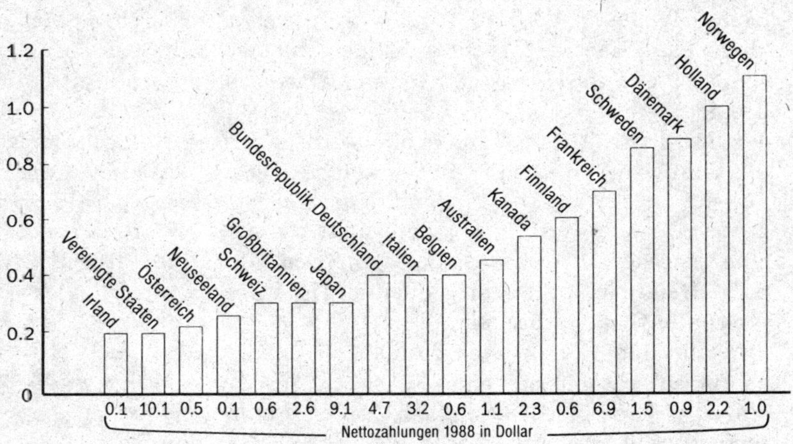

Abbildung 8.4 Offizielle Entwicklungshilfe, 1988. Nettoleistung in Prozent des BIP, aufgeschlüsselt nach einzelnen Ländern. (Quelle: OECD)

Auf der Konferenz der Außenminister in Noordwijk (Niederlande) im November 1989 wurden, wie oben erwähnt, Vorschläge zur Erhebung einer Kohlenstoffsteuer vorgebracht. Die Vorschläge scheiterten an dem entschiedenen Widerspruch der Vereinigten Staaten, Japans und Großbritanniens, weil die wissenschaftlichen Erkenntnisse hinsichtlich des Treibhauseffekts noch nicht hinreichend bewiesen seien und man deshalb den IPCC-Bericht abwarten wolle. Wenn es der Kohlenstoffsteuer oder dem Versicherungsfonds wirklich gelingen soll, eine weitere Belastung der Atmosphäre zu verhindern und den Anteil der Treibhausgase an der Atmosphäre zu stabilisieren, muß man deutlich machen, daß sie dem Eigennutz der entwickelten Länder dient. Eine der wichtigsten Aufgaben für alle, die überzeugt sind, daß die globale Erwärmung eine ernste Gefahr für die Sicherheit unserer Umwelt ist, besteht darin, die Staaten, die in Noordwijk die Opposition bildeten, davon zu überzeugen, daß solche Gegenmaßnahmen in ihrem eigenen Interesse liegen. Nachdem die IPCC-Arbeitsgruppe jetzt ihren Bericht vorgelegt hat, und – wie Stephen Schneider in seinem Artikel darlegt – unmißverständlich vor der Katastrophe warnt, mit der in einer Welt, die alles beim alten läßt, gerechnet werden muß, sollte diese Aufgabe leichter geworden sein.

Ein Teil des Geldes, das zur Stabilisierung der Atmosphäre verwendet wird, wird zweifellos auch der Entwicklung zugute kommen. Die Wiederaufforstung wird wahrscheinlich das erste Beispiel dafür sein, weil sie die Bodenerosion verhindert und Arbeitsplätze schafft. Wichtiger noch ist die Einführung von Technologien, die eine rationellere Energienutzung ermöglichen, weil sie ein entscheidender Bestandteil des Entwicklungsprozesses und nicht erst eine nachträgliche Maßnahme sind. Wenn wir zulassen, daß die Entwicklungsländer in ihrer individuellen Entwicklung alle die kostspieligen Fehler wiederholen, die wir aus der Rückschau jetzt als Fehler der Industrieländer erkannt haben, so verhalten wir uns nicht nur unvernünftig, sondern werden später auch vor den Aufgaben einer umfangreichen Umrüstung (den Austausch alter Technologien durch neue) und Modernisierung stehen. Es liegt also im Interesse der Entwicklungsländer – und im Interesse der Industrieländer –, den Fortgang dieser Entwicklung zu verhindern.

Goldemberg und andere[26] haben nachgewiesen, daß es möglich ist, in den Entwicklungsländern bis zum Jahr 2020 den gleichen technischen Komfort zu schaffen, der in den westeuropäischen Ländern Mitte der siebziger Jahre erreicht war, wenn man in ihren Prozeß des Wachstums und der Entwicklung schon zu einem frühen Zeitpunkt Technologien mit einer hoch rationellen Energienutzung einbezieht.

Der Verbrauch an primärer Energie je Einwohner der Entwicklungsländer müßte von einem Kilowatt im Jahre 1980 auf 1,3 Kilowatt im Jahr 2020 anwachsen, aber natürlich würde diese Energie sehr viel besser genutzt werden als im Jahr 1980. Ferner würden die Bemühungen in den Industriestaaten, Energie einzusparen, zu einer Verringerung des Energiegesamtverbrauchs in diesen Ländern führen. Der Pro-Kopf-Verbrauch würde von 6,3 Kilowatt im Jahr 1980 auf 3,2 Kilowatt im Jahr 2020 zurückgehen. Alles in allem würde der Energiegesamtverbrauch nach diesem Entwurf von 10,3 Terawatt (ein Terawatt [TW] ist eine Billion Watt) im Jahr 1980 auf 11,2 Terawatt im Jahr 2020 anwachsen, wobei der Anteil an regenerativen oder erneuerbaren Energieträgern von 16,3 auf 19 Prozent steigen würde (Abb. 8.5).

Jüngere technische Entwicklungen haben zu einer Revision dieser Zahlen geführt: Verbesserung in der Photovoltaik, Stromerzeugung durch Windkraftanlagen und, noch wichtiger, Elektrizitätsgewinnung aus Biomasse mit Hilfe moderner kombinierter Vergaser-Gasturbinen[27] lassen darauf schließen, daß der Anteil an erneuerbaren Energieträgern bis zum Jahr 2020 erheblich steigen wird; das hätte in bezug auf die Emission von Treibhausgasen außerordentliche Vorteile.

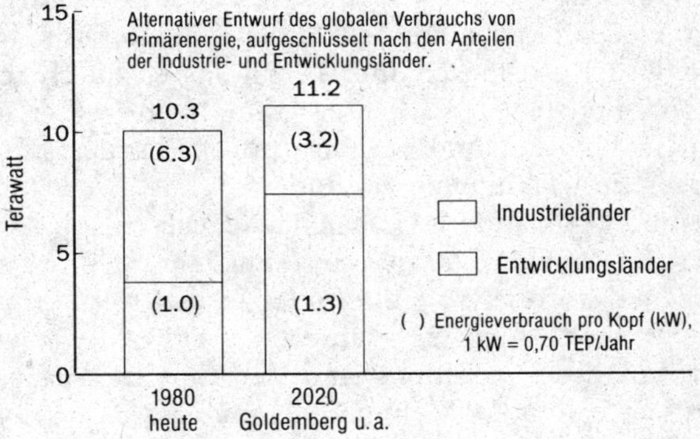

Abbildung 8.5 Alternativer Entwurf des globalen Verbrauchs von Primärenergie, aufgeschlüsselt nach den Anteilen der Industrie- und Entwicklungsländer.

8.5 Schlußfolgerung

Obwohl wissenschaftlich noch nicht ganz geklärt ist, wie schwerwiegend sich die vom Menschen verursachte Erwärmung der Erde durch Treibhausgase auswirkt, so geht es hier doch nicht um die Zukunft der Wissenschaft (oder um einen Meinungsstreit, bei dem die beteiligten Wissenschaftler in erster Linie ihr Ansehen im Blick haben, wie manche behaupten), sondern um die Zukunft der Atmosphäre. Die Atmosphäre auf irreversible Weise zu schädigen, könnte sich als sehr viel kostspieliger erweisen, als weitere Veränderungen ihrer Zusammensetzung zu vermeiden. Darüber sollten sich nicht nur die Menschen ernsthafte Gedanken machen, die an der Küste des Indischen Ozeans in Bangladesch leben (eines der Länder, die durch einen Anstieg des Meeresspiegels zuerst und am schwersten betroffen sein werden), sondern auch die Menschen, die in New York leben und am Golf von Mexiko.

Wir alle stehen heute vor einem völlig neuartigen Problem von globalen Ausmaßen. Und wir haben alle die Aufgabe, uns mit ihm auseinanderzusetzen. Auch wenn wir alle philantropischen Gesichtspunkte – oder die Rechtfertigung von Entwicklungshilfe durch humanitäre Argumente – beiseite lassen, gibt es sehr handfeste Gründe für die Industriestaaten, sich um dieses Problem zu kümmern. Allein die bewußte Wahrung der eigenen Interessen würde unverzügliches Handeln rechtfertigen. Wir haben in den letzten fünfzehn Jahren gelernt, die lokale und regionale Umweltverschmutzung mit einer Vielzahl von Instrumenten zu bekämpfen und die Kosten auf vielfältige Weise zu bestreiten. Nun ist es an der Zeit, die zusätzlichen Kosten aufzubringen, die erforderlich sind, um die Atmosphäre als Ganze zu schützen – ein Problem, das keine Abgrenzungen nach innen oder außen zuläßt.

Kapitel 9
Die Bedeutung rationeller Energienutzung

Amory Lovins

»... Heute ist es im allgemeinen billiger, Brennstoff zu sparen, als ihn zu verfeuern. Die Vermeidung von Umweltbelastungen, indem man den Brennstoff nicht nutzt, verursacht also keine Kosten, sondern bringt Gewinn – ein Umstand, der auch in der Wirtschaft Berücksichtigung finden könnte und sollte ...«

Der Umstand, daß die Erde rund ist, setzt dem Bevölkerungswachstum und der Industrialisierung bestimmte Grenzen. Die Fähigkeit unseres Planeten, natürlichen und sozialen Gemeinschaften geeignete Lebensbedingungen zu bieten, und das begrenzte Vorkommen einiger Ressourcen lassen eine vollständige »Los-Angelesierung« des Globus sicherlich nicht zu. Doch selbst ein sehr starkes Wachstum von Bevölkerung und Industrie muß nicht unbedingt an dem Faktor Energie scheitern: Tatsächlich könnte die Energie der nebensächlichste unter den vielen Gründen dafür sein, daß ein grenzenloses Bevölkerungs- und Industriewachstum mit Sorge zu betrachten ist. In diesem Kapitel möchte ich zunächst erklären, warum die Energie dem traditionellen Industriewachstum keine Grenzen setzen muß (oder zumindest erst dann, wenn dieser Prozeß schon an viele andere Grenzen gestoßen ist), um dann zu untersuchen, warum andere Ziele wichtiger sind als Wachstum um jeden Preis.

Zur Energie gibt es eine gute und eine schlechte Nachricht. Die gute Nachricht lautet, daß wir nur in unserem unmittelbaren wirtschaftlichen Interesse zu handeln brauchten, um festzustellen, daß das Energieproblem bereits durch neue Technologien gelöst ist – in erster Linie durch rationellere Energienutzung im Endverbrauch, in zweiter Linie durch effizientere Energieumwandlung und durch Absicherung der Versorgungslage. Nehmen wir beispielsweise die Vereinigten Staaten:

- Würde man in den vorhandenen Gebäuden und Anlagen die besten energiesparenden Technologien verwenden, die auf dem Markt sind, könnte man etwa drei Viertel des gegenwärtig verbrauchten Stroms einsparen, wobei die Kosten pro Kilowattstunde (kWh) sicherlich unter einem Cent liegen würden, wahrscheinlich bei 0,6 Cent/kWh[1] – weit geringere Kosten, als sie durch den bloßen Betrieb eines Kohle- oder Kernkraftwerks entstehen würden, selbst wenn man die Baukosten ganz beiseite ließe. Nehmen wir statt der kostspieligen Beispiele, die sich hier anführen ließen, ein ganz einfaches. Eine kompakte 18-Watt-Leuchtstofflampe, die das gleiche Licht wie eine 75-Watt-Glühlampe über einen fast dreizehnmal längeren Zeitraum liefert, wird während ihrer Soll-Lebensdauer von 10000 Stunden dafür sorgen, daß in einem normalen amerikanischen Kohlekraftwerk eine Tonne Kohlendioxid, acht Kilogramm Schwefeldioxid und außerdem noch bestimmte Mengen an Stickoxiden, Schwermetallen und anderen Schadstoffen *weniger* emittiert werden als bei der Benutzung herkömmlicher Glühlampen.[2] Dabei verursacht eine solche Lampe nun nicht etwa zusätzliche Kosten, sondern erspart normale Lampen und Installationsarbeiten im Wert von ungefähr 20 Dollar, dazu Brennstoffe in den Versorgungsbetrieben im Wert von etwa 20 bis 30 Dollar – weit mehr als die fünf bis acht Dollar, die man für die Herstellung einer solchen Lampe aufwenden muß, oder die 12 bis 18 Dollar, die sie im Einzelhandel kostet. Diese Lampe sorgt also für die Reinerhaltung der Luft, während sie gleichzeitig einen Reingewinn von 30 bis 50 Dollar bringt und die Investition von mehreren hundert Dollar in elektrische Versorgungssysteme hinausschiebt.
- Würde man die längst erprobten technischen Vorrichtungen zur Öl- und Gasersparnis (von denen viele bereits auf dem Markt sind und die anderen innerhalb von vier oder fünf Jah-

ren produktionsreif wären) gründlich nutzen, könnte man drei Viertel alles gegenwärtig verbrauchten Öls sparen, und das würde weniger als drei Dollar pro Barrel kosten – noch nicht einmal die Kosten, die man aufwenden muß, um neues einheimisches Öl auch nur zu finden.[3]

Diese Ersparnisse haben rein technischen Charakter und würden keinen Verlust in der Quantität und Qualität der gelieferten Dienstleistungen bringen – in vielen Fällen würden sie sogar eine erhebliche Verbesserung bedeuten. Technologien mit sehr rationeller Energienutzung haben bereits begonnen, den Markt zu erobern, und das trotz der vielen Hindernisse, die man ihnen in den Weg legt. Es ist heute ziemlich klar, daß diese Technologien rasch die unteren Grenzinvestitionen bstimmen würden, gäbe es einen freien Wettbewerb zwischen allen Möglichkeiten, sich die gewünschten Energiedienstleistungen zu beschaffen.

Aus diesen Gründen läßt sich die Frage der rationellen Energienutzung durchaus mit den Motiven, Methoden und Kriterien der herkömmlichen neoklassischen Wirtschaftstheorie angehen. Man wird auch dann zu dem Schluß kommen, daß Energiesparen grundsätzlich erstrebenswert ist. Doch heute – und besonders seit die Wissenschaftler der IPCC-Arbeitsgruppe 1 ihren Bericht fertiggestellt haben – wird allgemein anerkannt, daß der Verbrauch fossiler Brennstoffe drastisch gesenkt werden muß, um die globale Erwärmung (aber auch den Smog über den Städten, den sauren Regen und andere Folgen der Luftverschmutzung) zu verringern. Allgemein geht man davon aus, daß ein solcher Schritt aufwendige technische Investitionen, höchst unbequeme Veränderungen unserer Lebensweise oder beides erfordere. Tatsächlich könnten aber heute schon neue Entwicklungen, die für eine rationelle Energienutzung im Endverbrauch sorgen, die Nutzung fossiler Brennstoffe und damit die Emission von Treibhausgasen und anderen Schadstoffen einschränken, ohne daß im Endeffekt größere Kosten für die Gesellschaft entstünden – ganz im Gegenteil. Die Verbraucher würden dabei in den Genuß gleicher oder sogar verbesserter Leistungen kommen.

Die schlechte Nachricht besagt, daß die meisten Regierungen und viele Repräsentanten der Privatwirtschaft auf dem Gebiet der Energiepolitik weniger nach marktwirtschaftlichen als nach ideologischen Gesichtspunkten zu handeln scheinen: Sie klammern sich mit allen Kräften an ihre Lieblingstechnologien, obwohl sich bei vielen das unwiederbringliche Ende unter dem Ansturm der Marktkräfte bereits abzeichnet. Solange diese Ideologie die öffentliche Politik und die von dieser Politik bestimmten privaten Investitionen beherrscht, wird die Energiewirtschaft die globale Entwicklung, die von entscheidender Bedeutung für unsere Lebensverhältnisse ist, auch weiterhin vor unlösbare ökonomische und ökologische Probleme stellen und unser aller Sicherheit bedrohen.

9.1 Der heimliche Erfolg

9.1.1 Nachfrageseite

Trotz der beschriebenen offiziellen Widerstände vermochten sich fortschrittliche Energietechniken auch auf diesem so unvollkommenen Markt in erstaunlicher Weise durchzusetzen. Betrachten wir die folgenden Fakten:

- Seit 1979 haben die Vereinigten Staaten siebenmal mehr Energie aus Sparmaßnahmen gewonnen als durch Nettozuwächse ihrer Energieerzeugung. Diese Zuwächse sind in größerem Umfange auf regenerative oder erneuerbare Energieträger zurückzuführen (gegenwärtig etwa elf bis zwölf Prozent der gesamten Primärversorgung) als auf nichterneuerbare. In dem Zeitraum von 1979 bis 1986 einschließlich haben Energiesparmaßnahmen den US-amerikanischen Energiemarkt siebenmal stärker entlastet als der Atomstrom – 1984 bis 1986 sogar dreizehnmal stärker.
- Infolge der Energiesparmaßnahmen, die seit 1973 getroffen worden sind, liegen die jährlichen Energiekosten der USA in letzter Zeit bei 430 Milliarden Dollar statt bei 580 Milliarden – eine Ersparnis von ungefähr 150 Milliarden Dollar pro Jahr (ungefähr so groß wie das Defizit des US-Staatshaushalts). Doch wären die Vereinigten Staaten in ihrer Energienutzung

insgesamt so weit wie ihre Konkurrenten in Europa und Japan, so würden sie noch einmal etwa 200 Milliarden Dollar pro Jahr sparen. Und wenn die USA für den Rest dieses Jahrhunderts einfach die besten energietechnischen Möglichkeiten wählen würden, die auf dem Markt sind, so könnten sie mehrere Billionen Dollar nach heutigem Stand einsparen – genug, um die gesamte Staatsverschuldung der USA zurückzuzahlen.

- Von 1977 bis 1985 haben die Vereinigten Staaten ständig und ohne besondere Anstrengung vier Fünftel mehr Erdöl eingespart, als aufgrund von Wirtschaftswachstum und rückläufiger einheimischer Ölförderung notwendig gewesen wäre. Durch diesen fünfprozentigen Anstieg der nationalen Ölproduktivität konnten die Ölimporte insgesamt um die Hälfte gekürzt werden. Das wurde weitgehend durch so simple Maßnahmen wie den Einsatz von Dichtungspistolen, Rohrdichtungen, Isolierung, Schließung von Dampflecks und eine Mehrleistung von acht Kilometern pro Gallone (3,8 Liter) Bezin der Autoarmada erreicht.
- 1986 »erzeugten« die US-amerikanischen Energiesparmaßnahmen, die seit 1973 – vor allem im Bereich von Erdöl und Gas – in die Wege geleitet worden waren, pro Jahr zwei Fünftel mehr an Energie als die einheimische Ölindustrie, die im Laufe eines Jahrhunderts entstanden ist. Hinzu kommt, daß das Erdöl steigende Kosten, zurückgehende Leistung und schwindende Reserven hat, das Energiesparen dagegen sinkende Kosten, steigende Leistungen und immer größere Reserven.
- Das Electric Power Research Institute (EPRI), die Denkfabrik der US-amerikanischen Versorgungsbetriebe, schätzt, daß zwischen 1973 und 1983 die erfolgten Stromsparmaßnahmen in den Vereinigten Staaten Bauvorhaben von etwa 141 Gigawatt überflüssig gemacht haben,[4] was Grenzkapazitätskosten in der Größenordnung von 200 bis 500 Milliarden Dollar entspricht. Doch weitere mögliche Einsparungen sind noch viel größer.[5] EPRI sieht die technische Möglichkeit, im Jahre 2000 24 bis 44 Prozent des US-Stroms einzusparen, wobei die neun Prozent gar nicht mitgerechnet sind, die in den Bedarfsprognosen oder den Sparprogrammen der Versorgungsunternehmen bereits eingeplant sind.[6]

- Zahlreiche Elektrizitätsgesellschaften, die in eine effizientere Stromnutzung ihrer Kunden investieren, sparen in Wahrheit große Strommengen bei niedrigen und sinkenden Realkosten ein. In ausgereiften Programmen betragen die Ausgaben der Elektrizitätsgesellschaften, nach Abzug der in der Folgezeit möglich werdenden Ausgabenkürzungen, in der Regel 0,1 bis 0,5 Cent pro eingesparter Kilowattstunde. Wenn beispielsweise alle Amerikaner Elektrizität mit dem gleichen Tempo und Kostenaufwand sparen würden, wie die etwa zehn Millionen Kunden der Southern California Edison Company zwischen 1983 und 1985 eingespart haben, könnte die nationale Stromversorgung mit einem Bedarfsrückgang von 40 Gigawatt pro Jahr rechnen (was einer Ersparnis von Kapitalkosten, die staatlichen Subventionen eingerechnet, in Höhe von etwa 80 Milliarden Dollar jährlich entspricht). Für die Elektrizitätsgesellschaften würden durch diese Ersparnisse Durchschnittskosten von ungefähr 0,1 bis 0,2 Cent/kWh entstehen – etwa ein Prozent der Kosten, die für neue Kraftwerke anfallen.[7]

9.1.2 Angebotsseite

Ähnliche augenfällige Fortschritte zeigen sich auf der Angebotsseite. Dort haben im Bereich der Grenzinvestitionen der Elektrizitätsgesellschaften beispielsweise die Verlängerung der Lebensdauer von herkömmlichen Kraftwerken, die Umrüstung von Dampfturbinen zu kombinierten Dampf-Gasturbinen, Kombikraftwerke mit Dampf- und Gasturbinen sowie Gasturbinen mit Dampfeinblasung die großen Dampfkraftwerke praktisch verdrängt. Bei guter Planung und günstigen örtlichen Bedingungen können sich kleine Wasserkraftwerke, Wasserstofftechnologien, Windkraft und bestimmte Formen der Stromgewinnung aus Erd- und Sonnenwärme als durchaus konkurrenzfähig mit den üblichen Wasserdampfkraftwerken erweisen, selbst wenn diese subventioniert werden und die alternativen Stromgewinnungsarten nicht.[8] Die Entwicklung anderer Möglichkeiten, etwa der Brennstoffzellen und der Photovoltaik kommen so rasch voran, daß sie bald wettbewerbsfähig sein werden. Selbst ohne Konkurrenz auf der Nachfrageseite dürfte die Zeit der großen Dampfkraftwerke vorbei sein.

Nehmen wir zum Beweis die Auftragslage in den Vereinigten Staaten von 1981 bis 1984. Aufträge und verbindliche Vereinbarungen abzüglich der Stornierungen ergaben:

- −65 Netto-Gigawatt für Großkraftwerke, die mit fossilen Brennstoffen und mit Kernkraft betrieben werden.
- +25 Gigawatt für Nebenerzeugung (ungefähr 20 Prozent davon regenerative Energiequellen).
- + mehr als 20 Gigawatt für kleine Wasserkraft-, Windkraftanlagen und so fort.

Mehr als zwei Drittel der verlorenen Kapazität in Form von Großanlagen wurde also durch kleinere, schnellere und billigere Lösungen ersetzt, mit deren Hilfe die Investoren das finanzielle Risiko erheblich mindern konnten.[9] Das letzte Drittel wurde durch eine rationellere Energienutzung im Endverbrauch mehr als wettgemacht. Seit 1984 haben sich diese Bedingungen, die zu einer sehr bemerkenswerten Verlagerung des privaten Kapitals führten, nur noch verstärkt.

Einen Mikrokosmos des Energiemarkts bildet Kalifornien. Der Staat repräsentiert etwa 10 Prozent der US-amerikanischen Wirtschaft und hatte 1984 eine Spitzenbelastung von 37 Gigawatt. Davon wurden 10 Gigawatt durch Wasserkraft und geothermische Anlagen, 27 Gigawatt durch mit fossilen Brennstoffen befeuerte Anlagen oder durch Kernkraftwerke geliefert. Etwa 1982 boten die kalifornischen Elektrizitätsgesellschaften erstmals an, privat erzeugten Strom zu fairen Preisen und bei weitgehend angeglichenen Subventionen aufzukaufen. Nach wenigen Jahren eines fast fairen Wettbewerbs

- hatten die Elektrizitätsunternehmen langfristig (in zehn Jahren) 13 Gigawatt eingespart und rechneten mit weiteren elf Gigawatt;
- hatten ihnen private Investoren mehr als 21 Gigawatt an neuer Stromerzeugungskapazität verbindlich angeboten, den größten Teil davon in Form erneuerbarer Energiequellen;
- waren mehr als 13 Gigawatt dieser angebotenen Kapazität bereits gebaut oder im Bau;

- trafen neue Angebote zur privaten Stromerzeugung mit einer Rate von neun Gigawatt – oder einem Viertel der gesamten Spitzennachfrage – *pro Jahr* ein.

Infolge der deraus resultierenden Energieschwemme legte die kalifornische Regierung im April 1985 erst einmal alle neuen Verträge auf Eis. Wenn man den Markt noch ein oder zwei Jahre in dieser Weise hätte reagieren lassen, wäre bereits *jedes Wärmekraftwerk in Kalifornien* ersetzt worden. Nun rechnen aber noch die Elektrizitätsgesellschaften in mindestens zwei Dutzend anderen Staaten und Bezirken damit, ihre Überschüsse gleichzeitig an Kalifornien verkaufen zu können. Einige kalifornische Elektrizitätsgesellschaften sind durchaus nicht glücklich über die Fähigkeit der privaten Stromerzeuger, ihre eigenen kostspieligen Großanlagen preislich unterbieten zu können. Sie versuchen zu verhindern oder es zumindest hinauszuschieben, daß ein Großteil der bereits vertraglich gebilligten privaten Stromerzeugungskapazität ans Netz kommt – während sie gleichzeitig den Vorwurf erheben, diese Kapazität sei »unzuverlässig«, weil sie nicht immer erfüllt werde.

In den Jahren 1988 und 1989 führten mindestens ein Dutzend verschiedene amerikanische Elektrizitätsgesellschaften Auktionen durch, um festzustellen, welche privaten Investoren bereit waren, auf eigene Kosten und eigenes Risiko Strom zu erzeugen und an das allgemeine Netz zu verkaufen. Jeder dieser Gesellschaften wurde zu sehr konkurrenzfähigen Preisen fünf- bis zehnmal soviel Elektrizität angeboten, wie sie haben wollten.[10] Wahrscheinlich wären sie mit einer noch größeren Fülle von attraktiven Angeboten überschwemmt worden, wenn sie einen ähnlichen Preis für Energie-*Sparmaßnahmen* geboten hätten, wie es mittlerweile in einigen Fällen geschieht.

Ein letztes Beispiel: Der Staat Maine hat mit Hilfe von Ausschreibungen nicht nur große Stromeinsparungen erzielt, sondern auch den Stromanteil, der privat und größtenteils durch erneuerbare Energiequellen erzeugt wird, von zwei Prozent im Jahr 1984 auf 20 Prozent im Jahr 1989 angehoben; 1991 werden es sogar 30 Prozent sein (hochgerechnet anhand der Anlagen, die sich 1990 im Bau befanden).[11]

9.2 Die Revolution in der rationellen Energienutzung

Diese bemerkenswerten Entwicklungen zeigen außerordentlich rasche Fortschritte auf vier verwandten Gebieten:

9.2.1 Technologie für eine außerordentlich rationelle Energienutzung im Endverbrauch

Die besten stromsparenden Technologien, die heute angeboten werden, waren vor einem Jahr größtenteils noch nicht auf dem US-Markt, und von diesen wiederum war nur ein kleiner Teil im Jahr davor erhältlich. Heute kann doppelt soviel Elektrizität gespart werden wie vor fünf Jahren, und das zu einem Drittel der Realkosten – ein Zuwachs in der Gesamtrentabilität um einen Faktor von 6 in fünf Jahren oder um einen Faktor von nahezu 30 in zehn Jahren. Diese technologische Revolution läßt keinerlei Anzeichen für ein Abklingen erkennen. Das daraus sich ergebende Ersparnispotential – dargestellt in Abbildung 9.1 – beruht auf den *gemessenen* Daten für Kosten und Leistung.[12] Ersparnisse in ähnlicher Größenordnung, in Abbildung 9.2 zusammengefaßt, sind beim Ölverbrauch möglich.

9.2.2 Neue Wege, um den Kunden energiesparende Technologien zu finanzieren und zu liefern

Das Rocky Mountain Institute und andere Forschungseinrichtungen[13] haben viele Techniken für möglichst kostensparende Investitionen entwickelt, die ein zunehmend wettbewerbsorientierter Energiemarkt (und in mehr als vierzig US-Staaten auch das Gesetz) verlangt, während die Elektrizitätsgesellschaften sie erfolgreich anwenden.[14] Neben den günstigen Darlehen und Preisnachlaßbedingungen der Versorgungsunternehmen, die heute den meisten Stromkunden in den Vereinigten Staaten zur Verfügung stehen, gehören zu diesen neuen Methoden:

- Ausschreibungen für alle Verfahren, Strom zu erzeugen oder einzusparen (heute bereits in mindestens acht Staaten);

- Abkommen über Märkte zweiter Ordnung, um die Stromabnahme zu stabilisieren oder zu erhöhen;
- Handel mit elektrischen Sparmaßnahmen innerhalb der Zuständigkeitsgebiete verschiedener Elektrizitätsgesellschaften und zwischen ihnen (die ersten beiden Geschäftsabschlüsse dieser Art wurden 1988 ausgehandelt; dabei investiert eine Gesellschaft in Stromspartechnologien auf dem Gebiet eines anderen Stromversorgungsunternehmens und kauft anschließend zu einem Vorzugspreis den dadurch eingesparten und auf diesem Gebiet nicht benötigten Strom zurück);
- Einrichtung von Spot- und Terminmärkten für »Negawatt« (eingesparte Elektrizität);
- eine gleitende Skala für die Anschlußkosten neuer Gebäude – wobei die Kosten positiv oder negativ (Preisnachlaß) sein können, je nachdem wie rationell die Energie in den verschiedenen Gebäuden genutzt wird;
- der Verkauf von Technologien zur rationellen Stromnutzung durch Elektrizitätsgesellschaften[15] – und neuerdings auch durch Gasgesellschaften – in die Gebiete anderer Gesellschaften (was heute etwa ein Dutzend Unternehmen mit Gewinn machen).

Diese und ähnliche Neuerungen machen Stromersparnis zu einem Wirtschaftsgut, das den gleichen Marktmechanismen unterliegt wie andere Wirtschaftsgüter auch, nämlich Handel und Vertretbarkeit auf Dauer und überall, Anbieterwettbewerb, Sekundärmärkten und damit einhergehenden Instrumentarien, Arbitragen und so weiter. Ähnliche Entwicklungen zeichnen sich für die Einsparung anderer Energieformen, zum Beispiel Mineralöl, und andere Ressourcen, etwa Wasser, ab.[16]

9.2.3 Radikale Veränderungen in der Unternehmensstrategie der Versorgungsgesellschaften, durch die sie zu ihren historischen Wurzeln zurückfinden

Eine Minderheit der amerikanischen Versorgungsgesellschaften ist im Begriff, ihre ursprüngliche Aufgabe wiederzuentdecken, die (nach einer Formulierung von Georgia Power) darin besteht, »gewinnbringende Produktion und Kundenzufriedenheit mita)

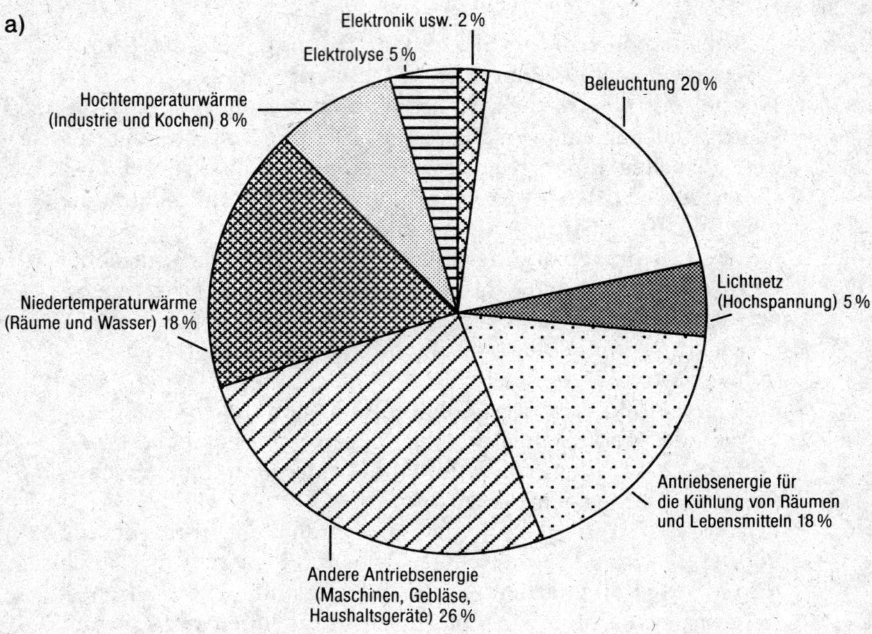

Elektronik usw. 2 %
Elektrolyse 5 %
Beleuchtung 20 %
Hochtemperaturwärme
(Industrie und Kochen) 8 %
Lichtnetz
(Hochspannung) 5 %
Niedertemperaturwärme
(Räume und Wasser) 18 %
Antriebsenergie für
die Kühlung von Räumen
und Lebensmitteln 18 %
Andere Antriebsenergie
(Maschinen, Gebläse,
Haushaltsgeräte) 26 %

b)

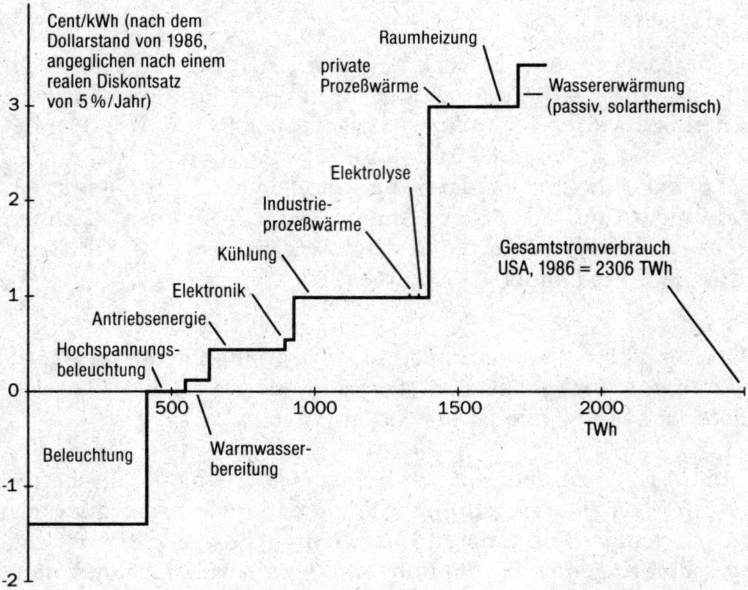

Cent/kWh (nach dem
Dollarstand von 1986,
angeglichen nach einem
realen Diskontsatz
von 5 %/Jahr)
3
2
1
0
-1
-2
Raumheizung
private
Prozeßwärme
Wassererwärmung
(passiv, solarthermisch)
Elektrolyse
Industrie-
prozeßwärme
Kühlung
Elektronik
Antriebsenergie
Hochspannungs-
beleuchtung
Gesamtstromverbrauch
USA, 1986 = 2306 TWh
500
1000
1500
2000
TWh
Beleuchtung
Warmwasser-
bereitung

einander in Einklang zu bringen«. Die Minderheit wird rasch größer, weil zu erkennen ist, daß diese Unternehmen gewinnbringender arbeiten und zufriedenere Angestellte haben als ihre Konkurrenten. Elektrizitätsgesellschaften, die neben Strom auch Stromspartechnologien (die wichtigste Zwischenware auf dem elektrischen Dienstleistungsektor) verkaufen, sind damit nicht mehr Anbieter einer einzigen Ware *Kilowattstunden,* sondern eine Dienstleistungsindustrie – das heißt, sie bieten eine attraktive Mischung von Waren an, unter anderem auch Information und Finanzierung, die dem Kunden zum Vorteil gereichen. Das heißt unter anderem, daß man sich an der letzten Buchungszeile

---

Abbildung 9.1 (gegenüberliegende Seite) a) Die ungefähren Werte für die Stromendnutzung in den Vereinigten Staaten (1985). b) Die Möglichkeiten zur Stromersparnis bei vollständiger Umrüstung mit den besten technischen Mitteln, die 1988 auf dem Markt waren. Dazu die Kosten dieser Energieersparnis. (TWh: Terawattstunden: 1 TW = 1000 Gigawatt.) Die Daten über Kosten und Leistungen sind empirisch ermittelt. Aus Gründen der Einfachheit werden jeweils alle Meßwerte, die eine der Endnutzungen betreffen, zusammengefaßt, statt einzeln nach ihren Kosten aufgeschlüsselt zu werden. Der Katalog der berücksichtigten Technologien, der etwa 1000 Posten umfaßt, ist bei weitem nicht vollständig und enthält zum Beispiel keine Nachtspeichergeräte. Erheblich größere Einsparungen könnten bei höheren Kosten vorgenommen werden, die aber immer noch unter den langfristigen Grenzkosten für die Stromversorgung liegen würden. Die Grenzkosten für die abgebildeten Bereiche können mit den kurzfristigen Grenzkosten der meisten US-amerikanischen Versorgungssysteme konkurrieren. Die gegenwärtige Fehlerspanne beträgt zehn Prozentpunkte bei der Gesamtersparnis und einen Faktor von weniger als 2 bei ihren Durchschnittskosten. Die Abbildung zeigt, daß die praktische Möglichkeit besteht, ungefähr die Hälfte des US-amerikanischen Stroms ohne irgendwelche Nettokosten oder drei Viertel bei Durchschnittskosten von 0,6 Cent/kWh einzusparen. Letzteres wäre immer noch um ein Vielfaches billiger als ein bereits vorhandenes Wärmekraftwerk einfach zu betreiben, die Baukosten nicht einmal eingerechnet. Es mehren sich die Hinweise, daß die Möglichkeiten zu einer rationelleren Energienutzung in Westeuropa und Japan wahrscheinlich nicht viel geringer sind, in den sozialistischen und den Entwicklungsländern sind sie vermutlich noch viel größer.

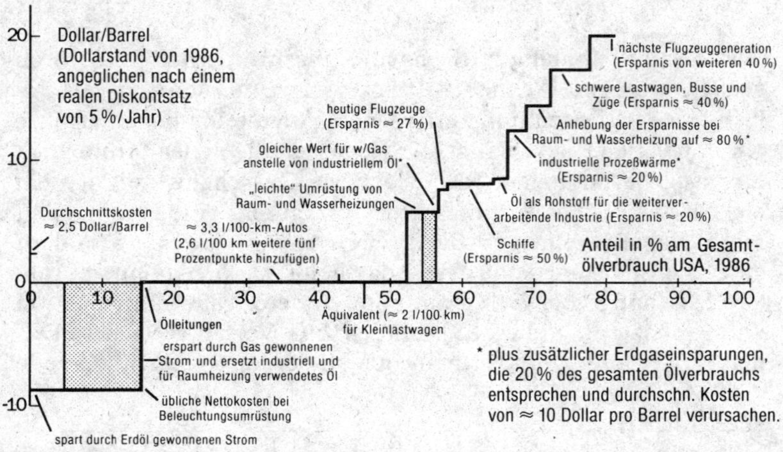

Abbildung 9.2 Die ungefähren Daten für die technischen Möglichkeiten, den US-amerikanischen Ölverbrauch einzuschränken. Die Kurve ist auf die gleiche Weise entstanden wie Abbildung 9.1 b) und faßt grob die vorhandenen Möglichkeiten zusammen, um etwa vier Fünftel des US-amerikanischen Öls einzusparen (das Öl eingerechnet, das durch eingespartes Gas ersetzt wird), wobei das verbleibende Fünftel dem Wert des eingesparten Gases entspricht. Diese Einsparungen würden durchschnittliche Kosten von weniger als drei Dollar/Barrel verursachen, wenn man die besten der bereits erprobten technischen Neuerungen verwendet, von denen etwa die Hälfte bereits auf dem Markt sind[17]. Dabei dürfte die überraschendste und wichtigste der berücksichtigten Neuerungen das Auto sein, das einen Verbrauch von 3,3 l/100 km hat und von dem Volvo behauptet, es ohne Grenzkapitalkosten herstellen zu können[18]. Eine entsprechende Behauptung, die allerdings nicht so genau dokumentiert ist, sind die 2,6 l/100 km von Peugeot, die eine weitere Ersparnis von fünf Prozentpunkten bedeuten würden[19]. Diese beiden Unternehmen und sieben weitere Hersteller haben bereits die Prototypen solcher Wagen getestet (ohne allerdings wie Volvo und Peugeot die Grenzproduktionskosten zu veröffentlichen). Die Wagen verbinden auf unterschiedliche Weise einen hohen Sicherheitsstandard und Spritzigkeit mit geringen Abgaswerten, normalem Komfort und einem Verbrauch von 1,7 bis 3,5 l/100 km. Obwohl die umweltbelastenden Emissionen solcher Autos wahrscheinlich nicht linear mit ihrem Brennstoffverbrauch abnehmen werden, wird trotzdem ein erheblicher Rückgang zu verzeichnen sein, und zwar bei negativen Kosten, die sich aus der Differenz zwischen den Grenzkapitalkosten der Supersparautos – wenn solche Kosten überhaupt entstehen – und den gegenwärtigen Kosten des eingesparten Brennstoffs ergeben.

orientiert und nicht an der ersten: Man muß lernen, daß es durchaus in Ordnung ist, weniger Strom zu verkaufen und geringere Einnahmen zu verbuchen, solange nur die Kosten rascher fallen. Früher herrschte die Auffassung, für solch grundlegende Veränderungen in der Unternehmenspolitik seien eine neue Firmenspitze und zehn Jahre Zeit erforderlich. Heute schaffen das manche Elektrizitätsgesellschaften in viel kürzeren Zeiträumen. Dennoch, es ist schwer: Nicht nur die Unternehmensstrategie muß neu definiert werden, sondern auch die Berufsbilder und das Selbstverständnis der Mitarbeiter. Doch das ist leichter, als es zu unterlassen. Und die Gefahr der globalen Erwärmung macht diesen Prozeß nun zu einer unabweisbaren Notwendigkeit.

9.2.4 Kleine, aber wichtige Veränderungen der staatlichen Vorschriften, durch die die veränderte Unternehmensstrategie unterstützt und verstärkt wird

Das wichtigste Ereignis in diesem Zusammenhang ist der einstimmige Grundsatzbeschluß der National Association of Regulatory Utility Commissioners im November 1989, der festlegte, daß die Gewinne der Versorgungsgesellschaften unabhängig von ihren Verkaufszahlen zu bewerten sind (so daß es ihnen zumindest gleichgültig sein kann, ob sie mehr oder weniger Strom verkaufen – was bis dahin nur für Kalifornien galt) und daß die Unternehmen für Kostenminimierung belohnt werden (indem sie beispielsweise von dem, was sie ihren Kunden ersparen, einen zusätzlichen Gewinn einbehalten dürfen).

Dieser Fortschritt zeigt sich am deutlichsten – aber nicht ausschießlich – bei den Elektrizitätsgesellschaften. Einige der großen Brennstoffanbieter, unter ihnen auch zwei der weltweit größten Ölgesellschaften, machen ernsthafte Anstrengungen, verschiedene Formen rationeller Energienutzung aus Interesse und aus Gewinngründen zu verkaufen.

9.2.5 Auffassungen zum künftigen Energiebedarf

Allen diesen Entwicklungen liegt die energiepolitische Revolution zugrunde, die nach 1973 eingesetzt hat. Dieser einschneidende Wandel ist heute so gründlich vollzogen, daß man sich kaum noch der primitiven Methoden erinnert, die noch vor zehn Jahren allgemein üblich waren. 1976 hat Herman Daly in wenigen Zeilen zusammengefaßt, wie damals allgemein der Energiebedarf bestimmt wurde:

> Die heutigen Wachstumsraten der Bevölkerung und des Pro-Kopf-Energieverbrauchs [oder der Bevölkerung, des Pro-Kopf-Bruttosozialprodukt und des Energieverbrauchs pro Bruttosozialprodukt-Einheit] werden zu irgendwelchen willkürlichen, abgerundeten Daten extrapoliert. Alle Technologien, die erforderlich sind, um die auf diese Weise ermittelten Mengen zu erzeugen, werden automatisch mit allen ihren gesellschaftlichen Konsequenzen akzeptiert, und man verschwendet keinen Gedanken daran, wie lange das System Bestand haben kann, wenn das vorgegebene Niveau erreicht ist. Da wird ganz einfach ein Trend zum Schicksal überhöht, und die Geschichte hört im Jahre 2000 oder 2050 oder zu irgendeinem anderen geeignet erscheinenden Datum entweder auf oder beginnt von neuem.
>
> Dieses Vorgehen wäre für jeden Organismus mit einem Zentralnervensystem unwürdig, von einem Geschöpf mit Großhirnrinde ganz zu schweigen. Und für diejenigen unter uns, die dazu noch eine Seele haben, ist diese Umkehrung von Zweck und Mitteln nahezu unverständlich ... [Man stellt sich auf den Standpunkt,] daß es ein Genug nicht geben kann[;] daß das Wachstum von Bevölkerung und Pro-Kopf-Energieverbrauch entweder erstrebenswert oder unvermeidlich ist[;] daß es keinen Zweck hat, sich über eine Zukunft Gedanken zu machen, von der uns mehr als zwanzig Jahre trennen, weil über einen solchen Zeitraum alle Kosten-Nutzen-Rechnungen null und nichtig werden[;] und daß der immer massivere Einsatz von Technik bloß der Wegweiser des Fortschritts ist, und daß es dem, der diese Richtung nicht einschlagen will, an den nötigen Nerven fehlt.

Man ist sich heute weitgehend darüber einig, daß der Ansatz bei der Endverbrauch-Kostenminimierung, der 1976 vorgeschlagen wurde[20] – und in dem gefragt wird, wofür wir die Energie haben möchten und wie viel davon in welcher Qualität, in welchem Umfang und aus welcher Quelle sie unseren Zwecken auf die billigste Weise genügt –, die beste Möglichkeit bietet, Marktentwicklungen vorherzusehen und Investitionen optimal zu planen. Einig ist man sich auch darüber, daß der künftige Energiebedarf kein Schicksal, sondern eine Entscheidung ist. Aber nur die wenigen Experten, die die neuen Technologien und Versorgungsmethoden sorgfältig geprüft haben, sind sich darüber im klaren, wie außerordentlich flexibel diese Entscheidung heute getroffen werden kann. Die oben wiedergegebene Aufstellung der Einsparungen und Kosten wird sicherlich viele überraschen. Dabei sind diese Ergebnisse mit den üblichen Methoden anhand dokumentierter Kosten-Leistungs-Daten errechnet worden, die für im Handel erhältliche Geräte und Anlagen ermittelt wurden. Über empirische Daten läßt sich kaum diskutieren.

Zukunftsentwürfe mit hohem Energiebedarf werden oft für selbstverständlich und logisch gehalten, weil ihre Extrapolation aus der Vergangenheit so wenig Nachdenken erfordert, sind aber in sich widersprüchlich. Sie beruhen auf der Annahme, daß das Versorgungssystem massiv und kostenintensiv ausgebaut werden müßte, was hohe Energiepreise bedeuten würde. Solche Preise würden aber die Verbraucher veranlassen, für einen weit rationelleren Endenergieverbrauch zu sorgen. Energieintensive Zukunftsentwürfe sind in der Regel auch politisch wenig attraktiv, weil sie ein höheres Maß an *Dirigismus* verlangen, als die meisten Gesellschaften hinzunehmen bereit wären. Kernkraftbefürworter, die vorschlagen, Amerika solle dem Beispiel von Frankreich und Taiwan folgen, vergessen dabei, daß sich die Amerikaner, wie Irwin Stelzer darlegt, dazu entschlossen haben, in einem Land zu leben, in dem die Verhältnisse ganz anders sind als in Frankreich und Taiwan – in einem Land, dessen Stromversorgung nicht zentral gelenkt wird, sondern demokratischen und wirtschaftlichen Entscheidungsprozessen unterworfen ist, worauf alle Beteiligten großen Wert legen. Ich weiß natürlich, daß kein energiewirtschaftlicher Zukunftsplan leicht zu verwirklichen sein wird. Aber die jüngere Geschichte lehrt uns, daß die unbestrittenen Probleme rationeller Energienutzung weit besser in den Griff zu bekommen sind als die Probleme, auf die wir mit Sicherheit stoßen, wenn wir uns für einen anderen Weg entscheiden.

9.3 Immer wieder die gleichen Fehler

Besonders verblüffend sind die Leistungen der rationellen Energienutzung, wenn man bedenkt, gegen welche Kräfte sie sich durchzusetzen hat. Jahrzehntelang sind Fortschritte auf dem Sektor der Energienutzung durch ihre Gegner erheblich verzögert worden, und oft genug hat sie selbst unter ihren Fürsprechern zu leiden gehabt. (Als US-Präsident Carter öffentlich Energiesparen mit Verzicht, Unbequemlichkeit und Einschränkungen gleichsetzte, hat er den Bemühungen um eine rationellere Energienutzung wahrscheinlich mehr geschadet, als er ihnen mit seinen anderen politischen Maßnahmen genützt hat.)[21] Gleichzeitig wurden verschwenderische, ökologisch unvertretbare und völlig konkurrenzunfähige energiewirtschaftliche Lösungen von staatlicher Seite fortgesetzt, großzügigst unterstützt. Es ist schon einer näheren Betrachtung wert, warum sich, vor allem in den Vereinigten Staaten, der zukunftsblinde, privatwirtschaftliche Eigennutz gegenüber makroökonomisch vernünftigen Gesichtspunkten durchsetzen konnte. Beispielsweise stellte sich heraus, daß die staatliche Subventionspolitik auf dem Energiesektor sehr einseitig ist[22] – eine Thematik, die vollständig zuletzt im Haushaltsjahr 1984 untersucht worden ist (Abb. 9.3).[23] Diese Politik führte beim Strom zu einer scheinbaren Preisreduzierung von 17 Prozent, bei den direkten Brennstoffen von vier Prozent und bei der Energieausnutzung von einem Prozent. Die US-amerikanische Steuerreform von 1986 mag den Gesamtbetrag der staatlichen Zuschüsse vielleicht etwas verringert haben, der zuvor allein im Haushaltsjahr 1984 mehr als 50 Milliarden Dollar aufwies, hat aber die Verzerrung der Marktentscheidungen sicherlich noch verstärkt.[24]

Es gibt noch viele andere Beispiele für solche institutionellen Torheiten:

- Das Innenministerium setzt seine mühsamen Anstrengungen fort, alle öffentlichen Brennstoffbestände auf einem bereits übersättigten Markt zu Niedrigpreisen zu verkaufen oder zu verpachten, während es alle anderen Gesichtspunkte (ökologische und gesellschaftspolitische Auswirkungen, Risiken für die nationale Sicherheit, den Wert von Natur und Tier-

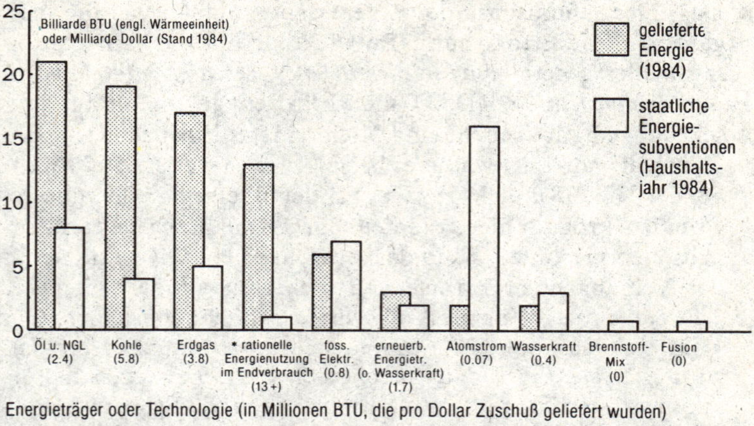

Abbildung 9.3 Gelieferte Energie und ungefähre Größenordnung staatlicher Zuschüsse für die Energiewirtschaft, USA 1984 (vorläufige Daten). Die Größe und Verteilung der staatlichen Energiezuschüsse im Haushaltsjahr 1984 (darunter 17 Steuerstufen, direkte Subventionen aus Haushaltstiteln von 21 Behörden, verbilligte Darlehen und Bürgschaften für Kapitalgrenzkosten von neun weiteren Behörden) sind für die Verzerrungen verantwortlich, die sich in den Klammerwerten des Kosten-Leistungs-Verhältnisses unter den Balkenpaaren ausdrückt.

bestand, der biologischen, landschaftlichen und kulturellen Ressourcen) ausblendet.

- Die Federal Energy Regulatory Commission war Ende der achtziger Jahre krampfhaft bemüht, alle staatlichen Initiativen zur Einführung echter Wettbewerbsbedingungen auf dem Elektrizitätsmarkt zu verhindern.
- Die staatliche Kontrolle und Durchsetzung bestehender Umwelt-, Gesundheits-, Sicherheits- und Kartellgesetze, die der Energieindustrie unangenehm waren, wurden weitgehend unterlaufen.[25] Gesetzliche Vorschriften, die den Standard von Gebäuden und Geräten betrafen und die sattsam bekannte Marktschwächen beseitigen sollten, bekämpfte man, höhlte sie aus oder nahm sie nicht zur Kenntnis.[26] Nach siebenjähriger Verschleppungstaktik der Reagan-Administration gab der Kongreß alle Versuche auf, die Conservation and Solar Bank weiterzuführen, die er 1980 gegründet hatte.

- Das Energieministerium der Vereinigten Staaten hat die Ausgaben für die Erforschung, Entwicklung und Dokumentation rationeller Energienutzung (*efficiency research, development and demonstration,* RD&D) um 71 Prozent gekürzt und drängt seit langem auf noch einschneidendere Einsparungen. Im Haushaltsjahr 1989 waren es beispielsweise weitere 50 Prozent bei der RD&D und 96 Prozent bei den überregionalen und regionalen Programmen, die den Bürger mit Energiesparinformationen versorgen – und das, obwohl solche Investitionen in der Vergangenheit Erträge von mehreren hundert oder gar Tausend Prozent für die Volkswirtschaft gebracht haben. Obwohl sich das politische Klima heute wieder gebessert hat, wird es viele Jahre dauern, bis sich die zerschlagenen Forschungseinrichtungen soweit erholt haben, daß sie etwas Vernünftiges mit den wieder fließenden öffentlichen Geldern anfangen können.
- Der Rest an staatlichen RD&D-Geldern fließt fast ausschließlich (zu ungefähr 96 bis 99 Prozent) in Randbereiche des Energiebedarfs (etwa null bis sieben Prozent) (zentrale Stromversorgung, statt Erzeugung in angemessener Größenordnung, die nichtelektrische Versorgung und Möglichkeiten auf der Nachfrageseite).

Interventionen wie diese haben ernste, ja absurde Konsequenzen. Beispielsweise beziffert sich die Energie, die heute in den Vereinigten Staaten verschwendet wird,[27] doppelt so hoch wie das Haushaltsdefizit oder entspricht einer höheren Summe als der gesamte Militärhaushalt, der immerhin 10000 Dollar pro Sekunde kostet. Das Rohöl, das 1986 verschwendet wurde,[28] weil sich der Standard für den Wirkungsgrad kleinerer Kraftwagen in den USA verschlechterte,[29] entspricht in etwa den amerikanischen Ölimporten aus dem Persischen Golf im Jahr 1985. Es kommt auch der jährlichen durchschnittlichen Ölmenge gleich, die das Innenministerium dreißig Jahre lang aus dem Boden des Arctic National Wildlife Refuge (ANWR) zu fördern hoffte. Die Regierung hat sich also ein Ölvorkommen durch die Lappen gehen lassen, das sich allemal mit dem des ANWR messen kann und das zu haben wäre, ohne von dem Kongreß die Erlaubnis zu erwirken, die Förderrechte im Schutzgebiet verpachten zu dürfen, ohne die Umwelt zu belasten und ohne den Pächtern die finanziellen Verluste einzubrocken, die beim ANWR-Projekt sehr wahrscheinlich herauskommen.

Ganz ähnlich schätzt das Electric Power Research Institute (EPRI), daß die etwa 56 Gigawatt Grundlasteinsparungen, die bis zum Jahr 2000 dank Effizienzförderungsprogrammen der Elektrizitätsgesellschaften erreicht sein werden, weitgehend wieder zunichte gemacht werden durch einen neuen Bedarf von ungefähr 35 Gigawatt während der maximalen Belastung und von 41 Gigawatt während der minimalen Belastung. Eine Bedarfssteigerung, die gegenwärtig bewußt mit, wie ich finde, ökonomisch unvernünftigen, energiewirtschaftlichen Marketingprogrammen geschaffen wird.

Diese und andere Interventionen trugen wahrscheinlich mehr als die Preisfluktuationen dazu bei, daß zwischen 1988 und 1989 der bis dahin regelmäßige Rückgang des US-amerikanischen Energie-BSP-Quotienten um einige Cent jährlich unterbrochen wurde. Inzwischen setzt sich dieser Rückgang teilweise wieder fort.

Wenn man Industriezweige, deren Technologien mit großen Risikofaktoren verbunden sind, von allen politischen und wirtschaftlichen Verpflichtungen entbindet, fördert man eine leichtfertige Unternehmensführung, die enorme zukünftige Kosten verursacht. Dies zeigt uns jetzt die auf ungefähr 100 Milliarden Dollar bezifferte Entsorgungsrechnung der militärischen Nuklearwirtschaft. Und diese unangenehme Überraschung wird wahrscheinlich noch von einer ähnlich aufgemachten Rechnung des zivilen Nuklearsektors in den Schatten gestellt werden.[30]

Das Elektrizitätswesen hat im Haushaltsjahr 1984 (aus dem die letzten verläßlichen Daten stammen) mehr als 35 Milliarden Dollar an staatlichen Zuschüssen erhalten; damit wurden zwei Drittel aller staatlichen Energiezuschüsse für 14 Prozent der gelieferten Energie aufgewendet.[31] Dank dieser Wettbewerbsverzerrung konnte Strom fast um ein Fünftel billiger angeboten werden, als er tatsächlich kostete. Dadurch wurde die Nachfrage künstlich gesteigert, und da neue Kraftwerke zu einem effektiven Zinssatz von Null (oder sogar negativen Werten) finanziert wurden, flossen die meisten der privaten Investitionen von ungefähr 30 Milliarden Dollar jährlich in die expandierende

Stromversorgung. (Das hatte große Auswirkungen auf die staatliche Mittelvergabe, weil die zentralen elektrischen Systeme ungefähr hundertmal so kapitalintensiv sind wie die traditionellen Öl-, Gas- und Kohlesysteme, mit deren Hilfe die heutige amerikanische Wirtschaft entwickelt wurde.) Die Gesamtinvestitionen, die in den USA noch immer für neue Stromversorgungsanlagen gemacht werden – etwa 60 Milliarden Dollar, zur Hälfte aus privater und zur anderen Hälfte aus öffentlicher Hand – entsprechen den Gesamtinvestionen in die US-amerikanische Gebrauchsgüterindustrie. Man brauchte also nur Stromeinsparungen vorzunehmen, die groß genug wären, um mit der wachsenden Nachfrage und den Kraftwerksstillegungen Schritt zu halten, und schon hätte man doppelt soviel Kapital zur Verfügung, um die Gebrauchsgüterindustrie konkurrenzfähig zu erhalten.

Allein der Unterschied in der Gesamtenergieintensität zwischen der amerikanischen und der japanischen Wirtschaft schafft einen automatischen Kostenvorteil von etwa fünf Prozent für die meisten japanischen Exporte. Dieser Abstand vergrößert sich ständig, insbesondere in Hinblick auf die elektrische Produktivität: Das japanische Bruttosozialprodukt war 1986 um 36 Prozent weniger stromintensiv als das amerikanische, und nach offizieller Prognose soll dieser Abstand im Jahr 2000 sogar auf 45 Prozent angewachsen sein. In besonders wichtigen Industrien – etwa der Auto-, Papier- und Zementindustrie – fällt in Japan die Intensität pro Tonne – ein Beweis dafür, daß solche abnehmende Intensität sich durchaus mit Wettbewerbsfähigkeit verträgt, ja, sie sogar steigern kann. In den Vereinigten Staaten dagegen steigt sie, gemäß dem offiziellen US-Dogma, daß steigende Stromintensität eine entscheidende Voraussetzung für eine gesunde Wirtschaft ist und deshalb weiter subventioniert werden muß.

Man erwägt, Probleme wie die Kohlendioxid-Emissionen, den sauren Regen und die Konsequenzen der Nukleartechnik mit Hilfe großer Ausgaben zu bekämpfen. Dabei sind sie alle Produkte einer unwirtschaftlichen Energiepolitik und ließen sich, wie oben erörtert, so reduzieren, daß nicht Extrakosten entstünden, sondern sogar Gewinne erwirtschaftet würden.

In den letzten 15 Jahren hat die US-Regierung zweimal auf

einen Ölschock reagiert, indem sie das Angebot gefördert und die Nachfrage ignoriert hat. Beide Male sind die Angebotsinitiativen gescheitert, während der Markt in aller Stille eine Fülle energiesparender Maßnahmen hervorbachte, so daß die Versorgungsindustrie auf ihrem kostspieligen und unverkäuflichen Überangebot sitzenblieb. Heute schickt sich die US-Regierung an, diesen Fehler ein drittes Mal zu wiederholen. Zwar hat sie ihre Lektion gelernt und weiß jetzt, daß sich die Investitionen auf der Angebots- und Nachfrageseite die »Waage« halten müssen. Allerdings verfährt sie dabei nach dem klassischen Elefanten-Maus-Rezept: Man nehme einen Elefanten und eine Maus. Dieses »Gleichgewicht« beruht nicht auf einer neoklassischen Kosten-Nutzen-Rechnung, sondern auf dem »Chinaspeisekartenkonzept« der Energiepolitik – einen Posten aus Spalte A, einen Posten aus Spalte B und so weiter, um es allen Wählern recht zu machen. Als weitere Grundlage dient die kühne Behauptung, man brauche eine größeres Angebot als »Sicherheit« für den Fall, daß es mit der rationellen Energienutzung aus irgendeinem Grund nicht klappe. Der Versuch, beides zu bekommen, wird meist erfolglos bleiben (weil sich beide Seiten um die gleichen Mittel bemühen), und am Ende hat man gar nichts. Noch schlimmer ist, wenn es, wie in den letzten Jahren, *doch* klappt – denn dann geht es mit der Versorgungsindustrie noch weiter bergab, weil sie nämlich eine gesteigerte Nachfrage braucht, um für ihre kostspieligen zusätzlichen Reserven zu bezahlen.

Kurzum, eine US-Regierung nach der anderen hat gezeigt, wie recht Abba Eban mit seiner Feststellung hat, daß sich Menschen und Nationen »erst dann vernünftig verhalten, wenn sie alle anderen Möglichkeiten ausprobiert haben«. Wir sind gegenwärtig intensiv mit den anderen Möglichkeiten beschäftigt.

9.4 Ökologische Vorteile

Es ist zumindest denkbar, daß die Häufung von Umweltproblemen, die gegenwärtig große Ängste in der Öffentlichkeit wekken, dazu beitragen könnten, die Energiepolitik wieder auf eine Grundlage wirtschaftlicher Vernunft zu stellen. Das ist keineswegs sicher – beispielsweise ist praktisch jedes Nachrichtenmagazin mit Ausnahme von *Business Week* auf das trügerische Argument hereingefallen, die Kernkraft könne einen Beitrag zur Einschränkung der globalen Erwärmung leisten[32] –, dennoch bietet diese Situation Gelegenheit, die Grundprinzipien zu überdenken.

Brennstoffe, die nicht abgebaut und verbrannt werden, haben keine Auswirkungen auf die Umwelt. Heute ist es im allgemeinen billiger, Energiespartechnik zu verschenken[33], als die Brennstoffe, die die gleiche Wirkung hätten, auszugraben und zu verbrennen. Die meisten ökologischen Schäden, die auf die Beschaffung, die Umwandlung und den Verbrauch von Energie zurückgehen, ließen sich auf diese Weise mit negativen Kosten für die Gesellschaft vermeiden.

Statt also den Strompreis zu erhöhen, um schmutzige Kohlekraftwerke mit Filtern auszurüsten, die die Emission von Säuredämpfen reduzieren, könnte man mit Methoden, die längst erprobt und bewährt sind, denselben Kunden helfen, sich mit extrem energiesparenden Beleuchtungskörpern, Motoren, Haushaltsgeräten und Baumaterialien auszustatten. Sie brauchen dann für die gleichen Dienstleistungen weniger Strom. Der Versorgungsbetrieb verbrennt weniger Kohle und emittiert weniger Kohlendioxid und Schwefel (wobei er sich hoffentlich der Methode des »Umwelt-Dispatch« bedient, der ökologischen Planung und Kontrolle der Energieerzeugung, und das heißt, daß zuerst die schmutzigsten Kraftwerke stillgelegt werden). Vor allem aber wird die Elektrizitätsgesellschaft viel Geld sparen, weil rationelle Energienutzung billiger ist als Kohle.[34] Das Unternehmen kann die eingesparten Betriebskosten teilweise dazu nutzen, um seine übrigen Kraftwerke, mit welcher Methode auch immer, umweltfreundlicher auszurüsten, teilweise, um seine Tarife zu senken, teilweise, wenn erforderlich, um entlassene Kohlebergleute zu entschädigen und teilweise, um seine Investoren dafür zu belohnen, daß sie so umsichtige Manager eingestellt haben. Bei einer Untersuchung dieses Ansatzes, in der man von sehr vorsichtigen Voraussetzungen ausging,[35] ergab sich, daß der Mittlere Westen der Vereinigten Staaten, der für ein Drittel der Schwefel-Emissionen aller amerikanischen Kraftwerke verantwortlich ist, in dem Zeitraum von 1985 bis 2000 eine 55prozentige Reduktion der Schwefel-Emissionen erreichen könnte. Und dies wäre möglich mit Nettokosten von *minus* vier bis sieben Milliarden Dollar (Stand 1990) statt der *plus* vier bis sieben Milliarden Dollar, die für konventionelle Emissionseinschränkungen aufgebracht werden müssen, was erforderlich wäre, wenn die Energienutzung im Endverbrauch nicht verbessert wird: also eine Nettoeinsparung von elf Milliarden Dollar.

Ähnliche wirtschaftliche Gesichtspunkte gelten für komplexere Probleme wie die Gefahren bei der Weitergabe nuklearer Technologien,[36] die Sicherung privater Haushalte gegen ungewollte und vorsätzliche Störungen der Energieversorgung[37] und die Verringerung der Abhängigkeit von Öllieferungen aus dem Nahen Osten.[38] Wenn wir diese Probleme durch eine verbesserte Nutzung im Endenergieverbrauch aus der Welt schaffen, werden wir *in allen Fällen ein gutes Geschäft machen*. Energiesparen ist, wie Marv Goldberger einmal in einem anderen Zusammenhang gesagt hat, »rundum vernünftig«: Die Sache hat Sinn, ganz gleich, von welcher Seite man sie betrachtet. Auch wenn uns die Probleme der globalen Erwärmung keine Sorgen machen, sollten wir uns für diesen Weg entscheiden, weil er uns viel Geld erspart.

In den meisten Fällen lassen sich die ökologischen Vorteile des Energiesparens am raschesten und gewinnbringendsten durch Stromsparen erreichen, weil bei dieser Energieform im Kraftwerk mehrere Brennstoffeinheiten pro gelieferter Einheit verbraucht werden, weil das Erzeugungs- und Versorgungssystem außerordentlich teuer ist und weil der Strom aus diesen beiden Gründen die weitaus kostspieligste Energieform ist.[39] Diese schwerwiegenden ökologischen und ökonomischen Auswirkungen machen das Stromsparen zu einem vordringlichen Anliegen, obwohl bislang praktisch alle offiziellen und privaten Bestrebungen darauf gerichtet waren, am direkt verbrauchten Öl und Gas zu sparen. Die Auswirkungen dieser Art von Einsparungen sind am höchsten in Ländern wie der Sowjetunion, wo wenig ergiebige Kohle auf wenig ergiebige Art abgebaut und verbrannt wird sowie 30 bis 40 Prozent der Energie bei der Übertragung über weite Entfernungen verlorengehen, um am Ende mit geringem Wirkungsgrad verbraucht zu werden. Unter diesem Gesichtspunkt wird der Versuch, die globale Erwärmung abzuwenden, am ehesten Erfolg haben, wenn die UdSSR, China und Indien damit beginnen, Strom zu sparen.

9.5 Internationale Anwendbarkeit

Die erstaunlichen und weitgehend übersehenen Fortschritte in der rationellen Nutzung elektrischer Energie sind am raschesten in den Vereinigten Staaten vorangekommen, weil es dort ein außerordentlich vielfältiges Versorgungssystem gibt. Angesichts von 3500 Unternehmen, in fünfzig größeren und Hunderten von kleineren Zuständigkeitsbezirken (neben einer beträchtlichen Anzahl von Unternehmen, die unter keine Zuständigkeit fallen) sind sehr viele dieser Maßnahmen und Technologien schon irgendwann irgendwo erprobt worden. Das geschah mit wenig Hilfe und trotz verdeckten oder offenen Widerstands seitens der US-Regierung. Die meisten Initiativen kamen von den Elektrizitätsgesellschaften selbst, von anderen privatwirtschaftlichen Unternehmen und von einzelstaatlichen oder kommunalen Stellen.

Leider ist die Elektrizitäts- und Energiewirtschaft in den meisten anderen Ländern in ihrer Struktur sehr viel monolithischer[40] – häufig staatlich, meist zentral gelenkt und allen demokratischen Entscheidungsprozessen und marktwirtschaftlichen Gesetzen entzogen, so daß sie wenig Anreiz und Neigung zu Innovationen verspüren. Dieses entmutigende Bild ändert sich jedoch ziemlich rasch, da politische und, vor allem in den Entwicklungsländern, finanzielle Einschränkungen der Expansion der traditionellen Vorsorgungssysteme Grenzen setzen und da in der Öffentlichkeit die Besorgnis über globale Erwärmung, sauren Regen und die Sicherheit der Kernkraft wächst. In einem Staat nach dem anderen – selbst in jenen, die sich bislang, wie etwa Großbritannien und die UdSSR, gegenüber allen Neuerungen verschlossen haben – versucht man, die Betreiber mit neuen Anreizen aus der Reserve zu locken.

Natürlich gibt es zwischen den verschiedenen Ländern erhebliche Unterschiede im Endverbrauch, dem Verbraucherverhalten und den vorhandenen finanziellen Mitteln. Trotzdem zeigt sich in den etwa vierzig Ländern, in denen ich in der Energiepolitik aktiv bin, und in vielen anderen Ländern, in denen meine Kollegen arbeiten, daß die technischen (und gewöhnlich auch die institutionellen) Möglichkeiten für größere Energieeinsparungen überraschend ähnlich sind – und zwar auch in Ländern, die einen ganz unterschiedlichen Entwicklungsstand in der Energieausnutzung haben. Beispielsweise hat Jørgen Nørgård von der Technischen Universität Dänemarks unlängst herausgefunden, daß sich ungefähr die Hälfte des heute in dänischen Gebäuden verbrauchten Stroms zu durchschnittlichen Kosten von ungefähr 0,6 Cent/Kilowattstunde oder drei Viertel zu Durchschnittskosten von 1,3 Cent/Kilowattstunde einsparen lassen.[41] Mehrere europäische Forscher kommen zu ähnlichen Ergebnissen: So hat man, auf schwedische Verhältnisse bezogen, für eine Verdopplung der elektrischen Energienutzung im Endverbrauch aller Sektoren Kosten von lediglich 1,3 Cent/Kilowattstunde errechnet.[42] Zwar beleuchten die Europäer ihre Büros im allgemeinen weniger hell und drehen das Licht häufiger ab als Amerikaner, doch das wirkt sich nicht auf den Prozentsatz der Einsparmöglichkeiten in bezug auf die verbrauchte Beleuchtungsenergie aus – der hängt nur von der Beleuchtungstechnik selbst ab, die auf beiden Kontinenten ziemlich ähnlich ist.

Im Gegensatz zu der verbreiteten, aber irrigen Auffassung, daß Entwicklungsländer wenig Energie sparen können, weil sie so wenig verbrauchen (zumindest in kommerziellen Formen), gelten auch hier die gleichen Prinzipien. Wenn man eine Glühlampe durch eine Kompaktleuchtstofflampe ersetzt, spart man 70 bis 85 Prozent Energie pro gelieferter Einheit, egal ob die Lampe in Belgien oder Bihar brennt. Extrem isolierende Fenster *(superwindows)*[43] halbieren die Abkühlungsgröße in Bangkok ebenso (wenn nicht sogar stärker)[44] wie in Berlin.

Zwar könnte sich herausstellen, daß Einsparungsmaßnahmen in Europa und Japan kostspieliger sind als in Nordamerika, doch nach allen vorliegenden Anhaltspunkten werden die Unterschiede wahrscheinlich keine große Rolle spielen. Und sie könnten sehr wohl von den noch größeren und billigeren Einsparmöglichkeiten in den sozialistischen[45] und Entwicklungsländern ausgeglichen oder übertroffen werden. (Tab. 9.1 faßt einige Werte zusammen, die zeigen, daß in einigen dieser Länder noch

Tabelle 9.1 Energieintensität einiger Staaten im Vergleich *(Megajoule Primärenergie pro Dollar [1983] des BSP 1983)*

Länder mit Marktwirtschaft	
Schweden	8,6
Frankreich	8,6
Japan	9,7
Spanien	11,8
Bundesrepublik	11,8
Italien	12,9
Großbritannien	17,2
USA	19,3
Länder mit Planwirtschaft (zumindest im Industriesektor)	
Jugoslawien	21,5
Polen	26,9
DDR	29,0
ČSSR	30,1
UdSSR	32,3
Rumänien	37,6
Volksrepublik China	40,9
Ungarn	49,5

(Quelle: Worldwatch Institute, State of the World 1987)

Die genauen Werte hängen natürlich von den angenommenen Wechselkursen ab (die auf einem gründlichen Vergleich der Kaufkraft beruhen) und können kein Ersatz sein für den technischen Wirkungsgrad eines jeden Sektors und Produkts, sind aber doch ein qualitativer Indikator für einen erheblichen Unterschied zwischen marktwirtschaftlichen und nichtmarktwirtschaftlichen Systemen. Mögliche Gründe für diese auffälligen Diskrepanzen sind:

1. Schlechte Preisbildung: zum Beispiel entsprechen die meisten sowjetischen Preise dem Niveau von 1928, ohne ein wirksames Regulativ als Ersatz (dabei wird gegenwärtig vorgeschlagen, die sowjetischen Warenpreise in den nächsten Jahren freizugeben, so daß sie sich dem Marktpreis annähern können).
2. Einige Länder wie zum Beispiel Ungarn haben ein industrielles Rechnungswesen auf Kostenpreisbasis, was den widersinnigen Anreiz schafft, den Input pro Outputeinheit zu maximieren.
3. Obsolete Technologien, häufig aus den dreißiger Jahren, vor allem in der Grundstoffindustrie, etwa der Stahlindustrie, sowie schlechte Kontrolle und Wartung.
4. Größeres Gewicht auf der Grundstoffindustrie als auf der verarbeitenden Industrie. In den USA war erstere 1978 pro zusätzlich ausgegebenem Dollar ungefähr 14mal so energieintensiv und etwa fünfmal so stromintensiv wie letztere.
5. Kleinere Dienstleistungsbereiche. In den USA wird auf diesem Sektor pro Arbeiter in der Regel ein Viertel soviel Strom verbraucht wie auf dem Industriesektor.

viel geschehen muß.) Die bislang wohl ermutigendste Untersuchung stammt aus Schweden und zeigt, wie durch Verdopplung der elektrischen Energienutzung im Endverbrauch, durch den Umstieg im Brennstoffbereich auf Gas und Biomasse und durch Umwelt-Dispatch (intensivste Nutzung der Anlagen mit der geringsten Kohlenstoff-Emission) gleichzeitig die Möglichkeit geschaffen wird, aus der Kernkraft auszusteigen, die immerhin für die Hälfte der schwedischen Energie sorgt, das Bruttosozialprodukt um 54 Prozent zu steigern, den Kohlendioxid-Ausstoß der Elektrizitätswerke um ein Drittel zu kürzen und die Dienstleistungen auf dem Stromsektor um fast eine Milliarde Dollar pro Jahr zu senken. Dieses Resultat legt den Schluß nahe, daß praktisch jedes andere Land noch bessere Ergebnisse erzielen kann, denn Schweden besitzt ein strenges Klima, eine in hohem Maße industrialisierte Wirtschaft und insgesamt die rationellste Energienutzung der Erde.

Man kann sich natürlich darüber streiten, wieviel Energie sich theoretisch und praktisch einsparen läßt. Die meisten Kontroversen in diesem Bereich gehen darauf zurück, daß die Protagonisten von Technologien unterschiedlichen Entwicklungsstands ausgehen und in der Charakterisierung dieser Technologien unterschiedliche Gründlichkeit walten lassen oder daß sie bei den Analysen des Endverbrauchs nicht detailliert genug vorgehen (denn wenn man zu stark zusammenfaßt, verliert man viele Einsparmöglichkeiten aus dem Blick, die im einzelnen zwar gering sein mögen, kollektiv aber erheblich zu Buche schlagen können). In abgerundeten Zahlen scheint jedoch die Energienutzung gegenüber dem Niveau von 1973 um mindestens das Vier- bis Zehnfache zugenommen zu haben – ein praktisches und kosteneffektives Einsparpotential. Die untere Zahl entspricht weitgehend einer sorgfältigen, technisch vorsichtigen und eingehend dokumentierten Studie von Goldemberg und anderen[46], die auf Fallstudien in Brasilien, Indien, Schweden und den Vereinigten Staaten beruht. Die höhere Zahl entspricht einer früheren Untersuchung, die für das deutsche Umweltbundesamt durchgeführt wurde. Sie stützt sich auf die Zahlen des Endenergieverbrauchs von 1980, die Energienutzung, die Technologien und die Kosten in der Bundesrepublik, die an einer Vielzahl von Fallstudien aus anderen Ländern und Regionen überprüft wurden.[47]

Die zweite Studie geht von einer Weltlage aus, bei der in hundert Jahren acht Milliarden Menschen leben werden und die Staaten durchgehend einen Industrialisierungsgrad wie die Bundesrepublik im Jahre 1973 aufweisen werden – eines der Länder, die damals am stärksten industrialisiert und in ihrer Energienutzung am rationellsten waren. Der angenommene Industrialisierungsgrad entspricht einer globalen Wirtschaftsaktivität, die fast fünfmal so hoch ist wie 1975 und in den Entwicklungsländern einen zehnfachen Zuwachs bedeuten würde. (Das könnte natürlich auch aus anderen als energiewirtschaftlichen Gründen unmöglich oder wenig wünschenswert sein.) Doch wenn eine solche Welt ihren Energieverbrauch den gleichen Sparsamkeitsprinzipien unterordnen würde wie die Bundesrepublik im Jahre 1980, betrüge ihr gesamter Primärenergieverbrauch ungefähr 3,5 Terawatt, weniger als die Hälfte des tatsächlichen Verbrauchs von 1973 oder ungefähr ein Drittel der Verbrauchszahlen von 1990. Von einem bescheidenen überregionalen Handel mit Biobrennstoffen abgesehen, wären darüber hinaus alle großen Regionen der Welt (klassifiziert nach dem IIASA-Schema) in der Lage, ihren gesamten oder fast ihren gesamten Energiebedarf in jeder Form ausschließlich mit Hilfe erneuerbarer Energiequellen zu decken, die 1980 bereits zur Verfügung standen und langfristig wirtschaftlich waren. Kurzum, es waren keine Energieprobleme zu erkennen – selbst wenn man ein unrealistisches Wirtschaftswachstum unterstellen würde. Um diese Vorgaben in einem Zeitraum von mehreren Jahrzehnten vollständig zu erfüllen, wären Verbesserungen im Bereich rationeller Energienutzung (bei einigen Ländern, wie etwa den USA, auch im Bereich der Versorgung durch erneuerbare Energiequellen) in einer Rate erforderlich, die etwas *unter* der seit 1973 tatsächlich realisierten Rate läge.

In einer Zukunft mit so niedrigem Energieverbrauch wäre ein ganz anderes Energieversorgungssystem erforderlich, als es die üblichen Prognosen vorsehen. Gleiches gilt für die Kosten und Auswirkungen. So gehen beispielsweise selbst die vorsichtigen IIASA-Szenarios von einem Weltenergieverbrauch im Jahr 2030 aus, der zweieinhalbmal so hoch ist wie der des Jahres 1983. Und diese Prognose liegt schon zwei- bis dreimal niedriger als die Schätzungen, die Ende der siebziger Jahre in Mode waren.

Aber diese Zahlen sind immer noch auf Tausende von Kernreaktoren angewiesen (wobei alle vier bis sechs Tage ein neuer in Auftrag gegeben werden muß), auf eine drei- bis sechsfache Steigerung des Kohleabbaus, auf eine Versorgung mit fossilen Brennstoffen, die alle ein bis zwei Monate um ein Alaska (ungefähr zwei Millionen Barrel pro Tag) erweitert werden muß, und geht deshalb global von einem weitgehenden Abbau der konventionellen Kohlenwasserstoff-Ressourcen aus. Danach würde 2030 die Kohlendioxid-Konzentration in der Atmosphäre ungefähr 450 millionstel Volumenanteil (ppm) betragen, wobei es etwa alle zehn Jahre zu einem Anstieg um 50 ppm käme.

Im Gegensatz dazu wird im »Energienutzungs-Szenario«, das vom gleichen Wirtschafts- und Bevölkerungswachstum ausgeht, die Energie so verwendet, daß dabei Geld gespart wird (und zwar unter den Bedingungen von 1980, die sicherlich ungünstiger waren als heute). Dieser Entwurf braucht vier- bis fünfmal weniger Energie, kostet sehr viel weniger, geht so sparsam mit den Öl- und Gasreserven um, daß sie noch Jahrhunderte reichen, hebt die Abhängigkeit sowohl vom Nahen Osten wie von der Kernenergie auf und hat im Jahr 2030 eine atmosphärische Kohlendioxid-Konzentration erreicht, die kaum höher ist als heute und nur etwa alle dreißig Jahre um 5 ppm ansteigt. Dadurch würde der Anteil des Kohlendioxids an der künftigen globalen Erwärmung (etwa 40 Prozent) praktisch fortfallen. Viele andere Probleme verschwänden ebenfalls, so das für Millionen Bomben ausreichende Plutonium, das nach den IIASA-Szenarios jährlich gewonnen und weltweit vertrieben werden müßte.

Angesichts der nur zu gut bekannten institutionellen Hindernisse, die einer rationellen Energienutzung in den Entwicklungsländern entgegenstehen, liegt die Frage nahe, ob das beschriebene technische Potential irgendeinen praktischen Wert hat. Ich glaube, die wirkliche Frage muß genau umgekehrt lauten: Wie können sich solche Länder *ohne* ein hohes Maß an rationeller Energienutzung entwickeln? Betrachten wir drei kleine Beispiele:

- Ein Kollege, der früher für die Energiepolitik von Haiti zuständig war, hat geschätzt, daß man das frei verfügbare durchschnittliche Haushaltseinkommen dieses Landes dadurch um ein Fünftel anheben könnte, wenn man überall kostenlos Beleuchtungskörper mit einem vierfachen Wirkungsgrad verteilen würde – weil ein so beträchtlicher Teil der Geldwirtschaft in die Elektrizität, vor allem die Beleuchtung, fließt. (Die Southern California Edison Company hat tatsächlich 800 000 solcher Lampen an einkommensschwache Kunden und Läden in entsprechenden Wohngebieten verschenkt, weil das billiger ist, als die vorhandenen Kraftwerke zu betreiben.)

- Ashok Gadgil vom Tata Energy Research Institute hat anhand einer Bombayer Fallstudie nachgewiesen, daß die Beleuchtung für ungefähr 37 Prozent (zirka neun Gigawatt) der indischen Abendspitzenlast verantwortlich ist, die das Netz überfordert und für häufige Stromausfälle sorgte. Diese wiederum wirken sich sehr nachteilig auf die wirtschaftliche Leistungs- und Wettbewerbsfähigkeit aus, zum einen direkt, weil sie die Produktion zum Erliegen bringen, zum anderen indirekt, weil sie die Fabriken zwingen, sehr kostspielige Dieselhilfsgeneratoren aufzustellen. Abermals könnte die Verteilung sparsamerer Lampen das Problem weitgehend lösen.[48] (Eine solche Verteilungsaktion in einem Dorf in Alaska hat vor kurzem die Beleuchtungsspitzenlast um einen Faktor von mehr als 7 verringert.)
- Die Volksrepublik China hat vor kurzem entschieden, es sei an der Zeit, daß die Menschen Kühlschränke bekämen, und hat mehr als 100 Kühlschrankfabriken errichtet. In dem Zeitraum von 1981 bis 1986 stieg die Zahl der Haushalte in Peking, die einen Kühlschrank besaßen, von zwei auf über 60 Prozent. Leider wurde durch bloße Unachtsamkeit ein Kühlschrankmodell mit unrationeller Energienutzung gewählt – und China so dazu gezwungen, Stromkapazität im Wert von mehreren Milliarden Dollar für den Betrieb dieser Kühlschränke aufzuwenden, was sowohl zu Strom- wie zu Kapitalknappheiten führte.

Wie wichtig diese Beispiele sind, wird erst richtig klar, wenn man sich bewußtmacht, daß ein Viertel des gesamten Weltentwicklungskapitals in die Elektrifizierung fließt, daß ein großer, oft sogar überwiegender Anteil des Schuldendienstes vieler Entwicklungsländer energiebezogen ist, daß eine unzulängliche

Stromversorgung die Entwicklung vieler Länder behindert, denen es am nötigen Kapital fehlt, um den Bestand an Kraftwerken und das Versorgungsnetz auszubauen (oder das qualifizierte Personal, um solche Anlagen zuverlässig zu betreiben), und daß für solche Fortschritte in der Elektrifizierung der Entwicklungsländer nach offiziellen Prognosen (der Weltbank und anderer Institutionen) acht- bis zehnmal soviel Kapital erforderlich sein wird, wie zu diesem Zweck angeblich zur Verfügung steht.

Es hat den Anschein, als könnten die Entwicklungsländer ihre wirtschaftlichen Ziele im Bereich der Energie, wie in dem des Wassers, der Bodenschätze und vieler anderer Ressourcen, nur erreichen, indem sie in ihrer Infrastruktur von Anfang an umfassende Möglichkeiten zur rationellen Nutzung der Ressourcen berücksichtigen. Das ist einfacher als die Aufgabe, vor der die Industrieländer stehen: die Umrüstung veralteter Bestände im Werte von Billionen Dollar. Das könnte den Entwicklungsländern einen Vorteil verschaffen. Doch in der Praxis haben die meisten dieser Länder weder die technischen noch die wirtschaftlichen Kenntnisse, um entscheiden zu können, welches die besten Möglichkeiten sind – zumal die Industrieländer häufig alles daransetzen, um den Entwicklungsländern die auf ihren heimischen Märkten bereits veralteten Technologien zu verkaufen (Exportpraktiken, die genauso gefährlich und unmoralisch sind wie die Ausfuhr zu Hause verbotener Pestizide, die noch keinen internationalen Einschränkungen unterliegen). Wichtige internationale Kreditgeber sind auf die herkömmlichen Großanlagen fixiert, und die Entscheidungsträger können bei solchen Projekten größere »Provisionen« einheimsen. Dies trägt ebenfalls dazu bei, daß es in diesen Ländern politisch ebenso schwierig wie in den Industrienationen ist, der rationellen Energienutzung einen so hohen Stellenwert zu verschaffen, daß die Anbieter nicht konkurrenzfähiger Energieversorgungstechnologien ins Hintertreffen geraten. Doch wenn die Entwicklungsländer den Teufelskreis der Armut in einer vom Kapitalmangel bestimmten Welt durchbrechen wollen, dann haben sie besonders triftige Gründe, diese entmutigenden Hindernisse zu überwinden. Sie *müssen* es einfach »von Anfang an richtig machen«, weil sie sich einen zweiten Versuch nicht leisten können.

Ein weiterer verborgener Vorteil rationeller Energienutzung

in einer technologisch dynamischen Welt ist die *Zeitersparnis*. Diese Zeit kann unter anderem dazu verwendet werden, bessere Technologien im Angebots- wie Nachfragebereich zu entwickeln und einzuführen. Für Fortschritte im ersten Bereich hat es in letzter Zeit schlagende Beispiele gegeben (etwa die vierzigprozentige Kostensenkung durch neue Technologien bei der Erschließung des Kittiwake-Ölvorkommens der Royal Dutch Shell in der Nordsee).[49] Solche Entwicklungen strecken die Angebotskurven, erweitern die Reserven und verlangsamen den Abbau. Dadurch steht mehr Zeit zur Verfügung, eine rationelle Energienutzung zu fördern, die ähnliche Wirkung hat. Beide Arten des Fortschritts senken die effektiven Kosten für die Erschließung von Ressourcen und machen Kapital flüssig für Investitionen an anderer Stelle, während die rationellere Energienutzung auf der Nachfrageseite unempfindlicher für Veränderungen der Versorgungskosten macht. Wenn man auf diese Weise Zeit gewinnt und sie dazu benutzt, bessere Technologien zu entwickeln und einzuführen, so lassen sich viele Probleme weit in die Zukunft hinausschieben oder ganz aus der Welt schaffen.

9.6 Wer soll welchen Weg einschlagen?

Die tieferliegende Frage, ob der Energiebedarf die Entwicklung einschränken darf oder soll, läßt sich nicht beantworten, ohne zu berücksichtigen, an was für eine Entwicklung man denkt, durch wen und für wen sie stattfindet, wer über sie entscheidet und wie er das tut. Diese Fragen hängen wiederum von gesellschaftlichen Zielsetzungen ab.

Betrachten wir beispielsweise die Daten über den dänischen Verbrauch an Primärenergie für Heizen und Kochen in den letzten 500 Jahren (Tab. 9.2). Wenn wir uns die letzten drei Zeilen ansehen und einen Zusammenhang zwischen Energieverbrauch und Wohlbefinden herstellen würden, so müßten wir daraus schließen, daß die Dänen erst vor kurzem den Lebensstandard wiedererlangt haben, den sie im Mittelalter hatten. Tatsächlich verhält es sich jedoch so, daß die Dänen im 16. und 17. Jahrhun-

Tabelle 9.2 Durchschnittlicher Primärenergie-Pro-Kopf-Verbrauch in Dänemark für Heizung und Kochen (Kilowatt)

1500	0,9–1,9
1800	0,9
1900	0,4
1950	0,9
1975	2,3

(Quelle: »Energy in Denmark 1990–2005: A case study«. Bericht 7 (Untersuchung der Arbeitsgruppe der International Federation of Institutes for Advanced Study, September 1986).)

dert viel Holz und Torf in sehr ineffizienten offenen Feuern verbrannten, ähnlich der Situation, in der sich heute viele Entwicklungsländer befinden; um 1800 verbrannten mehr Dänen ihr Holz in Holz- und Keramiköfen mit ziemlich gutem Wirkungsgrad; um 1900 verfeuerten sie vor allem Kohle in sehr effizienten Öfen; um 1950 in erster Linie Öl (mit Raffinerieverlusten) in Öfen mit ziemlich geringem Wirkungsgrad. 1975 kamen Verluste im Wirkungsgrad und durch das Versorgungsnetz im Zuge einer expandierenden Elektrifizierung. Das Beispiel zeigt, daß die einfache Gleichsetzung von Energieverbrauch und sozialem Nutzen verschiedene Beziehungen in einen Topf wirft, die man besser getrennt untersucht:

- Wieviel Primärbrennstoff in das Energiesystem eingespeist wird ist nicht entscheidend für die Menge der gelieferten Nutzenergie – die hängt vom Wirkungsgrad des Systems bei der Umwandlung und Übertragung ab.
- Wieviel Nutzenergie geliefert wird ist nicht entscheidend für den Umfang der erbrachten Dienstleistung – die hängt von der rationellen Energienutzung im Endverbrauch ab.
- Wieviel Dienstleistung erbracht wird, entscheidet nicht darüber, ob das, was mit der Energie getan wurde, der Mühe wert war.

Diese letzte Frage ist wichtig. Die Nachahmung der traditionellen Entwicklungswege über den normalen Industrialisierungsprozeß ließe einerseits die Fehler der Industrieländer außer acht und andererseits die neuen Möglichkeiten der Entwicklungsländer. Es ist keineswegs erwiesen, daß der Entwicklungsweg der Industrieländer von anderen Staaten, die nach ähnlichem materiellen Wohlstand streben, wiederholt werden muß, selbst wenn es möglich wäre. Hongkong und Singapur haben sich mit Hilfe ihrer hochqualifizierten, fleißigen Arbeitskräfte zu einer weltweit bedeutenden Wirtschaftsmacht entwickelt, ohne über eine Schwerindustrie in nennenswertem Maßstab zu verfügen. Sie verdienen einfach genug, um Grundstoffe und Industrieerzeugnisse einzuführen – genauso wie viele amerikanische Gemeinden oder Staaten (Vermont zum Beispiel) oder auch Länder, die in erheblichem Maße »industrialisiert« sind (wie Dänemark). Im übrigen werden viele Schwerindustrien, die in den »hochentwickelten« Staaten nicht mehr konkurrenzfähig oder erwünscht sind, in Länder verlagert, die sich verzweifelt um Investitionen jeglicher Art bemühen. Allerdings steht keinesfalls fest, ob solche Unternehmen mit geringem Mehrwert für sie von Vorteil sind.

Die Technologien, die heute Wohlstand schaffen können, sind ganz anders, im allgemeinen weit weniger materialintensiv und viel informationsintensiver als die Technologien in den OECD-Ländern zu der Zeit, als sie ihre Infrastruktur aufbauten. Kein vernünftiges Land würde heute, wenn es bei Null beginnen müßte, ein städtisches Sanitärsystem nach dem Vorbild westlicher Kanalisationen und Kläranlagen erbauen. Wenn es überhaupt Spültoiletten verwenden würde (statt moderner Anlagen zum biologischen Abbau), führe es wohl besser mit Modellen, die mindestens fünfmal so sparsam mit dem Wasser umgehen[50] und deren Abwässer in einem biologischen Klärsystem aufgefangen werden, das nur für einen relativ kleinen Bereich zuständig ist.[51] Entsprechend würde sich kein vernünftiges Land Los Angeles mit seiner Autoabhängigkeit und seinem Straßennetz zum Vorbild nehmen samt allen Kosten, Benzinverschwendung, Treibhausgasen und Smog. Statt dessen würde es die Leute dazu veranlassen, dort zu wohnen, wo sie gerne leben möchten, sich ihren Arbeitsplatz in größerer Nähe zu ihrer Wohnung zu suchen, mit Zügen zu pendeln und überhaupt von modernsten öffentlichen Verkehrsmitteln Gebrauch zu machen.[52] Kein vernünftiges Land würde versuchen, das elektrische Versorgungsnetz in ländliche Gebiete auszudehnen, da selbst bei den billigen US-amerikanischen Strompreisen die kostendeckende Netzstrecke, jenseits derer es billiger wird, auf Photovoltaik und Superspargeräte zurückzugreifen, in der Regel schon unter 400 Meter liegt und rasch kürzer wird. Die Liste solcher Beispiele ließe sich fast endlos fortsetzen. Mit anderen Worten: Ein Großteil der geld- und ressourcenintensiven Infrastruktur, die, aus dem einfachen Grund, weil wir noch in ihr leben, nach gängiger Meinung unabdingbar für die Entwicklung ist, ist in Wahrheit obsolet, das heißt nicht konkurrenzfähig mit neueren, intelligenteren Technologien, die die gleichen Dinge besser leisten.

Viele Länder, die kaum andere Ressourcen haben als Menschen und Sonnenlicht, sehen sich dank einem glücklichen Zufall ausgerechnet zu einem Zeitpunkt gezwungen, ihre Entwicklung voranzutreiben, da die Kombination aus sehr rationeller Energienutzung und Fortschritten auf vielen Gebieten der Solartechnik die modernen Energiedienstleistungen in wirtschaftliche Reichweite rückt.[53] Dies gehört in eine »Öko-Entwicklung«, die Energie, Wasser, Müll, Nahrung und andere Dienstleistungen in einem dörflichen Maßstab integriert, so daß eine attraktive Alternative zur Abwanderung in städtische Slums entsteht.

Die Annahme, daß Entwicklung nur möglich sei, wenn die Kapazität bestimmter Grundstoffindustrien anwachse (der energieintensivste Industriezweig überhaupt)[54] – im eigenen Land oder in einem anderen – , bedarf selbst einer eingehenden Prüfung. Der Stahlverbrauch in den Vereinigten Staaten pro Dollar des Bruttosozialprodukts liegt heute unter dem Niveau von 1860 und fällt weiter. Zwar verwenden wir noch Stahl, aber in weit geringeren Mengen.[55] Das gleiche gilt praktisch für alle anderen Grundstoffe. Braucht ein Land, das mit einheimischen Materialien baut,[56] eine Vielzahl von Zementwerken? Braucht ein Land, das von Anfang an auf moderne Materialien setzt, viel Stahl? Braucht eines, das sich für die Elektronik entscheidet, viel Papier? Braucht ein Land, das sich von Anfang an für Produktlanglebigkeit, Recycling, Schrottverwertung, minimalen Materialaufwand, sparsame Verarbeitung und Verpackung und so fort entscheidet, Grundstoffe irgendwelcher Art, um einen umfangreichen Bestand (nicht Fluß) von Gebrauchsgütern zu besitzen? Welche industriellen Grundlagen sind für eine systematische »Öko-Entwicklung« in landesweitem oder regionalem Maßstab erforderlich? Niemand weiß das, aber sicherlich wird die Antwort ganz anders aussehen als das, was die OECD-Länder heute brauchen.

9.7 Schlußfolgerung

Die Energiefrage muß die globale Entwicklung nicht einschränken, sie muß aber auch keine »schwerwiegenden Experimente« mit der ökologischen Sicherheit künftiger Generationen anstellen. Das wird aber geschehen, und zwar in weit größerem Maßstab als gegenwärtig, wenn die entscheidenden Institutionen nicht rasch umlernen und die wirtschaftliche Vernunft walten lassen, die sie predigen. Die aus unserem Energieumgang entstehenden Kohlendioxid-, Schwefeloxid- und Stickoxid-Emissionen könnten durch fortschrittliche Techniken rationeller Energienutzung im Endverbrauch direkt und indirekt erheblich eingeschränkt werden, wobei in der Regel noch Geld übrigbleiben würde. Dadurch sind erheblich weitergehende Reduktionen möglich als in vielen Untersuchungen angegeben – und dies ist nicht mit Kosten verbunden, sondern mit großen Gewinnen.

Die Reihenfolge der *ökonomischen* Prioritäten ist aber zugleich die der *ökologischen* Prioritäten. Die Entscheidung für die besten Möglichkeiten maximiert die Emissionseinschränkungen pro Dollar, die Entscheidung für andere Möglichkeiten minimiert diese Einschränkungen demzufolge. Nach dieser Kosten-Möglichkeiten-Rechnung verschlimmert die Kernkraft die globale Erwärmung, weil sie Investitionen von der rationellen Energienutzung abzieht, durch die pro Dollar die Verfeuerung von weit mehr Kohle verhindert werden könnte. Um die größte und rascheste Emissionseinschränkung zu erreichen, muß man sich, statt von allem ein bißchen zu probieren, für das kostensparendste Verfahren entscheiden. Die leistungsfähige Methode, Prioritäten mit Hilfe der Angebotskurve zu ermitteln, nach der auch die Zahlen dieses Beitrags entstanden sind, ist deshalb nur gültig, wenn die Emissions*verhinderung* zusammen mit den nicht unbegrenzt zur Verfügung stehenden traditionelleren Technologien berücksichtigt wird und wenn man dabei die Möglichkeit zuläßt, daß sie diesen Technologien vorangeht, sie gegebenenfalls sogar ersetzt oder auch verstärkt.

Die Angebotskurven des Energie-Einsparpotentials beruhen auf konkreten Daten, die aus technisch-wirtschaftlichen Analysen der Meßwerte von existierenden Geräten und Apparaten stammen. Sie bilden ein wertvolles Gegengewicht zur ökonometrischen Theorie, deren Aussagen heute häufig als Fakten gelten. So bringen viele der wichtigsten Zeitungen in der Welt Schlagzeilen wie etwa »Experten sagen, Einschränkung der globalen Erwärmung wird Billionen kosten« und zitieren dann Schlußfolgerungen namhafter Wirtschaftswissenschaftler. Bei genauerer Betrachtung stellt sich jedoch heraus, daß diese Zeitungen einer *Vermutung* aufgesessen sind, die sich als Tatsache ausgegeben hat. Die Vermutung – daß es weit mehr kostet, Brennstoff einzusparen, als ihn zu verfeuern – nimmt einfach die Fülle der Daten nicht zur Kenntnis, die genau das Gegenteil belegen.

Wie kommt das? Im wesentlichen liegt es an den sehr unterschiedlichen Sichtweisen der Spezialisten für Ökonometrie auf der einen Seite und der Physiker und Ingenieure auf der anderen. Die Vertreter der Ökonometrie glauben, daß die Wahrheit in Koeffizienten zu suchen sei, etwa in den historischen Preisbewegungen der Nachfrage, die in verkürzter Weise darstellen, wie sich größere Menschengruppen in der Vergangenheit verhalten haben. Dieses Verhalten sei, so nehmen die Ökonometriker an, eine Art offenbarte ökonomische Wahrheit, die auch die Zukunft im wesentlichen bestimme. Im Gegensatz dazu vertreten Forscher, die eher aus der Physik und Technik kommen, die Auffassung, daß die Zukunft kein Schicksal sei, sondern von unserer Entscheidung abhängt. Sie glauben, daß früheres Verhalten – das Bedingungen unterstand, die es nicht mehr gibt, und das soweit als möglich zu ändern, häufig eine politische Zielsetzung ist – eine sehr beengende und höchst ungenaue Orientierung für die Suche nach künftigen Möglichkeiten ist, vor allem, wenn man mit einer Fülle neuer Technologien und Liefermechanismen rechnen kann.

So fragen die Ökonometriker bei Durchsicht der historischen Fakten, wann die Rate der Nutzung fossiler Brennstoffe das letztemal steil nach unten gegangen ist. »Aha!« sagen sie, »das geschah 1973/74 nach dem arabischen Ölembargo, und der Rückgang war bedingt durch eine Vervierfachung des Preises, woraufhin Rezession, Arbeitslosigkeit und soziale Not eintraten.

Wenn wir die Verwendung fossiler Brennstoffe erneut einschränken wollen, wie es notwendig wäre, wenn wir (beispielsweise) die Kohlendioxid-Zielsetzungen von Toronto erreichen wollten, dann müßten wir folglich abermals einen extremen Anstieg des Energiepreises haben. Werfen wir also unsere ökonometrischen Modelle an, um festzustellen, wie hoch der Preis gehen muß und wie stark Begleiterscheinungen wie Rezession, Arbeitslosigkeit und soziale Not sein müssen, um das gewünschte Ergebnis zu erreichen.«

Seltsam, aber wahr. Genauso arbeiten die vielzitierten Modelle, die der Ursprung dieser törichten Schlagzeilen sind. Trotz ihrer unbestrittenen Fachkenntnis haben diese Ökonometriker aus irgendeinem Grunde übersehen, daß zahlreiche Versorgungsgesellschaften und Industrien ganz *konkret* immer größere Mengen von Energie einsparen, wobei die Rückflußdauer des investierten Kapitals unter zwei Jahren liegt – ein Rückfluß, der nicht stattfände, wenn die Einsparung von Brennstoff tatsächlich teurer wäre als seine Verfeuerung.

Diese Wirtschaftswissenschaftler sind so besessen von der *Theorie* des perfekten Marktes, daß sie *voraussetzen,* daß wir, wenn es denn tatsächlich wirtschaftlicher wäre, viel Energie zu den heutigen Preisen einzusparen, es schon längst getan hätten. Sie sind blind für die Realität der entscheidenden Marktschwächen (und erprobter Methoden, sie zu beseitigen), die das tägliche Geschäft der Fachleute für rationelle Energienutzung bestimmen: schlechte Information, unzulängliche Lieferstrukturen, widersinnige Verordnungen, die Investitionen der Versorgungsbetriebe in eine rationelle Energienutzung bestrafen, spärliche Märkte für Energiesparen, zehnmal so niedrige Diskontsätze für die Energieversorgung als für Energiesparlösungen (wodurch die Preissignale um einen Faktor von 10 verzerrt werden). Indem die Wirtschaftstheoretiker davon ausgehen, daß diese Aspekte nicht existieren oder zumindest nebensächlich sind – das, was wirklich ist (große Marktschwächen), ist hypothetisch und das, was hypothetisch ist (kostengünstige Energieeinsparungen nur bei Preisen weit über den heutigen), ist wirklich –, verhüllen sie die realen Probleme und Möglichkeiten hinter einem Schleier aus Theorie und verbergen die Wahrheit sogar vor sich selbst. Das erinnert an den Wirtschaftswissenschaftler, der mit seiner artigen kleinen Enkeltochter spazierenging. Sie erblickte eine Zehnpfundnote auf dem Weg und fragte: »Bitte, Großvater, darf sich sie aufheben?« Worauf dieser antwortete: »Laß sie! Wenn sie echt wäre, hätte sie schon jemand anders aufgehoben.«

Eben dieser theoriehörigen Haltung, die dem gesunden Menschenverstand und der Alltagserfahrung gänzlich fremd ist, verdanken wir es, daß als Tatsache die irrige Auffassung hingestellt wird, die Einsparung großer Energiemengen werde Geld kosten und nicht umgekehrt etwas einbringen. Sie veranlaßte den Vorsitzenden von Präsident Bushs Rat der Wirtschaftssachverständigen, auf einer kürzlich im Weißen Haus abgehaltenen Konferenz über die globale Erwärmung die Kosten für die Einlösung der Kohlendioxid-Zielsetzungen von Toronto auf 200 Milliarden Dollar jährlich für die Vereinigten Staaten einzuschätzen. Der Betrag könnte sogar richtig sein, hat aber das falsche *Vorzeichen:* Ein solcher Zuwachs an rationeller Energienutzung würde der US-Wirtschaft ungefähr 200 Milliarden Dollar pro Jahr ersparen (nicht mitgerechnet die Kosten für den Versuch, sich den Klimaveränderungen anzupassen, oder gar die Kosten, die entstünden, wenn man diesen Versuch unterließe).

Es liegt ein hohes Maß an Ironie darin, daß ausgerechnet die Staaten, die sich den marktwirtschaftlichen Prinzipien am tiefsten verpflichtet fühlen, die Fortschritte beim Eindämmen der globalen Erwärmung abblocken und sich selbst erheblich behindern, weil sie die Marktwirtschaft nicht ernst genug nehmen; sie ignorieren die *praktischen,* in Feldstudien erwiesenen marktwirtschaftlichen Aspekte einer rationellen Energienutzung. Das ist keine skurrile Gelehrtenmarotte, sondern ein intellektueller Skandal: Da beruft sich die staatliche Politik in einer Frage von außerordentlicher Bedeutung auf eine unzulängliche Theorie, während die Regierungen die empirischen Daten, die eine Fülle von billigen Möglichkeiten rationeller Energienutzung aufweisen, nicht zur Kenntnis nehmen.

Leider hinken die Kenntnisse der politischen Entscheidungsträger noch immer hinter der technischen Entwicklung her: Nur wenige haben eine Vorstellung davon, über welches Einsparpotential die rationelle Energienutzung verfügt. Wäre es so, würden sie viele internationale Konferenzen über die globale

Erwärmung boykottieren, auf denen vielleicht ein Prozent der Tagesordnung der rationellen Energienutzung gewidmet ist und auf denen verkündet wird, daß Fortschritte in der rationellen Energienutzung zwar wichtig und wünschenswert seien, daß sie aber natürlich langsam, bescheiden, teuer, unbequem und autoritär sein würden – also wenden sie sich der wirklich wichtigen Aufgabe zu und erweitern ihre Bürokratie, die den Menschen vorschreibt, wie sie zu leben haben. Auf diese absurde Weise versuchen viele Staaten, den Markt durch *Dirigismus,* Entwicklung durch Mangel, Belohnungen durch Risiken und Gewinne durch Kosten zu ersetzen.

Das Gegenmittel besteht darin, sich eine einfache Wahrheit vor Augen zu führen: *Heute ist es im allgemeinen billiger, Brennstoff zu sparen, als ihn zu verfeuern. Die Vermeidung von Umweltbelastungen, indem man den Brennstoff nicht nutzt, verursacht also keine Kosten, sondern bringt Gewinn – ein Umstand, der auch in der Wirtschaft Berücksichtigung finden könnte und sollte.*

Ich bin von Haus aus Physiker, kein Wirtschaftswissenschaftler, und trotz meiner neoklassischen Auffassung kann ich mich der Meinung nicht ganz verschließen, daß Wirtschaftswissenschaftler Menschen sind, die schlaflose Nächte verbringen, weil sie sich Sorgen machen, ob das, was in der Praxis funktioniert, auch in der Theorie funktioniert. Doch in den letzten 15 Jahren, seit dem ersten Ölschock, hat die Erkenntnis, wie gut selbst unvollkommene Märkte arbeiten können, mein Denken entscheidend beeinflußt. Der US-amerikanische Energiemarkt ist mit Technologien zur rationellen Energienutzung und erneuerbaren Energieträgern überschwemmt worden, obwohl von offizieller Seite eine Fülle von gewaltigen Hindernissen errichtet wurden, die das Gegenteil bewirken sollten. Wieviel besser wäre es mit einer unparteiischen Politik gegangen – kann es immer noch gehen, wenn wir eine Regierung bekommen, die den Markt ernst nimmt. Abgesehen davon, daß wir für ein besseres Funktionieren des Marktes sorgen müssen (durch bessere Information, gerechten Zugang zum Kapital, unverzerrten Wettbewerb und so weiter), dürfen wir aber auch angesichts des immer deutlicher werdenden weltweiten Votums für marktwirtschaftliche Prinzipien nicht vergessen, daß Märkte effizient sein sollen, aber nicht unbedingt gerecht. Daß sie kurzfristig knappe Ressourcen hervorragend verteilen können,[57] daß es aber viele andere wichtige Dinge gibt, die sie schlecht leisten, die zu leisten sie gar nicht vorgesehen sind, und daß es reiner Zufall ist, wenn Märkte etwas Gutes für Nashörner und Naturschutzgebiete, für Gott und Nachkommen leisten.

Meine Schlußfolgerungen werden viele Leser bereits an eine hübsche historische Ironie erinnert haben. Das hellsichtige Buch *Grenzen des Wachstums* wird noch immer von vielen geschmäht, die es nicht gelesen oder die nicht begriffen haben, daß seine zentrale Botschaft die Aufforderung zur Anpassung ist. Damals gehörten zu seinen Kritikern jene Leute, die von meinen Kollegen und mir »Überflußfanatiker« *(cornucopians)* genannt wurden. Auf alle Probleme der Überbevölkerung, der Ressourcen und der Umwelt reagierten die Überflußfanatiker mit: »Keine Sorge.« Sie würden schon durch die intelligente Anwendung fortschrittlicher Technologien gelöst. Einige von uns wiesen jedoch darauf hin, daß die Technik, wenn sie auch zweifellos sehr leistungsfähig ist (wie mein Umgang mit ihr mich gelehrt hat), nicht allmächtig ist, daß sie Kosten verursacht und unangenehme Nebeneffekte hat – »Konsequenzen«, wie Garrett Hardin sagt, »an die wir nicht denken und deren Existenz wir leugnen, solange es geht«. Wegen dieser Warnungen wurden wir als »technologische Pessimisten« verspottet – aber nicht im Sinne der hübschen Definition von James Branch Cabell (»Der Optimist verkündet, daß wir in der besten aller möglichen Welten leben; der Pessimist befürchtet, daß das stimmt«), sondern als Ignoranten, die die Wirklichkeit des technischen Fortschritts verleugneten.

Doch heute sind wir es, die einstigen »technologischen Pessimisten«, die darauf hinweisen, daß neue Technologien ihre Leistungsfähigkeit weit eindrucksvoller unter Beweis gestellt haben, als irgend jemand, auch wir, es für möglich gehalten hätte, wenn es sich dabei auch um Technologien von sachlicherer Art, bescheideneren Ausmaßen und größerer »Transparenz« handelt, als sie die Überflußfanatiker im Auge gehabt haben: Dachbodenisolierung statt Fusionsreaktoren und mikroelektronische Motorsteuerung statt Sonnenkraftsatelliten. Diese relativ kleinen, leicht zugänglichen und billigen Technologien scheinen leistungsfähig genug zu sein, um das Energie-, das Wasser- und viele wichtige Rohstoffprobleme zu beseitigen und vielleicht auch noch viele andere schwierige Fragen aufzulösen, etwa in bezug auf die Landwirtschaft und die nationale Sicherheit.[58] Wenn wir das aber verkünden, werden wir von den einstigen Überflußfanatikern beschimpft, die sich jetzt zu »technologischen Pessimisten« gemausert haben und nacheinander behaupten, die von uns vorgeschlagenen technischen Neuerungen gäbe es gar nicht, sie würden nicht funktionieren, sie seien unwirtschaftlich, ließen sich nicht verkaufen oder würden den Konsumenten langfristig nicht zusagen.[59]

Damit ist die Rollenumkehrung perfekt. Doch es ermahnt uns wiedergeborene technologische Optimisten, vor manchen Dingen nicht die Augen zu verschließen, wie es unsere Partner in dieser Debatte lange taten – vor den Grenzen des technisch Machbaren, der beschränkten Fähigkeit von Märkten, Gerechtigkeit zu stiften, dem steten Wandel gesellschaftlicher Wertvorstellungen, der Rolle von Überraschungen und der Vorläufigkeit allen menschlichen Planens.

Kapitel 10
Erneuerbare Energien: Ihr wirtschaftlicher Erfolg in den USA als Gradmesser für ihre Zukunftsaussichten

Carlo LaPorta

»... Es gibt jetzt die Technologie, um Strom oder Wärme von beliebiger Temperatur (bis 1400 Grad Celsius) direkt aus natürlichen Ressourcen zu erzeugen, die in fast jedem Land auch an netzfernen Standorten vorhanden sind. Der Bedarf kann gedeckt werden, und dazu ist es nicht nötig, ständig einen Strom von Brennstoffen über weite Entfernungen zu transportieren oder Hochspannungs-Fernleitungen zu betreiben – oder Treibhausgase in riesigen Mengen zu emittieren ... Diese Feststellungen gelten uneingeschränkt. Technisch ist es möglich. Wirtschaftlich ist die Situation etwas schwieriger, aber längst nicht so schwierig, wie die meisten Beobachter und Experten glauben ...«

Seit dem Beginn der industriellen Revolution beruhte die wirtschaftliche Entwicklung aller Länder auf der Substitution menschlicher Arbeitskraft durch moderne Formen der Energie. Die Nachfrage nach Energie könnte künftig wegen steigender Bevölkerungszahlen und wachsender wirtschaftlicher Erwartungen noch schneller steigen. Es wird jedoch immer deutlicher, daß wir behutsamer mit dem Planeten Erde umgehen müssen, wenn wir ihn bewahren wollen, und deshalb können die bisherigen Wege wirtschaftlicher Entwicklung nicht fortgesetzt werden. Die Menschheit muß daher die vorhandenen Energieressourcen sehr viel effizienter nutzen und stärker auf Energiequellen zurückgreifen, die sauberer sind als die fossilen Brennstoffe, die heute im weltweiten Energieangebot dominieren. Zu diesem Schluß ist praktisch jedes internationale Forum gelangt, das sich in den letzten Jahren mit der bedrohlichen globalen Erwärmung befaßt hat.

Dieses Kapitel befaßt sich mit der kommerziellen Marktdurchsetzung erneuerbarer Energien, vor allem anhand von Beispielen aus den USA. Es soll gezeigt werden, daß erneuerbare Energietechnologien mehr zum weltweiten Energieangebot beitragen können, und zwar in kürzerer Zeit, als man gemeinhin annimmt.

Viele Politiker erkennen zwar an, daß erneuerbare Energietechnologien wünschenswert sind und daß der erfolgreiche Betrieb etlicher Systeme demonstriert worden ist, doch glauben sie nicht, daß erneuerbare Energietechnologien den fossilen Energieverbrauch in den nächsten drei Jahrzehnten merklich senken können. In dem jüngst erschienenen Kurzbericht zur Kairoer Konferenz »Vorbereiten auf den Klimawandel« vom Dezember 1989 hieß es, erneuerbare Energietechnologien müßten »entwikkelt und eingesetzt« werden.[1] Daraus kann man entnehmen, daß die Verfasser des Kurzberichts meinen, erneuerbare Energietechnologien müßten noch entwickelt werden, bevor sie mit anderen konkurrieren können. Das stimmt einfach nicht.

Die ständige Forderung nach weitergehender technologischer Entwicklung ist eine Verschleppungstaktik derer, die Alternativen zur fossilen Energie gegenwärtig nicht für zuverlässig oder preisgünstiger halten. Gewiß müssen einige Technologien noch verfeinert und erheblich billiger werden, um besser konkurrieren zu können, doch gibt es ausgereifte und einsatzfähige Systeme, die heute schon ohne Bedenken stärker genutzt werden können. Wenn man dieses kurzfristige Potential erkennt und seine Verwirklichung fördert, werden Mittel in den Aufbau der industriellen Infrastruktur fließen, die künftig weiterentwickelte Versionen dieser Technologien liefern wird.

Die Arbeitsgruppe 3, »Gegenstrategien«, des Intergovernmental Panel on Climate Change (IPCC) erwähnt in ihrem Bericht die erneuerbaren Energien und verrät eine gewisse Kenntnis vom Leistungsvermögen entsprechender Systeme. Der IPCC-Bericht würdigt jedoch nicht ausreichend, wie viel die erneuerbaren Energien kurzfristig leisten können. Er geht darüber hinweg, daß Zigmillionen und letzten Endes Hunderte Millionen erneuerbarer Energiesysteme die Energiebilanzen auf der Erde einschneidend verändern könnten.

10.1 Warum erneuerbare Energien nutzen?

Es ist mit traumatischen Erschütterungen und sehr teuren Anpassungsmaßnahmen zu rechnen, wenn die schlimmeren Erwartungen hinsichtlich der globalen Erwärmung eintreten sollten. Es gibt eine ganze Reihe von Umweltgründen, die Nutzung sauberer Energiequellen so rasch wie möglich auszuweiten. Überall in der Welt ersticken die Städte an der Luftverschmutzung. Regenwolken, die mit Schwefeldioxid belastet sind, bedrohen die Wälder. Die Verarbeitung von Erdöl erzeugt viele Giftstoffe. Die Lösung ist einfach: Wenn man stärker auf erneuerbare Energien zurückgreift, wird die Menge der eingesetzten fossilen Brennstoffe, werden die damit zusammenhängenden Gesundheits- und Umweltprobleme zurückgehen. Das Umschwenken auf sauberere Energiequellen kann, von den Vorteilen für die Umwelt abgesehen, auch zu niedrigeren Energiekosten führen. Für Länder, die verzweifelt ihren Lebensstandard zu heben versuchen, sind erschwinglichere Energiequellen lebenswichtig. Wenn der Dieselkraftstoff in den ländlichen Gebieten der Entwicklungsländer 0,42 US-Dollar pro Liter kostet, dann ist das für die Bauern und ihre weiterverarbeitenden Genossenschaften einfach unbezahlbar.

Der IPCC-Bericht nennt drei Maßnahmenbündel, um den Kohlendioxid-Ausstoß in die Atmosphäre zu senken:

1. Effizienzsteigerungen in Angebot, Umwandlung und Endnutzung der Energie;
2. Brennstoffsubstitution durch Energiequellen mit geringeren Treibhausgasemissionen;
3. Verminderung der Treibhausgase durch Beseitigung, Wiederverwendung oder Fixierung.[2]

Erneuerbare Energietechnologien können auf allen drei Gebieten erhebliche Wirkungen erzielen. Energiebewußte Verbraucher können, je nach Wohnort, durch weitgehende Einbeziehung von Sonnenenergie und natürlicher Belüftung den Energiebedarf gegenüber konventionellen US-Häusern um 40 bis 80 Prozent senken. Ein effizienteres Stromerzeugungs- und -leitungsnetz wird in wachsendem Maße auf erneuerbare Energiequellen zurückgreifen, die genau dem jeweiligen Bedarf folgen und in kleinen Schritten zugeschaltet werden können.

Da mit erneuerbaren Energietechnologien flüssige Brennstoffe hergestellt und Wärme oder Strom erzeugt werden können, ist es möglich, in jedem Wirtschaftssektor und für praktisch jeden Zweck fossile Brennstoffe zu substituieren. Erneuerbare Energietechnologien beweisen im kommerziellen Einsatz, daß sie bei bestimmten Anwendungen heute mit fossilen Energiesystemen konkurrieren können. Für manche Zwecke sind sie sogar zum bevorzugten System geworden, etwa an abgelegenen Orten, wo mit Hilfe von photovoltaischen Solarpaneelen kleine Mengen Strom erzeugt werden. Man bevorzugt diese Sonnenenergiesysteme, weil sie den Strom für die gewünschte Dienstleistung mit geringerem Einsatz an Geld, Material und Arbeitskraft bereitstellen. Wenn künftig die Preise fossiler Brennstoffe steigen, dürften erneuerbare Energien durch eine Vielzahl von neuen sowie durch Verbesserungen bei älteren Technologien noch konkurrenzfähiger werden.

Schließlich können erneuerbare Energietechnologien in Strategien zur Bindung und Nutzbarmachung von Kohlenstoff eine Rolle spielen. So wurde eine Technologie entwickelt, mit der ganze Bäume aus Energieplantagen geerntet und verbrannt werden. (Wenn Bäume, Pflanzen oder organische Produkte oder Abfälle jeder Art als Brennstoff genutzt werden, spricht man von »Biomasse«-Brennstoff). In diesem System, das bestimmte, schnellwüchsige Baumarten verwendet, ist es nicht mehr nötig, das Holz zu zerkleinern (was die Brennstoffkosten senkt), und bei dieser Energiegewinnung aus dem Biomasse-Zyklus wird zusätzlich Kohlendioxid absorbiert, und Schwefeldioxid-Emissionen, die den sauren Regen hervorrufen, unterbleiben.[3]

Zum Glück kommt die Forderung nach einer Revision des herkömmlichen Systems der Energiebereitstellung ein Jahrzehnt, nachdem durch die Energiekrise der siebziger Jahre bereits gewaltige Investitionen in Alternativen zum Erdöl ausgelöst wurden. Die saubersten Alternativen waren erneuerbare Energietechnologien, welche natürliche Energieflüsse, die von der konstanten Strahlung der Sonne angetrieben werden, umwandeln. Die von der Sonne bereitgestellte Energie, die Solarkonstante, beträgt außerhalb der Erdatmosphäre 1353 Watt pro Quadratmeter, und an der Erdoberfläche sind von dieser Sonnenenergie an einem klaren Tag maximal 1000 Watt pro Quadratmeter verfügbar.[4]

Die Sonnenstrahlung, und zwar die direkte ebenso wie die diffuse, kann auf zweierlei Weise eingefangen werden: direkt mit Solarenergietechnologien, um Wärmeenergie oder Strom zu erzeugen, oder indirekt durch Biomasse-, Wind- und Wasserkrafttechnologien. Bäume und Pflanzen, zusammenfassend gemeinhin als »Flora« bezeichnet, nutzen die Sonnenstrahlung, um die chemischen Fabriken der Natur zu betreiben, welche die Biomasse liefern, die entweder direkt verbrannt und in Wärmeenergie verwandelt wird, oder den Rohstoff für die Umwandlung in irgendeines der chemischen Produkte darstellt, die heute aus Rohöl, Erdgas oder Kohle gewonnen werden. Die ungleiche Verteilung der Strahlung regt Luftbewegungen an und erzeugt den Wind, der seinerseits in mechanische, thermische oder elektrische Energie umgewandelt werden kann. Schließlich treibt die Sonnenenergie den Kreislauf von Verdunstung und Kondensation des Wassers an, der Niederschläge und letztlich die Wasserkraft entstehen läßt.

Tabelle 10.1 zeigt die meisten der verfügbaren erneuerbaren Energietechnologien und die Anwendungen, für die sie genutzt werden. Die Liste ist umfassend, denn erneuerbare Energietechnologien können fossile Energie bei den meisten Anwendungen ersetzen. Bei manchen Anwendungen erreichen sie sogar höhere Leistungswerte, die den Fähigkeiten fossiler Energiesysteme überlegen sind.

Es gibt keine Energietechnologie, die für die Umwelt vollkommen unschädlich ist, und bei vielen erneuerbaren Energieprojekten sind die entsprechenden Wirkungen durch Umweltüberwachung festgehalten worden. Die klar erkannten Umweltfolgen sind bei vielen Arten von erneuerbaren Energiesystemen,

Tabelle 10.1 Erneuerbare Energietechnologien und ihre Anwendungen

Technologie und typische Systemgröße	Anwendung
Photokonversion mit Solartechnologien	
Aktiv-solar (1 bis 500 + kW_{th})	
Flachkollektoren	Warmwasserbereitung
Vakuumröhrenkollektoren	Schwimmbadbeheizung
Saisonale Speichersysteme	Raumheizung und -kühlung
	industrielle Prozeßwärme
	Erntetrocknung
Passiv-solar (1 bis 500 + kW_{th})	
Einfangen und Steuern des Sonnenlichts	Tagesbeleuchtung
Wärmespeicherung und -verteilung	Raumheizung
Natürliche Belüftung	Raumkühlung
Solar-thermisch (4 kW_e bis 100 MW_e)	
Parabolwannen	industrielle Prozeßwärme
Parabolschüsseln	Baugewerbe-Bedarf
Zentralempfänger	Strom
Solarteiche	Bewässerungspumpen
	Chemie- und Brennstofferzeugung
	Entsalzung
	Vernichtung von Giftmüll
Photovoltaik (mehrere Watt bis Megawatt)	
Flachkollektoren	Geräteelektronik
Konzentrierende Kollektoren	Netzferne Stromsysteme
	Strom für öffentliches Netz
Photokonversion mit Biomasse (kW_{th} bis Hunderte Megawatt)	
Anaerobe Verdauung	Wärmeenergie
Fermentation/Destillation	Strom durch Kraft-Wärme-Kopplung und Versorgungskraftwerke
Chemische Reduktion und Destillation	
Pyrolyse, Verflüssigung, Vergasung	Flüssige und gasförmige Brennstoffe
Hydrierung	Grundstoffe für Chemikalien
Direkte Verbrennung	
Wind (100 Watt bis Megawatt)	
Turbinen mit Horizontalachse	Mechanische Pumpen
Turbinen mit Vertikalachse	Strom für netzferne und Netzanwendungen
	Wärmeenergie
Erdwärme (einige kW bis Dutzende MW_e)	
Hydrothermal	Strom für Versorgungsunternehmen
»Dry-rock«	Kommerzielles und privates Heizen
Magma unter natürlichem Druck	Methan-Erzeugung aus Sole unter Druck
Wasserkraft (einige Watt bis Tausende MW_e)	
Staudämme	Netzferner Strom
Laufwassersysteme	Strom für Versorgungsunternehmen
	Industriestrom
Meer	
Welle (3 bis 500 kW_e)	Strom für Versorgungsunternehmen
Gezeiten (Megawatt)	Mechanische Energie
Umwandlung der Wärmeenergie des Meeres (OTEC) (einige 10 bis 100 MW)	Aquakultur
	Destillation
	Strom in kleinen Mengen

Quelle: *International Energy Agency*[5]
(»1 bis 500 + kWh_{th}« bedeutet Systeme von einem bis über 500 Kilowatt thermisch, »kW_e« heißt Kilowatt elektrisch)

besonders bei der Umwandlung von Sonnenenergie, weit geringer als bei konventionellen Energiesystemen. In einer Untersuchung über verschiedene Stromerzeugungstechnologien hat das US-Energieministerium die Unterschiede berechnet. In einer Prozeßketten-Analyse wurde der Gesamtausstoß von Kohlendioxid bestimmt, einschließlich der Emissionen beim Bau, der Brennstoffbeschaffung und des Betriebs des Stromerzeugungssystems. Die Ergebnisse (siehe Tab. 10.2) zeigen, daß erneuerbare Energietechnologien, soweit es um Treibhausgasemissionen geht, sehr viel weniger schädlich sind.

Warum Maßnahmen gegen die Freisetzung von Treibhausgasen der Substitution fossil befeuerter durch erneuerbare Energiesysteme hohe Priorität einräumen werden, erkennt man aus Tabelle 10.2. Ein solarthermisches Spitzenlast-Kraftwerk stößt im Vergleich zu einem mit Erdgas befeuerten pro Gigawattstunde gelieferter Energie (eine Gigawattstunde ist eine Milliarde Watt, eine Stunde lang bereitgestellt) 134mal weniger Kohlendioxid aus. Nach den Berechnungen des US-Energieministeriums

Tabelle 10.2 Kohlendioxid-Emissionen von Kraftwerken einschließlich Brennstoffgewinnung, Bau und Betrieb *(Tonnen CO_2 pro GW/h Erzeugung)*

Technologie	Brennstoffgewinnung	Bau	Betrieb	Summe
Kohle konventionell	1,0	1,0	962,0	964,0
Atmosphärische Wirbelschichtfeuerung	1,0	1,0	960,9	962,9
GuD-Kraftwerk mit integrierter Vergasung	1,0	1,0	748,9	750,9
Ölbefeuert	–	–	726,2	726,2
Gasbefeuert	–	–	484,0	484,0
Meereswärmeenergie	k.A.	3,7	300,3	304,0
Geothermischer Dampf	0,3	1,0	55,5	56,8
Kleines Wasserkraftwerk	k.A.	10,0	k.A.	10,0
Siedewasserreaktor (nuklear)*	1,5	1,0	5,3	7,8
Windenergie	k.A.	7,4	k.A.	7,4
Photovoltaik	k.A.	5,4	k.A.	5,4
Solarthermisch	k.A.	3,6	k.A.	3,6
Großes Wasserkraftwerk	k.A.	3,1	k.A.	3,1
Holz (nachhaltige Wirtschaft)	–1509,1	2,9	1346,3	–159,9

Quelle: *US Department of Energy*[6]

* Die Zahlen für die Kernenergie sind umstritten (siehe Kapitel 17).

könnte ein mit Holz befeuertes Kraftwerk, dessen Brennstoff aus einem Wald mit schnellem Generationswechsel (raschem Wachstum) stammt, während seiner gesamten Lebensdauer pro Gigawattstunde Strom 159,9 Tonnen Kohlendioxid absorbieren. Bei dieser Nettoabsorption geht man von neuen Sorten schnellwüchsiger Bäume aus, die aus dem Wurzelsystem nachwachsen. Wieviel es wirklich leistet, bleibt noch festzustellen, doch besteht die Möglichkeit, ein erneuerbares Biobrennstoffsystem zu schaffen, das fast das gesamte Kohlendioxid, das es freisetzt, wieder absorbieren kann.

Die Tabellen 10.1 und 10.2 stützen die Behauptung, daß erneuerbare Energietechnologien die für moderne Volkswirtschaften erforderliche Energie bereitstellen können und dabei sehr viel weniger Treibhausgase emittieren. Weshalb ist man dann gegenüber der Zukunft der erneuerbaren Energien so skeptisch?

10.2 Die Zukunft der erneuerbaren Energien

In welchem Umfang ist es möglich oder machbar, fossile Brennstoffe durch erneuerbare Energien zu ersetzen? Weltweit stellen erneuerbare Energien rund 20 Prozent des gesamten Primärenergieangebots, vorwiegend aus Biomasse und Wasserkraft.[7] In der hochindustrialisierten Wirtschaft der USA tragen erneuerbare Energien etwa neun Prozent zum Primärenergieangebot bei. In Österreich, Australien, Schweden, Dänemark, Kanada und der Schweiz liefern erneuerbare Energiequellen, die Wasserkraft ausgenommen, zwischen einem und fünf Prozent der gesamten Primärenergie.[8] Das sind zwar bescheidene, aber dennoch ansehnliche Anteile an der Gesamtenergiebilanz, und eine erhebliche Ausweitung ist möglich.

Angesichts der bescheidenen Beiträge erneuerbarer Energien in den meisten Ländern und der gewaltigen Kapitalmengen, die in der Infrastruktur der fossilen Energiegewinnung stecken, erscheint es unverantwortlich, den erneuerbaren Energien einen höheren Leistungsertrag als dem herkömmlichen Energiesystem zuzutrauen. Deshalb findet man auch kaum Prognosen, die für das Angebot der erneuerbaren Energien im Laufe der nächsten

Jahrzehnte mehr als nur einen geringen Anstieg vorhersagen. Das gilt verstärkt für die Entwicklungsländer, in denen man mit einem erheblich steigenden Energieverbrauch während der nächsten dreißig Jahre rechnet und eine aussichtsreiche Dekkung dieses zusätzlichen Bedarfs von den fossilen Brennstoffen erwartet.

Aber ist es wirklich ein unverantwortlicher Vorschlag, daß die Wirtschaft mit der Umstellung auf erneuerbare Energiequellen beginnen sollte, wo diese doch die fossilen Energiereserven bei weitem übersteigen? In allen Ländern überragt das Gesamtpotential von Solarenergie, Biomasse, Erdwärme[9], Wasserkraft und Windenergie die Reserven an Erdöl, Erdgas, Kohle und Uran. In einer bis ins nächste Jahrhundert reichenden Projektion der Energieressourcenbasis für die Vereinigten Staaten, eines der reichsten Länder, was fossile Energiereserven angeht, nehmen erneuerbare Energien eine überragende Stellung ein. Tabelle 10.3, in der als Einheit der Energieressourcen Milliarden Barrel Öläquivalent (MBÖ) zugrunde gelegt werden, zeigt, daß in den USA mehr als 614000 MBÖ an erneuerbaren Ressourcen verfügbar sind, gegenüber 44000 MBÖ an konventionellen Energieressourcen.

Die in Tabelle 10.3 angegebenen Ressourcen stellen die Summe der bekannten und der noch unentdeckten Ressourcen dar, die mit gegenwärtiger oder künftiger Technologie innerhalb

Tabelle 10.3 Energieressourcenbasis der USA
(Milliarden Barrel Öläquivalent – MBÖ)

Energiequelle	MBÖ
Erdwärme	258263
Photokonversion (solar und Biomasse)	178438
Wind	176910
Schieferöl	27518
Kohle	15079
Erdöl	477
Erdgas	294
Torf	244
Uran	203
Wasserkraft	170

Quelle: *Meridian Corporation, for US Department of Energy*[10]

des Projektionszeitraums wirtschaftlich ausgebeutet werden können. (Die Angaben über erneuerbare Energieressourcen beziehen sich auf eine Jahresleistung über einen bestimmten Zeitraum, entsprechend den üblichen Ressourcenprojektionen, wie sie von den Bundesbehörden festgelegt wurden, die die Ressourcenschätzungen vornahmen.) Eine realistischere Bestimmung der Energieressourcen gewinnt man, wenn man die Schätzung auf Energiereserven beschränkt, die »zugänglich« sind, die mit gegenwärtiger Technologie oder mit Technologien, die sehr bald verfügbar sein werden, bereitgestellt werden können.

Um bei der Berechnung der zugänglichen Ressourcen, die in Tabelle 10.4 wiedergegeben sind, weitere Beschränkungen einzuführen, wurden Flächen herausgenommen, die schon der Stadt- und Umlandplanung unterliegen, sowie auch solche, bei denen konkurrierende Nutzungen eine Umwandlung erneuerbarer Energien ausschließen würden. Berücksichtigt wurden ferner gesetzliche Beschränkungen der Energiegewinnung in geschützten Landschaften, und das Wasserkraftpotential wurde erheblich eingeschränkt durch die Annahme, daß der Ausbau von Wasserkraftwerken an neuen Standorten auf den Widerstand von Gruppen stoßen würde, die wegen der Auswirkungen von Staudämmen Einwände erheben. Diese und ähnliche Annahmen haben, wie man sieht, das Erdwärme- und Windenergiepotential

Tabelle 10.4 Zugängliche Energieressourcen der USA
(Milliarden Barrel Öläquivalent – MBÖ)

Energiequelle	MBÖ
Photokonversion (solar und Biomasse)	101 153
Kohle	6 577
Erdwärme	3 928
Schieferöl	2 018
Wind	870
Erdöl	190
Erdgas	153
Uran	126
Torf	61
Wasserkraft	27

Quelle: *Meridian Corporation, for US Department of Energy*[11]

erheblich eingeschränkt. Das Energiepotential aus der Photokonversion (solare und Biomasse-Energiesysteme) aber bleibt sehr hoch und überragt alle übrigen künftigen Energiequellen der USA bei weitem.

Gemäß der Praxis, nur solche Energieressourcen zu zählen, deren Existenz »erwiesen« ist und die mit heute schon auf dem Markt befindlicher Technologie wirtschaftlich nutzbar sind (das ist die übliche Praxis der US-Behörden, die die Energieressourcen berechnen), haben die mit dieser Untersuchung befaßten Experten der Meridian Corporation ihrer Ressourcenabschätzung weitere Schranken auferlegt, um zu den »Energiereserven« zu gelangen. Die in Tabelle 10.5 angeführten Gesamtreserven würden, wenn man den US-Energieverbrauch von 1987 zugrunde legt, die USA für einen Zeitraum von 78 Jahren mit Energie versorgen. Der Anteil der erneuerbaren Ressourcen beläuft sich auf 10,4 Prozent, was nur wenige Prozent mehr sind als der gegenwärtige Beitrag.

Die Berechnung der in Tabelle 10.5 dargestellten Reserven war insofern recht vorsichtig, als sie für die fossilen Brennstoffe die gegenwärtigen Marktpreise zugrunde legt und damit für die erneuerbaren Energietechnologien nur eine begrenzte Marktdurchdringung annimmt. Wegen der in der Untersuchung zugrunde gelegten Preise werden bei den Reserven keine neuen

Tabelle 10.5 Eine zurückhaltende Schätzung der Energiereserven der USA *(Milliarden Barrel Öläquivalent – MBÖ)*

Energiequelle	MBÖ
Kohle	908,0
Photokonversion (Biomasse)	57,7
Erdwärme	42,5
Erdgas	39,9
Erdöl	26,9
Wasserkraft	10,0
Uran	7,3
Photokonversion (solar)	3,0
Wind	weniger als 1,0
Schieferöl	weniger als 1,0
Torf	weniger als 1,0

Quelle: *Meridian Corporation, for US Department of Energy*[12]

solarthermischen oder photovoltaischen Anlagen angenommen, sondern lediglich die Leistung schon bestehender Systeme. Außerdem berücksichtigt die Aufstellung der Reserven keine weitere Wasserkraftkapazität, und für die Bereitstellungskosten von Solarwärme werden sehr pessimistische Werte angenommen (zum Beispiel 28 US-Dollar pro Gigajoule, eine Zahl, die angesichts der derzeitigen Kosten von Wannenkollektoren, die heute an geeigneten Orten in den Vereinigten Staaten installiert werden, mindestens zwei- bis dreimal zu hoch gegriffen ist).

Obwohl der Anteil der erneuerbaren Energien an den Reserven durch solche Annahmen eingeschränkt wurde, ist aus Tabelle 10.5 dennoch zu ersehen, daß Biomasse nach der Kohle die zweitgrößte US-Energiereserve darstellt, gefolgt von der Erdwärme. Diese beiden Reserven sind größer als die von Erdgas und Erdöl. Vergleicht man die Energiereserven aus Tabelle 10.5 mit den zugänglichen Energieressourcen in Tabelle 10.4, zeigt sich außerdem, daß für erneuerbare Energieformen künftig ein sehr großes Potential existiert.

Diese Annahme wird gestützt durch die Angaben in Tabelle 10.4, wonach sich die zugänglichen Ressourcen an Biomasse und Solarenergie auf 101 153 MBÖ belaufen, fast das 111fache der in Tabelle 10.5 als Reserve angeführten Kohle. Außerdem sind die zugänglichen erneuerbaren Energieressourcen im Grunde unbegrenzt. Während die Kohlereserven sich letzten Endes erschöpfen werden, wird die Sonnenstrahlung uns auf Jahrmillionen hinaus ununterbrochen zur Verfügung stehen. Sollte man sich entschließen, die Kohleverbrennung zu beschränken, so werden die erneuerbaren Reserven zusätzlich an Bedeutung gewinnen.

Dieser Überblick über die Energiezukunft der USA sollte zeigen, daß die erneuerbaren Energieressourcen das verfügbare Angebot an fossiler Energie in jedem Land übersteigen. Für Politiker ist es allerdings schwer zu entscheiden, wie rasch der technische und wirtschaftliche Wandel die erneuerbaren Energieressourcen aus der Tabelle der zugänglichen Energien in die Tabelle der Energiereserven versetzen wird.

Es spricht manches dafür, daß die erneuerbaren Energien sehr viel schneller den Markt erobern werden, als die Experten vorhergesagt haben. Nach den Erfahrungen der letzten 15 Jahre haben sich etliche der erneuerbaren Energietechnologien sowohl in technischer als auch in wirtschaftlicher Hinsicht als leistungsfähig erwiesen.

10.3 Windenergie

Die Windenergie ist das Beispiel einer erneuerbaren Energietechnologie, die innerhalb kurzer Zeit Wettbewerbsfähigkeit erreicht hat. Vor fünf Jahrzehnten waren Windkraftanlagen in vielen Ländern ziemlich verbreitet – als Antriebe für Wasserpumpen und mechanische Aggregate und zum Teil auch für die Stromerzeugung in kleinem Maßstab. Dann wurden sie, abgesehen von einigen begrenzten Standorten, durch billige fossile Brennstoffe vom Markt verdrängt.

Das Blatt wendete sich wieder, als in den siebziger Jahren Forschung und Entwicklung auf dem Gebiet der Windenergie neue Impulse erhielten und die hohen Kosten für Erdöl und Erdgas in Kalifornien eine Marktchance auf dem Stromsektor eröffneten. Ein US-Bundesgesetz befreite unabhängige Stromproduzenten 1978 von den lästigen Vorschriften für die öffentlichen Versorgungsunternehmen,[13] und Investoren erhielten von Bund und Staat attraktive steuerliche Anreize, um in erneuerbare Energiesysteme zu investieren. Diese Kombination von Faktoren sorgte für eine rasche Marktausweitung der Windkraft in Kalifornien, wo die Verfügbarkeit der Windressource dem Spitzenlastbedarf der Stromversorger in den Sommermonaten genau entsprach.

Von einer aggressiven Industrie und privaten Investoren vorangetrieben, wuchs die installierte Windkraftkapazität in Kalifornien praktisch von nichts auf 16000 Windturbinen mit einer Gesamtkapazität von 1400 Megawatt. Die Stromversorger trugen nicht die Kapitalkosten für die Installation der neuen Kapazität, sondern sie zahlten lediglich für eine Leistungsgutschrift und für die Energie, die ihnen geliefert wurde unter Standardverträgen, an deren Zustandekommen die Staatsregierung mitgewirkt hatte. Bis 1989 hatten diese Turbinen 5693 Gigawattstunden Strom erzeugt und damit Kalifornien das Äquivalent von 10,041 Millionen Barrel Erdöl erspart. In einem Staat mit elf Prozent der US-Bevölkerung und der sechstgrößten Volkswirtschaft der Welt erzeugte Windkraft ein Prozent des elektrischen Stroms. Dieser Ein-Prozent-Beitrag ist in weniger als einem Jahrzehnt zustande gekommen. Dabei werden diese Installationen seit 1985 nicht mehr durch steuerliche Anreize (Gutschriften für einen Teil des investierten Kapitals) von Bund oder Staat gefördert.[14]

Kalifornien steht nicht allein. Auf Hawaii und in Dänemark stellt Windenergie ebenfalls ein Prozent der Stromerzeugung, und mehrere Länder investieren inzwischen in den Aufbau von Windenergieunternehmen und kaufen Windkraftanlagen. In den kommenden Jahren wird die Windkraft sich auf andere US-Staaten ausweiten (vor allem in den Präriestaaten), wo die verfügbare Windressource die von Kalifornien weit übersteigt.

In der raschen Marktdurchsetzung der Windenergie in den Vereinigten Staaten und in Dänemark haben sich wesentliche Eigenschaften erneuerbarer Energiesysteme bestätigt. Vor allem haben sich erhebliche Kostenvorteile durch Serienfertigung ergeben. Die neuen Erfahrungen der Hersteller und Steigerungen der Systemgröße[15] haben die Produktions- und Installationskosten von heute aufgestellten Windfarmturbinen von 3500 US-Dollar auf 1000 bis 1200 US-Dollar pro Kilowatt zeitgleicher Spitzenlast abgesenkt. Die Leistung der installierten Kapazitätseinheit ist im Laufe der achtziger Jahre von 200 Kilowattstunden pro Kilowatt dramatisch auf 1300 Kilowattstunden angestiegen.[16] Diese Zahlen werden durch absehbare technische Verbesserungen nochmals steigen.

Um die Windenergietechnologie im Vergleich zu anderen Stromerzeugungssystemen richtig zu bewerten, muß auch der Lastfaktor einer Windturbine berücksichtigt werden. Es ist kennzeichnend für erneuerbare Energiesysteme, daß sie nicht im Dauerbetrieb arbeiten. Der Stromversorger oder der Verbraucher muß wissen, wieviel Leistung er jährlich erwarten kann, und das wird durch den Lastfaktor ausgedrückt. Bei Windturbinen muß die Maschine während 95 Prozent der Zeit, in der der Wind die für die Stromerzeugung geeignete Geschwindigkeit erreicht, verfügbar sein. Solche Zuverlässigkeitsniveaus sind heute üblich, und die gemessene Leistung an den zahlreichen

Windkraftanlagen in Kalifornien hat ergeben, daß der Gesamtlastfaktor für sämtliche Windturbinen im Staat auf 16 Prozent gestiegen ist. In dieser Zahl sind auch die älteren Systeme mit geringerer Zuverlässigkeit und Leistung noch enthalten. Neuere Systeme haben einen Lastfaktor von 20 Prozent, die besten Anlagen sogar von 30 Prozent.[17]

Aus diesen Zahlen folgt, daß Windturbinen Strom zu wettbewerbsfähigen Preisen im Bereich von acht bis neun Cents pro Kilowattstunde liefern können, und damit übertreffen Windkraftanlagen die teuersten Kraftwerke der USA, die ausnahmslos Atomkraftwerke sind. Nach Auskunft von Branchenkennern ist mindestens ein Viertel der in Kalifornien installierten Windkraft gegenüber neuer Kernkraftkapazität in den USA konkurrenzfähig.[18]

Durch zehnjährige Beobachtung einer großen Zahl von Windturbinen sind die Stromversorgungsunternehmen in den Vereinigten Staaten, Dänemark und einigen anderen Ländern mit Kapazität und Leistung der Windenergie gründlich vertraut. In Kalifornien fügen sich Windkraftanlagen an vielen Orten gut in ihre Erfordernisse des Lastenmanagements im Versorgungssystem ein und sind für den Stromversorger eine zuverlässige, berechenbare Größe.[19] Amerikanische und ausländische Energieversorgungsunternehmen schätzen, daß sie zwischen fünf und 20 Prozent ihres gesamten Aufkommens aus Windenergie beziehen könnten, ohne nennenswerte Änderungen vornehmen zu müssen, obgleich die Ressource nicht ständig verfügbar ist. Durch preisgünstige Energiespeichersysteme (zum Beispiel Batterien und Brennstoffzellen) kann dieser Anteil noch steigen.

In Kalifornien wirkt sich die Nutzung der Windenergie bereits sehr vorteilhaft auf die Umwelt aus. 1,8 Milliarden Kilowattstunden Windstrom, die ins kalifornische Netz eingespeist wurden, haben nach einer Schätzung von 1988 62000 Tonnen Luftschadstoffe und 2,2 Millionen Tonnen Kohlendioxid aus der Atmosphäre ferngehalten. Würde die Windkraft in den nächsten zehn Jahren stark ausgebaut, könnten, wie Branchenkenner geschätzt haben, in den USA jährlich Emissionen von bis zu 50 Millionen Tonnen Kohlendioxid vermieden werden.[20]

Aufgrund der Erfahrungen in den USA und in Dänemark beabsichtigen jetzt zahlreiche Entwicklungsländer, die Windenergie in ihre Stromerzeugungsplanung einzubeziehen. Indien und Ägypten haben bei Herstellern in Europa und in den USA Windfarmen bestellt, und in diesen und anderen Entwicklungsländern sind Lizenzverträge über die Herstellung von Windturbinen abgeschlossen oder beabsichtigt. Es sind einige wenige entwickelte Länder, die diese Technologie bis an die Schwelle der weltweiten Marktakzeptanz vorangetrieben und damit Chancen für den Export und für einen sehr segensreichen Technologietransfer geschaffen haben.

10.4 Die Bedeutung erneuerbarer Energietechnologien für den Stromsektor

Die Windenergie ist nur eine der erneuerbaren Energietechnologien, die rasch in den Stromsektor vordringen. Die amerikanische Verbraucherschutzvereinigung Public Citizen hat die Entwicklung der erneuerbaren Energien in den USA während der letzten zehn Jahre untersucht und ein rasches Wachstum auf dem Strommarkt festgestellt. Die Gesamtkapazität der Kraftwerke auf der Basis erneuerbarer Energien betrug, Wasserkraftwerke ausgenommen, 1980 1109 Megawatt; bis 1989 wuchs sie auf 9543 Megawatt. Während dieser neun Jahre kamen außerdem 11700 Megawatt neuer Wasserkraftkapazität hinzu.[21]

In den USA waren Ende 1988 einschließlich aller Wasserkraftwerke 97443 Megawatt auf der Basis erneuerbarer Energien am Netz. Das ist etwas mehr als die 97220 Megawatt an Kernkraftkapazität, die es 1988 gab.[22]

In den USA gibt man den nationalen Primärenergieverbrauch in *quads* an, das sind eine Billiarde British Thermal Units (10^{15} BTU oder 1,055 Exajoule). Die Public-Citizen-Studie geht von den Wachstumsraten der achtziger Jahre sowie von den Hochrechnungen der Wirtschaft, der Stromversorger und der Behörden aus und kommt zu dem Schluß, daß erneuerbare Energien im Jahre 2000 14 *quads* beisteuern könnten, womit sich ihr derzeitiger Anteil verdoppeln würde. Je nachdem, wie stark der Energiebedarf wächst und welche Fortschritte die rationelle Energienutzung machen, könnten 14 *quads* zwischen 15 und 19

Prozent des US-Energieangebots des Jahres 2000 entsprechen. In der größten Volkswirtschaft der Welt mit einem Jahresverbrauch von 83 Billiarden BTU bedeutet ein solcher Anteil, daß es eine ganz erhebliche Zahl von Anlagen und eine rasch wachsende Industrie geben wird.

Die Projektion von 14 *quads* geht davon aus, daß sich am derzeitigen energiepolitischen Klima und an den niedrigen Kosten fossiler Brennstoffe nichts ändern wird, und sie berücksichtigt die Folgen der in den achtziger Jahren vorgenommenen starken Kürzungen bei den staatlichen Fördermitteln für Forschung und Entwicklung auf dem Gebiet erneuerbarer Energien. Wie groß könnte der Anteil der erneuerbaren Energien in den USA unter günstigeren politischen Bedingungen sein? Um das abzuschätzen, haben Wirtschaftsvertreter die Marktentwicklung der nächsten zehn Jahre unter zwei Szenarios miteinander verglichen und das Egebnis auf dem Forum über erneuerbare Energien und Klimawandel vorgetragen, das vom 14. bis 15. Juni 1989 in Washington, DC, stattfand. Gegenüber der Fortschreibung des Bestehenden (erstes Szenario – *business as usual*) könnte sich der Anteil erneuerbarer Energien innerhalb von zehn Jahren verfünffachen, wenn ihre Entwicklung durch politische Maßnahmen (zweites Szenario) gefördert würde.

Für die Windenergie ergab die Abschätzung, daß eine Marktförderung ihren Anteil in den nächsten zehn Jahren um einen Faktor 3 bis 5 steigern würde und daß sich dadurch alljährlich Emissionen von 50 (statt zehn) Millionen Tonnen Kohlendioxid vermeiden ließen. Biomasse könnte im Jahre 2000 bei beschleunigter Marktausweitung 14,6 *quads* beisteuern, gegenüber 4,14 *quads* bei Fortschreibung der bisherigen Entwicklung. (Ausgangspunkt war ein Anteil der Biomasse im Jahr 1989 von schätzungsweise 2,95 bis 3,8 *quads*.) Gegenüber der Fortschreibung würde sich der Anteil der Biomasse bei beschleunigter Marktdurchdringung also auf das Drei- bis Vierfache steigern.

Um den Marktanteil erneuerbarer Energien zu steigern, schlug die Industrie eine Reihe politischer Maßnahmen vor.

a) Für Windenergie:

- Steigerung der Bundesmittel für Forschung und Entwicklung, ein Fünfjahresprogramm, das mit jährlich 20 bis 50 Millionen

US-Dollar ausgestattet würde, um vor allem eine neue Klasse von effizienteren und kosteneffektiveren Turbinen zu entwikkeln und den technischen Wissensstand zu verbessern;

- Schaffung eines Netzverbundes, um den Windstrom in Ballungsgebiete zu leiten;
- finanzielle Anreize für den Privatsektor, zum Beispiel eine Prämie für Energie aus nicht umweltverschmutzenden, erneuerbaren Ressourcen (in Höhe von zwei bis vier Cents pro Kilowattstunde) sowie die Einbeziehung der versteckten Kosten der Energieerzeugung aus konventionellen Energiequellen.

b) Für Energie aus Biomasse:

- Staatliche Mittel für Zinserleichterungen bei der Finanzierung von Biobrennstoffanlagen;
- technische Hilfe für Unternehmen, die für die Umstellung auf Biobrennstoffe in Frage kommen;
- steuerliche beziehungsweise gesetzliche Anreize entsprechend der Umweltentlastung;
- Fortsetzung/Ausweitung der Steuerbefreiung für Ethanol-Kraftstoffe;
- Wiedereinführung der zehnprozentigen Energiesteuerbefreiung für Biobrennstoffanlagen;
- Einführung eines Steuerfreibetrags für die Produktion von nichtkonventionellem Treibstoff;
- Forderung an die Bundesbehörden, Anlagen und Fahrzeuge in bestimmtem Umfang mit Biobrennstoffen zu betreiben;
- allgemeine obligatorische Verwendung von Biobrennstoffen in einem bestimmten Umfang (etwa der Art, daß 50 Prozent des gesamten Benzins 10 Prozent Ethanol enthalten müssen).

Dieser Maßnahmenkatalog fördert vornehmlich die Vermarktung erneuerbarer Energien. Unabhängig davon, daß die Wettbewerbsfähigkeit künftig durch fortgesetzte Forschung und Entwicklung steigen wird, gibt es also auch mit den heutigen erneuerbaren Energietechnologien schon erhebliche Möglichkeiten zur Marktausweitung. Im übrigen wird sich die Wettbewerbssituation entschieden verbessern, wenn konventionelle Anlagen durch Gesetze zum Schutz der Umwelt gezwungen werden, ihre

Emissionen zu senken und dadurch der Preis der dort erzeugten Energie steigt.

Besonders vielversprechend sieht die Zukunft für viele erneuerbare Energietechnologien aus, weil es nur geringer Preissteigerungen bei fossilen Brennstoffen bedarf, damit sie die wirtschaftlichen und institutionellen Akzeptanz-Hürden nehmen können, die gegenwärtig ihrer Verbreitung im Wege stehen. Es gibt zum Beispiel neue, leichte Parabolwannen für die Erzeugung industrieller Prozeßwärme oder die Energieversorgung von Gewerbebauten. Parabolische Wannenkollektoren können unter klimatisch günstigen Bedingungen bei nur 15 Jahren Lebensdauer ein Gigajoule für einen Preis zwischen sechs und neun US-Dollar liefern. Angesichts des Erdgaspreises, der bei vier US-Dollar pro Gigajoule liegt, und des Wirkungsgrades eines konventionellen Gasboilers (normalerweise zwischen 55 und 80 Prozent) sind solarthermische Energiesysteme ohne Speicher an sonnenreichen Orten fast konkurrenzfähig.

Eine weitere Technologie, die eine rasche Marktausweitung verspricht, ist die solarthermische Stromerzeugung, ebenfalls unter Verwendung von parabolischen Wannenkollektoren. Luz International Ltd. ist ein in Kalifornien und Israel arbeitender Hersteller und Entwickler von Solarstromanlagen. Die Firma hat seit 1984 in Südkalifornien über 275 Megawatt an solar- und erdgasbetriebenen Hybridanlagen zur Stromerzeugung installiert. Luz hat die Kosten von Solarstromanlagen mit einer Lebensdauer von dreißig Jahren dank technischer Verbesserungen und größerer Stückzahlen von 25 auf acht Cents pro Kilowattstunde gesenkt.[23] Diese Kosten sind über die gesamte Lebensdauer gemittelt, so daß der Käufer dreißig Jahre lang praktisch einen festen Strompreis hat. Nach Auffassung von Luz wird der bis zu 25 Prozent betragende Anteil der jährlichen Stromausbeute, der durch Verbrennung von Erdgas erzeugt wird, der kostspieligste Teil sein, weil der Erdgaspreis im Laufe von dreißig Jahren steigen wird. Solare und mit sonstigen erneuerbaren Energien betriebene Kraftwerke, die einen langfristig beinahe fixen Preis für die bereitgestellte Energie bieten, unterliegen nicht der Brennstoffpreissteigerung.

Das in Blöcken von 80 Megawatt konstruierte System von Luz wird in den USA konkurrenzfähig sein, und es eignet sich für

Standorte mit einer hohen Sonneneinstrahlung (Australien oder Nordafrika) und für Stromversorger, die in den Sommermonaten vor hohen Spitzenlastanforderungen stehen. Auch in Entwicklungsländern, wo Dieselstrom für öffentliche Netze teuer ist, werden diese Systeme Absatz finden, zumal Luz und andere Firmen dabei sind, durch Verwendung neuer, preisgünstigerer Materialien den Wirkungsgrad dieser Systeme zu steigern. Kritiker, die solchen Systemen die Konkurrenzfähigkeit absprechen, übersehen allzu häufig, daß noch technische Verbesserungen möglich sind.

Was ebenfalls zur Konkurrenzfähigkeit solarthermischer Kraftwerke beiträgt, ist ihre Fähigkeit, sich genau den Tageshöchstlastkurven anzupassen. Mit einem Solarkraftwerk kann ein Versorgungsunternehmen eine effizientere Kraftwerkseinsatz-Strategie für sein Netz entwickeln, da die Kraftwerksleistung nachmittags auftritt, wenn der Bedarf am höchsten ist, und die Anlage auf eine tägliche Zu- und Abschaltung ausgelegt ist. Außerdem kann man diese Anlagen schrittweise ausbauen. Schließlich kann ein solarthermisches Kraftwerk mit einem bescheidenen Aufwand für einen Wärmeenergiespeicher, eine der kostengünstigsten Arten, Energie zu speichern, einen Lastfaktor von über 30 Prozent erreichen.

Zusammenfassend kann man sagen, daß Systeme auf der Basis von Sonnenenergie, Erdwärme, Biomasse und Windkraft bei den Versorgungsunternehmen zusehends Akzeptanz finden. Damit diese Systeme noch attraktiver werden, brauchen die Kosten konkurrierender fossiler Energiesysteme in den nächsten Jahren nur mäßig zu steigen. Es ist daher nicht mehr nötig, daß Kosten und Leistung sich um ganze Größenordnungen ändern, um diesen Technologien auf dem Strommarkt oder im industriellen, gewerblichen und Gebäudesektor eine rasche Ausweitung zu sichern.

10.5 Sonnenenergie für Gebäude und Industrie

Neben erneuerbaren Energietechnologien zur Stromerzeugung ist die Bereitstellung von Wärmeenergie für Industrie und Wohnzwecke mit Hilfe von Sonnenkollektoren ein weiteres Beispiel für eine Technologie, die sich schon bei bescheidenen Preissteigerungen für fossile Brennstoffe zunehmend durchsetzen wird. Man spricht hier von dezentralen oder netzfernen erneuerbaren Energiesystemen, weil die erzeugte Energie nicht zur Weiterleitung und Verteilung in ein zentralisiertes öffentliches Netz eingespeist wird, und deshalb wird das in ihnen steckende Potential leicht übersehen. Das mag der Grund dafür sein, daß die Energie- und Industrie-Untergruppe des IPCC bis zum Jahre 2025 nicht mit nennenswerten Marktanteilen von kommerziell genutzten Solarenergie-Anlagen rechnet.

Die Geringschätzung von solaren Warmwasserbereitern und sonstigen solaren Heiztechnologien für Gebäude beruht offenbar darauf, daß man die durch sie möglichen Einergieeinsparungen und Senkungen der Umweltbelastung als allzu geringfügig veranschlagt. Wenn es um Optionen für die Senkung des Energieverbrauchs geht, wenden sich Energie- und Umweltpolitiker offenbar vorschnell dem Stromsektor zu. Das ist kurzsichtig, weil der Verbrauch konventioneller Energie in Gebäuden durch aktive und passive Solarsysteme und Gebäudegestaltung um 30 bis 80 Prozent gesenkt werden kann; diese Einsparungen summieren sich über die Jahre.[24]

Passive Solararchitektur, die sich das Sonnenlicht und die natürliche Ventilation zunutze macht, besitzt in Ländern mit gemäßigtem Klima ein großes Potential. So verbrauchten 1985 Gebäude in den USA 37 Prozent des Primärenergieangebots. Für Heizung, Kühlung, Belüftung und Beleuchtung wurden 54,4 Prozent der von Wohngebäuden und 84,2 Prozent der von gewerblichen Bauten benötigten Primärenergie in Anspruch genommen. Von dem nationalen Brennstoffmix ausgehend, der die Energie für Wohngebäude in den USA liefert, und unter Berücksichtigung der geographischen Verteilung des Gebäudebestands kommt eine vorsichtige Schätzung zu dem Schluß, daß 6,7 Millionen moderne passiv solare Gebäude jährlich atmosphärische Emissionen in folgender Höhe ausschließen würden:

- 61,2 Millionen Tonnen Kohlendioxid,
- 258 000 Tonnen Schwefeldioxid,
- 150 000 Tonnen Stickoxide,
- 9000 Tonnen Staubpartikel.[25]

Daß von knapp sieben Prozent des Hausbestands eine derartige Absenkung der Luftverschmutzung ausgehen könnte, stellt ein lohnendes Ziel dar.

Eine weitere Chance für Solararchitektur und solarthermische Systeme besteht bei gewerblichen Bauten in Entwicklungsländern. Die Hauptverwaltung der staatlichen Erdölgesellschaft in Kingston, Jamaika, ein Gebäude mit Solararchitektur, verbraucht jährlich 377 Megajoule hinzugekaufter Energie pro Quadratmeter; das zweiteffizienteste Gebäude verschlingt dagegen über 908 Megajoule pro Quadratmeter. Bei den meisten übrigen gewerblichen Bauten der Stadt liegt der Verbrauch über 1136 Megajoule.[26] Da der Anteil der Entwicklungsländer am weltweiten Kohlendioxid-Ausstoß nach Erwartung des IPCC bis zum Jahre 2025 von 25 auf 50 Prozent steigen wird, müssen beim Ausbau der Infrastruktur dieser Länder Solartechnologien einbezogen werden. Zwar kann die Berücksichtigung der Solarenergie die Baukosten um bis zu 15 Prozent verteuern, doch diese Kostensteigerung kann durch Energieeinsparung in ein bis zwei Jahren wieder hereingeholt werden.

10.6 Die Möglichkeiten solarer Heiztechnologien ausschöpfen

Geschichte und Stellung dezentraler Solartechnologien und das in ihnen steckende Potential sollen am Beispiel der solaren Warmwasserbereitung erläutert werden. Solare Warmwasserbereiter kamen in den USA Ende des 19. Jahrhunderts auf den Markt, denn sie boten eine bequeme Möglichkeit, im Hause warmes Wasser zu haben, ohne daß man es umständlich auf einem Herd oder auf einem Feuer vor der Tür erhitzen mußte. Trotz billiger fossiler Brennstoffe und der Erfindung des elektrischen Warmwasserbereiters konnten sie sich bis weit in die vierziger Jahre unseres Jahrhunderts hinein am Markt behaupten. Nach den Energiekrisen der siebziger Jahre wurden solarthermische Anlagen für Gebäude technisch neu gestaltet und mit moderneren Materialien hergestellt, und es wurde eine ganze Reihe neuer Technologien und Anwendungen entwickelt.

Seit Mitte der siebziger Jahre das Interesse an dieser Technologie wiedererwachte, wurde die Wärmeabgabe von Sonnenkollektoren durch staatliche und industrielle Forschung um 30 bis 35 Prozent gesteigert. Gleichzeitig sanken die Herstellungkosten stärker, als die Inflationsrate stieg. Der Großhandels-Abgabepreis für Kollektoren hoher Qualität betrug 1978 (in Dollar von 1978) 120 bis 130 US-Dollar pro Quadratmeter. Ein baugleicher Kollektor von heute kostet im Großhandel noch immer etwa 120 US-Dollar pro Quadratmeter, aber in Dollar von 1989. Die Industrie, die Mitte der achtziger Jahre jährlich rund eine Million Quadratmeter Mitteltemperatur-Flachkollektoren herstellte, konnte große Produktionserfahrungen sammeln.[27] Bei den wenigen noch verbliebenen Herstellern sind diese Fertigungskenntnisse noch erhalten, obwohl nie eine echte Massenproduktion erreicht wurde, und der reale Preis von Sonnenkollektoren ist während der letzten zehn Jahre fast auf die Hälfte gesunken.

Sinkende Preise für fossile Brennstoffe und Steigerungen des Wirkungsgrads von konventionellen Anlagen haben die amerikanische Solarindustrie gezwungen, den Preis für solare Warmwasserbereitungsanlagen einschließlich Installation auf 2000 bis 2500 US-Dollar zu senken, so daß sie ungefähr halb so teuer sind wie zu Beginn der achtziger Jahre.

Was kann der »bescheidene« solare Warmwasserbereiter zur Absenkung von Treibhausgasemissionen beitragen? Sie bietet einer Familie in einem hochindustrialisierten Land eine der größten Energiesparmöglichkeiten! (Abgesehen davon, daß die Menschen aufhören, täglich ihr Auto [oder ihre Autos] zu benutzen.) Ein solarer Warmwasserbereiter, der seinem Besitzer in den USA jährlich 2300 Kilowattstunden Strom einspart, kann über seine gesamte Lebensdauer alljährlich die Freisetzung von 1770 Kilogramm Kohlendioxid in die Atmosphäre vermeiden helfen.

Ein solarer Warmwasserbereiter hilft nicht bloß Kohlendioxid-Emissionen zu vermeiden. Die amerikanische Umweltschutzbehörde hat berechnet, wie stark die Verschmutzung zurückgehen könnte, wenn die solare Warmwasserbereitung in den USA zunehmen würde. Ausgehend von den Treibhausgas- und Luftschadstoff-Emissionswerten für den nationalen Brennstoffmix in der Stromerzeugung, würden fünf Millionen Warmwasserbereiter alljährlich beseitigen:

- 9,72 Millionen Tonnen Kohlendioxid,
- 41 000 Tonnen Schwefeldioxid,
- 356 000 Tonnen Stickoxide,
- 2403 Tonnen Staubpartikel.[28]

Um dieses Potential auszuschöpfen, muß der Absatz von solarer Warmwasserbereitung und sonstigen solaren Gebäudetechnologien steigen, doch welche Marktchancen bestehen für solare Warmwasserbereiter? Einige Experten haben in der Vergangenheit die maximale Marktdurchdringung für solare Warmwasserbereiter in den USA auf etwa zehn Prozent geschätzt. Rund ein Prozent ist inzwischen erreicht, denn bei einem Gesamtbestand von 90 Millionen Wohneinheiten sind über eine Million solare Warmwasserbereiter installiert.[29]

Ausgehend vom Stand der Technik und vom wachsenden Hausbestand sowie von der Möglichkeit, bestehende Häuser nachträglich mit solaren Warmwasserbereitern auszustatten, ist ein Marktanteil von zehn Prozent vielleicht allzu niedrig angesetzt. In 44 Prozent der 1986 in den USA neu errichteten Einfamilienhäuser war Strom die Wärmequelle.[30] Da Strom die teuerste Energiequelle für Gebäude ist, bieten sich für solare Warmwasserbereiter die günstigsten Absatzchancen. Im übrigen werden in den USA jährlich mehr als drei Millionen Hausverkäufe getätigt. Würden Gesetze zur Luftreinhaltung bei jedem Verkauf die Errichtung solarer Heizanlagen vorschreiben, könnte der Absatz um über vier Millionen Einheiten jährlich wachsen.

Die Investition in einen solaren Warmwasserbereiter wird auch wirtschaftlich lohnender werden. Bei der derzeitigen Technik kommt man auf eine Nettoeinsparung von 2300 Kilowattstunden pro Jahr. Wenn der Strom bei den Versorgungsunternehmen acht Cents pro Kilowattstunde kostet und für die Installation eines solaren Warmwasserbereiters 2000 US-Dollar investiert werden, erzielt der Eigentümer im ersten Jahr eine Kapitalverzinsung von 9,2 Prozent. Bei steigendem Strompreis wird sich die Verzinsung verbessern. Einige Bauherren haben denn auch entdeckt, daß ein Haus mit Solarenergie leichter zu verkaufen ist, weil die Stromrechnung kleiner wird und der Kreditbetrag steigt, den man aufnehmen kann, ohne die Richtlinien der

Kreditgeber über monatliche Belastungen und Einkommen zu überschreiten. Auch ist es nicht schwer, Solarenergieanlagen auf bestehenden Häusern zu installieren. Das Absatzpotential dürfte nach 20 Millionen Einheiten in den nächsten zwanzig Jahren übersteigen. (In den USA werden zwischen 1990 und 2010 voraussichtlich 14 Millionen Einfamilienhäuser neu errichtet.)[31]

Wie das Beispiel einiger Länder zeigt, sind Marktanteile von über einem bis hin zu zehn Prozent zu erwarten. In Barbados, wo solare Warmwasserbereiter im Wohnbereich einen Anteil von 30 bis 35 Prozent erreicht haben, dürfte der Markt gesättigt sein. Im allgemeinen konkurrieren diese Anlagen mit dem Erdgas, das für annähernd fünf US-Dollar pro Gigajoule verkauft wird, dessen effektiver Preis wegen des geringen Wirkungsgrades der meisten gasbefeuerten Warmwasserbereiter jedoch annähernd doppelt so hoch ist. Daß auf der Insel Barbados mit ihren etwa 65000 Wohnungen über 20000 Warmwasserbereiter installiert wurden, lag daran, daß ein zuverlässiges Produkt aus örtlicher Herstellung mit einer klugen Marketingstrategie angeboten wurde, daß die Energiepreise hoch waren und die Verbraucher einen staatlichen Zuschuß erhielten.[32] Die Verbraucher in diesem Lande mit mittlerem Einkommensniveau haben festgestellt, daß die solare Warmwasserbereitung eine glänzende Investition zur Energieeinsparung ist.

Messungen an gewerblich genutzten solaren Warmwasserbereitern haben bestätigt, daß sie in der Regel 50 bis 70 Prozent der für die Warmwasserbereitung verwendeten konventionellen Energie ersetzen.[33] Wenn mehr Leistung gewünscht wird, kann die Anlage um einen oder mehr Kollektoren erweitert werden. Das Florida Solar Energy Center hat im übrigen festgestellt, daß Verbraucher in warmen Regionen eine eventuell vorhandene Unterstützung ihrer solaren Warmwasserbereiter durch fossile Brennstoffe oder durch Strom abschalten und ihre Lebensweise geringfügig ändern, um ihren Energiebedarf gänzlich aus Sonnenenergie zu decken. Solche Anlagen amortisieren sich rasch und bescheren dem Besitzer einen erheblichen Einkommenszuwachs, der die ursprüngliche Investition ohne weiteres rechtfertigt. Daß solare Warmwasserbereiter in Gebieten mit hohen Energiepreisen sich rasch bezahlt machen, hat in Tunesien offenbar ein Programm angeregt, bei dem das Energieversorgungsunternehmen für die Installation einer Solaranlage ein niedrig verzinstes Darlehen auf sieben Jahre vergibt. Der Kreditnehmer spart an der Energie mehr ein, als das Darlehen ihn monatlich kostet, und wenn es abbezahlt ist, kommen ihm seine Energieeinkünfte voll zugute.[34]

In Entwicklungsländern wird sich die Warmwasserbereitung, wie der IPCC festgestellt hat, auf über 90 Prozent der Wohnungen ausweiten. Die Untergruppe für Energie und Industrie nimmt zum Beispiel an, daß im Jahre 2025 alle Haushalte in Brasilien und Mexiko Warmwasserversorgung haben werden. In allen Ländern möchten die Verbraucher warmes Wasser in ihren Wohnungen haben. Mit einem geringen Anreiz kann man ihnen die Möglichkeit eröffnen, fossil betriebene durch solare Warmwasserbereiter zu ersetzen, was auch wirtschaftlich die bessere Wahl ist. Mit entsprechenden Programmen werden sich erneuerbare Energien in den Entwicklungsländern rascher durchsetzen, was ihre Abhängigkeit von fossilen Brennstoffen verringert und zugleich ein grundlegendes wirtschaftliches Bedürfnis befriedigt.

Da in einem Industrieland wie den Vereinigten Staaten 16 Prozent des Energiebedarfs im Wohnbereich und sechs Prozent des gesamten Primärenergiebedarfs auf die Warmwasserbereitung entfallen, sind die Möglichkeiten der Energieeinsparung in diesem Bereich nicht gering zu veranschlagen. So könnte ein zwanzigprozentiger Marktanteil der solaren Warmwasserbereitung den Energieverbrauch der USA um 500 Billionen BTU jährlich senken, was 85 Millionen Barrel Rohöl im Jahr oder 235000 Barrel am Tag entspricht. Sollte ein nennenswerter Anteil der Warmwasserbereiter im Laufe der nächsten zwei Jahrzehnte durch Sonnenenergie versorgt werden, könnte der Verbrauch an fossiler Energie um ein oder mehr Prozent gesenkt werden. Dieses eine Prozent ist ein lohnendes Ziel, denn es vermindert das Gesamtproblem und trägt zusammen mit anderen kleinen Schritten dazu bei, die Treibhausgasemissionen einzudämmen.

Wie die Erfahrung in mehreren Ländern zeigt, können für solare Warmwasserbereiter Marktanteile von 50 und mehr Prozent auf den gegenwärtigen Märkten erreicht werden. Wenn die Preise fossiler Brennstoffe weiterhin steigen und die Solarenergie-Anlagen sich technisch und wirtschaftlich weiterhin verbessern, wird man in immer mehr Ländern derartige Marktanteile finden. Mag es auch heute noch so scheinen, als fiel der Solarenergie-Beitrag zur Warmwasserbereitung nicht ins Gewicht, so werden schließlich doch Solarenergie-Anlagen die fossilen Brennstoffe bei solchen Anwendungen vollständig verdrängen.

10.7 Wie mißt man die Wettbewerbsfähigkeit?

Sind die Anwendungen, in denen erneuerbare Energien ein fossiles Energiesystem verdrängen, keine begründbare Investition? Selbst wenn die Ressourcen für die Bereitstellung benötigter Güter und Dienstleistungen vernünftig verteilt sind, sind erneuerbare Energiesysteme in vielen Fällen noch immer zu kostspielig, verglichen mit fossilen Energiesystemen. Allerdings werden bei der Beurteilung der Wettbewerbsfähigkeit einer Energie, die ja tatsächlich ein komplexes Konzept ist, die falschen Maßstäbe angelegt. Allzu häufig wird beispielsweise die reine »Rückzahlungszeit« zugrunde gelegt; dabei wird den Investitionskosten der Wert der Energieeinsparungen gegenüber gestellt und berechnet, wie viele Monate es dauert, um die Investition wieder hereinzuholen. Es gibt andere, bessere Maßstäbe für den Wert eines Energiesystems, zum Beispiel die über die Lebensdauer gemittelten Kosten. Eines der besten Instrumente, um zwischen verschiedenen Energiesystemen zu wählen, ist jedoch die »dynamische Annuitätenmethode«.

Dabei werden sämtliche mit dem Besitz und Betrieb eines Energiesystems zusammenhängenden Kosten auf heutige Preise abgezinst. Außerdem wird bei dieser Methode die Preissteigerung von Brennstoffen berücksichtigt, und der Betriebs- und Wartungsbedarf wird ebenfalls auf den heutigen Tag abgezinst. Bei der Prüfung von Energieoptionen ist diese Methode vorzuziehen, weil sie den Wert konkurrierender Investitionsmöglichkeiten abschätzt. Wenn man bei der Prüfung richtige Zinssätze und realistische Inflationsraten für Brennstoffkosten zugrunde legt, wird oft die Entscheidung zugunsten der Energieeinsparung oder für den Erwerb eines erneuerbaren Energiesystems und gegen andere Investitionen ausfallen.

Wendet man die dynamische Annuitätenmethode an, werden erneuerbare Energiesysteme häufiger, als viele vermuten würden, ein positives Ergebnis liefern. Mit Sicherheit hat sich das erwiesen, wenn es um den Einsatz von photovoltaischen Systemen für kleine, mit Strom betriebene Apparate an Standorten ohne Netzanschluß geht. Im Kommunikationsbereich oder beim kathodischen Korrionsschutz an netzfernen Standorten ist die Kombination von photovoltaischen Zellen und Batterie zuverlässiger und wartungsunabhängiger als ein kleiner Generator oder eine Batterie allein. Obwohl also die Kosten der bereitgestellten Kilowattstunde hoch erscheinen, ist doch, wenn man Transport, Brennstoff, Wartung und Arbeitskraftbedarf über die Lebensdauer des Systems zusammenrechnet und abzinst, der Ertrag des Solarstroms überlegen, und die Entscheidung für diese Technologie entspricht einer angemessenen Ressourcenallokation. Man wird sich um ein Umdenken bemühen müssen, damit die dynamische Annuitätenmethode bei Energieentscheidungen in breitem Maßstab Anwendung findet, aber das sollte möglich sein, denn die Finanzleute beherrschen sie ja. Leider zeigen die meisten, die heute Energieentscheidungen treffen, daß sie keinen realistischen oder angemessenen Zinssatz zugrunde legen. (Der Zinssatz drückt den künftigen Geldwert zum heutigen Tag aus.) Denn wie die Forschung zeigt, denken die Verbraucher beim Kauf von Geräten praktisch nie an die künftigen Energiekosten für den Betrieb. Ein korrekter Zinssatz ist eine entscheidende Variable in der dynamischen Annuitätenmethode, und wenn die Käufer sie nicht berücksichtigen, entscheiden sie sich möglicherweise gegen Energiesysteme mit höheren Kapitalkosten, die aber in Wirklichkeit eine vernünftigere Kapitalinvestition darstellen als die langjährige Festlegung auf fossile Brennstoffe, deren Preis unvorhersehbar steigen kann.

Allmählich werden bei Energievergleichen auch die gesellschaftlichen oder externen Kosten berücksichtigt, die mit der Bereitstellung von Energie durch konventionelle beziehungsweise erneuerbare Energiesysteme verbunden sind. In einigen Ländern beginnt sich dieses Konzept gerade durchzusetzen. Werden nämlich Subventionen, Gesundheit, Umwelt, Energiesicherheit und Vielfalt der Angebotsfaktoren bei der Preisbestimmung einbezogen, dann stellt sich die fossile Energie als kostspieliger heraus, und deshalb wird die reale Kostenrechnung dazu beitragen, daß man künftig verstärkt zu Energietechnologien mit geringeren externen Kosten übergeht.

Solange sich die Berücksichtigung der externen Kosten bei Energie-Abschätzungen nicht allgemein durchgesetzt hat, werden Wirtschaft, Staat und Privatpersonen bei ihren täglichen Entscheidungen auf energiesparende Investitionen verzichten. Sie sind offenbar auf eine einfache Amortisation innerhalb von ein bis zwei Jahren fixiert, und die Anbieter von Solarenergie- und energiesparenden Anlagen stoßen überall in der Welt tagtäglich auf dieses entmutigende Hindernis. Sie müssen die Entscheidungsträger dazu bringen, nach einer rationaleren Methode zu bestimmen, wie sie ihr Kapital investieren. Wenn sich nicht die Einsicht durchsetzt, daß schnell etwas getan werden muß, werden Jahre vergehen, bis diese Denkweise allgemein anerkannt ist und die externen Kosten voll in die dynamische Annuitätenmethode und andere energiebezogene Entscheidungsverfahren einbezogen werden.

Eine damit zusammenhängende, für Investitionsentscheidungen ebenfalls sehr relevante Frage ist die Wahl zwischen Energieeinsparung und erneuerbaren Energien. Hier gibt es zwei herausragende Gesichtspunkte. Erstens wird von vielen Experten betont, daß man zuerst in die Einsparung investieren sollte, bevor man Geld in erneuerbare Energien steckt. Die Anbieter von erneuerbaren Energien vertreten selbst diesen Standpunkt, weisen aber darauf hin, daß der Ertrag von Investitionen in erneuerbare Energiesysteme künftig attraktiver werden wird als bei den Einsparungsoptionen. Beim Rentabilitätsvergleich zwischen Investitionen in Einsparung beziehungsweise erneuerbare Energien wird man feststellen, daß die Kurven sich schneiden, wenn eine Volkswirtschaft an rationeller Energienutzung gewinnt und die Grenzkosten für die Einsparung der nächsten Energieeinheit steigen. Zweitens liefert ein erneuerbares Energiesystem, anders als die Einsparung, eine echte Einheit für das Energieangebot. Für ein Energieversorgungsunternehmen erscheint die Leistung eines dezentralen erneuerbaren Energiesystems zwar als Nachfragerückgang, doch für den Besitzer oder Benutzer bedeutet sie eine Angebotsvermehrung.

Natürlich stellen erneuerbare Systeme, die Flüssigkraftstoffe für den Transport oder Strom für Versorgungsunternehmen produzieren, ebenfalls eine Angebotsvermehrung dar. Nach Ansicht der Produzenten regenerativer Energien sollten die umweltschonenden erneuerbaren Energiesysteme in diesen Fällen als ein Gewinn an rationeller Energienutzung betrachtet werden. Wenn es um Maßnahmen zur Steigerung der rationellen Energienutzung einer Volkswirtschaft geht, schlagen sie daher vor, Technologien zur Energieerzeugung auf erneuerbarer Basis als zusätzliches Energieangebot einzubeziehen.

Während rationalere Entscheidungsverfahren, die institutionelle Widerstände gegen Investitionen in erneuerbare Energien überwinden, sich erst noch durchsetzen müssen, haben unabhängige Energieerzeuger und erfolgsbeteiligte Energiesparagenturen neue Vermarktungsansätze entwickelt. Recht erfolgreich ist der Drittmittel-Energieliefervertrag. Projektentwickler gewinnen Fremdinvestoren, die Kapital für die neuen Energiesysteme bereitstellen, und stellen die erzielte Produktion beziehungsweise Einsparung den Energieabnehmern (Firmen oder Versorgungsunternehmen) in Rechnung. Der Energiekäufer, der für die Energieeinsparung beziehungsweise das zusätzliche Angebot kein Kapital aufwendet, geht praktisch kein Risiko ein. Über Drittmittel finanzierte Energiesysteme können auch die Sorgen von Institutionen wie dem Hotelgewerbe zerstreuen, das den Personalbedarf für die Wartung neuer, unbekannter Anlagen fürchtet, aber auch von Versorgungsunternehmen, die sich über die Zuverlässigkeit der neuen Technologien Gedanken machen. Der Nachteil solcher Vertragsverfahren besteht darin, daß sie zusätzliche Gemeinkosten erzeugen, die die volkswirtschaftlichen Kosten der erneuerbaren Energien erhöhen. Allerdings wird sich die Situation verbessern, wenn die Energieverbraucher entdecken, daß Investitionen in größere Effizienz durch erneuerbare Energiesysteme sich lohnen, da sie die vollen Erträge dabei für sich behalten.

Man muß sagen, daß Behauptungen, die Volkswirtschaft würde durch Investitionen in saubere, erneuerbare Energietechnologien ruiniert, einfach nicht stimmen. Im übrigen wird die Berücksichtigung der externen Kosten und der geringeren Gestehungskosten dazu führen, daß man sich immer häufiger für erneuerbare Energien entscheidet, wenn zusätzliche Energiequellen benötigt werden und keine Stillegung bestehender Anlagen erfolgt.

An der Notwendigkeit »innovativer« Marketingverfahren zeigt sich, daß eine raschere Ausweitung der erneuerbaren Energien durch institutionelle Hemmnisse erschwert wird, die mit deren Wirtschaftlichkeit nichts zu tun haben. Zur Überwindung dieser Hemmnisse bedarf es vermehrter Aufklärung über die positiven Wirtschafts- und Umweltdaten dieser Systeme. Man braucht einfach Zeit, damit die Technologien und Erfahrungen sich ausbreiten können, doch kann dieser Prozeß beschleunigt werden, wenn die Behörden die Nutzung erneuerbarer Energien aktiv unterstützen und fördern. Die Behörden müssen auch ihre eigenen Energieentscheidungen überprüfen und im Lichte der externen sozialen und Umweltkosten, die mit dem weiteren Einsatz von fossiler Energie verbunden sind, den Privatsektor zu Projekten auffordern, die den staatlichen Sektor selbst energieeffizienter machen.

Ein wichtiger Hinweis in diesem Zusammenhang: Gesellschaften für erneuerbare Energie, die Energielieferverträge für Wärme oder Strom aushandeln, mußten bisher auf vielen Energiemärkten den Preis der konventionellen Energie unterbieten, um als neuer Lieferant akzeptiert zu werden. Der Verkäufer eines solaren Heizsystems hat, um in den Markt hineinzukommen, oft Abschläge von 10 bis 20 Prozent gegenüber den Kosten eines konkurrierenden fossilen Brennstoffs angeboten. Für junge Firmen mit neuen Technologien wird, wie oben bemerkt, der Wettbewerb mit den alteingeführten konventionellen Anbietern durch höhere Gemeinkosten erschwert.

Wenn man ihnen eine Chance gibt, werden Gesellschaften für erneuerbare Energie langfristige Lieferverträge schließen und den staatlichen Einrichtungen Energie zu einem Preis bereitstellen, der unter dem von Erdöl oder Erdgas liegt und mit dem künftigen Preis der verdrängten Brennstoffe zusammenhängt. Wenn der Staat die soziale Verantwortung übernimmt, den Einsatz sauberer Energiequellen zu fördern, und dabei noch seine eigenen Energiekosten senken kann, dann sollte er den Abschluß solcher Energielieferverträge erleichtern. Er tut aber das Gegenteil. Der Abschluß eines einfachen, drei Seiten umfassenden Vertrags mit einer staatlichen Behörde kann sich zwei Jahre hinziehen. Wenn der Staat den Einsatz von saubereren, billigeren Energiequellen schon erschwert, dann sollte er die Anbieter dieser Energien wenigstens dadurch entschädigen, daß er für erneuerbare Energien höhere Preise zahlt als für fossile Energie. Wenn der Markt dann reif ist und die Entscheidung für ein erneuerbares Energiesystem nicht schwieriger ist als der Einkauf von Baubedarf, kann der Staat Verträge über geringere Energiekosten abschließen.

10.8 Hundertprozentige Substitution fossiler Brennstoffe durch erneuerbare Energien

Neben dem direkten Kauf und dem Eintritt in einen Drittmittel-Energieliefervertrag mit Verkäufern und Entwicklern erneuerbarer Energien hat der Staat noch andere Möglichkeiten, eine raschere Entwicklung der erneuerbaren Energien zu fördern. Er kann zum Beispiel, da zahlreiche erneuerbare Energiesysteme fossile Brennstoffe voll zu substituieren vermögen, nach geeigneten Anwendungen suchen, bei denen fossile Brennstoffe zudem kostengünstig völlig durch ein erneuerbares Energiesystem ersetzt werden können. Eine hundertprozentige Ersetzung fossil befeuerter Anlagen ist bei bestimmten Anwendungen technisch durchaus machbar, und in zahlreichen Staaten hält sie jeder Wirtschaftlichkeitsprüfung stand.

In vielen Ländern setzt man dort, wo zeitweise ein geringer Strombedarf entsteht, Dieselgeneratoren ein. Diese fossil betriebenen Generatoren laufen den ganzen Tag und spucken Kohlendioxid und andere Luftschadstoffe aus. Gewiß sind die Motoren klein, und die Schadstoffmenge ist scheinbar unbedeutend. Es steht jedoch eine völlig saubere und geräuschlose Alternative zur Verfügung in Gestalt eines Systems, das Batterien benutzt, die mit photovoltaischen Solarzellenpaneelen wieder aufgeladen werden. Dabei ist die Solarenergietechnologie zuverlässiger und wird sich schließlich als die wirtschaftlichere erweisen. Die Behörden könnten daher festlegen, daß in ihrem Bereich diese Systeme eingesetzt werden, um die mit der Verfeuerung fossiler Brennstoffe verbundene Emission von Treibhausgasen vollständig zu eliminieren. Langfristig würden auch die Kosten sinken, weil die Aufwendungen für den Brennstoff und die Wartung dieser kleinen Dieselanlagen schließlich die Kosten für den Erwerb und die Wartung des Solarenergie/Batterie-Systems übersteigen.

Eine andere Anwendung, bei der die entsprechenden Stellen ohne weiteres die Ersetzung von fossil betriebenen durch erneuerbare Energiesysteme vorschreiben könnten, sind Kühlschränke für die Impfstofflagerung in abgelegenen Krankenhäusern der Dritten Welt, die man mit Photovoltaik betreiben könnte. Da das photovoltaische System zuverlässiger ist als eine mit Diesel oder Kerosin betriebene Einheit, wird der Impfstoff zuverlässiger vor dem Verderb bewahrt, der bei einem technischen Versagen oder bei Brennstoffmangel der fossil betriebenen Anlage eintritt. Die höheren Kosten des photovoltaischen Systems können mit geringeren Impfstoffverlusten gerechtfertigt werden.

Ein anderes Beispiel für die wirtschaftliche Ersetzung fossiler Verbrennung durch Solarenergie ist die Schwimmbadheizung. Sie ist sowohl im Wohnbereich wie im gewerblichen und institutionellen Bereich eine ideale Anwendung für solarthermische Paneele. Die benötigte Wärme liegt in einem niedrigen Temperaturbereich, in dem die Solarpaneele am effizientesten sind. Unter idealen Bedingungen kann ein Sonnenkollektor bei der Beheizung eines Schwimmbads einen Wirkungsgrad von 80 Prozent erreichen.[35] In den niedrigen Breiten der nördlichen Hemisphäre empfehlen sich unverglaste Flachkollektoren aus Kunststoff. In gemäßigteren Regionen mögen verglaste Paneele erforderlich sein, besonders, wenn die Anlage das ganze Jahr über arbeiten soll.

In Ländern mit vielen privaten und öffentlichen Schwimmbädern und in Tourismusanlagen, die für die Wirtschaft vieler Entwicklungsländer bedeutsam sind, könnte dank Solarenergieanlagen vollständig auf die Verfeuerung fossiler Brennstoffe verzichtet werden. In tropischen und subtropischen Klimata hat sich gezeigt, daß Solarenergie-Anlagen zur Beheizung von Schwimmbädern eine sehr viel kostengünstigere Alternative zu fossilen Brennstoffen sind.[36] So könnten die Behörden einfach vorschreiben, daß zur Schwimmbadbeheizung keine oder nur sehr wenig fossile Energie benutzt wird. Das übrige wird der private Sektor besorgen.

Die bei den beiden oben beschriebenen Anwendungen eingesparten Treibhausgasemissionen könnten so unbedeutend erscheinen, daß sie für den Staat keinen hinreichenden Anlaß bieten, ein hundertprozentiges Substitutionsprogramm aufzustellen und durchzuführen. Dennoch bieten diese kleinen Ansätze eine Chance, die Abhängigkeit von fossilen Brennstoffen vollständig auszuschalten und dabei doch die von diesen Brennstoffen erfüllten Dienstleistungen weiterhin beizubehalten. Sie zeigen, daß fossile Energie ersetzbar ist. Außerdem wird sich langfristig herausstellen, daß die Investition in ein hundertprozentig erneuerbares Energiesystem wirtschaftlich solide ist. Viele solcher mikroökonomisch gerechtfertigter Entscheidungen schlagen sich insgesamt in einer saubereren Umwelt und einem vernünftigen Energiesystem nieder.

Wenn es um staatliche Maßnahmen geht, hat die Festlegung von Anwendungsbereichen, für die eine hundertprozentige Substitution vorgeschrieben wird, zusätzlich den Vorteil, daß die Märkte schneller geöffnet werden, wodurch hohe Vermarktungskosten vermieden und die Anbieter erneuerbarer Energien gestärkt werden. Wird bestimmten Verbrauchergruppen bei speziellen Anwendungen der Einsatz erneuerbarer Energiesysteme behördlich vorgeschrieben, so entlastet das die Hersteller und Installationsfirmen von einem Teil der oft beschwerlichen und kostspieligen Absatzbemühungen, die heute mit der Vermarktung erneuerbarer Energieformen verbunden sind, so daß sie sich ganz auf die Bereitstellung und Auslieferung der Technologien konzentrieren können.

Das Konzept der hundertprozentigen Substitution fossiler Brennstoffe bei bestimmten Anwendungen geht von der Prämisse aus, daß es unter den Bedingungen der globalen Erwärmung auf jeden Bruchteil ankommt, der bei den fossilen Brennstoffen durch eine wettbewerbsfähige Alternative eingespart werden kann. Wenn es den Firmen gelingt, neue Marktsegmente zu erobern, können sie ihre Produktion erweitern, ihre Kosten senken, mehr verdienen und ihre Kapazität zur Belieferung neuer Märkte erweitern. Wenn die Behörden die wirtschaftlichen Entscheidungsträger an den Punkten, wo die Installation erneuerbarer Energiesysteme wirtschaftlich und mit Rücksicht auf die Umwelt begründet werden kann, zu einer hundertprozentigen Substitution fossiler Brennstoffe bewegen, werden solche kleinen Fortschritte dazu führen, daß die neuen Technologien sich einbürgern, und das Vordringen auf weitere Märkte erleichtern.

10.9 Erneuerbare Energien in der Umweltpolitik

Weltweit gibt es große Unterschiede, was die Entwicklung und Durchführung von Umweltschutzmaßnahmen betrifft. Die Eindämmung von Treibhausgasemissionen wird den Rahmen der bereits ergriffenen Maßnahmen zum Schutz der Gesundheit, der Luft- und Wasserqualität sowie der natürlichen Ökosysteme erweitern. In einigen Ländern haben sich Umweltschutzmaßnahmen bereits positiv auf die Entwicklung der erneuerbaren Energien ausgewirkt, und diese Wirkung wird sich verstärken, wenn die Verminderung von Treibhausgasemissionen Priorität bekommt. Ein Begriff, von dem oben schon die Rede war, nämlich die externen oder sozialen Kosten, die mit konventionellen Energiesystemen verbunden sind, wird diesen Maßnahmen künftig als Richtschnur dienen.

Verstärkte Aufmerksamkeit fand dieser Begriff Ende 1988, als Olaf Hohmeyer vom Fraunhofer-Institut für Systemtechnik und Innovationsforschung der Bundesrepublik Deutschland eine im Auftrag der Kommission der Europäischen Gemeinschaft durchgeführte Untersuchung vorlegte, in der er die Energieerzeugung in Kohle- und Kernkraftwerken hinsichtlich der sozialen Kosten mit der Windenergie und der Photovoltaik verglich.[37] Nach seiner Hypothese trägt die Gesellschaft die Kosten der Umweltwirkungen des Einsatzes von fossilen und Kernenergietechnologien, die weder von den Energieanbietern noch von den Verbrauchern in Gestalt des Preises, den diese für die bereitgestellte Energie zahlen, getragen werden. Für die Kosten von Subventionen, gesundheitlichen Beeinträchtigungen der Bürger, Schäden an Wäldern und Gewässern und verringerter landwirtschaftlicher Erzeugung, die auf atmosphärischen Emissionen beruhen, kommt die Gesellschaft als Ganze auf.

Hohmeyer hat diese sozialen Kosten für die Bundesrepublik zu berechnen versucht und erstmals einen mutmaßlichen Betrag genannt. Er wies darauf hin, daß »Forschungsanstrengungen nötig sind, um die Gesamtkosten von Energiesystemen für die Gesellschaft zu berechnen. Die Kenntnis dieser gesellschaftlichen Gesamtkosten könnte den Staat in die Lage versetzen, durch korrigierende Maßnahmen dazu beizutragen, daß der Marktmechanismus für eine optimale Allokation der Ressourcen sorgt.«[38] Hohmeyer glaubt, in Kenntnis dieser Kosten könnten die Energiepolitiker die von ihnen getroffenen Entscheidungen bezüglich des Energieangebots noch einmal überdenken und die schleppende Marktverbreitung wünschenswerterer Energietechnologien beschleunigen.

Die Regierungen einiger Länder sind heute bestrebt, die versteckten sozialen Kosten der Energienutzung festzustellen, zu berechnen und nach Möglichkeit in ihre weiteren Konzepte einzubeziehen. Dadurch könnten sie am Ende zu der Entscheidung gelangen, Technologien der Energieerzeugung, die sauberer sind, durch höhere Preise für die von ihnen gelieferte Energie zu belohnen beziehungsweise die bisher von der Gesellschaft getragenen Kosten bei den Produzenten konventioneller Energie zurückzuholen, am einfachsten durch Anhebung des Energiepreises oder durch Kürzung von Subventionen oder durch Erlaß strengerer Gesundheits- und Umweltschutzvorschriften.

Die deutsche Bundesregierung hat beschlossen, Investoren in Windenergieanlagen eine Zahlung von etwa acht Pfennigen pro Kilowattstunde der bereitgestellten Windenergie zu gewähren.[39] Der Betrag liegt im Bereich der geschätzten externen oder versteckten Kosten, die Hohmeyer für Kohle- und Atomstrom berechnet hat. Diese an eine bestimmte Technologie geknüpfte Umweltschutzsubvention sollte nach dem Wunsch der Regierung zu einer rascheren Entwicklung der Windenergie-Industrie beitragen. In den USA hat die Windenergie-Industrie eine ähnliche Subvention von etwa zwei bis vier Cents pro Kilowatt-stunde vorgeschlagen und behauptet, bei der derzeitigen Technologie werde eine solche Subvention der Windenergie zu echter Wettbewerbsfähigkeit verhelfen, den Absatz beschleunigen und weitere Investitionen für Forschung und Entwicklung anlocken.

Neben Subventionen, die direkt an die Leistung erneuerbarer Energiesysteme geknüpft sind, und steuerlichen Anreizen, die sich auf die Kapitalkosten derartiger Systeme beziehen, wird ein weiterer Weg erwogen, um die Entwicklung umweltschonender Technologien zu beschleunigen, nämlich ihre obligatorische Nutzung. Die Behörden, die im Kessel von Los Angeles in Kalifornien über Gemeindegrenzen hinweg für die regionale Luftqualität verantwortlich sind, haben einen umfassenden Plan erstellt, um im Laufe der nächsten zehn Jahre die Einhaltung der auf Bundesebene geltenden Höchstwerte für Luftschadstoffe zu erreichen. Eine der darin erwogenen Optionen besteht darin, die Ersetzung von gas- und strombetriebenen Warmwasserbereitern durch solare Warmwasserbereiter zur Vorschrift zu machen. Die Solarenergie-Industrie in Südkalifornien wies darauf hin, daß die Warmwasserbereitung und Schwimmbadbeheizung tatsächlich in hohem Maße zu den Luftbelastungen beitragen und daß die Verbraucher durch Installation von Solargeräten zur Hebung der Luftqualität beitragen und dabei auch noch Geld sparen könnten.[40]

Bislang hat der South Coast Air Quality Management District in Los Angeles die erwogene solare Warmwasserbereitung nicht zur Vorschrift erhoben, offenbar weil Vertreter der Erdgasindustrie dagegen eingewandt haben, daß neue Gasbrenner die Probleme der Stickoxid-Emission beseitigen und weniger kosten würden als die obligatorische Nutzung von Solarenergiesystemen. Trotzdem verlangen mehrere kleinere Gemeinden im Kessel von Los Angeles, daß bei allen neu errichteten Wohnbauten in ihrem Bereich solare Warmwasserbereiter installiert werden.[41]

Bei der Auseinandersetzung um neugestaltete Gasbrenner oder solare Warmwasserbereiter geht es um eine wichtige umweltpolitische Debatte. Nach Auffassung der Solarindustrie sollte die örtliche Wirtschaft stärker in solare Warmwasserbereiter investieren statt bloß die Brenner auszutauschen, denn dadurch würde man in einer wichtigen Anwendung die fossilen Brennstoffe praktisch ausschalten. Da der Verbraucher für Erdgas nur vier US-Dollar pro Gigajoule zahlt, scheint die Energieeinsparung kurzfristig nur wenig zu bringen. Wie jedoch eine Untersuchung der Public Utility Commission über solare Warmwasserbereiter in kommerziellen Projekten ergab, hatten die in

Kalifornien gebräuchlichen Gas-Warmwasserbereiter nur einen Wirkungsgrad von 55 Prozent. Die tatsächlichen Brennstoffkosten für Erdgas liegen somit bei acht US-Dollar pro Gigajoule, und die Umstellung sieht danach wirtschaftlich günstiger aus. Wenn man davon ausgeht, daß der Erdgaspreis sich in den nächsten Jahren verdoppeln wird, kann man den Verbrauchern die solare Option sehr gut begründen.

Die Industrie hat diese Situation als ein Marketingproblem aufgefaßt und ist mit finanziellen Argumenten an den Verbraucher herangetreten. Eine Solarfirma in Arizona hat Bauherren beispielsweise angeboten, solare Warmwasserbereiter auf neu errichteten Häusern zum Inklusivpreis von 1800 bis 2200 US-Dollar zu installieren. Zur Hypothek des Hauskäufers hinzugeschlagen, steigerten die Kosten der Solarenergieanlage die monatliche Ratenzahlung um etwa zwölf US-Dollar für Tilgung und Zinsen. Gegenüber der konventionellen elektrischen Warmwasserbereitung bringt die Solaranlage dem Hauskäufer monatlich eine Ersparnis von über 20 US-Dollar, so daß sich sofort ein positiver *cash-flow* (Geldfluß) ergibt. Nach Angaben des Herstellers, der diese Marketingstrategie entwickelte, um im Baugewerbe besser ins Geschäft zu kommen, entscheidet sich die Mehrheit der Hausbesitzer für die solare Option, wenn man ihr dieses Szenario vorträgt.[42]

Dennoch haben es solche Vermarktungsprogramme bislang schwer, allgemeine Anerkennung zu finden. Vielfach liegt es an institutionellen Hindernissen bei den Organisationen, die den Hauskauf finanzieren. Die Banken, die in den USA solche Kredite vergeben, sind vor der Solarenergie zurückgeschreckt, weil die Solarindustrie in Mißkredit geriet durch einige skrupellose Firmen, die bundes- und einzelstaatliche Steuervorteile, durch die eigentlich der Absatz der Solarenergie gefördert werden sollte, mißbraucht haben. Staatlich anerkannte Kreditanstalten haben jedoch, wenn sie über die Solarenergie-Option aufgeklärt wurden, Vermarktungsprogramme wie das in Arizona unterstützt. Sie haben sie sogar begünstigt, weil der Kreditnehmer durch die geringeren monatlichen Energiekosten für ein solar ausgerüstetes Haus eher kreditwürdig wurde oder sich ein größeres Darlehen leisten konnte.

Nimmt man zu den vorhandenen Problemen der Luftqualität

in Los Angeles die Treibhausgasemissionen hinzu, welche die globale Erwärmung hervorrufen, so müßte die gesteigerte Sorge um die Umwelt zu einer breiteren Palette von Maßnahmen führen, deren Ziel es ist, erneuerbare Energietechnologien rascher zu entwickeln. Noch geht es langsam voran, doch schließlich werden die Marktaussichten sehr viel günstiger sein. Für alle erneuerbaren Energietechnologien wird es immer besser werden.

10.10 Schlußfolgerung

Neue Energietechnologien bieten heute vielfältigere Investitionsmöglichkeiten und eröffnen vielen Ländern die Chance, sich von der Vergangenheit zu lösen, in der massive Investitionen in eine zentralisierte, äußerst kapitalintensive Energie-Infrastruktur eine Voraussetzung der wirtschaftlichen Entwicklung war. So wie neue Technologien das Monopol der Telefongesellschaft AT & T in den Vereinigten Staaten untergruben, stellen neue Energietechnologien die Fossilenergiemonopole in der ganzen Welt in Frage. Die Ergebnisse sind positiv, und verstärkter Wettbewerb wird für mehr Effizienz und geringere Kosten für den Verbraucher sorgen. Das Wachstum um Gesellschaften für erneuerbare Energie wird, wie Forschung und Erfahrung in den USA gezeigt haben, im allgemeinen mehr Arbeitsplätze schaffen, als im fossilen Energiesektor verlorengehen. Das bestätigte sich bei der Untersuchung der Biobrennstoffindustrie in Neuengland, die Kraft-Wärme-Kopplungssysteme mit Holz beliefert, und auch in einem abgekürzten Input-Output-Modell der Solar Energies Industries Association, das die Wirkungen solarthermischer und gasbefeuerter Kraftwerke auf Beschäftigung und Bruttoinlandsprodukt miteinander verglich. Schließlich können Länder, die sich auf erneuerbare Energien stützen, ein größeres Maß an äußerer Unabhängigkeit erlangen.

Die im Jahre 1990 verfügbaren Technologien machen es möglich, Energie und Strom überall bereitzustellen, wo die Gesellschaft einen entsprechenden Bedarf anmeldet. Bis vor kurzem waren, wenn abseits der bestehenden Energielieferwege Bedarf für Wärme, Antriebskraft oder Strom bestand, Erdölbrennstoffe wegen ihres hohen Energiegehalts und der einfachen Beförderung die einzige Wahl. Es gibt jetzt die Technologie, um Strom oder Wärme von beliebiger Temperatur (bis zu 1400 Grad Celsius) direkt aus natürlichen Ressourcen zu erzeugen, die in fast jedem Land auch an netzfernen Standorten vorhanden sind. Der Bedarf kann gedeckt werden, und dazu ist es nicht nötig, ständig einen Strom von Brennstoffen über weite Entfernungen zu transportieren oder Hochspannungs-Fernleitungen zu betreiben – oder Treibhausgase in riesigen Mengen zu emittieren. Eine Solarenergie-Firma kann überall einen Sonnenkollektor und ein Energiespeichersystem aufstellen, das so viel Strom oder Wärme liefert, wie der Benutzer benötigt. Eine Biomassefirma kann aus örtlichen Ressourcen feste, flüssige oder gasförmige Brennstoffe für die Stromerzeugung herstellen. Diese Feststellungen gelten uneingeschränkt. Technisch ist es möglich. Wirtschaftlich ist die Situation etwas schwieriger, aber längst nicht so schwierig, wie die meisten Beobachter und Experten glauben.

Hätte es die heute verfügbaren Solarenergie-Umwandlungstechnologien schon vor hundert Jahren gegeben, dann würde man wohl in vielen Regionen der Welt darauf verzichten, zentralisierte Stromnetze mit großen thermisch-elektrischen Umwandlungsanlagen und Fernleitungssystemen zu errichten. Natürlich kann man gut ausgebaute Netze, wo sie vorhanden sind, dazu benutzen, erneuerbare Energie vom Ursprungsort dorthin zu leiten, wo Energie benötigt wird. Wo allerdings keine Infrastruktur vorhanden ist, kann es angesichts der Kosten für den vollkommenen Neuaufbau eines modernen Energiesystems einschließlich Bergwerken und Ölbohrungen, Pipelines und so weiter kosteneffektiver sein, ein dezentralisiertes Solarstrom-, Wind- oder Biomasse-Energiesystem zu errichten.

Die Option, auf umfangreiche Investitionen in eine konventionelle Energieangebots-Infrastruktur zu verzichten, gilt nicht nur für die Anden, die afrikanische Savanne und das australische Hinterland. Auch in den Vereinigten Staaten haben Stromversorgungsunternehmen festgestellt, daß es für Hausbesitzer an entlegenen Orten billiger kommt, wenn sie ein komplettes Solarstromsystem installieren, das den gesamten Energiebedarf eines großen modernen Haushalts deckt, als wenn sie das Versorgungsunternehmen von dem bestehenden Netz aus über etliche

Meilen eine Leitung ziehen lassen. Für dieses Haus ist, anders gesagt, die Investition von 20000 US-Dollar in ein autarkes Solarenergiesystem die kosteneffektivste Option. Nochmals: An bestimmten Orten kann es für die Volkswirtschaft günstiger sein, die Solarenergie zu wählen, statt sich auf das Stromerzeugungs- und Leitungssystem zu stützen, das ein modernes Versorgungsunternehmen nutzen würde, um die Kundenbedürfnisse zu bedienen.

In Entwicklungsländern, in denen kein Stromnetz vorhanden ist und wo der Transport von Dieselkraftstoff eine unsichere Sache ist, ist der Anschluß entlegener Dörfer an das Netz eine kostspielige Sache. Die Versorgungsunternehmen stellen vielmehr fest, daß sie die Kosten für den Leitungsbau in diesen Gebieten möglicherweise nie durch die Einkünfte aus dem Stromverkauf hereinholen werden. Gemeinden in solchen abgelegenen Gegenden verlassen sich vielfach auf kleine Dieselgeneratoren, die ein Mininetz versorgen. Der so erzeugte Strom ist ebenfalls teuer und kommt, wenn man die Wartungs- und Brennstoffkosten über die Lebensdauer des Systems hinzurechnet, oft auf über 20 bis 50 Cents pro Kilowattstunde. Wenn ein ausreichendes Wirtschaftspotential langfristig die Energie bezahlbar macht, könnte ein erneuerbares Energiesystem durchaus am billigsten sein.

Diese abgelegenen Standorte sind zwar nicht typisch für die Masse des Energieverbrauchs, zeigen aber, daß die heute verfügbaren erneuerbaren Energiesysteme in der Lage sind, Energie an Standorte zu liefern, wo man sich bislang für konventionelle fossile Energiesysteme entschieden hätte. Wenn erneuerbare Energietechnologien in entwickelten Ländern gegenüber billigen fossilen Brennstoffen wirtschaftlich sind, dann können sie in Entwicklungsländern um so bessere Aussichten haben. Der rasch wachsende Bedarf, der geringe Entwicklungsstand der Infrastruktur, der die Bereitstellung von Energie verteuert, und der stärkere Staatseinfluß auf den Energiemärkten können allesamt in diesen Ländern zu einer rascheren Verbreitung der erneuerbaren Energien beitragen. Außerdem sind viele der abgelegenen Dörfer, die für einen Großteil der Entwicklungsländer charakteristisch sind, noch nicht an ein Stromnetz angeschlossen, und dort sind erneuerbare Energien im Vorteil. Um sie zu fördern, wird sich der Staat allerdings dazu entschließen müssen, Hindernisse auszuräumen, die einer Expansion der erneuerbaren Energien im Wege stehen, und er wird den Privatsektor ermutigen müssen, in die Bereitstellung dieser Technologien zu investieren, um von der so erzeugten wirtschaftlichen Aktivität zu profitieren. Zwei herausragende Punkte gilt es daher festzuhalten:

- Technisch sind erneuerbare Energiesysteme in der Lage, zuverlässig Energie zu liefern; und
- erneuerbare Energiesysteme können wirtschaftlich vorzuziehen sein, selbst bei den scheinbar kostspieligen Solarenergietechnologien und den historisch niedrigen Kosten für konventionelle Energie von heute.

Dieses Kapitel hat vornehmlich die Stellung der erneuerbaren Energien auf den heute bestehenden Märkten behandelt und einige Technologien und ihre Anwendungen lediglich gestreift. (Als weitere Beispiele für erfolgreiche Anwendungen erneuerbarer Energien könnten die Holzenergie, kleine Wasserkraftwerke und Biobrennstoffe genannt werden.) Mit dieser thematischen Konzentration sollte unterstrichen werden, daß erneuerbare Energietechnologien in näherer Zukunft von großer Bedeutung sein können. Auf die Erörterung künftiger technischer Durchbrüche und noch zu entwickelnder erneuerbarer Energiesysteme haben wir auch deshalb verzichtet, um uns nicht der Kritik auszusetzen, die Befürworter erneuerbarer Energien seien irregeleitete Optimisten. Eine Vielzahl kleiner Systeme kann mit den vorhandenen Technologien in erheblichem Umfang die Energieeffizienz verbessern und fossile Brennstoffe substituieren, ohne das für die weitere wirtschaftliche Entwicklung erforderliche Energieangebot zu schmälern. Die erneuerbaren Energien dürfen von den Politikern nicht deshalb unterstützt werden, weil die Systeme klein erscheinen. Aus einer Million Anlagen werden erst zwei, dann zwanzig und schließlich Hunderte Millionen werden.

Kurz, bei vollkommener Markttransparenz und uneingeschränkter Wahlfreiheit wird jeder einzelne Akteur den kostengünstigsten Energieträger wählen, um damit seine spezifischen Dienstleistungsbedürfnisse zu befriedigen. Die wirtschaftlichen Randbedingungen dieser Entscheidungen ändern sich jetzt, teilweise auch durch ein erweitertes Angebot an technischen Möglichkeiten. So stellen die Stromversorger in mehreren Ländern fest, daß es lohnender sein kann, in die Energieeinsparung ihrer Kunden zu investieren, statt zusätzliche Kilowattstunden zu produzieren und zu verkaufen, um die gestiegene Nachfrage zu befriedigen. Das ist eine ziemlich radikale Feststellung für eine Industrie, die seit ihrer Entstehung vor hundert Jahren nichts anderes gekannt hat als eine ununterbrochene Nachfrage nach ihrem Produkt, für eine Branche, in der es offenbar überhaupt keiner Überlegung bedurfte, ob sie die nächste Kilowattstunde, die ein Unternehmen produzierte, absetzen würde.

In dieser sich wandelnden Umwelt beschleunigt sich das Tempo des technischen Fortschritts unausgesetzt. In den USA suchen Gesetzgeber und Versorgungsunternehmen inzwischen nach Wegen, um die Einkünfte der Stromversorger von der Steigerung der Energieerzeugung abzukoppeln. Die Einsicht, daß sich der wirtschaftliche Rahmen verändert hat, der in den letzten hundert Jahren den Anstoß zur Nutzung fossiler Energiesysteme gab, wird die Versorgungsunternehmen und die Volkswirtschaft stärken. Diese Erkenntnisse müssen und werden sich weltweit durchsetzen. Erneuerbare Ressourcen bieten sichere, saubere, zuverlässige und wirtschaftliche Energie. In einer Welt, die sich globalen Klimaproblemen stellen muß, besteht die Aufgabe darin, die sich wandelnden energiewirtschaftlichen Bedingungen zu begreifen, sich des Potentials der alternativen Energiestrategien und -technologien bewußt zu werden, zu erkennen, daß sich für das Leistungsvermögen der erneuerbaren Energien ein exponentielles Wachstum abzeichnet, und den einzelnen Entscheidungsträgern, wo auch immer, die erweiteren Wahlmöglichkeiten hinsichtlich der Energie zu überlassen.

Kapitel 11
Kraftfahrzeuge und globale Erwärmung

Michael P. Walsh

»... wenn man von dem mutmaßlichen weltweiten Anstieg der Fahrzeugzahlen und der Fahrleistungen ausgeht, werden die Kohlendioxid-Emissionen von Kraftfahrzeugen in den nächsten vierzig bis fünfzig Jahren sprunghaft ansteigen... Die in den siebziger und achtziger Jahren in den USA gemachten Erfahrungen belegen, daß die beiden Ziele einer Emissionsminderung (Kohlenmonoxid, Kohlenwasserstoff und Stickoxiden) und einer Steigerung der Energieeffizienz (was weniger Kohlendioxid bedeutet) nicht nur miteinander vereinbar sind, sondern sich gegenseitig verstärken. Entscheidende Fortschritte auf beiden Gebieten setzen jedoch strenge staatliche Vorschriften voraus. Gesetzliche Verbrauchshöchstwerte in der ganzen Welt sind machbar und notwendig, um den Zuwachs der Kohlendioxid-Emissionen zu verringern. Weltweite gesetzliche Verbrauchsstandards sind machbar und notwendig... Es ist möglich, nicht nur die globalen Folgen des für die nächsten fünfzig Jahre erwarteten Zuwachses an Fahrzeugen zu kompensieren, sondern auch einen Rückgang der Emissionen einzuleiten...«

Der Kraftfahrzeugverkehr erzeugt mehr Luftverschmutzung als jede andere menschliche Aktivität. Zu den Treibhausgasen, die von Kraftfahrzeugen emittiert werden (oder ihnen zuzuschreiben sind), gehören Fluorchlorkohlenwasserstoffe (FCKWs), Kohlendioxid (CO_2), Distickstoffoxid (N_2O), Methan (CH_4) und die Vorläufer des troposphärischen Ozons – Kohlenwasserstoffe und Stickoxide (NO_x).[1] Kraftfahrzeuge sind auch die Hauptquelle von Kohlenmonoxid (CO), das für die Anreicherung von Methan und troposphärischem Ozon eine entscheidende Rolle spielt. In diesem Kapitel zeige ich, wo, wie und in welcher Menge Treibhausgase von Kraftfahrzeugen emittiert werden, und ich gebe einen Überblick über die übrigen emittierten Schadstoffe. Anschließend erörtere ich Wachstumstrends des weltweiten Fahrzeugbestands und die wahrscheinliche Auswirkung auf die globale Erwärmung, falls man diese Trends sich selbst überläßt und nichts unternimmt, um entweder die Emissionen weiter zu senken oder die Zunahme des Fahrzeugbestands zu verringern – oder beides.

11.1 Treibhausgase aus Kraftfahrzeugen

Fluorchlorkohlenwasserstoffe sind, auf die Masseneinheit bezogen, die wirksamsten Treibhausgase – inzwischen sind sie mit etwa 24 Prozent am globalen Treibhauseffekt beteiligt.[2] Etwa 40 Prozent der US-Produktion und 30 Prozent der europäischen Produktion von FCKWs sind für Klimaanlagen und Kühlgeräte bestimmt. Auf mobile Klimaanlagen entfielen 56 500 Tonnen FCKWs – 28 Prozent der in den USA für Kühlzwecke verwendeten FCKWs oder rund 13 Prozent der Gesamtproduktion. Auf Haushaltskühlschränke entfielen dagegen nur 3800 Tonnen oder etwa ein Prozent der gesamten US-Produktion.[3] Rund ein Achtel der in den USA hergestellten FCKWs wird also von Kraftfahrzeugen verbraucht und emittiert. (FCKWs werden auch zum Aufschäumen von Sitzpolstern und anderen Schaumstoffen verwendet, aber dieser Anteil der Verwendung in Kraftfahrzeugen ist erheblich geringer.)

Das andere wichtige Treibhausgas ist Kohlendioxid. Eine einzige Tankfüllung erzeugt bei der Verbrennung 140 bis 180 Kilogramm Kohlendioxid. Weltweit verbraucht der Verkehrssektor alljährlich rund 55 *quads* (1 *quad* = 1,055 Exajoule), mit großen Unterschieden zwischen den einzelnen Regionen. Der bei weitem größte Verbraucher sind die USA, die über 35 Prozent der Weltverkehrsenergie verbrauchen. Der Verkehr verschlingt fast ein Drittel des Weltenergieverbrauchs, der wiederum von Region zu Region sehr verschieden ist.

Angesichts dieses hohen Gesamtenergieverbrauchs ist es nicht erstaunlich, daß Kraftfahrzeuge fast 1100 Teragramm (Tg) Kohlenstoff emittieren, rund 25 Prozent des weltweiten Ausstoßes; in den USA ist der Verkehr für fast 30 Prozent der gesamten Kohlendioxid-Emissionen verantwortlich.[4] Schließlich entfällt auf die USA mehr als ein Drittel des globalen Verkehrsaufkommens, mit Kohlendioxid-Emissionen, die fast so groß sind wie die des Verkehrswesens von Osteuropa, Asien, China, Afrika, Lateinamerika und Nahost zusammengenommen.

1985 waren in den USA Verkehrsmittel für 70 Prozent des emittierten Kohlenmonoxids, 45 Prozent der Stickoxide und 34 Prozent der Kohlenwasserstoffe verantwortlich. Das Congressional Office of Technology Assessment (OTA) kam zu dem Schluß, daß, wenn außer Straßenfahrzeugen auch andere Verkehrsmittel (wie Luft-, Bahn- und Seeverkehr) einbezogen werden, mobile Quellen für fast 40 Prozent aller flüchtigen organischen Verbindungen verantwortlich waren; im übrigen fand das OTA nur eine einzige bedeutende Quelle, die 1985 auch nur annähernd an die Emissionen der mobilen Quellen heranreichte: die Verdunstung organischer Lösungsmittel.[5] (Nach neueren Daten über die »laufenden Verluste« durch Verdunstung könnte der Kohlenwasserstoff-Beitrag aus Fahrzeugen tatsächlich fünf bis zehn Prozent höher sein.)[6]

Kraftfahrzeuge dominieren auch in den Emissionskatastern der meisten europäischen Länder. Die OECD stellte fest: »Die für die meisten Stickoxid-Emissionen verantwortliche Quellengruppe ist der Straßenverkehr mit etwa 50 bis 70 Prozent... Mobile Quellen, hauptsächlich der Straßenverkehr, erzeugen rund 50 Prozent der anthropogenen FOV (flüchtige organische Verbindungen)-Emissionen und stellen somit die größte menschliche FOV-Quellengruppe in allen europäischen OECD-Ländern dar.«[7]

Tabelle 11.1 zeigt über die USA und Europa hinaus für sämtliche OECD-Länder, daß Kraftfahrzeuge die überwiegende Quelle von Kohlenmonoxid, Stickoxiden und Kohlenwasserstoffen sind.[8]

Tabelle 11.1 Schadstoffemissionen von Kraftfahrzeugen in der OECD *(1000 Tonnen, 1980)*

Schadstoff	Emissionen insgesamt	davon Kraftfahrzeuge (prozentual)
NO_x	36019	17012 (47)
Kohlenwasserstoffe	33869	13239 (39)
CO	119148	78227 (66)

In weniger entwickelten Ländern sind Kraftfahrzeuge als Emissionsquellen von unterschiedlicher Bedeutung. Es ist jedoch klar, daß Kfz-Emissionen in vielen dieser Länder einen noch größeren Anteil an den Gesamtemissionen haben als in der OECD. In Mexico City zum Beispiel, das sich rapide zum bevölkerungsreichsten Ballungsraum der Welt entwickelt, sind Fahrzeuge sogar für 80 Prozent (nach Gewicht) der Gesamtemissionen verantwortlich.

11.2 Die indirekte Förderung der globalen Erwärmung durch Kraftfahrzeuge

Daß Kfz-Emissionen zur globalen Erwärmung beitragen, ist leicht zu verstehen, wenn sie direkt wirken (wie zum Beispiel durch Kohlendioxid oder FCKWs). In einigen Fällen liegt jedoch eine eher indirekte Einwirkung vor, etwa beim Kohlenmonoxid, oder sie tritt in Folge sekundärer Umwandlungen ein (etwa beim photochemischen Smog oder beim aus Stickoxiden und Kohlenwasserstoffen entstehenden Ozon). Diese indirekten Wirkungen werden im folgenden erörtert.

Allgemein gilt Kohlenmonoxid nicht als ein wichtiges Treibhausgas, weil es nicht direkt Wärme einfängt. Es reagiert jedoch gern mit anderen Verbindungen, besonders mit Hydroxylradikalen (OH), und verringert dadurch deren Konzentration in der Luft. Die Verminderung der Hydroxylradikale ist deshalb bedeutsam, weil sie normalerweise mit anderen Treibhausgasen wie Methan reagieren und diese zerstören; werden die Hydroxylradikale durch Kohlenmonoxid zerstört, dann kann mehr Methan überleben und in die obere Atmosphäre aufsteigen, wo es den Treibhauseffekt verstärken kann.[9] Ramanathan schreibt zusammenfassend:

> Das reaktionsfreudige Hydroxyl ist die primäre Senke für viele troposphärische Gase und Schadstoffe, darunter Ozon, Methan, Kohlenmonoxid und Stickoxid. Ein Anstieg des Methan wie wärend der letzten hundert Jahre (135 Prozent) könnte daher eine erhebliche Verminderung des Hydroxyls (um 20 bis 40 Prozent) bewirkt haben, die wiederum eine Steigerung des troposphärischen Ozons um bis zu 20 Prozent bewirken könnte. Da bei der Oxidation von Methan Wasser entsteht, kann eine Steigerung von Methan, einem wichtigen Treibhausgas, zu einer Steigerung des Wasserdampfs in der Stratosphäre führen. Auch eine Steigerung der Kohlenmonoxid-Konzentration kann mehr Hydroxyl bei der Oxidation von Kohlenmonoxid binden. Ein Treibhausgas wie Methan, aber auch ein nicht direkt am Treibhauseffekt beteiligtes Gas wie Kohlenmonoxid kann also, wenn es verstärkt auftritt, durch chemische Reaktionen die Konzentration mehrerer wichtiger Treibhausgase erhöhen.[10]

Kohlenmonoxid-Emissionen sind daher für die Klimaveränderung sehr bedeutsam. MacDonald hat diesen Aspekt herausgestellt:

> Durch eine Steigerung der Konzentration von Methan und Ozon könnte Kohlenmonoxid also indirekt für eine Verstärkung des Treibhauseffekts um 20 bis 40 Prozent verantwortlich sein... Kohlenmonoxid ist an der Bildung von Ozon und auch an der Zerstörung von Hydroxylradikalen beteiligt, welche die wichtigsten Senken für die Treibhausgase Ozon und Methan bilden. Da Kohlenmonoxid schnell mit Hydroxyl

reagiert, werden größere Kohlenmonoxid-Mengen zu höheren regionalen Konzentrationen von Ozon und Methan führen. Maßnahmen zur Senkung der Kohlenmonoxid-Emissionen werden zur Eindämmung des Treibhauseffekts beitragen.[11]

Unter den Fachleuten für die Chemie der Radikale in der Atmosphäre ist zumindest einer überzeugt, daß die Zerstörung des Hydroxyls durch Kohlenmonoxid zu dem steigenden Methan-Anteil in der Luft stärker beiträgt als jede Steigerung bei den (irdischen) Quellen.[12] Das ist besonders bedeutsam angesichts der Tatsache, daß der globale Kohlenmonoxid-Gehalt jetzt ebenfalls ansteigt. Khalil und Rasmussen stellten kürzlich fest: »Die durchschnittliche Kohlenmonoxid-Konzentration in der Troposphäre wächst jährlich um 0,8 bis 1,4 Prozent, je nach der Methode, mittels derer man die Entwicklung abschätzt, und die 90-Prozent-Verläßlichkeitsgrenzen der verschiedenen Schätzungen liegen zwischen 0,5 und 2,0 Prozent jährlich.«[13]

Eine neuere Untersuchung kommt zu dem Schluß, daß das Treibhauspotential eines Gramms Kohlenmonoxid größer ist als das eines Gramms Kohlendioxid. Der Grund liegt in der doppelten Einwirkung des Kohlenmonoxids auf die Atmosphäre. Zunächst steigert es die durchschnittliche atmosphärische Verweildauer des Methans um weitere 20 Prozent und hat insofern eine Methan-Wirkung. Dieses eine Gramm Methan hat eine stärkere Treibhauswirkung als ein Gramm Kohlendioxid. Ferner wird jedes Gramm Kohlenmonoxid schließlich in Kohlendioxid umgewandelt. Diese beiden Effekte sorgen zusammen dafür, daß die Gesamtwirkung des Kohlenmonoxids nach Einschätzung der Autoren 2,2mal so hoch ist wie die von Kohlendioxid-Emissionen.[14] Daraus folgt, daß es eine sehr viel bessere Strategie gegen den Treibhauseffekt ist, die Kohlenmonoxid-Emissionen von Fahrzeugen einzudämmen, statt den Kohlenstoff direkt als Kohlendioxid emittieren zu lassen.

Fahrzeuge sind auch eine direkte Quelle von Methan-Emissionen, doch ist es nicht möglich, ihren Gesamtanteil vollständig zu quantifizieren. Auch ist generell festzuhalten, daß zusammen mit der Verminderung des Gesamtausstoßes von Kohlenwasserstoffen aus Fahrzeugen – zumindest gemessen an der Fahrleistung – in einigen Ländern in den letzten zwanzig Jahren auch eine Senkung der Methan-Emissionen ungefähr im gleichen Verhältnis festzustellen war.

Photochemischer Smog beziehungsweise Ozon ist das Ergebnis chemischer Reaktionen, an denen sowohl Kohlenwasserstoffe als auch Stickoxide in Anwesenheit von Sonnenlicht beteiligt sind. Troposphärisches Ozon ist ein Treibhausgas. Es hat an den Treibhausgasen einen Anteil von nur etwa acht Prozent, doch dürfte es, angesichts der gegenüber anderen Treibhausgasen kürzeren Verweildauer, schwerwiegender sein als diese. Ozon hat in der Atmosphäre eine Lebensdauer, die nur nach Stunden oder Tagen zählt und nicht nach Jahrzehnten oder einem Jahrhundert, wie es für die meisten anderen Treibhausgase der Fall ist. Die Beseitigung der Vorläufer von Ozon könnte daher eine durchschlagendere kurzfristige Wirkung haben als die Beseitigung entsprechender Mengen anderer Treibhausgase.

11.3 Sonstige Luftverschmutzungen durch Kraftfahrzeuge

Viele der Luftschadstoffe, die den Treibhauseffekt hervorrufen oder zu ihm beitragen, tragen außerdem erheblich zur gesundheitlichen Belastung vieler Menschen bei, abgesehen davon, daß sie die Ökosysteme zu Wasser und zu Land schädigen, Ernteerträge mindern und die Sichtverhältnisse verschlechtern. Diese Auswirkungen, für sich genommen, sind in den meisten Fällen ein mehr als hinreichender Grund, ihre Emission zu verringern. Im folgenden werden einige dieser zusätzlichen Auswirkungen beschrieben.

Besonders besorgniserregend ist das (aus der Emission von Kohlenwasserstoffen und Stickoxiden entstehende) Ozon. Zunächst: hierbei handelt es sich um ein weit verbreitetes und dringliches Problem, das in vielen Teilen der Welt zu einem Langzeitproblem werden dürfte, wenn nicht zusätzliche und weitreichende Kontrollen eingeführt werden. Zum Beispiel wohnen gegenwärtig über hundert Millionen Amerikaner in Gebieten, in denen die geltenden Luftreinheitsnormen nicht erfüllt werden.[15] Viele dieser Menschen leiden, ausgelöst durch dieses

Problem, unter Augenreizungen, Husten und Brustbeschwerden, Kopfschmerzen, Erkrankungen der oberen Luftwege, verstärkten Asthmaanfällen und verringerter Lungenfunktion.

Obendrein werden die gesundheitlichen Auswirkungen von den geltenden Luftreinheitsnormen eher unterschätzt. Wie die amerikanische Umweltschutzbehörde (EPA) 1987 vor dem amerikanischen Kongreß bekundete, geht aus neuen Untersuchungen hervor,

> daß erhöhte Ozon-Konzentrationen, die während der heißen Sommerzeit an manchen Tagen in vielen unserer Ballungszentren auftreten, die Lungenfunktion herabsetzen können, und dies nicht nur bei Menschen, die bereits unter Atembeschwerden leiden, sondern auch bei völlig gesunden Menschen. Diese Herabsetzung der Lungenfunktion kann einhergehen mit Begleiterscheinungen wie Brustschmerzen und Atemnot. Zu den beobachteten Auswirkungen einer ein- bis zweistündigen Exposition bei schwerer körperlicher Betätigung gehören meßbare Herabsetzungen der normalen Lungenfunktion bei dem besonders ozonempfindlichen Teil (15 bis 30 Prozent) der gesunden Bevölkerung.[16]

Wie aus anderen Untersuchungen hervorgeht, die 1988 auf dem amerikanisch-niederländischen Ozon-Symposium vorgelegt wurden, erleiden gesunde Kinder bereits Beeinträchtigungen, wenn sie Ozon in Konzentrationen ausgesetzt sind, die noch unter den geltenden Luftreinheitsnormen liegen.[17] Zahlreiche Untersuchungen haben darüber hinaus belegt, daß photochemische Luftverunreinigungen Schäden an Wald-Ökosystemen hervorrufen und das Wachstum bestimmter Nutzpflanzen schwerwiegend beeinträchtigen.[18]

Es muß darauf hingewiesen werden, daß sich die Ausdünnung der oberen Ozonschicht in erheblichem Maße auf lokale Luftverunreinigungen durch Ozon auswirken kann. Wie die American Lung Association dargelegt hat,

> kann man davon ausgehen, daß die aus einem auch nur geringfügigen Rückgang der gesamten Ozon-Säule resultierende Zunahme der Ultraviolett-B-Strahlung zu einer erheblichen Zunahme der Ozon-Spitzenwerte am Boden führt... Gegen-

über der bisherigen Erfahrung werden diese hohen Spitzenwerte früher am Tag und näher zu den bevölkerungsreichen Ballungsräumen auftreten, mit der Folge, daß die Zahl der Menschen, die diesen hohen Spitzenwerten ausgesetzt sind, in einem quantitativ nicht angebbaren, aber doch signifikanten Ausmaß steigt.[19]

Die Kohlenmonoxid-Exposition rührt fast ausschließlich von Kraftfahrzeugemissionen her. (In begrenzten Gebieten tragen auch Holzöfen erheblich zur Kohlenmonoxid-Menge bei.) Zwar hat es bei der Verminderung der Kohlenmonoxid-Umweltbelastung in Europa, Japan und den USA Fortschritte gegeben, doch ist das Problem noch längst nicht gelöst. So überschreiten rund 44 amerikanische Ballungsräume mit einer Bevölkerung von fast 30 Millionen gegenwärtig den gesetzlichen Höchstwert für Kohlenmonoxid.[20] Bei der Anhörung im Kongreß (Februar 1987) hat die Umweltbehörde darauf hingewiesen, daß 15 Gebiete der USA immer wieder so große Kohlenmonoxid-Probleme haben, daß die Erreichung der gesetzlichen Höchstwerte sich noch viele Jahre hinziehen könnte.[21]

Das Kohlenmonoxid-Problem ist wichtig, weil zwischen der Kohlenmonoxid-Exposition und gesundheitlichen Beeinträchtigungen ein klarer Zusammenhang besteht. So kam eine neuere Untersuchung im Auftrag des Health Effects Institute zu dem folgenden Schluß:

> Die Resultate dieser Untersuchung bestätigen die Hypothese, daß eine Erhöhung der COHb-Blutwerte, wie sie mit einer Kohlenmonoxid-Exposition einhergeht, die Zeit bis zum Einsetzen der Myokard-Ischämie bei körperlich tätigen Männern mit Koronarinsuffizienz verkürzt. Der beste Beweis für diese Hypothese ist die Verkürzung der Zeit bis zum Einsetzen der Veränderungen der ST-Strecke im EKG. In Reaktion auf erhöhte COHb-Werte verkürzt sich auch die Zeit bis zum Einsetzen der Angina. Die Resultate sind überzeugend, obwohl der Effekt nur von geringer Stärke ist und von beträchtlichen biologischen Variationen überlagert wird.[22]

In einer anderen neueren Untersuchung an Tunnelarbeitern in New York City stellten die Autoren darüber hinaus fest:

»Angesichts der Stärke des Effekts, in dem wir eine sehr verbreitete Todesursache erkannt haben, könnte die Exposition gegenüber Fahrzeugabgasen, genauer Kohlenmonoxid, in Verbindung mit einer vorliegenden Herzkrankheit oder anderen kardiovaskulären Risikofaktoren für eine sehr große Zahl von vermeidbaren Todesfällen verantwortlich sein.«[23]

Obendrein deuten, wie schon bemerkt, neuere Befunde darauf hin, daß Kohlenmonoxid zu erhöhten Ozonwerten in der Troposphäre beitragen könnte.[24]

Stickoxid-Emissionen aus Fahrzeugen und anderen Quellen lösen eine Vielzahl von gesundheits- und umweltschädlichen Wirkungen aus. Aus chemischen Reaktionen zwischen Stickoxiden und anderen Schadstoffen entstehen Ozon und andere hochgradig toxische Schadstoffe. Stickoxid ist nach dem Schwefeldioxid der wichtigste Schadstoff, der zu sauren Niederschlägen beiträgt.

Die Belastung durch Stickstoffdioxid (NO_2) führt zu verstärkter Anfälligkeit für Atemwegsinfektionen, verstärkten Atembeschwerden bei Asthmatikern und herabgesetzter Lungenfunktion.[25] Kurzzeitige Stickstoffdioxid-Expositionen haben außerdem bei Schulkindern zu vielfältigen Atemwegsproblemen (am häufigsten sind Husten, Schnupfen und Halsentzündung) und bei Asthmatikern zu erhöhter Empfindlichkeit für Bronchospasmen geführt.[26]

Nach Ansicht der Weltgesundheitsorganisation ist eine maximal einstündige Exposition mit 190 bis 320 Mikrogramm pro Kubikmeter (0,1–0,17 ppm) mit dem Schutz der öffentlichen Gesundheit zu vereinbaren, und diese Exposition sollte nicht häufiger als einmal im Monat überschritten werden. Zum Schutz der öffentlichen Gesundheit hat der Staat Kalifornien einen kurzfristigen Stickstoffdioxid-Höchstwert festgelegt: 0,25 ppm, gemittelt über eine Stunde.

Es wurde außerdem nachgewiesen, daß Stickoxide die Vegetation negativ beeinflussen. Nach Auffassung einiger Wissenschaftler trägt Stickoxid erheblich zum Waldsterben in Mitteleuropa bei.[27] Dieser negative Effekt verstärkt sich bei gleichzeitigem Auftreten von Stickstoffdioxid und Schwefeldioxid. Stickstoffdioxid wirkt außerdem schädlich auf eine Vielzahl von Materialien, darunter Textilfarben und Gewebe,

Kunststoffe und Gummi, und es ist mitverantwortlich für die bräunliche Farbe von verschmutzter Luft oder Smog.

Saurer Regen ist eine Folge des Transports und der chemischen Umwandlung von Schwefeldioxid und Stickoxiden. Stickoxid-Emissionen sind etwa zu einem Drittel für den hohen Säuregrad des Regens verantwortlich. Nach jüngsten Erhebungen könnte Stickoxid für dieses Problem von noch größerer Bedeutung sein:

> Messungen haben ergeben, daß die Menge des Nitrats im Verhältnis zum Sulphat im atmosphärischen Aerosol in Südengland seit 1954 stetig zunimmt. Im gesamten Bereich des European Air Chemistry Network hat der Nitrat-Gehalt der Niederschläge von 1955 bis 1979 kontinuierlich zugenommen. Die Nitrat-Mengen in Eisbohrkernen aus Südgrönland sind von 1975 bis 1984 steil angestiegen, während Sulfat seit 1968 relativ konstant geblieben ist. Wie kürzlich aus dem »Thousand Lake Survey« in Norwegen hervorging, hat sich die Nitrat-Konzentration von 305 Seen in der Zeit von 1974/75 bis 1986 verdoppelt, obwohl sich der pH-Wert (Säuregrad) und der Sulfat-Gehalt nur geringfügig änderten.[28]

Es gibt mehrere Pläne zur Eindämmung der sauren Niederschläge, die neben einer erheblichen Verminderung des Schwefeldioxids eine zusätzliche Verringerung der Stickoxid-Emissionen anstreben. Die zehn Länder, die 1985 an der internationalen Ministerkonferenz über sauren Regen teilnahmen, verpflichteten sich außerdem, »so rasch wie möglich Maßnahmen zu ergreifen, um die jährlichen Gesamtemissionen von Stickoxiden aus stationären und beweglichen Quellen wirksam zu verringern«.[29]

Kohlenwasserstoff-, Kohlenmonoxid- und Stickoxid-Emissionen aus Kraftfahrzeugen können somit als eine wesentliche Ursache nicht nur für die Klimaveränderung, sondern auch die negativen Einwirkungen auf Gesundheit und Umwelt durch Luftverschmutzung in Bodennähe gelten. Allein die zuletzt genannten Wirkungen rechtfertigen erhebliche Verminderungen dieser Schadstoffe. Außerdem existiert, vermittelt über eine Vielzahl von Mechanismen, ein direkter Zusammenhang zwischen der Verschmutzung der Troposphäre und der Klimaveränderung. Um diese Probleme koordiniert anzugehen, muß der Ausstoß von Kohlenmonoxid, Kohlendioxid, Kohlenwasserstoffen, Stickoxiden und FCKWs minimiert werden.

Die Emissionen dieser Schadstoffe hängen im Weltmaßstab von der Anzahl der genutzten Fahrzeuge und deren Emissionsraten ab. Die Emissionsraten hängen wiederum vom Kraftstoffverbrauch und vom Einsatz der verfügbaren Technologien zur Emissionsminderung ab.

Das Problem könnte sich künftig durch Bevölkerungszuwachs und verstärkte Wirtschaftstätigkeit verschärfen. Während die Bevölkerungszahl in Europa und den USA nur langsam zunimmt, wird sich die Weltbevölkerung (gegenüber 1960) bis zum Jahr 2000 verdoppeln, da sich die Bevölkerung in Asien mehr als verdoppeln und in Lateinamerika um fast 150 Prozent zunehmen wird. Abgesehen vom Gesamtzuwachs zieht ein steigender Anteil der Menschen in Asien und Südamerika in die Städte und treibt damit weltweit den städtischen Bevölkerungsanteil in die Höhe. Wenn nicht durch aktive Maßnahmen Wege der wirtschaftlichen Entwicklung gefördert werden, die nicht auf Kraftfahrzeuge angewiesen sind, wird das zur Folge haben, daß die weltweite Automobilproduktion und -nutzung in den nächsten Jahrzehnten weiterhin erheblich anwachsen wird.

11.4 Weltweite Kraftfahrzeug-Zulassungszahlen

Abbildung 11.1 zeigt die weltweite Entwicklung der Fahrzeugzulassungen seit 1930. Seit 1950 betrug die durchschnittliche jährliche Zuwachsrate bei Personenkraftwagen 5,9 Prozent; bei Lastkraftwagen und Bussen war sie mit 5,6 Prozent jährlich nur wenig geringer. Diese Entwicklung hat sich fortgesetzt, doch ist die Zahl der Nutzfahrzeuge noch stärker gestiegen als die der Personenkraftwagen. So betrug die jährliche Zuwachsrate für Pkws seit 1970 durchschnittlich 4,7 Prozent, für Lkws und Busse dagegen 5,1 Prozent. Infolge dieses Wachstums betrug der weltweite Fahrzeugbestand 1985 500 Millionen, darunter knapp 400 Millionen Pkws.

Vom weltweiten Pkw-Bestand entfällt jeweils etwas mehr als

ein Drittel auf Europa und Nordamerika; den Rest teilen sich Asien, Südamerika, Ozeanien und Afrika, in dieser Reihenfolge. Bei Lkws und Bussen hat Nordamerika dagegen einen Anteil von etwa 40 Prozent, Asien liegt knapp dahinter, dann folgt Europa.

Die überragende Rolle Nordamerikas und Westeuropas als potentielle Fahrzeugmärkte muß betont werden. Zwar verzeichnen die Fahrzeugproduktion und – in etwas geringerem Maße – auch die Fahrzeugzulassungen in anderen Ländern einen recht hohen prozentualen Zuwachs, doch sind die »hochindustrialisierten« Länder, was den Absatzmarkt betrifft, weltweit führend, und das wird in absehbarer Zukunft auch so bleiben.

Daraus folgt, daß die Kraftfahrzeugbestimmungen in den hochindustrialisierten Ländern die in anderen Gebieten erheblich beeinflussen werden. So spricht vieles dafür, daß strengere Vorschriften bezüglich der Emissionen oder des Kraftstoffverbrauchs in Westeuropa und den USA entsprechende Verbesserungen auf anderen Fahrzeugmärkten nach sich ziehen werden,

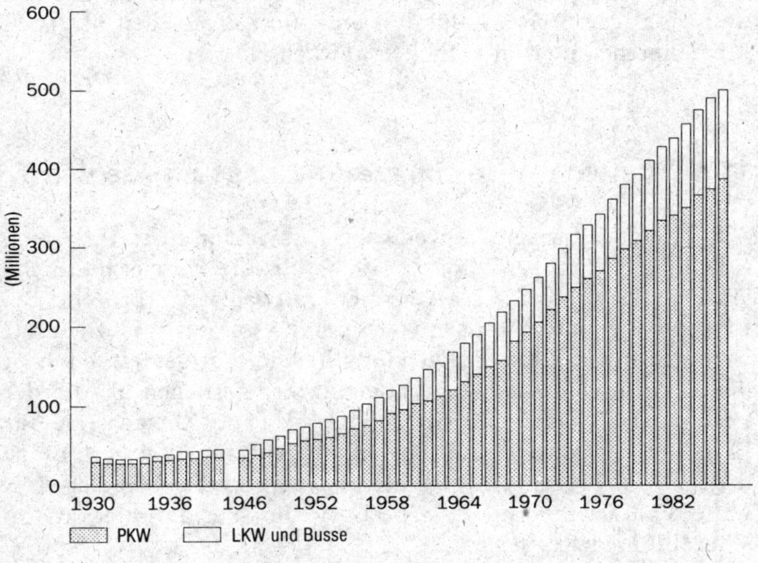

Abbildung 11.1 Zunahme des globalen Fahrzeugbestands seit 1930.

besonders dort, wo die Fahrzeugproduktion im Hinblick auf den Export in die hochindustrialisierten Länder steigt. Umgekehrt gilt natürlich ebenso, daß lasche Vorschriften in den hochindustrialisierten Gebieten lasche Regelungen in den Entwicklungsländern nach sich ziehen werden.

In einigen Schwellenländern stammt der Zuwachs im Fahrzeugbestand nicht nur aus Neufahrzeugen, sondern zu einem Großteil auch aus Gebrauchtfahrzeugen, die aus hochindustrialisierten Gebieten importiert werden.

Kraftfahrzeugbestimmungen wie die Emissionsrate oder der Kraftstoffverbrauch, die hoch oder niedrig sein können, wirken also längerfristig weiter und können die Gesamtemissionen und den Kraftstoffverbrauch in diesen Ländern hochtreiben oder senken.

11.5 Kraftstoffverbrauch und Kohlendioxid-Emissionen

Auf den Kraftstoffverbrauch nehmen die Staaten der Welt in unterschiedlichem Maße Einfluß. In den USA und in Japan sind Maßnahmen zur Senkung des Kraftstoffverbrauchs gesetzlich vorgeschrieben. In Europa beschränken sich die staatlichen Vorschriften auf die obligatorische Veröffentlichung der Verbrauchsdaten eines Fahrzeugs (etwa in Frankreich und Großbritannien); in mehreren Ländern haben sich die Fahrzeughersteller freiwillig zur Senkung des Kraftstoffverbrauchs verpflichtet. In einigen Ländern wurden zur Senkung des Kraftstoffverbrauchs die Höchstgeschwindigkeiten herabgesetzt und Fahrzeuge mit hohem Verbrauch stärker besteuert. Außerdem wurden in mehreren Ländern mit den Fahrzeugherstellern freiwillige Vereinbarungen getroffen, den Verbrauch um etwa 10 Prozent zu senken. Schweden hat für alle Pkws, die ein Hersteller in einem Jahr produziert, einen durchschnittlichen Höchstverbrauch (in l/100 km) festgesetzt.

Obwohl es gesetzliche Vorschriften wie in den USA nicht gibt, verbrauchen die Europäer sehr viel weniger Kraftstoff pro Kopf

Tabelle 11.2 Vereinbarungen zur Senkung des Kraftstoffverbrauchs in Europa

Großbritannien	Kraftstoffverbrauchsdaten müssen angegeben werden. Kraftstoffverbrauch von Pkws soll von 1978 bis 1985 um 9,1% gesenkt werden.
Frankreich	Kraftstoffverbrauchsdaten müssen angegeben werden. Mittlerer Kraftstoffverbrauch soll bis 1985 unter 7,5 l/100 km gesenkt werden.
Bundesrepublik	Bis 1985 um 10–12% geringerer Verbrauch gegenüber 1978 (5% bei schweren Lkw).
Italien	10% weniger Verbrauch bis 1985 gegenüber 1978.
Schweden	Flottendurchschnitt 8,5 l/100 km bis 1985; 7,5 l/100 km bis 1990.

als die Amerikaner, was zumindest teilweise auf höhere Kraftstoffpreise zurückzuführen ist. In den meisten europäischen Ländern sind die Kraftstoffpreise (wegen der Besteuerung) mindestens doppelt so hoch, in einigen Ländern mehr als dreimal so hoch wie in den USA. Der Kraftstoffverbrauch pro Kopf ist in diesen Ländern halb so hoch wie in den USA.

In Ergänzung des Motor Vehicle Information and Cost Saving Act beschlossen die Vereinigten Staaten im Dezember 1975 den Energy Policy and Conservation Act, der, wie aus Tabelle 11.3 zu ersehen, bis 1985 eine Senkung des Pkw-Kraftstoffverbrauchs auf 8,55 Liter/100 Kilometer forderte, gemessen nach den Testverfahren der Umweltschutzbehörde (EPA). (Die Bundesstandards wurden von der Reagan-Administration für die Modelljahre 1986, 1987 und 1988 staatlich gelockert und 1989 von der Bush-Administration wieder ein Stück weit hergestellt.) Die Fahrzeughersteller müssen eine hinreichende Zahl von Fahrzeugen testen, damit jeder von ihnen produzierten Produktreihe eine Kraftstoffverbrauchs-Kennzahl zugeschrieben werden kann. Aus diesen Kennzahlen wird, gemessen an den Verkaufszahlen, für sämtliche Personenkraftwagen, die der entsprechende Hersteller produziert, ein Durchschnittsverbrauch errechnet. Dieser Wert muß den für das entsprechende Modelljahr angegebenen Standard unterschreiten. Ausgehend von einer Kombination der Stadt- und Autobahn-Verbrauchszahlen, werden diese Standards als CAFE-Standards (Corporate Average

Fuel Economy) bezeichnet. Seit dem Modelljahr 1979 sind neben Pkws auch Leicht-Lkws in das Programm einbezogen.

Hält ein Hersteller mit seinem durchschnittlichen Flottenverbrauch den Standard nicht ein, so hat er für jede Überschreitung um 0,1 Meilen pro Gallone auf jedes produzierte Fahrzeug eine Geldbuße von fünf US-Dollar zu entrichten. Er kann diese Bußen jedoch mit Verbrauchsgutschriften verrechnen, die in anderen Modelljahren aufgelaufen sind.

Die Umweltschutzbehörde und das Energieministerium geben alljährlich den *Gas Mileage Guide* heraus, der zur Information der Neuwagenkäufer die Testergebnisse für den Stadtverbrauch aller Fahrzeugmodelle nennt. Außerdem muß jedes Fahrzeug einen Aufkleber tragen, der angibt, wie hoch der Kraftstoffverbrauch nach Feststellungen der Umweltbehörde ist, welche Benzinkosten bei einer Jahresfahrleistung von 24000 Kilometern

Tabelle 11.3 Kraftstoffverbrauchs-Richtwerte der USA (l/100 km, in Klammern: Meilen/US-Gallone)

Modelljahr	Pkws		Leicht-Lkws		Leicht-Lkws[4] (2-Rad-Antrieb)		Leicht-Lkws[4] (4-Rad-Antrieb)	
1978	13,07	(18,0)	–	–	–	–	–	–
1979	12,38	(19,0)	–	–	13,68	(17,2)[1]	14,89	(15,8)[1]
1980	11,76	(20,0)	16,80	(14,0)[3]	14,70	(16,0)[2]	16,80	(14,0)[2]
1981	10,69	(22,0)	16,22	(14,5)[3]	14,08	(16,7)[2]	15,68	(15,0)[2]
1982	9,80	(24,0)	–	–	13,07[2]	(18,0)[2]	14,70	(16,0)
1983	9,05	(26,0)	–	–	12,07	(19,5)[2]	13,45	(17,5)
1984	8,71	(27,0)	11,76	(20,0)	11,59	(20,3)[2]	12,72	(18,5)
1985	8,55	(27,5)	10,94	(21,5)	11,94	(19,7)[2]	12,45	(18,9)
1986	9,05	(26,0)	11,76	(20,0)	11,47	(20,5)[2]	12,06	(19,5)
1987	9,05	(26,0)	11,47	(20,5)	11,20	(21,0)	12,06	(19,5)
1988	9,05	(26,0)	11,47	(20,5)	11,20	(21,0)	12,06	(19,5)
1989	8,88	(26,5)	11,24	(20,5)	11,20	(21,0)	12,06	(19,5)

Anmerkungen:

[1] bis zu 2,7 t Gesamtgewicht

[2] bis zu 3,8 t Gesamtgewicht

[3] Nur für 1980 und 1981 wurde für Fahrzeuge, die in geringer Stückzahl und nicht auf der Basis von Pkw-Motoren produziert wurden, eine Lockerung gewährt.

[4] Ab 1984 sind getrennte Standards für Zwei- und Vierradantrieb optional. 1977, vor der Einführung von Kraftstoffverbrauchs-Richtwerten, hatten Pkws in den USA einen Durchschnitt von 13,36 l/100 km.

anfallen und welchen Verbrauchsstandard Wagen ähnlicher Größe von anderen Herstellern erreichen. Die angegebenen Werte sollen nicht den exakten Kraftstoffverbrauch beziffern, den der Besitzer unter normalen Fahrbedingungen erreichen wird, sondern einen Vergleich zwischen verschiedenen Fahrzeugmodellen ermöglichen.

Ein Hersteller kann, falls er Fahrzeuge mit Elektro- oder Hybridantrieb produziert, diese bei der Berechnung des Flottendurchschnitts einbeziehen. Die Umweltbehörde hat für die Berechnung des Verbrauchsstandards von Elektrofahrzeugen Verfahren festgelegt, die nur die für die Erzeugung der elektrischen Antriebsenergie eingesetzte Erdölenergie berücksichtigen und andere Energiequellen der Stromerzeugung wie etwa Kohle außer acht lassen. Der rechnerische Verbrauchsstandard fällt daher niedrig aus (etwa 1,2 l/100 km), ein Anreiz zur Entwicklung solcher Fahrzeuge. Ein 1988 beschlossenes Gesetz läßt entsprechende Gutschriften für Fahrzeuge mit flexiblem Kraftstoffeinsatz zu (das sind Fahrzeuge, die sowohl mit Methanol oder Erdgas als auch mit üblichem Benzin betrieben werden können).

Abgesehen davon, daß jeder Hersteller den Durchschnittsverbrauch angeben muß, werden Fahrzeuge, die einen bestimmten Höchstverbrauch überschreiten, mit Sondersteuern belegt. Als Richtzahlen wurden festgelegt

1984	12,1 l/100 km	(19,5 Meilen/US-Gallone)
1985	11,2 l/100 km	(21,0 Meilen/US-Gallone)
1986	10,5 l/100 km	(22,5 Meilen/US-Gallone)

Fahrzeuge, die diese Richtzahlen nicht erreichen, unterliegen einer »Spritsäufer«-Steuer, die von 500 US-Dollar für eine Überschreitung von 0,1 Meile/US-Gallone bis zu einem Höchstbetrag von 3850 US-Dollar reicht (Zahlen von 1986).

In Japan wurde gesetzlich festgelegt, daß der Kraftstoffverbrauch von Pkws bis 1985 gegenüber den Werten von 1978 um bis zu 11,2 Prozent gesenkt werden muß (Tabelle 11.4). Die Richtwerte wurden je nach Fahrzeuggewicht festgelegt, und die Messungen werden nach dem Zehn-Modi-Testverfahren durchgeführt. Da heute auf dem Weltmarkt immer mehr billiges Erdöl zu haben ist, haben sich die durchschnittlichen Verbrauchswerte von Neuwagen in Japan wieder erhöht.

Der australische Verband der Automobilhersteller (Federal Chamber of Automotive Industries – FCAI) hat, in Reaktion auf den regierungsamtlichen Bericht *Proposals for an Australian Conservation of Energy Programme,* ein freiwilliges Regelwerk für die Senkung des Kraftstoffverbrauchs von Personenkraftwagen (*Code of Practice for Passenger Car Fuel Consumption Reduction*) vorgeschlagen. Nach diesem Regelwerk setzt der FCAI jährliche Ziele für einen nationalen Durchschnitts-Kraftstoffverbrauch (National Average Fuel Consumption – NAFC) fest, und daraus wurde für die einzelnen Produzenten ein nach den Verkaufszahlen gewichteter Hersteller-Durchschnitts-Kraftstoffverbrauch (Corporate Average Fuel Consumption – CAFC) abgeleitet. Das NAFC-Ausgangsniveau lag 1978 bei 11,2 Liter/100 Kilometer, und das Ziel des FCAI für 1983 war 9,0 Liter/100 Kilometer.

Tabelle 11.4 Japanische Kraftstoffverbrauchs-Richtwerte

	Leergewicht (Kilogramm)			
	625	750–785	1200–1250	1500–2000
1978 tatsächlicher Kraftstoffverbrauch (l/100 km)	5,38	6,94	9,01	13,16
1985 vorgeschriebener Kraftstoffverbrauch (l/100 km)	5,05	6,25	8,00	11,76
Verbesserung (%)	6,10	9,90	11,20	10,60

Die Erfahrungen der USA mit dem Kraftstoffverbrauch bieten nützliche Hinweise für künftige politische Entscheidungen. Abbildung 11.2 zeigt, daß die Kurve der auf den Kraftstoffverbrauch bezogenen Pkw-Fahrleistung während der siebziger Jahre steil gestiegen ist, sich aber seit Anfang der achtziger Jahre ziemlich abgeflacht hat. (Abb. 11.2 legt die amerikanische Rechnungsart für die Wirtschaftlichkeit von Fahrzeugen zugrunde. Fester Parameter ist der Benzinverbrauch. Die Kurve steigt, da mehr Kilometer pro verbrauchter Einheit erreicht werden – Meilen/Gallone. Unsere gewohnte Betrachtung ließe eine sinkende Kurve erwarten, da bei uns die Kilometerzahl der feste Parameter ist und der Benzinverbrauch sinkt – Liter/100 Kilometer.

A.d.R.) Man sollte beachten, daß sich in den siebziger Jahren, als die Emissionsrichtwerte erheblich gesenkt wurden, die durchschnittliche Fahrleistung pro Gallone deutlich verbesserte. (Dies gilt auch dann, wenn man die durch Verringerungen des Fahrzeuggewichts erreichte Kraftstoffeinsparung außer acht läßt.) In den achtziger Jahren, als die Fahrzeugemissions- und Verbrauchsstandards sich im großen und ganzen stabilisierten und die Benzinpreise fielen, machte die Verbesserung der Kraftstoffausnutzung nur geringe Fortschritte. Da der Stimulus von gesetzlichen Vorschriften und Marktanreizen in Gestalt höherer Kraftstoffpreise fehlte, fielen die Hersteller schnell wieder in alte Verhaltensweisen zurück und priesen ihre Fahrzeuge mit dem Argument der PS-Zahlen und des Beschleunigungsvermögens an, statt mit niedrigem Verbrauch oder geringen Emissionen zu werben. Da die regulierende Wirkung der CAFE-Standards in den letzten Jahren nachgelassen hat, geht die Kraftstoffausnutzung von US-Neuwagen jetzt rascher zurück. Jüngsten EPA-Daten zufolge ist die Kraftstoffausnutzung von neuen US-Pkws zwischen 1988 und 1990 um (geschätzte) vier Prozent zurückgegangen. In der gleichen Zeit stieg das Gewicht von Neuwagen um sechs Prozent, die Motorleistung um zehn Prozent. Daraus muß man wohl folgern, daß wie bei den Emissionen strenge Vorschriften der sicherste Weg zu dem gewünschten Ziel sind. Vorschriften allein reichen jedoch nicht aus; es müssen steigende Kraftstoffpreise hinzukommen, damit die allgemeine Nachfrage nach wirtschaftlichen Fahrzeugen steigt.

Weltweit ist gegenwärtig allenfalls eine sehr geringfügige Verbesserung der Kraftstoffausnutzung zu beobachten. Die staatlichen Bemühungen vom Ende der siebziger, Anfang der achtziger Jahre haben nachgelassen, und der Marktwettbewerb spielt sich derzeit hauptsächlich auf dem Gebiet der Leistungssteigerung und nicht der Senkung des Kraftstoffverbrauchs ab. Der Straßenverkehr verschlingt deshalb einen stetig wachsenden Anteil des Erdölverbrauchs im OECD-Gebiet und in anderen Ländern. So stieg in den OECD-Ländern der vom Verkehrssektor verbrauchte Erdölanteil von weniger als 40 Prozent im Jahr 1973 auf fast 60 Prozent im Jahr 1989, wobei vom Kraftstoffverbrauch des Verkehrssektors über 70 Prozent auf den Straßenverkehr entfielen. Da die Förderung in wichtigen, nicht der OPEC angehörenden erdölproduzierenden Ländern wie der UdSSR und den USA sinkt und der Verbrauch in den Entwicklungsländern rapide steigt, ist das Risiko einer schweren weltweiten Erdölkrise möglicherweise ebenso groß oder noch größer als zu Beginn der siebziger Jahre. Allein diese Tatsache mitsamt ihren Folgen für die Wirtschaft, die Energiesicherheit und die Zahlungsbilanzen sollte ein hinreichender Grund sein, die Fahrzeugeffizienz erheblich zu verbessern. Pkws und andere leichte Fahrzeuge verschlingen den größten Teil des Erdölverbrauchs in der OECD. Diese Entwicklung zu einem immer stärkeren Erdölverbrauch des Verkehrssektors ist, zusammen mit stetig steigenden Emissionen, zu einer ernsten Gefahr für die künftigen Generationen geworden.

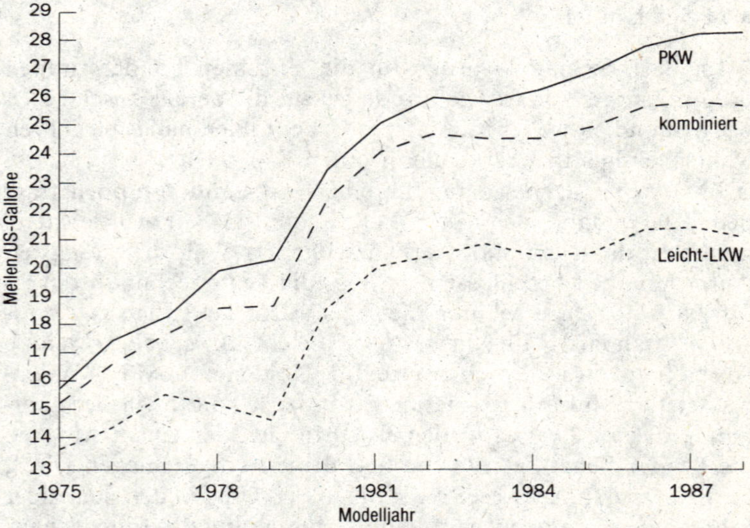

Abbildung 11.2 Entwicklung des spezifischen Kraftstoffverbrauchs amerikanischer Kfz nach Messungen der US-Umweltbehörde.
1 Meile = 1,61 km; 1 Gallone = 3.78 l

11.6 Künftige Kraftfahrzeugemissionen

11.6.1 Emissionen von Kohlenmonoxid, Kohlenwasserstoff und Stickoxiden

Zur Abschätzung der Emissionen wurde der Welt-Fahrzeugbestand in mehrere Ländergruppen aufgeteilt, ausgehend von dem Maß der Emissionsvermeidung, das für einen bestimmten Zeitpunkt als wahrscheinlich geltend angenommen wurde:

- Europäische Gemeinschaft (EG),
- Europäische Freihandelsassoziation (EFTA),
- Nordamerika,
- Japan/Australien,
- Schwellenländer (rapidly industrializing countries – RIC) und
- übrige Länder.

Im Basis-Szenario wurden für die einzelnen Ländergruppen die Emissionsstandards zugrunde gelegt, die bereits beschlossen wurden und entweder in Kraft sind oder in den nächsten Jahren wahrscheinlich in Kraft treten werden.

Ein zweites Szenario für die einzelnen Ländergruppen trägt den Titel »Stand der Technik«. In diesem Fall wurde angenommen, daß für sämtliche Fahrzeuge der Welt die strengsten Anforderungen beschlossen werden, die heute technisch durchführbar sind. Dazu gehören die gegenwärtig geltenden kalifornischen Standards für Pkws und Leicht-Lkws, eine weitere Absenkung dieser Höchstwerte für Kohlenmonoxid, Kohlenwasserstoff und Stickoxide um 50 Prozent kurz nach der Jahrhundertwende (wie es in den Ergänzungen des Clean Air Act, die der US-Senat beschlossen hat, derzeit vorgeschlagen wird), Höchstwerte für schwere Lkws, die in den USA in den neunziger Jahren eingeführt werden sollen, Verhinderung des Entweichens von flüchtigen Kraftstoffbestandteilen, um Kohlenwasserstoff-Emissionen durch Verdunstung und beim Betanken zu senken, sowie eine Verbesserung von Inspektion und Wartung im Sinne maximaler Wirksamkeit der Emissionsstandards und der Unterbindung von Betankungsverlusten.

Ein drittes Szenario wurde angefügt, das geringere Zuwachsraten der Fahrleistungen berücksichtigt und damit die strengen Auflagen des zweiten Szenarios ergänzt. Die Ausgangswerte und die angepaßten Zuwachsraten sind in Tabelle 11.5 nach Gebieten zusammengestellt.

Abbildung 11.3 zeigt, wie sich die globalen Emissionen von Kohlenmonoxid, Kohlenwasserstoff und Stickoxid entwickeln werden, wenn wir fortfahren wie bisher. Man sieht, daß die kürzlich beschlossenen Höchstwerte in Westeuropa, zusammen mit einer weiteren Verschärfung der US-Standards in dem Sinne, wie sie gegenwärtig im amerikanischen Kongreß diskutiert wird, auch in den neunziger Jahren zu einer graduellen, aber stetigen Absenkung der Emissionen führt. Doch um die Jahrhundertwende werden all diese Schadstoffe den Tiefpunkt erreicht haben und erneut ansteigen, es sei denn, es würden zusätzliche Maßnahmen ergriffen. Die Abbildungen 11.4, 11.5 und 11.6 zeigen, daß die hochindustrialisierten Länder zwar die Hauptquelle von Kfz-Emissionen bleiben werden, daß aber in den Schwellenländern und in den übrigen Ländern, wo praktisch nichts gegen Kfz-Emissionen unternommen wird, der stärkste Zuwachs zu verzeichnen ist. Abbildung 11.7, die die Jahresfahrleistung nach Regionen zusammenfaßt, zeigt, daß diese Regionen in wachsendem Maße zur weltweiten Fahrleistung beitragen werden.

Tabelle 11.5 Zuwachsraten der Fahrleistungen seit 1985

Region	Basis (Prozent)	Niedriger Zuwachs (Prozent)
Europäische Gemeinschaft[1]	2,50	1,50
Europ. Freihandelsassoziation[2]	2,50	1,50
Nordamerika[3]	2,50	1,50
Japan/Australien	3,50	2,00
Schwellenländer[4]	5,00	3,00
übrige Länder	4,00	3,00
Global	3,23	1,97

[1] Alle Mitgliedsländer außer Dänemark
[2] Schweden, Norwegen, Finnland, Dänemark, Schweiz, Österreich
[3] Kanada und USA
[4] *(Rapidly Industrializing Countries):* Taiwan, Südkorea, Mexiko, Brasilien und die osteuropäischen Länder inkl. Sowjetunion

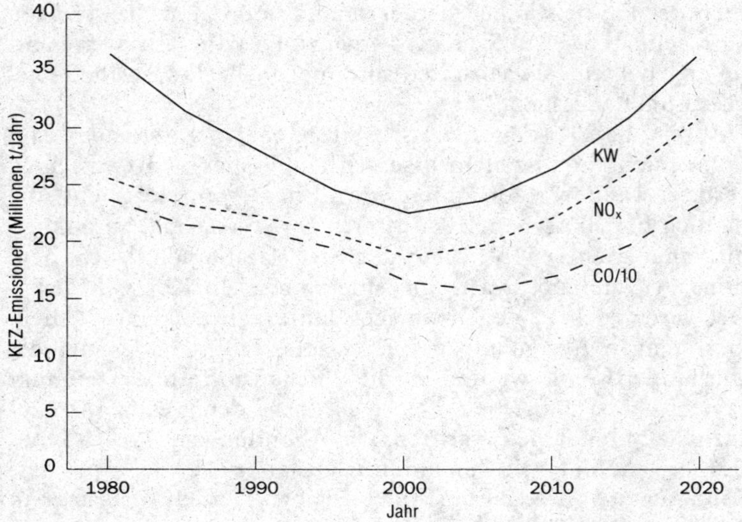

Abbildung 11.3 Entwicklung der Kfz-Emissionen von Kohlenwasserstoff, Kohlenmonoxid und Stickoxiden, wenn man die derzeit beschlossenen Maßnahmen zugrunde legt (für Kohlenmonoxid ist die senkrechte Skala mit 10 zu multiplizieren).

Die Ergebnisse des zweiten Szenarios, bei dem angenommen wurde, daß bei sämtlichen Fahrzeugen der Welt Emissionsminderungen nach dem Stand der Technik eingeführt werden, sind in den Abbildungen 11.8, 11.9 und 11.10 zusammengefaßt. Man sieht, daß diese Alternative die weltweite Zunahme des Fahrzeugbestands zu kompensieren vermag. Würde man also weltweit Emissionsverminderungen nach dem Stand der Technik einführen, so könnten die weltweiten Emissionen von Kohlenmonoxid, Kohlenwasserstoff und Stickoxid aus dem Fahrzeugbestand sinken, obwohl gleichzeitig der motorisierte Verkehr jährlich um rund drei Prozent zunimmt (nur 2,5 Prozent in der industrialisierten Welt, jedoch stärker in den Schwellenländern und den übrigen Regionen).

Durch weiteres Wachstum werden diese Niveaus jedoch unter Druck geraten. Nach 2030 werden die Emissionen wieder zu steigen beginnen, es sei denn, das Wachstum würde eingedämmt oder durch hinreichende technische Fortschritte würden die Emissionen pro gefahrenem Kilometer noch weiter abgesenkt. Die Abbildungen 11.11, 11.12 und 11.13 zeigen, daß Maßnahmen zur Emissionsminderung in mehreren Regionen nicht ausreichen, um mit der mutmaßlichen Zunahme des motorisierten Verkehrs Schritt zu halten.

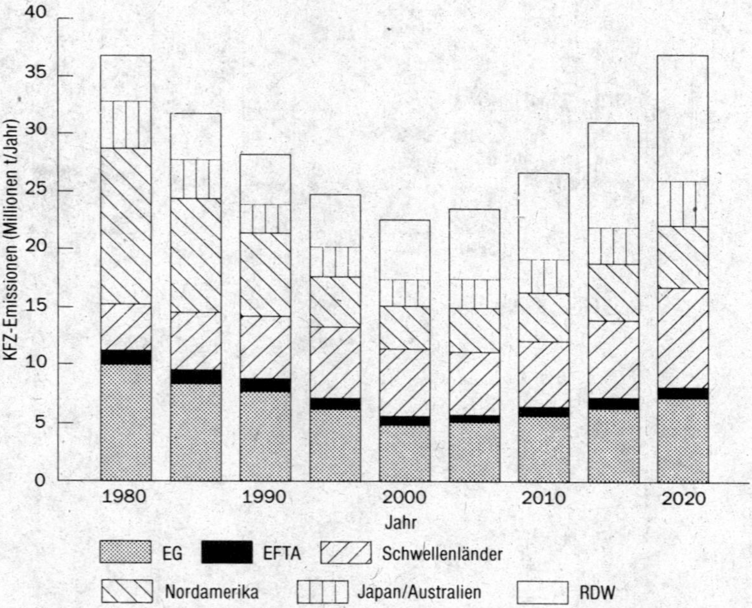

Abbildung 11.4 Entwicklung der weltweiten Kfz-Emissionen von Kohlenwasserstoff nach Regionen, wenn man die derzeit beschlossenen Maßnahmen zugrunde legt.

Das dritte Szenario, in dem die mutmaßliche Jahresfahrleistung etwas geringer angesetzt ist (siehe Tab. 11.5 und Abb. 11.14), zeigt, welche Vorteile daraus erwachsen können. Es ist daher ermutigend, daß Länder wie die Niederlande Strategien zur Eindämmung des motorisierten Verkehrs einleiten, zum Beispiel die Einführung einer Straßenbenutzungsgebühr.

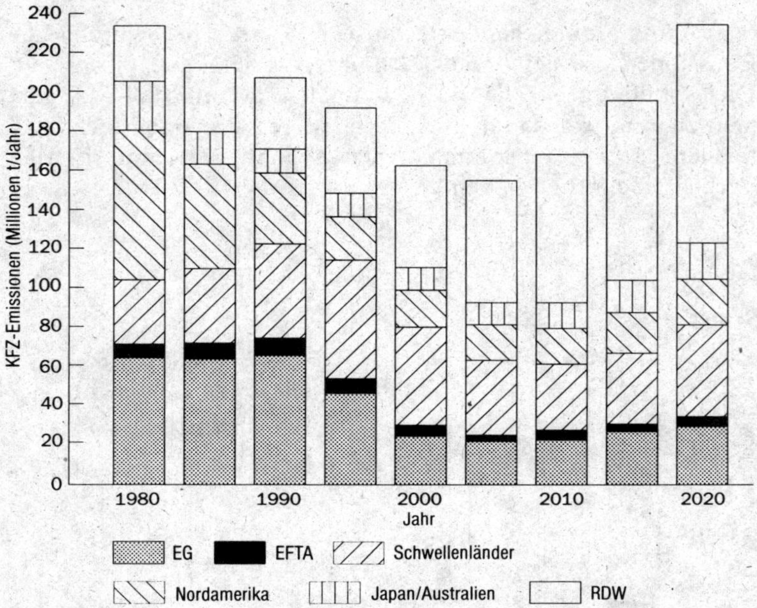
KFZ-Emissionen (Millionen t/Jahr)
240
220
200
180
160
140
120
100
80
60
40
20
0
1980
1990
2000
2010
2020
Jahr
EG
EFTA
Schwellenländer
Nordamerika
Japan/Australien
RDW

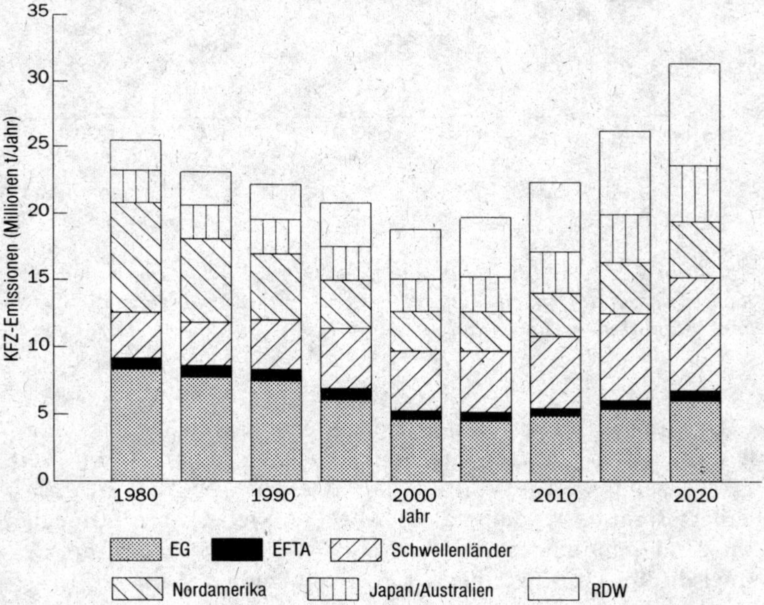
KFZ-Emissionen (Millionen t/Jahr)
35
30
25
20
15
10
5
0
1980
1990
2000
2010
2020
Jahr
EG
EFTA
Schwellenländer
Nordamerika
Japan/Australien
RDW

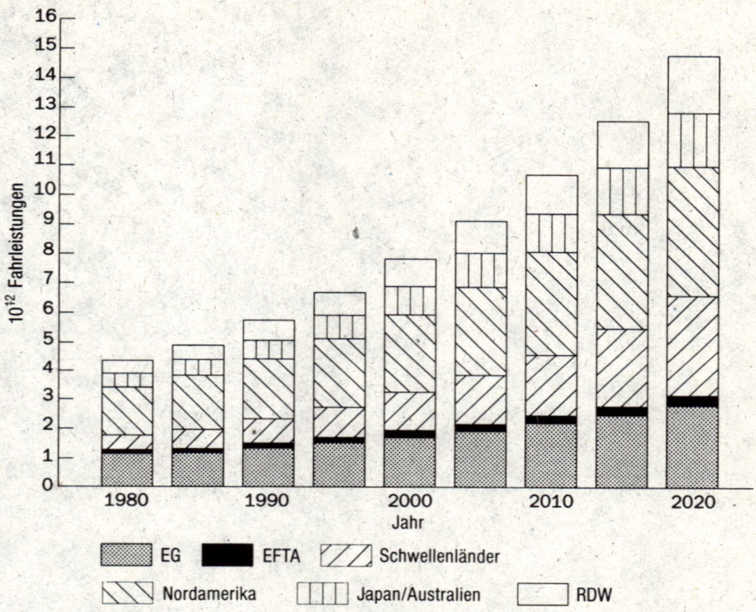

Abbildung 11.7 Entwicklung der Fahrleistungen nach Regionen (Basis-Szenario).

Abbildung 11.5 (Seite 366 oben) Entwicklung der weltweiten Kfz-Emissionen von Kohlenmonoxid nach Regionen, wenn man die derzeit beschlossenen Maßnahmen zugrunde legt.

Abbildung 11.6 (Seite 366 unten) Entwicklung der weltweiten Kfz-Emissionen von Stickoxiden nach Regionen, wenn man die derzeit beschlossenen Maßnahmen zugrunde legt.

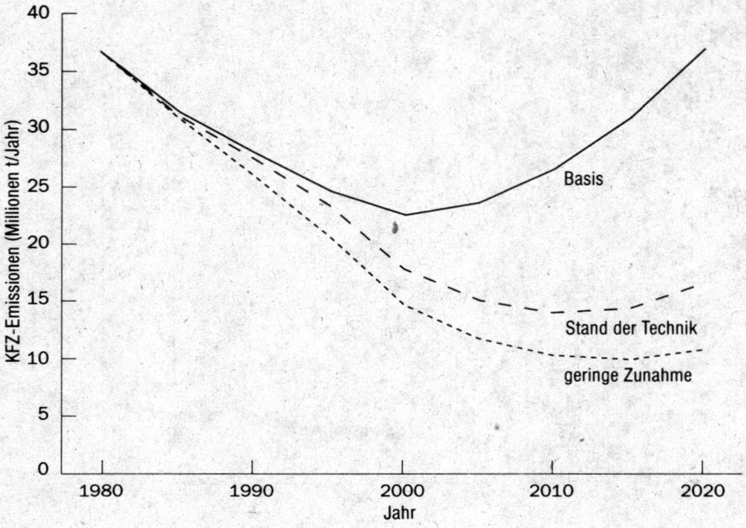
40
35
30
25
20
15
10
5
0
KFZ-Emissionen (Millionen t/Jahr)
Basis
Stand der Technik
geringe Zunahme
1980
1990
2000
2010
2020
Jahr

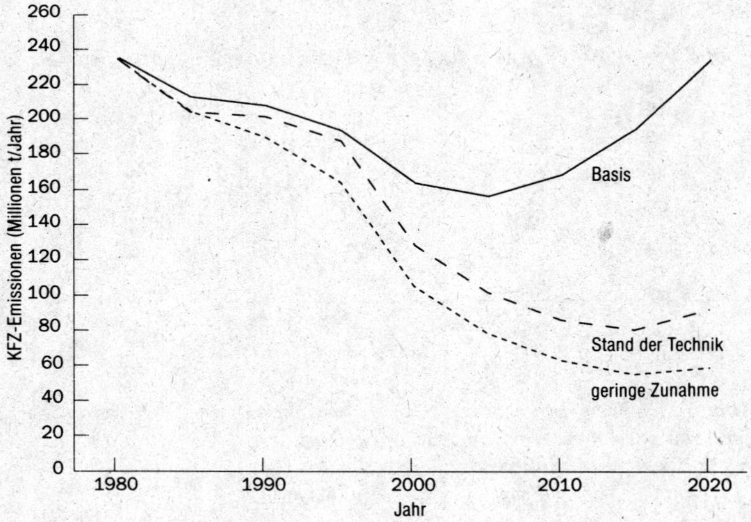
260
240
220
200
180
160
140
120
100
80
60
40
20
0
KFZ-Emissionen (Millionen t/Jahr)
Basis
Stand der Technik
geringe Zunahme
1980
1990
2000
2010
2020
Jahr

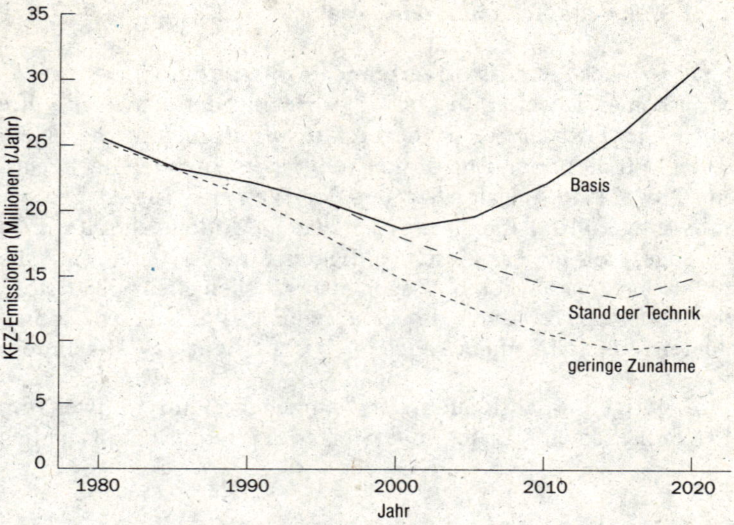

Abbildung 11.10 Entwicklung der Stickoxid-Emissionen, wenn sämtliche Fahrzeuge der Welt mit Anlagen zur Emissionsverminderung nach dem Stand der Technik ausgerüstet wären.

Abbildung 11.8 (Seite 368 oben) Entwicklung der Kohlenwasserstoff-Emissionen, wenn sämtliche Fahrzeuge der Welt mit Anlagen zur Emissionsverminderung nach dem Stand der Technik ausgerüstet wären.

Abbildung 11.9 (Seite 368 unten) Entwicklung der Kohlenmonoxid-Emissionen, wenn sämtliche Fahrzeuge der Welt mit Anlagen zur Emissionsverminderung nach dem Stand der Technik ausgerüstet wären.

11.6.2 Weltweite Kohlendioxid-Emissionen

Der spezifische Kraftstoffverbrauch von Automobilen ist, wie schon bemerkt, weiterhin hoch. Seit Beginn der achtziger Jahre haben die Fortschritte in der Kraftstoffausnutzung bei Neuwagen in Reaktion auf niedrige Erdölpreise erheblich nachgelassen. Obwohl die meisten Länder der Welt inzwischen Tempolimits eingeführt haben, sind die neuen Modelle durchweg in der Lage, weit höhere Geschwindigkeiten zu erreichen, und die immer leistungsstärkeren Wagen verbrauchen mehr Kraftstoff. Der Kraftstoffverbrauch pro gefahrenem Kilometer von neuen leichten Nutzfahrzeugen steigt in den meisten OECD-Ländern an.

Im übrigen wächst auch der Fahrzeugbestand weltweit um über drei Prozent jährlich. Die Steigerung beruht hauptsächlich

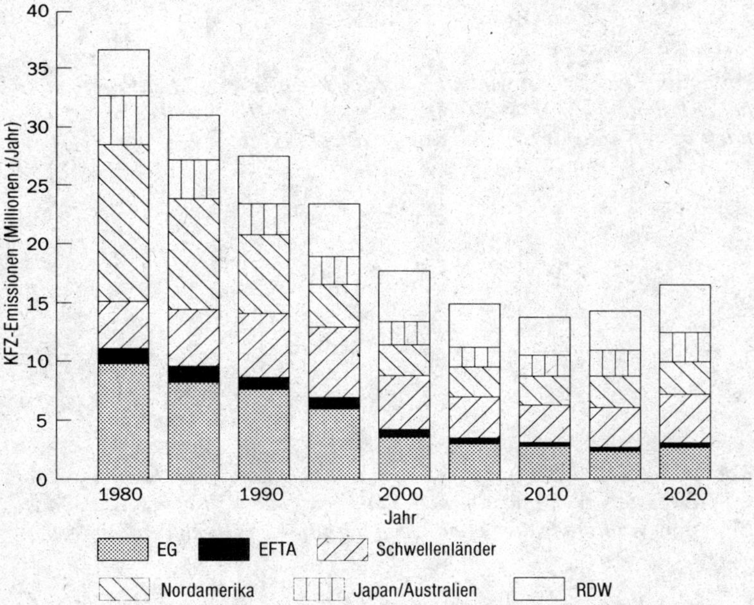

Abbildung 11.11 Entwicklung der Kohlenwasserstoff-Emissionen nach Regionen, wenn sämtliche Fahrzeuge der Welt mit Anlagen zur Emissionsverminderung nach dem Stand der Technik ausgerüstet wären.

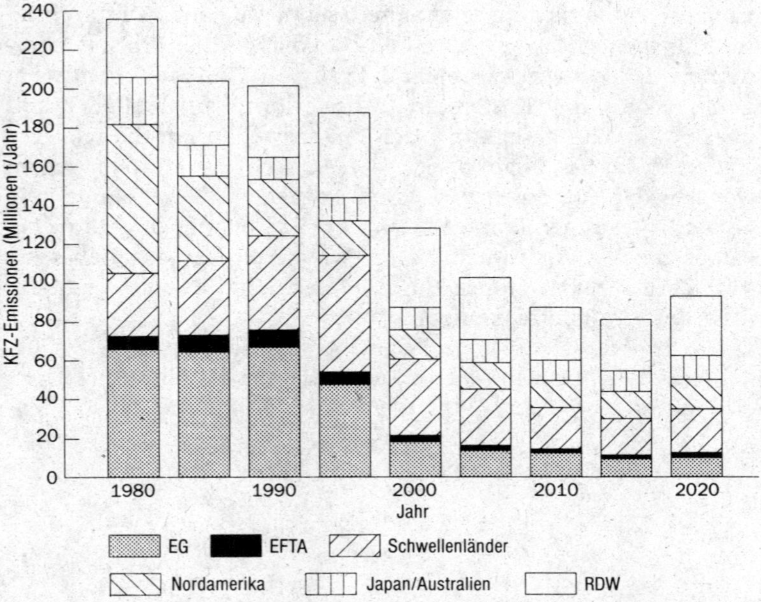

Abbildung 11.12 Entwicklung der Kohlenmonoxid-Emissionen, wenn sämtliche Fahrzeuge der Welt mit Anlagen zur Emissionverminderung nach dem Stand der Technik ausgerüstet wären.

auf der sozioökonomischen Entwicklung und dem demographischen Wandel, und sie wird sich wahrscheinlich beschleunigen, wenn die Länder Osteuropas sich verstärkt auf die Marktwirtschaft umstellen.

Die Jahresfahrleistung je Fahrzeug nimmt in mehreren Ländern zu. Das scheint eine Folge der niedrigen Kraftstoffpreise, von mangelnden Bemühungen um die Förderung der Energieeffizienz sowie von Problemen der Siedlungsplanung und des öffentlichen Personennahverkehrs zu sein. Deshalb wird in den verstopften Ballungsgebieten immer mehr gefahren, was zu einem sehr viel höheren Kraftstoffverbrauch pro Kilometer führt.

Die Klimakonferenz von Toronto beschloß, daß kurzfristig, also während der nächsten 15 Jahre, Kohlendioxid-Reduktionen in der Größenordnung von 20 Prozent der gegenwärtigen

Emissionen notwendig seien, um das globale Klima zu stabilisieren; längerfristig sei eine Reduktion von rund 50 Prozent erforderlich. Der Intergovernmental Panel on Climate Change hat gezeigt, daß die Kohlendioxid-Emissionen unverzüglich um über 60 Prozent gesenkt werden müssen, will man die Konzentrationen der Treibhausgase in der Atmosphäre auf dem gegenwärtigen Niveau halten. Das sind Aufgaben, die einen, gelinde gesagt, entmutigen können, wenn man sieht, wie die Fahrzeugzahlen unaufhörlich wachsen und wie gering demgegenüber die Fortschritte bei der Emissionsminderung und bei der Verbesserung der Kraftstoffausnutzung sind.

Die in den siebziger und achtziger Jahren in den USA gemachten Erfahrungen belegen, daß, wie aus Abbildung 11.15 zu ersehen ist, die beiden Ziele einer Emissionsminderung (Kohlen-

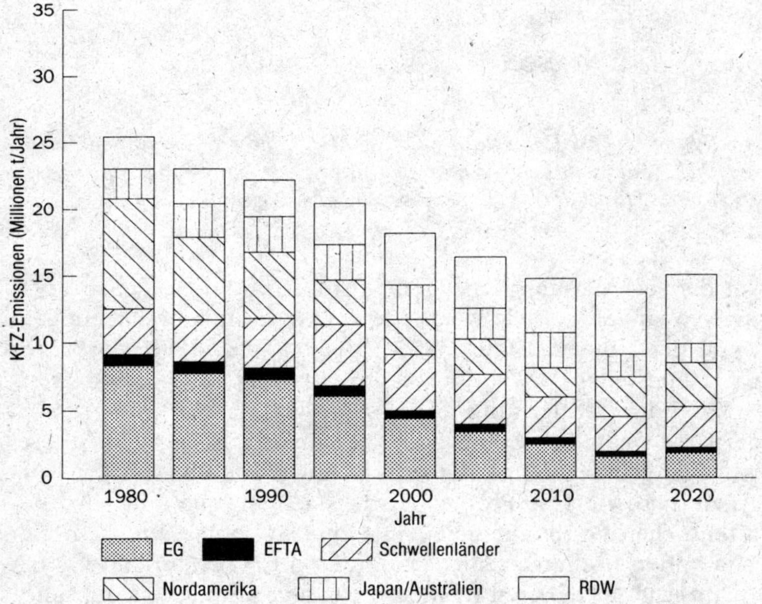

Abbildung 11.13 Entwicklung der Stickoxid-Emissionen nach Regionen, wenn sämtliche Fahrzeuge der Welt mit Anlagen zur Emissionsverminderung nach dem Stand der Technik ausgerüstet wären.

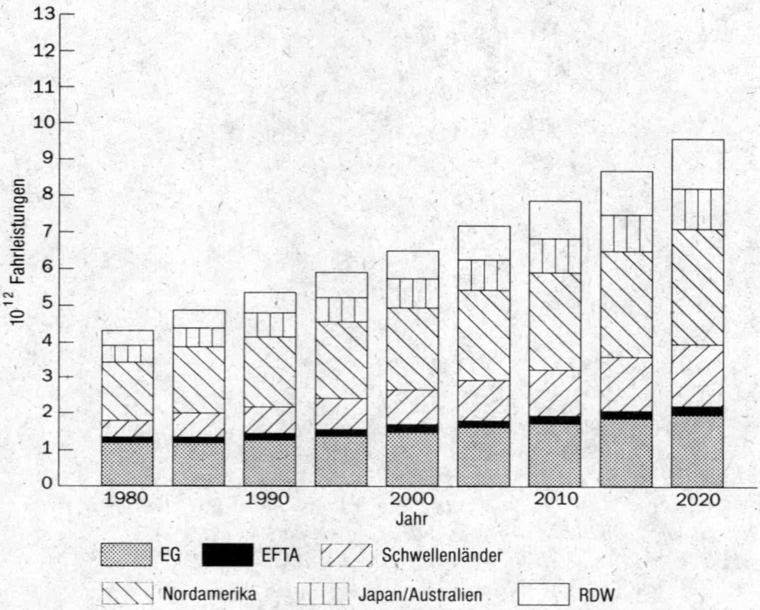

Abbildung 11.14 Entwicklung der Fahrleistungen nach Regionen, wenn sämtliche Fahrzeuge der Welt mit Anlagen zur Emissionsverminderung nach dem Stand der Technik ausgerüstet wären.

monoxid, Kohlenwasserstoff und Stickoxid) und einer Steigerung der Energieeffizienz (was weniger Kohlendioxid bedeutet) nicht nur miteinander vereinbar sind, sondern sich gegenseitig verstärken. Entscheidende Fortschritte auf beiden Gebieten setzen jedoch strenge staatliche Vorschriften voraus. Sich selbst überlassen, zeigt die Automobilindustrie keinerlei Neigung, Umweltschutzmaßnahmen nach dem Stand der Technik oder fortgeschrittene Effizienztechnologien anzuwenden. Gleichzeitig waren die Regierungen überall sehr unentschlossen, wenn es um die Festlegung strenger Richtwerte für die Fahrzeugeffizienz ging, und sehr inkonsequent, was die Durchsetzung dieser Richtwerte während der zyklischen Schwankungen des Welterdölmarkts betraf. In den Industrieländern geht die Effizienz von Neufahrzeugen jetzt sogar zurück.

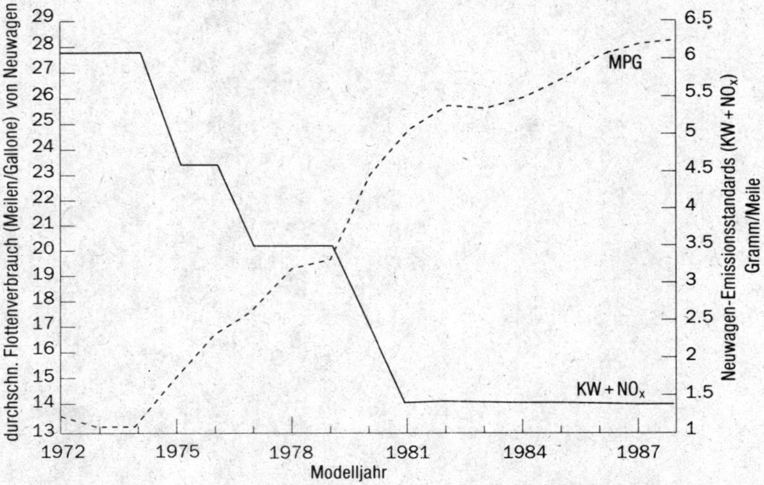

Abbildung 11.15 Entwicklung der Emissionen und des spezifischen Kraftstoffverbrauchs von US-Fahrzeugen seit 1972. MPG = Meilen/Gallone, KW = Kohlenwasserstoff

Da bei der Verbrennung von einem Liter Benzin 0,7 Kilogramm Kohlenstoff beziehungsweise 2,6 Kilogramm Kohlendioxid emittiert werden, ist leicht einzusehen, warum das Kohlendioxid insgesamt zunimmt. Geht man von den mutmaßlichen weltweit zunehmenden Fahrzeugaufkommen und Fahrleistungen aus, werden, wie Abbildung 11.16 zeigt, die Kohlendioxid-Emissionen von Kraftfahrzeugen in den nächsten vierzig bis fünfzig Jahren sprunghaft ansteigen. Diese Entwicklung ließe sich erheblich eingrenzen, obzwar nicht gänzlich vermeiden, wenn es gelänge, die globale Wachstumsrate der Fahrzeuge und Fahrleistungen zu drosseln.

Der eigentliche Schlüssel zu einer Verminderung der Kohlendioxid-Emissionen ist ein geringerer Kraftstoffverbrauch der globalen Automobilflotte. Diese Energieeinsparung kann durch eine Verringerung der jährlichen Fahrleistung oder des Fahrzeugbestands oder auch durch wirtschaftlichere Fahrzeuge erreicht werden; am Ende wird wohl eine Kombination all dieser Maßnahmen erforderlich sein. Abbildung 11.17 zeigt, wie sich eine jährlich um zwei Prozent verbesserte Kraftstoffausnutzung bei Neufahrzeugen auswirken könnte. Der Anstieg des globalen Kraftstoffverbrauchs kann allmählich gebremst werden, und es kann, wie Abbildung 11.18 zeigt, ein Rückgang der Kohlendioxid-Emissionen einsetzen. Die Kohlendioxid-Emissionen lediglich auf dem heutigen hohen Niveau zu begrenzen, reicht jedoch, wie schon gesagt, bei weitem nicht aus, um dem gefürchteten Treibhauseffekt zu begegnen. Ein Rückgang der Kohlendioxid-Emissionen könnte nach der Jahrhundertwende einsetzen, falls man neben der zweiprozentigen Steigerung der konventionellen Fahrzeugeffizienz damit beginnt – um nur eine Möglichkeit zu nennen –, zwei Prozent der Neuwagen auf Brennstoffzellen umzustellen, die gegenüber konventionellen Systemen eine um 50 Prozent höhere Kraftstoffausnutzung erreichen. Die Zahl der umgestellten Fahrzeuge müßte ab dem Jahr 2000 um weitere zwei Prozent (ab 2010 um drei Prozent) jährlich ansteigen.

Abbildung 11.18 zeigt ferner die potentielle Wirkung dieser Kombination von Strategien. Würden die »konventionellen«

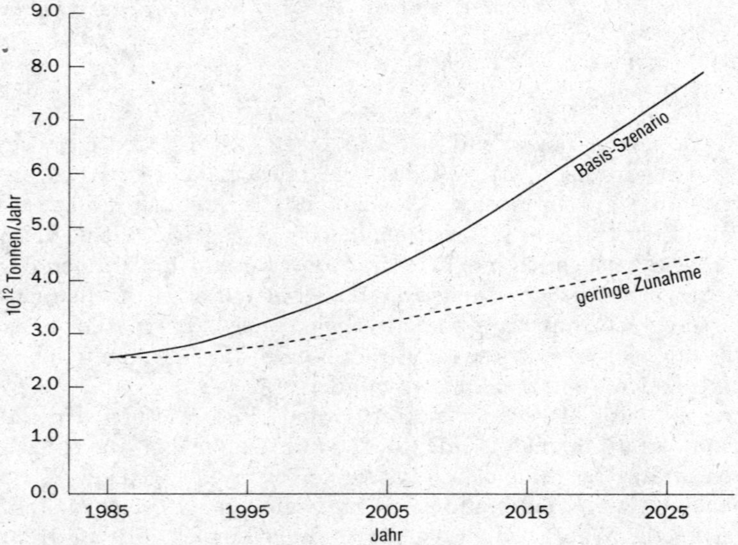

Abbildung 11.16 Globale Kfz-Emissionen von Kohlendioxid, falls der spezifische Kraftstoffverbrauch nicht gesenkt wird.

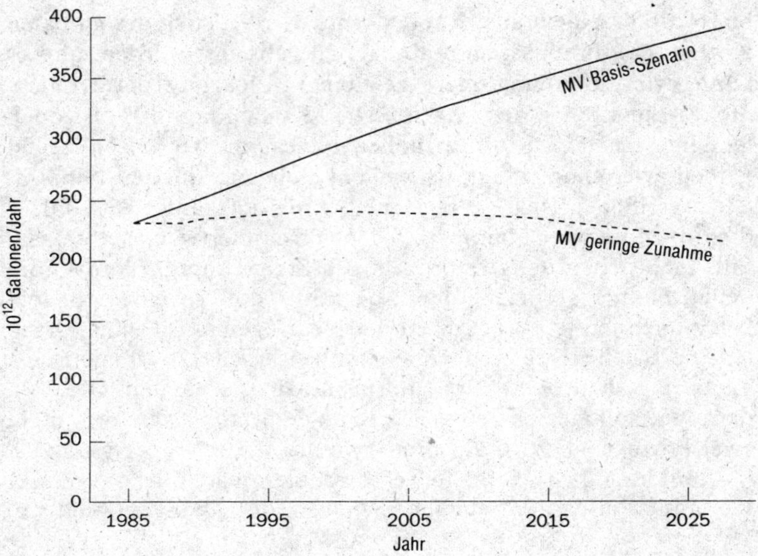

Abbildung 11.17 Globaler Kraftstoffverbrauch, wenn der spezifische Verbrauch jährlich um 2 Prozent sinkt.
MV = motorisierter Verkehr

Neufahrzeuge beginnend mit dem Jahre 1990 jährlich um zwei Prozent verbessert, und würden vom Jahre 2000 an drei Prozent der Flotte auf Brennstoffzellen umgestellt und dabei die doppelte Effizienz von konventionellen Fahrzeugen erreicht, dann würde es tatsächlich möglich, die Kohlendioxid-Emissionen des globalen Fahrzeugbestands zu reduzieren. (Brennstoffzellen verbessern nicht nur die Fahrzeugeffizienz, sie können auch über das derzeit nachgewiesene Niveau hinaus die »konventionellen Emissionen« entscheidend vermindern.)

Abbildung 11.19 zeigt die prozentuale Verbesserung der globalen Kraftfahrzeug-Kohlendioxid-Emissionen bei verschiedenen Strategien. Man sieht, daß die in Toronto festgelegten Ziele nur mit einer Kombination von Maßnahmen zu erreichen sind: geringeres Wachstum des globalen Fahrzeugbestands und der Fahrleistungen, verbunden mit einer ständigen nennenswerten Verbesserung der konventionellen Effizienz von Neuwagen und einem schrittweisen Übergang zu fortgeschrittenen Techniken wie Brennstoffzellen. Dabei dürfen wir es natürlich nicht bewenden lassen. Wenn der Zuwachs noch stärker eingeschränkt wird, läßt der Druck nach, bei konventionellen Fahrzeugen Kraftstoff einzusparen, und umgekehrt: In dem Maße, wie konventionelle Fahrzeuge sauberer und kraftstoffeffizienter werden, läßt der Druck nach, auf alternative fortgeschrittene Technologien umzustellen.

Was die gegenwärtige Automobilgeneration angeht, sind erhebliche Reduktionen des Kraftstoffverbrauchs und des Schadstoffausstoßes sowohl machbar als auch notwendig. Größere Kraftstoffeinsparungen lassen sich erreichen, wenn man Motor und Getriebe verbessert, das Gewicht reduziert, die Aerodynamik verbessert und verstärkt Elektronik einsetzt. An Computermodellen und durch den Bau von Prototypen, deren spezifischer Verbrauch zwischen zwei und vier Liter/100 Kilometer liegt, wurde gezeigt, daß der Durchschnittsverbrauch heutiger Auto-

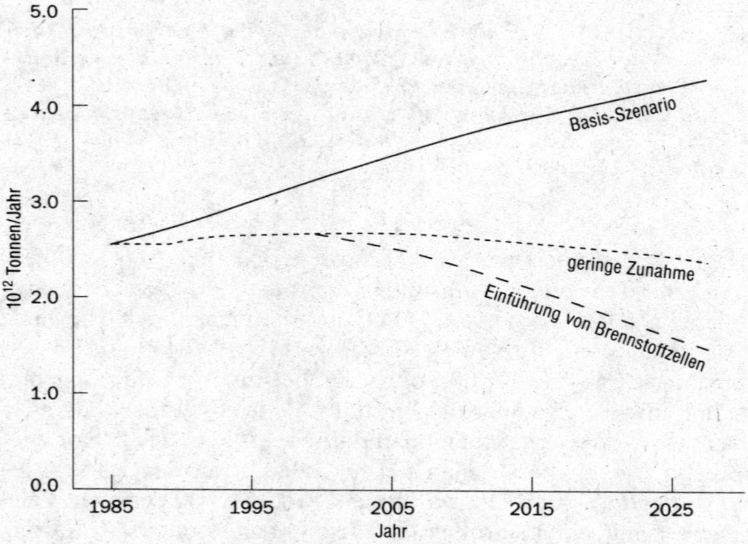

Abbildung 11.18 Globale Kfz-Emissionen von Kohlendioxid, wenn der spezifische Kraftstoffverbrauch jährlich um zwei Prozent sinkt, und bei schrittweiser Einführung von Brennstoffzellen.

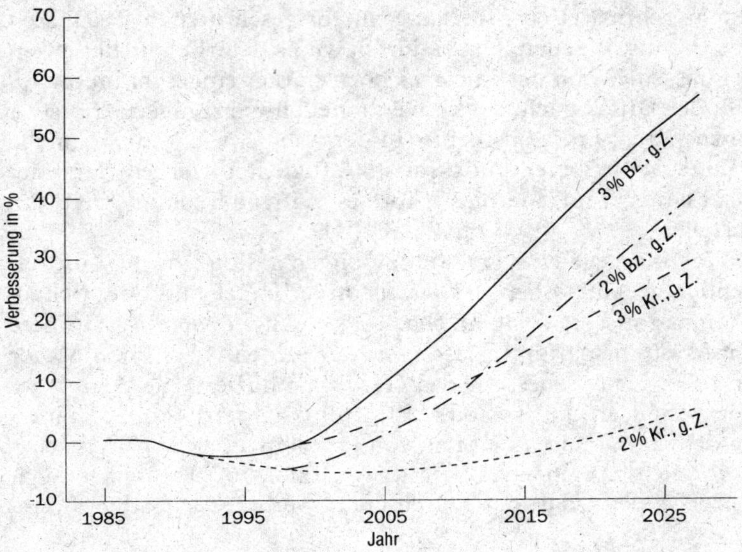

Abbildung 11.19 Globale Kfz-Emissionen von Kohlendioxid in den verschiedenen Szenarien dieses Kapitels, als prozentuale Veränderung/Verbesserung gegenüber 1985
Kr. = Senkung des Kraftstoffverbrauchs; Bz. = Brennstoffzellen; g. Z. = geringe Zunahme von Kfz-Bestand und Fahrleistung

mobile fast halbiert werden kann, ohne den Innenraum zu verkleinern, und unter Wahrung einer ausreichenden Leistung. Solche großen Verbesserungen sind möglich durch die sich addierenden Effekte von Verbesserungen im Wirkungsgrad der Kraftmaschine und Reduktionen der Leistungsanforderungen.

Der energetische Wirkungsgrad des Antriebssystems läßt sich ebenfalls verbessern, indem man dafür sorgt, daß der Motor entsprechend dem spezifischen Leistungsbedarf an den Rädern jeweils im günstigsten Drehzahlbereich arbeitet. Das erfordert ein Getriebe mit einem großen Schaltspielraum, innerhalb dessen das Übersetzungsverhältnis kontinuierlich oder in relativ kleinen Schritten gewechselt werden kann, und mit einer elektronischen Steuerung oder einem System, das dem Fahrer anzeigt, wann er den Gang wechseln muß, um den Kraftstoff optimal auszunutzen. Ein zusätzlicher Effizienzgewinn solcher Getriebe besteht darin, daß sie bei allen Fahrgeschwindigkeiten das maximale Drehmoment verfügbar machen, so daß das ungenutzte maximale Drehmoment gesenkt werden kann.

Zur Reduzierung des Leistungsbedarfs an den Rädern sind viele verschiedene Verbesserungen möglich, darunter weitergehende Verminderungen des Gewichts (durch andere Materialien) und des Luftwiderstands. Leider wurde der bei der Verminderung des Leistungsbedarfs schon erreichte Fortschritt teilweise zunichte gemacht durch den Übergang zu stärkeren Motoren, die unter normalen Fahrbedingungen einen hohen Kraftstoffverbrauch haben.

Weitere schadstoffarme und energieeffiziente Technologien könnten nach dem Jahre 2000 einsetzbar sein, wenn sie durch staatliche Maßnahmen oder durch sonstige Anreize gefördert werden. Dazu gehören Zweitaktmotoren, Hybridfahrzeuge mit zusammenwirkenden Wärme- und Elektromotoren sowie Brennstoffzellen, die Methanol oder Wasserstoff verwenden.

Um die Markteinführung und Akzeptanz von kraftstoffeffizienten technischen Fortschritten sicherzustellen, bedarf es einer Reihe von politischen Maßnahmen. Dazu gehören neben der Festlegung von spezifischen Verbrauchshöchstwerten ökonomische Instrumente, die bei den Herstellern und Verbrauchern der Automobil- und der Kraftstoffindustrie ansetzen, und verstärkte Bemühungen um die öffentliche Aufklärung. Bei den ökonomischen Instrumenten sollte man die Steuer für Fahrzeuge mit niedrigem Kraftstoffverbrauch senken und für solche mit hohem Kraftstoffverbrauch anheben. Wahrscheinlich wird man zu irgendeiner Kombination der folgenden Maßnahmen kommen:

- Kraftstoffsteuern;
- Kraftfahrzeugsteuern je nach Kraftstoffverbrauch, sowohl beim Kauf als auch auf Jahresbasis;
- Straßenbenutzungsgebühren und/oder Dauersperrungen in gewissen Gebieten je nach spezifischem Kraftstoffvebrauch;
- Parkplatzsteuern und/oder Beschränkungen je nach den spezifischen Verbrauchswerten.

Bei den derzeitigen und selbst bei sehr viel höheren Kraftstoffpreisen werden große Chancen zur Verbesserung der Kraftstoffausnutzung verschenkt, wenn man die Entscheidung den gewöhnlichen Marktkräften überläßt. Denn hohe Kraftstoffpreise beeinflussen die Gesamtfahrkosten nur relativ geringfügig, und diese Verteuerung wird durch eine Senkung der spezifischen Verbrauchswerte zum Teil sogar aufgehoben. Höhere Kraftstoffsteuern *allein* werden daher nicht ausreichen, um den Verbrauch im erforderlichen Umfang zu reduzieren.

Am wirksamsten wird ein integriertes Maßnahmenbündel sein, das sowohl gesetzliche Höchstwerte als auch ökonomische Instrumente umfaßt. Ein erheblicher Fortschritt bis zum Ende des Jahrhunderts ist nur dann zu erwarten, wenn die Regierungen sich entschließen, dieses Ziel durch rasche und weitreichende Maßnahmen zu verfolgen.

Kurzfristig und in höherem Maße langfristig lassen sich erhebliche Verbesserungen erreichen. Eine Senkung des Kraftstoffverbrauchs gegenüber heute um 30 bis 40 Prozent läßt sich durch verbesserten Wirkungsgrad des Motors, verringerten Luftwiderstand, Modifikation von Hilfsaggregaten, Verminderung des Gewichts und des Rollwiderstands sowie Fortschritte in der Elektronik erreichen. Häufigere Inspektion und Wartung des Fahrzeugs sowie verbesserte Kraftstoffe könnten diese Fortschritte noch steigern. Längerfristig sind erhebliche weitere Fortschritte möglich, vielleicht in der Größenordnung von 60 Prozent.

11.7 Zusammenhänge zwischen Kohlendioxid und konventionellen Emissionen

Seit es gesetzliche Vorschriften über Kfz-Emissionen gibt, behaupten die Hersteller, daß Maßnahmen zur Emissionsverminderung den Kraftstoffverbrauch in die Höhe treiben. Die Hersteller und ihre Lobbyisten bringen dieses Thema jetzt erneut auf und behaupten, schärfere Kohlenmonoxid-, Kohlenwasserstoff- und Stickoxid-Grenzwerte würden wegen verstärkter Kohlendioxid-Emissionen den Kampf gegen den Treibhauseffekt beeinträchtigen. Es ist daher sinnvoll, die vorliegenden Daten zu überprüfen. Frühere und gegenwärtige Daten stützen diese Behauptungen nicht.

Wie schon bemerkt, zeigen die Erfahrungen, die man in den siebziger und achtziger Jahren in den USA gemacht hat, daß die beiden Ziele der Emissionsminderung (Kohlenmonoxid, Kohlenwasserstoff und Stickoxid) und der verbesserten Energieeffizienz (was weniger Kohlendioxid bedeutet) nicht nur miteinander vereinbar sind, sondern sich gegenseitig verstärken, was in Abbildung 11.15 deutlich wird. Ungeachtet dieser historischen Tatsache behaupten die Fahrzeughersteller unter anderem, daß es falsch wäre, die Abgashöchstwerte für konventionelle Schadstoffe zu verschärfen, denn das hätte vermehrten Kohlendioxid-Ausstoß und eine stärkere globale Erwärmung zur Folge. Es geht besonders um die Stickoxide, deren schärfere Grenzwerte die Kraftstoffeinsparung behindern und dadurch zu mehr Kohlendioxid führen würden. Die US-Umweltschutzbehörde stellte zur Prüfung dieser Frage Daten für das Modelljahr 1989 zur Verfügung. Durch Regressionsanalyse wurde der tatsächliche Zusammenhang zwischen den Kohlendioxid-Emissionen pro Meile und den Stickoxid-, Kohlenwasserstoff- und Kohlenmonoxid-Emissionen pro Meile bestimmt. Danach gehen faktisch bei einer Reduktion von Stickoxid, Kohlenwasserstoff und Kohlenmonoxid tendenziell auch die Kohlendioxid-Emissionen zurück. Dies spricht für die Beobachtung, daß strengere Emissionshöchstwerte zur Förderung der fortgeschritteneren Vergaser- und Zündsyteme beitragen, mit dem Ergebnis, daß insgesamt auch ein niedrigerer Kraftstoffverbrauch erreicht wird.

11.8 FCKWs

Eine erhebliche Verminderung der FCKW-Freisetzungen ließe sich durch bessere Abdichtungen an Klimageräten erreichen, besonders aber durch veränderte Praktiken in den Werkstätten, da bei der Reparatur von Klimaanlagen FCKWs vorsätzlich in die Luft abgelassen werden. Der geschätzte US-Verbrauch von FCKWs ist in Tabelle 11.6 dargestellt.

Tabelle 11.6 Geschätzter US-Verbrauch von FCKWs für mobile Klimaanlagen

Verwendung	FCKW-Verbrauch (1000 Tonnen)	Anteil (Prozent)
Erstfüllung		
US-Wagen	14,7	27,2
Importwagen	2,8	5,2
nachträglicher Einbau	1,0	1,8
Nachfüllung		
nach Leckage	13,5	25,0
nach Ablassen in Werkstatt	18,2	33,6
nach Unfall	3,9	7,2

Um FCKW-Emissionen aus Fahrzeugen zu unterbinden, sind Maßnahmen erforderlich, die von der Herstellung bis zur Verschrottung reichen. Zu einer umfassenden Strategie könnten die folgenden Elemente gehören:

- Eine sich über die gesamte Lebens- und Nutzungsdauer von Schläuchen, Dichtungen und Verbindungen erstreckende Vorschrift, wonach die Hersteller verpflichtet sind, Fahrzeuge so auszustatten, daß während ihrer Lebensdauer kein Entweichen von FCKWs möglich ist;
- eine eventuell erforderliche Wartung ist nur in dafür zugelassenen Werkstätten durchzuführen, die über die entsprechende Ausrüstung, Katalysatoren und dergleichen verfügen, um ein Entweichen oder Ablassen von FCKWs zu verhindern;
- der Verkauf von Do-it-yourself-Sätzen zum Nachfüllen von Auto-Klimaanlagen ist unverzüglich zu verbieten;
- FCKWs sind so schnell wie möglich aus dem Handel zu ziehen.

11.9 Schlußfolgerung

Kraftfahrzeugemissionen von Kohlenwasserstoffen, Kohlenmonoxid und Stickoxiden sind in hohem Maße für die Klimaveränderung sowie für negative Einwirkungen auf Gesundheit und Umwelt durch Luftverschmutzung in Bodennähe verantwortlich. Außerdem wurde festgestellt, daß über eine Reihe von

Mechanismen ein direkter Zusammenhang zwischen der Verschmutzung der Troposphäre und der Klimaveränderung besteht. Um diese Probleme koordiniert anzugehen, müssen Kohlenmonoxid, Kohlendioxid, Kohlenwasserstoff, Stickoxide und Fluorchlorkohlenwasserstoffe minimiert werden. Eine Eindämmung dieser Schadstoffe aus Kraftfahrzeugen wird gleichzeitig zur Lösung der beiden Probleme der globalen Erwärmung und der Luftverschmutzung in den Städten beitragen.

Weltweit hängen die Emissionen dieser Schadstoffe von der Anzahl der benutzten Fahrzeuge und deren Emissionsraten ab. Die Emissionsraten hängen wiederum von der effizienten Kraftstoffausnutzung und dem Einsatz von Filtertechniken wie Katalysatoren ab. Gesetzliche Verbrauchshöchstwerte in der ganzen Welt sind machbar und notwendig, um den Zuwachs der Kohlendioxid-Emissionen zu verringern. In Verbindung mit strengen Kohlenwasserstoff-, Kohlenmonoxid- und Stickoxid-Vorschriften besteht die Mögkichkeit, nicht nur die globalen Folgen des für die nächsten fünfzig Jahre erwarteten Zuwachses an Fahrzeugen zu kompensieren, sondern sogar einen Rückgang der Emissionen einzuleiten.

Um die durch Kraftfahrzeuge verursachten lokalen und globalen Umweltprobleme anzugehen, wären folgende Maßnahmen angebracht:

- Strenge Emissionshöchstwerte für Kohlenmonoxid, Kohlenwasserstoff und Stickoxide sind so festzulegen, daß alle in den USA (und letztlich in der ganzen Welt) verkauften Neufahrzeuge mit Anlagen zur Emissionverminderung nach dem Stand der Technik ausgerüstet werden;
- Kohlendioxid-Emissionshöchstwerte sind so festzulegen, daß die Emissionen der globalen Flotte kurzfristig um 20 Prozent und längerfristig um 50 Prozent gesenkt werden (unter Berücksichtigung nicht nur der direkten Emissionen, sondern auch der bei der Gewinnung, Verarbeitung und Verteilung des Kraftstoffs auftretenden). Das bedeutet wahrscheinlich, daß die künftigen Fahrzeuge bis zum Jahre 2000 einen Verbrauch von 5,9 Liter/100 Kilometer und bis 2030 von 2,6 Liter/100 Kilometer erreichen werden, es sei denn, man begrenzte die Steigerung der Fahrleistungen;

- die Voraussetzungen für ein fortgesetztes Wachstum der Fahrzeugzahlen und der Fahrzeugnutzung sind abzubauen. Staatliche Maßnahmen müßten daher mindestens attraktive Alternativen zum Individualverkehr schaffen. Außerdem sollten die Energiepreise schrittweise merklich angehoben werden, um die Verbraucher zum Kauf hocheffizienter Fahrzeuge und Kraftstoffe zu ermuntern und sie zu Verhaltensänderungen zu bewegen, die zur Einschränkung des Kfz-Verkehrs und anderer Formen des Energieverbrauchs beitragen.

Kapitel 12
Kernenergie und globale Erwärmung

Bill Keepin

»... wenn man unterstellt, daß der Energiebedarf weiter wächst wie bisher, dann zeigt sich, daß selbst ein undurchführbar massives weltweites Kernenergieprogramm künftige Kohlendioxid-Emissionen nicht reduzieren könnte. Um allein die Kohle zu ersetzen, müßte fast vier Jahrzehnte lang alle zwei bis drei Tage ein neues Kernkraftwerk errichtet werden ...
... in den Vereinigten Staaten verdrängt jeder Dollar, der in rationellere Energienutzung investiert wird, fast siebenmal soviel Kohlenstoff wie ein Dollar, den man in zusätzliche Kernenergie investiert. Selbst wenn die nuklearen Traumkosten von etwa fünf Cents/kWh realisiert würden, würde eine Verbesserung des elektrischen Nutzungsgrads immer noch für jeden investierten Dollar zweieinhalb- bis zehnmal soviel Kohlenstoff verdrängen wie die Kernenergie. Und das könnten noch vorsichtige Schätzungen sein ...«

Die globale Erwärmung scheint zu der bedrohlichsten Umweltgefahr zu werden, vor der die Welt jemals gestanden hat. Zugleich verursacht saurer Regen immer größere Schäden, und die Luftverschmutzung, von der alle Ballungszentren der Welt betroffen sind, erreicht in einigen industriellen Regionen katastrophale Ausmaße. Für all diese Probleme ist die Verbrennung von Kohle, Erdöl und Erdgas verantwortlich, und inzwischen wächst von Jahr zu Jahr der internationale Druck, den Verbrauch fossiler Brennstoffe zu reduzieren.

Deshalb blickt man in letzter Zeit verstärkt auf die Kernenergie. Sie wird vielfach als ein Mittel der Wahl hingestellt, um künftig den Verbrauch fossiler Brennstoffe erheblich einzuschränken. Angesichts der Gefahr der globalen Erwärmung sehen sogar einige in der Kernenergie den einzigen realistischen oder praktischen Ausweg aus dem Dilemma. Der ehemalige britische Umweltminister sagte 1988: »Wenn wir den Treibhauseffekt aufhalten wollen, müssen wir die nukleare Erzeugungskapazität massiv erweitern.«[1] Nun mag es auf den ersten Blick eine naheliegende Erwartung sein, daß die Kernenergie die fossilen Brennstoffe am besten zu ersetzen vermag. Kernkraftwerke erzeugen keine direkten Emissionen von Kohlendioxid (CO_2), und der Kernbrennstoff-Kreislauf setzt nur vernachlässigbare Mengen von Kohlendioxid, säurebildenden Gasen und sonstigen Luftschadstoffen frei, die mit der fossilen Verbrennung verbunden sind.[2]

Bei näherem Hinsehen zeigt sich jedoch, daß die Kernenergie diese Erwartungen nicht erfüllen kann. Dieses Kapitel untersucht die nukleare Option unter mehreren Gesichtspunkten und gelangt zu den folgenden Ergebnissen: Erstens ist ein massiver Ausbau der Kernenergie keine praktikable Antwort auf die Gefahr der globalen Erwärmung. Zweitens vermag Energieeffizienz künftige Kohlendioxid-Emissionen weit rascher und kostengünstiger zu vermindern als die Kernenergie. Drittens bieten erneuerbare Energiequellen bessere Aussichten für eine langfristig erträgliche Energiezukunft als die Kernenergie. Schließlich sind mehrere mit der Kernenergie zusammenhängende Probleme bis heute ungelöst.

Der folgende Abschnitt untersucht ein hypothetisches Szenario des massiven Ausbaus der Kernenergie. Das geschieht nur um der Analyse willen, denn wenn man die jüngsten Entwicklungen betrachtet, scheint ein erheblicher Ausbau der Kernenergie in den meisten Ländern kaum Chancen zu haben. Sechs Länder der Europäischen Gemeinschaft haben sich entweder entschieden, die Kernenergie nicht weiter auszubauen, oder, wie etwa Italien, per Volksentscheid einen schrittweisen Ausstieg beschlossen.[3] In Schweden forderte ein Volksentscheid den schrittweisen Ausstieg aus der Kernenergie bis zum Jahre 2010, und nach Tschernobyl wurde vom Schweizer Parlament eine Untersuchung in Auftrag gegeben, derzufolge es möglich ist, die Schweizer Kernkraftwerke bis zum Jahre 2025 stillzulegen.[4] In den USA ist seit 1978 kein Kernkraftwerk in Auftrag gegeben worden, und das amerikanische Wirtschaftsmagazin *Forbes* meinte: »Das Scheitern des US-Kernenergieprogramms ist als das größte Managementversagen der Wirtschaftsgeschichte einzustufen.«[5] In den meisten Ländern der Dritten Welt sind Atomprogramme gestrichen oder drastisch zurückgefahren worden.

Sogar in Großbritannien, wo die Nuklearindustrie seit jeher von der Regierung unterstützt wurde, deuten jüngste Entwicklungen darauf hin, daß es mit dieser Unterstützung vorbei ist. Die zuvor verstaatlichten Elektrizitätsversorgungsunternehmen werden von der Regierung privatisiert. Da sich für die Kernenergie keine Käufer fanden, wird sie in staatlicher Hand bleiben, und die Regierung wird allen Versorgungsunternehmen auferlegen, mindestens 20 Prozent des Stroms aus nichtfossilen (also praktisch nuklearen) Quellen zu kaufen. Zur Subventionierung der hohen Kosten der Kernenergie wird der fossil erzeugte Strom mit einer Steuer belegt, und die Regierung hat erklärt, sie werde neue Kernkraftwerke nicht mehr unterstützen.[6]

12.1 Kann Kernenergie das Treibhausproblem lösen?

Bestehen Aussichten, die Gefahr einer globalen Erwärmung durch einen groß angelegten Ausbau der Kernenergie abzuwenden? Um das zu klären, wird in diesem Abschnitt untersucht, wie sich ein massiver weltweiter Ausbau der Kernenergie auf die »Lösung« des Treibhausproblems auswirken würde. Zu diesem Zweck wird ein gängiges Szenario der Energiezukunft der Welt in dem Sinne modifiziert, daß es einen rapiden weltweiten Nuklearausbau unter Annahmen, die für die Kernenergie günstig sind, simuliert, um die Auswirkungen auf künftige Kohlendioxid-Emissionen abschätzen zu können. Die technischen Einzelheiten dieser Analyse wurden an anderer Stelle veröffentlicht.[7]

Das globale Energieszenario, das hier zur Analyse ausgewählt wurde, ist eine gängige, gemäßigte Einschätzung, die vom US-Energieministerium veröffentlicht wurde.[8] Man hätte zu diesem Zweck auch zahlreiche langfristige Status-quo-Hochrechnungen benutzen können, doch wären die Schlußfolgerungen in allen Fällen in etwa gleich gewesen, und deshalb wird hier ein repräsentatives Szenario untersucht.[9] Das gewählte Szenario beruht auf einem globalen Energie/Kohlendioxid-Modell, das eines der gebräuchlichsten und am gründlichsten getesteten Modelle ist, die zur Verfügung stehen.[10] Zu den wichtigsten Vorgaben gehören Annahmen über Bevölkerungswachstum und Entwicklung der Arbeitsproduktivität, Angebots- und Nachfragepläne für die einzelnen Brennstoffsorten und Anfangsbedingungen. Um das Szenario zu erstellen, wurden sämtliche Modellparameter auf mittlere Schätzwerte gesetzt, und die Resultate sind charakteristisch für eine gängige Energie/Kohlendioxid-Hochrechnung, die keine Eingriffe vorsieht. Das errechnete globale Energiewachstum gilt als moderat, mit einem Primärenergiebedarf, der im Jahre 2025 21,3 Terawatt erreicht (TW: ein Terawatt ist eine Billion Watt), von denen die Kohle 9,4 Terawatt, Erdöl 4,0 Terawatt, Gas 3,6 Terawatt, Wasserkraft 2,9 Terawatt und Kernenergie sowie erneuerbare Energien je 0,7 Terawatt beitragen.[11] Die Kohlenstoff-Emissionen nehmen kontinuierlich zu und erreichen im Jahre 2025 10,3 Gigatonnen, fast das Zweifache der heutigen Menge (GT: eine Gigatonne ist eine Milliarde Tonnen). Dieses Szenario ist in etwa vergleichbar mit dem IPCC-Referenz-Szenario, obwohl das letztere etwas energie- und kohlenstoffintensiver ist als das hier untersuchte Szenario.[12] Um also die nachstehend diskutierten Kohlenstoff-Emissionswerte zu erreichen, wäre im IPCC-Referenzfall ein noch extremeres Nuklearprogramm nötig.

12.1.1 Optimistische Annahmen für die Kernenergie

Um herauszufinden, was eine nukleare Antwort auf die Treibhausgefahr im günstigsten Fall erreichen kann, haben wir im folgenden bewußt wirtschaftliche und politische Bedingungen unterstellt, die für eine nukleare Strategie überaus günstig sind. Erstens soll dieses hypothetische Nuklearprogramm, weil Kohle der »schmutzigste« fossile Brennstoff ist, darauf abstellen, die Kohle zu ersetzen. Damit würde pro Einheit installierter Kernenergie die stärkste Reduktion an Kohlenstoff-Emissionen erreicht.[13] Auch ist Kohle der am leichtesten substituierbare fossile Brennstoff, weil sie überwiegend zur Erzeugung von Strom und Prozeßwärme eingesetzt wird. Zweitens soll das hypothetische Nuklearprogramm unverzüglich beginnen und relativ rasch durchgeführt werden. Wir machen diese Annahme deshalb, weil die Klimatologen glauben, daß das Weltklima mit einer inhärenten Verzögerung auf eine erhöhte Wärmestrahlung reagiert.[14] Je früher also eine bestimmte Kohlendioxid-Reduktion erreicht wird, um so stärker wird sie sich in der Verzögerung der globalen Erwärmung auswirken.

Aus diesen Gründen unterstellen wir die optimistische Annahme, daß die Menschheit alles daransetzt, den Übergang von der Kohle zur Kernenergie bis zum Jahr 2025 abgeschlossen zu haben. Diese Strategie bietet, auf einen bestimmten Ausbaustand der Kernenergie bezogen, die größtmögliche Reduktion der Kohlendioxid-Emissionen,[15] und sie schafft den stärksten Verbesserungseffekt für die Klimaerwärmung.[16] Zusätzlich müssen mehrere Annahmen bezüglich der Kernenergietechnik gemacht werden. Auch diese werden sehr optimistisch gewählt:

- *Annahme 1.* Kernenergie ist sehr *billig*. Die Kostenannahmen decken sich mit den Schätzungen der optimistischsten Kernenergiebefürworter: Die Kapitalkosten sollen sich auf 1000 Dollar pro Kilowatt (kW) installierter Kapazität belaufen (gegenüber 3000 Dollar/kW, die heute in den USA anfallen), und die Stromerzeugungskosten der neuen Anlagen werden mit 5 Cents pro Kilowattstunde (kWh)[17] angenommen (statt mit 13,5 Cents/kWh, die heute in den USA anfallen).[18] Diese Zahlen stimmen überein mit den Kosten, die in Frankreich genannt werden, das unter berechenbaren gesetzgeberischen Bedingungen standardisierte Anlagen baut.[19]
- *Annahme 2.* Kernkraftwerke können *relativ schnell gebaut werden.* Für die Bauzeit einer 1000-Megawatt-Anlage werden lediglich sechs Jahre angesetzt (MW: ein Megawatt ist eine

Million Watt),[20] was in Frankreich schon erreicht wurde (während es in den USA heute zehn bis zwölf Jahre dauert).

- *Annahme 3.* Kernenergie ist vollkommen *sauber und sicher.* Es wird unterstellt, daß sämtliche Probleme mit der Kernenergie verschwinden oder unverzüglich gelöst werden, darunter a) die Behandlung und Lagerung von Atommüll, b) sämtliche Gesundheits- und Sicherheitsbedenken, c) das Abwracken stillgelegter Anlagen und d) die möglichen Folgen für die Weiterverbreitung von Atomwaffen.

Das sind, insgesamt gesehen, in der Tat extreme Annahmen, aber sie verkörpern den nuklearen Traum und seine maximalen Aussichten, die Treibhausgefahr zu beseitigen.[21] Dieses Nuklearprogramm wird in dem oben beschriebenen Szenario dadurch simuliert, daß ein Übergang von der Kohle zur Kernenergie vorgesehen wird, der jetzt beginnt und bis zum Jahr 2025 abgeschlossen ist.[22] Davon abgesehen bleibt das Szenario unverändert.

12.1.2 Wirtschaftlich unrealisierbar

Was folgt aus diesem globalen Nuklearprogramm? Wie in Abbildung 12.1 dargestellt, müßte die Welt von heute an bis zum Jahr 2025 über *fünftausend* große Kernkraftwerke bauen, von denen annähernd die Hälfte in der Dritten Welt liegen würde. Es müßte also von heute an bis zum Jahr 2025 im Durchschnitt alle zweieinhalb Tage ein neues Atomkraftwerk (von 1000 MW Kapazität) errichtet werden. Die Kapitalkosten beliefen sich insgesamt auf 5,3 Billionen Dollar (mit dem Kurswert von 1987) oder auf durchschnittlich 144 Milliarden Dollar im Jahr, wovon 64 Milliarden Dollar jährlich auf die Entwicklungsländer entfielen. Die Stromerzeugungskosten würden sich insgesamt auf durchschnittlich 525 Milliarden Dollar pro Jahr belaufen, von denen 170 Milliarden Dollar jährlich auf die Entwicklungsländer entfielen. Die weltweit installierte Kernkraftkapazität würde im Jahre 2025 5200 Gigawatt betragen (GW: ein Gigawatt ist eine Milliarde Watt), das 18fache der heutigen Kapazität.[23] Davon lägen 2330 Gigawatt in der Dritten Welt, eine schwindelerregende Steigerung auf das 155fache der heute installierten

Kapazität von 15,02 Gigawatt.[24] Allein in Lateinamerika, das heute nur 1,7 Gigawatt in Betrieb hat, betrüge die für das Jahr 2025 erforderliche Kapazität 334 Gigawatt – erheblich mehr als die heute in der ganzen Welt installierte Kernenergie.[25]

Ein solches Szenario erscheint undurchführbar. Die wirtschaftliche Belastung für die reichen Industrieländer wäre extrem, wenn nicht verheerend. Die Entwicklungsländer könnten dieses Szenario, das den Bau von 2351 großen Kernkraftwerken in der Dritten Welt erfordert, überhaupt nicht in Erwägung ziehen. Um eine Vergleichszahl zu nennen: Die Weltbank hat 1987 drei Milliarden Dollar an den Stromsektor ausgeliehen[26] – weniger als fünf Prozent der 64 Milliarden Dollar, die alljährlich erforderlich wären. Die derzeitige Schuldenlast der Dritten Welt würde sich denn auch ungefähr verdoppeln – nur um die erforderlichen Kraftwerke zu bauen.

12.1.3 Die Kohlenstoff-Emissionen werden dennoch wachsen

Trotz der Unmöglichkeit eines solch extremen Nuklearszenarios sei um des Arguments willen angenommen, daß es durchgeführt werden könnte. Wie würde sich das auf die künftigen Kohlendioxid-Emissionen auswirken? Bemerkenswerterweise stellt sich heraus, daß die globalen Kohlenstoff-Emissionen dennoch weiter zunehmen würden, um im Jahre 2000 6,5 Milliarden Tonnen zu erreichen und danach auf dem heutigen Niveau oder darüber zu verharren.[27] Der Grund ist die vermutete Ausweitung des Einsatzes von Erdöl und Erdgas.[28]

Andere Untersuchungen kommen zu ähnlichen Schlußfolgerungen. So wurde kürzlich im Auftrag der Internationalen Energieagentur (IEA) ein Szenario des massiven Kernenergieausbaus in den OECD-Ländern untersucht, um die Folgen für die künftigen Kohlendioxid-Emissionen abzuschätzen. Das Szenario, das die analytischen Werkzeuge benutzt, die vom IEA-Sekretariat entwickelt wurden,[29] unterstellt, daß sämtliche OECD-Länder innerhalb von zwanzig Jahren die Stromerzeugung zu 70 Prozent auf Kernenergie umstellen. Im Jahre 2010 würden also alle OECD-Länder den gleichen Atomstromanteil haben wie Frankreich heute. Es wird ausdrücklich anerkannt, daß dieses Szenario äußerst unplausibel ist. Es zeigt sich nämlich, daß in den OECD-Ländern 800 Gigawatt an zusätzlicher Kapazität errichtet werden müßten (was 800 großen Kernkraftwerken entspricht und bedeuten würde, daß von heute an bis zum Jahre 2010 in der OECD alle neun Tage eine neue 1000-MW-Anlage entstünde). Trotz dieses aggressiven Programms würde für die Umwelt kaum etwas herauskommen. Die weltweiten Kohlendioxid-Emissionen würden weiterhin erheblich zunehmen und im Jahre 2005 nur um 6,7 Prozent geringer sein, als sie es ohne das beschleunigte Nuklearprogramm wären. Bis zum Jahr 2050 würde der Kohlendioxid-Gehalt der Atmosphäre lediglich um 1,0 bis 1,6 Prozent verringert.[30]

Kurz, wenn man unterstellt, daß der Energiebedarf weiter wächst wie bisher, dann zeigt sich, daß selbst ein undurchführbar massives weltweites Kernenergieprogramm künftige Kohlendioxid-Emissionen nicht reduzieren könnte. Um allein die

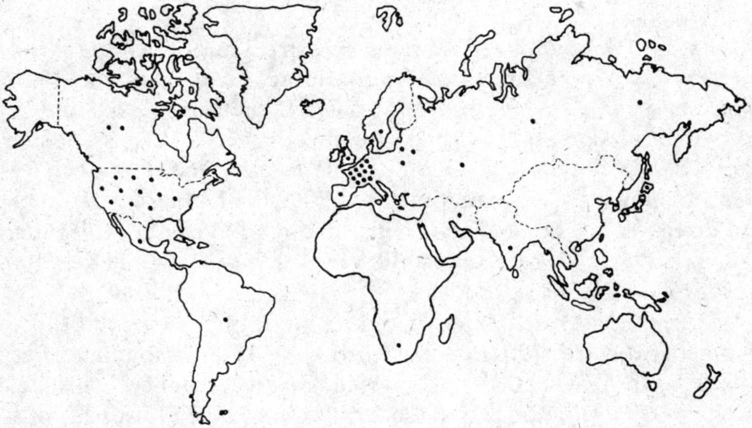

Abbildung 12.1 Undurchführbarkeit einer nuklearen Strategie gegen die globale Erwärmung.

a) Heute: angenäherte geopolitische Verteilung aller Kernkraftwerke der Welt in 1990. Jeder Punkt steht für zehn große Kernkraftwerke (von je 1000 MW). (Aus Gründen der Klarheit wurde nicht der genaue Standort der KKWs eingezeichnet. In einigen Entwicklungsländern ist die installierte Leistung erheblich geringer als angedeutet.)

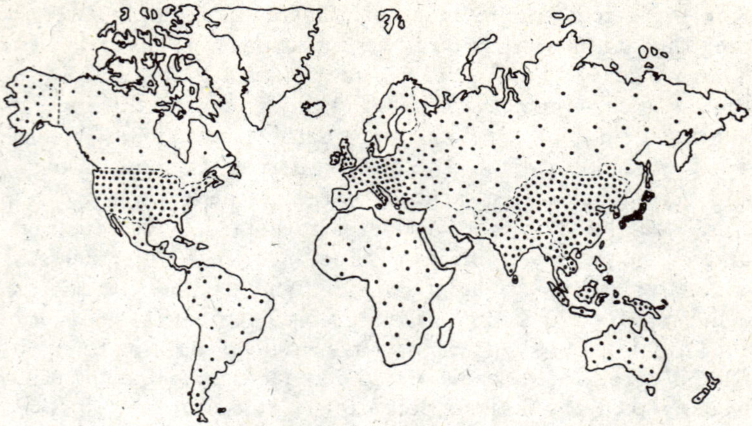

b) 2025: angenäherte geopolitische Verteilung von 5346 zusätzlichen Kernkraftwerken, die nach einer hypothetischen massiven Nuklearstrategie gegen die globale Erwärmung bis 2025 gebaut werden müßten. Jeder Punkt steht, wie in Abbildung 12.1 a), für zehn große Kernkraftwerke (von je 1000 MW). Selbst unter diesem undurchführbar extremen Nuklearszenario verharren die globalen Kohlendioxid-Emissionen auf oder über *dem Stand von 1988. (Aus Gründen der zeichnerischen Klarheit wurden die Kernkraftwerke gleichmäßig verteilt.)*

Erläuterung zu Abbildung 12.1 b)
Bis 2025 zu errichtende Kernkraftkapazität
(Ein Gigawatt entspricht einem großen Kernkraftwerk)

USA	*1071 GW*
Westeuropa/Kanada	*564 GW*
Osteuropa/UdSSR	*957 GW*
Japan/Australien/Neuseeland	*403 GW*
Asien, planwirtschaftlich	*1147 GW*
Süd- und Ostasien	*511 GW*
Afrika	*329 GW*
Naher Osten	*29 GW*
Lateinamerika	*335 GW*
Summe	*5346 GW*

Kohle zu ersetzen, müßte fast vier Jahrzehnte lang alle zwei bis drei Tage ein neues Kernkraftwerk errichtet werden, und selbst dann würde der künftig wachsende Verbrauch von Erdöl und Erdgas noch immer ausreichen, um die Kohlendioxid-Emissionen auf dem heutigen Stand oder darüber zu halten – bis die Vorräte erschöpft wären. Diese verblüffenden Ergebnisse folgen aus der schlichten Tatsache, daß die Kernenergie heute nur einige wenige Prozent zum Energieangebot der Welt beiträgt, und sie müßte daher, um ihren Anteil nennenswert zu steigern, ganz dramatisch expandieren. Außerdem ist die Kernenergie heute nur für die Stromerzeugung einsetzbar, die lediglich für ein Drittel des fossilen Brennstoffverbrauchs verantwortlich ist. Die Fähigkeit der Kernenergie, in den nächsten Jahrzehnten die Abhängigkeit von fossilen Brennstoffen zu reduzieren, ist somit grundsätzlich begrenzt.

12.2 Auf kurze Sicht: Kernenergie gegen Energieeffizienz

Wir haben gerade gesehen, daß die Kernenergie das Problem der globalen Erwärmung nicht lösen kann. Dennoch stimmt es, daß Kernkraftwerke fast kein Kohlendioxid erzeugen und somit zur Verdrängung von Kohlendioxid beitragen können. Wie wirksam ist die Kernenergie, was dieses Ziel betrifft? Was leistet sie im Vergleich zu anderen Optionen für die Verminderung der Kohlendioxid-Emissionen? Solche Fragen werden in diesem Abschnitt behandelt, der detaillierte Resultate, die an anderer Stelle veröffentlicht wurden, zusammenfaßt.[31]

Um die Kohlendioxid-Emissionen aus der Verfeuerung fossiler Brennstoffe kurzfristig zu reduzieren, werden zwei Optionen am häufigsten erörtert: die Kernenergie und die Energieeffizienz. Während jedoch die Kernenergie derzeit nur anstelle der fossil befeuerten Stromerzeugung praktisch eingesetzt werden kann, sind Verbesserungen der Energieeffizienz in allen Bereichen der Nutzung fossiler Brennstoffe möglich. Es gibt sogar, obwohl in der Energieeffizienz schon ungeheure Fortschritte erreicht wurden, in den Industrie- wie in den Entwicklungsländern noch riesige unerschlossene »Effizienzreserven«. Einer detaillierten weltweiten Analyse zufolge könnte – sofern in die vorhandenen energieeffizienten Technologien hinreichend investiert würde – die ganze Welt bis zum Jahre 2020 den Lebensstandard Westeuropas und mehr erreichen, während der weltweite Energieverbrauch dabei nur um zehn Prozent zu steigen brauchte.[32] Welche politischen Maßnahmen erforderlich sind, um die Energieeffizienz und Effizienztechnologien nach dem Stand der Technik zu fördern, wird in den Kapiteln 8 und 9 erörtert.

12.2.1 Nuklear- gegen Effizienzstrategie in den Vereinigten Staaten

Wie effektiv sind Investitionen in die Kernenergie und in Energieeffizienz, wenn es darum geht, Kohlendioxid-Emissionen zu verdrängen? Um das zu klären, betrachten wir den Sonderfall der Kohlekraftwerke, denn das ist der Schauplatz, auf dem die nukleare Option sich am stärksten auf künftige Kohlendioxid-Emissionen auswirken könnte. Die hier verwendeten Wirtschaftsdaten beziehen sich auf die heutigen Bedingungen und nicht auf die optimistischen Kostenannahmen des obigen Szenarios. Wir beginnen mit den Daten der Vereinigten Staaten, die von besonderem Interesse sind, weil die USA mehr Kohlendioxid freisetzen als jedes andere Land und zugleich über den größten Kernenergiepark der Welt verfügen.

Um Effizienz- und Nuklearinvestitionen miteinander zu vergleichen, brauchen wir Angaben über die aktuellen Kosten der Stromeinsparung auf dem Weg der Effizienzverbesserung und über die heutigen Kosten der Stromerzeugung in neuen Kernkraftwerken. Unter gegenwärtigen Bedingungen betragen die Kosten der Stromerzeugung in neuen US-Kernkraftwerken etwa 13,5 Cents/kWh (zum Kurswert von 1987).[33] Für diese Zahl wurden Kapitalkosten von 3000 Dollar pro Kilowatt angenommen, denn das sind die durchschnittlichen Kapitalkosten der 23 US-Anlagen, die zwischen 1984 und 1987 fertiggestellt wurden. Nun gibt es eine ganze Reihe von neueren Untersuchungen über die Kosten und das Einsparungspotential von Verbesserungen des elektrischen Nutzungsgrads. Es wurden verschiedene Technologien untersucht, darunter elektronische Drosseln, Kompaktfluoreszenzlampen, verbesserte Kühlschränke und Warmwasserbereiter, Verbesserungen von Motoren und so weiter. Während die günstigsten Investitionen in elektrische Effizienz weniger als einen Cent pro Kilowattstunde eingesparten Stroms kosten, betragen die durchschnittlichen Kosten für eine Kilowattstunde eingesparten Strom, die über einen weiten Bereich elektrischer Effizienzverbesserungen gemittelt wurden, etwa zwei Cents. Das Lawrence Berkeley Laboratory (LBL) und der American Council for an Energy-Efficient Economy (ACEEE) haben ein großes Potential von Stromeinsparungen zu Durchschnittskosten von zwei Cents/kWh nachgewiesen.[34]

Unterstellt man eine Strategie, die die Verstromung von Kohle verdrängt, ergeben die Kehrwerte dieser Kosten pro Einheit die kohleerzeugten Strommengen, die mit einem investierten Dollar verdrängt werden können: 7,4 Kilowattstunden pro Dollar für Atomstrom und 50 Kilowattstunden pro Dollar für elektrische Effizienz. In den Vereinigten Staaten gilt also derzeit, daß *jeder Dollar, der in rationellere Energienutzung investiert wird, fast siebenmal soviel Kohlenstoff verdrängt wie ein Dollar, den man in zusätzliche Kernenergie investiert.* Abbildung 12.2 macht den Vergleich anschaulich.

Einige Kritiker behaupten, bei dieser Analyse dürften für die Kernenergie nicht die vollen Kosten veranschlagt werden, sondern nur die *zusätzlichen* Kosten, die im Vergleich zur Stromerzeugung in einem neu errichteten Kohlekraftwerk anfallen würden.[35] Der Vergleich mit der elektrischen Effizienz, der so zustande käme, wäre jedoch irreführend, weil er stillschweigend unterstellt, daß die entsprechende Investition in Verstromung von Kohle in beiden Fällen getätigt werden müßte. Nun ist es aber gerade einer der großen Vorzüge der elektrischen Effizienzverbesserung, daß sie die Chance bietet, den Bau vieler solcher Kohlekraftwerke von vornherein zu *vermeiden.* Deshalb werden hier die *vollen* Kosten der Verdrängung kohleerzeugten Stroms in beiden Fällen gegenübergestellt. Die vollen Kosten für die Bereitstellung der nächsten Kilowattstunde Strom ohne Kohlenstoff-Belastung betragen 13,5 Cents, wenn diese durch Kernenergie geliefert wird, und zwei Cents, wenn sie durch elektrische

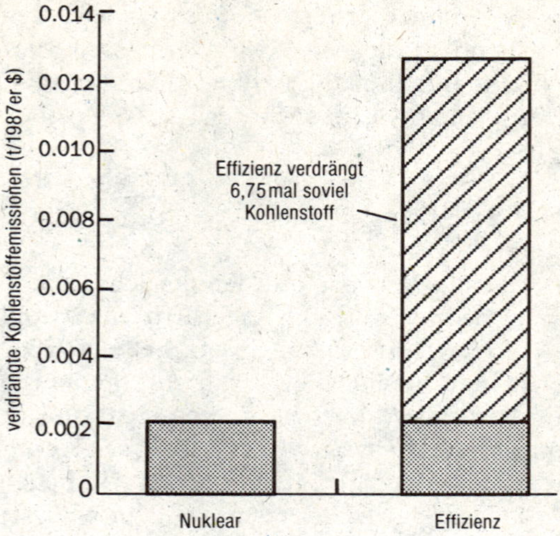

Abbildung 12.2 Vergleich zwischen Kernkraft und Energieeffizienz. Die Balken veranschaulichen die Kosteneffektivität heutiger Investitionen in Kernkraftwerke bzw. in die elektrische Effizienz zur Verminderung der Kohlenstoff-Emissionen von kohlebefeuerten Kraftwerken in den USA. In die Effizienz investiert, verdrängt ein Dollar fast siebenmal soviel Kohlenstoff wie bei der Investition in zusätzliche Kernkraftwerke. Für andere Länder gelten ähnliche Resultate.

Effizienz geliefert wird. Man kann es auch umgekehrt ausdrükken: Die vollen Kosten der Verdrängung einer Kilowattstunde Strom aus einem bestehenden Kohlekraftwerk betragen 13,5 Cents, wenn sie von einem neuen Kernkraftwerk verdrängt wird, und zwei Cents, wenn sie von elektrischer Effizienzverbesserung verdrängt wird.

Da nun Kernenergie und elektrische Effizienz um die gleichen Kapitalmittel konkurrieren, folgt aus dieser Analyse, daß die Entscheidung für die nukleare Option einen erheblichen Nachteil für die Umwelt einschließt. Das wird in Abbildung 12.2 deutlich, wo der Höhenunterschied zwischen den beiden Balken den zusätzlichen Kohlenstoff repräsentiert, der in die Atmosphäre geschickt wird, wenn man statt in elektrische Effizienz in die Kernenergie investiert.[36] Diese »Umwelt-Opportunitätskosten« sind beträchtlich: Für je 100 US-Dollar, die in zusätzliche Kernenergie investiert werden, wird effektiv eine Tonne Kohlenstoff in die Atmosphäre entlassen, die man hätte vermeiden können, wären diese 100 US-Dollar statt dessen in elektrische Effizienz investiert worden.[37]

12.2.2 Andere Schätzungen

Die obigen Resultate beruhen auf den tatsächlichen Kosten von heute für Kernenergie und elektrische Effizienz. Nun behaupten einige Analytiker, elektrische Effizienz ließe sich zu erheblich geringeren Kosten bereitstellen, während andere behaupten, auch die Kosten von Atomstrom ließen sich künftig erheblich senken. Zum Beispiel behaupten Verfechter der Kernenergie wie der United States Council for Energy Awareness (USCEA), durch den Bau standardisierter Anlagen unter berechenbaren gesetzlichen Bedingungen ließen sich die Kosten für zusätzlichen Atomstrom auf rund fünf Cents/kWh senken.[38] Die Befürworter kleinerer Reaktorlinien mit passiver Sicherheit, etwa des gasgekühlten Modulreaktors, glauben, solche Modelle könnten schließlich Strom für 4,5 Cents/kWh erzeugen.[39]

Indessen behaupten Verfechter der Energieeffizienz am Rocky Mountain Institute (RMI), es seien weitgehende Stromeinsparungen für 0,5 Cents/kWh oder noch weniger möglich.[40] Um ein bemerkenswertes Beispiel anzuführen: Eine neuere gründliche Untersuchung von Motoren in den USA kommt zu dem Schluß, daß Motoren über die Hälfte des gesamten US-Stroms verbrauchen und daß es technisch möglich sei, insgesamt 44 Prozent (plus oder minus 16 Prozent) des heute in amerikanischen Antriebssystemen verbrauchten Stroms einzusparen, zu durchschnittlichen Nettokosten von 0,49 Cents pro eingesparter Kilowattstunde (plus oder minus 0,14 Cents/kWh).[41] Das mag eine optimistische Kostenschätzung sein, doch sie könnte verdoppelt und sogar vervierfacht werden, und trotzdem böten Verbesserungen an den Motoren eine Chance, ungefähr so viel Strom einzusparen, wie der gesamte amerikanische Kernenergiepark erzeugt, und das für weniger als zwei Cents/kWh. Da die Betriebskosten bei allen US-Kernkraftwerken zwei Cents/kWh übersteigen, könnte es im Prinzip kosteneffektiv sein, den gesamten US-Kernenergiepark heute stillzulegen und durch Verbesserungen an Motoren und Antriebssystemen zu ersetzen.

Um diese divergierenden Ansichten über die künftige Wirtschaftlichkeit von Kernenergie- und Effizienz-Investitionen in fairer Weise darzustellen, veranschaulicht Abbildung 12.3 die Kosteneffektivität der Verminderung von Kohlenstoff-Emissionen von sehr unterschiedlichen Kostenschätzungen. Die Abweichungen zeigen, wie groß der Unsicherheitsbereich in der Literatur ist. Man beachte bitte, daß die elektrische Effizienz durchgängig kosteneffektiver ist, was die Verminderung von Kohlendioxid-Emissionen angeht. *Selbst wenn die nuklearen Traumkosten von etwa fünf Cents/kWh realisiert würden, würde eine Verbesserung des elektrischen Nutzungsgrads immer noch für jeden investierten Dollar zweieinhalb- bis zehnmal soviel Kohlenstoff verdrängen wie die Kernenergie.* Und das könnten noch vorsichtige Schätzungen sein; nach einer neueren Untersuchung des Worldwatch Institute kommt die Vermeidung von Kohlenstoff-Emissionen aus Kohlekraftwerken durch Kernenergie rund 32mal teurer als durch Energieeffizienz.[42]

12.2.3 Ähnliche Resultate in anderen Ländern

Die obige Analyse bezieht sich auf die Vereinigten Staaten. Für andere Länder liegen nicht im gleichen Umfang detaillierte Untersuchungen vor, doch allem Anschein nach behält die allgemeine Schlußfolgerung in den meisten Fällen ihre Gültigkeit. In Ländern, wo die Kernenergie billiger ist als in den USA, mag die Kosteneffektivität etwas geringer sein, aber sie spricht trotzdem für die Effizienz. So geht aus einer repräsentativen Berechnung für Großbritannien hervor, daß Investitionen in Kompaktfluoreszenz-Leuchtkörper für die Verminderung von Kohlendioxid-Emissionen vier- bis fünfmal kosteneffektiver sind als Kernenergie.[43] Selbst die Daten des britischen Energieministeriums zeigen, daß die Kernenergie eine der teuersten Optionen ist, wenn es um eine erhebliche Senkung der Kohlenstoff-Emissionen geht,[44] und das ist durch unabhängige Berechnungen bestätigt worden.[45] Eine neuere Untersuchung ergibt für Indien und Brasilien, daß eine Effizienzsteigerung bei der Beleuchtung

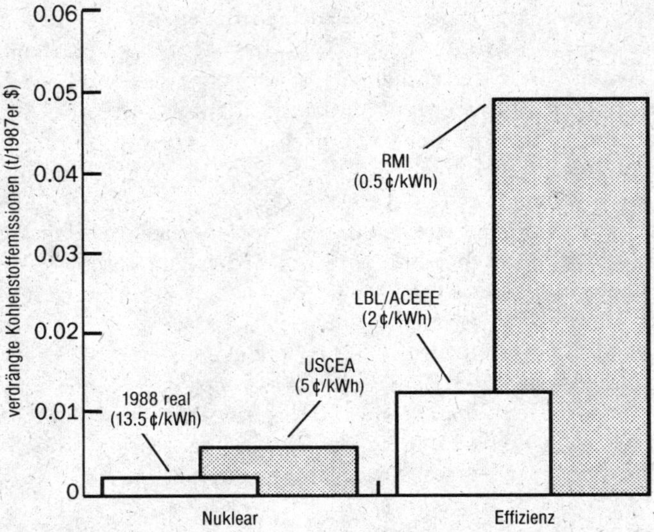

Abbildung 12.3 Vergleich zwischen Kernkraft und Energieeffizienz. Die Balken veranschaulichen die Kosteneffektivität von Kernkraft- beziehungsweise Effizienz-Investitionen zur Verminderung der Kohlenstoff-Emissionen von kohlebefeuerten Kraftwerken. Die Daten zeigen die Spannweite der Schätzungen und Hochrechnungen in der gegenwärtigen Literatur. In allen Fällen ist die Effizienz kosteneffektiver als die Kernkraft.

im Privat- und Wirtschaftssektor bei zurückhaltenden Annahmen vier- bis sechsmal günstiger ist als die langfristigen Grenzkosten des Stroms in beiden Ländern.[46] Eine detaillierte Studie kommt für Brasilien zu dem Schluß, daß bei einer Investition von acht Milliarden Dollar in die elektrische Effizienz die Versorgungsunternehmen des Landes mindestens 38 Milliarden Dollar einsparen würden, denn dadurch würde die Erzeugung von 19 Gigawatt zusätzlicher Stromkapazität überflüssig.[47]

12.3 Auf lange Sicht: Kernenergie oder erneuerbare Energien

Viele Befürworter der Kernenergie räumen ein, daß die Energieeffizienz in der überschaubaren Zukunft die größten Chancen für eine Senkung der Kohlenstoff-Emissionen bietet. Die Energieeffizienz sei indes kein Allheilmittel, und so effizient der Strom auch genutzt werden möge, irgendwie müsse er doch erzeugt werden. Deshalb glauben einige, daß Kernenergie in Zukunft nötig sein werde. Auch hier gilt es, die wahrscheinlichen Entwicklungen in der Kerntechnik mit Entwicklungen auf anderen Gebieten zu vergleichen, und das soll Gegenstand dieses Abschnittes sein.

12.3.1 Die Aussichten neuer Kerntechnologien

Sprecher der Nuklearindustrie geben zu, daß der Leichtwasserreaktor von heute »... ein übermäßig komplexer Apparat ist, der keinen Fehler verzeiht«.[48] Dennoch sehen einige Beobachter ein »zweites Atomzeitalter« voraus, in dem die Kernenergie dank verbesserter Reaktormodelle mit »passiver Sicherheit« ein Comeback erleben wird.[49] Die derzeitige Forschung konzentriert sich auf mehrere Bereiche. In fortgeschrittenen Leichtwasserreaktoren sind konstruktive Verbesserungen wie eine verringerte Energiedichte (durch eine Vergrößerung des Reaktorkerns) und eine verbesserte Notkühlung realisiert. Solche Veränderungen würden dazu beitragen, eine Kernschmelze unwahrscheinlicher zu machen. Einige Konstrukteure erhoffen sich eine Lebensdauer der Anlagen von sechzig Jahren, Lastfaktoren von 87 Prozent und Bauzeiten von viereinhalb Jahren, obwohl die gegenwärtigen Konstruktionen solche Ziele weit verfehlen.[50]

Ein anderer, als Prototyp realisierter Entwurf ist der gasgekühlte Modul-Hochtemperaturreaktor (HTR), der als Brennstoff kleine Uranoxid-Kugeln benutzt, die in Umhüllungen aus Graphit und anderen moderierenden Materialien eingebettet sind. Die geringe Energiedichte soll sicherstellen, daß die Temperatur unter allen Umständen unterhalb von 1600 Grad Celsius bleibt. Während einige Analytiker darauf hoffen, daß der HTR die »schadstofffreie Energiequelle« der Zukunft wird,[51] weisen andere darauf hin, daß dieses Modell sich besonders für die Herstellung von Tritium eignet, wodurch die Risiken der Weiterverbreitung von Atomwaffen steigen würden.[52]

Während die Forschung an den sogenannten »passiv sicheren« Reaktormodellen sich hauptsächlich auf die Reaktorsicherheit konzentriert, werden viele der übrigen mit der Kernenergie verbundenen Probleme außer acht gelassen, darunter die Frage des Atommülls und der möglichen Förderung der Weiterverbreitung von Atomwaffen. Die Forschung sucht vornehmlich das Risiko großer Nuklearunfälle zu verringern, besonders die Gefahr der Kernschmelze (Kühlmittelverlust). Dabei ist durchaus nicht klar, daß die neuen Modelle dieses Ziel auch erreichen werden. Nach einer Untersuchung der britischen Atomenergiebehörde könnten einige der neuen Modell für Strukturschwächen ebenso anfällig sein wie konventionelle Anlagen.[53] In *Nucleonics Week* wurde festgestellt: »Fachleute sind eindeutig der Meinung, daß die neuen Modelle Sicherheit nicht erreicht oder auch nur nennenswert verbessert haben.«[54]

12.3.2 Kerntechnologie oder erneuerbare Technologien

Nach verbreiteter Ansicht werden erneuerbare Energien in absehbarer Zukunft nicht nennenswert zum Energieangebot beitragen. Doch die Erfahrungen und Daten, auf die sich diese Ansicht stützt, sind längst veraltet. In den letzten Jahren haben die erneuerbaren Energietechnologien enorme Fortschritte gemacht. Die Windenergie hat ihre Anfangsschwierigkeiten schnell überwunden, und in den USA ist der mit Wind erzeugte Strom, dessen Kosten von 25 Cents/kWh im Jahr 1980 auf sieben bis neun Cents/kWh in den späten achtziger Jahren gesunken sind, im Bereich der Mittel- und Spitzenlast konkurrenzfähig geworden.[55] Nach Angaben des dänischen Energieministeriums kostet Windstrom nur 5,3 Cents/kWh.[56] Das britische Energieministerium hat in einem Szenario für Großbritannien, das die heutigen Bedingungen sehr genau widerspiegelt, gezeigt, daß Windenergie im Jahre 2005 fast ebenso viel Kohlendioxid vermeiden kann wie die Kernenergie, das aber zu einem Viertel der Kosten.[57]

Strom, der aus Biomasse erzeugt wird, kostet gegenwärtig etwa fünf Cents/kWh, und nach der Markteinführung von Biomassevergasung mit Kraft-Wärme-Kopplung rechnet man damit, daß der Strom aus Zuckerrückständen innerhalb von fünf Jahren 3,3 Cents/kWh kosten wird.[58] Einen eingehenderen Überblick über die Möglichkeiten der erneuerbaren Energietechnologien gibt Kapitel 10.

Eine Technik, die ohne bewegliche Teile und ohne Brennstoff aus Sonnenlicht Strom erzeugt, ist die Photovoltaik (PV). In jüngster Zeit hat es in der PV-Technik einschneidende Verbesserungen gegeben, und die Kosten von PV-Strom sind seit 1980 von 1,50 Dollar/kWh auf heute 20 bis 40 Cents/kWh (je nach System) gesunken.[59] Das US-Energieministerium hat kürzlich das Potential der solaren Photovoltaik abgeschätzt. Das Ministerium, nicht gerade ein Befürworter der Solarenergie, kommt gleichwohl zu bemerkenswerten Schlußfolgerungen: Die Photovoltaik kann überall in den Vereinigten Staaten effektiv genutzt werden, auch unter dem grauen Himmel des Nordostens. Man braucht kein Kühlwasser, und entgegen verbreiteter Ansicht kommt der Flächenbedarf pro Kilowattstunde dem von Kohlegewinnung und -verbrennung sehr nahe.[60] Der Absatz von Solarzellen wächst gegenwärtig um 30 Prozent im Jahr, und es wird erwartet, daß die Kosten von PV-Strom (einschließlich Speicherung, um nachts Strom zu liefern) bis zum Jahre 2030 oder früher auf vier Cents/kWh sinken werden.[61] Es spricht einiges dafür, daß der Markt für Solarzellen nicht wie üblich in kleinen Schritten, sondern explosiv wachsen wird, wenn der Preis etwa acht Cents/kWh erreichen wird, was schon im Jahre 2000 eintreten könnte. Wie es in der Einschätzung des Energieministeriums heißt, »könnte der Photovoltaik schließlich eine sehr viel größere Bedeutung zukommen, als die meisten vermuten«, und »die Photovoltaik scheint eine langfristige und erstrebenswerte Lösung für amerikanische und weltweite Sorgen um Energie und Umwelt zu sein«.[62]

Gegen die Einschätzung des Energieministeriums wurde eingewandt, es habe den zeitlichen Rahmen der Kostensenkung für Photovoltaik allzu vorsichtig angesetzt. Die Princeton University und das World Resources Institute schätzen das Potential für eine solare Wasserstoffwirtschaft optimistisch ein und meinen, billiger Solarstrom könne sehr viel früher zur Verfügung stehen.[63] Nach sorgfältiger Prüfung gegenwärtiger Labor- und Feldversuche kommt die Princeton-Studie zu dem Schluß, daß es im Jahre 2000 in sonnenreichen Gebieten möglich sein wird, Gleichstrom für zwei bis 3,5 Cents/kWh zu erzeugen, und daß Grundlast-Wechselstrom mit einem unterirdischen Pumpspeicherwerk für fünf bis acht Cents/kWh erzeugt werden könnte.

Die Princeton-Studie zieht einen bemerkenswerten Vergleich zwischen der PV-Technik und der Kernenergie. Der Reiz der Kernenergie liegt darin, daß mit geringen Mengen Brennstoff große Mengen Energie erzeugt werden können. In schnellen Brutreaktoren (der effizientesten Kerntechnologie) wiederaufbereitet, kann ein einziges Gramm Uran 3800 Kilowattstunden Strom erzeugen. Ein Uranatom kann jedoch nur einmal gespalten werden, während eine Solarzelle aus Silizium immer wieder Photonen absorbieren und in Strom umwandeln kann. Die Solarzelle erfordert einen dünnen Film aus amorphem Silizium, der etwa ein Mikron dick ist, so daß man für einen Quadratmeter Solarzellen drei Gramm Silizium benötigt. Berücksichtigt man seine Lebensdauer in Dünnfilm-Solarzellen mit einem Wirkungsgrad von 15 Prozent, so erzeugt ein Gramm Silizium 3300 Kilowattstunden Strom. Silizium und Uran erzeugen somit vergleichbare Mengen Strom, nur ist Silizium in der Erdkruste 5000mal häufiger. Gewöhnlicher Sand besteht zur Hälfte aus Silizium, und aus einer Tonne Sand könnte man ebensoviel Strom erzeugen wie durch die Verbrennung von über einer halben Million Tonnen Kohle.[64]

Die Einschätzungen des US-Energieministeriums und der Princeton-Studie bezüglich des Potentials von photovoltaischer Solarenergie stellen die herkömmlichen Auffassungen bezüglich des PV-Solarstroms ernsthaft in Frage. Gemeinsam kommen sie zu dem Schluß, daß die Kosten von PV-Solarstrom einschließlich Speicherung irgendwann zwischen dem Jahr 2000 und dem Jahr 2030 auf etwa vier Cents/kWh sinken werden. War die Herstellung der ersten PV-Zellen mit erheblichen giftigen Abfällen verbunden, so geht man davon aus, daß die Großserienfertigung weniger gefährlicher Solarsysteme auf Siliziumbasis keine größeren Umweltschäden hervorrufen wird als die Erzeugung konventioneller Energiesysteme und die Entsorgung von Solarenergiesystemen auf Siliziumbasis keine nennenswerten Umweltprobleme aufwerfen wird.[65] Noch vor wenigen Jahren waren derart günstige Aussichten für die Solarenergie unvorstellbar, und sie lassen vermuten, daß die Solarenergie in relativ kurzer Zeit sehr viel attraktiver werden dürfte als die Kernenergie.

12.3.3 Ausstieg aus der Kernenergie?

Einige Analytiker haben behauptet, ein kurz- bis mittelfristiger Ausstieg aus der Kernenergie sei in Ländern, die über einen erheblichen Kernenergiepark verfügen, praktisch nicht realisierbar, mag die Öffentlichkeit ihn auch fordern. Als Beispiel wird oft Schweden angeführt, wo 50 Prozent des Stroms aus Kernenergie erzeugt werden und der Ausstieg bis zum Jahre 2010 per Volksentscheid beschlossen wurde. Nun zeigt aber die Untersuchung des schwedischen Stromsektors, daß ein Ausstieg aus der Kernenergie in Schweden nicht nur möglich ist, sondern sogar mit einer fünfzigprozentigen *Steigerung* der Stromdienstleistungen erreicht werden kann. Man wird das über Investitionen schaffen, die der rationellen Energienutzung, der Substitution und neuen Techniken der Stromerzeugung gelten. Dabei werden die Durchschnittskosten einer Einheit Stromdienstleistungen zwischen 1987 und 2010 um 18 Prozent sinken, obwohl die durchschnittlichen Stromkosten gegenüber 1987 um elf Prozent steigen und der Stromverbrauch in dieser Zeit um 25 Prozent zurückgehen werden.[66] Wie aus der Studie ferner hervorgeht, könnten die Kohlendioxid-Emissionen der Wärme- und Stromerzeugung in Schweden in dieser Zeit um 34 Prozent reduziert werden, und das alles wäre ohne vermehrte Nutzung der Wasserkraft zu schaffen (wie man es aus Gründen des Umweltschutzes fordert).

Diese unvermuteten Resultate zeigen, wie wichtig eine integrierte Energie-Bedarfs- und Angebotsplanung ist, und sie deuten ferner darauf hin, daß die einseitig angebotsorientierten Kalkulationen, die bei der energiewirtschaftlichen Planung meist ausschlaggebend sind, die optimalen Energiestrategien in den Hintergrund treten lassen. Resultate, wie sie im Falle

Schwedens nachgewiesen wurden, könnten jedenfalls auch auf andere Länder übertragen werden, die einen Ausstieg aus der Kernenergie planen.

12.3.4 Gesamtgesellschaftliche Kosten von Kern- und erneuerbaren Energietechnologien

In Zukunft wird man wahrscheinlich die Kosten der Umweltverschmutzung und sonstige »Externalitäten« in die Preise der durch verschiedene Technologien gelieferten Energie einbeziehen. Einen ersten Einblick in die möglichen Implikationen gibt eine Untersuchung über die gesamtgesellschaftlichen Kosten der Stromerzeugung in Westdeutschland.[67] Gegenstand der Untersuchung waren die Auswirkungen auf die Gesamtwirtschaft, die Beschäftigung, die Umwelt und die Gesundheit sowie die staatlichen Subventionen, und es wurden nur solche Externalitäten quantifiziert, die sich in Geldwert ausdrücken lassen. Es wurden vier Stromerzeugungstechnologien untersucht: fossile Brennstoffe, Kernenergie, Photovoltaik und Windenergie.

Die wesentlichen Resultate waren folgende. In Geld ausgedrückt, entsprachen die gesellschaftlichen Kosten für fossile Brennstoffe (2,4 bis 5,5 Cents/kWh) und für Kernenergie (6,1 bis 13,1 Cents/kWh) in etwa ihren Marktkosten, so daß sich die Gesamtkosten für diese Technologien in etwa auf das doppelte der Marktpreise beliefen. Für die beiden erneuerbaren Technologien entsprachen die gesellschaftlichen Kosten dagegen einem gesellschaftlichen Nettogewinn, der auf steigenden Beschäftigungszahlen und daraus resultierenden Lohn- und Steuereinnahmen beruhte. Bei der Windenergie betrug der Gewinn 0,3 bis 0,6 Cents/kWh, bei der Photovoltaik 0,9 bis 3,3 Cents/Kilowattstunde. Unter Berücksichtigung aller externen Effekte sind sowohl Windstrom als auch photovoltaischer Strom erheblich kostengünstiger als fossile Energie oder Atomstrom.[68]

Es handelt sich bei dieser Untersuchung um eine Pionierarbeit, die zwangsläufig von einigen vereinfachten Annahmen ausgehen mußte.[69] Sollten sich jedoch bei verfeinerten Berechnungsverfahren ähnliche Resultate einstellen, so dürfte das erhebliche Auswirkungen auf künftige Investitionsentscheidungen haben und die Gelder von der Kernenergie in die erneuerbaren Energietechnologien umlenken.

12.4 Ungelöste Probleme mit der Kernenergie

»Die Kernenergie ist sicher, schadstofffrei, ... [und] die Frage des Atommülls ist überhaupt kein Problem«, versicherte noch jüngst der Physiker Edward Teller.[70] Der United States Council for Energy Awareness verkündet: »Mit Kernenergie ist jeder Tag Tag der Erde.«[71] Die Kohlenstoff- und Staubemissionen aus Kernkraftwerken können zwar vernachlässigt werden, doch macht eine Reihe von Umwelt-, Gesundheits- und Sicherheitsproblemen der Industrie weiterhin das Leben schwer. Da die meisten dieser Probleme hinreichend publiziert wurden und allgemein bekannt sind, sei hier nur ein kurzer Überblick gegeben, mit dem Schwerpunkt auf neueren Entwicklungen.

Der Unfall, der sich am 25. April 1986 im sowjetischen Kernkraftwerk Tschernobyl ereignete, führte zur stärksten Freisetzung von Radioaktivität, die jemals bei einer technischen Katastrophe festgestellt wurde. Wenn man das gefährliche Radionuklid Cäsium 137 zum Maßstab nimmt, entsprach die Freisetzung dem Fallout nach der Explosion einer großen Atombombe.[72] Noch in einer Entfernung von mehr als 1500 Kilometern wurde stellenweise ein Fallout gemessen, der weit über den Werten lag, die man in der Zeit der oberirdischen Atomwaffenversuche festgestellt hatte. Bei dem Unfall selbst wurden zwar nur 31 Menschen getötet, doch wird Tschernobyl weltweit bis zu 28000 tödliche Krebsfälle und 40000 Fälle von Schilddrüsentumor nach sich ziehen, die Hälfte davon in Europa außerhalb der Sowjetunion.[73] Tschernobyl hat demonstriert, daß umfangreiche toxische Freisetzungen in die Atmosphäre weitreichende transnationale Folgen haben können, für die kein Land hinreichend gerüstet ist. Weltweit leben über 700 Millionen Menschen im Umkreis von 160 Kilometern um ein Kernkraftwerk.[74] Eine Gruppe von Fachleuten aus Westdeutschland, Frankreich und anderen Ländern hat kürzlich eine Untersuchung über osteuropäische Atomkraftwerke abgeschlossen, mit dem Ergebnis, daß die Reaktoren westlichen Sicherheitsanforderungen bei weitem nicht genügen und in vielen Fällen grundlegend umgebaut oder stillgelegt werden müßten.[75] Ausgehend von der Unfallhäufigkeit, die durch Three Mile Island und Tschernobyl gegeben ist, gelangt eine andere Studie zu dem Schluß, daß es in den nächsten 5,4 Jahren mit siebzigprozentiger Wahrscheinlichkeit zu einem weiteren Atomunglück kommen wird.[76] Sollte es in der Dritten Welt eintreten, könnten die Folgen weit schwerwiegender sein, da die Infrastrukturen und medizinischen Einrichtungen für einen Notfall in vielen Entwicklungsländern noch unzulänglicher sind.

Weltweit sind an die 400 Kernkraftwerke in Betrieb, und noch immer gibt es kein langfristiges Programm für die Entsorgung des Atommülls.[77] Während man sich darüber streitet, was mit dem radioaktiven Abfall geschehen soll, nimmt er ständig zu.[78] Nach einer neueren Untersuchung könnten wir am Ende das tun, was die vorige Generation getan hat: das Problem ungelöst an unsere Kinder weiterreichen.[79] In den USA sind die beiden Standorte, die für eine langfristige Atommüllagerung in erster Linie erwogen werden, auf wachsende technische Schwierigkeiten und auf zunehmenden öffentlichen Widerspruch in den betroffenen Staaten (New Mexico und Nevada) gestoßen. Die Gesamtkosten der Beseitigung des militärischen Atommülls der USA sind auf 150 bis 200 Milliarden US-Dollar im Laufe der nächsten dreißig Jahre geschätzt worden. Im Juli 1990 teilte das US-Energieministerium mit, die Beseitigungsmaßnahmen würden sich während der nächsten fünf Jahre auf 28,6 Milliarden Dollar belaufen, eine Steigerung um 50 Prozent gegenüber der Schätzung, die es acht Monate zuvor abgegeben hatte.[80]

Es könnte sein, daß die Strahlenexposition gefährlicher ist, als man bisher glaubte. Nach einer erneuten Überprüfung der Daten von Hiroshima und Nagasaki sind die Schätzungen des Krebsrisikos durch geringe Strahlungsdosen auf das zweifache nach oben revidiert worden.[81] Neuerdings wurden in einer Untersuchung über Kinderleukämie in der Nähe der britischen Wiederaufbereitungsanlage Sellafield (früher Windscale) beunruhigende Resultate gemeldet. Daß Kinderleukämie in dem Dorf Seascale, wo sich die Sellafield-Anlage befindet, unerwartet häufig ist, weiß man seit einiger Zeit. Einer soeben abgeschlossenen Untersuchung zufolge hängt die erhöhte Leukämiehäufigkeit jedoch mit der Beschäftigung des Vaters in der Anlage zusammen.[82] Es besteht die Vermutung, daß die normale geringe Strahlungsdosis, der ein Vater während der Arbeit ausgesetzt ist, für seine Kinder das Risiko, an Leukämie zu erkranken, auf das Sechs- bis Achtfache erhöht. Kritiker wenden ein, die Ergebnisse könnten zufallsbedingt sein, und für eine erblich bedingte Entstehung der Leukämie gäbe es keinen Beweis. Vielen Fachleuten machen jedoch die neuen Fragen, welche die Studie aufwirft, zu schaffen. Zwar scheinen sich die neuen Befunde nicht mit den Folgen des Bombenabwurfs über Hiroshima und Nagasaki zu decken, doch könnte es beispielsweise sein, daß ein bislang unbekannter Mechanismus der genetischen Mutation entdeckt wurde, der mit niedrig dosierter Strahlenexposition in den Monaten unmittelbar vor der Zeugung oder mit der Aufnahme von winzigen Mengen radioaktiver Substanzen zusammenhängt.[83] Über die Bedeutung der Ergebnisse und eine denkbare Herabsetzung der Dosishöchstwerte wird zwar noch debattiert, doch die britische Öffentlichkeit ist auf jeden Fall hellhörig geworden, denn die Mitarbeiter von Sellafield haben Schwierigkeiten, eine Krankenversicherung abzuschließen, und die jüngeren Mitarbeiter quälen sich mit dem Gedanken, ob sie Kinder haben dürfen.[84]

Ein großes Problem, das die Ausbreitung der Kernenergie aufwirft, besteht in dem erheblich wachsenden Risiko der Weiterverbreitung von Atomwaffen. Zivile Kernreaktoren liefern sowohl das technische Wissen als auch die nötigen Ausgangsmaterialien zur Herstellung von Atomwaffen. Der gängige 1000-Megawatt-Leichtwasserreaktor erzeugt alljährlich etwa 250 Kilogramm Plutonium, die für etwa 25 Atomwaffen ausreichen.[85] (In dem oben geschilderten Nuklear-Szenario würde die jährliche Plutonium-Erzeugung im Jahre 2025 1,3 Millionen Kilogramm betragen, genug, um alljährlich 130000 Atomwaffen herzustellen.) Da mit dem Bau einer Vielzahl von Brutreaktoren immer weniger zu rechnen ist, erhebt sich immer dringender die Frage, was mit dem Plutonium geschehen soll. In Frankreich und Großbritannien sind gegenwärtig Wiederaufbereitungsanlagen in Betrieb, und in Japan ist ihre Errichtung geplant. Frankreich und Großbritannien haben mit mehreren Ländern, darunter Japan, Verträge über die Wiederaufbereitung abgebrannter Kernbrennstäbe geschlossen. Dadurch steigt das Proliferationsrisiko erheblich, denn das abgetrennte Plutonium kann direkt in Waffen verwendet werden.

12.5 Schlußfolgerung

In diesem Kapitel wurden mehrere Fragen erörtert. Kann Kernenergie die Gefahr der globalen Erwärmung abwenden? Ist die Kernenergie ein wirtschaftlich vertretbarer Weg zur Verringerung der Abhängigkeit von fossilen Brennstoffen? Wird die Kernenergie langfristig notwendig sein? Gibt es eindeutige Belege dafür, daß die Probleme mit der Kernenergie einer effektiven Lösung zustreben?

Jede dieser Fragen muß offenbar verneint werden. Erstens kann selbst ein weltweiter Ausbau der Kernenergie bis hin zu absurden Ausmaßen nicht verhindern, daß die Kohlendioxid-Emissionen aus der Verfeuerung fossiler Brennstoffe weiterhin ansteigen werden. Die Kernenergie bietet somit keine Lösung für die durch fossile Brennstoffe ausgelöste Treibhausgefahr. Zweitens bietet die Energieeffizienz weit größere Möglichkeiten als die Kernenergie, die Kohlendioxid-Emissionen zu senken, und zwar zu weit geringeren Kosten. So verdrängt ein Dollar, der in den USA in die elektrische Effizienzverbesserung investiert wird, fast siebenmal soviel Kohlenstoff wie ein Dollar, der in zusätzliche Kernenergie investiert wird. Drittens bieten erneuerbare Energieträger, darunter die Solar-, die Wind- und die Biomassetechnologie, langfristig größere Aussichten auf eine saubere, preisgünstige Stromerzeugung als die Kernenergie. Schließlich ist die Kernenergie weiterhin mit schwerwiegenden, ungelösten Risiken für die Gesundheit, die Betriebssicherheit und die militärische Sicherheit belastet. Der Atommüll bleibt eine unerhörte Herausforderung, die zivile Kernenergienutzung erhöht die Gefahr einer Weiterverbreitung von Atomwaffen, und nach jüngsten Untersuchungen besteht möglicherweise ein Zusammenhang zwischen der normalen, niedrig dosierten Strahlenbelastung der Atomanlagen-Mitarbeiter und der erhöhten Häufigkeit von Leukämie bei ihren Kindern.

Verglichen mit den Alternativen erscheint die Kernenergie für eine erträgliche Energiezukunft der Welt zunehmend irrelevant. Angesichts der günstigen Aussichten, die heute für die rationelle Energienutzung und auf kurze bis lange Sicht für erneuerbare Energien bestehen, ist es unwahrscheinlich, daß man Kernenergie, sei es in Form der Spaltung, sei es als Fusion, künftig in nennenswertem Umfang benötigen wird. In den Vereinigten Staaten, die über den größten Kernenergiepark der Welt verfügen, erzeugen erneuerbare Quellen bereits mehr Energie als die Kernenergie.[86] Die angemessene Rolle der Kernenergie liegt nach Meinung einiger Beobachter darin, eine Energie des Übergangs zu sein, die Lücke zu füllen, bis eine solide erneuerbare Energiewirtschaft möglich wird. Aber auch dies gilt, wenn überhaupt, mehr für die Vergangenheit als für die Zukunft. In den meisten Ländern hat die Erzeugung von Atomstrom ihren Höhepunkt bereits hinter sich und beginnt zurückzugehen. Die Lücke wird jetzt von der rationellen Energienutzung ausgefüllt, und die erneuerbaren Technologien werden zusehends ausgereifter. Bis zu dem Zeitpunkt, da die neuen Reaktoren von heute außer Dienst gestellt werden müssen, stehen die erneuerbaren Energien bereit. Dazu müssen nur in den nächsten Jahrzehnten ausreichende Mittel in ihre Entwicklung investiert werden.

Die Verfechter der Kernenergie machen sich noch immer Hoffnungen auf künftige Reaktormodelle mit passiver Sicherheit, auf kleinere Modulreaktoren und auf die Kernfusion, ihre große Verheißung. Die entsprechenden Entwicklungsbemühungen erscheinen jedoch immer überflüssiger, denn bis sie – falls überhaupt – ihr Ziel erreicht haben, wird man sie nicht mehr benötigen. Die Photovoltaik besitzt per se, wovon die kerntechnische Forschung nur träumt: ihr Ressourcenpotential ist unbegrenzt, ihre Energiequelle ist die Fusion (mit einem in sich geschlossenen »Reaktor«, der beruhigende 150 Millionen Kilometer entfernt ist), sie ist sauber, sie braucht keinen Brennstoff, sie ist passiv sicher, ihre Müll- und Sicherheitsprobleme sind relativ unbedeutend, es gibt sie in jeder Größenordnung, vom Hausdach bis zur Größe eines Versorgungsunternehmens, und die erforderlichen Materialien sind praktisch unbegrenzt (Sonnenlicht und Sand). Das einzige, was noch zu tun bleibt, ist, die Kosten d zu senken, was nach den sachkundigen Einschätzungen des US-Energieministeriums und der Princeton University nicht schwierig sein wird. In der Zwischenzeit erreicht der aus Wind und Biomasse erzeugte Strom bereits die nuklearen Traumkosten von wenigen Cents pro Kilowattstunde.

Es sind drei Probleme der Kernenergieforschung, die eine weltweit erträgliche Zukunft noch immer furchtbar erschweren: der Atommüll, die Verschrottung von Kernenergieanlagen und die Verhinderung der Verbreitung von radioaktivem Material. Es sind Forschungsaufgaben, die nicht gerade reizvoll sind, doch haben künftige Generationen ein ungeheures Interesse daran, daß wir diese Herausforderungen ernst nehmen. Die Vision einer erträglichen Energiezukunft frei von allen fossilen und nuklearen Brennstoffen zeichnet sich jetzt am Horizont ab. Eine entscheidende Voraussetzung dafür ist, daß wir das Atomzeitalter in verantwortlicher Weise beenden.

Kapitel 13
Tropische Wälder

Norman Myers

»Solange der Gesamtzusammenhang der Wirtschaftsbeziehungen zwischen Nord und Süd durch einen einseitigen Kapitalfluß gekennzeichnet ist ... besteht wenig Hoffnung, daß die Regierungen der Tropenwaldländer, die 1987 Schulden in Höhe von 562 Milliarden Dollar (das sind 58 Prozent der Gesamtschulden der Dritten Welt) hatten, genügend Kapital in einen der am meisten vernachlässigten Entwicklungsbereiche investieren werden: die Subsistenzlandwirtschaft, wie sie von den Ärmsten der Armen betrieben wird ...«

Ende der siebziger Jahre wurde in den feuchten Tropen jedes Jahr eine Waldbedeckung von ungefähr 75 000 Quadratkilometern vernichtet.[1] Dieses Kapitel betrachtet die Situation zehn Jahre danach, beurteilt die Aussichten und Auswirkungen auf die globale Erwärmung und analysiert die Möglichkeiten einer Wiederaufforstung großen Stils als einer Maßnahme zur Bekämpfung der globalen Erwärmung. Das Kapitel faßt in gedrängter Form einen Bericht mit dem Titel *Deforestation Rates in Tropical Forests and their Climatic Implications* zusammen, die der Verfasser (unter Mitwirkung von Richard A. Houghton, der ein Kapitel über Klimaanalyse beisteuerte) für die englische Umweltschutzorganisation Friends of the Earth[2] erstellt hat.

13.1 Definition der Begriffe

Tropenwälder werden hier definiert als »immergrüne beziehungsweise teilweise immergrüne Wälder in weitgehend frostfreien Gebieten, in denen monatlich (in zwei von drei Jahren) nicht weniger als 100 Millimeter Niederschlag fällt und eine Jahresdurchschnittstemperatur von 24 Grad Celsius herrscht. Einige der dort vorkommenden Baumarten können laubabwerfend sein. Diese Wälder kommen gewöhnlich in Höhen unter 1300 Metern vor (im Amazonasgebiet jedoch häufig bis in eine Höhe von 1800 Metern, in Südostasien hingegen im allgemeinen nur unter 750 Metern); und in vollentwickeltem Zustand zeigen sie einen mehr oder weniger deutlich ausgeprägten Stockwerkaufbau.«

Der Begriff »Waldvernichtung« bezeichnet die zu landwirtschaftlichen Nutzungszwecken jeglicher Art (Viehzucht, geplante oder spontane kleinbäuerliche Landwirtschaft, Massenanbau von Kulturpflanzen, etwa in Kautschuk- und Ölpalmplantagen) vorgenommene vollständige Zerstörung von Waldbedeckung durch Rodung. Dabei bleibt so gut wie kein Baum verschont, und die Fläche wird ausschließlich zu agrarischen Zwecken genutzt. Es gibt auch Fälle, in denen mit der Biomasse des Waldes so sehr Raubbau getrieben wird, daß das verbleibende Ökosystem nur noch das kümmerliche Zerrbild eines natürlichen Waldes im echten Sinne des Wortes darstellt. Dies geschieht insbesondere durch die äußerst massive und sträflich leichtsinnige Ausholzung von Dipterocarpaceae-Wäldern (eine für Tieflandprimärwälder typische Familie von Baumarten) in Südostasien, die zur Vernichtung beziehungsweise irreparablen Schädigung der allermeisten Bäume führt. Die Abnahme der Biomasse und der Ausfall von Ökosystemfunktionen sind so schwerwiegend, daß man das verbleibende Gehölz sachlich beim besten Willen nicht mehr als Wald bezeichnen kann. Deshalb wird auch diese spezielle Art eines übermäßigen »selektiven Holzeinschlags« unter den Begriff »Waldvernichtung« subsumiert.

Will man die Urheber der Waldvernichtung bestimmen, so muß man dazu nicht die kommerziellen Holzfäller oder die Viehzüchter heranziehen. Zweckdienlicher ist es, zwischen den verschiedenen Formen der Brandrodung zu unterscheiden. Ungefähr bis Mitte der sechziger Jahre war der Kleinbauer gewöhnlich ein Wanderfeldbauer traditionellen Typs. Solange die Zahl dieser Wanderfeldbauern begrenzt war und genügend Waldfläche für ihre Wanderungen zur Verfügung stand, nutzten sie die Waldökosysteme auf erträgliche Weise. In den vergangenen 25 Jahren aber setzte ein massiver Ansturm von »verdrängten« Bauern (*shifted cultivators*) auf die Wälder ein. Diese Bauern haben zuvor in traditionellen, weit von den Wäldern entfernten Agrargebieten der betroffenen Länder gelebt und gearbeitet. Sie wurden dann aus vielfältigen Gründen – Bevölkerungswachstum, ungleichmäßige Verteilung vorhandener landwirtschaftlicher Nutzflächen, Fehlen der für eine intensive Bewirtschaftung nötigen Agrartechnologien und unzureichende ländliche Entwicklung im allgemeinen – aus ihrer angestammten Heimat vertrieben. Da sie keinen anderen Ausweg sahen, zogen sie in jene Gebiete, wo es noch freien Lebensraum für sie gibt: in die Tropenwälder.

Die Zahl der vertriebenen Bauern hat in den vergangenen Jahrzehnten außerordentlich stark zugenommen. Jahr für Jahr dringen sie in großer Zahl immer tiefer in den Wald vor. Ihnen folgen dann noch größere Scharen vertriebener und gewöhnlich verarmter Kleinbauern. Da diesen vertriebenen Bauern die für eine nachhaltige landwirtschaftliche Nutzung der Waldökosysteme nötigen Kenntnisse weitgehend fehlen, verursachen sie eine größere Waldvernichtung als alle anderen Abholzungsmaßnahmen zusammengenommen.

Mehr als 70 Länder der feuchten Tropen besitzen Regenwälder. Aber davon verfügen allein 34 Länder (Tab. 13.1) über annähernd 7,8 Millionen Quadratkilometer Wald beziehungsweise 97,5 Prozent des vorhandenen Bioms, ihr Gebiet wird insgesamt auf 7783500 Quadratkilometer geschätzt; und genau diese Länder wurden in den ersten Bericht der Friends of the Earth einbezogen.[3] Das bedeutet andererseits, daß die mehr als vierzig Länder mit nur geringen Tropenwaldbeständen nicht berücksichtigt werden, auch wenn diese Wälder wegen ihrer ökologischen Funktion und der biologischen Artenvielfalt durchaus wichtig sein mögen. Zu diesen Ländern gehören Liberia, Äthiopien, Uganda, Kenia, Tansania, Sri Lanka, Nepal, China und

Tabelle 13.1 Der gegenwärtige Zustand tropischer Feuchtwälder in ausgewählten Ländern (Flächen in Quadratkilometern)

Land (+Fläche)	Ursprüngliche Waldbedeckung	Gegenwärtige Waldbedeckung	Gegenwärtiger Primärwald	Gegenwärtige Abholzung pro Jahr (Zunahme in Prozent)
Bolivien (1098581)	90000	70000	45000	1500 (2,1)
Brasilien (8511960)	2860000	2200000	1800000	50000 (2,3)
Ecuador (270670)	132000	76000	44000	3000 (4,0)
Elfenbeinküste (322463)	160000	16000	4000	2500 (15,6)
Gabun (267670)	240000	200000	100000	600 (0,3)
Guayanas (Französisch-Guayana, Guayana, Surinam) (469790)	500000	410000	370000	500 (0,12)
Indien (3287000)	1600000	165000	70000	4000 (2,4)
Indonesien (1919300)	1220000	860000	530000	12000 (1,4)
Kambodscha (181035)	120000	67000	20000	500 (0,75)
Kamerun (475442)	220000	164000	60000	2000 (1,2)
Kolumbien (1138891)	700000	278000	180000	6500 (2,3)
Kongo (342000)	100000	90000	80000	700 (0,8)
Laos (236800)	110000	68000	25000	1000 (1,5)
Madagaskar (590992)	62000	24000	10000	2000 (8,3)
Malaysia (329079)	305000	157000	84000	4800 (3,1)
Mexiko (1967180)	400000	166000	110000	7000 (4,2)
Myanmar (Birma) (696500)	500000	245000	80000	8000 (3,3)
Nigeria (924000)	72000	28000	10000	4000 (14,3)
Papua-Neuguinea (461700)	425000	360000	180000	3500 (1,0)
Peru (1285220)	700000	515000	420000	3500 (0,7)
Philippinen (299400)	250000	50000	8000	2700 (5,4)
Thailand (513517)	435000	74000	22000	6000 (8,4)
Venezuela (912050)	420000	350000	300000	1500 (0,4)
Vietnam (334331)	260000	60000	14000	3500 (5,8)
Zaire (2344886)	1245000	1000000	700000	4000 (0,4)
Zentralamerika (522915)	500000	90000	55000	3300 (3,7)
Gesamt	**13626000[1]**	**7783500[2]**	**5321000[3]**	**138600 (1,8)**

Anmerkungen

[1] = 97 Prozent der geschätzten ursprünglichen Gesamtfläche der Tropenwälder (zirka 14 Millionen Quadratkilometer)

[2] = 97,5 Prozent der gegenwärtigen Gesamtfläche der Tropenwälder (8 Millionen Quadratkilometer)

[3] = 67 Prozent der Gesamtfläche der verbleibenden Tropenwälder (8 Millionen Quadratkilometer)

einige Länder der Karibik sowie zwei Bundesstaaten der USA (Hawaii und Puerto Rico) und einer Australiens (Queensland). Sie verfügen über ungefähr 200000 Quadratkilometer Regenwald, das sind 2,5 Prozent der nahezu acht Millionen Quadratkilometer umfassenden Gesamtfläche dieses Bioms. Bei der Berechnung der Gesamtentwaldungsrate für das ganze Biom gehen wir davon aus, daß diese sekundären Länder denselben Waldverlust aufweisen wie die untersuchten Länder.

Die Erhebung, die dem ursprünglichen Bericht (und damit auch diesem Kapitel) zugrunde liegt, war notgedrungen eine reine »Schreibtischarbeit«. Obgleich die Erfahrungen, die der Verfasser im Laufe von zwanzig Jahren auf wiederholten Reisen und Aufenthalten im tropischen Regenwald sammeln konnte, mit in diesen Bericht eingingen, basiert er doch in erster Linie auf der umfassenden Aufarbeitung der neuesten Fachliteratur. Die Erkenntnisse dieser Erhebung stützen sich zudem in hohem Maße auf Fernerkundungsdaten, das heißt auf Satellitenbilder, Seitensichtradarmessungen und Luftbildaufnahmen. Dies stellt eine methodisch solide und umfassende Form der Dokumentation dar, sofern diese Daten durch Informationen über die tatsächlichen Gegebenheiten am Boden angemessen verifiziert werden, die ihrerseits durch eine sorgfältige Interpretation der Untersuchungsdaten bestätigt werden können.[4] Kurz: Fernerkundung ist die weitaus beste Methode zur Bestimmung von Entwaldungsraten.

13.2 Drei Schlüsselländer

In diesem Aufsatz kann im Unterschied zu meinem ursprünglichen Bericht nicht auf alle 34 Länder eingegangen werden. Es ist jedoch zweckmäßig, drei Länder genauer unter die Lupe zu nehmen, die über die Hälfte des noch vorhandenen Tropenwalds besitzen: Brasilien, Zaire und Indonesien. Die Betrachtung dieser drei Länder soll auch die Untersuchungsmethoden veranschaulichen, die auf die übrigen 31 im Hauptbericht behandelten Länder angewandt wurden.

13.2.1 Brasilien

Von der Gesamtfläche Brasiliens (8 511 960 Quadratkilometer) waren noch bis Ende der sechziger Jahre 2,9 Millionen Quadratkilometer – beziehungsweise 3,6 Millionen Quadratkilometer, wenn man die Übergangs- oder »Randwälder« mit einbezieht – mit Amazonaswald bedeckt.[5] Heute beträgt die Waldfläche nur mehr 2,2 Millionen Quadratkilometer. Ungeachtet dieses drastischen Rückgangs verfügt Brasilien damit immer noch über 27,5 Prozent aller Tropenwälder. Die Situation verdient es also, genauer betrachtet zu werden.[6]

Das Entwaldungsmuster im brasilianischen Amazonasgebiet ist äußerst differenziert. In einigen Gegenden nimmt die Waldbedeckung rapide ab, in anderen hingegen bleibt sie weitgehend konstant. Das bekannteste Beispiel einer progressiven Entwaldung ist der südliche Bundesstaat Rondônia mit einer Fläche von 243 044 Quadratkilometern. Waren bis 1980 noch weniger als 8000 Quadratkilometer Wald vernichtet worden, so betrug die abgeholzte Fläche 1985 bereits fast 28 000 Quadratkilometer und stieg 1987 weiter auf annähernd 60 000 Quadratkilometer.[7] Es besteht die Gefahr, daß die Entwaldung in Rondônia an Geschwindigkeit zulegt und sich noch stärker staatlicher Kontrolle entzieht, als es schon heute im Gefolge des Baus der Bundesstraße BR 429 der Fall ist. Bis Ende 1988 gab es in Rondônia gerade 140 Forstaufseher, nicht einmal einer je 1300 Quadratkilometer. Glücklicherweise unternahm die Regierung 1989 große Anstrengungen, die Waldlandbewirtschaftung rechtlich zu regeln und Siedlungsgesetze auch wirklich durchzusetzen. Aber angesichts des anhaltenden massiven Zustroms von (behördlich autorisierten und »spontanen«) Siedlern nach Rondônia, der sich verschärfenden Auseinandersetzungen um Landbesitz und eines unzureichenden Gesetzesvollzugs ist es mehr als fraglich, ob es der Regierung gelingen wird, der Abholzung in jenem Maße Einhalt zu gebieten, wie sie heute verkündet.

Auch in dem sich östlich an Rondônia anschließenden Bundesstaat Mato Grosso ist es zu einem »galoppierenden« Waldverlust gekommen: Waren es 1975 erst knapp über 10 000 Quadratkilometer, so 1985 schon 57 000 Quadratkilometer und 1988 gar 208 000 Quadratkilometer.[8] In dem im Westen an Rondônia angrenzenden Bundesstaat Acre belief sich der gesamte Waldverlust 1975 auf weniger als 1200 Quadratkilometer, und auch 1980 lag er noch immer unter 2500 Quadratkilometern. 1985 jedoch war er auf 5269 Quadratkilometer und 1988 auf nahezu 20000 Quadratkilometer in die Höhe geschnellt.[9]

In diese Bestandsaufnahme für die einzelnen Bundesstaaten müssen jene durch Brandrodung verlorengegangenen Flächen einbezogen werden, die die brasilianische Behörde für Weltraumforschung nach Auswertung von Satellitenaufnahmen für die Trockenzeit 1987[10] auf 81000 Quadratkilometer und für 1988 auf weitere 96000 Quadratkilometer für die vier Bundesstaaten Südamazoniens – Acre, Rondônia, Mato Grosso und Pará – schätzt. Spätere Analysen deuten darauf hin, daß diese Schätzungen aufgrund einer etwas unkritischen Bewertung von Satellitenaufnahmen wohl zu hoch gegriffen waren.[11] Eine realistischere, obgleich vorsichtige Schätzung für diese vier Bundesstaaten (wobei die übrigen Gebiete Amazoniens ausgeklammert bleiben) geht davon aus, daß 1987 50000 Quadratkilometer und 1988 48000 Quadratkilometer Tropenwald durch Brandrodung vernichtet worden sind.[12] Aber auch diese reduzierten Zahlen wird man in ihrer Bedeutung nur erfassen können, wenn man sie mit der Gesamtfläche vergleicht, die 1979 in Brasilien entwaldet wurde und die sich auf 14500 bis 14800 Quadratkilometer belief.[13] Sie müssen auch mit der Fläche verglichen werden, die der tropische Regenwald Ende der siebziger Jahre jährlich weltweit durch Abholzung verlor (ungefähr 75000 Quadratkilometer).[14]

Für das gesamte brasilianische Amazonasgebiet wurde 1975 eine kumulierte Gesamtentwaldungsfläche von lediglich 29000 Quadratkilometern und 1980 von maximal 125000 Quadratkilometern angesetzt.[15] Eine Reihe von Beobachtern[16] jedoch, die sich auf die neuesten Satellitendaten stützen, weist darauf hin, daß die kumulierte Rodungsfläche 1988 fast 400000 Quadratkilometer oder elf Prozent des ursprünglichen Waldbestands von Amazonien betrug.[17] Etwa 69 Prozent dieser Rodungen sind nach 1980 durchgeführt worden.

Angesichts der schnell und deutlich fortschreitenden Entwaldung in den vier südlichen Bundesstaaten in den Jahren 1987 und 1988 ist es ein ermutigendes Zeichen, daß die Zahl der

Brände in der ersten Phase der Trockenzeit von 1989 aufgrund eines Zusammenwirkens politischer Veränderungen, einer besseren Brandkontrolle und – am wichtigsten – einer außergewöhnlich feuchten Trockenzeit anscheinend leicht zurückgegangen ist. Man schätzt, daß nach den ersten beiden Monaten der Trokkenzeit, Juli und August, in diesen vier Bundesstaaten insgesamt ungefähr 33 000 Quadratkilometer Wald vernichtet wurden; möglicherweise könnte sich also herausstellen, daß der gesamte Waldverlust 1989 im Unterschied zu 48 000 Quadratkilometern 1988 nur (sic!) 40 000 Quadratkilometer betrug.[18] Dabei ist zu beachten, daß die für 1989 veranschlagte Ziffer von 40 000 Quadratkilometern nur die Tatsache wiedergibt, daß die Brandrodung leicht zurückging. Gleichzeitig war aber die durch Holzeinschlag vernichtete Fläche größer als die durch Brandrodung verlorengegangene: Ein Großteil des Waldes wurde abgeholzt, und die Bäume werden so lange liegengelassen, bis sie trocken genug sind, um verbrannt zu werden. Das muß nicht einmal bis zur Trockenzeit Mitte 1990 dauern.

Zugleich hat sich der Prozeß der Entwaldung in anderen Bundesstaaten beschleunigt. Roraima beispielsweise, das sich entlang der nördlichen Grenze Amazoniens erstreckt, hat zwischen 1978 und 1985 fast 10 500 Quadratkilometer Wald verloren.[19] Der 1985 einsetzende Zustrom von Migranten aus Rondônia wurde durch die massive Invasion von Goldschürfern noch verstärkt; mittlerweile gibt es Berichte über eine schnell fortschreitende Entwaldung in Roraima. Auch in anderen Bundesstaaten, vor allem in Amapa, Maranhão und Amazonas hat sich die Waldvernichtung beschleunigt.

Wenn wir die Gesamtentwaldung in sämtlichen Regionen des brasilianischen Amazonasgebiets (ob sie ausführlich dokumentiert ist oder nicht) berücksichtigen, so könnte sie sich 1989 durchaus auf eine Fläche von ungefähr 45 000 Quadratkilometern summieren. Diese Schätzung muß mit der neuesten Angabe des Instituto Nacional de Pesquisas Espaciais verglichen werden, das für 1989 die gesicherte und belegte Zahl von 40 000 Quadratkilometern vernichtetem Primärwald (wohlgemerkt, allein Primärwald)[20] nennt. Gewiß, der Schätzwert von 45 000 Quadratkilometern, der auf den keineswegs umfassenden Beweisen fußt, die ich in der obigen Erörterung angeführt habe und die meinen eigenen Berechnungen entsprechen (die wiederum auf Diskussionen mit zahlreichen betroffenen Wissenschaftlern beruhen), ist nur ein vorläufiger Wert, der erst endgültig beurteilt werden kann, wenn genauere Daten und Analysen zur Verfügung stehen. Dieser Schätzwert dient hier einzig dem Zweck – nicht mehr und nicht weniger –, uns ein ungefähres Bild von der Situation in Amazonien zu vermitteln; ein Bild jedoch, das keineswegs den Zustand abschließend darstellen kann, der die Waldvernichtung in weiten Teilen der feuchten Tropen kennzeichnet.

Das Problem der fehlenden Datensicherheit ist so wichtig, daß wir es hier etwas eingehender betrachten wollen. Trotz der eingesetzten Fernerkundungstechnologien und der zahlreichen Berichte und Berechnungen, die in den letzten Jahren veröffentlicht wurden, bleibt die Situation mit einem bedauerlichen Maß von Unsicherheit behaftet. Meiner Meinung nach würden die meisten Fachleute und Institutionen die oben angeführten Erkenntnisse unterschreiben. Zudem spielt es für die globalen Auswirkungen des weltweiten Klimawandels kaum eine Rolle, ob durch Entwaldung in Amazonien elf Prozent oder acht Prozent oder genaugenommen 9,682 Prozent der Waldfläche vernichtet wurden.

Gewiß könnten einige Beobachter aufgrund fehlender schlüssiger Beweise und Analysen einwenden, man sollte sich an niedrigere Schätzwerte halten, weil diese »zuverlässiger« seien. Aber dies wirft das zentrale Problem inkongruenter Bewertungen auf. Ein niedrigerer Schätzwert, der scheinbar »sicher« ist, weil er das beschränkte, dokumentarisch belegte Beweismaterial vorsichtig interpretiert, kann den wirklichen Zustand genauso verfehlen wie ein »ungerechtfertigt« hoher Schätzwert, der mehr einer Beurteilung nach bestem Wissen und Gewissen gleichkommt, die das gesamte verfügbare, in seiner Gültigkeit jedoch verschieden belegte Beweismaterial heranzieht. Wie in anderen mit Unsicherheit behafteten Situationen ist es besser für uns, wenn sich herausstellt, daß wir ungefähr richtig lagen, als daß wir exakt danebenlagen.

Andererseits entsprechen diese Überlegungen sehr gut den Erwartungen hinsichtlich der künftigen Entwicklung. Wie groß die 1989 entwaldete Fläche letztlich auch sein mag, so ist es durchaus wahrscheinlich, daß aufgrund des Wunsches der Regierung, Amazonien zu entwickeln und anderweitig zu »erschließen«, die Waldvernichtung in den kommenden Jahren zunehmen wird. Es gibt beispielsweise ehrgeizige Pläne, in mehreren Regionen von Pará, Mato Grosso, Rondônia, Acre und Amapa neue Siedlungsgebiete zu schaffen. Das gleiche gilt für Teile des Bundesstaates Amazonas, des abgelegensten Gebiets von Amazonien, das bis heute mit einer vernichteten Waldfläche von 12000 Quadratkilometern noch relativ glimpflich davongekommen ist.[21] Wie schon gesagt, wird auch der nördliche Bundesstaat Roraima von einer ständig anschwellenden Siedlerwelle heimgesucht. Im Bundesstaat Maranhão sind bereits um die 24000 Quadratkilometer Wald vernichtet worden.[22]

Während wir also die scheinbar frohe Botschaft einer verminderten Entwaldung für das Jahr 1989 nur begrüßen können, müssen wir bedenken, daß zusätzliche Zwänge – durch Straßenbau und Zuwanderung von Siedlern, wie durch Bergbau, Errichtung von Dämmen und kommerziellen Holzeinschlag – wahrscheinlich zu einer Zunahme der Waldvernichtung in der Zukunft führen werden. Nur allzuleicht könnten sich diese Faktoren als Sachzwänge erweisen, die sich einer geordneten Entwicklung durch die Regierung immer stärker entziehen. Man denke nur an die jüngste Entdeckung fossiler Brennstoffvorkommen. Ein 1987 westlich des Jurua-Flusses entdecktes 20 Milliarden Kubikmeter umfassendes Erdgaslager hat fast in der gesamten Region zu einer regen Bohrtätigkeit geführt. Dabei stieß man im Becken des Urucu-Flusses auf ein Lager mit 20 Millionen Barrel hochwertigem Erdöl, das möglicherweise zu einem 1,2 Millionen Quadratkilometer großen Erdölfeld gehört.[23] Während schon die erste Phase der Erschließung von nur einem Teil dieser neuentdeckten Vorkommen zu einem massiven Ausbau der Infrastruktur führen wird, erfordert nach amtlichen Angaben die Nutzbarmachung des Urucu-Erdölvorkommens das Abholzen einer Fläche von 10000 Quadratkilometern. Und was vielleicht noch wichtiger ist: Schon in einer frühen Phase der Erschließung dieser fossilen Brennstoffvorkommen werden vermutlich 50000 Menschen nach Westamazonien ziehen – in ein Gebiet, das heute noch praktisch unbesiedelt ist.

Es gibt aber auch andere, ähnlich weitreichende Entwicklungspläne für Amazonien, wie sie in der regionalen Entwicklungsstrategie Mitte der achtziger Jahre entworfen wurden.[24] Mögen auch einige dieser Pläne aufgrund späterer Untersuchungen über die Ökologie und Sozioökonomie Amazoniens in ihrem Umfang reduziert worden sein, so lassen sie doch das angepeilte Ausmaß der Erschließung erkennen. Laut dieser Regionalstrategie beabsichtigt die Regierung, für die Errichtung von Wasserkraftwerken eine Gesamtfläche zwischen 65000 und 150000 Quadratkilometer zu überfluten. Für die Holzernte ist insgesamt eine Fläche zwischen 200000 und 500000 Quadratkilometern vorgesehen. Eine Gesamtfläche zwischen 200000 und 430000 Quadratkilometern ist für die Ansiedlung von Kleinbauern vorgesehen. Das Grande-Carajás-Projekt in Ostamazonien könnte die Abholzung von Urwäldern zur Folge haben, aus denen man Holzkohle für die Roheisenverhüttung gewinnen könnte, wodurch eine Waldfläche von 240000 Quadratkilometern bedroht ist (gegenwärtig geht die Zerstörung von 550 Quadratkilometern jährlich auf ihr Konto).[25] Schließlich sollen über die Plantagen im Zusammenhang mit dem Grande-Carajás-Projekt hinaus durch Anpflanzung von Weichholzbäumen mindestens weitere 36000 Quadratkilometer verlorengehen, möglicherweise auch sehr viel mehr; der größte Teil davon Mitte der neunziger Jahre.[26]

Insgesamt sollen diese verschiedenen Aktivitäten, zusammen mit der Erschließung der fossilen Brennstoffvorkommen, zwischen 750000 und 1366000 Quadratkilometer Wald im brasilianischen Amazonien vernichten. Auch wenn die Regierung an ihrer neugewonnenen, umsichtigeren Einstellung zu Amazonien festhalten sollte, und selbst wenn es ihr gelingt, ihre Verordnungen in diesem riesigen Gebiet energischer durchzusetzen (Mitte 1989 standen der Polizei in einem Gebiet, das größer ist als Europa, ganze 500 Beamte und fünf Hubschrauber zur Verfügung), ist doch kaum abzusehen, was gegen das zunehmende Ausmaß und das rasante Tempo der Entwaldung getan werden kann.

Neben der geplanten Entwaldung Amazoniens wird es infolge der Aktivitäten bereits ansässiger Bauern und Viehzüchter sicherlich auch zu zahlreichen »Gelegenheitsrodungen« kommen. Eine der nachteiligsten Folgen der Besiedlung war bis heute die Tendenz der Siedler, das ihnen zugewiesene Land schon nach ein paar Jahren wieder zu verlassen, um die Lebensweise eines Brandroders oder »Wanderviehzüchters« anzunehmen.[27] Der schlimmste Fall aber träte ein, wenn es unter den kleinbäuerlichen Migranten aus Nordost- und Südbrasilien zu einer »spontanen« (im Gegensatz zu einer geplanten) Landnahme käme. Die oben genannte Fläche von 200 000 bis 430 000 Quadratkilometern, die offiziell in nächster Zeit für die Ansiedlung von Kleinbauern vorgesehen ist, könnte, angesichts der bis heute von jedem Bauern in Rondônia und in den anderen Hauptsiedlungszonen abgeholzten Fläche, insgesamt höchstens eine Viertel- bis eine Million bäuerlicher Familien aufnehmen, das sind insgesamt 1,5 bis sechs Millionen Menschen. Zwischen 1975 und 1988 belief sich jedoch allein die Zahl der nach Rondônia strömenden kleinbäuerlichen Familien auf insgesamt 1,5 Millionen Personen. Gerade diese Familien aber schädigen die Wälder am meisten und sind am schwersten zu kontrollieren.

An den Zwängen, die die Landnehmer nach Rondônia, Acre und in andere Siedlungsgebiete getrieben haben – ungleichmäßige Landverteilung und unzulängliche Grundbesitzregelungen in anderen Agrarregionen Brasiliens, die schwache brasilianische Wirtschaft, die Schuldenlast und das Bevölkerungswachstum –, wird sich wohl in nächster Zukunft nichts ändern. Ganz im Gegenteil: sie werden sich wahrscheinlich so lange verschärfen, bis sowohl die brasilianische Regierung als auch ausländische Organe (Regierungen, internationale Entwicklungsbanken, private Geschäftsbanken, Hilfsorganisationen) einen konstruktiveren Zugang zu den unzähligen Problemen Brasiliens finden. Sollte es nicht zu einer derartigen Einstellungsänderung um 180 Grad kommen, wird ein wachsender Strom besitzloser Kleinbauern und anderer Siedler Amazonien überfluten.

Alles in allem haben wir guten Grund zur Annahme, daß der Waldverlust leicht über den Zahlen für die letzten Jahre liegen könnte, also ungefähr bei 50 000 Quadratkilometern jährlich. Diese Zahl sollte zudem als eine vorsichtige Schätzung betrachtet werden, denn sie könnte sehr schnell überschritten werden.

Die Aussicht auf den immer stärker werdenden Wunsch, Amazonien zu »entwickeln«, und auf eine daraus folgende zunehmende Entwaldung, läßt die Tatsache, daß die jüngste Entwaldungsrate für 1989 rückläufig war, in einem anderen Licht erscheinen. Wird sich dies als ein vorübergehendes Phänomen erweisen, das heißt als ein nichtdauerhafter Einbruch in einem langfristigen Trend? Im Hinblick auf die oben vorgestellte Prognose ist es sicher realistisch, davon auszugehen, daß die durchschnittliche Entwaldungsrate in der zweiten Hälfte der achtziger Jahre und der ersten Hälfte der neunziger Jahre stärker mit den Jahren 1987 und 1988 übereinstimmen wird, in denen sich in den vier südlichen Bundesstaaten die abgeholzte Fläche auf (vorsichtig geschätzt) jeweils 50000 und 48000 Quadratkilometer belief. Der Zweck dieser Studie läßt es damit als sinnvoll erscheinen, die »gegenwärtige« Entwaldungsrate, die ja eine Trendrate über mehrere Jahre darstellt, über der für 1989 postulierten Fläche von 45000 Quadratkilometern anzusetzen. Daher möchte ich einen vorläufigen, aber sachlich fundierten und wohlerwogenen Schätzwert von jährlich 50000 Quadratkilometern beziehungsweise 2,3 Prozent der verbleibenden Waldfläche für die nächsten Jahre veranschlagen.

13.2.2 Zaire

Der Staat Zaire (2344886 Quadratkilometer) erstreckt sich über einen großen Teil des Zaire-Beckens. Mit einer Waldfläche von ungefähr einer Million Quadratkilometern im Jahr 1980 verfügte Zaire[28] etwa über ein Achtel des Gesamtbioms. Eine möglichst ausführliche Darstellung der dortigen Lage scheint deshalb angebracht. Leider fehlt es aber an ausreichenden Informationen, denn die Regierung von Zaire hat trotz der Bedeutung ihres nationalen Waldbestands ihren Waldbesitz offenbar nur unvollständig statistisch erfaßt, lückenhafter jedenfalls als alle anderen afrikanischen Staaten.

Auf der riesigen Fläche Zaires wohnen ganze 35 Millionen Menschen; allerdings liegt die jährliche Zuwachsrate bei 3,1 Prozent. Die breite Masse der Bevölkerung besteht überwiegend aus Bauern, die zur Sicherung ihres Lebensunterhalts auf rückständige Bewirtschaftungstechniken – vor allem Brandrodung – angewiesen sind. Die zerstörerischen Kräfte des Bevölkerungswachstums und der wirtschaftlichen Expansion haben somit bisher den größten Teil des Waldes verschont.

Angesichts des volkswirtschaftlichen Zusammenbruchs hat man Pläne erstellt, die Holzressourcen viel stärker als bisher anzuzapfen. Bis jetzt beschränkt sich der Holzeinschlag auf Gebiete entlang der wenigen Verkehrswege (hauptsächlich Flußnetze). Dieser Zustand soll sich jedoch laut Planung nachhaltig verändern, wenn es der Regierung gelingt, genügend ausländisches Kapital für ihre Holzwirtschaft zu gewinnen. Erste Berichte lassen erkennen, daß der Zustrom von Kapital bereits eingesetzt hat.[29] Man geht davon aus, daß etwa 60 Prozent der Wälder abgeholzt werden können. Während 1984 lediglich 500000 Kubikmeter Holz gefällt und 150000 Kubikmeter exportiert wurden, beabsichtigt die Regierung, dieses Volumen bis zum Jahr 2000 auf sechs Millionen Kubikmeter, davon fünf Millionen für den Export, zu erhöhen.[30] Die Holzwirtschaft ist ein äußerst verschwenderisches Unternehmen: In einigen Gebieten fallen jedem kommerziell genutzten Baum 25 weitere Bäume für den Straßenbau zum Opfer.

Noch bedeutsamer aber ist die Tatsache, daß die Zahl der Brandrodungsbauern in letzter Zeit rapide gestiegen ist. Das ist weniger auf das Bevölkerungswachstum zurückzuführen als auf die Talfahrt der Volkswirtschaft und die verstärkte Marginalisierung der Ärmsten. Nach neuesten Berichten[31] hat die Subsistenzlandwirtschaft in den Wäldern während der achtziger Jahre stark zugenommen – ein Trend, der wahrscheinlich so lange anhalten wird, bis das hohe Bevölkerungswachstum sich verlangsamt und die Volkswirtschaft sich gründlich erholt. Während die Gesamtzahl der Waldbauern im Verhältnis zur Waldfläche immer noch gering ist, so wird doch dreimal soviel Wald gerodet wie in vergleichbaren Gebieten Westafrikas.

Für den gesamten Waldbestand Zaires Ende der siebziger Jahre wurden verschiedene Zahlen genannt.[32] Während einige Schätzwerte in der Höhe von 1,1 Millionen Quadratkilometern lagen, beliefen sich andere auf nur 900000 Quadratkilometer; eine offizielle UNESCO-Studie (1978) gab sogar nur 750000 Quadratkilometer an. Der Nachweis, welche dieser Zahlen der Wirklichkeit am ehesten entspricht, hat sich als überaus schwierig erwiesen. Glücklicherweise hat ein in jüngster Zeit angelaufenes kartographisches Projekt, das sich auf Luftbilder und Satellitenaufnahmen stützt, bereits vorläufige Ergebnisse gezeitigt, die den Schluß nahelegen, daß bei einer geschätzten ursprünglichen Gesamtfläche von 1 244 600 Quadratkilometern der heutige Gesamtbestand an Wäldern aller Art noch immer eine Fläche von knapp über einer Million Quadratkilometern bedeckt.[33] Ein Großteil der Primärwälder ist jedoch so sehr mit »Flickstücken« von Sekundärwald unterschiedlichen Alters durchsetzt,[34] daß man den Bestand an Primärwald heute nur mehr auf 700 000 Quadratkilometer beziffert.

Brandrodung ist eine weitverbreitete landwirtschaftliche Nutzungsform; sie tritt vor allem im Gefolge des Zustroms verarmter Kleinbauern auf, die in den achtziger Jahren die Wälder besiedelt haben.[35] In einigen Waldrandgebieten führt sie heute zur vollständigen Zerstörung der Waldbedeckung, so stark hat dort der lokale Bevölkerungsdruck zugenommen. In vielen anderen Gebieten verursacht die Brandrodung eine derart nachhaltige Störung der Wald-Ökosysteme, daß sie als schwer degradiert betrachtet werden müssen.

Stützt man sich auf die oben genannten Untersuchungen, ergibt sich eine jährliche Entwaldungsrate von ungefähr 0,4 Prozent, was 4 000 Quadratkilometern der noch vorhandenen Waldfläche entspricht. Dieser Betrag ist doppelt so hoch wie der Schätzwert der Food and Agriculture Organization[36] für 1979, der offensichtlich eine flagrante Unterschätzung darstellte, da seiner Berechnung fast ausschließlich Regierungsberichte und keine Fernerkundungsdaten zugrunde lagen.[37] Diese Rate von 0,4 Prozent muß auf dem Hintergrund einer durchschnittlichen Jahresrate von 0,35 Prozent für den Zeitraum zwischen 1950 und 1985 gesehen werden.

13.2.3 Indonesien

Indonesien, nach Brasilien im Besitz der zweitgrößten Waldfläche und fast zehn Prozent des Gesamtbioms, ist für diese Abhandlung von besonderer Bedeutung. Zudem sind Holzprodukte ein wichtiger Pfeiler der indonesischen Wirtschaft, stellen sie doch nach Erdöl und -gas den zweitgrößten Exportposten dar, der 1987 einen Devisenerlös von 2,5 Milliarden US-Dollar abwarf.

Von der 1 919 300 Millionen Quadratkilometer großen Gesamtfläche des Landes gelten offiziell ungefähr 1440000 Quadratkilometer als Waldland. Dies bezieht sich aber auf Gebiete, die unter dem Schutz des Ministeriums für Forstwesen stehen und von denen viele schon seit langem nicht mehr bewaldet sind. Infolge des Mitte der sechziger Jahre einsetzenden Abholzungsbooms, des Mitte der siebziger Jahre angelaufenen Umsiedlungsprogramms und der in jüngster Zeit vorgenommenen Ausweitung der Plantagenwirtschaft (vor allem Ölpalmen- und Kautschukplantagen) ist ein großer Teil des Waldes stark degradiert beziehungsweise völlig zerstört worden.[38]

Ende der achtziger Jahre hat die Abteilung für Landressourcen der britischen Overseas Development Administration in Zusammenarbeit mit dem indonesischen Umsiedlungsministerium und dem indonesischen Bundesamt für Kartographie und Statistik eine systematische Bestandsaufnahme durchgeführt, bei der man sich hauptsächlich auf Satellitenaufnahmen und Luftbilder stützte. Diese 1989 unter dem Namen Regional Physical Planning Programme for Transmigration (RePPProT) veröffentlichte Bericht sollte die Größe des gesamten Waldbestands bestimmen.[39] Er zeigt zum Beispiel, daß in Kalimantan – dem zu Indonesien gehörenden Teil Borneos, mit einer Fläche von mehr als einer Million Quadratkilometern – mindestens 16 Prozent der Produktionswälder zwischen 1981 und 1982 überhaupt nicht bewaldet waren und ein weitaus höherer Prozentsatz auf das massivste abgeholzt worden war. Noch bemerkenswerter ist, daß auf acht Prozent der Erhaltungs- und Schutzwaldgebiete gar kein Baumbestand mehr vorhanden ist. Überdies vernichtete 1983 ein Waldbrand in Ostkalimantan 36000 Quadratkilometer Wald, und in den darauffolgenden Jahren hat es noch weitere Zerstörungen gegeben.

Man kann davon ausgehen, daß die gesamte Waldfläche des Landes nie mehr als eine Million Quadratkilometer umfaßte und zwischen 1981 und 1982 mit großer Sicherheit nur noch 914000 Quadratkilometer betrug. Für den Zeitraum von 1980 bis 1987 hat die Weltbank[40] eine durchschnittliche jährliche Entwaldungsrate von 9000 Quadratkilometern veranschlagt (abweichend von dem jüngsten Schätzwert[41] der FAO von 6000 Quadratkilometern). Das bedeutet, daß zwischen 1983 und 1988 weitere 54000 Quadratkilometer Wald zerstört wurden. Daraus folgt, daß sich der Gesamtbestand 1988 auf nur mehr 860 000 Quadratkilometer belief.

Der Schätzwert von 9000 Quadratkilometern könnte sich jedoch als zu niedrig erweisen. Die Weltbank[42] nimmt an, daß jeder Wert zwischen 7000 und 12 000 Quadratkilometer jährlich als »vertretbar« angesehen werden kann. Als der Verfasser dieses Berichts sich im August 1988 zu Regierungskonsultationen in Jakarta aufhielt, legte er dem Vizepräsidenten und acht Ministern die höhere Zahl vor; fünf von ihnen räumten – wenn auch inoffiziell – ein, daß angesichts zunehmender Abholzung und verstärkter Übergriffe von Brandrodungsbauern auf die Wälder diese Zahl durchaus stimmen könnte.[43] Zudem schätzt der indonesische Entwicklungsplan den jährlichen Waldverlust für die Zeit von Mitte 1989 bis Mitte 1994 (Ministerium für Forstwirtschaft, 1989) auf 11 500 Quadratkilometer. Somit dürfte eine jährliche Entwaldungsrate von 12 000 Quadratkilometern als realistisch anzusehen sein. Dies entspricht 1,4 Prozent des vorhandenen Waldbestands. Es bedeutet darüber hinaus, daß – sieht man einmal von Brasilien ab – Indonesien jedes Jahr mehr Wald verliert als irgendein anderes Tropenland.

13.3 Analyse des Gesamtbefunds

13.3.1 Zusammenfassende Übersicht über die einzelnen Staaten

Wie Tabelle 13.1 zeigt, schätzt man, daß die 34 betroffenen Staaten zusammengenommen pro Jahr 138 600 Quadratkilometer Wald verlieren.[44] Berücksichtigen wir zudem die mehr als vierzig Staaten, die wir aus unserer Länderanalyse ausgeklammert haben und die ungefähr 200 000 Quadratkilometer Tropenwald besitzen, und legen wir hier dieselbe Waldverlustrate zugrunde, so kommen jährlich weitere 3600 Quadratkilometer vernichtete Waldfläche hinzu. (Gewiß, dies ist eine sehr weitgehende Verallgemeinerung, die sich auf über vierzig Staaten erstreckt. Aber sie scheint insoweit gerechtfertigt zu sein, als auch aus so verschiedenen Ländern wie Ghana, Äthiopien, Uganda, Kenia, Sri

Lanka, Bangladesch, Nepal und China Berichte über eine zunehmende Waldvernichtung kommen.) Somit ergibt sich für den Lebensraum tropischer Regenwald ein jährlicher Gesamtverlust von 142 200 Quadratkilometern oder 1,8 Prozent der vorhandenen Waldfläche von 7 783 500 Quadratkilometern.

Wie schon gesagt, schätzt man, daß 1979 insgesamt 75 000 Quadratkilometer Wald gerodet worden sind.[45] Somit stieg in den letzten zehn Jahren die jährliche Entwaldungsrate um 67 200 Quadratkilometer oder nahezu 90 Prozent. Die für 1989 veranschlagte Zahl von 142 200 Quadratkilometern vernichtetem Wald bedeutet für das Gesamtbiom einen Waldverlust von 390 Quadratkilometer pro Tag beziehungsweise 16 Quadratkilometern pro Stunde oder 27 Hektar pro Minute.

Man sollte sich aber der Tatsache bewußt sein, daß die Entwaldungsmuster und -trends im Gesamtbiom sehr unterschiedlich sind. So läßt sich für Südostasien – unter der Voraussetzung, daß die gegenwärtige Entwicklung unverändert anhält – folgendes Bild prognostizieren: in Thailand und Vietnam wird bis zum Ende des Jahrhunderts praktisch der gesamte Waldbestand vernichtet sein, auf den Philippinen und in Myanmar (Birma) der gesamte Primärwald. Im größten Teil Malaysias und in Indonesien (mit Ausnahme von Kalimantan und Irian Jaya) wird wahrscheinlich ein kleiner Restbestand verschiedenster Waldkategorien weitere zwanzig Jahre überdauern. Auf Papua-Neuguinea aber mit seinem niedrigen Bevölkerungsdruck (unter vier Millionen Einwohner auf einer Fläche von 461 700 Quadratkilometern, was fast der Größe Spaniens oder Kaliforniens entspricht) ist es durchaus möglich, daß ausgedehnte Waldflächen bis weit ins nächste Jahrhundert hinein erhalten bleiben.

Ein ähnlich differenziertes Bild zeichnet sich für Afrika ab. Wenn – und dieses »wenn« gilt es zu betonen – die gegenwärtigen Entwaldungsmuster und -trends unverändert anhalten, dann kann man realistischerweise davon ausgehen, daß es nach dem Jahr 2000 auf Madagaskar, in West- und Ostafrika praktisch keinen Wald mehr geben wird, und sei es auch nur aufgrund des doppelten Drucks von Bevölkerungswachstum und verarmten Kleinbauern. Im Zaire-Becken jedoch, das die Länder Gabun, Kongo und Zaire umfaßt, leben auf einem Gebiet von drei Millionen Quadratkilometern lediglich 38 Millionen

Menschen; und diese Länder verfügen über so umfangreiche Bodenschätze, daß ihre Regierungen keine unmittelbare Notwendigkeit sehen, ihren Waldbestand zur Finanzierung der Landentwicklung heranzuziehen, auch wenn sich mit der Eröffnung der Trans-Gabun-Eisenbahn und den steigenden ausländischen Investitionen in die kommerzielle Holznutzung in Zaire die Lage sehr schnell verändern kann. Nicht zu vergessen, daß man bereits für das Jahr 2020 mit einer Gesamtbevölkerung von 98 Millionen rechnet. (Weitere Daten über den Zusammenhang von Bevölkerungswachstum und Entwaldung sind dem Abschnitt 13.4.2 zu entnehmen.)

Was Lateinamerika betrifft (für das die gleichen Vorbehalte gelten), so ist es recht unwahrscheinlich, daß etwa in Mexiko und Zentralamerika größere Waldbestände bis ins nächste Jahrhundert erhalten bleiben. Etwas mehr Zeit bleibt wahrscheinlich dem kolumbianischen Choco. Amazonien bietet ein heterogenes Bild. Die Waldgebiete in Ecuador, Peru und Bolivien werden wohl in höchstens zwanzig Jahren größtenteils zerstört sein. Der venezolanische Wald hingegen, der bisher weitgehend verschont blieb, hat gute Chancen, bis weit in die Zukunft hinein unversehrt zu überdauern. Der Zustand Amazoniens wird natürlich entscheidend von Brasilien bestimmt. In den letzten zwanzig Jahren kam es im brasilianischen Teil Amazoniens zu einem schleichenden Schwund des Waldbestands, mit einem steilen Anstieg der Entwaldungsrate in den vergangenen drei Jahren. Während die südlich, östlich und sogar nördlich an das brasilianische Amazonasgebiet angrenzenden Bundesstaaten wahrscheinlich auch weiterhin von umfangreichen Entwaldungen betroffen sein werden, ist es denkbar, daß der West- und Zentralbereich noch für längere Zeit relativ ungeschoren bleiben. Für die Guayanas mit mehr als 400 000 Quadratkilometer Waldfläche und nur zwei Millionen Einwohnern sind die Aussichten sogar noch günstiger. Bis zur Fertigstellung der Verbindungsstraße zwischen Südguayana und Brasilien wird es wohl zu keinem nennenswerten Waldverlust kommen.

Insgesamt ergibt sich also in bezug auf die Entwaldung ein sehr uneinheitliches Bild, sowohl für die Gegenwart als auch für die Zukunft. Vor Verallgemeinerungen und erst recht vor Projektionen der für das Gesamtbiom errechneten Entwaldungsrate von jährlich 1,8 Prozent sollte man sich daher geflissentlich hüten. Viele, wenn nicht die meisten Länder werden in einigen Jahrzehnten nur noch über einen kümmerlichen Restwald verfügen. Wenn wir die Entwicklung der jüngsten Vergangenheit einfach extrapolieren, können einige Länder damit rechnen, zumindest einige weitere Jahrzehnte lang beträchtliche Waldbestände zu besitzen. Das aber wirft eine zentrale Frage auf: Wird die Zukunft eine bloße Fortschreibung der jüngsten Vergangenheit sein? Werden die Entwaldungsraten weiterhin linear ansteigen, werden sie in einigen Sektoren des Bioms exponentiell wachsen – oder könnte in einigen Gebieten die Entwaldungsrate vielleicht sogar sinken? Mit diesem zentralen Problem werden wir uns in Abschnitt 13.4 ausführlich befassen.

13.3.2 Die Devastation von Wäldern

Neben der völligen Vernichtung von Wäldern kommt es häufig zu Eingriffen, die so schwerwiegend sind, daß sie Waldgebiete nachhaltig devastieren, ohne sie völlig zu zerstören. Zwar beeinträchtigt diese Wald-»Umwandlung« die Funktionen des Waldes als Lebensraum vielfältiger Arten und als Wasserscheide – ihre Auswirkungen auf die Biomasse von Tropenwäldern und damit auf deren Fähigkeit zur Speicherung von Kohlenstoff und zur Klimaregulierung sind jedoch nicht so gravierend. Da diese Umwandlung aber häufig als ein herausragender Aspekt der Tropenwaldvernichtung betrachtet wird und mit der Frage der Wiederaufforstung und damit auch der Sekundärwälder zusammenhängt (siehe unten), wird sie hier kurz angesprochen.

Bei einem Waldgebiet läßt sich das Ausmaß der Vernichtung leichter feststellen als das Ausmaß der Devastation. (Schätzwerte für einzelne Länder findet der Leser in der ursprünglichen Fassung dieses Berichts.)[46] Diese Schätzungen zeigen, daß die Gesamtdevastationsrate oft ungefähr der Entwaldungsrate entspricht; in vielen Ländern dürfte sie allerdings eher höher liegen. Nach einer ersten, vorläufigen Schätzung sind somit 1989 mindestens 150000 Quadratkilometer Wald devastiert worden.

13.3.3 Wiederbewaldung und Sekundärwälder

Einige Beobachter gingen davon aus, daß der Waldverlust größtenteils durch rasches Nachwachsen ausgeglichen wird und daß gerodete und wieder verlassene Gebiete schon nach kurzer Zeit von Sekundärwald bedeckt werden. Wie meine Studie zeigt, ist diese Annahme sehr fragwürdig.[47]

Zum einen werden entwaldete Flächen heutzutage in der Regel nicht einfach verlassen. Wie wir gesehen haben, geht die Entwaldung größtenteils auf das Konto der in großen Scharen auftretenden Brandrodungsbauern (einige Experten schätzen ihre Zahl auf 300 Millionen zu Beginn der achtziger Jahre), die nur noch sehr selten Rotationslandwirtschaft betreiben. Es ist vielmehr so, daß, wie oben beschrieben, unzählige »vertriebene« Bauern einen ungeheuren Druck auf die Waldrandgebiete ausüben, indem sie gewaltige Areale abholzen, bevor sie dann Jahr für Jahr tiefer in den Wald eindringen. Auf sie folgen weitere Zuwanderungswellen »vertriebener« Bauern, die es dem Wald unmöglich machen, sich von selbst zu regenerieren.[48]

Das ist die gegenwärtige Lage in weiten Teilen West- und Ostafrikas sowie Süd- und Südostasiens, in denen der Bevölkerungsdruck am größten ist. Gewiß, in Lateinamerika und besonders in Amazonien wächst auf verlassenen landwirtschaftlichen Nutzflächen und Viehweiden der Wald oft von sich aus nach. So zeigten beispielsweise 1988 zwischen 20 und 40 Prozent der entwaldeten Flächen im brasilianischen Amazonasgebiet erste Anzeichen eines nachwachsenden Sekundärwaldes.[49] Aber das ist keineswegs die Regel. Vielmehr gibt es in Amazonien zahlreiche Beispiele für entwaldete Flächen, auf denen überhaupt kein Wald nachwächst. Es ist für natürliche Sukzessionsvorgänge offensichtlich schwieriger in einem für den Aufbau von Sekundärwäldern nötigen Ausmaß in Gang zu kommen, als mitunter angenommen wurde. In der Region Bragança in Ostamazonien wurde Anfang dieses Jahrhunderts ein Gebiet von ungefähr 35 000 Quadratkilometern nach einer kurzen Phase landwirtschaftlicher Nutzung wieder verlassen. Fünf Jahre später zeigte sich dort neben einigen vereinzelten Flecken von Sekundärwald nur ein spärlicher Gestrüpp- und Buschbewuchs.[50] In weiten Teilen der zu Kolumbien[51], Ecuador[52] und Peru[53] gehörenden

Abschnitte Amazoniens wächst spontan nur sehr wenig Wald nach.

Diese Folge (das Ausbleiben eines Sekundärwaldbewuchses) ist in Asien sogar noch weiter verbreitet. So hat etwa in Indonesien das entwaldete Flächen rasch besiedelnde Dschungelgras *(Imperata)* mittlerweile 150000 Quadratkilometer in Steppen verwandelt; diese Grassorte ist so dominant, daß der Wald sich nicht von selbst regenerieren kann. Ähnlich rasant sich ausbreitende, durch regelmäßige Feuer im Grasstadium gehaltene Steppen findet man auf den Philippinen (zusammen ungefähr 70000 Quadratkilometer)[54], in Thailand[55], Malaysia[56] und Papua-Neuguinea[57], wobei sich die Gesamtfläche auf 450000 Quadratkilometer beläuft. Auch in Afrika ist ein analoges Phänomen weit verbreitet, das hauptsächlich auf den Druck zurückzuführen ist, den etwa in Kamerun und Ghana[58], der Elfenbeinküste[59] sowie auf Madagaskar[60] allein die schnell wachsende Zahl von Kleinbauern ausübt.

Aber selbst wenn Sekundärwälder sich von selbst entwickeln, ist ihre Höhe und Biomasse häufig geringer als die eines Primärwaldes – mit allen Folgen für ihre Fähigkeit zur Speicherung von Kohlenstoff und für ihre Rolle im globalen Kohlenstoff-Haushalt. In Malaysia erreichen Sekundärwälder gewöhnlich nur 50 bis 75 Prozent der Höhe von Primärwäldern.[61] In der Gegend von Altamira im brasilianischen Bundesstaat Pará gibt es Sekundärwälder, die weniger als die Hälfte der ursprünglichen Biomasse besitzen.[62] Es hat sich gezeigt, daß Sekundärwälder auf ehemaligen Weideflächen im brasilianischen Amazonasgebiet sehr viel langsamer Fuß fassen als auf Ackerbauflächen, die von Wanderfeldbauern im Rahmen ihrer Bewirtschaftungszyklen aufgegeben werden.[63] Zudem hängt die erfolgreiche Entwicklung von Sekundärwäldern von der Intensität der Viehzucht vor dem Verlassen ab, wobei stark genutzte Gebiete (der vorherrschende Typus) nur halb soviel Biomasse erzeugen wie weniger intensiv genutzte Gebiete.[64]

In einigen Teilen der feuchten Tropen werden entwaldete Areale zur Plantagenbewirtschaftung genutzt, für den Anbau von Kaffee, Tee, Kautschuk, Ölpalmen sowie für andere, auf Bäumen wachsende Kulturpflanzen beziehungsweise Nutz- und Brennholz. Die erste Kategorie ist hier kaum von Bedeutung, da ihre Biomasse im allgemeinen zu geringfügig ist, um sich auf die Funktion der Biomasse und damit auf den Kohlenstoff-Zyklus nachhaltig auszuwirken. Was Nutzholzplantagen und Brennholzflächen anlangt, so beläuft sich deren Fläche insgesamt auf etwas mehr als 200000 Quadratkilometer. Sie wurden weitestgehend seit Anfang der siebziger Jahre angelegt, und die gegenwärtige jährliche Zuwachsrate liegt bei ungefähr 11000 Quadratkilometer, von denen etwa zwei Drittel (7300 Quadratkilometer) in den feuchten Tropen liegen.[65] Will man den Waldbestand in den feuchten Tropen berechnen, sollte man diese 7300 Quadratkilometer von der 1989 entwaldeten Fläche von 142200 Quadratkilometern abziehen, wodurch sich für 1989 ein Nettogesamtbetrag von 134900 Quadratkilometern ergibt.

13.4 Zukunftaussichten

Sollten wir davon ausgehen, daß die gegenwärtigen Entwaldungstrends und -muster in Zukunft unverändert anhalten? Oder sollten wir mit Unregelmäßigkeiten rechnen, wie etwa einer weiteren Beschleunigung der Entwaldungsrate in einigen Ländern – und vielleicht sogar einer Abnahme der Rate in anderen Ländern? Es ist klar, daß die Raten für die Elfenbeinküste oder für Nigeria, die für 1989 mit 15,6 beziehungsweise 14,3 Prozent veranschlagt wurden,[66] höchstens noch fünf Jahre beibehalten werden können, weil dann fast der gesamte Wald vernichtet sein wird. Ebenso klar ist, daß die Raten wahrscheinlich schon vorher sinken, da die verbleibenden Wälder auf kleine Restbestände in unzugänglichen Gebieten, wie extremen Steilhängen und Schluchten, zusammenschrumpfen werden. So ging etwa in der Elfenbeinküste in den achtziger Jahren die Rate beträchtlich zurück; das gleiche gilt für Zentralamerika und die Philippinen.

Inwieweit können wir angesichts der vielen beteiligten Variablen eine realistische Prognose der künftigen Situation wagen? Betrachten wir dazu eine Reihe zentraler Faktoren.

13.4.1 Geplante Entwaldung

Einige Regierungen haben Pläne erstellt, um die ihnen noch verbleibenden Wälder in großem Umfang kommerziell zu nutzen.

Als bemerkenswertestes Beispiel gilt Brasilien.[67] Im folgenden möchte ich kurz auf die Lage in Indonesien eingehen und die dortigen Entwaldungspläne erörtern.

Alle Konzessionen zum Holzeinschlag in Indonesien, die sich auf den größten Teil der noch vorhandenen Tieflandwälder erstrecken, sehen eine maximale Nutzungsdauer von 25 Jahren vor.[68] Zudem plant die Regierung, im Zeitraum von 1988 bis 2000 eine Waldfläche von mindetens 60000 Quadratkilometern (möglicherweise aber auch dreimal soviel) hauptsächlich im Rahmen ihres Umsiedlungsprogramms (das sich jedoch unlängst verlangsamt hat, wenn auch eher wegen fehlender Gelder als wegen Zweifeln an seiner Effektivität) in landwirtschaftliche Nutzfläche umzuwandeln. Darüber hinaus wird die ungeplante landwirtschaftliche Nutzung durch »spontane« Siedler und andere Formen desr Brandrodungslandwirtschaft zu einem weiteren beträchtlichen Waldverlust führen. Diese drei Faktoren könnten angesichts einer durchschnittlichen jährlichen Entwaldung von 20000 Quadratkilometer, im Unterschied zu der für 1989 angesetzten Waldvernichtung von 12000 Quadratkilometern, leicht zur Vernichtung von mindestens 200000 Quadratkilometern Wald in den neunziger Jahren führen.

15.4.2 Bevölkerungsexplosion

Die Bevölkerungsexplosion wird häufig als die wichtigste Ursache der Entwaldung angesehen (genauere Angaben über die gegenwärtigen Bevölkerungszahlen und das voraussichtliche Wachstum zeigt Tabelle 13.2). Mag dies auch in mancherlei Hinsicht stimmen, so ist die Situation damit doch noch lange nicht erklärt.[69] Man muß sich lediglich vergegenwärtigen, daß die Bevölkerung in den Ländern mit Tropenwald in den achtziger Jahren um 15 bis 36 Prozent zugenommen hat, während die Entwaldung im gleichen Zeitraum um 90 Prozent gestiegen ist.

Wie schon gesagt, geht die tropische Waldvernichtung im wesentlichen auf das Konto des »vertriebenen« Bauern.[70] Diese Menschen werden in rasch wachsender Zahl aus den traditonellen Landwirtschaftsgebieten der betroffenen Länder vertrieben und ziehen in die dünn besiedelsten Areale, von denen sie ge-

Tabelle 13.2 Bevölkerungswachstum in ausgewählten Tropenwaldländern

	Bevölkerung in Millionen		Bevölkerungswachstum (Prozent)	Prozent der Bevölkerung in ländlichen Gebieten	Voraussichtliche Bevölkerung (Millionen)			Bruttosozialprodukt (in US-Dollar)
	1950	1989	1989		2000	2020	Nullwachstum	
Lateinamerika								
Brasilien	53	147	2,0	29	180	234	280	2020
Ecuador	3	11	2,6	56	14	20	24	1040
Guayanas	k.A.	1,6	2,1	52	2	3	k.A.	1050
Kolumbien	12	31	2,0	33	38	49	57	1220
Mexiko	27	87	2,4	34	107	142	170	1820
Peru	8	21	2,1	31	26	35	46	1430
Venezuela	5	19	2,4	17	24	33	42	3230
Zentralamerika	9	28	2,8	k.A.	37	54	88	1240
Asien								
Indien	362	835	2,2	74	1042	1374	1766	300
Indonesien	77	185	2,0	74	222	287	345	450
Kambodscha	4	7	2,3	89	9	12	k.A.	k.A.
Laos	k.A.	4	2,5	84	5	7	k.A.	k.A.
Malaysia	6	17	2,5	65	21	27	37	1800
Myanmar (Birma)	18	41	2,3	76	51	69	97	k.A.
Papua-Neuguinea	2	4	2,7	87	5	8	12	730
Philippinen	20	65	2,8	59	86	131	127	590
Thailand	20	56	1,7	83	66	82	98	840
Vietnam	24	67	2,6	81	86	121	168	k.A.
Afrika								
Elfenbeinküste	3	12	3,6	57	19	35	83	750
Gabun	k.A.	1	1,9	59	1,6	2,6	6	2750
Kamerun	5	11	2,6	58	15	24	67	960
Kongo	1	2	3,4	52	3	6	17	880
Madagaskar	5	12	3,1	78	17	30	49	200
Nigeria	41	115	2,9	72	161	274	500	370
Zaire	14	35	3,1	60	49	89	200	160

(Quellen: *Population Reference Bureau,* 1989; *Weltbank,* 1989)

hört haben: in die Wälder. Die durch Bevölkerungswachstum und stetigen Druck auf die alten Landwirtschaftsgebiete (die jedoch oftmals mit schlechten oder mittelmäßigen Agrartechnologien und das heißt eher extensiv als intensiv bewirtschaftet werden) nachhaltig verstärkte Brandrodung ist die Hauptursache für die Entwaldung in Kolumbien, Ecuador, Peru, Bolivien, Nigeria, Madagaskar, Indien, Thailand, Indonesien und den

Philippinen sowie (wenn auch in geringerem Maß) in Mexiko, Brasilien, Myanmar (Birma) und Vietnam.

Die jährliche Wachstumsrate dieser Bauern liegt häufig weit über dem jeweiligen Landesdurchschnitt. Im brasilianischen Bundesstaat Rondônia lag seit 1975 die jährliche Zuwachsrate bei den Kleinsiedlern meistens über 15 Prozent, während die brasilianische Bevölkerung insgesamt eine durchschnittliche Wachstumsrate von 2,1 Prozent aufwies.[71] Ähnlich massenhafte (wenn auch in niedrigeren Raten) Migrationen in die Tropenwälder gibt es in Kolumbien, Ecuador, Peru, Bolivien, der Elfenbeinküste, Nigeria, Indien, Thailand, Vietnam, Indonesien und auf den Philippinen. In all diesen Fällen ist die Bevölkerungsexplosion ein bedeutender, wenn nicht der bedeutendste Entwaldungsfaktor.

Zudem steht zu erwarten, daß das Bevölkerungswachstum in der Zukunft noch größere Scharen von vertriebenen Bauern hervorbringen wird, die die Entwaldung in vielen Teilen der feuchten Tropen beschleunigen werden. Ungefähr im Jahr 2030 werden wahrscheinlich 80 Prozent der dann auf acht Milliarden geschätzten Weltbevölkerung in den Tropenländern leben. Das entspricht 6,4 Milliarden Menschen, gut einer Milliarde mehr als die heutige Weltbevölkerung zählt. Angesichts der »demographischen Dynamik«, und auch unter Berücksichtigung umfangreicher Familienplanungsprogramme, deutet die erwartete Bevölkerungsexplosion darauf hin, daß in den auch künftig vorwiegend agrarisch strukturierten Ländern, die noch vorhandenen Wälder auf Jahrzehnte hinaus einem steigenden Druck ausgesetzt sein werden. So wird zum Beispiel die Bevölkerung Ecuadors von heute 10,5 Millionen voraussichtlich auf 24 Millionen Menschen (ein Anstieg um 129 Prozent) anwachsen, bevor die Zunahme in mehr als hundert Jahren zum Stillstand kommt; die Bevölkerung Kameruns wird von elf auf 67 Millionen anwachsen (um 509 Prozent); die der Elfenbeinküste von zwölf auf 83 Millionen (um 592 Prozent); die Madagaskars von zwölf Millionen auf 49 Millionen (um 308 Prozent); die Nigerias von 115 Millionen auf 500 Millionen (um 335 Prozent); die Myanmars (Birmas) von 41 Millionen auf 97 Millionen (um 137 Prozent); die Indiens von 835 Millionen auf 1766 Millionen (um 112 Prozent); die Indonesiens von 185 Millionen auf 345 Millionen (um 87 Prozent) und die Vietnams von 67 Millionen auf 168 Millionen (um 151 Prozent).

Selbstverständlich sollte man sich davor hüten, diesen Trend einfach dem Gesamtbiom zugrunde zu legen. In weiten Teilen Neuguineas ist der Bevölkerungsdruck bis heute gering, und er wird wohl auch in absehbarer Zukunft keine nennenswerte Rolle spielen. Ähnliches gilt für die Länder im Zaire-Becken in Zentralafrika; für die Länder Guayanas, also für Guayana, Surinam und Französisch-Guayana, und für den westlichen Sektor des brasilianischen Amazonasgebiets.

13.4.3 Die besondere Rolle der vertriebenen Bauern

Die Brandrodung, wie sie gewöhnlich eher vom vertriebenen Bauern neueren Typs als vom Wanderfeldbauern traditonellen Typs praktiziert wird, trägt (grobgerechnet) mit über 60 Prozent zu der gesamten Waldvernichtung bei, und dieser Anteil wird wahrscheinlich rasch weiter steigen.[72] Da der vertriebene Bauer aufgrund seines fehlenden wirtschaftlichen, sozialen, politischen und institutionellen Status eine »marginalisierte« Person ist, ist er gezwungen, in die Randgebiete der Tropenwälder einzudringen. Seinen Bedürfnissen kann man nur gerecht werden, wenn man alles daransetzt, ihn in den Entwicklungsprozeß einzubeziehen, der durch die Neuverteilung vorhandener landwirtschaftlicher Nutzflächen, die Reform von Grundbesitzregelungen, den Aufbau landwirtschaftlicher Beratungsdienste, eine erleichterte Kreditaufnahme und die Bereitstellung von Agrartechnologien eine intensivere und nachhaltigere Bewirtschaftung in den alten Landwirtschaftsregionen ermöglicht, die zu verlassen er sich heute gezwungen sieht.

Am wichtigsten aber ist es, den Brandrodungsbauern nicht zum Sündenbock zu stempeln. Sowenig man einem Soldaten vorwerfen kann, daß er in den Krieg zieht, sowenig kann man den Brandrodungsbauern für das Abholzen des Waldes zur Verantwortung ziehen. Seine Lebensweise wird von einer Vielzahl von wirtschaftlichen, sozialen, rechtlichen, institutionellen und politischen Faktoren bestimmt, die er kaum durchschaut und auf die er praktisch keinen Einfluß hat.

Leider besteht wenig Hoffnung, das Problem der vertriebenen Bauern innerhalb eines Zeitraums zu lösen, der den Tropenwäldern noch nützt; es sei denn, daß die betroffenen Regierungen und die internationalen Entwicklungsorganisationen sich stärker mit den spezifischen Entwicklungsproblemen befassen, die gerade die vertriebenen Bauern aufwerfen. Wie systematisch dieses Problem verdrängt wird, erkennt man daran, daß wir über keine genauen Zahlen verfügen. Wir wissen nicht, wie viele Waldbauern es gibt – grobe Schätzungen reichen von 300 Millionen bis 500 Millionen. Sollte die letztgenannte Zahl zutreffen (sie könnte immer noch zu niedrig sein), wären das immerhin zehn Prozent der Weltbevölkerung. Und doch tut man weiterhin so, als gäbe es diese Bauern nicht!

Wie sehr die Entwicklung der Dritten Welt von den Industriestaaten vernachlässigt wird, sieht man auch daran, daß die verschuldeten Staaten der Südhemisphäre 1988 zur Schuldentilgung an ihre nördlichen Gläubiger 54 Milliarden Dollar mehr zahlten, als ihnen umgekehrt in Form von Wirtschafts- und Entwicklungshilfe, Staatsanleihen und Privatinvestitionen zufloß. Solange der Gesamtzusammenhang der Wirtschaftsbeziehungen zwischen Nord und Süd durch einen derart ungerechten einseitigen Kapitalfluß gekennzeichnet ist, besteht wenig Hoffnung, daß die Regierungen der Tropenwaldländer, die 1987 Schulden in Höhe von 562 Milliarden Dollar hatten (das sind 58 Prozent der Gesamtschulden der Dritten Welt), genügend Kapital in einen der am meisten vernachlässigten Entwicklungssektoren investieren werden: die Subsistenzlandwirtschaft, wie sie von den Ärmsten der Armen betrieben wird.

Der Faktor, der am meisten zur Vernichtung des Tropenwalds beiträgt, vermehrt sich unterdessen immer stärker, und in absehbarer Zukunft ist wohl kaum mit einer Umkehr dieses Trends zu rechnen. Wird dieser zerstörerische Prozeß nicht mit der ihm gebührenden umfassenden Sorgfalt und Dringlichkeit behandelt, dann wird er eine Eigendynamik entwicklen, die nicht eher gestoppt werden kann, bis sie riesige Tropenwaldgebiete vernichtet hat. Von der Lösung dieser Frage hängt das Überleben des Tropenwalds ab – einer Frage, die selten gestellt wird und schon gar nicht beantwortet ist.

13.4.4 Wahrscheinliche Beschleunigung der Entwaldungsraten

Aufgrund der Probleme, die allein der vertriebene Bauer aufwirft, spricht vieles dafür, daß es in weiten (wenn nicht fast allen) Teilen des Bioms zu einer kontinuierlichen Steigerung der Entwaldungsraten kommen wird. Das heißt, die Waldvernichtung wird nicht linear, sondern exponentiell zunehmen. Aber mit welchen Quotienten? Können wir denn vernünftigerweise davon ausgehen, daß nach einer 90prozentigen Steigerung der jährlichen Entwaldungsrate in den achtziger Jahren die Rate in den neunziger Jahren auf 150 Prozent emporschnellen wird, so daß der Waldverlust im Jahr 2000 nahezu 213 000 Quadratkilometer betragen wird? Wenn ja, dann würde bis dahin der gesamte heutige Waldbestand von acht Millionen Quadratkilometern auf etwas mehr als sechs Millionen Quadratkilometer zusammengeschrumpft sein. Ein Waldverlust von 213 000 Quadratkilometern im Jahr 2000 würde einer Rate von 3,4 Prozent des dann noch vorhandenen Waldes entsprechen. Anders gesagt: Die jährlich vernichtete Waldfläche verdoppelt sich bereits, wenn die jährliche Verlustrate noch weit von einer Verdopplung entfernt ist.

Diese Feststellung gilt natürlich (mit einer Einschränkung, siehe unten) auch für jedes einzelne Land. Selbst wenn der auf ein Waldgebiet ausgeübte Rodungsdruck konstant bliebe, würde der Prozentsatz der Fläche, die der verbleibende Wald jährlich verlieren würde, aufgrund eines »Verknappungseffekts« steigen. Der Rodungsdruck wird aber wahrscheinlich steigen, und sei es nur aufgrund der Bevölkerungszunahme und wachsender Nachfrage (in den Tropenwaldländern ebenso wie in den übrigen Ländern). Somit verschärft sich der Verknappungseffekt. All dies zusammengenommen bedeutet, daß die letzten Tropenwaldgebiete sehr viel schneller verschwinden könnten, als von vielen erwartet.

13.4.5 Weitere Ursachen der Waldvernichtung

Zur Entwaldung tragen potentiell noch weitere Faktoren bei, die atmosphärischer und klimatischer Natur sind. Zwar werden sich ihre Auswirkungen wohl erst zu Beginn des nächsten Jahrhunderts bemerkbar machen, während die bisher beschriebenen Faktoren bereits heute maßgeblich zur Entwaldung beitragen; ihr Zerstörungspotential könnte sich jedoch als sehr groß erweisen. Dazu gehören regionale klimatische Rückkopplungsvorgänge,[73] Rückkopplungsprozese im Rahmen der globalen Erwärmung[74] sowie der saure Regen, die alle zu einer nachhaltigen Zerstörung der Tropenwälder führen könnten. Hier werden wir zur Veranschaulichung einen Faktor herausgreifen: den sauren Regen.

Gemeinhin glaubt man, der saure Regen, den man zutreffender auch als sauren Niederschlag bezeichnet, sei ein Phänomen, das sich auf die Wälder der gemäßigten Zone Nordamerikas und Europas beschränke. Er bedroht aber in zunehmendem Maße auch die Tropenwälder.[75] Bereits heute schädigt er nachweislich große Waldflächen in Südchina.[76] Und schon bald könnte er vor allem auf Waldgebiete übergreifen, die in Regionen mit dichter Besiedlung und schnellem Bevölkerungswachstum, hoher Kraftfahrzeugdichte, rasch wachsender industrieller Basis und von Natur aus säurehaltigen Böden liegen. Dazu gehören weite Teile Westindonesiens, die Malaiische Halbinsel, Vietnam, Thailand, Indien, der östliche Teil Westafrikas, Südostbrasilien, Nordwestvenezuela und Nordkolumbien.

Wie schnell diese weitere Form der Waldvernichtung auf die besagten Gebiete übergreifen wird, läßt sich nicht sagen. Es gibt jedoch schon heute genügend Anhaltspunkte dafür, daß sie in einiger Zeit (oder schon bald?) zu einer ausgedehnten Schädigung, wenn nicht sogar Zerstörung großer Waldgebiete führen könnte, die innerhalb weniger Jahrzehnte möglicherweise eine Fläche von bis zu einer Million Quadratkilometern umfassen wird.

13.5 Auswirkungen auf die globale Erwärmung

Infolge der Waldvernichtung gelangen gewaltige Mengen des in der Biomasse gespeicherten Kohlenstoffs in die Atmosphäre, wo sie sich mit Sauerstoff zu Kohlendioxid verbinden – jenem Gas, das mit über 50 Prozent zum Treibhauseffekt beiträgt. Die Entwaldung führt auch zur Freisetzung bedeutender Mengen von Methan und Stickoxiden, zweier weiterer potenter Treibhausgase.[77]

Nach den vorliegenden Modellrechnungen belief sich, wie Myers in seinem Bericht[78] dargelegt hat, die 1989 durch Entwaldung freigesetzte Menge an Kohlenstoff auf ungefähr 1,4 Milliarden Tonnen jährlich. Um diese Zahl in ihrer Bedeutung zu erfassen, muß man sie mit der Menge von etwa 0,8 Milliarden Tonnen (mit einer Schwankungsbreite zwischen 0,4 und 1,4 Milliarden Tonnen) vergleichen, die 1979 freigesetzt wurden. Die Kohlenstoff-Emissionen haben also um 75 Prozent zugenommen. (Eine Aufschlüsselung nach einzelnen Ländern zeigt Tabelle 13.3)

Diese Zahlen gelten jedoch nur für geschlossene Wälder, das heißt für dichte Wälder mit durchgehendem Kronenschluß. Wenn wir die offenen Wälder mit einbeziehen, beläuft sich die Gesamtmenge des 1989 freigesetzten Kohlenstoffs auf schätzungsweise 2,4 Milliarden Tonnen (mit einer Spanne zwischen 2,0 und 2,8 Milliarden Tonnen). Das ist eine Zunahme von 0,7 Milliarden Tonnen gegenüber einer Gesamtmenge von 1,7 Milliarden Tonnen im Jahr 1979, was einer Steigerung von 41 Prozent entspricht. Man beachte auch, daß die durch Vernichtung geschlossener Wälder 1989 freigesetzte Kohlenstoff-Menge schätzungsweise 58 Prozent der Kohlenstoff-Emissionen sämtlicher Tropenwälder ausmacht.

Die gegenwärtige Menge des von Tropenwäldern aller Art freigesetzten Kohlenstoffs muß mit der Gesamtmenge an Kohlenstoff verglichen werden, die weltweit (überwiegend jedoch in den Industrieländern) durch die Verfeuerung fossiler Brennstoffe entsteht und die für 1989 mit 5,6 Milliarden Tonnen veranschlagt wird. Somit sind die Tropenwälder mit 30 Prozent an der Zunahme der Kohlendioxid-Konzentration in der Erdatmosphäre beteiligt, wobei Kohlendioxid mit ungefähr 50 Prozent zur globalen Erwärmung beiträgt. Nehmen wir weitere durch die tropische Waldvernichtung freigesetzte Treibhausgase, nämlich Methan und Stickoxide hinzu, dann beläuft sich der Gesamtbeitrag der tropischen Entwaldung zur globalen Erwärmung auf schätzungsweise 18 bis 19 Prozent, möglicherweise aber auch auf mehr.

Tabelle 13.3 Schätzungen über die rodungsbedingten Kohlenstoff-Freisetzungen in einzelnen Ländern für 1989

Land	gerodete Fläche (Quadrat-kilometer)	Kohlenstoff-Freisetzungen (Millionen Tonnen)	(prozentualer Anteil)
Brasilien	50000	454	32,1
Indonesien	12000	124	8,9
Myanmar (Birma)	8000	83	5,9
Mexiko	7000	64	4,6
Thailand	6000	62	4,4
Kolumbien	6500	59	4,2
Nigeria	4000	57	4,1
Zaire	4000	57	4,1
Malaysia	4800	50	3,6
Indien	4000	41	2,9
Vietnam	3500	36	2,6
Papua-Neuguinea	3500	36	2,6
Elfenbeinküste	2500	36	2,6
Peru	3500	32	2,3
Zentralamerika	3300	30	2,1
Philippinen	2700	28	2,0
Kamerun	2000	28	2,0
Madagaskar	2000	28	2,0
Ecuador	3000	27	1,9
Bolivien	1500	14	1,0
Venezuela	1500	14	1,0
Laos	1000	10	0,7
Kongo	700	10	0,7
Gabun	600	9	0,6
Kambodscha	500	5	0,4
Guayanas	500	4	0,3
Summe	**1386000**	**1398**	**100,0**

Zudem scheint der Beitrag der Tropenwälder zum Anstieg des Kohlendioxid-Gehalts in der Erdatmosphäre schneller zuzunehmen als der Beitrag der fossilen Verbrennung. Extrapoliert man die gegenwärtigen Trends, dann würde der Anteil der Tropenwälder zu Beginn des nächsten Jahrhunderts mit fünf Milliarden Tonnen seinen Höchststand erreichen – und anschließend aufgrund der Tatsache, daß es fast nichts mehr zu verbrennen gäbe, rasch abfallen.

13.6. Großflächige Wiederaufforstung als Maßnahme zur Bekämpfung der globalen Erwärmung

Eine mögliche Strategie gegen die globale Erwärmung könnte durchaus darin bestehen, die abgeholzten Tropenwälder in einem Umfang wiederaufzuforsten, der die Zunahme der Kohlendioxid-Menge in der Erdatmosphäre begrenzt. Aufgrund der Photosynthese der Pflanzen würde eine großflächige Wiederaufforstung beträchtliche Mengen Kohlenstoff aus der Atmosphäre binden. Diese Maßnahme kann selbstverständlich nur greifen, wenn zugleich die Tropenwaldzerstörung eingedämmt und damit die gegenwärtig von diesen Wäldern freigesetzte Menge an Kohlendioxid (wie auch an Methan, Stickoxiden und weiteren Treibhausgasen) reduziert wird.

Wie wir in Abschnitt 13.5 gesehen haben, belaufen sich die gesamten Kohlenstoff-Emissionen gegenwärtig auf acht Milliarden Tonnen pro Jahr. Etwas weniger als die Hälfte davon verbleibt in der Atmosphäre, der Rest wird von den Meeren aufgenommen beziehungsweise von Pflanzen (durch den sogenannten Düngungseffekt) und anderen Auffangbecken (Senken) absorbiert. Die Kohlendioxid-Menge in der Atmosphäre nimmt demnach netto um jährlich etwa vier Milliarden Tonnen zu. Sollte jedoch die Tropenwaldzerstörung sofort um beispielsweise ein Drittel reduziert werden (wobei langfristig sicherlich eine stärkere Reduktion möglich ist), verringerte sich theoretisch die jährliche Kohlendioxid-Zunahme um 0,8 Milliarden Tonnen (bei einer Menge von 2,4 Milliarden Tonnen Kohlendioxid, die heute durch Waldvernichtung entstehen), so daß die atmosphärische Kohlendioxid-Menge netto auf 3,2 Milliarden Tonnen sinken würde. Tatsächlich aber wäre die in der Atmosphäre verbleibende Menge größer, da die Meere, die nunmehr eine geringere »Ladung« Kohlenstoff aufnehmen müßten, tendenziell einen niedrigeren Anteil des in der Luft schwebenden Anteils absorbieren würden.

Wie schnell können Tropenbäume atmosphärisches Kohlendioxid absorbieren? Eine Baumplantage kann jährlich leicht zwischen 15 und 25 Tonnen Biomasse pro Hektar erzeugen, wobei man einen realistischen Durchschnittswert von 20 Tonnen veranschlagen kann.[79] Je nach den klimatischen Bedingungen, den Bodenarten und anderen Faktoren unterscheiden sich die Wachstums- und Ertragsraten allerdings beträchtlich. Daß es sich bei diesen Werten trotzdem um vorsichtige Schätzungen handelt, erkennt man daran, daß etwa Eukalyptusplantagen in Südbrasilien regelmäßig einen durchschnittlichen Jahresertrag von über 30 Tonnen, ja gelegentlich sogar Spitzenwerte von mehr als 70 Tonnen erzielten.[80] Da das Pflanzenwachstum zu 50 Prozent auf Kohlenstoff basiert, kann eine Plantage pro Hektar jährlich 10 Tonnen atmosphärischen Kohlenstoff assimilieren. Dies wiederum bedeutet, daß eine wiederaufgeforstete Fläche von 100 Millionen Hektar beziehungsweise einer Million Quadratkilometern so lange jährlich eine Milliarde Tonnen Kohlenstoff aus der Atmosphäre absorbieren kann, wie die Bäume sich in raschem Wachstum befinden, das heißt für mindestens dreißig Jahre.[81]

Eine Million Quadratkilometer sind eine gewaltige Fläche. Sie entsprechen den Staatsgebieten Großbritanniens, Frankreichs und der Bundesrepublik Deutschland zusammen. Auf die Tropenländer bezogen, entsprechen einer Million Quadratkilometer mehr als das Dreifache der Fläche der Philippinen und fast ein Drittel des brasilianischen Amazonasgebiets. Erfreulicherweise steht noch ein Großteil bereits abgeholzter Areale für Wiederaufforstungsmaßnahmen zur Verfügung, weil sich bisher noch keine Siedler dauerhaft dort niedergelassen haben.[82] Man hofft, daß die Wiederaufforstung kostenlos durchgeführt wird, weil Bäume vielfältige Verwendung (Bereitstellung von Baumaterialien, Bodenerhaltung, Windschutzstreifen, und so weiter) finden.

Man beachte ferner, daß es nicht unbedingt zu Schwierigkeiten bei der Holzlagerung kommen muß. Bäume können dreißig oder sogar vierzig Jahre lang weiterwachsen und Kohlenstoff speichern. Somit haben wir zweifellos genügend Zeit, die Abhängigkeit unserer Wirtschaft von fossilen Brennstoffen zu überwinden. In diesem Fall ist die Wiederaufforstung eine Überbrückungsmaßnahme, die uns hilft, einen Energie-/Klima-Engpaß durchzustehen. Das Kohlenstoff absorbierende Holz wird dabei in den Plantagen »gelagert«, in denen es beständig weiterwächst.

Was die Kosten betrifft, so können wir bei Zugrundelegung der Preise von 1988 (für Sämlinge und ähnliches) davon ausgehen, daß eine agroforstwirtschaftliche beziehungsweise gemeinschaftsforstwirtschaftliche Plantage – wie sie das Programm größtenteils vorsieht – zwischen 200 und 500 Dollar pro Hektar kosten wird. Eine Nutzholzplantage hingegen, die im allgemeinen ohne unentgeltliche Leistungen angelegt wird, kostet ungefähr 2000 Dollar pro Hektar. Nehmen wir an, die Kosten beliefen sich im Durchschnitt auf 400 Dollar pro Hektar, was einem vernünftigen »Arbeitswert« entspricht.[83] Würde man eine Fläche von einer Million Quadratkilometern mit Bäumen bepflanzen, müßte man demnach mit Kosten von 40 Milliarden Dollar rechnen. Wenn man das Programm über einen Zeitraum von zirka zehn Jahren ausdehnen würde, beliefen sich die jährlichen Durchschnittskosten auf vier Milliarden Dollar zu heutigen Preisen. Zwar ist dieser Betrag mehr als doppelt so hoch wie die jährlichen Kosten des bis dato ehrgeizigsten Tropenwaldprogramms, des Tropenwald-Forstwirtschafts-Aktionsplans (Tropical Forestry Action Plan), er würde aber im Vergleich zu den verdeckten Kosten des Nichtstuns, das die Auswirkungen des Treibhauseffekts allein auf die Landwirtschaft und die Bewohner der Küstenregionen abwälzt, eine überaus positive Investition darstellen. Der Intergovernmental Panel on Climate Change (IPCC) hat das Konzept der Wiederaufforstung im Prinzip bereits anerkannt und schlägt vor, zwanzig Jahre lang in verschiedenen Teilen der Welt jährlich eine Fläche von 120 000 Quadratkilometern mit Bäumen zu bepflanzen, was einer Gesamtfläche von schließlich 2,4 Millionen Quadratkilometern entspricht.

Wer soll die großflächige Wiederaufforstung in den feuchten Tropen bezahlen? Jene Länder, die am dringendsten auf eine Wiederherstellung von Wassereinzugsgebieten, auf Brenn- und Nutzholzvorräte angewiesen sind, wären die Hauptnutznießer und daher wohl auch bereit, einen Großteil der Kosten zu tragen. Daß sie bis jetzt noch nicht in ausreichendem Umfang Wiederaufforstungsmaßnahmen ergriffen haben, liegt teilweise daran, daß sie deren Dringlickeit nicht begreifen (auch wenn sich diese Einsicht in einigen Ländern durchzusetzen beginnt), und teilweise schlicht an ihren unzureichenden Finanzmitteln. Der zweite Faktor spricht für ein größeres finanzielles Engagement der Industriestaaten, teils aus den herkömmlichen Gründen des Entwicklungsbedarfs, teils aus dem akuten Interesse der Industrienationen an einer Dämpfung des Treibhauseffekts. Die Industriestaaten sollten schon deshalb unbedingt den Löwenanteil der Kosten tragen, weil sie die Hauptverursacher des Treibhauseffekts waren und immer noch sind.

13.7. Schlußfolgerung

Die Vernichtung von Tropenwald hat sich in den achtziger Jahren erheblich beschleunigt. Infolgedessen ist sie heute mit 30 Prozent an der Zunahme des Kohlendioxid-Gehalts in der Erdatmosphäre beteiligt. Wenn dieses Problem nicht energischer und schneller angepackt wird, wird die Entwaldungsrate – und entsprechend die Emission von Treibhausgasen – aller Wahrscheinlichkeit nach weiter steil ansteigen.

Erfreulicherweise zeigt die Situation der Tropenwälder auch einen positiven Aspekt. Es sieht nämlich so aus, als ob eine der kostengünstigsten und technisch am leichtesten zu realisierenden Methoden zur Bekämpfung des Treibhauseffekts in der großflächigen Wiederaufforstung abgeholzter tropischer Wälder liegt. Dies würde zu einer Reduktion des Kohlendioxid-Gehalts der Erdatmosphäre führen; immer vorausgesetzt natürlich, daß man sich zugleich erheblich stärker als bisher um eine Verringerung der Waldvernichtung bemüht. Die Einrichtung von Stützungsfonds und die Weitergabe von Fachwissen würde die Zukunftsaussichten der Tropenwälder verbessern.

Kapitel 14
Der Beitrag der Landwirtschaft zur globalen Erwärmung

Anne Ehrlich

»...Wenn man in dem weltweiten Bemühen um die Eindämmung der Treibhausgasemissionen den Agrarsektor und das Bevölkerungswachstum als eigentliche Triebkräfte vergißt oder vernachlässigt, dann könnten die gewaltigen Anstrengungen zur Umstrukturierung des Energiesektors in dem Maße zunichte gemacht werden, wie sich anstelle von Kohlendioxid die wirksameren Methan- und Stickoxid-Emissionen erhöhen. Dann könnte sich der mit 14 Prozent bisher recht bescheidene Anteil der Landwirtschaft am Treibhauseffekt rasch verdoppeln...«

Die Landwirtschaft trägt durch vermehrte Emissionen von Treibhausgasen in beträchtlichem Umfang zur globalen Erwärmung bei. Man schätzt ihren Anteil an den Gesamtemissionen auf 14 Prozent.[1] Dieser von der IPCC-Arbeitsgruppe 3 errechnete Schätzwert umfaßt wahrscheinlich den vom Agrarsektor sämtlicher Länder produzierten Anteil an Kohlendioxid, entsprechend dessen drei- bis achtprozentigen Anteil am gesamten industriellen Energieverbrauch der meisten Staaten.[2] Unberücksichtigt (beziehungsweise zu gering angesetzt) bleibt dabei aber die Kohlendioxid-Menge, die bei der Umwandlung von Tropenwäldern in landwirtschaftliche Nutzfläche freigesetzt wird. Die Landwirtschaft ist in beträchtlichem Umfang an den globalen Emissionen der beiden wichtigen Treibhausgase Methan (CH_4)

und Distickstoffoxid (N_2O) sowie in geringerem Maße an der Freisetzung zweier weiterer relevanter Gase – Kohlenmonoxid (CO) und Stickstoffmonoxid (NO) – beteiligt. Da sich andere Kapitel mit den Kohlendioxid-Emissionen befassen, werde ich hier nicht auf sie eingehen. Kohlenmonoxid ist hauptsächlich deshalb von Bedeutung, weil es die atmosphärischen Konzentrationen von Methan beeinflußt. Dieses Kapitel beschäftigt sich vor allem mit den landwirtschaftlich bedingten Emissionen von Methan und Distickstoffoxid, deren möglichen Auswirkungen sowie geeigneten politischen Gegenmaßnahmen.

Die Landwirtschaft gewährleistet die Ernährung der rasant wachsenden Erdbevölkerung, die von 5,3 Milliarden heute auf wahrscheinlich über sechs Milliarden Menschen 1998 anwachsen und noch vor dem Jahr 2020 die Zahl von acht Milliarden überschreiten wird.[3] Da die Aktivitäten, die Treibhausgasemissionen verursachen, für die Landwirtschaft von zentraler Bedeutung sind, wird es mit Sicherheit nicht möglich sein, sämtliche Treibhausgasemissionen dieses Sektors zu beseitigen. Im Gegenteil: Die ständige Zunahme der weltweiten Nahrungsmittelproduktion führt zweifellos so lange zu einem Anstieg der Emissionen, bis man sich gemeinsam um deren Ausschaltung bemüht. Leider sind die Mechanismen, die der Freisetzung von Methan und Distickstoffoxid zugrunde liegen, bis dato weitgehend ungeklärt; und über eine mögliche Beeinflussung dieser Prozesse durch Veränderungen der landwirtschaftlichen Bewirtschaftungs- und Viehhaltungstechniken ist noch weniger bekannt. Dennoch scheinen beträchtliche Verringerungen möglich zu sein.

Angesichts des Treibhauspotentials beider Gase sollte alles unternommen werden, ihre Emissionen zu verringern, ohne dabei die landwirtschaftliche Produktivität zu beeinträchtigen. Man sollte jedoch nicht vergessen, daß sämtliche Treibhausgase (auch die landwirtschaftlich freigesetzten) langfristig nur gedrosselt werden können, wenn man das Bevölkerungswachstum in den Griff bekommt.[4]

14.1 Methan

Methan ist als Treibhausgas bei gleicher Menge ungefähr zwanzigmal so wirksam wie Kohlendioxid, und seine Konzentration in der Atmosphäre ist in diesem Jahrhundert mit jährlich etwa einem Prozent schneller angestiegen als je zuvor.[5] Seit die Methan-Konzentration vor mehr als hundert Jahren zu steigen begann, hat sie sich um das 2,5fache erhöht. Methan ist nach Kohlendioxid das zweitwichtigste Treibhausgas. Seit Beginn des Industriezeitalters ist es mit etwa 17 Prozent an der strahlungsrelevanten Kraft der Treibhausgase beteiligt.[6] In den achtziger Jahren fiel dann der Anteil von Methan an der Verstärkung des Treibhauseffekts hinter den der rasch zunehmenden FCKWs zurück und betrug nur noch elf Prozent. Wenn die gegenwärtigen Trends bei der Zunahme von Kohlendioxid und Methan unverändert anhalten (und die FCKW-Emissionen sich verringern), könnte sich im Jahre 2040 der Anteil des Methans stärker auf den Treibhauseffekt auswirken als der Anteil des Kohlendioxids.[7]

Nach neuesten polaren Eisbohrkern-Messungen[8] ist die Methan-Konzentration in der Atmosphäre 1990 mit 1720 milliardstel Volumenanteil (ppb) mehr als doppelt so hoch wie in den Zwischeneiszeiten der letzten 160000 Jahre. Die weltweiten Methan-Emissionen werden jährlich insgesamt auf 350 bis 600 Teragramm (Billionen Gramm, Tg) geschätzt. Wenngleich der größte Teil in der Atmosphäre zerstört wird, kommt es dennoch zu einer durchschnittlichen jährlichen Zunahme von etwa 40 bis 50 Teragramm.[9]

14.2 Methan-Quellen

Methan unterscheidet sich von den anderen Treibhausgasen besonders dadurch, daß es viele bedeutende Quellen hat (anders als es bei den FCKWs der Fall ist). Über die Größenordnungen der verschiedenen Methan-Quellen und noch mehr über deren wahrscheinliche zukünftige Emissionsraten besteht Unklarheit. Dies, zumal einige von ihnen vielleicht durch die globale Erwärmung selbst und/oder durch Veränderungen in der Konzentration anderer Treibhausgase beeinflußt werden.[10] Über die wichtigsten Methan-Quellen ist man sich einig, und ihr jeweiliger Beitrag zur Gesamtemission wurde wenigstens annäherungsweise geschätzt. Tabelle 14.1 zeigt einen Vergleich zwischen den Schätzwerten der IPCC-Kommission für Treibhausgase und den Werten von Lashof und Tirpak, die diese 1989 in einer Studie für die Umweltschutzbehörde der USA (EPA) errechneten.[11] Isotopenmessungen haben gezeigt, daß mindestens 80 Prozent der Emissionen aus heute biologisch aktiven Stoffen und nicht aus fossilen Quellen stammen.[12]

Tabelle 14.1 Gegenwärtige Methan-Emissionen je Quelle (in Teragramm [Tg] = 10^{12} Gramm beziehungsweise 10^6 Tonnen)

	Lashof/Tirpak	Watson und andere
Natürliche Quellen (Feuchtgebiete)	115–345	100–200
Reisfelder	60–170	25–170
Haustiere	65–100	65–100
Gewinnung und Verarbeitung fossiler Brennstoffe	50– 95	40–100
Verbrennung von Biomasse	50–100	20– 80
Mülldeponien	30– 70	20– 70
Termiten	–	10–100
Meere und Seen	–	6– 45
Methanhydrat-Destabilisierung	–	0–100

Quellen: D. A. Lashof, D. A. Tirpak (Hrsg.), *Policy Options for Stabilizing Global Climate,* EPA, Washington, D.C., 1989; Watson u. a., IPCC-Working Group 1, Section 1, *Greenhouse Gases and Aerosols,* Peer Reviewed Assessment for Working Group 1 Plenary, 25. April 1990.

Die gegenwärtig wichtigste (natürliche und landwirtschaftlich bedingte) biologische Quelle von Methan-Emissionen sind anaerobe Gärungsprozesse. Zu den natürlichen Quellen gehören alle Arten von Feuchtgebieten, besonders die Torfmoore in den nördlichen Breiten, die mit ungefähr 50 Prozent an den Gesamtemissionen der Feuchtgebiete beteiligt sind. Speziell Torfmoore, aber auch andere Feuchtgebiete, werden wahrscheinlich infolge der globalen Erwärmung größere Mengen Methan freisetzen, da höhere Temperaturen die Aktivität Methan erzeugender Bakterien anregen. Noch beunruhigender ist jedoch, daß Methanhydrat – eine riesige, noch nicht erfaßte potentielle Methan-Quelle –, das heute in Sedimenten unter Permafrostböden und in den Randzonen der Kontinente eingeschlossen ist, bei einem Temperaturanstieg destabilisiert und freigesetzt werden könnte.[13] Weitere, relativ geringfügige natürliche Quellen sind Termiten (deren Beitrag man nach einigen Kontroversen mittlerweile auf jährlich 10 bis 20 Teragramm schätzt) und die Gasaustauschvorgänge zwischen der Atmosphäre und den Meeren und Seen (etwa derselbe Betrag).[14]

Die wichtigsten anthropogenen Methan-Quellen sind landwirtschaftlichen Ursprungs: Hinzu kommen die unvollständige Verbrennung von Biomasse, etwa bei tropischer Brandrodung, bei Waldbränden und landwirtschaftlichen Bränden; Freisetzung von Gasen aus Landaufschüttungen; Lecks in Erdgaspipelines und das Entweichen aus Erdöl-und Erdgasbohrlöchern sowie die Freisetzung bei der Kohlegewinnung und -veredelung. Alle diese Quellen weisen starke zeitliche Schwankungen auf (vor allem die Verbrennung von Biomasse), und/oder man hat bisher nur grobe Schätzwerte für sie ermittelt.[15]

Im Agrarsektor sind die wichtigsten Quellen von Methan-Emissionen Reisfelder, Gärungsprozesse im Darm von Wiederkäuern und die Verbrennung von Biomasse, die jeweils ungefähr mit 21, 15 und 8 Prozent an der Gesamtemission von Methan beteiligt sind.[16]

Die bedeutendste landwirtschaftliche Quelle der Methan-Erzeugung sind anaerobe Bakterien, die sich in Reisfeldern – sowie in natürlichen Feuchtgebieten – vermehren.[17] Die hierdurch verursachte jährliche Gesamtemission wird auf 25 bis 170 Teragramm geschätzt, ist also mit dem extremen Unsicherheitsfaktor 7 behaftet.[18] Bis jetzt sind nur sehr wenige Feldmessungen durchgeführt worden, und in Asien, wo über 85 Prozent des weltweit erzeugten Reises geerntet wird, ist sogar erst eine einzige Studie angefertigt worden.[19] Die wenigen Feldstudien sind aufgrund unterschiedlicher Meßmethoden, Erntetechniken und Reissorten zu ganz verschiedenen Ergebnissen gekommen. Die gemessene Methan-Emission pro Saison (beziehungsweise bei Mehrfachernte, je Ernte) schwankt in den bis 1989 abgeschlossenen Untersuchungen zwischen 28 und über 120 Gramm je Quadratmeter Feldfläche.[20] Die Methan-Emission von Reisfeldern wird darüber hinaus von Faktoren wie Bodenbeschaffenheit, Temperatur, Düngemitteleinsatz und Bewässerungsverfahren beeinflußt.

Säugetiere verdauen ihre Nahrung mit Hilfe anaerober Bakterien, die sich in ihrem Verdauungstrakt befinden und bei ihrer Aktivität Methan erzeugen. Vor allem Wiederkäuer wie Rinder und Schafe sind in hohem Maße auf Bakterien angewiesen, um die in ihrer Nahrung enthaltene Zellulose zu verdauen; beide setzen dementsprechend große Mengen des Gases frei. Tabelle 14.2. vergleicht die durchschnittlichen Emissionsraten verschiedener Tierarten.[21] Von den Tieren, die bedeutende Methan-Mengen emittieren und zu denen auch einige Nichtwiederkäuer wie Pferde und Schweine gehören, sind Rinder bei weitem die wichtigsten, da sie zu den am meisten Methan erzeugenden Tieren zählen und in großer Zahl vorkommen. Etwa vier bis neun Prozent der in ihrer Nahrung enthaltenen Energie wird in Methan umgewandelt. Ende der achtziger Jahre betrug der Rinderbestand weltweit ungefähr 1,26 Milliarden Stück,[22] die insgesamt mit etwa 75 Prozent an der jährlichen Gesamtemission der Wiederkäuer in Höhe von 65 bis 100 Teragramm beteiligt sind.[23] Tabelle 14.3. vergleicht die weltweiten Bestände der bedeutendsten tierischen Methan-Produzenten.

Tabelle 14.2 Jährliche Methan-Emissionen verschiedener Tiere (in Kilogramm pro Tier)

Rind (Industrieländer)	55
Rind (Entwicklungsländer)	35
Büffel	50
Schaf	5–8
Ziege	5
Kamel	58
Schwein	1–1,5
Pferd	18
Maultier/Esel	10
Mensch	0,05

Quelle: Adaptiert von: P.H. Gleick, C. Shirley, *Greenhouse Gas Emissions for Agricultural Activities,* Report for the Office of Technology Assessment, Pacific Institute, 1988; Information aus: P.J. Crutzen, I. Aselmann, W. Seiler, »Methane Production by domestic animals, wild ruminants, other herbivorous fauna, and humans«, in: *Tellus,* Bd. 38B, 1988, S. 271–284.

Tabelle 14.3 Weltweiter Bestand verschiedener Vieharten (in Millionen)

	1980	1988
Rinder	1218	1263
Pferde	64	65
Maultiere/Esel	52	57
Büffel	124	136
Kamele	17	19
Schafe	1097	1173
Ziegen	465	520
Schweine	780	823

Quelle: *1988 Production Yearbook,* Food and Agriculture Organization, Rom 1989.

Der weltweite Rinderbestand ist in den vergangenen Jahren mit jeweils etwa 1,2 Prozent jährlich langsamer gewachsen als die Weltbevölkerung (mit jährlich 1,8 Prozent). Seit 1980 hat sich die Wachstumsrate sogar weiter verlangsamt; die Zunahme zwischen 1980 und 1988 betrug lediglich 3,7 Prozent, das sind pro Jahr weniger als 0,5 Prozent. Seither hat nach schrumpfenden Weltgetreidevorräten aufgrund einiger katastrophaler weltweiter Mißernten[24] der Rinderbestand wohl kaum in nennenswertem Umfang zugenommen. Zudem wird die Nachfrage nach Rindfleisch und Milchprodukten dank der Tatsache, daß man sich in den reichen Ländern immer stärker der Risiken einer fett- und fleischreichen Ernährung bewußt wird, voraussichtlich nicht mehr in dem Tempo steigen wie in den fünfziger und sechziger Jahren, was dem Zustand der Atmosphäre zugute kommen dürfte.

Die drittgrößte landwirtschaftlich bedingte Methan-Quelle ist das Verbrennen von Biomasse, das hauptsächlich bei der Umwandlung tropischer Wälder in landwirtschaftliche Nutzfläche praktiziert wird. Ein unbekannter Prozentsatz der weltweiten Gesamtemissionen (man schätzt zwischen 20 und 80 Teragramm Methan pro Jahr) entsteht beim Verbrennen von abgeernteten Feldern beziehungsweise von Ernteabfällen.[25]

14.3 Methan-Senken, Rückkopplungsprozesse und Wechselwirkungen mit anderen Gasen

Während menschliche Aktivitäten zweifelsfrei eine Zunahme der globalen Methan-Emissionen bewirkt haben, könnten auch Veränderungen in den natürlichen Senken an deren Anstieg beteiligt sein. Die wichtigste Senke für atmosphärisches Methan ist die Reaktion mit Hydroxylradikalen in der Troposhäre. Zirka 90 Prozent der jährlichen Methan-Emissionen werden auf diese Weise abgebaut, was die relativ kurze atmosphärische Verweildauer von Methan (etwa zehn Jahre) erklärt. Die in der Atmosphäre für den Abbau von Methan zur Verfügung stehende Hydroxyl-Menge hängt von mehreren Faktoren ab, etwa von der Menge des vorhandenen Kohlenmonoxids, das um die Hydroxyl-Reaktion mit Methan und anderen Kohlenwasserstoffen konkurriert. Zudem entstehen etwa 25 Prozent des atmosphärischen Kohlenmonoxids durch photochemische Oxidation von Methan.[26] Der schnelle Anstieg der Methan-Konzentration mag daher zum Teil auf eine Beeinträchtigung der Hydroxyl-Senke zurückzuführen sein; denn die Zunahme der Kohlenmonoxid-Emissionen aus unvollständiger Verbrennung hat die atmosphärische Verweildauer von Methan verlängert.

Außerdem trägt Methan in der Troposphäre zur Bildung von Ozon, einem weiteren Treibhausgas, bei. Zusammen mit anderen Kohlenwasserstoffen und Kohlenmonoxid läßt Methan in Gegenwart von Stickoxiden photochemisch Ozon entstehen. Eine Verdopplung der Methan-Emissionen könnte bei einem weiteren Anstieg der anthropogenen Stickoxide eine Erhöhung des troposphärischen Ozon-Gehalts bewirken. Auch Ozon konkurriert mit Methan beim Abbau durch Hydroxylradikale.[27]

Etwa zehn Prozent des Methans entgeht dem Abbau in der unteren Atmosphäre und steigt in die Stratosphäre auf, wo es oxidiert wird, was zur Bildung von Wasserdampf führt. Man schätzt, daß zirka die Hälfte des heutigen Wasserdampfs in der Stratosphäre aus Methan entstanden ist. Eine Zunahme der Methan-Konzentration in der Atmosphäre könnte somit zu einer Vermehrung des stratosphärischen Wasserdampfs führen. Dieser könnte nicht nur den Treibhauseffekt verstärken, sondern auch die Zahl der polaren Stratosphärenwolken, die mit dem dramatischen Ozon-Abbau in den Polarregionen in Verbindung gebracht werden, erhöhen.[28]

Eine weitere, untergeordnete Methan-Senke sind die Böden, die vermutlich zwischen 15 und 45 Teragramm Methan pro Jahr beseitigen.[29] Auch wenn man über diese Senke offenbar noch recht wenig weiß, so scheint auch sie fatalerweise – durch die Zufuhr von Stickstoff, der zu Stickoxid-Emissionen führen kann, beeinträchtigt zu werden.[30] Wie man in Wald- und Ackerböden Neuenglands herausgefunden hat, unterdrückt die Stickstoffanreicherung durch sauren Niederschlag und Düngung den Methan-Abbau.

Neben seiner unmittelbaren Wirkung als Treibhausgas kann Methan über verschiedenste chemische Reaktionen in der Atmosphäre auch indirekt zur globalen Erwärmung beitragen. Die bloße Drosselung anthropogener Methan-Emissionen wird vielleicht nicht genügen, um den Treibhauseffekt des Methans zu verringern; zu erwägen ist daher die Reduktion solcher atmosphärischer Gase und Schadstoffe, mit denen Methan in Wechselwirkung steht (vor allem Gase, die mit Methan beim Abbau durch Hydroxylradikale konkurrieren). Auch der möglicherweise auftretende positive Rückkopplungseffekt aufgrund der Erwärmung, die auf die gestiegenen Methan-Emissionen zurückzuführen sind, weil höhere Temperaturen in allen Systemen – von den Torfmooren der Nordhemisphäre über die Reisfelder bis zu den Därmen tropischer Termiten – zu einer schnelleren Gärung führen, sollte den Politikern ein ernstes Anliegen sein.[31] Dennoch kam die IPCC-Arbeitsgruppe 1 zu dem Schluß, daß die Methan-Konzentration aufgrund der kurzen Lebensdauer von Methan (und unter der Voraussetzung, daß alle anderen Bedingungen gleichbleiben) schon durch eine Verringerung der anthropogenen Emissionen um lediglich 15 bis 20 Prozent stabilisiert werden könnte.[32]

14.4 Möglichkeiten zur Verringerung der Emissionen

In sämtlichen vom Menschen regulierten Bereichen lassen sich die Methan-Emissionen beträchtlich reduzieren, auch wenn der dabei einzuschlagende Weg nicht immer unmittelbar einleuchtet. Die bei der Verbrennung von Biomasse entstehenden Emissionen lassen sich natürlich am besten dadurch verringern, daß man soweit wie möglich auf das Verbrennen verzichtet (siehe Diskussion weiter unten).

Die beim Reisanbau entstehenden Methan-Emissionen könnten wahrscheinlich stark gesenkt werden.[33] Um dies in sinnvoller Weise tun zu können, müssen wir außer den Emissionsmechanismen auch die Auswirkungen verschiedener Anbau- und Bewässerungstechniken sowie unterschiedlicher Reissorten und Düngungsmethoden auf die Emissionen viel beser verstehen lernen als bisher. Eine besondere Herausforderung ist dabei die Ertragssteigerung durch den Anbau schnellreifender Hochertragssorten, die mehr Ernten pro Jahr ohne nennenswerte Steigerung der Methan-Emissionen ermöglichen. Um die in verschiedenen Situationen jeweils beste Methode bestimmen zu können, bedarf es umfangreicher Experimente mit unterschiedlichen Sorten und Anbautechniken.

Diese Veränderungen bringen jedoch neue Probleme mit sich. Will man zum Beispiel die Erträge steigern, muß man in der Regel mehr Dünger verwenden. Zwar verursachen Kunstdünger offenbar geringere Methan-Emissionen als natürliche, dafür erhöhen sie möglicherweise die Distickstoffoxid-Emissionen und bringen andere Umweltprobleme mit sich.[34] Ebenso könnte die Einführung von Mehrfachernten eine ganzjährige Überflutung von Feldern erforderlich machen (im Unterschied zur gegenwärtigen, nur für ein paar Monate dauernden Überflutung der Felder) und dadurch die Methan-Emissionen erhöhen.

Will man die Reiserträge steigern, ohne die Treibhausgasemissionen zu vermehren, sollte man sich auf effizientere Düngungspraktiken konzentrieren. Dabei sollte man auch die relativen Emissionen von Methan und Distickstoffoxid untersuchen, die dann entstehen, wenn anstelle von oder in Ergänzung zu Kunstdünger natürliche stickstoffbindende Organismen eingesetzt werden.

Darüber hinaus könnte man Reissorten mit einem günstigeren Verhältnis von verwertbarer zu nichtverwertbarer Biomasse züchten; damit fielen weniger Abfälle an, die im Verfaulungs- oder Verbrennungsprozeß Methan emittieren. In vielen Entwicklungsländern lassen sich Ernterückstände auch dadurch effizient nutzen, daß man sie in Biogasanlagen verwertet, um daraus Methan als Energieträger zu gewinnen. Die dabei anfallenden Endprodukte können als Viehfutter oder Dünger verwendet werden. In China und einigen anderen Regionen Asiens ist die Kombination von Reisanbau und Fischzucht weit verbreitet; die Fische halten Unkräuter und Insekten in Zaum, führen dem Feld Nährstoffe zu und sind für den Bauern zugleich eine wichtige Nahrungsquelle. Informationen darüber, wie hoch die Treibhausemissionen eines solchen Systems sind, wären wichtig.

Die Methan-Emissionen aus der Viehwirtschaft können vermutlich durch bessere Haltungsmethoden verringert werden.[35] Man weiß, daß die Umwandlung des Energiegehalts der Nahrung in Methan von der Qualität und Quantität des Futters abhängt, wobei mit hochwertigem Futter, das einen hohen Stärke-zu-Zellulose-Anteil aufweist, weniger Methan erzeugt wird. Rinder, die mit Getreide gefüttert werden, emittieren je Pfund Körpergewicht mindestens fünfmal weniger Methan als frei gehaltene Rinder mit zellulosereichem Futter.[36] Allgemein gilt: Ein gutgenährtes Tier ist immer produktiver als ein schlechtgenährtes, und auch mit Trockenfutter kann eine Steigerung des Fleisch- und Milchertrags je Tier erreicht werden.

In den meisten Industrieländern (vor allem den marktwirtschaftlich organisierten), die 1988 405 Millionen Rinder und 338 Millionen Schafe besaßen, ist man schon allein um einer effizienteren Produktion willen bemüht, die Fütterung zu verbessern.[37] Im Vergleich zu 1980 ist eine etwa fünfprozentige Verringerung des Rinder- und eine leichte Zunahme des Schafbestandes festzustellen. Die in den letzten Jahren dank biotechnologischen Maßnahmen, selektiver Züchtung und optimierter Fütterung erzielte Produktivitätssteigerung hat die Herden stetig schrumpfen lassen. Wie schon gesagt, ist in den letzten zehn Jahren in den Vereinigten Staaten und Europa der Verzehr von

Fleisch und Milchprodukten aus gesundheitlichen Gründen zurückgegangen. Das Andauern beider Trends würde sicherlich dazu beitragen, die Methan-Emissionen zu verringern.

Eine weitere Möglichkeit, die Emissionen von Milchvieh zu reduzieren, wäre der Einsatz von hochentwickelten Futterzusätzen, wie methanhemmenden Bakterien, Holzkohle und weiteren Substanzen, wie halogenierten organischen Verbindungen und Fettsäuren.[38] Deren potentielle Wirksamkeit sollte auf jeden Fall erforscht werden. Das gleiche gilt für die Möglichkeit verschiedener Fütterungssysteme.

Das größte Feld, auf dem mit verbesserter Viehaltung die Methan-Emissionen verringert werden können, sind selbstverständlich die Entwicklungsländer. Dort hat die Zahl der Rinder (860 Millionen) im Jahr 1988 und Schafe (484 Millionen)[39] ständig zugenommen, und die Futtermengen sind meistens recht gering. Das Vieh tritt aber in den armen Ländern gewöhnlich nicht als ernsthafter Nahrungskonkurrent des Menschen auf; es sucht sich seine Nahrung vielmehr auf kargen Böden, die sich im allgemeinen nicht für eine dauerhafte landwirtschaftliche Nutzung eignen. Überweidung mit nachfolgender Desertifikation ist ein weitverbreitetes Problem, das sich keineswegs auf die armen Länder beschränkt. Zweifellos würde eine bessere Viehhaltung, die mit einer Verkleinerung der Herden und vielleicht einer begrenzten Zusatzfütterung einhergehen sollte, in vielen Regionen zu weniger, dafür aber produktiveren Tieren führen. Derartige Veränderungen lassen sich jedoch in Gesellschaften, in denen die Menschen tagtäglich ums nackte Überleben kämpfen, nur schwer durchführen.

Substantielle Verbesserungen bei der Viehhaltung sind nur dort zu erreichen, wo sowohl die Schranken der Armut und der Tradition überwunden werden können als auch die vielfältigen mit dem Besitz einer Viehherde verbundenen Zwecke Berücksichtigung finden. In manchen Teilen Afrikas zum Beispiel gilt Vieh in erster Linie als Ausweis des Wohlstands und dient erst in zweiter Linie dazu, den Bedarf an Fleisch, Milch und Lederwaren zu decken. Der Zustand der Tiere spielt dabei eine untergeordnete Rolle. Diese Tradition dahingehend zu verändern, daß die Produktivität Vorrang vor der Zahl erhält, wird keine leichte Aufgabe sein.

Indien besitzt den größten Rinderbestand der Welt: etwa 200 Millionen Tiere Mitte der achtziger Jahre. Die Rinder gelten in Indien als heilig, und vor allem die vegetarisch lebenden Hindus schätzen sie mehr als Zugtiere und Lieferanten von Dünger und Brennstoff (in den ärmsten Regionen) denn als Milch- und Fleischspender. Man reguliert weder ihren Bestand, noch kümmert man sich um die Futterqualität. In einer Region, in der über 50 Prozent der Menschen stark unterernährt sind,[40] wird sich die Qualität des Viehfutters kaum verbessern. In dieser Situation kann man eigentlich nur eines tun: den Viehbestand begrenzen, das heißt, die Herden in ihrer Größe soweit vermindern, daß sie den tatsächlichen Bedürfnissen nach tierischer Arbeitskraft, Dünger und Fleischnahrung entsprechen; aber auch hier ist die Traditon ein großes Hindernis.

Die von Rindern und Reisfeldern in den Entwicklungsländern augehenden Methan-Emissionen können nur mit tatkräftiger Unterstützung der Industriestaaten gesenkt werden. Zudem wirft dieses Problem heute mehr Fragen auf, als es Antworten liefert; es bedarf noch zahlreicher vergleichender Untersuchungen über spezielle Reisanbau- und Viehhaltungsmethoden unter verschiedenen Bedingungen. Gleichzeitig mit der Einführung neuer Methoden könnte man, um die Effizienz zu überprüfen, Studien und Regulierungsprogramme starten; zuvor müßten allerdings die landwirtschaftliche Beratung und der Informationsaustausch verbessert werden, an denen es bei den meisten Entwicklungsländern hapert. Innerhalb des Netzwerks landwirtschaftlicher Forschungsinstitute, die der UNO angegliedert sind, könnten spezifische Programme entwickelt werden. Vorbild hierfür könnte ein vom International Rice Research Institute initiiertes Projekt zur Entwicklung und Weitergabe leistungsfähiger, leicht umsetzbarer und wirtschaftlich sinnvoller Methoden für beide Sektoren sein. Diese Methoden sind den verschiedenen Klima- und Bodenverhältnissen und unterschiedlichen sozioökonomischen Systemen in der Dritten Welt angepaßt.

Nachhaltige Produktivitätssteigerungen in allen landwirtschaftlichen Sektoren sind schon deshalb unabdingbar, weil die Weltbevölkerung weiterwächst und die Nahrungsmittelerzeugung zunemend an ihre natürlichen Wachstumsgrenzen stößt.[41] Es sollte jedenfalls möglich sein – vorausgesetzt, man ist sich über den dringenden Handlungsbedarf einig –, Forschungs- und Entwicklungsprojekte, die auf alternative, weniger Treibhausgase freisetzende Anbaumethoden abzielen, in allgemeinere landwirtschaftliche Entwicklungsprogramme einzubeziehen.

Im Unterschied zu den bisherigen landwirtschaftlichen Forschungs- und Beratungsprogrammen in den Entwicklungsländern wie auch in den Industrieländern wäre hier ein umfassenderer, stärker interdisziplinär orientierter Ansatz geboten. Veränderungsbereitschaft und Flexibilität sind nicht nur für die Reduktion von Treibhausgasemissionen des Agrarsektors unverzichtbar; sie sind auch unerläßlich, wenn es darauf ankommt, diesen Sektor unter minimalen Verlusten an die von der globalen Erwärmung herrührenden Verschlechterungen des Wetters und Klimas anzupassen. Die traditionelle Landwirtschaft, wie sie etwa seit 1950 praktiziert und (häufig unklugerweise) in die Entwicklungsländer exportiert wurde, weist erhebliche Schattenseiten auf: Diese Einsicht macht heute landwirtschaftliche Institutionen für neue Ideen und Methoden empfänglicher.

14.5 Distickstoffoxid

Wie die Konzentration anderer Treibhausgase in der Atmosphäre nahm auch die von Distickstoffoxid (N_2O) mit der Industrialisierung andauernd zu. Distickstoffoxid ist als Treibhausgas sogar noch wirkungsvoller als Methan und je Molekül 230mal so schädlich wie Kohlendioxid.[42] Sein kumulativer Anteil am zusätzlichen Treibhauseffekt wird auf gegenwärtig etwa vier Prozent und auf sechs Prozent in den achtziger Jahren geschätzt.[43] Die Konzentration von Distickstoffoxid im Jahr 1990 beträgt zirka 310 ppb, was eine achtprozentige Zunahme gegenüber dem vorindustriellen Stand bedeutet. Sie steigt jährlich um ungefähr 0,2 bis 0,3 Prozent, was einer Menge von 3 bis 4,5 Teragramm entspricht.

Das wichtigste Distickstoffoxid-Auffangglied ist der Abbau durch ultraviolettes Licht in der Stratosphäre; das erklärt seine lange atmosphärische Verweilzeit von etwa 150 Jahren. Böden und Gewässer könnten weitere geringfügige Senken von unbekanntem Ausmaß sein. Die stratosphärische Senke zerstört lediglich zwei Drittel der jährlichen Emissionen; dementsprechend geht die wissenschaftliche Arbeitsgruppe des IPCC davon aus, daß sich die atmosphärische Konzentration nur dann auf dem gegenwärtigen Niveau halten läßt, wenn die überschüssigen Emissionen (das sind 23 Prozent der Gesamtemissionen) sofort um 70 bis 80 Prozent verringert werden.

14.6 Quellen von Distickstoffoxid-Emissionen

Man geht heute davon aus, daß von den geschätzten 14 Teragramm Distickstoffoxid, die jährlich in die Atmosphäre freigesetzt werden, nur ein kleiner Teil auf die Nutzung fossiler Brennstoffe, hauptsächlich von Kohle, zurückzuführen ist.[44] Der Rest entsteht beim Gasaustausch zwischen Luft und Meeren, beim Verbrennen von Biomasse und bei der Rodung von Waldgebieten. Außerdem wird das Gas von Böden freigesetzt, in denen Prozesse der Denitrifikation (Reduktion von Nitraten durch Bodenbakterien) und Nitrifikation (Oxidation von Ammoniumstickstoff durch Bakterien) ablaufen, die beide mit dem Einsatz von landwirtschaftlichen Düngern zusammenhängen.[45]

Über den Anteil und die relative Bedeutung der einzelnen Distickstoffoxid-Quellen weiß man noch weniger als über die entsprechenden Werte für Methan, und auch der anthropogene Anteil an den Emissionen, der vor allem durch den Einsatz von Dünger, das Verbrennen von Biomasse, Landnutzungsänderungen und die Verfeuerung fossiler Brennstoffe verursacht wird, ist nicht geklärt. Tabelle 14.4 zeigt die neuesten Schätzwerte, die in einigen Fällen (bei den Meeren, der Nutzung fossiler Brennstoffe und der Verbrennung von Biomasse) weit unter früheren Schätzwerten liegen. Da sowohl über die Zunahme der atmosphärischen Konzentration als auch über die Hauptsenke recht genaue Zahlen vorliegen, bleibt die Herkunft von etwa vier Teragramm Stickstoff pro Jahr ungeklärt, auch wenn die wissenschaftliche Arbeitsgruppe des IPCC annimmt, daß ein Großteil der »ungeklärten« Emissionen anthropogenen Ursprungs sind. Die Hälfte der unausgewiesenen Emissionen könnte durch

Tabelle 14.4 Quellen und Senken von Distickstoffoxid (Spanne in Teragramm Stickstoff pro Jahr)

Quelle	
Verbrauch fossiler Brennstoffe	0,1 – 0,3
Meere	1,4 – 2,6
Böden (Tropenwälder)	2,2 – 3,7
(Wälder der gemäßigten Zone)	0,7 – 1,5
Verbrennung von Biomasse	0,02 – 0,2
Dünger/Grundwasser	0,01 – 2,2
Summe	**4,4 – 10,5**
Senken	
Böden	?
Photolyse in der Stratosphäre	7–13
Zunahme in der Atmosphäre	3– 4,5

Quelle: vgl. Tabelle 14.1, Watson u.a.

natürliche Prozesse entstehen, möglicherweise in küstennahen Ökosystemen und in den Flußmündungen, die den Gezeiten ausgesetzt sind.[46]

Die IPCC-Wissenschaftler veranschlagen die jährlichen Emissionen der Tropenwälder aber um die Hälfte niedriger als McElroy und Wofsy in einer früheren Untersuchung, in der sie einen Betrag von 7,4 Teragramm Stickstoff nannten.[47] Die IPCC-Arbeitsgruppe erwähnt zudem Kleinstudien (ohne sie jedoch bei ihrer Schätzung zu berücksichtigen), die darauf hindeuten, daß sich die Distickstoffoxid-Emissionen aus frischgerodetem Weideland in tiefgelegenen Tropenwaldregionen bis um das Dreifache beschleunigt haben.[48] Verschiedene Studien sind jedoch zu anderen Ergebnissen gekommen.[49] Fest steht, daß das Ausmaß der Emissionen stark von Bodenart und Feuchtigkeitsgrad beeinflußt werden kann. Luizao und andere kamen aufgrund ihrer Messungen von Distickstoffoxid, das bei der Umwandlung von Tropenwäldern in Weideland austritt, und unter Berücksichtigung des Ausmaßes dieser Umwandlungen zu dem Schluß, daß diese Quelle möglicherweise pro Jahr weitere 0,8 bis 1,3 Teragramm Stickstoff in Form von Distickstoffoxid freisetzt. Da die tropische Entwaldung seit 1980 um 50 bis 90 Prozent zugenommen hat[50], könnte ihre Schätzung über die Emissionen von gerodeten Wäldern ebenfalls eher niedrig angesetzt sein. Natürlich gehen mit diesen Emissionen den Böden wertvolle Nährstoffe verloren. Das erklärt auch das häufig beobachtete Phänomen, daß Tropenwaldböden nach Rodungen sehr schnell ihre Fruchtbarkeit verlieren.

14.7 Distickstoffoxid und Dünger

In der Landwirtschaft entsteht das meiste Distickstoffoxid durch die Verwendung von Düngemitteln, die schätzungsweise für fünf bis 20 Prozent der Gesamtemissionen verantwortlich sind. Sowohl natürliche (tierische und menschliche Fäkalien sowie Ernterückstände: »grüner Dung«) als auch mineralische Dünger sind daran beteiligt, und zwar hauptsächlich aufgrund des biologischen Prozesses der Denitrifikation, der im Boden stattfindet. Auch bei der Nitrifikation kann Distickstoffoxid entstehen. Nitrifikation und Denitrifikation sind wichtige Elemente des globalen Stickstoff-Kreislaufs, der sehr stark von biologischen Systemen abhängt.[51] Pflanzen können Stickstoff, einen für sie essentiellen Nährstoff, erst dann aufnehmen, wenn er von seiner atmosphärischen Form (N_2) in Ammonium oder Nitrat umgewandelt worden ist. Diese als »Stickstoff-Fixierung« bezeichnete chemische Umwandlung wird von Bakterien geleistet, die im Boden oder in Gewässersystemen vorkommen.

In den vergangenen Jahrzehnten war die zur Ernährung der ständig wachsenden Weltbevölkerung erforderliche Intensivierung der Landwirtschaft mit dem Einsatz immer größerer Mengen Kunstdünger verbunden. Mitte der achtziger Jahre wurden für alle Kulturpflanzen der Welt zusammengenommen jährlich über 70 Millionen Tonnen Stickstoff verbraucht.[52] Die weltweite Menge des zur Herstellung von Düngern industriell gebundenen Stickstoffs nähert sich heute der Menge des natürlich gebundenen Stickstoffs. Dies bedeutet, daß der natürliche Stickstoff-Kreislauf erheblich gestört wird. Überschüssiges, von den Pflanzen nicht aufgenommenes Nitrat im Boden wird häufig ausgeschwemmt und verunreinigt dann Oberflächen- und Grundwasser. Auch das im Boden gespeicherte Nitrat steht für die Denitrifikation zur Verfügung, wobei Distickstoffoxid in die Atmosphäre abgegeben wird. Da weltweit den Böden immer mehr Stickstoff-Verbindungen zugeführt werden, von denen ein beträchtlicher Teil selbst unter den günstigsten Umständen von den Kulturpflanzen nicht genutzt werden kann, ist es nicht verwunderlich, daß die Distickstoffoxid-Emissionen zugenommen haben.

Zwar tragen sowohl natürliche als auch Kunstdünger zu den Distickstoffoxid-Emissionen bei, die Kunstdünger gelten jedoch als die größeren »Übeltäter«; denn sie vor allem sind für die zusätzlichen Stickstoff-Elemente verantwortlich, die dem System künstlich hinzugefügt werden. Darüber hinaus werden Kunstdünger häufig zu ungeeigneten Zeiten und in zu großen Mengen auf einmal ausgebracht. Deshalb werden sie unter Umständen weniger effizient genutzt und führen eher zu überschüssigen Freisetzungen von Distickstoffoxid. In dem Maße, wie der übermäßige Einsatz von Kunstdünger, durch den der Boden zu wenig organische Substanz erhält, den Nitratverlust beschleunigt, verschärft sich das Problem. Der Einsatz von Kunstdünger in den Tropen, der in den letzten 15 Jahren explosionsartig zugenommen hat, könnte eine der »vermißten« Quellen der Distickstoffoxid-Emissionen sein. In Tropenwäldern setzen die Böden je zirkulierender Einheit Stickstoff mehr Distickstoffoxid frei als in Wäldern der gemäßigten Zone. Es besteht Grund zu der Annahme, daß dasselbe geschieht, wenn tropische Böden gedüngt werden.[53] Die Emissionen aus natürlichem und Kunstdünger hängen bekanntlich von solchen Faktoren ab wie dem optimalen Ausbringungszeitpunkt, der Bodenfeuchte, der Bodenart, der Oberflächentemperatur, der zeitlichen Verteilung des Niederschlags, den Bodenbearbeitungsmethoden und den angebauten Kulturen.

14.8 Möglichkeiten zur Verringerung der Distickstoffoxid-Emissionen

Da etwa ein Viertel bis ein Drittel der Distickstoffoxid-Emissionen (und möglicherweise der gesamte Überschuß, der die Zunahme der atmosphärischen Konzentration verursacht) auf menschliche Einwirkungen zurückzuführen sind, sollte es genügend Möglichkeiten zur Eindämmung dieser Emissionen geben, auch wenn bisher nur wenige Daten vorliegen und man die komplizierten Prozesse erst unzureichend versteht. Zu den nächstliegenden Maßnahmen gehören die Walderhaltung (besonders in den feuchten Tropen) und eine verbesserte Forstwirtschaft, die bereits in anderen Kapiteln erörtert wurden.[54]

Auch wenn landwirtschaftlich bedingte Verfeuerung nur eine untergeordnete Quelle von Distickstoffoxid-Emissionen ist, könnte sie dennoch beträchtlich reduziert werden. Dadurch würden sich auch die Emissionen anderer Treibhausgase, etwa von Kohlendioxid und Methan, verringern. Diese Praktik ist besonders in den Tropen und Subtropen weit verbreitet und wird für verschiedene Zwecke, unter anderem zur Unkraut- und Schädlingsbekämpfung, eingesetzt. Man muß sich nun bemühen, für verschiedene Kulturen und Traditionen alternative Methoden zu finden, die die gleichen Zwecke erfüllen, und diese den Bauern vermitteln.[55] Der Agrarausschuß der IPCC-Arbeitsgruppe 3 schlägt unter anderem vor, die Ernterückstände nicht zu verbrennen, sondern als alternative Energiequelle zu nutzen. Sinnvoller wäre das Unterpflügen der Rückstände, also ihre Verwendung als »grünen« Dünger, oder ihre Verfüttterung. Es ist zwar nicht leicht, die traditionellen Bewirtschaftungsformen zu verändern, aber es ist machbar, besonders, wenn die neuen Maßnahmen Gewinne verheißen.

Die Distickstoffoxid-Emissionen ließen sich wahrscheinlich durch vernünftigere Düngungsmethoden senken, die zudem die Kostenbelastung der Bauern und die Umweltprobleme der Menschheit vermindern würden. Wenn man Böden massiv Kunstdünger, aber keine organischen Substanzen verabreicht, so kann das langfristig ihre Fruchtbarkeit und ihre Fähigkeit zur Speicherung von Nährstoffen zerstören sowie die Kapazität der Kulturpflanzen, Dünger zu verwerten, beeinträchtigen. Um dies auszugleichen, muß man häufiger düngen, und das heißt, daß auch die Distickstoffoxid-Emissionen ansteigen.[56]

Zu beachten ist ferner, daß die Herstellung von Stickstoff-Dünger sehr energieintensiv ist; das Ausgangsmaterial dabei ist Erdgas. Zusätzliche Energie erfordert die Verteilung der Dünger an die weit verstreuten Bauernhöfe und die Ausbringung auf die Felder. Je weniger mineralische Stickstoff-Dünger man somit einsetzt, um so weniger Energie verbraucht man (und desto weniger Kohlendioxid-Emissionen entstehen).

Aus den verschiedensten Gründen empfiehlt es sich daher, mehr natürliche und weniger Kunstdünger zu verwenden. In den USA werden etwa 25 Prozent des anfallenden Dunges nicht wieder ausgebracht, sondern als Abfall beseitigt. Das führt häufig zu ernsten Gewässerverschmutzungen[57] und sehr wahrscheinlich auch zu beträchtlichen Emissionen von Distickstoffoxid und von Methan. Schon die Wiederverwendung dieses andernfalls vergeudeten Materials als Dünger würde sich senkend auf die Treibhausemissionen auswirken. Ähnliche Möglichkeiten gibt es zweifellos in vielen Ländern, namentlich in den Industrieländern, die eine intensive Viehhaltung betreiben.

Wenn Kunstdünger als Ergänzung zu natürlichem Dünger unverzichtbar ist, lassen sich die Distickstoffoxid-Emissionen vermutlich dadurch senken, daß man alternative Formen oder Methoden der Ausbringung praktiziert. Zur Zeit sind verschiedene Formen mineralischer Stickstoffdünger im Einsatz (Tab. 14.5), die in sehr unterschiedlichem Ausmaß Distickstoffoxid freisetzen.[58] Da die Meßwerte auf wenigen, jeweils nur einen Standort berücksichtigenden Untersuchungen in den USA basieren, sind daraus abgeleitete Schlußfolgerungen mit Vorsicht zu betrachten. Dennoch deuten die Untersuchungen darauf hin, daß die Unterschiede in den Emissionsraten, sofern sich die Ergebnisse unter verschiedenen Bedingungen bestätigen lassen, eine Chance bieten, die Emissionen einfach dadurch zu senken, daß man den Düngertyp wechselt. Da hohe Emissionsraten vermutlich bedeuten, daß mehr Bodennährstoffe verlorengehen, verbessern derartige Umstellungen wohl auch die Düngewirkung.[59]

Wenngleich wir noch genauer erforschen müssen, welche Düngerarten und Anwendungsmethoden unter welchen Bedingungen und bei welchen Pflanzen niedrigere Emissionen bewirken, reicht unser Wissen doch jetzt schon aus, um einige vorläufige Maßnahmen anzuraten.[60] Die tiefe Einbringung von Düngepellets unterhalb der Erdoberfläche kann zwar die Verflüchtigung von Stickstoff vermindern, wird aber kaum die Distickstoffoxid-Emissionen senken. Stickstoff-Dünger in Depotform verringern vor allem in Reisfeldern den Stickstoff-Verlust und haben zusätzlich den Vorteil, für gefährdete Kulturen im

Tabelle 14.5 Emissionskoeffizienten für Distickstoffoxid (N_2O) aus landwirtschaftlichen Düngern (Prozent Stickstoff, das in Form von Distickstoffoxid in die Atmosphäre entweicht)

Wasserfreies Ammonium	1 –5
Wäßrige Ammoniaklösung	1 –5
Harnstoff	0,05–0,5
Ammoniumnitrat	0,04–0,5
Ammoniumsulfat	0,04–0,5
Diammoniumphosphat	0,1
Stickstofflösungen	0,05
Natriumnitrat	0,05

Quelle: Gleick und Shirley, wie Tabelle 14.2, bezogen auf Informationen aus: J. M. Bremner, A. M. Blackmer »Nitrous oxide: emission from soils during nitrification of fertilizer nitrogen«, in: *Science,* Bd. 199, 1978, S. 295–296; A. Breitenbeck, A. M. Blackmer, J. M. Bremner, »Effects of different nitrogenous fertilizers on emissions of nitrous oxides from soils«, in: *Geophysical Research Letters,* Bd. 7, Nr. 1, 1980, S. 85–88; F. Slemr, W. Seiler, »Field measurement of NO and NO_2 emissions from fertilized and unfertilized soils«, in: *Journal of Atmospheric Chemistry,* Bd. 2, 1984, S. 1–24; I. Fung, E. Matthews, J. Lerner, »Trace gase emissions associated with agricultural activities«, EPA Workshop on Agriculture and Climate Change, Washington, D.C., 29. Februar bis 1. März 1988.

Bedarfsfall in geeigneten Mengen zur Verfügung zu stehen. Die Wahl des optimalen Ausbringungszeitpunkts und des richtigen Ausbringungsverfahrens kann die Denitrifikationsverluste (und Distickstoffoxid-Emissionen) beträchtlich reduzieren; eine solche effiziente Düngung würde überdies den Gesamtbedarf verringern.

Neben der gezielten Planung des Düngemitteleinsatzes könnten sich zur Eindämmung der Distickstoffoxid-Emissionen auch andere Anbaumethoden als nützlich erweisen. Bodenfeuchte und Bodenatmung sind weitere Faktoren, die die Emissionen nicht unerheblich beeinflussen; beide können vor allem in bewässerten Feldern in bestimmtem Maße kontrolliert werden. Eine Bewirtschaftung ohne oder mit nur minimaler Bodenbearbeitung kann ebenfalls den Bedarf an Düngern vermindern und zugleich die Struktur des Bodens und dessen Gehalt an organischer Substanz verbessern, obgleich ein gänzlicher Verzicht auf Bodenbearbeitung offenbar die Distickstoffoxid-Emissionen sogar noch erhöht. Die relativen Effekte und Wechselwirkungen unterschiedlicher Anbausysteme, Düngepraktiken und Bodenbearbeitungsverfahren unter verschiedenen Umständen müssen noch sehr viel gründlicher erforscht werden.

Langfristig ist es technologisch gewiß möglich, Getreide und einigen anderen Kulturpflanzen die Fähigkeit zur Stickstoffbindung anzuzüchten, sowie schon vorhandene Anlagen (etwa bei Gemüse) zu optimieren.[61] Selbstverständlich sollte man jeden Weg verfolgen, der zu einer effizienteren Düngung und zu gleichbleibenden oder erhöhten Ernteerträgen beitragen könnte, ohne dabei den Boden zu degradieren.

Alle Länder sollten sich bei der landwirtschaftlichen Entwicklung auf langfristig tragfähige, bodenbewahrende Praktiken konzentrieren und vor allem verstärkt auf natürliche Dünger und Fruchtwechselwirtschaft (Wechsel von stickstoffbindenden Hülsenfrüchten mit nichtstickstoffbindenden Sorten) zurückgreifen, um die langfristige Produktivität zu steigern.[62] Ernste Probleme mit der Bodenerosion, steigende Kosten für Dünger und Pestizide und durch deren Einsatz bedingte Umweltprobleme, die zunehmende Resistenz gegen Pestizide sowie die Konkurrenz anderer lebensmittelexportierender Staaten haben US-amerikanische Landwirte dazu veranlaßt, tragfähigere, kostengünstigere, alternative Bewirtschaftungsmethoden zu entwickeln. Viele Methoden, die diese Probleme am besten lösen, können auch zu einer Verringerung der Treibhausgasemissionen beitragen.

Ein Sonderausschuß des US National Research Council hat darauf hingewiesen, daß das US-amerikanische Agrarsystem in vielfältigster Weise von einem weniger energie- und chemieintensiven, stärker ökologisch orientierten Bewirtschaftungssystem profitieren würde.[63] Der Ausschuß hat empfohlen, unter Berücksichtigung von drei Punkten auf dieses Ziel hinzuarbeiten: die Wettbewerbsfähigkeit der US-amerikanischen Agrarexporte erhalten, die Produktionskosten senken, die Umweltschäden in der Landwirtschaft reduzieren (obgleich der Beitrag der Landwirtschaft zur globalen Erwärmung offenbar nicht Gegenstand der Ausschußarbeit war).

Da die weitere Steigerung der Nahrungsmittelproduktion von vitaler Bedeutung ist und Düngemittel dabei eine zentrale Rolle spielen, wird es gewiß nicht leicht sein, die Distickstoffoxid-

Emissionen wesentlich zu reduzieren. Die Hindernisse sind hoch, nicht zuletzt fehlen zuverlässige Daten und ein ausreichendes Verständnis der komplizierten Systeme, die dabei im Spiel sind, sowie die technischen Mittel für Forschung und Überwachung. Hinzu kommen besonders in Entwicklungsländern, aber auch in reichen Staaten institutionelle und wirtschaftliche Probleme, die einer raschen Einführung neuer Praktiken im Wege stehen.

14.9 Voraussichtliche Tendenzen

Die Entscheidungsträger der IPCC-Arbeitsgruppe 3 weisen zu Recht darauf hin, daß die Weltbevölkerung weiter zunehmen und sich daraus die Notwendigkeit ergeben wird, in den kommenden Jahrzehnten immer mehr Nahrungsmittel zu erzeugen.[64] Aber die Prognosen dieser Arbeitsgruppe über das durchschnittliche Bevölkerungswachstum für die Jahre von 1990 bis 2025 (zu diesem Zeitpunkt sollen auf der Welt 8,2 Milliarden Menschen leben) liegen mit 1,3 Prozent unverständlicherweise unter den meisten Vorhersagen aus jüngster Zeit.[65] Gegenwärtig schätzt man, daß die Weltbevölkerung noch vor dem Jahr 2020 die 8,2-Milliarden-Grenze erreichen wird, was einem Zuwachs von etwa 55 Prozent in dreißig Jahren und einer durchschnittlichen jährlichen Wachstumsrate von 1,5 Prozent entspricht – eine nur leichte Abnahme im Vergleich zu der gegenwärtigen Rate von 1,8 Prozent.

Der Bericht der IPCC-Arbeitsgruppe 3 enhält auch eine Reihe von Prognosen über das Nahrungsmittelsystem der Welt, die übertrieben optimistisch bis unrealistisch zu sein scheinen. Leider erfährt man nichts Genaues über die zugrunde liegenden Annahmen dieser Prognosen. Schätzungen über künftige Landnutzungsänderungen,[66] die unter anderem für das Jahr 2025 eine 50prozentige Zunahme der landwirtschaftlich genutzten Fläche in den Entwicklungsländern vorhersagen, würden auf eine Umkehr bestehender Trends hindeuten. Die für den Anbau von Getreide (der wichtigsten menschlichen Nahrungsgrundlage) genutzte Fläche war 1981 um 24 Prozent größer als 1950 und erreichte damals einen Höchststand. Seitdem nahm sie kontinuierlich ab, weil die wegen Unergiebigkeit aufgegebene Agrarfläche größer war als die neu erschlossenen Agrargebiete. (Sogar die IPCC-Subkommission für landwirtschaftliche Fragen empfiehlt, Grenzböden nicht länger mit einjährigen, sondern mit perennierenden Sorten zu bepflanzen, die als Viehfutter oder Brennholz verwendbar sind.) Die landwirtschaftliche Anbaufläche pro Kopf nimmt seit Jahrzehnten kontinuierlich ab; im Jahr 2000 wird sie nur noch halb so groß sein wie 1950.[67] Die seit 1950 erreichte Steigerung der jährlichen Nahrungsmittelerzeugung um das 2,6fache ist nahezu ausschließlich auf erhöhte Erträge auf einer sich zunächst sehr langsam ausweitenden und in jüngster Zeit immer stärker schrumpfenden Anbaufläche zurückzuführen.

Ebenso wundert man sich, wo die von der IPCC-Arbeitsgruppe 3 prognostizierte 34prozentige Zunahme der Reisanbaufläche herkommen soll, ist doch allgemein bekannt, daß in Asien als dem praktisch einzigen Reiserzeuger der Welt am wenigsten Land für die Erschließung neuer Anbauflächen zur Verfügung steht. Möglich wären hier nur die Forcierung der Mehrfachernte, die durch den umfassenden Ausbau der Bewässerungssysteme in Südasien erleichtert werden könnte, und eine Ausweitung des Reisanbaus in Afrika oder Lateinamerika. In Afrika würde der Reis mit Sicherheit andere Kulturpflanzen verdrängen; und die ausreichende Versorgung mit Wasser könnte zu einem ernsten Hindernis werden. In Lateinamerika wäre von einer Ausweitung des Reisanbaus sehr wahrscheinlich das Amazonasgebiet am stärksten betroffen. Deshalb sollte das Projekt zuvor auf seine langfristige Tragfähigkeit untersucht und gegen die notwendige Walderhaltung abgewogen werden.

Die IPCC-Arbeitsgruppe 3 geht zudem davon aus, daß die Fleisch- und Milchproduktion bis zum Jahr 2025 um 45 Prozent steigen wird und mit ihr in ähnlichem Umfang die Methan-Emissionen. Offenbar berücksichtigt man dabei nicht, daß sich gerade in den Entwicklungsländern die Produktivität je Tier erhöhen könnte, was eine Erhöhung der Produktion ohne gleichzeitigen Anstieg der Methan-Emissionen zur Folge hätte. Eine solche Erhöhung widerspräche den jüngsten Tendenzen, die eine Drosselung der Produktion anstreben. Zudem ist es aufgrund ernster Probleme durch Überweidung und Desertifikation eher unwahrscheinlich, daß die Viehherden in den Entwicklungsländern sich lange unbegrenzt vermehren können.[68]

Auch die Vorhersage, daß sich bis zum Jahr 2025 der Düngemitteleinsatz in den Entwicklungsländern vervierfachen (und auf der Welt verdoppeln) wird, darf angezweifelt werden, denn zum einen ist eine Verteuerung der Düngemittel recht wahrscheinlich, sobald die Ölförderkurven der Länder des Nahen Ostens ihren Scheitelpunkt überschritten haben. Dadurch werden für die armen Bauern die ohnehin hohen wirtschaftlichen Barrieren schier unüberwindlich. Zum anderen erscheint die Prognose deshalb als fragwürdig, weil in vielen Entwicklungsländern ein erhöhter Düngemitteleinsatz zu sinkenden Erträgen geführt hat.[69] Zudem sind Kunstdünger in den Tropen noch umweltbelastender, bodenschädigender und weniger effektiv als in den gemäßigten Breiten. Zwar wird und soll der Einsatz von Düngemitteln zunehmen, in den Tropen aber muß man dabei besonders umsichtig und behutsam zu Werke gehen. Unter diesen Umständen ist die bevorzugte Verwendung natürlicher Dünger noch dringlicher anzuraten.[70]

Ob der verschärfte Zwang zur Steigerung der Weltnahrungsmittelproduktion (ganz abgesehen von den Problemen, die die globale Erwärmung und veränderte klimatische Bedingungen für anpassungsträge Agrarsysteme mit sich bringen) von selbst zu erhöhten Treibhausgasemissionen führen wird, läßt sich nicht vorhersagen, sollte uns aber Anlaß zur Besorgnis sein. Zweifellos wird die Nahrungsmittelerzeugung mehr und mehr intensiviert werden (wozu auch – sofern die wirtschaftliche Lage es zuläßt – der Einsatz von Kunstdünger gehört), und damit werden die Umweltprobleme wahrscheinlich immer stärker von selbst in den Vordergrund rücken.[71]

14.10 Schlußfolgerung

Kurz gesagt: Die Prognosen der IPCC-Arbeitgruppe 3 sind mit einiger Vorsicht zu betrachten, denn in Wirklichkeit ist die Lage um einiges desolater. Die Bevölkerung wächst schneller, und eine Ausweitung der Nahrungsmittelerzeugung sind viel engere Grenzen gesetzt, als die Verantwortlichen des IPCC wahrhaben wollen.[72] Dennoch ist der vom IPCC für den Fall einer Fortsetzung der bisherigen Politik nach dem Motto »alles beim alten lassen« prognostizierte Anstieg der Methan- und Distickstoffoxid-Emissionen alles andere als beruhigend. Der für die nächsten 35 Jahre erwartete, alle Emissionsquellen berücksichtigende Anstieg – 43 Prozent bei Methan und 70 bis 110 Prozent bei Distickstoffoxid – könnte sich als zu niedrig erweisen, wenn positive Rückkopplungen und synergetische Wechselwirkungen auftreten; wenn also beispielsweise durch den Einsatz von Stickstoffdünger der Boden als Methan-Senke ausgeschaltet wird. Die IPCC-Wissenschaftler der Arbeitsgruppe 3 glauben, daß die Stabilisierung der Treibhausgaskonzentration in der Atmosphäre durch eine 15- bis 20prozentige Verringerung der anthropogenen Methan-Emissionen und eine 70- bis 80prozentige Reduzierung der überschüssigen Distickstoffoxid-Emissionen erreicht werden kann. Aber die immanente Dynamik einer wachsenden Weltbevölkerung und einer sich ausweitenden Landwirtschaft wird viel eher rasche Emissionssteigerungen auslösen.

Wenn man in dem weltweiten Bemühen um die Eindämmung der Treibhausgasemissionen den Agrarsektor und das Bevölkerungswachstum als eigentliche Triebkraft vergißt oder vernachlässigt, dann könnten die gewaltigen Anstrengungen zur Umstrukturierung des Energiesektors in dem Maße zunichte gemacht werden, wie sich anstelle von Kohlendioxid die wirksameren Methan- und Stickoxid-Emissionen erhöhen. Der mit 14 Prozent bisher noch recht bescheidene Anteil der Landwirtschaft am Treibhauseffekt könnte sich rasch verdoppeln – immer vorausgesetzt, es kommt zu keinen signifikanten Veränderungen bei den Senken.

Durch eine gemeinsame weltweite Anstrengung könnte eine 15- bis 20prozentige Verringerung der Methan-Emissionen erreicht werden, vor allem, wenn man gleichzeitig andere Gase reduziert, die mit Methan um die Hydroxidradikal-Senke konkurrieren. Da der größere Teil der landwirtschaftlichen Quellen von Methan-Emissionen in der Dritten Welt liegt, müssen sich die reichen Länder besonders darum bemühen, den Entwicklungsländern bei der Verbesserung der Viehhaltungsmethoden und der Entwicklung und Einführung alternativer Praktiken des Reisanbaus zu helfen. Sollte sich herausstellen, daß die globale Erwärmung selbst die Emissionen aus natürlichen Methan-Quellen, wie nördlichen Torfmooren und Hydraten in küstennahen Meeresböden verstärkt, könnte es sich selbstverständlich als nötig erweisen, im Agrarsektor viel stärkere Reduktionen vorzunehmen.

Die Distickstoffoxid-Emissionen stellen uns vor größere Schwierigkeiten, einmal weil sie viel stärker verringert werden müssen, zum anderen, weil es einfach schwieriger sein dürfte, diese Verringerung ohne negative Folgen für die Nahrungsmittelproduktion zu erreichen. Zudem wird die wissenschaftliche Aufklärung der unzähligen offenen Fragen in bezug auf die Systemabläufe und effiziente Reduktionsmöglichkeiten dazu führen, daß noch einige Zeit vergeht, bis geeignete Maßnahmen ergriffen werden können.

Politiker könnten eines Tages in die Lage kommen (nicht nur bei diesen Gasen, sondern auch bei anderen), Schwierigkeiten bei der Verringerung der Emissionen eines Gases durch stärkere Reduktionen bei anderen Gasen ausgleichen zu müssen. Sollten sich etwa die Methan-Emissionen wesentlich leichter verringern lassen als die Distickstoffoxid-Emissionen, könnte es sich auszahlen, jene in größerem Umfang zu reduzieren, als ihre Stabilisierung erfordern würde. Dies könnte einen Ausgleich für die Distickstoffoxid-Emissionen schaffen, die sich nicht beseitigen lassen. Die kurze Verweildauer von Methan in der Atmosphäre könnte tatsächlich dazu führen, daß es bevorzugt reduziert wird, um die Wirkung langlebiger Gase, wie Distickstoffoxid oder FCKWs, aufzufangen, die aufgrund ihrer langen atmosphärischen Verweildauer noch lange nach der Drosselung ihrer Emissionen ihre schädliche Wirkung entfalten können. Je mehr sich die Menschheit dem Jahrhundert des Treibhausklimas nähert, desto unvermeidlicher werden derartige »Kompensationsgeschäfte«.

Aber wenn die Völkergemeinschaft nicht erkennt, daß das Bevölkerungswachstum die eigentlich treibende Kraft ist, und sich nicht ernsthaft damit auseinandersetzt, wird kein Herumflicken an Emissionsquellen und Senken uns langfristig vor einer starken globalen Erwärmung und klimatischen Turbulenzen schützen. Der IPCC-Bericht beschränkt sich bewußt auf Vorhersagen bis zum Jahr 2025, aber selbst dann wird die Weltbevölkerung (und mit ihr der Nahrungsmittel- und Energiebedarf) noch immer mit einer Rate von jährlich über einem Prozent wachsen. Die wirksamste Einzelmaßnahme, die die Menschheit ergreifen könnte, um die globale Erwärmung zu verlangsamen und deren verhängnisvollste Auswirkungen zu verhindern, bestünde zweifellos in der schnellstmöglichen Senkung der Geburtenraten.

Kapitel 15
Die Rolle der Dritten Welt bei der Bekämpfung der globalen Klimaveränderung

Kilaparti Ramakrishna

»... Zwei Millionen Jahre lang hat uns das Meer ernährt, und es war freigebig und beschenkt uns auch heute noch reich mit seinen Gaben. Jetzt aber müssen wir erfahren, daß diese Harmonie zerstört werden könnte durch die Handlungen von Staaten, die weit von unseren Küsten entfernt sind ... Wir, die Völker des Südpazifiks, appellieren an Sie mit einer Stimme, der Stimme derer, die der globalen Erwärmung als erste zum Opfer fallen könnten ..., den Fortbestand unserer Kulturen und unser nacktes Überleben zu gewährleisten und zu verhindern, daß wir zu ›gefährdeten Arten‹ oder zu den Dinosauriern des nächsten Jahrhunderts werden...«

(Ernest Beni, der Hauptdelegierte von Vanuatu in seiner Ansprache an die IPCC-Arbeitsgruppe »Gegenstrategien«, die im Oktober 1989 in Genf tagte.)

Die Erste Weltklimakonferenz, die 1979 stattfand[1], wies mit den folgenden Worten darauf hin, daß die Zunahme des Kohlendioxid-Gehalts in der Atmosphäre die höchste Aufmerksamkeit der internationalen Staatengemeinschaft verdiene:

Die fortdauernde Ausrichtung der Menschheit auf fossile Brennstoffe als wichtigster Energiequelle wird wahrscheinlich zusammen mit der fortgesetzten Waldvernichtung in den kommenden Jahrzehnten und Jahrhunderten zu einem massiven Anstieg der atmosphärischen Kohlendioxid-Konzentration führen ... Unser gegenwärtiges Verständnis klimatischer Vorgänge läßt es durchaus als möglich erscheinen, daß diese Kohlendioxid-Zunahme bedeutende, eventuell auch gravierende langfristige Veränderungen des globalen Klimas verursacht; und ... da das anthropogene Kohlendioxid in der Atmosphäre nur sehr langsam durch natürliche Prozesse abgebaut wird, werden die klimatischen Folgen erhöhter Kohlendioxid-Konzentrationen wohl lange anhalten.

Spätere Konferenzen haben die Notwendigkeit unterstrichen, die Auswirkungen einer Kohlendioxid-Zunahme auf das globale und regionale Klima sowie auf den Kohlenstoff-Kreislauf im System Atmosphäre–Meer–Biosphäre zu bestimmen und die sich daraus ergebenden sozioökonomischen Folgen abzuschätzen. Mehrere Workshops, Seminare und Symposien, die unlängst unter Beteiligung von Wissenschaftlern aus aller Welt stattfanden, haben diese 1979 geäußerte Besorgnis nicht nur bekräftigt, sondern auch einen – vielleicht noch nie dagewesenen – wissenschaftlichen Konsens über die mit einer globalen Erwärmung verbundenen Gefahren erzielt.

Besonders wichtig waren dabei Konferenzen, auf denen man die möglichen Auswirkungen einer globalen Erwärmung sowie Maßnahmen zu ihrer Verhinderung, Eindämmung oder auch Anpassung an dieses Phänomen erörterte. So fanden etwa 1980, 1983, 1985[2] und zuletzt 1987[3] in Villach, Österreich, bedeutende Tagungen statt. Die Tagung von 1987, die im November desselben Jahres in Bellagio, Italien, fortgesetzt wurde,[4] und die Klimakonferenz 1988 in Toronto[5] waren die ersten, die sich mit der Entwicklung politischer Optionen zur Bekämpfung der Klimaveränderung befaßten.

Im Schlußkommuniqué der Klimakonferenz von Toronto heißt es:

Die Menschheit führt ungewollt ein weltweites Experiment durch, das in seinen schlimmsten Konsequenzen nur von einem globalen Atomkrieg übertroffen werden könnte. Die Erdatmosphäre wird in beispielloser Geschwindigkeit von Schadstoffen verändert, die durch menschliche Aktivitäten, durch den ineffizienten und verschwenderischen Einsatz fossiler Energien und durch die Folgen eines raschen Bevölkerungswachstums in vielen Regionen entstehen. Diese Veränderungen stellen eine schwerwiegende Bedrohung der internationalen Sicherheit dar und zeitigen schon heute in vielen Teilen der Welt negative Folgen ... Die globale Erwärmung und der Anstieg des Meeresspiegels, die sich immer deutlicher als Konsequenzen einer unveränderten Zunahme der atmosphärischen Konzentration von Kohlendioxid und anderen Treibhausgasen abzeichnen, werden weitreichende Auswirkungen haben. Zudem wird die Zerstörung der Ozonschicht zu verstärkten Schäden durch UV-Strahlen führen. Die zuverlässigsten Prognosen rechnen damit, daß dies bei jetzigen und künftigen Generationen zu möglicherweise schwerwiegenden wirtschaftlichen und sozialen Verwerfungen führen wird; dadurch werden sich die internationalen Spannungen verschärfen und die Gefahr inner- und zwischenstaatlicher Auseinandersetzungen wird steigen. Sofortiges Handeln ist daher unerläßlich.

15.1 Die Formulierung von Handlungsstrategien

Zwei Monate nach der Klimakonferenz von Toronto hat die maltesische Delegation bei den Vereinten Nationen eine Initiative mit dem Ziel gestartet, das globale Klima zum gemeinsamen Erbe der Menschheit erklären zu lassen. Die Generalversammlung der Vereinten Nationen diskutierte den Entwurf und verabschiedete im Dezember 1988 eine Resolution über den Schutz des Klimas für gegenwärtige und künftige Generationen der Menschheit.[6] Diese Resolution anerkennt die Klimaveränderung als eine Herausforderung für die ganze Menschheit und fordert sofortige Maßnahmen, um einen umfassenden Überblick über die Situation zu gewinnen und Handlungsvorschläge zu erarbeiten. Seitdem befaßt man sich vor allem mit geeigneten gesetzlichen und politischen Maßnahmen, die die Völkergemeinschaft ergreifen sollte.

In dieser Anerkennung ist unausgesprochen die Tatsache enthalten, daß in den reichen Industrieländern und den armen Ländern der Dritten Welt die potentiellen gesetzlichen und politischen Maßnahmen zur Eindämmung der globalen Erwärmung stark voneinander abweichen. Die reicheren Staaten begreifen, daß sich die globale Erwärmung nachteilig auf ihre Volkswirtschaft und ihre Lebensweise auswirken wird. Sie werden binnen kurzem im Rahmen der Organisation für Wirtschaftliche Zusammenarbeit und Entwicklung (OECD) und der Europäischen Gemeinschaft (EG) geeignete nationale und regionale Handlungsstrategien beschließen.

Die ärmeren Länder hingegen sehen, wenigstens zunächst, in der Erwärmung der Erde eine zusätzliche Belastung, die ihr Wirtschaftswachstum noch weiter verlangsamen könnte. Zu ihren dringlichsten Anliegen gehören eine dauerhaft tragfähige wirtschaftliche Entwicklung, die Befreiung von Zahlungsbilanzdefiziten und Auslandsschulden sowie die Stabilisierung ihrer Währungen und der Aufbau ihrer Volkswirtschaften. Bis vor kurzem hatten sie wenig Zeit oder Gelegenheit, über die möglichen Folgen einer Erwärmung der Erde nachzudenken – ungeachtet der Auswirkungen, die diese gewaltigen Umweltveränderungen auch für sie mit sich bringen werden.

15.2 Intergovernmental Panel on Climate Change (IPCC)

Etwa zur gleichen Zeit, als über die Resolution der Generalversammlung debattiert wurde, haben die Weltorganisation für Meteorologie (WMO) und das Umweltprogramm der Vereinten Nationen (UNEP) den Intergovernmental Panel on Climate Change (IPCC) gegründet.[7] Vor seiner Gründung interessierten sich allenfalls die Regierungen der Industrieländer für das Problem klimatischer Veränderungen. Ehrlicherweise müßte man sogar sagen, daß das Interesse der Regierungen der Industrieländer am IPCC im wesentlichen dem unverblümten Kommuniqué zu verdanken ist, das die Klimakonferenz in Toronto 1988 verabschiedete.

Auf seiner ersten Sitzung verteilte der IPCC seine Aufgaben auf drei Arbeitsgruppen. Die Arbeitsgruppen 1 und 2 befassen sich mit der wissenschaftlichen Seite und den sozioökonomischen Auswirkungen klimatischer Veränderungen; die Arbeitsgruppe 3 sucht nach geeigneten Gegenstrategien. Dabei gehört die Erarbeitung internationaler rechtlicher und politischer Optionen zu den vorrangigen Aufgaben dieser Gruppe. In mehrfacher Hinsicht unterscheidet sich der so organisierte IPCC von Initiativen, die in der Vergangenheit von internationalen Organisationen gestartet wurden. Erstens zeichnet sich die interne Arbeit des IPCC dadurch aus, daß Verfahrensweisen, die für wissenschaftliche Organisationen typisch sind, mit Strukturen kombiniert werden, die politische Organisationen auszeichnen. Obwohl zum Beispiel die Aufgabenstellung das Prinzip der Supervision durch Fachkollegen verlangt – ein in politischen Organisationen ungewöhnliches Prinzip – und obwohl von den Mitarbeitern in den verschiedenen Arbeitsgruppen und Untergruppen Fachwissen erwartet wird, werden die Mitglieder im wesentlichen von den Regierungen ausgewählt, oder sie arbeiten schon in den verschiedensten Ministerien der Mitgliedsländer.

Die zweite und dritte Sitzung des IPCC und sämtlicher Arbeitsgruppen fand vom 28. bis 30. Juni 1989 in Nairobi[8] und vom 5. bis 7. Februar 1990 in Washington[9] statt. Im Vorfeld der Sitzung in Nairobi bestanden auf zwischenstaatlicher Ebene erhebliche Meinungsverschiedenheiten über die geeignete internationale Behörde, der die Entwicklung einer internationalen Konvention zur Stabilisierung der Treibhausgaskonzentration in der Atmosphäre anvertraut werden sollte. Dies behinderte nachhaltig die Lösung des Problems der Klimaveränderung. Bei der Tagung in Nairobi entschied der Vorsitzende des IPCC dieses Problem dennoch mit der Ankündigung, der IPCC werde die Grundlagen eines Entwurfs für eine internationale Konvention über die Treibhausgase erarbeiten. Diese Entscheidung verbietet es anderen Organisationen nicht, ebenfalls an der Lösung dieses Problems zu arbeiten, aber sie macht den IPCC zu der international federführenden Instanz mit einer klaren Aufgabenstellung und einem Fahrplan zur Erreichung seines Ziels.

Eine der wichtigsten Veränderungen, die auf der Tagung von Nairobi beschlossen wurde, bezog sich auf den Begriff der Vollmitgliedschaft. Im November 1988 verfügten 32 Staaten über diesen Status. Der Vorsitzende des IPCC lud sämtliche Mitglieder der UNEP und der WMO sowie mehrere internationale Organisationen dazu ein, an der Tagung des IPCC im Juni 1989 teilzunehmen und mitzuwirken. In der Plenarsitzung wurde dann beschlossen, den Begriff der Vollmitgliedschaft fallenzulassen. Die Vertreter von 44 Staaten und von mehreren zwischenstaatlichen und nichtregierungsgebundenen Organisationen (Nongovernmental Organizations, NGOs), die an der Sitzung in Nairobi teilnahmen, begrüßten diese Entscheidung.

Von den verschiedenen Vorschlägen für die Arbeit des IPCC verdienen die folgenden besondere Beachtung:

- Der IPCC soll untersuchen, inwiefern es möglich ist, in den Entwicklungsländern Konferenzen und Seminare abzuhalten, die als Schrittmacher nationaler und regionaler Aktionen fungieren. So wurde beispielsweise darauf hingewiesen, daß eine Konferenz, auf der Wissenschaftler aus den Entwicklungsländern stärker für die Problematik klimatischer Veränderungen sensibilisiert würden, den IPCC bei der Verwirklichung seiner Ziele unterstützen würde. »Wanderseminare« auf regionaler Ebene haben sich als eine kostengünstige Methode erwiesen, um in den Entwicklungsländern einen weiten Kreis von Adressaten zu erreichen und nützliche Schritte auf nationaler Ebene anzuregen.
- Die Entwicklung eines einheimischen, durch geeignete Technologien unterstützten intellektuellen und wissenschaftlichen Grundstocks beeinflußt entscheidend die mittel- bis langfristige Fähigkeit der Entwicklungsländer, uneingeschränkt an internationalen Programmen gegen Klimaveränderungen mitzuwirken.

Diese Probleme sind mittlerweile zu den Angelpunkten geworden, um die sich die Diskussionen in den Entwicklungsländern und in den Industrieländern drehen.[10] 1989 befaßten sich zahlreiche Tagungen und Konferenzen mit diesen Fragen: im März eine unter Schirmherrschaft der britischen Premierministerin Thatcher stehende Ministerkonferenz; ebenfalls im März die von den Regierungen Norwegens, Frankreichs und der Niederlande in Den Haag organisierte Konferenz der Staats- und Regierungschefs; im April die erste Tagung der Unterzeichnerstaaten der Wiener Konvention zum Schutz der Ozonschicht und des Montrealer Protokolls in Helsinki; im Mai die alle zwei Jahre stattfindende Tagung des Verwaltungsrats des United Nations Environment Programme; im Juli der Wirtschaftsgipfel der Siebenergruppe in Paris; im September eine Konferenz in Tokio; im selben Monat die 9. Konferenz der Staats- und Regierungschefs der blockfreien Staaten in Belgrad, auf der sich der indische Premierminister für die Errichtung eines Fonds zum Schutz der Erde (Planet Protection Fund) einsetzte; im Oktober die Tagung der IPCC-Arbeitsgruppe 3, auf der sich 45 Regierungen zum erstenmal dazu bereit erklärten, unverzüglich die Erarbeitung eines Rahmenabkommens in die Wege zu leiten; im selben Monat eine Konferenz der Staats- und Regierungschefs des Commonwealth in Kuala Lumpur; im November eine von der niederländischen Regierung veranstaltete Umweltministerkonferenz und weitere Veranstaltungen.

Die Arbeit des IPCC gewinnt in dem Maße an Bedeutung, wie die Entwicklungsländer daran mitwirken. Trotz einiger gegenteiliger Kommentare in einzelnen Zeitungen wächst unter den Entwicklungsländern die Bereitschaft, an der Erarbeitung geeigneter Maßnahmen zur Bekämpfung der Klimaveränderung aktiv mitzuwirken. Dieses neu erwachte Interesse spiegelt sich nicht nur in der Arbeit des IPCC wider, sondern auch in zahlreichen weiteren auf Minister- und Regierungs- beziehungsweise Staatschefebene in der ganzen Welt abgehaltenen Konferenzen.

Der Nachdruck, mit dem eine verstärkte internationale Zusammenarbeit angestrebt wird, kommt auch in mehreren Erklärungen vor der UNO zum Ausdruck. Michail Gorbatschow sagte in seiner Rede vor der Vollversammlung der Vereinten Nationen im Dezember 1988: »Nationale und regionale (Wirtschafts-, Ernährungs-, Energie-, Umwelt-...)Probleme sind zu globalen Problemen geworden. Heute sitzen wir alle im selben Boot.« Er betonte, daß »unsere Zeit und die Gegebenheiten der Welt von heute es notwendig machen, daß Dialoge und Verhandlungen stärker internationalisiert werden«, und daß die Staaten ihre Haltung zu den Vereinten Nationen überprüfen müssen, »ohne die heute keine Weltpolitik mehr möglich wäre«. Der Vertreter der britischen Regierung, Sir Crispin Tickell, griff das Problem weltweiter Klimaveränderungen auf und sprach sich vor dem Wirtschafts- und Sozialrat der Vereinten Nationen für die Gründung eines Sonderausschusses der Vollversammlung aus, der in erster Linie für Umweltangelegenheiten zuständig sein sollte. Er schlug auch vor, der Sicherheitsrat der Vereinten Nationen solle sich regelmäßig mit Umweltproblemen befassen.

Der Premierminister von Neuseeland, Geoffrey Palmer, sprach in seiner Rede vor der UN-Vollversammlung im Oktober 1989 vor allem über globale Umweltprobleme. Er plädierte für die Gründung einer neuen Sonderorganisation innerhalb der Vereinten Nationen, die den Namen Environmental Protection Council (Rat für Umweltschutz) tragen sollte. Der damalige indische Premierminister Radjiv Gandhi reagierte in seiner Rede anläßlich des 9. Gipfeltreffens der blockfreien Staaten im September 1989 in Belgrad auf die Notwendigkeit verstärkter internationaler Zusammenarbeit auf dem Feld des globalen Umweltschutzes mit dem Vorschlag, die Weltgemeinschaft solle einen von den Vereinten Nationen verwalteten Fonds zum Schutz der Erde (Planet Protection Fund) einrichten. Dieser Gemeinsamkeit der Interessen von Industrie- und Entwicklungsländern verdankt der IPCC die große Aufmerksamkeit, die man ihm entgegenbringt.

Obwohl die Länder der Dritten Welt gern stärker an der Arbeit des IPCC mitwirken würden, hatte der IPCC bei dem Versuch, diese Mitwirkung zu erleichtern, allenfalls begrenzten Erfolg. Um hier Abhilfe zu schaffen, hat eine Ad-hoc-Arbeitsgruppe nach Möglichkeiten gesucht, die Entwicklungsländer stärker in die Aktivitäten des IPCC einzubeziehen. Saudi-Arabien hatte darin den Vorsitz; vertreten waren ferner Brasilien, Senegal und Simbabwe. Der Bericht über das Ergebnis dieser Beratungen[11] wurde vor der zweiten Tagung des IPCC an China, Indien, den Vorsitzenden des IPCC, die Vorsitzenden der IPCC-Arbeitsgruppen sowie an Mostafa K. Tolba (geschäftsführender Direktor von UNEP) und G. O. P. Obasi (Generalsekretär der WMO) weitergeleitet. Die Ad-hoc-Arbeitsgruppe stellte fest, daß nach den allgemein anerkannten Szenarios jene Gebiete der Erde, in denen die Entwicklungsländer liegen, am stärksten von negativen klimatischen Veränderungen betroffen wären. Zugleich sind die Entwicklungsländer jedoch weder wirtschaftlich noch technologisch in der Lage, einige der konkreten politischen Maßnahmen durchzuführen, die unabdingbar sind, um geeignete Lösungen zu finden und umzusetzen. Von den Handlungsoptionen, die kurz-, mittel- oder langfristig eine verstärkte Mitarbeit der Entwicklungsländer ermöglichen sollen, sind die folgenden besonders vielversprechend:

- Die Arbeit des IPCC erfordert die Einbeziehung von Disziplinen, die normalerweise nicht in den Aufgabenbereich von WMO und UNEP fallen – das gilt vor allem für die Arbeitsgruppe 3. Deshalb sollten die Arbeitsgruppen mit Unterstützung der Sekretariate von WMO und UNEP neue Finanzierungsquellen erschließen, die sich von den traditionellen Quellen von WMO und UNEP unterscheiden.
- Der IPCC sollte die Möglichkeit in Betracht ziehen, Konferenzen und Seminare in den Entwicklungsländern abzuhalten, um die nationale und regionale Handlungsbereitschaft zu fördern und um Wissenschaftler aus den Entwicklungsländern für die Problematik der Klimaveränderung stärker zu sensibilisieren.
- Mittel- bis langfristig wird die Fähigkeit der Entwicklungsländer, an internationalen Programmen gegen klimatische Veränderungen mitzuwirken, entscheidend davon abhängen, inwieweit sie eine eigene intellektuelle und wissenschaftliche Basis aufbauen können, die durch zweckmäßige Technologien unterstützt wird.
- Es ist besonders darauf zu achten, daß die Entwicklungsländer unter Einsatz geeigneter Technologien ihre Leistungsfähigkeit und Infrastruktur aus eigener Initiative heraus verbessern. Damit einhergehen sollte die Errichtung von Zentren wie dem African Centre of Meteorological Applications for Development, den WMO Regional Specialized Meteorological Centres und die Entwicklung von Systemen wie dem Climate Computer System und dem Global Resource Information Database Geographic Information System.

Der geschäftsführende Direktor Tolba und Generalsekretär

Obasi empfahlen in ihrer Stellungnahme zu diesen Vorschlägen ein System[12], das sicherstellt, daß a) Länder, die von einer globalen Erwärmung und dem damit verbundenen Anstieg des Meeresspiegels besonders stark betroffen sein könnte und b) Länder, deren Handlungen sich nachhaltig auf die Kohlendioxid-Emissionen und deren »Export« auswirken könnten, zu den selbstverständlichen Mitgliedern gezählt werden und uneingeschränkt an den IPCC-Aktivitäten mitwirken können. Tolba und Obasi gingen davon aus, daß etwa zwanzig Länder eines der beiden Kriterien erfüllen und daß sich die benötigte Summe auf insgesamt etwa eine Million Dollar belaufe. Aber nicht einmal dieser bescheidene Betrag kam zusammen.

Alles in allem gingen die IPCC-Beratungen nur schleppend voran. In den Diskussionen zeigte sich, daß viele, vielleicht sogar die meisten offiziellen Vertreter über fachliche Details im Zusammenhang mit Klimaveränderungen und über mögliche Schadensbegrenzungsmaßnahmen erstaunlich schlecht informiert waren. Während die Vertreter der Entwicklungsländer sich darüber beklagten, von einzelnen Diskussionen ausgeschlossen zu werden, kannten sie sich andererseits in der Materie nicht gut genug aus, um ihre Interessen wirkungsvoll mit Argumenten zu verteidigen oder Lösungsmöglichkeiten anzubieten. Aber auch die Vertreter der reichen Staaten kannten sich in den Details nicht hinreichend aus, um mit fachlich qualifizierten Urteilen oder präzisen Erkenntnissen aufwarten zu können. Überhaupt zeigte die Versammlung nur ein einziges Mal einen Anflug von Betriebsamkeit: als die Frage der Kapitalhilfe erörtert wurde.

Das Problem der globalen Klimaveränderung auf diese Art und Weise anzupacken, führt zu nichts, denn es übersteigt womöglich die Mittel beziehungsweise den Aufgabenbereich nicht nur des IPCC, sondern jeder anderen einzelnen Hilfs- und Sonderorganisation der Vereinten Nationen. Im Rückblick läßt sich feststellen, daß die Gründer des IPCC nicht ahnten, daß der Umweltschutz und die dringende Notwendigkeit, der globalen Veränderung des Klimas entgegenzutreten, so weit oben auf der politischen Tagesordnung der Länder von Ost und West, Nord und Süd stehen würde. Wenn die beiden finanziellen Träger des IPCC (WMO und UNEP) geahnt hätten, daß dieses Thema die politische Debatte in allen möglichen Foren sosehr bestimmen würde, hätten sie die Organisation personell besser ausgestattet und wären nicht auf die Idee einer Vollmitgliedschaft gekommen.

15.3 Die Entwicklungsländer

Es gab Zeiten, da konnten mächtige Staaten ihre Interessen immer gut verteidigen. In der Neuzeit aber mußten die Staaten Bündnisse schließen, um ihre Interessen zu schützen und zu befördern. Die Entwicklungsländer, von denen viele erst in jüngster Zeit in die staatliche Unabhängigkeit entlassen worden sind, haben diese Lektion recht schnell gelernt. Sie schlossen sich zu einer Interessengemeinschaft zusammen, die unter dem Namen »Gruppe der 77« bekannt ist, und sie versuchten so, ihren Anliegen weltweit Gehör zu verschaffen. Mit der Ausweitung der Völkergemeinschaft stieg die Zahl der in der Gruppe der 77 vertretenen Länder auf über 120 an.

Gemeinhin glaubt man, Umweltprobleme seien in der Völkergemeinschaft vor allem aufgrund der Interessen der Industrieländer zur Sprache gebracht worden. Betrachtet man lediglich die Zeit unmittelbar vor der Stockholmer Umweltkonferenz im Jahr 1972, so mag dies tatsächlich stimmen. Aber seitdem, und besonders in den Diskussionen über globale Klimaveränderungen, haben die Entwicklungsländer deutlich gezeigt, daß die Einleitung zweckdienlicher internationaler Umweltschutzmaßnahmen auch in ihrem ureigensten Interesse liegt. Es gibt viele Gründe, warum die Entwicklungsländer auf internationaler Ebene scheinbar eine gemeinsame Position vertreten. Man sollte jedoch immer daran denken, daß die Gründe, die zu einer Einigung auf eine scheinbar gemeinsame Plattform führen, auch bei den einzelnen Entwicklungsländern nicht immer identisch sind.

So wurde die Position der Entwicklungsländer auf internationaler Ebene von den Schwellenländern vertreten. Sie behaupteten, die Diskussion über und die Forderung nach einer neuen

Weltwirtschaftsordnung betreffe alle Felder der internationalen Beziehungen. Wenn über Umweltprobleme gesprochen wurde, betonten sie immer wieder denselben wirtschaftlichen Gesichtspunkt: Was nütze es ihrer Wirtschaft, sich an internationalen Diskussionen zu beteiligen? Die wichtigsten Fragen, die sich für sie in diesem Zusammenhang stellten, bezogen sich auf die zu erwartende Wirtschaftshilfe, die Art des Technologietransfers, mit der zu rechnen sei, und so weiter.

Es wäre jedoch falsch, davon auszugehen, daß die Position der Schwellenländer exakt mit der Position der Entwicklungsländer übereinstimme. Mehrere Länder, die in der Terminologie der Vereinten Nationen oft als Gruppe der ärmsten oder geographisch benachteiligten Länder bezeichnet werden, bewerten ihre Mitwirkung auf der internationalen Bühne und die Diskussion über Umweltprobleme anders als die Schwellenländer. Für diese Länder ist es eine Überlebensfrage, daß nicht nur bei ihnen, sondern auf der ganzen Welt geeignete Vorsorge- und Anpassungsstrategien entwickelt werden. Gerade Inseln werden durch Umweltveränderungen (zu denen auch die möglichen Folgen einer globalen Erwärmung gehören) besonders in Mitleidenschaft gezogen. Ihr Beitrag zu den ansteigenden Treibhausgaskonzentrationen in der Atmosphäre ist jedoch nur sehr gering. Inselstaaten sehen daher in ihrer Teilnahme an internationalen Umweltdebatten keine Chance zu einer schnelleren wirtschaftlichen Entwicklung. Auch ist in ihren Augen die Arena der internationalen Umweltpolitik kein weiteres Forum, in dem sie auf Wiedergutmachung aller während der Kolonialzeit begangenen Ungerechtigkeiten hoffen könnten. Eine raschere wirtschaftliche Entwicklung wäre ihnen natürlich sehr willkommen, aber die Sorge um ihr nacktes Überleben stellt alles andere in den Schatten.

Die erste internationale Konferenz über globale Erwärmung und Klimaveränderung, die in der Dritten Welt abgehalten wurde, fand vom 21. bis 23. Februar 1989 in Neu Delhi statt.[13] Die Konferenz, an der über 150 Wissenschaftler, Politiker und Regierungsbeamte teilnahmen, die hauptsächlich aus den Staaten des indischen Subkontinents kamen, befaßte sich mit der globalen Klimaveränderung vor allem unter den Aspekten der wissenschaftlichen Beweise, der Folgewirkungen und der politischen Gegenstrategien. Die Teilnehmer verabschiedeten eine umfangreiche Erklärung, die betont:

> Die globale Erwärmung ereignet sich zu einem Zeitpunkt, da viele lebenerhaltende Systeme der Erde durch das Bevölkerungswachstum, die industrielle Entwicklung und den Bedarf an Agrarfläche sowie die langfristig unhaltbare Ausbeutung natürlicher Ressourcen bereits überlastet sind. Schuld daran sind sowohl unüberlegte und kurzsichtige Handlungen als auch Armut und Unterentwicklung. Dazu gehören auch die zunehmende Luft- und Wasserverschmutzung, Waldvernichtung, Bodenerosion und Versalzung.

Die Malediven waren der erste Staat, der durch seinen obersten Repräsentanten vor der Vollversammlung der Vereinten Nationen seine Besorgnis zum Ausdruck brachte, daß aufgrund der globalen Erwärmung die Gefahr eines Anstiegs des Meeresspiegels immer akuter werde. Einige weitere Inselstaaten, wie die Bahamas, Jamaika und Island, haben ebenfalls ihre ernste Besorgnis über dieses Phänomen bekundet. Die wichtigste Gruppe von Staaten aber, die sich zu einer Allianz zusammengeschlossen haben, um mit einer Stimme für ihre Interessen einzutreten, sind vermutlich die Inselstaaten des Südpazifik.

Ernest Beni von Vanuatu, der im Namen der 22 Inselregierungen des Südpazifiks spricht, formuliert es am besten:

> Zwei Millionen Jahre lang hat uns das Meer ernährt, und es war freigebig und beschenkt uns auch heute noch reich mit seinen Gaben. Jetzt aber müssen wir erfahren, daß diese Harmonie zerstört werden könnte durch die Handlungen von Staaten, die weit von unseren Küsten entfernt sind ... Wir, die Völker des Südpazifiks, appellieren an Sie mit einer Stimme, ... der Stimme derer, die der globalen Erwärmung als erste zum Opfer fallen könnten, den Fortbestand unserer Kulturen und unser nacktes Überleben zu gewährleisten und zu verhindern, daß wir zu »gefährdeten Arten« oder zu den Dinosauriern des nächsten Jahrhunderts werden.

Vor diesem Hintergrund kann man recht gut verstehen, warum die Inselstaaten der Dritten Welt sich innerhalb des IPCC und anderer Foren so aktiv für die weitere wissenschaftliche Erforschung der Klimaveränderung und des damit verbundenen Anstiegs des Meeresspiegels und für die Formulierung geeigneter Handlungsstrategien einsetzen.

Zwar tragen alle Entwicklungsländer gemeinsam gegenwärtig nur in sehr bescheidenem Umfang zum Anstieg der Treibhausgaskonzentrationen bei, in den nächsten Jahren aber werden einige Entwicklungsländer einen Grad der Industrialisierung erreichen, der dazu führt, daß auch sie beträchtliche Mengen von Treibhausgasen emittieren werden. Dazu zählen in erster Linie die Schwellenländer und Staaten wie Brasilien, China und Indien. Da einige andere Entwicklungsländer, und insbesondere die Inseln des Südpazifik, keine derart weitreichenden Industrialisierungspläne haben, werden sie auch in naher Zukunft keine nennenswerten Mengen von Treibhausgasen emittieren. Und doch sind gerade diese Länder in jeder Hinsicht die Leidtragenden einer globalen Erwärmung.

15.4 Ein Blick in die Zukunft

Im Vergleich zum gewöhnlichen Verlauf des Nord-Süd-Dialogs über internationale Umweltprobleme ist diese rasche Anerkennung eines globalen Problems – was auch immer sie veranlaßt haben mag – recht bemerkenswert. Das Problem der Zunahme von treibhauswirksamen Spurengasen in der Atmosphäre, die für die globale Erwärmung verantwortlich sind, ist im Bericht der IPCC-Arbeitsgruppe 1, der im Juni 1990 veröffentlicht wurde, von bedeutenden Klimatologen überzeugend dargelegt worden. Zudem finden die Umweltschutzgruppen in der Dritten Welt heute vielleicht mehr Resonanz als jemals zuvor in ihrer relativ kurzen Geschichte. Es wäre aber zu optimistisch, daraus zu folgern, daß die von den Wissenschaftlern vorhergesagten ernsten Gefahren einen Sinneswandel bei den herrschenden Eliten in Gang gesetzt hätten oder daß die nichtregierungsgebundenen Organisationen und Verbände (NGOs) schon dazu übergegangen wären, in ihren Verhandlungen mit den Regierungen in den Entwicklungsländern dem Problem der globalen Klimaveränderung Priorität einzuräumen.

Schließlich ist es noch nicht so lange her, daß mehrere Länder der Dritten Welt argwöhnten, die Welle des Umweltschutzes in den Industriestaaten und das damit verbundene Drängen auf eine wirksame Umweltschutzpolitik sei nur ein Trick, um die Dritte Welt in einem fortwährenden Zustand der Abhängigkeit zu halten.[14] Nur wenige haben versucht zu verstehen (oder logisch zu erklären), warum den Ländern der Dritten Welt sosehr daran gelegen sein muß, geeignete Lösungen für das Problem der globalen Klimaveränderung zu finden. Wenn diese veränderte Sichtweise und die Gründe dafür nicht voll und ganz verstanden werden und wenn die Erwartungen der Entwicklungsländer in bezug auf den Transfer neuer Technologien und die Bereitstellung zusätzlicher finanzieller Mittel nicht erfüllt werden, besteht die Gefahr, daß die Umweltschutzgruppen in den Industrie- und Entwicklungsländern die Unterstützung der Dritten Welt verlieren.

Mostafa Tolba[15] hat darauf hingewiesen, daß globale Erwärmung und Klimaveränderung sowohl für die Industrie- als auch für die Entwicklungsländer eine Chance darstellen, eine Vielzahl vorrangiger Probleme anzugehen, zu denen unter anderen die unausgewogenen Handelsbilanzen, ein Schuldenerlaß, der Technologietransfer und technische sowie finanzielle Unterstützung gehören. Der ehemalige Generalsekretär des Commonwealth, Sir Shridath Ramphal, erklärte bei der Eröffnung der Vorlesungsreihe »Umwelt und Entwicklung« an der Universität Cambridge, der Bericht der Weltkommission für Umwelt und Entwicklung (World Commission on Environment and Development), *Our Common Future*[16], unterstreiche den engen Zusammenhang zwischen dem Umweltschutz einerseits und der für die Entwicklungsländer so wichtigen Wirtschaftsentwicklung andererseits. Er betonte auch, daß eine Serie von Katastrophen auf der ganzen Welt das Bewußtsein dafür geschärft habe, diese könnten in irgendeinem kausalen Zusammenhang miteinander stehen.

Der Bericht *Our Common Future* verdient es wohl, mehr als nur beiläufig erwähnt zu werden. Die Vorsitzende der Kommission, die diesen Bericht verfaßte, die damalige norwegische Ministerpräsidentin, nahm in ihrer Grundsatzrede auf der Klimakonferenz in Toronto im Juni 1988 – der ersten größeren Diskussionsveranstaltung über politische Optionen zur Bekämpfung der Klimaveränderung[17] – immer wieder Bezug auf diesen Bericht. Sie verlangte, »in die internationale Zusammenarbeit muß neuer Schwung kommen. Entwicklungshilfe und -kredite müssen erhöht und die Schuldenkrise gelöst werden«. Weiter sagte sie, »das höchste Ziel muß eine wirtschaftliche Partnerschaft sein, die auf gerechtem Handel beruht und ein neues Feld des Wachstums erschließt, das die Ressourcenbasis eher erweitert als verringert«. Zum Schluß meinte sie, »man muß die Staaten wieder für Verhandlungen über globale Probleme gewinnen, nachdem sie jahrelang ausschließlich multilateral gedacht haben«. Einschätzungen wie diese waren es, die die Teilnehmer aus der Dritten Welt und die nichtstaatlichen Organisationen davon abhielten, den Bericht allzu kritisch zu bewerten.

Das Schlußdokument der Klimakonferenz von Toronto hält fest:

> Die Industriestaaten sind die wichtigsten Erzeuger von Treibhausgasen, und sie tragen deshalb gegenüber der Völkergemeinschaft auch die Hauptverantwortung für die Einleitung von Maßnahmen zur Lösung der Probleme, die durch die Klimaveränderung bedingt sind. Zugleich müssen sie dafür sorgen, daß die Entwicklungsländer, deren Probleme sich durch das Bevölkerungswachstum noch beträchtlich verschärfen, bei der Verbesserung ihrer wirtschaftlichen Lage und der Lebensbedingungen ihrer Bürger unterstützt und nicht behindert werden. Dies erfordert eine breite Palette von Maßnahmen, zu denen auch eine erhebliche Steigerung des Energieverbrauchs in den Entwicklungsländern gehört, die durch eine entsprechende Verringerung in den Industriestaaten ausgeglichen werden muß. Der Übergang in eine Zukunft, die unser langfristiges Überleben sichert, erfordert Investitionen in Energiesparmaßnahmen und nichtfossile Energieträger. Um sicherzustellen, daß diese Investitionen tatsächlich vorgenommen werden, muß die Völkergemeinschaft den gegenwärtigen Netto-Ressourcen-Transfer aus den Entwicklungsländern nicht nur stoppen, sondern sogar umkehren. Diese Umkehrung sollte alle relevanten Technologien betreffen und die gesamtwirtschaftlichen Auswirkungen berücksichtigen.

Die Klimakonferenz von Toronto hat an die Regierungen appelliert, einen Weltfonds zum Schutz der Atmosphäre (World Atmosphere Fund) zu gründen, der zum Teil über eine Steuer auf den Verbrauch fossiler Energien in den Industriestaaten finanziert werden soll. Diese Empfehlungen haben in verschiedener Form sämtliche Konferenzen unterstützt, die seither in der ganzen Welt zu diesem Thema veranstaltet wurden. Die Regierungen von Brasilien, Indien und Mexiko haben darauf aufbauend Vorschläge erarbeitet. Zahlreiche Regierungsvertreter und Umweltminister aus 68 Staaten haben auf der Ministerkonferenz über Luftverschmutzung und Klimaveränderung, die im November 1989 in Noordwijk stattfand, diesen Vorschlägen grundsätzlich zugestimmt.[18] Die norwegische Regierung kündigte an, 0,1 Prozent des Bruttoinlandsprodukts für diesen globalen Fonds zur Verfügung zu stellen, wenn andere Industrieländer diesem Beispiel folgen.

Nur ein einziges Mal, Anfang der siebziger Jahre, sind Umweltbelange und Entwicklungsbedürfnisse in ein Paket geschnürt worden. Obgleich die Dritte Welt sich damals anfänglich sträubte, unterstützte sie die Stockholmer Umweltkonferenz von 1972 schließlich doch. Dem 1971 gegründeten Umweltsekretariat der Vereinten Nationen, das die Ziele der Konferenz durchsetzen sollte, gelang es, die Entwicklungsländer davon zu überzeugen, daß Umweltschutzmaßnahmen und die Befriedigung ihrer dringendsten Bedürfnisse sich nicht ausschließen, sondern miteinander vereinbar sind.[19] Aber auch noch andere, wichtigere Gründe wurden geltend gemacht: Die in den Industrieländern eingeleiteten Umweltschutzmaßnahmen würden sich positiv auf die gesellschaftliche und wirtschaftliche Situation in den Entwicklungsländern auswirken; sie sollten informiert und mit allen nötigen Mitteln versehen werden, um jener Umweltzerstörung zu entgehen, die die Industrieländer gerade erst zu erkennen und zu bekämpfen begannen; schließlich wäre es in ihrem eigenen Interesse, an Entscheidungen mitzuwirken, die sich unmittelbar auf ihre Zukunft auswirken würden.

Mehrere wichtige Fragen mußten beantwortet werden, bevor die Entwicklungsländer ihre Teilnahme zusicherten. Dazu gehörten: Wie würden sich von den Industriestaaten eingeleitete Maßnahmen auf die Entwicklungsländer auswirken? Mit welcher technischen Hilfe wäre zu rechnen? Was würde mit den Märkten geschehen, auf die sie im Interesse ihrer eigenen Entwicklung nicht verzichten könnten? Welche Beachtung würde man jenen Umweltproblemen schenken, von denen sie direkt betroffen wären? Auf all diese Fragen ging der Founex Report ein, den ein Gremium von 27 Experten in Entwicklungs- und Umweltfragen auf Ersuchen des Generalsekretärs der UN-Umweltkonferenz in Stockholm erstellt hatte.[20] In den Verhandlungen der Entwicklungsländer in den vier regionalen Seminaren, die in Bangkok, Addis Abeba, Mexico City und Beirut stattfanden, hat dieses Dokument eine zentrale Rolle gespielt.

Der Founex Report weist am Anfang darauf hin, daß »die Sorge um die Umwelt die Völkergemeinschaft nicht von der übergeordneten Verpflichtung und Aufgabe ablenken darf und muß, die Dritte Welt bei ihrer Entwicklung zu unterstützen«, und daß die Entwicklungsländer »soweit wie möglich die Fehler und Verwerfungen vermeiden sollten, die den Entwicklungsverlauf in den Industriestaaten gekennzeichnet haben«. Der Bericht stellt klar, daß man angemessene Schutzklauseln und Normen brauche. Aber: »Diese Normen müssen unbedingt auf die spezifischen Verhältnisse der Entwicklungsländer zugeschnitten und so gestaltet sein, daß sie mit den verfügbaren Ressourcen erfüllt werden können.« Der Bericht warnt davor, daß »Umweltprobleme die internationalen Wirtschaftsbeziehungen möglicherweise immer stärker beeinflussen« und fährt fort: »Wenn keine angemessenen wirtschaftlichen Maßnahmen ergriffen werden, könnten die Entwicklungsländer in vielerlei Hinsicht eher die Leidtragenden als die Nutznießer der neuen Aufwertung der Umwelt sein. Diese könnte sich auch auf die Entwicklungshilfe, den Handel und den Technologietransfer auswirken.«

Die in dem Bericht angeführten Argumente aus der Sicht der Entwicklungsländer, die dann in die Erklärung und den von der Stockholmer Konferenz 1972 verabschiedeten Aktionsplan für die menschliche Umwelt eingegangen sind, machen klar, daß zusätzliche Mittel erforderlich sein werden: um die Erforschung von Umweltproblemen in den Entwicklungsländern zu fördern; als Ausgleichszahlungen für beträchtliche Verschiebungen in der Exportstruktur der Entwicklungsländer; um bei Entwicklungsvorhaben massive Kostensteigerungen infolge höherer Umweltstandards abzudecken und um die Umstrukturierung von Investitions-, Produktions- oder Exportstrukturen zu finanzieren, die aufgrund von Umweltschutzmaßnahmen in den Entwicklungsländern erforderlich werden. Diese Vorschläge führten zur Formulierung der beiden Konzepte »Additionalität« und »Kompensation« (Verstärken der Entwicklungshilfe und Wettmachen der Umweltschäden). Leider hielten es die Vereinten Nationen in den folgenden Jahren für opportun, Aspekte der wirtschaftlichen Entwicklung bei Umweltschutzberatungen auszuklammern.

Die besondere Situation der Dritten Welt ist jedoch seither auf allen internationalen Umweltschutzkonferenzen immer wieder eingehend geschildert worden. Es wurden Sonderbestimmungen erlassen, um Umweltschutzstrategien an die aktuellen Entwicklungsdefizite anzupassen. Damit wurde de facto ein doppelter Wertmaßstab eingeführt, gebilligt und in die allgemeine Redeweise aufgenommen. Auch die Versicherung, technische und finanzielle Hilfe zu leisten und Technologie zu transferieren, wurde Bestandteil mehrerer internationaler Verträge. Noch nie ist mit größerem Ernst auf die dringende Notwendigkeit aufmerksam gemacht worden, den Entwicklungsländern zu helfen. So hat etwa Mostafa Tolba in seinem Schlußwort auf der Ministerkonferenz über den Schutz der Ozonschicht, die im März 1989 in London stattfand, betont, daß wir die Forderung nach Unterstützung der Dritten Welt nicht länger als unverbindliche Formel verstehen sollten. Erforderlich seien vielmehr internationale Vereinbarungen, nach denen die Entwicklungsländer für ihren Verzicht auf den Einsatz von FCKWs und auf die Nutzung einiger natürlicher Ressourcen im Interesse des Umweltschutzes Kompensationsleistungen erhalten sollten. Auf derselben Konferenz hatte der Direktor der amerikanischen Umweltschutzbehörde schon zuvor eine ähnliche Meinung vertreten, und zwar sowohl in seinen offiziellen Stellungnahmen als auch bei einem privaten Treffen mit den Delegationen Indiens, Chinas und Brasiliens.

Sogar die Weltbank, die erst seit kurzem in ihrem Tätigkeitsbereich dem Umweltschutz eine besondere Bedeutung einräumt, hat den Vorschlag unterbreitet, ein neues Kreditinstitut zu gründen, das umweltverträgliche Projekte unterstützen sollte. Eine

Studie der Bank mit dem Titel *Funding for the Gobal Environment,* deren Entwurfsfassung im Februar 1990 veröffentlicht wurde, kommt zu dem Schluß, daß die Entwicklungsländer globale Umweltprobleme nur dann bekämpfen können, wenn sie von den Industriestaaten zusätzliche finanzielle und technische Hilfe erhalten. Die Bank stützt sich bei ihrer Forderung nach einer Ausweitung des Ressourcentransfers zur Eindämmung der Emissionen von Treibhaus- und ozonzerstörenden Gasen und zur Erhaltung der Artenvielfalt und Wasserqualität auf eine andere grundlegende Untersuchung, die unter dem Titel *The Greenhouse Effect: Implications for Economic Development* (Diskussionspapier Nr. 78, April 1990) veröffentlicht wurde. Dieses Papier legt sehr überzeugend dar, weshalb auch die Entwicklungsländer besorgt sein sollten:

> Die Gemeinschaft der Entwicklungsländer muß ein Maßnahmen- und Forschungsprogramm für eine tragfähige wirtschaftliche Entwicklung erarbeiten, in denen die Auswirkungen möglicher Klimaveränderungen durch Treibhausgase untersucht werden. Die größten Chancen liegen im Energiesektor, auf den man sich schwerpunktmäßig konzentrieren sollte, auch wenn in anderen Sektoren wie der Landwirtschaft und urbanen Systemen beträchtliche Möglichkeiten zur rationelleren Energienutzung vorhanden sind. In der Tat sind im öffentlichen und privaten Bereich immense Möglichkeiten zur rationelleren Energienutzung gegeben, die es nahelegen, daß die Gefahr der globalen Erwärmung in erster Linie dadurch verringert werden kann, daß man sich heute auf die rationellere Energienutzung der Weltwirtschaft konzentriert.

15.5 Schlußfolgerung

Die breite Welle der Unterstützung seitens der Entwicklungsländer ist auf das wiedererwachte Interesse und die Entschlossenheit der Industrieländer zurückzuführen, der Dritten Welt bei ihrer wirtschaftlichen Entwicklung zu helfen. Der Wunsch der

Vereinigten Staaten und einiger anderer Industrieländer, abzuwarten, bis unumstößliche wissenschaftliche Beweise für die globale Erwärmung vorliegen, wurde von den Entwicklungsländern mit dem Argument zurückgewiesen, dies zögere nur die Einleitung von Maßnahmen hinaus, um die man sowieso nicht herumkomme. Der brasilianische Außenminister Dr. José Francisco Rezek hat dies in seiner Eröffnungsrede auf der Regionalen Konferenz über die globale Erwärmung und eine dauerhaft tragfähige Entwicklung am 18. Juni 1990 in São Paulo am besten formuliert:

> Es gibt keinen Grund, warum die Einleitung von Maßnahmen von einem endgültigen wissenschaftlichen Beweis abhängig gemacht werden sollte, der vielleicht nie oder aber erst dann erbracht werden wird, wenn es schon zu spät ist, um noch angemessen reagieren zu können. Es ist unwahrscheinlich, daß die stetige Zunahme der Kohlenstoff-Konzentration in der Atmosphäre, die mit dem Beginn der industriellen Revolution einsetzte, ohne Folgen für die globale Umwelt bleiben wird.

Alle Beteiligten sind sich darin einig, daß der globalen Erwärmung nur mit globalen Maßnahmen begegnet werden kann. Gerade hier müssen die Industrieländer die nötige Entschlossenheit zeigen, um den Entwicklungsländern bei der Erarbeitung einer Entwicklungsstrategie zu helfen, die sie aus ihrer Abhängigkeit von fossilen Energieträgern herausführt. Andernfalls gibt es für die Entwicklungsländer keinen Anreiz, die alternativen Technologien auszuprobieren, die gegenwärtig entwickelt werden.

Wer behaupten würde, die Entwicklungsländer seien wegen ihres geringen Anteils am Zustandekommen der heutigen Situation von Diskussionen über globale Maßnahmen grundsätzlich auszuschließen, der würde die bis heute unternommenen Anstrengungen verkennen, eine gerechte Weltwirtschaftsordnung zu errichten, und die Chancen übersehen, die eine globale Klimaveränderung auch mit sich bringt, indem sie weltweite Umweltschutzmaßnahmen fördert und viele Forderungen der Entwicklungsländer nach rascherer wirtschaftlicher Entwicklung verwirklicht.

Kapitel 16
Ordnung schaffen im globalen Haus – Eine Neubestimmung der Ökonomie im Zeitalter des Treibhauseffekts

Susan George

»... der Süden kann in der Umweltdiskussion nicht mehr lange eine bloße Nebenrolle spielen ... von den Regierungen des Nordens könnte jetzt eine biosphärische Solidarität eingefordert werden; vielleicht müssen sie wohl oder übel letztlich einsehen, daß ihr eigenes Überleben von einem Schuldenerlaß und wirklicher Hilfe für eine dauerhaft tragfähige Entwicklung des Südens abhängt ...«

Der Begriff »Ökonomie« geht zurück auf das griechische Wort *oikos,* Haus, und eine Ableitung von *nemein,* leiten, führen. Heute wissen wir, daß unser Haus die Erde ist. Doch dieses Haus ist schmutzig und wird immer unbewohnbarer. Die Luft wird immer stickiger, das Wasser immer ungenießbarer, und in den Zimmern und im Garten sammelt sich immer mehr Unrat an. Niemand will die Verantwortung für die Führung des Haushalts übernehmen, und die Haushaltsmitglieder liegen sich ständig in den Haaren. Die meisten von ihnen – Einzelpersonen, Unternehmen oder Nationalstaaten – fühlen sich für das von ihnen angerichtete Chaos nicht weiter verantwortlich; jeder erwartet vom anderen, daß er im Hause Ordnung schafft. Die heutige »Ökonomie« hat sich weit von ihren klassischen Ursprüngen entfernt.

Die Ökonomie oder, wie man heute sagt, die Volkswirtschaftslehre wird im allgemeinen als Wissenschaft (eine strittige Behauptung) von den Gesetzen (ebenfalls strittig) der Produktion, der Verteilung und des Konsums von Gütern definiert. Diese Definition bleibt weit hinter der griechischen Vorstellung zurück und eignet sich nicht als Ausgangspunkt eines umfassenden globalen Managements. Im Vergleich zu dem in der jüngeren Vergangenheit schon einmal erreichten Wissensstand stellt sie auch einen Rückschritt dar. Wenn die Menschen die dringenden Probleme des ausgehenden 20. Jahrhunderts lösen und ihr globales Haus wieder bewohnbar machen wollen, dann ist die für diese Aufgabe am besten geeignete (Sozial-)Wissenschaft weniger die neoklassische Wirtschaftstheorie des späten 20. Jahrhunderts als die »politische Ökonomie« des 18. beziehungsweise 19. Jahrhunderts.

Adam Smith schrieb: »Die politische Ökonomie ... verfolgt zwei verschiedene Zielsetzungen ... zum einen soll sie gewährleisten, daß die Bürger über ein reiches Einkommen beziehungsweise das Existenzminimum verfügen ... andererseits soll sie dafür sorgen, daß der Staat genügend Einnahmen hat, um seinen öffentlichen Aufgaben nachzukommen.« Diese Definition ist ein guter Ausgangspunkt, denn sie stellt die öffentliche Wohlfahrt und eine solide Verwaltung im Interesse der Bürger in den Vordergrund. Um das Konzept der politischen Ökonomie für unsere heutige Zeit zu erweitern, müssen wir jedoch auch folgende Punkte analysieren: das Ressourcenmanagement, die Vermögensbildung und -verteilung und die Ausübung der Macht. Der letzte Punkt ist der wichtigste, denn die Ausübung der Macht entscheidet darüber, wer zu den Gewinnern und zu den Verlierern des Ressourcenmanagements und der Vermögensbildung und -verteilung gehört.

Diese drei Punkte beeinflussen auch in beträchtlichem Maße die Qualität der Umwelt, und sie bilden das Kernproblem der ökologischen Krise. Man kann sogar mit Fug und Recht behaupten, ohne dadurch den »exakten« Wissenschaften Unrecht zu tun, daß es eigentlich keine *ökologischen* Probleme, sondern nur wirtschaftliche und politische Probleme gibt, die sich hinter jenen verbergen. Wenn wir diese politisch-ökonomischen Grundlagen außer acht lassen, wird sich der Prozeß der Umweltzerstörung wohl kaum verlangsamen oder gar umkehren.[1]

16.1 Management und Preisbildung bei Ressourcen

Wie die Umweltschutzbewegung schon seit Jahrzehnten betont, steckt das Ressourcenmanagement, der erste Faktor in dem hier vertretenen Konzept von politischer Ökonomie, in einer Krise. Jährlich wird der Erdkruste die nicht dauerhaft aufrechtzuerhaltende Menge von 50 Milliarden Tonnen mineralischer Rohstoffe entzogen.[2] Die Böden werden ausgelaugt, erodiert und weggeschwemmt; die Wälder verschwinden immer schneller. Die Meeresstrände, die eine »für das Wohlbefinden unseres Planeten lebenswichtige Membrane zwischen Land und Meer darstellen«, werden allenthalben sosehr verschmutzt, daß sie möglicherweise irreparabel geschädigt werden. Es besteht die große Gefahr irreversibler »Entgleisungen« in der Biologie dieser Küstengewässer und der anschließenden Vernichtung aller darin vorkommenden Lebensformen.[3] Darüber hinaus wird, wie in mehreren Kapiteln dieses Buchs ausführlich dargelegt wurde, die wahllose Freisetzung von Treibhausgasen in die Atmosphäre zwangsläufig zu einer Klimaveränderung führen: die Fragen lauten heute nur noch »wann«, »in welchem Ausmaß« und »mit welchen Konsequenzen« – nicht mehr »ob überhaupt«.

Und doch orientiert sich unser wirtschaftliches Handeln am Ende des 20. Jahrhunderts noch immer an der Vorstellung einer passiven, unerschöpflichen und grenzenlos verschmutzbaren Natur – auch wenn mittlerweile jeder vernünftige Mensch weiß, wie falsch das ist. Gerade die Bilanzen von Staaten und Unternehmen sind fiktive Konstruktionen, weil sie die tatsächlichen, langfristigen Kosten für die Natur und die Gesellschaft verschweigen. Ein ökonomischer Witzbold hat einmal gesagt, man könne das Bruttosozialprodukt am besten dadurch erhöhen, daß man einen Krieg führe – je mehr Ressourcen vernichtet werden, um so höher wird das anschließende Wachstum sein, oder vielmehr: scheinbar sein. Das noch immer als bevorzugter Indikator des nationalen Wohlstands geltende Bruttosozialprodukt sagt uns nichts über den Bereich, in dem Wachstum stattfindet, nichts über die Gewinner und die Verlierer oder über die Belastungen, denen die Erde dabei ausgesetzt ist.

Finanzbuchhaltungssysteme wie die von Großunternehmen,

die ihre Inputs zu billig einkaufen, von Regierungen, die ihr Bruttosozialprodukt berechnen, oder von großen öffentlichen Entwicklungsinstitutionen, die in Dutzende von Volkswirtschaften der Dritten Welt eingreifen, fußen weitestgehend auf jährlichen Zahlen. Unersetzbare, in Jahrmillionen entstandene Ressourcen werden entsprechend den »Gesetzen« von Angebot und Nachfrage in einem einzigen Augenblick vergeudet. Was ist der »Preis« eines Wirtschaftsgutes denn anderes als der zeitliche Schnittpunkt zwischen einer Ressource und deren unmittelbarem Nutzen für eine Person? Bei Rohstoffen – Nahrungsmitteln, landwirtschaftlichen Erzeugnissen oder Bodenschätzen – wird diese Überschneidung mitunter recht treffend als »Kassakurs« (ein Kassamarkt zeichnet sich dadurch aus, daß zur gleichen Zeit der Kaufpreis gezahlt und die Ware übergeben wird. A. d. Ü.) bezeichnet. Ebenso bezieht sich das »Abschreibungs«-Verfahren bei Finanzkonten ausschließlich auf bereits vorhandene Sach- und Ausrüstungsgüter, nie aber auf die Abnutzung und Erschöpfung der Ressourcenbasis als solcher noch auf die Kosten für die Wiederherstellung der Umwelt (vorausgesetzt, diese ist überhaupt noch möglich).

Obgleich die neoklassische Wirtschaftstheorie den Anspruch erhebt, sich um »Wahrheit in der Preisbildung« zu bemühen, werden die wirklichen Kosten der Produktion, der Umweltverschmutzung und der Entsorgung von Industriemüll nur selten den betroffenen Industrien aufgebürdet. Vielmehr soll die Gesellschaft als Ganzes die Last dieser (und auch zahlreicher weiterer, gegenwärtig noch nicht ausgewiesener) vor und nach der Produktion anfallenden Kosten tragen.

Besonders in Ländern wie den Vereinigten Staaten, wo der Energieverbrauch am höchsten ist, sind niedrige oder gar keine Steuern für die größten Energie- und Rohstoffabnehmer die Regel. In den USA ist Benzin billiger als in allen anderen Industrieländern. Nicht zuletzt aufgrund dieser Politik der preislichen Unterbewertung nicht ersetzbarer Ressourcen verbraucht jeder Amerikaner jährlich eine Menge Energie, die 7200 Kilogramm Erdöl entspricht. Nach den Zahlen der Weltbank verbraucht jeder Einwohner der reichen OECD-Staaten durchschnittlich 22mal soviel Energie (umgerechnet in die entsprechende Menge Erdöl) wie ein Bewohner eines Niedriglohnlandes:

6573 Kilogramm im Unterschied zu 297 Kilogramm. Nimmt man die (relativ) wohlhabenden Staaten China und Indien aus der Gruppe der Niedriglohnländer heraus, ist der Unterschied noch frappanter: Ein Bürger der 24 OECD-Staaten »wiegt« auf der Energiewaage durchschnittlich 56mal soviel wie sein Pendant aus den vierzig ärmsten Ländern.[4] Auch bei den Kohlenstoff-Emissionen aus fossilen Brennstoffen gebührt den USA mit fünf Tonnen pro Kopf und einer Gesamtmenge von 1,2 Milliarden Tonnen die zweifelhafte Ehre des ersten Platzes. Diese Menge ist doppelt so hoch wie die gesamten Kohlenstoff-Emissionen Chinas, obwohl China fünfmal mehr Einwohner hat und das Land seinen Energiebedarf fast ausschließlich aus der Verbrennung von Kohle deckt.[5]

16.2 Die Bildung und Verteilung von Vermögen

Als eine logische Folge des Ressourcen-Mißmanagements tragen unsere aktuellen verschwenderischen Verfahren der *Vermögensbildung und -verteilung* – der zweite Faktor eines modernen Konzepts von politischer Ökonomie – in beträchtlichem Umfang zur Umweltbelastung bei. Einige Marxisten behaupten, dem Kapitalismus *als solchem* sei es anzulasten, wenn die immer bedrohlicher näherrückende ökologische Katastrophe tatsächlich eintrete. In einer der etwas blumigeren Passagen dieser marxistischen Literatur ist zu lesen: »Heute kann die menschliche Gesellschaft und selbst die Biosphäre nicht länger die systematische Gier und Umweltzerstörung überleben, die das System zu seinem fortgesetzten vampirähnlichen Dasein benötigt. Fängst du an zu schwitzen, Amerika? Es ist *ihre* (der Kapitalisten) Schuld. Sorgt dafür, daß dies niemand vergißt.«[6]

Niemand – am allerwenigsten der Praktiker – kann leugnen, daß das Ziel des Kapitalismus die Gewinnmaximierung ist; alles, was in einem Unternehmen zur Erreichung dieses Ziels beiträgt, gilt a priori als gut, alles andere als schlecht. Eine schmutzige, langfristig untragbare, gefahrvolle Produktion von Wegwerfgütern ist – zumindest kurzfristig (und das ist die einzige Perspektive, die der Markt versteht) – fast immer billiger als eine saubere, langfristig tragfähige, sichere Produktion von wiederverwertbaren Gütern. Folglich wird im allgemeinen die erste Alternative gewählt, weil die Produktion Profit und nicht das Wohlergehen der Bürger oder der Gesellschaft oder der Erde insgesamt anstrebt. Derartige Entscheidungen sollten daher nicht überraschen, auch wenn man immer wieder energisch dagegen protestieren sollte. Nur wenn sich an eine öffentliche Kritik auch entsprechende Maßnahmen anschließen, kann dieses sehr reale wirtschaftliche Gesetz gebrochen oder modifiziert werden.

Es wäre jedoch eine gefährliche Vereinfachung, die kapitalistische Produktionsweise und die kurzfristige Gewinnorientierung für alle ökologischen Nöte unseres Planeten verantwortlich zu machen. Schon ein flüchtiger Blick auf die sozialistischen Staaten Osteuropas (zumindest waren sie bis vor kurzem »sozialistisch«) zeigt, daß die Umweltzerstörung dort Ausmaße erreicht hat, die selbst im Kernland des freien Markts ohne Beispiel sind. Die »bürgerliche Wissenschaft« Ökologie wurde an den dortigen Universitäten nicht gelehrt. Die Ergebnisse der wenigen Umweltverträglichkeitsstudien waren oft so alarmierend, daß sie geheimgehalten wurden. Proteste gegen Umweltverschmutzung und Umweltgefahren rangierten gleichauf mit dem Verbrechen der Staatssubversion. Da es weder eine freie Presse noch freie Wahlen gab, waren auch keine demokratischen Kontrollen und Gegengewichte, keine Rückkopplungsmechanismen und Möglichkeiten zur öffentlichen Anprangerung von Mißständen vorhanden. Zudem blieben die Volkswirtschaften der COMECON-Staaten weit hinter der Effizienz der kapitalistischen Staaten zurück. Der Wunsch nach Effizienzsteigerungen kann unter bestimmten Umständen dazu führen, daß man die Umwelt in Ordnung bringt; derartige Wünsche waren in Osteuropa völlig unbekannt. Der einzige der Umweltzerstörung entgegenwirkende Faktor war der im Vergleich zum Westen weitaus geringere private Verbrauch; das ist natürlich nur ein schwacher Trost.

Der ungarische Umweltschützer Janos Vargha hat es einmal so ausgedrückt: »In den ›sozialistischen‹ Kommandowirtschaften wird ein Großteil der Industrieproduktion unter Einsatz aggressiver Technologien hergestellt; das sind Technologien, die sehr energie- und ressourcenintensiv sind und die Umwelt besonders stark verschmutzen.« Leider sind mit dem Übergang zu Demokratie und politischem Pluralismus die ökologischen Probleme noch nicht gelöst. Vargha sieht in diesem Pluralismus eine notwendige, aber keineswegs hinreichende Bedingung für eine gesunde Umwelt: »Osteuropa muß erst noch lernen, daß eine parlamentarische Demokratie nicht schon an sich die globalen ökologischen Probleme von heute lösen wird. Selbst die Gesellschaften, die ihre demokratischen Traditionen erfolgreicher bewahrt haben, konzentrieren sich vor allem auf die nicht-menschlichen und nicht-biologischen Auswirkungen der Technologie – den Profit zum Beispiel.«[7]

Osteuropa wird allein für die Schadensbegrenzung enorme Summen benötigen. Die Zahlen über Treibhausgasemissionen und Energieintensitäten bestätigen das ganze Ausmaß des Problems, das die globale Erwärmung betrifft (siehe Abb. 8.3 und Tab. 8.2 in Kapitel 8). Der neue polnische Umweltminister Bronislaw Kaminski hat eine Liste von 200 großen Industrieanlagen aufgestellt, die eine Gefahr für die Umwelt darstellen und geschlossen werden sollten. Solche Betriebsstillegungen würden den ohnehin schon zu erwartenden massiven Anstieg der Arbeitslosigkeit noch weiter in die Höhe treiben. Nach den Schätzungen eines polnischen Experten müßte Polen »allein für Vorreinigungsinstallationen 60 Milliarden US-Dollar ausgeben, um die tödlichen Emissionen von Kohlekraftwerken einzudämmen. Wer (so fragt er) wird eine derartige Summe einem Land zur Verfügung stellen, das im Ausland mit 40 Milliarden US-Dollar verschuldet ist?«[8] Eine gute Frage! Das Schlüsselwort in dieser Frage ist »Ausland«, und es führt uns direkt zum dritten Faktor eines modernen Konzepts von politischer Ökonomie: der Ausübung von Macht.

16.3 Die Ausübung von Macht

Die ökonomische Analyse allein wird zu keinem Erfolg führen, wenn sie nicht auch fragt: »Wer trägt die Verantwortung? Wer hat die Macht, Entscheidungen zu treffen – auch solche Entscheidungen, die im Positiven wie im Negativen gewaltige Auswirkungen auf die Umwelt haben?« Die entscheidende Frage lautet hier: *Unter welchen politischen Bedingungen ist ökologische Verantwortung möglich?*

Auch wenn dieses Thema eindeutig zu umfangreich ist, als daß es in einer kurzen Abhandlung wie dieser ausführlich erörtert werden könnte, ist es doch wichtig, darauf hinzuweisen, daß unter Macht hier nicht nur politische Macht im engeren Sinne verstanden wird, wie sie vom Staat oder anderen öffentlichen Institutionen ausgeübt wird. Multinationale Konzerne und Banken sind weitaus mächtiger als viele, ja die meisten Regierungen, und ihre Macht wird Jahr für Jahr größer. Es versteht sich von selbst, daß diese riesigen internationalen Gesellschaften nur nach dem Prinzip der Gewinnmaximierung arbeiten. Der Jahresumsatz der 200 größten multinationalen Konzerne wird für 1984 auf drei Billionen US-Dollar geschätzt – das sind volle 30 Prozent des Weltbruttosozialprodukts. In der Tat, das ist Macht.[9]

Wenn man diese Macht, die zwangsläufig die Umwelt und das Erdklima beeinflußt, näher untersucht, dann kommt man zu dem Schluß, daß das ökologische Wirtschaftspotential verschiedener Wirtschaftsblöcke von deren weltweiter Interventionsfähigkeit abhängt. Obwohl der Staatssozialismus in allen Ländern, in denen er praktiziert wurde, zu Umweltkatastrophen geführt hat, blieben diese normalerweise auf das Staatsterritorium der betreffenden Länder begrenzt. Natürlich kennt eine Katastrophe wie die von Tschernobyl keine Ländergrenzen, hier geht es aber darum, daß der Ostblock aus vielfältigen Gründen und mit wenigen Ausnahmen nicht imstande war, sein Modell der industriellen Entwicklung zu exportieren. Im Vergleich zu den OECD-Staaten hat Osteuropa nur wenige Kraftwerke des Tschernobyl-Typs und nur wenige Ableger seiner »Schornstein-Industrien« an die Dritte Welt verkauft. Der Ostblock ist mit weniger als neun Prozent am »Welt«-Handel beteiligt, und mehr als die Hälfte davon sind blockinterne Transaktionen.[10]

Die Industrieländer mit marktwirtschaftlichem System (OECD) wiederum haben ihre Wirtschafts- und Handelsmacht – und damit auch ihren ökologischen Einfluß – weit über ihre eigenen Grenzen hinaus erweitert. Ihre Präsenz und somit auch ihre Verantwortung in der Dritten Welt ist – gleichgültig, mit welchem Kriterium man ihr Engagement mißt (ob Handelsvolumen, Entwicklungshilfe, Investitionen und so weiter) – weitaus größer als die der sozialistischen Länder. Wir befassen uns hier nicht mit der Frage, wie die in der Dritten Welt arbeitenden multinationalen Konzerne Umwelt und Klima verändern, denn deren dortige Aktivitäten entsprechen den bereits beschriebenen, nur daß sie dort um einiges umfangreicher sind. In armen Ländern gibt es noch weniger Schutzbestimmungen gegen eine schmutzige, nicht tragfähige, unsichere und verschwenderische Produktion als in reichen Ländern; in der Dritten Welt konnten die Konzerne die Umwelt noch ungehinderter verschmutzen und zerstören.

Ebenso können wir an dieser Stelle nur kursorisch auf die (indirekten) Umweltwirkungen eingehen, die mit den Aktivitäten von Geschäftsbanken in der Dritten Welt einhergehen. Getreu dem Grundsatz, daß die Kreditvergabe an diese Länder praktisch risikolos sei, weil »Länder nicht vom Erdboden verschwinden können« – wie der frühere Präsident der amerikanischen Citicorp Bank sich ausdrückte –, gewährten diese Banken insbesondere in den siebziger Jahren den Regierungen der Dritten Welt leichtsinnigerweise, wie manche behaupten, enorme Kredite. Leider wurden diese Kredite fast ausschließlich zur Finanzierung des kurzfristigen Konsums, für den Einkauf von Rüstungsgütern und für riesige umweltzerstörende Projekte verwendet, oder sie heizten einfach die Kapitalflucht an. So bereiteten die Privatbanken in enger und beflissener Zusammenarbeit mit öffentlichen Kreditinstituten und den Regierungen der Schuldnerländer und im beiderseitigen wirtschaftlichen Interesse den Boden für die Schuldenkrise der achtziger Jahre, die von der UNICEF und vielen anderen als »das Jahrzehnt der versäumten Entwicklungschancen« bezeichnet werden. Diese Krise führte dazu, daß die wenigen bis dahin von den Regierungen der Dritten Welt durchgeführten Umweltschutzmaßnahmen (dies war in der Südhemisphäre noch nie eine vorrangige Aufgabe) gänzlich eingestellt wurden. Die Umweltministerien fielen den Kosteneinsparungen mit als erstes zum Opfer. Die natürlichen Ressourcen hingegen verkaufte man rasch gegen harte Devisen, um die Zinsen bezahlen zu können.[11]

Die Schuldenkrise wiederum hat dazu geführt, daß zwei große internationale Wirtschafts- und Finanzorganisationen, der Internationale Währungsfonds (IWF) und die Weltbank, stark an Bedeutung gewonnen haben. Diese beiden Organisationen, die mitunter auch als »Keynessche Zwillinge« beziehungsweise als »Bretton Woods«-Institutionen bezeichnet werden, beeinflussen heute in hohem Maße die Volkswirtschaften und damit auch die Umweltsituation in zahlreichen Entwicklungsländern. Chronisch verschuldete Länder, die ohne das Plazet des IWF keine Kredite aufnehmen können, müssen vom IWF und in zunehmendem Maße auch von der Weltbank überwachte »Strukturanpassungsprogramme« durchführen. Der IWF macht die Kreditvergabe davon abhängig, ob ein Land sich diesem Strukturanpassungsprogramm unterziehen will, während die Weltbank ihre eigenen sogenannten »Strukturanpassungs«- oder »nicht projektgebundenen« Kredite (1989 6,5 Milliarden US-Dollar) beisteuert.

Obwohl Weltbank und Währungsfonds formell zur Organisation der Vereinten Nationen gehören, geben faktisch die Regierungen der reichen Länder in beiden den Ton an. Die hier praktizierte Stimmrechtsverteilung entspricht nicht dem »Ein Land – Eine Stimme«-Prinzip anderer UN-Organisationen, sondern der jeweiligen Kapitalzeichnung eines Landes; IWF und Weltbank orientieren sich in ihren Handlungsstrategien demgemäß weitgehend an den Interessen der einflußreichsten Mitgliedsstaaten, zu denen in erster Linie die Vereinigten Staaten, Japan, die Bundesrepublik Deutschland, Großbritannien und Frankreich gehören. Da diese Handlungsstrategien für so viele Länder zugleich gelten, haben sie eine unverhältnismäßig große Wirkung auf die globale Umwelt. Es empfiehlt sich daher, die ökologischen und klimatischen Folgen der Politik von Weltbank und IWF einmal näher zu beleuchten.

16.4 Die Rolle der Weltbank

Bis 1989 hatte die Weltbank der Dritten Welt insgesamt 225 Milliarden Dollar an Krediten zur Verfügung gestellt (einschließlich der zu erheblich günstigeren Konditionen verliehenen Kredite der zur Weltbank gehörenden Internationalen Entwicklungsorganisation [International Development Association; IDA]). Allein 1989 hat sie 21 Milliarden Dollar an neuen Krediten bereitgestellt.[12] Mit dieser Summe ist die Bank mit Abstand der größte Kreditgeber der Entwicklungsländer, und doch lassen diese Zahlen nicht erahnen, wie groß ihr tatsächlicher Einfluß in der Dritten Welt ist, der weit über ihre eigenen finanziellen Möglichkeiten hinausgeht. Sie fungiert nämlich auch als Katalysator, Schrittmacher und Architekt von Kofinanzierungspaketen. Ihr Plazet ist häufig unverzichtbar, um neue Kreditgeber für Gemeinschaftsprojekte zu gewinnen. Allein 1989 haben sich private Kreditgeber mit nahezu 10 Milliarden Dollar an Kofinanzierungspaketen für 131 Weltbankprojekte beteiligt.[13] Einige Kritiker erkennen in der Entwicklungsstrategie und -praxis der Bank einen gewissen Hegemonieanspruch.[14] Ob das nun stimmt oder nicht: Nur wenige Regierungen von Entwicklungsländern können es sich leisten, an dem riesigen Kreditpotential der Weltbank und ihrer Fähigkeit, weitere finanzielle Mittel zu beschaffen, einfach vorbeizugehen; und ebensowenig können sie bei der Beantragung von Krediten auf die wirtschaftlichen Ratschläge der Weltbank verzichten. Das sind die Realitäten, mit denen jede Regierung konfrontiert wäre, die ihren »treibhausfreundlichen« Entwicklungskurs beibehalten und sich Kapital für technologische »Weitsprünge« verschaffen wollte, wie sie Jose Goldemberg beschreibt.

Mehrere Projekte der Weltbank haben in so verschiedenen Ländern wie Brasilien und Indonesien zu einer massiven Vernichtung von Tropenwäldern geführt. Eines dieser Projekte, das sogenannte Polonoroeste-Programm, wäre wahrscheinlich nie realisiert worden, wenn der Grundbesitz in Brasilien nicht so extrem ungleichmäßig verteilt wäre (400 Großgrundbesitzer kontrollieren hier angeblich ein Gebiet, das 85 Prozent der Fläche Großbritanniens entspricht). Wenn diese Landverteilung auch nicht die Schuld der Weltbank ist, so hat sie andererseits doch die brasilianische (Militär-)Regierung unterstützt, die sich beharrlich gegen eine grundlegende Landreform gesperrt hat, um den massenhaften Zustrom von arbeits- und besitzlosen Kleinbauern in die Städte zu unterbinden. Statt dessen begnügte man sich mit einer Notlösung und lockte die Bauern nach Amazonien, wo man ihnen eine bessere Zukunft und ein Stück Privatgrund versprach. Von 1982 an finanzierte die Weltbank den Bau einer asphaltierten Fernstraße, über die Tausende Siedler nach Amazonien einwanderten, und die zugleich dazu führte, daß immer mehr Holzfirmen, Bergwerksgesellschaften und Viehfarmbetreiber sich hier niederließen[15] – mit all den anhängenden Problemen, die sich daraus für die anthropogene Zunahme der Treibhausgaskonzentration in der Atmosphäre ergeben.

Zwischen 1982 und 1985 erhöhte sich die Entwaldungsrate im brasilianischen Bundesstaat Rondônia von fünf auf elf Prozent der Gesamtfläche. »Wie Satellitenaufnahmen der NASA zeigen, hat sich seitdem die gerodete Fläche etwa alle zwei Jahre verdoppelt.« Über 777 000 Quadratkilometer des Nachbarstaats Mato Grosso waren einmal mit Primärwald bedeckt. 1987 war praktisch nichts mehr davon übrig, und im gleichen Jahr »ließen sich aufgrund von Satellitenaufnahmen im gesamten Amazonasbecken 6000 Waldbrände nachweisen – die ausnahmslos auf das Konto von Brandrodern gingen. Zahlreiche Brandherde befinden sich in der Nähe der (von der Weltbank finanzierten) Fernstraße BR-364.«[16]

Die ungehinderte Bodenspekulation hat zu einer weiteren Zunahme der Vernichtungsrate geführt. Die Weltbank und ihre Partner hätten diese Folgen normalerweise vorhersehen müssen, denn »im brasilianischen Amazonien gilt seit Jahrhunderten das Gewohnheitsrecht, daß derjenige, der ein Stück Land rodet, zugleich dessen rechtmäßiger Besitzer wird. Diese Besitzrechte werden schließlich ... in volle Eigentumsrechte umgewandelt. Die Umwandlung in Weideland ist der einfachste Weg, um ein ausgedehntes Gebiet in Besitz zu nehmen. Das hat zur Folge, daß schon wenige Siedler ausreichen, um ein riesiges Waldareal zu vernichten.«[17] In diesem Prozeß der Waldvernichtung richten kleine Subsistenzbauern oder Migranten ohne legale Besitztitel *(posseiros)* weitaus weniger Schaden an als große Landbesitzer *(grileiros)*, die ein starkes wirtschaftliches Interesse an der Zerstörung von Wäldern haben, besonders da – entgegen anderslautenden Berichten – an den staatlichen Anreizen für die Viehzucht nichts geändert wurde. Susanna Hecht beschreibt das Problem so:

Um die Umwandlung von Wald in Weidefläche, den möglichst raschen Verkauf der gerodeten Fläche, das schnelle Eintreiben des Profits und das Weiterziehen in neue Waldzonen hat sich ein ganzer Wirtschaftszweig entwickelt. Tatsächlich sind in den letzten zehn Jahren über 20 Millionen Hektar des Amazonasgebiets von öffentlichen in privaten Besitz übergegangen – ein in Schnelligkeit und Ausmaß unübertroffenes »Einzäunungsprogramm«. Das hat dazu geführt, daß Weideland in ganz Brasilien einen sehr starken Wertzuwachs verzeichnen konnte, zu dem auch die großangelegten Investitionsprogramme zur Entwicklung der Infrastruktur, also der Ausbau eines weitverzweigten Netzes von Fernstraßen, und die deutliche Versicherung der brasilianischen Regierung beigetragen haben, Investitionen in Amazonien durch Megaprojekte wie Grande Carajás und den Tucurui-Staudamm zu unterstützen.[18]

Die Weltbank ist auch entscheidend an der Finanzierung des Carajás- und des Tucurui-Projekts beteiligt. Die Finanziers wußten nicht nur von Anfang an über die mit den Projekten verbundene großflächige Waldvernichtung Bescheid, sondern nahmen sie bewußt in Kauf. Grande Carajás, ein riesiges Eisenerztagebau- und -Verhüttungsprojekt, rentiert sich wirtschaftlich nur, wenn als Energiequelle für die Hochofenanlagen aus den umliegenden Wäldern gewonnene Holzkohle verwendet wird. Durch den Tucurui-Staudamm, dessen erste Ausbaustufe 1984 fertiggestellt wurde, sind bereits 216000 Hektar Wald überflutet worden. Über 13 Millionen Kubikmeter Hartholz sind im Staubereich nicht abgeräumt worden und verfaulen jetzt unter Wasser, nachdem man sie zuvor mit Dioxin (Agent Orange) besprüht hatte. Einige Fässer Dioxin sind möglicherweise während der Überflutung im Staubecken verlorengegangen.[19]

Die gleiche üble Geschichte von Umsiedlung und damit einhergehender Waldvernichtung hat sich unter tätiger Mithilfe der Weltbank, die 600 Millionen US-Dollar an Krediten bereitstellte, in Indonesien wiederholt. Im Rahmen des indonesischen Transmigrationsprogramms wurden mehrere Millionen javanischer Siedler auf »Außeninseln« verbracht.[20] Wie in Brasilien werden zur Erleichterung der Besiedlung Straßen angelegt, die in die Wälder hineinführen. Der Tropenbotaniker Nicholas Guppy berichtet uns, was dann geschieht:

> Jährlich werden auf Kalimantan über 800000 Hektar Wald gerodet, während nachsetzende Wanderfeldbauern über 200000 Hektar hauptsächlich bereits früher selektiv eingeschlagenen und degradierten Waldes beziehungsweise Sekundärwald abholzen. Extrapoliert man die gegenwärtigen Vernichtungsraten, dann wird in 13 Jahren von diesen Wäldern nichts mehr übrig sein ... Wenn man diese Gebiete besucht und die sich kilometerlang hinziehenden zerstörten Bäume, die gefällten, zersägten und verbrannten Stämme, die Äste, den Morast und die Rinden sieht, über die sich kreuz und quer die Fahrspuren von Traktoren eingegraben haben, fällt es schwer, seine Gefühle im Zaum zu halten ... Solche Bilder erinnern an Fotografien von Hiroshima ... Man könnte den Eindruck bekommen, als führe Indonesien auf seinem eigenen Staatsgebiet einen Atomkrieg.[21]

Sogenannte »Entwicklungs«-Finanzierungsagenturen halten sich an gängige Bilanzierungsgrundsätze, die nur berücksichtigen, was sich in monetären Kategorien ausdrücken läßt. Die langfristigen Kosten der Waldvernichtung, zu denen klimatische Veränderungen, der Verlust der Artenvielfalt und die Zerrüttung oder Auslöschung der »Völker des Waldes« gehören, sind nicht quantifizierbar und bleiben deshalb außer Betracht.

Da viele Projekte der Weltbank katastrophale Auswirkungen auf die Umwelt hatten, mehrte sich in den letzten Jahren die Kritik von Umweltschützern. Im Mai 1987 räumte der Präsident der Weltbank, Barber Conable, ein, die Erfahrung mit dem Polonoroeste-Projekt habe eine »heilsame« Wirkung gehabt. Die Bank habe die menschlichen, institutionellen und physischen Realitäten des Urwaldes und des Waldrandgebiets mißdeutet.[22] Die Bank hat in jüngster Zeit die Zahl ihrer Mitarbeiter für Umweltfragen deutlich erhöht und ökologische Sensibilität zu einem Eckpfeiler ihrer Öffentlichkeitsarbeit gemacht. In ihrem letzten Jahresbericht beschreibt die Bank auf mehreren Seiten ihre Umweltaktivitäten und behauptet, Umweltbelange spielten bei ihren Operationen, ihrer Strategie und Bewertung von Forschungsprojekten sowie bei Ausbildungs- und Informationsaktivitäten eine immer größere Rolle.[23] Außerdem erhielt Brasilien für »Umwelterziehung, -forschung und -schutz« einen Kredit über 117 Millionen US-Dollar.[24] Die Kritiker der Weltbank meinen allerdings noch immer, sie müsse schon sehr »grün« werden, wenn sie all die Umweltschäden wiedergutmachen wolle, die sie in der Vergangenheit mitverschuldet habe.

Es ist heute schon deshalb sehr schwer, die Waldvernichtung in der Dritten Welt zu stoppen, weil den Siedlern nichts anderes übrigbleibt, als immer tiefer in den Wald vorzudringen. Zumindest bis 1988 strömten pro Monat noch immer durchschnittlich 13000 Menschen nach Amazonien. Bestenfalls für zwei Jahre liefert ihnen das gerodete Land gerade das Nötigste zum Leben. Und weil das Land schnell verödet und unfruchtbar wird, wenn erst einmal die Waldbedeckung vernichtet ist, dringen sie immer weiter in den Wald ein. Für die Siedler geht es um das tägliche Überleben, und sie können sich den Luxus nicht leisten, über die künftigen Folgen ihrer jetzigen Handlungen nachzudenken, auch wenn sie ihnen vielleicht klar sind.

Unterdessen beginnt man gerade erst damit, die Folgen dieser Art von »Entwicklung« abzuschätzen. *Science News* berichtet, es gebe immer mehr Beweise dafür, daß in der ganzen Welt vorsätzlich gelegte Waldbrände auch erheblich zur Luftverschmutzung beitragen und eine wichtige Rolle bei der Veränderung des Erdklimas spielen könnten. Paul Crutzen, ein Experte für Atmosphärenchemie am Max-Planck-Institut für Chemie, erklärt: »Brände im Zusammenhang mit landwirtschaftlichen Bewirtschaftungsformen und Landnutzungsänderungen wirken sich außerordentlich stark auf die gesamte Chemie der Atmosphäre aus. Diese Erkenntnis kam für uns völlig unerwartet.« In demselben Artikel betont Crutzen, während die Chemiker bislang geglaubt hätten, durch die Verbrennung von Biomasse würden jährlich 2,5 Milliarden Tonnen Kohlenstoff freigesetzt, hätten sie diesen Schätzwert nunmehr auf drei bis vier Milliarden Tonnen korrigiert. Auch kann eine massive Schädigung von Wäldern nie mehr rückgängig gemacht werden: Wir wissen heute, daß ein ausgeholzter Wald sich nicht regeneriert. Neue Computermodelle über das Ökosystem Amazonien zeigen, »daß die Rodung des gesamten Waldbestands das Klima im Amazonasbecken stark verändern würde. Die Temperaturen werden steigen und die Niederschlagsmengen sinken, wodurch die Entwicklung eines neuen Regenwalds ernsthaft behindert würde …«[25]

Ungeachtet der zahlreichen Beweise hat die Weltbank immer noch nicht eingesehen, daß die wichtigste Ursache für die »entwicklungs«-bedingte Umweltzerstörung in der Dritten Welt in der Interessengemeinschaft von einheimischen und ausländischen Kapitalgebern liegt, die nach schnellem Profit streben, indem sie sämtliche natürlichen und menschlichen Ressourcen ausbeuten. Ganz im Gegenteil: Die Auffassung der Bank, nach der sich der Stand der Entwicklung am besten an den ökonomischen Wachstumsraten ablesen lasse, hat durch die Ereignisse in Osteuropa und den Zusammenbruch der staatssozialistischen Volkswirtschaften neuen Auftrieb bekommen. Auch der Präsident der Weltbank, Conable, hat zu Beginn des Jahres 1990 in einem Interview mit der *New York Times* das mittlerweile vertraute Loblied auf den »Sieg des Kapitalismus« angestimmt: »Meiner Meinung nach ist das Bemerkenswerteste am vergangenen Jahrzehnt die Tatsache, daß sich überall auf der Welt die Einsicht durchgesetzt hat, daß Marktkräfte und ökonomische Effizienz die besten Mittel darstellen, um jene Art von Wachstum zu erreichen, mit der sich die Armut am besten bekämpfen läßt.«[26]

Die »Marktkräfte« werden, ob die Bank das nun einsieht oder nicht, jedenfalls auch weiterhin das tun, was sie immer getan haben, wenn sie nicht durch Bürgerinitiativen oder staatliche Maßnahmen kontrolliert wurden. Die Chancen sind nicht gleich verteilt, der Markt bevorzugt die Besitzenden, und er wird auch in Zukunft wirtschaftliche Macht in den Händen von einigen wenigen konzentrieren – von Großgrundbesitzern, reichen Wirtschaftseliten und Ausbeutern natürlicher Ressourcen – mit zunehmend katastrophalen Folgen für die Erde. »Ökonomische Effizienz«, wie Conable sie definiert, kann und wird keine demokratische und dauerhaft tragfähige Entwicklung hervorbringen.

16.5 Der Tropen-Forstwirtschafts-Aktionsplan (TFAP)

Mit ihrer rigorosen Wachstumspolitik hat die Weltbank – wie sie heute weitgehend selbst zugibt – zur Zerstörung der noch vorhandenen Tropenwälder beigetragen. Auch ihre neueste Strategie im Hinblick auf diese Wälder läßt kein Anzeichen für eine wirkliche Kursänderung erkennen. Diese Strategie, der sogenannte Tropen-Forstwirtschafts-Aktionsplan (TFAP), wurde in Zusammenarbeit mit der Ernährungs- und Landwirtschaftsorganisation der Vereinten Nationen (FAO), dem World Resources Institute (WRI) und dem Entwicklungsprogramm der Vereinten Nationen (United Nations Development Programme – UNDP) entwickelt.[27] Die meisten im Bereich des Umweltschutzes operierenden nichtregierungsgebundenen Organisationen sehen in diesem Plan bestenfalls eine fromme Illusion, schlimmstenfalls eine sich anbahnende neue Umweltkatastrophe.

Zu den eher moderaten Kritikern gehören das in Washington, D.C., ansässige Environmental Policy Institute (EPI) und die US Friends of the Earth (FOE). In ihren Augen sind die im TFAP vorgeschlagenen Leitlinien »durchaus brauchbar. Die meisten nichtstaatlichen Organisationen haben nichts daran auszusetzen. Im Grunde genommen aber scheinen diese Leitlinien mit der Wirklichkeit nicht viel zu tun zu haben«. Die beiden Organisationen listen dann 14 sich in der Praxis zeigende Schwachstellen des TFAP auf. Kritisiert wird unter anderem die unzureichende Einbeziehung lokaler nichtregierungsgebundener Organisationen, die Entrechtung der Waldvölker, die weitgehende Vernachlässigung von Systemen nachhaltiger Waldbewirtschaftung, der ungenügende Ökosystemschutz, die fehlende oder unzureichende Forschung und so weiter.[28] In einem an das französische Finanzministerium gerichteten Memorandum über Umweltfragen schreibt der Generalbevollmächtigte des EPI, James Barnes: »Kurz gesagt, die Erfolgsbilanz des TFAP ist in bezug auf die Erfüllung der eigenen Leitlinien bis heute äußerst dürftig.«[29]

Zu den radikaleren Kritikern gehören Gruppen wie das World Rainforest Movement und Umweltschützer, die der britischen Monatszeitschrift *The Ecologist* nahestehen und dafür bekannt sind, daß sie die hinter der Umweltverschmutzung stehenden Kräfte entlarvt und dokumentiert haben. *The Ecologist* kritisiert »offizielle Lösungen« (des Entwaldungsproblems, zu dem auch der TFAP gehört) und meint, »diese seien ökologisch und gesellschaftlich ebenso bankrott wie die Politik der Waldvernichtung selbstmörderisch war. Denn statt die Waldvernichtung einzudämmen, werden die vorgeschlagenen ›Lösungen‹ endgültig das Schicksal des Waldes und der von ihm abhängigen Völker besiegeln.«[30]

The Ecologist versichert, diese düstere Prognose sei durchaus berechtigt, denn der TFAP und die Weltbank sperrten sich gegen die Einsicht, daß gerade »Entwicklungs«-Projekte, wie sie in diesem Buch beschrieben worden sind – große Staudämme, gewaltige Umsiedlungsprojekte und so weiter –, die Hauptschuld an der gegenwärtigen Waldvernichtung trügen. Statt dessen, so behaupten die Kritiker, schiebe der TFAP den Opfern der Krise den Schwarzen Peter zu: Kleinbauern, Siedlern, besitzlosen Migranten, Waldvölkern und den Armen im allgemeinen. Da der TFAP nicht die primären Ursachen der Waldvernichtung bekämpfe, »sorge er in Wirklichkeit dafür, daß die Zerstörung fortschreiten müsse«.

Die Bank stellt jährlich für den TFAP mehr als 420 Millionen US-Dollar zur Verfügung – nicht eingerechnet die Mittel, die auf ihre Initiative hin von anderen Gebern bereitgestellt werden –, aber nur zehn Prozent davon sind für den Schutz von Wald-Ökosystemen vorgesehen. Die Bedürfnisse von Menschen, die heute auf die Waldressourcen angewiesen sind, werden kaum berücksichtigt. *The Ecologist* behauptet sogar, im TFAP gehe es überhaupt nicht um den Schutz von Wäldern, sondern um die Errichtung von Nutzholzplantagen mit schnellwüchsigen Arten wie Eukalyptus. Ein derartiges TFAP-Projekt wird gegenwärtig in Nordost-Thailand durchgeführt, wo *Eucalyptus camaldulensis* bereits seinen Tribut fordert. Die Einheimischen nennen den Baum »egoistisch«, weil er Nährstoffe an sich reißt, sich nicht als Viehfutter eignet, Böden und Wassersysteme schädigt, kaum Brennholz liefert, keine Arbeitsplätze schafft und, was am schlimmsten ist, Waldbewohner aus ihren angestammten Wohngebieten vertreibt und sie dazu zwingt, den wenigen noch verbleibenden Primärwald zu nutzen.[31]

Der von der Weltbank und weiteren UN-Organisationen unterstützte TFAP hat eine moderne »Einzäunungsbewegung« in Gang gesetzt, die Ressourcenverwaltung den lokalen Gemeinschaften entzogen, zur Erteilung von Holzkonzessionen an einheimische und ausländische Unternehmer geführt und die ohnehin schon schrumpfenden Primärwälder noch größeren Belastungen ausgesetzt.

Der TFAP soll in der gesamten Dritten Welt angewandt werden, und er hat bereits zu alarmierenden Eingriffen geführt, wie eine Fallstudie des EPI über die Umsetzung des TFAP in Ghana belegt.[32] Ghana hat in den letzten Jahren die Aufmerksamkeit von Weltbank und IWF besonders stark auf sich gezogen und eine Prokopfhilfe erhalten, die von keinem anderen Land, das ein Strukturanpassungsprogramm absolviert, erreicht wird (zum Beispiel das Programme of Action to Mitigate the Social Costs of Adjustment, PAMSCAD). Ghana hat darüber hinaus eine recht massive Wirtschaftshilfe erhalten, die vor allem seiner Holzindustrie zugute kam. Das hat laut EPI dazu geführt, daß »der Wert der Holzexporte sich von 30 Millionen US-Dollar im Jahre 1983 auf nahezu 100 Millionen US-Dollar im Jahr 1987 erhöht hat. Dieser extreme Anstieg der Holzeinschlagsraten fiel in eine Zeit, in der die nationale wirtschaftliche Umstrukturierung die Fähigkeit Ghanas zu effizienter Forstverwaltung beträchtlich verringert hatte. Dementsprechend liegt nach Auskunft der Weltbank die Entwaldungsrate gegenwärtig um mehr als das Doppelte über der langfristig vertretbaren Rate.«

Aber der TFAP wird Ghana nicht helfen und sehr wahrscheinlich die Situation sogar noch verschlimmern, weil er der armen Landbevölkerung eben jene Waldressourcen wegnimmt, von denen ihr Überleben abhängt – nicht nur Holz, sondern auch als Eiweißlieferanten dienende Wildtiere, Heilpflanzen, die zum Schutz von Kakao- und anderen Kulturpflanzen notwendige Beschirmung durch den Baumbestand und so weiter. Selbst der wirtschaftliche (Geld-)Wert der nichtindustriellen Nutzung des Waldes, die die Landbevölkerung praktiziert, ist genauso groß oder sogar noch größer als der durch kommerzielle Holzexporte erzielte Gewinn. Und doch sind laut EPI höchstens 14 Prozent des TFAP-Budgets von Ghana für ländliche Forstwirtschaft vorgesehen.

Zudem sollen nach Planungen der Weltbank Einschlagskonzessionen nur für Flächen vergeben werden, die mindestens 10000 Hektar groß sind, wobei derjenige den Zuschlag erhält, der am höchsten bietet. Nach EPI »sollen diese Maßnahmen sicherstellen, daß nur große und leistungsfähige Betriebe Konzessionen erhalten«; sie werden die »Bildung von Kartellen« fördern und »ausländische Unternehmer« begünstigen. Ghana muß auch die regelmäßig anfallenden Kosten für die große Menge importierter Maschinen zahlen, und zwar »genau zu der Zeit, da die Devisenerlöse (aus dem Forstwirtschaftssektor) vielleicht gerade sinken«.[33] Die Weltbank wird jedoch zweifellos auch weiterhin behaupten, die »ökonomische Effizienz« sei beachtet und die Wachstumsraten seien erhöht worden.

Als Folge der Waldzerstörung verändert sich in Afrika bereits das Klima. Der französische Agronom René Dumont schreibt: »Von Casamance (Senegal) bis Zaire ist seit 1950 die Hälfte der ›immergrünen‹ Küstenwälder Westafrikas zerstört worden. In der Elfenbeinküste sind von ehemals 15 Millionen Hektar noch drei Millionen übrig, und selbst die sind stark mit Plantagen ›durchlöchert‹. Diese Waldvernichtung hat zusammen mit dem Treibhauseffekt dazu beigetragen, daß sich der Niederschlag im Küstenwald und vor allem auch in der Sahelzone seit 1968 um 20 bis 25 Prozent verringert hat.«[34]

16.6 Entwicklung und Schulden

Der Einfluß auf die Umwelt einer so großen und mächtigen internationalen Organisation wie der Weltbank liegt auf der Hand: sie unterstützt um der wirtschaftlichen Entwicklung willen, die auf einem falschen Begriff von unbegrenztem Wachstum beruht, ökologisch fatale Projekte, zu denen auch die Waldzerstörung gehört. Die langfristigen, schwer zu quantifizierenden Kosten für die Umwelt und die Gesellschaft werden vertuscht oder bestritten. Die meisten »Hilfs«-Programme, die von einzelnen OECD-Geberländern und vor allem von den größten, den Vereinigten Staaten und Japan (heute mit zehn Milliarden US-Dollar der größte nationale Geldgeber), finanziert werden, basieren auf denselben Prinzipien. Japans unersättlicher Hunger nach Holzspänen und Zellstoff trägt besonders in Malaysia, Indonesien, Thailand und in jüngster Zeit auch in Amazonien stark zur Waldvernichtung bei. Die Holzabfuhrwege und -brükken werden mit »Entwicklungs«-Geldern finanziert; dann können die Konzerne die Wälder nach Japan verschiffen.[35]

Die Schuldenkrise der achtziger Jahre hat den Druck auf die Umwelt und die verbleibenden Wälder weiter erhöht. Allen hochverschuldeten Ländern, die unter Aufsicht des Internationalen Währungsfonds Strukturanpassungsprogramme durchführen, wird immer wieder geraten, mehr zu exportieren. Die größten Flächen tropischen Regenwaldes werden in Ländern mit hoher Auslandsverschuldung vernichtet. Dazu gehören Brasilien, Kolumbien, Peru, Indonesien, Malaysia, Mexiko, Elfenbeinküste, Nigeria, die Philippinen, Thailand und Zaire. Auch wenn in den letzten zehn Jahren neben der Verschuldung noch andere Kräfte am Werk waren, spiegelt sich doch in der jährlichen Rate der Tropenwaldvernichtung sehr genau die wachsende Schuldenlast wider.[36]

16.7 Die Grenzen des Wachstums

Die Lehre des Entwicklungs-Establishments, das von Weltbank und IWF angeführt wird, lautet, daß die gesamte Dritte Welt – sogar die ärmsten afrikanischen Staaten – den angeblichen »Erfolg« von Schwellenländern wie Südkorea und Taiwan oder »Minidrachen« wie Hongkong und Singapur nachahmen müsse. Um in die edle Gemeinschaft der Schwellenländer aufgenommen zu werden, muß man immer schön artig dem Weg exportinduzierten Wachstums und der Strukturanpassung folgen. Obwohl niemand bestreitet, daß Staaten ebensowenig wie Individuen unbegrenzt über ihre Verhältnisse leben können und sich an die wirtschaftlichen Realitäten »anpassen« müssen, so ist die Vorstellung, die verschuldeten Länder könnten, wenn sie sich nur genug Mühe geben, dutzendweise in den Status von Schwellenländern aufsteigen, offenkundig absurd. Als erstes würde diese Irrlehre zu einem Überangebot auf den Märkten führen.

Alle diese Länder versuchen dieselbe begrenzte Zahl von Rohstoffen oder Kleinprodukten zu exportieren. Das führt zu niedrigen Preisen, und diese wiederum zu dem Zwang, noch mehr zu exportieren, bloß um die Einnahmen konstant zu halten – ein Teufelskreis, aus dem es kein Entrinnen gibt. Exportinduziertes Wachstum als Entwicklungsstrategie ist eine direkte Einladung zur Ressourcenvernichtung und damit auch zur Zerstörung der Wälder.

Man muß nur ein bißchen rechnen, um zu sehen, wie grotesk das Argument wirklich ist, das den »Schwellenstatus für alle« fordert. 1987 beliefen sich die Prokopfexporte Südkoreas auf 1120 US-Dollar, die Hongkongs auf 8650 US-Dollar und die Singapurs auf 11 000 US-Dollar. Was würde geschehen, wenn die häufig als »Schwellenland-Anwärter« bezeichneten Länder Thailand und Indonesien ähnliche Niveaus erreichen würden? Wenn Indonesien, mit einer Bevölkerung von 171 Millionen, pro Kopf genausoviel exportieren würde wie Singapur, würde dieses Land allein sage und schreibe 75 Prozent des Welthandels bestreiten! (Der gegenwärtige Exportweltmeister, die Bundesrepublik Deutschland, ist mit weniger als 12 Prozent am Welthandel beteiligt.) Ein weniger extremes Beispiel: Wenn Thailand, heute 54 Millionen Einwohner, mit der Prokopfleistung Südkoreas gleichziehen würde, betrüge sein Anteil am Weltexport 2,4 Prozent. Zum Vergleich: Die beiden größten »Drachen«, Taiwan und Südkorea, sind mit 2,2 beziehungweise 1,9 Prozent am Weltexport beteiligt.[37] Und Tropenhölzer würden zwangsläufig weit oben auf ihren Exportlisten stehen.

Zweifellos wird das vorherrschende Entwicklungsmodell die Waldvernichtung beschleunigen, und der TFAP wird mit ziemlicher Sicherheit alles noch schlimmer machen. Wie aber könnte man die Wälder dauerhaft und schonend bewirtschaften, und wer könnte das tun? Eines steht fest: Erlaubt man den traditionellen Waldvölkern, ihre eigenen, altbewährten Methoden anzuwenden, und stellt man ihnen pro Person genügend Fläche zur Verfügung, dann bewirtschaften sie den Wald auf diese Weise – und sei es auch nur aus reinem Selbsterhaltungsinteresse. Einen hoffnungsvollen neuen Weg in der Waldbewirtschaftung schlägt die kolumbianische Regierung ein. In einem weitsichtigen Entschluß hat sie über 18 Millionen Hektar von Kolumbianisch-

Amazonien der kollektiven Hege von Indianern unterstellt, die zu ungefähr fünfzig ethnischen Gruppen gehören. Einschließlich der Indianergebiete und Nationalparks hat Kolumbien gegenwärtig eine Fläche des Amazonaswaldes unter Schutz gestellt, die fast der Fläche Großbritanniens entspricht.

Die Indianer können den Wald am besten bewirtschaften, weil ihr ganzes Leben auf einem komplexen ökonomischen, aber auch religiösen und sehr ökologischen System des Austauschs mit dem Wald gründet. Mit den Worten Peter Bunyards: »Die traditionelle Wirtschaftsform der Indianer ist fast das genaue Gegenteil einer Marktwirtschaft, in der das Ansehen einer Person mit ihrem Reichtum und Besitz zunimmt. In einer Indianergesellschaft ist eine Person, die Dinge anhäuft, offenkundig jemand, der keine sozialen Beziehungen und damit auch niemanden hat, mit dem er teilen könnte.«[38] Solche Werte stehen in diametralem Gegensatz zu denen, die das tonangebende Entwicklungs-Establishment verkündet.

Auch Bürgerinitiativen können dazu beitragen, daß sich dauerhafte Waldbewirtschaftungsformen durchsetzen. So wehren sich beispielsweise thailändische Kleinbauern gegen die Einführung des Eukalyptusbaums. Eine Gruppe auf Palawan, der philippinischen Insel mit den ausgedehntesten Regenwäldern des Landes, hat sich mit einem reichen Holzunternehmer angelegt, der eine Einschlagskonzession für 61 Prozent der Inselwälder besitzt. Diese Gruppe gehört, wie viele hundert andere, zu der philippinischen Umweltschutzorganisation Haribon, deren Präsident erklärt: »In den vergangenen 15 Jahren sind sämtliche Ressourcen der Wälder von nur 470 Holzkonzessionären verwertet worden ... dies hat 17 Millionen Menschen in den Waldrandregionen in Armut gestürzt.«[39] Im gleichen Zeitraum hat die Weltbank den Philippinen Kredite über fast fünf Milliarden US-Dollar gewährt.

16.8 Die neue Abhängigkeit des Nordens

Welche Hoffnung bleibt uns angesichts einer immer rascher um sich greifenden Zerstörung? Oder ist es vielleicht schon zu spät?

Mit der schwindenden Gefahr eines Atomkrieges wird der Zustand der Erde und insbesondere die Klimaveränderung zu dem »globalen Schreckensfaktor«, wie sich ein Experte ausdrückte. Die jüngsten Ereignisse in Osteuropa haben die Dritte Welt ins Abseits gedrängt und nördliche Politiker dazu gebracht, den Süden weniger wichtig zu nehmen – auch wenn dort 80 Prozent der Weltbevölkerung leben! Aber der Süden kann in der Umweltdiskussion nicht mehr lange eine bloße Nebenrolle spielen. Wenn China beschließt, 300 Millionen Kühlschränke mit FCKWs zu produzieren, wenn Indien doppelt soviel Kohle wie bisher verbrennt, wenn der letzte Baum gefällt ist: dann ist die Welt, wie wir sie kennen, unwiederbringlich verloren.[40]

Von den Regierungen des Nordens könnte jetzt eine biosphärische Solidarität eingefordert werden; vielleicht müssen sie wohl oder übel letztlich einsehen, daß ihr eigenes Überleben von einem Schuldenerlaß und wirklicher Hilfe für eine langfristig tragfähige Entwicklung des Südens abhängt. Sie müssen die Initiative ergreifen und die schweren Fehler der Vergangenheit korrigieren. Bisher wurde verhindert, daß die Wirtschafts»-Wissenschaft« uns den Unterschied nennt zwischen Geld und Reichtum, zwischen vorgeblicher Effizienz und tatsächlicher Verschwendung, zwischen dem schnellen Profit für eine kleine Minderheit und dem Überleben der ganzen Menschheit.

Auch die immer größeren Zulauf erhaltenden Umweltschutzbewegungen im Norden und Süden spielen eine wichtige Rolle. Im Norden müssen sie darauf dringen, daß ihre eigenen Regierungen im Kampf gegen die globale Erwärmung mit gutem Beispiel vorangehen; sie müssen für die Weltbank und den Internationalen Währungsfonds eine öffentliche Rechenschaftspflicht fordern. Im Süden kämpfen Tausende privater Organisationen für eine langfristig tragfähige Entwicklung, von der ihr Überleben abhängt. Wenn Nord und Süd sich die Hand reichen, dann können sie gemeinsam damit beginnen, wirkliche Volkswirtschaftslehre zu betreiben – eine, der unser globales Haus am Herzen liegt.

Kapitel 17
Globale Erwärmung: Wie Greenpeace die Dinge sieht

Jeremy Leggett

»... Was die vielen Menschen, die jetzt die Gefahren der globalen Erwärmung erkennen, so ungemein frustriert, ist die Tatsache, daß die Lösungen auf der Hand liegen. Aber es ist nicht zu leugnen, daß deren Umsetzung Änderungen menschlicher Verhaltensmuster – vor allem im Bereich der zwischenstaatlichen Zusammenarbeit – erfordern wird, die in der Geschichte ohnegleichen sind. Das ist die große Herausforderung der neunziger Jahre. Kein anderes Problem ist für die Menschheit zur Zeit von größerer Bedeutung ...«

Die globale Erwärmung ist ein Problem, das nicht außerhalb des geschichtlichen Kontextes der Luftverschmutzung insgesamt betrachtet werden kann. Wir Menschen haben die Atmosphäre lange als Müllkippe für unsere Schadstoffe behandelt, und wir konnten nie genau voraussagen, welchen Schaden unsere Emissionen anrichten würden (wir wußten allerdings oft, daß sie Schaden verursachen).

17.1 Das Vorsorgeprinzip

Zahlreiche Leser werden die lange und traurige Geschichte des sauren Regens kennen, der eine Form der Umweltverschmutzung darstellt, die, auch wenn sie nunmehr Gegenstand internationaler Vereinbarungen ist, doch erst noch so gelöst werden muß, daß die Bedürfnisse der natürlichen Umwelt absoluten Vorrang erhalten.[1] Als Kohle und Erdöl in den frühen Tagen der Industrialisierung und des motorisierten Verkehrs zum erstenmal in größeren Mengen verbrannt wurden, ahnten die Verantwortlichen nicht, daß die Freisetzung von Schwefeldioxid und Stickoxiden zu massiver Säurebildung führen und vielfältige Gefahren für Wälder, Gewässer und andere Umweltbereiche heraufbeschwören würde. Aber selbst nachdem der Zusammenhang zwischen Säurebildung und Emissionen aus der Verfeuerung von fossilen Brennstoffen wissenschaftlich bewiesen war, haben einflußreiche Interessengruppen, etwa Energieversorgungsunternehmen, sich massiv gegen erste gesetzgeberische Schritte zur Emissionsverringerung gestemmt. Bis auf den heutigen Tag hat sich daran und an der häufigen Schützenhilfe von seiten der Regierungen nichts geändert.[2]

Mit Ozon verhielt es sich ganz ähnlich. Die Chemieunternehmen betonten nachdrücklich, daß Fluorchlorkohlenwasserstoffe (FCKWs) die Ozonschicht nicht zerstören könnten. Zum erstenmal stellten sie diese Behauptung auf, als der Zusammenhang zwischen der Emission von FCKWs und der Ozon-Zerstörung noch rein hypothetisch war[3] und beharrten selbst dann weiter auf dieser Meinung, als 1985 das Ozonloch entdeckt wurde.[4] Erst nachdem Wissenschaftler der NASA 1986 anhand von Messungen der Chlor-Konzentrationen im Ozonloch über der Antarktis den Beweis erbrachten, daß FCKWs für die Ozon-Zerstörung verantwortlich sind, haben sich Unternehmen wie ICI und DuPont mit einer Drosselung der FCKW-Produktion – einer Branche mit einem jährlichen Umsatz von immerhin einer Milliarde US-Dollar[5] – abgefunden. Wissenschaftler haben jedoch bald nachgewiesen, daß angesichts der langen atmosphärischen Verweildauer der FCKWs eine völlige Einstellung der FCKW-Produktion nötig wäre, um die Ozon-Zerstörung aufzuhalten.[6] Die Lobby der multinationalen Chemiekonzerne aber hat darauf gedrängt, den Ausstieg aus der Produktion möglichst weit hinauszuschieben. Und selbst heute, da man sich auf eine internationale Vereinbarung zur stufenweisen Einstellung der Produktion von FCKWs und einigen anderen ozonzerstörenden

Gasen verständigt hat – allerdings um den Preis eines um zehn Jahre hinausgeschobenen Ausstiegs – haben die Chemiekonzerne durchgesetzt, daß andere ozonzerstörende Substanzen, etwa Methylchloroform, nicht den Regelungen des Abkommens unterworfen werden.[7]

Seit vielen Jahren wissen wir, daß der saure Regen Wälder, Fische und Wildtiere tötet. Anstatt uns aber mit den Ursachen zu befassen, haben wir oberflächliche Kosmetik betrieben. Seit einigen Jahren wissen wir auch, daß FCKWs und verwandte Gase infolge der die Ozonschicht durchdringenden zusätzlichen ultravioletten Strahlung das Leben auf der Erde schädigen, und einmal mehr haben wir zugelassen, daß Partikularinteressen Vorrang vor den Bedürfnissen der Umwelt haben. Jetzt, da sich die Gefahr einer globalen Erwärmung immer stärker abzeichnet, setzt sich allmählich die berechtigte Ansicht durch, daß industrielle und andere menschliche Aktivitäten das Überleben unserer Art gefährden. Dennoch – so befremdlich dies auch anmuten mag – hat sich offensichtlich nichts geändert an unseren alten Prioritäten, denen wir den sauren Regen und die Ozon-Zerstörung verdanken. Die Ziele der Ölmultis, der Chemie- und Energiekonzerne und eine Vielzahl weiterer handfester Interessen sowie die von den Regierungen bevorzugten Wirtschaftsmodelle werden gegen die Notwendigkeit abgewogen, das Umweltkapital für künftige Generationen zu bewahren, wobei jenen die gleiche oder sogar eine größere Priorität eingeräumt wird.

Das ist der springende Punkt. Für Organisationen wie Greenpeace müssen die Belange der Umwelt Vorrang haben – vor dem Willen der Multis, Profite in Milliardenhöhe zu machen, vor der Vorstellung, zur Freiheit gehöre das Recht auf straffreie Umweltverschmutzung –, so lange zumindest, wie man nicht nachgewiesenermaßen die Wartelisten der Krankenhäuser verlängert. Die Handlungsmaxime, deren Befolgung wir uns wünschten, lautet: »Emittiere keine Substanz, wenn du nicht beweisen kannst, daß sie für die Umwelt unschädlich ist.« Das ist das Vorsorgeprinzip. Die Handlungsmaxime der modernen Welt lautet natürlich genau umgekehrt: »Emittiere was du willst – Hauptsache deine Gewinne treiben unser Bruttosozialprodukt in die Höhe – und tue das so lange, bis die Umweltschädlichkeit vollständig bewiesen ist.« Die Tatsache, daß der Beweis der Schädlichkeit zu spät kommen könnte beziehungsweise daß es immer schwer ist, einen hundertprozentigen Beweis zu erbringen, gibt den Verschmutzern nur noch mehr Freiheiten.

Der Treibhauseffekt fordert eine Entscheidung zwischen diesen wahrlich gegensätzlichen Philosophien (als Lehren von der Weisheit des Verhaltens) heraus. Einen absoluten Beweis für die Umweltschädlichkeit einer Substanz kann es nicht geben – absolut sicher wäre erst die tödliche Gefahr, daß es zu spät ist. Nach den Aussagen von Leuten wie John Sununu, dem Stabschef von Präsident Bush, steht ja zu befürchten, daß ernsthafte Anstrengungen zur Reduktion der Treibhausgasemissionen sich nicht nur auf die Gewinne der Öl- und Chemiemultis sowie anderer einflußreicher Interessengruppen auswirken werden, sondern auch wirtschaftliches Chaos und eine dramatische Verringerung des allgemeinen Lebensstandards mit sich bringen werden.

Nach der Lektüre des *Greenpeace Report* werden Sie wissen, daß das Menetekel von einem »wirtschaftlichen Ruin« schlichtweg falsch ist – vorausgesetzt, die menschliche Gemeinschaft ist bereit, sich zu verändern. In diesem letzten Kapitel behaupte ich, daß uns gar nichts anderes übrigbleibt, als in bezug auf die Treibhausgasemissionen das Vorsorgeprinzip anzuwenden, daß wir dadurch nicht die Erde ruinieren, sondern sie retten und daß eine Zukunft ohne Treibhauseffekt, die heute eine zwingende Notwendigkeit geworden ist, keine dramatischen Einbußen im allgemeinen Lebensstandard mit sich bringen muß, sondern in den Industrieländern zu einer Aufrechterhaltung und in den Entwicklungsländern zu einer Entfaltung der ökonomischen Aktivität führen kann. Diese Zukunft kann die Lebensqualität für alle verbessern, während sie gleichzeitig das Ziel einer völligen Beseitigung aller künstlichen Treibhausgase erreicht.

Ich möchte einige der wichtigsten Schlußfolgerungen (deren Hauptaussagen im folgenden Text kursiv wiedergegeben sind) mit Argumenten und Beispielen aus dem *Greenpeace Report* untermauern. Anschließend werde ich die wichtigsten Schwachpunkte der Handlungsempfehlungen des Intergovernmental Panel on Climate Change (IPCC) zusammenfassen, wie sie im Bericht der IPCC-Arbeitsgruppe »Gegenstrategien« dargelegt sind, und das dort entworfene Zukunftsbild mit dem im *Green-*

peace Report entwickelten vergleichen. Schließlich werde ich auf die Frage eingehen, was der einzelne im Kampf gegen die globale Erwärmung tun kann.

17.2 Das Greenpeace-Konzept zur Bekämpfung des Treibhauseffekts

1. *Die Wahrscheinlichkeit, daß die Bewahrung der Umwelt in Zukunft durch eine globale Erwärmung gefährdet wird, ist mittlerweile so hoch, daß die Anwendung des Vorsorgeprinzips als Gegenmaßnahme unerläßlich ist – oder, anders gesagt, Sicherheitsmaximierung sollte oberster politischer Grundsatz sein, und die Politiker sollten ganz genau wissen, daß endloses Warten auf bessere wissenschaftliche Daten mit der Gefahr verbunden ist, daß man wartet, bis es zu spät ist.*

Die Wärmewirksamkeit der Treibhausgase ist bekannt, sie beruht auf physikalischen Prinzipien.[8] Auch die starke Zunahme der Treibhausgaskonzentration in der Atmosphäre ist aufgrund von Messungen in den letzten Jahrzehnten und Untersuchungen an Eisbohrkernen (die Aufschluß geben über weiter zurückliegende Zeiten) bewiesen worden.[9] Streit gibt es unter den Wissenschaftlern »nur« noch über das Ausmaß, das die zusätzliche Wärmewirksamkeit des gestiegenen atmosphärischen Treibhausgasgehalts innerhalb des komplexen Klimasystems der Erde hinsichtlich Temperaturanstieg und weiteren Störungen des natürlichen Klimas der Erde bewirken wird. Die Wissenschaftler des IPCC prognostizieren auf der Grundlage ihrer Klima-Computermodelle, daß sich die Temperatur auf der Erde zehnmal schneller als in den letzten 100000 Jahren (und vielleicht über einen viel größeren Zeitraum) erhöhen wird. Stephen Schneider, George Woodwell und Brian Huntley schildern uns sehr anschaulich die Umweltzerstörung, die einträte, wenn wir der globalen Erwärmung tatenlos zusehen würden.

Aber vielleicht irren sich die Wissenschaftler des IPCC ja auch. Zu ihnen gehören über 300 der bedeutendsten Klimatologen der Welt, die sowohl in Behörden als auch an Universitäten arbeiten. Nach Auskunft von John Houghton, dem Vorsitzenden des Wissenschaftsausschusses des IPCC, wirkten am IPCC-Bericht alle renommierten Forscher mit, die sich mit der Entwicklung von Klimamodellen befassen, und »weniger als zehn« würden den darin formulierten Schlußfolgerungen nicht zustimmen.[10] Allein, in bezug auf das Klimasystem bleiben noch so viele Fragen offen, daß sich die Wissenschaftler – zumindest theoretisch – dennoch irren könnten. Die durch die Treibhausgase im kommenden Jahrhundert verursachte Klimaveränderung könnte weniger drastisch ausfallen, als von ihnen vorhergesagt wurde. Zumindest ein bedeutender Klimatologe, Professor Richard Lindzen vom Massachusetts Institute of Technology vertritt diese Ansicht. (Siehe hierzu das Kapitel über die Wissenschaft der computergestützten Klimasimulation von Stephen Schneider, der Lindzens Meinung kritisiert.)

Aber wollen wir uns auf diese vage Möglichkeit verlassen? Wenn sich praktisch alle Klimawissenschaftler der Welt darin einig sind, daß es zu einer globalen Erwärmung unerhörten Ausmaßes kommen wird, wenn wir nichts gegen die Treibhausgasemissionen unternehmen, würden wir unseren Kindern und Kindeskindern dann nicht am besten dadurch helfen, daß wir jetzt handeln – auch wenn es noch offene Fragen gibt? Und wenn die Klimatologen glauben, ihre Vorhersagen seien »wahrscheinlich« in ihrer Tragweite unterschätzt – aufgrund der Rückkopplungsprozesse, über die Stephen Schneider, David Schimel, George Woodwell und ich in diesem Buch berichten –, sollte uns dies dann nicht in dem Vorsatz bestärken, auf »Nummer sicher« zu gehen?

Wir sollten ferner bedenken, daß – selbst in dem unwahrscheinlichen Fall, daß sich die Wissenschaftler in bezug auf die gewaltigen und gefährlichen Klimaveränderungen der Zukunft irren sollten – wir durch energisches Handeln das Problem des sauren Regens lösen, den photochemischen Smog und alle mit ihm verbundenen Gesundheitsprobleme drastisch verringern und eine Vielzahl weiterer Umweltprobleme, etwa die Ölteppiche auf dem Meer, entschärfen würden.

Wer meint, »Modelle sind durchweg falsch«, sollte sich zuerst einmal daran erinnern, daß ein gewaltiger Unterschied zwischen Wirtschafts- und solchen Modellen besteht, die auf bewiesenen physikalischen Gesetzen beruhen. Wer dann immer noch nichts gegen die weitverbreitete Energieverschwendung und ähnliche treibhausfördernde Aktivitäten unternehmen will, der täte gut daran, sich einmal Sinn und Zweck von Versicherungen vor Augen zu führen. Kein Mensch kann heute leugnen, daß eine mit dem Treibhauseffekt in Zusammenhang stehende Umweltkatastrophe immerhin möglich ist. Wer diese Möglichkeit bewußt ignoriert, dem ist es egal, in welchem Zustand künftige Generationen die Erde vorfinden werden.

Menschen versichern sich und ihre Familie normalerweise gegen zufällige Ereignisse, die lediglich vage Möglichkeiten sind, wie der Tod bei einem Flugzeugabsturz. Gesetzt den Fall, die Menschen – und Regierungen – wären so unklug, an den Prognosen der Klimatologen zu zweifeln (»denen die gegenwärtige Krise immerhin beträchtliche Forschungszuschüsse einbringt«), dann täten sie trotzdem gut daran, das Versicherungsprinzip anzuwenden; es sei denn, das Urteil, das ihre Kinder und Kindeskinder dereinst über sie fällen werden, ist ihnen egal.

2. *Zu den wichtigsten Maßnahmen zur Eindämmung des Treibhauseffekts gehören Energieeinsparung, Nutzung erneuerbarer Energieformen, ein sofortiges und völliges Produktionsverbot für sämtliche FCKWs und verwandte Gase, eine weniger treibhausgasintensive Landwirtschaft, die Bekämpfung der Waldvernichtung und die Wiederaufforstung.*

Diese Maßnahmen ergeben sich von selbst nach einer sorgfältigen Bestandsaufnahme der anthropogenen Treibhausgase und der menschlichen Verhaltensweisen, die ihre Freisetzung verursachen, wie sie im ersten Kapitel dieses Buchs beschrieben wurden. Weit über 50 Prozent der Treibhausgasemissionen entstehen bei der Erzeugung und Nutzung von Energie, das heißt bei der Gewinnung, dem Transport und der Verbrennung fossiler Energieträger (Kohle, Erdöl und Erdgas). Wie Jose Goldemberg, Amory Lovins, Michael Walsh und Bill Keepin beschrieben, begann die Verschwendung fossiler Brennstoffe in dem Moment, wo sie als Energielieferanten in der Industrie, im Haushalt und im Verkehrswesen eingesetzt wurden. Möglichkeiten für eine Zukunft mit niedrigem Energieverbrauch gibt es, wie diese Kapitel zeigen, mehr als genug, und sie sind bei weitem noch nicht ausgeschöpft.

Doch muß Energie ja auf irgendeine Weise produziert werden, wie man Umweltschützern immer wieder vorhält – als ob ihnen die Energieversorgung etwa von Schulen und Krankenhäusern egal wäre. Hier muß der erste von mehreren Paradigmenwechseln ansetzen, die unerläßlich sind, wenn die Menschheit eine Zukunft ohne künstliches Treibhaus gestalten will. Wie Carlo LaPorta und Bill Keepin in ihren Kapiteln darlegen, gibt es viele praktikable Möglichkeiten, fossile Energieträger und Kernenergie durch andere Energieträger zu ersetzen. Dazu gehören erneuerbare Energiequellen, die nur wenig oder überhaupt kein Kohlendioxid erzeugen und unerschöpflich sind. Auch ohne die zusätzliche Dynamik der globalen Erwärmung könnte diesen Methoden der Energieerzeugung aufgrund einer Kombination von technologischen Fortschritten und sinkenden Kosten pro Kilowattstunde (obwohl Forschung und Entwicklung in diesem Bereich jahrelang vernachlässigt worden sind) in den kommenden Jahrzehnten eine große Zukunft bevorstehen. Kommt es hingegen zu einer Treibhausdynamik, sollte man alles daransetzen, die Entwicklung regenerativer Energien zu beschleunigen.

Auch wenn es keinen Treibhauseffekt geben würde und die FCKWs keine Treibhaugase wären, müßte doch aufgrund ihrer zerstörerischen Wirkung auf die Ozonschicht mit der sofortigen stufenweisen Einstellung der FCKW-Produktion begonnen werden. Da aber die FCKWs Treibhausgase sind, die im Vergleich zu Kohlendioxid eine zigtausendfach größere Wirksamkeit besitzen[11], ist dies um so dringlicher. Die von der chemischen Industrie für die FCKWs entwickelten Ersatzstoffe, die HFCKWs und FKWs, sind ebenfalls starke Treibhausgase, was die Industrie entweder zu unterschlagen oder in ihrer Werbung herunterzuspielen sucht.[12]

Die Landwirtschaft ist heute mit etwa 14 Prozent an den Treibhausgasemissionen beteiligt. Die wichtigsten Quellen sind die Methan-Freisetzung durch Wiederkäuer und Reisfelder sowie die Distickstoffoxid-Emission beim Einsatz von Düngern. Dieser Anteil wird wahrscheinlich in dem Maße zunehmen, wie die Weltbevölkerung wächst. Und doch gibt es, wie Anne Ehrlich in ihrem Kapitel schreibt, schon heute landwirtschaftliche Methoden, die die Emissionen verringern können. Die weitere Erforschung nichtintensiver landwirtschaftlicher Methoden wird wahrscheinlich in der Zukunft noch stärkere Reduktionen ermöglichen. Wir können im Prinzip die Welt ernähren, ohne künftige Generationen zu belasten. Gemeinsame Anstrengungen zur Geburtenkontrolle, die das Bevölkerungswachstum weltweit zunächst verlangsamen und schließlich ganz stoppen sollen, würden gleichzeitig zu einer Drosselung der Methan- und Distickstoffoxid-Emissionen führen.

Die Vernichtung von Tropenwald trägt bekanntlich in hohem Maße zu den Treibhausgasemissionen bei. Auch wenn man sich über die absolute Höhe der Kohlendioxid-Emissionen – weltweit und in den einzelnen Ländern – noch nicht ganz einig ist, so ist doch unstrittig, daß ein großer Teil der Treibhausgasemissionen auf die Rodung tropischer Wälder zurückzuführen sind. Schon wenn es der internationalen Völkergemeinschaft gelingen würde, die Menschen davon abzuhalten, ihre eigenen Wälder zu zerstören, wäre dies ein großer Teilerfolg im Kampf gegen die globale Erwärmung. Norman Myers und Susan George gehen in ihren Kapiteln der Frage nach, wie dieses Ziel erreicht werden kann.

Wie brennende Bäume Kohlendioxid in die Atmosphäre freisetzen, so nehmen lebende Bäume aufgrund der Photosynthese Kohlendioxid aus der Atmosphäre auf. Eine großflächige Wiederaufforstung könnte daher, wie Norman Myers und Mick Kelly zeigen, die Kohlendioxidlast der Atmosphäre reduzieren.

3. *Die Völkergemeinschaft sollte eine Zukunft mit niedrigem Energieverbrauch anstreben, wie sie etwa in dem End-Use Global Energy Project entworfen ist. Dort wird für das Jahr 2025 ein Weltenergieverbrauch von 12 Terawatt (TW) angesetzt, der jedoch gleichmäßiger über die Welt verteilt sein sollte, als dies mit dem heutigen Energieverbrauch von 10 Terawatt der Fall ist. Das würde bedeuten, daß die Entwicklungsländer in ihrem Lebensstandard fast mit den Industrieländern gleichziehen könnten.*

Der weltweit anerkannte Energieexperte Jose Goldemberg der ebenfalls einen Beitrag zu diesem Buch geschrieben hat, veröffentlichte 1988 gemeinsam mit drei anderen bedeutenden Fachleuten ein richtungweisendes Werk über die Frage, wie eine Zukunft mit niedrigem Energieverbrauch erreicht werden kann. Diese Studie mit dem Titel *Energy for a Sustainable World* faßte die Ergebnisse eines langen Forschungsprogramms zusammen, des End-Use Global Energy Project (EUGEP); es gilt allgemein als ein »Klassiker« der Energiepolitik.[13] Goldemberg und seine Koautoren setzen sich darin mit dem Problem auseinander, wie man die Welt mit genügend Energie versorgen kann, um allen einen höheren Lebensstandard zu ermöglichen, während man zugleich den durchschnittlichen globalen Pro-Kopf-Energieverbrauch im Interesse der Erhaltung der Umwelt senkt.

Die Entwicklungsländer, in denen 70 Prozent der Weltbevölkerung leben, sind gegenwärtig nur mit 30 Prozent am weltweiten Energieverbrauch beteiligt; der durchschnittliche Pro-Kopf-Energieverbrauch ist in den USA zehnmal so hoch wie in den Entwicklungsländern. Es wäre katastrophal, wenn die Regierungen der Entwicklungsländer weiterhin glaubten – wie es die meisten bis heute tun –, daß zur Erreichung des gleichen durchschnittlichen Lebensstandards wie in den USA eine zehnfache Steigerung des Pro-Kopf-Energieverbrauchs erforderlich sei. Das ist Gott sei Dank nicht der Fall. Goldemberg und seine Mitautoren haben berechnet, daß durch den Einsatz moderner Technologien mit hohem energetischen Wirkungsgrad eine solche lineare Korrelation zwischen Energieverbrauch und Lebensstandard weitgehend aufgehoben werden kann: bereits ein Pro-Kopf-Energieverbrauch von umgerechnet einem Kilowatt Strom (aus privatwirtschaftlichen und anderen Quellen) könnte zu einem globalen Lebensstandard führen, der ungefähr dem der europäischen Länder in den siebziger Jahren entspräche. Wenn man dieses Bedarfsniveau auf eine Weltbevölkerung von sieben Milliarden umlegt, könnte man im Jahr 2020 einen Gesamtbedarf von etwa zwölf Terawatt erreichen – der nur um 20 Prozent über dem von der Weltbank errechneten globalen Energiebedarf von heute liegt.[14]

Die Menschheit muß alles daransetzen, diese Perspektive

einer künftigen Energieversorgung zu verwirklichen. Eine andere Möglichkeit gibt es nicht.

4. *Dieses Verbrauchsmuster sollte durch massive Investitionen der Industrieländer in Energiesparmaßnahmen und durch umfangreichen Transfer von modernsten FCKW-unabhängigen Technologien mit hoher rationeller Energienutzung in die Entwicklungsländer erreicht werden. Den Entwicklungsländern soll dadurch ermöglicht werden, die energieintensive, umweltverschmutzende Phase der Industrialisierung zu »überspringen«, durch die die Industrieländer gegangen sind.*

Eine solche Welt würde eine radikale Neubewertung der Technik erfordern. Heute wacht jeder eifersüchtig über die von ihm entwickelten Techniken, die er sich sofort patentieren läßt, um sie anschließend aggressiv zu vermarkten. Der Handel aber muß, wie Kilaparti Ramakrishna und Susan George in ihren Aufsätzen darlegen, neugestaltet werden, um die globalen Gemeinschaftsinteressen stärker zu berücksichtigen. Wenn die Industrieländer auch weiterhin ihre energieverschwendenden Ladenhüter an die Dritte Welt verkaufen, wird das Problem der globalen Erwärmung nie gelöst werden. Nehmen wir China. Mit seinen bis heute bekannten Kohle- und Ölvorkommen in Höhe von 730 Milliarden Tonnen (als Vergleichszahl: gegenwärtig enthält die Atmosphäre 750 Milliarden Tonnen Kohlenstoff in Form von Kohlendioxid; siehe Kapitel 1), mit einem einmalig hohen, 76prozentigen Anteil der Kohle an der Energieerzeugung, mit einer Bevölkerung von über einer Milliarde und dem erklärten Willen der Regierung, jede chinesische Familie mit einem Kühlschrank zu versorgen, kann man sich leicht vorstellen, mit wieviel Kohlendioxid allein dieses Land in den ersten Jahrzehnten des kommenden Jahrhunderts die Atmosphäre belasten wird. Hinzu kommen die FCKW-Emissionen, wenn – wie es gegenwärtig geplant ist – FCKWs als Kühlmittel in allen neuen, aber technologisch veralteten chinesischen Kühlschränken eingesetzt werden und von dort in die Atmosphäre entweichen. Die sich daraus ergebende Gesamtbelastung ist äußerst besorgniserregend.

Ein Beispiel für die Kohlendioxid-Problematik: Energieexperten haben errechnet, daß China, wollte es jeder Familie einen kleinen Kühlschrank und eine kleine Gefriertruhe zur Verfügung stellen und dabei die gegenwärtige Kühltechnik einsetzen, dreißig vermutlich überwiegend mit Kohle betriebene Ein-Gigawatt-Kraftwerke bauen müßte, nur um deren Strombedarf zu decken. Würden die Chinesen hingegen bei der Produktion ihrer Kühlschränke die beste zur Zeit auf dem Markt befindliche energiesparende westliche Technik verwenden, wären nur drei dieser Kraftwerke nötig, was einer neunzigprozentigen Verbesserung entspricht.[15] Dazu müßten die Industrieländer aber erst einmal ihre bisherige Praxis der Entwicklungshilfe und der internationalen Zusammenarbeit überdenken und die Grenzen der Marktkräfte in einer Gemeinschaft von Staaten anerkennen, die in bezug auf den Umweltschutz in einem Boot sitzen.

Das Beispiel der chinesischen Kühltechnik gibt uns einen ersten Eindruck von der »neuen Volkswirtschaftslehre«, die Susan George in Kapitel 16 beschreibt. Auch hier geht es um einen Wechsel von Verhaltensmustern.

Jose Goldemberg behauptet, ein Umdenken in bezug auf die technologische Entwicklung in den Entwicklungsländern sei unerläßlich. Er zeigt anhand der weltweiten Versicherungsausgaben und einer zusätzlichen Ein-Dollar-Abgabe auf die einem Barrel Erdöl entsprechende Menge Energie, wie wenig es kosten würde, einen internationalen Fonds zu gründen, der die effiziente Umsetzung von Maßnahmen zur Bekämpfung des Treibhauseffekts sicherstellen würde.

5. *Wenn genügend finanzielle und andere Mittel zur Verfügung gestellt werden, sollte der Weltenergiebedarf im nächsten Jahrhundert so schnell wie möglich durch Nutzung erneuerbarer Energieformen gedeckt werden.*

Welche Zukunft haben die fossilen Energieträger? Ein ehemaliger Präsident der Shell Oil Company hat diese Frage unlängst so beantwortet: »Der Weltenergiebedarf wird wahrscheinlich in den nächsten vierzig Jahren eine mehr als fünfzigprozentige Steigerung der Nutzung fossiler Energieträger erforderlich machen ... In der Zeit danach wird die Diskrepanz zwischen dem wachsenden Energiebedarf und der Möglichkeit, diesen Bedarf durch Nutzung fossiler Energien zu decken, sich stetig vergrößern.«[16] Das sind die Äußerungen eines Mannes, der sich über den zusätzlichen Treibhauseffekt durch atmosphärisches Kohlendioxid nicht viele Gedanken gemacht haben dürfte.

Greenpeace hat eine andere Vorstellung von der Zukunft: Wir halten es für unerläßlich, den Verbrauch fossiler Energieträger so schnell wie möglich völlig einzustellen. Diese Notwendigkeit ergibt sich nicht nur aus der globalen Erwärmung, sondern auch aus dem Phänomen der Säurebildung und anderen Aspekten der Umweltverschmutzung, wie sie Michael Walsh in seinem Beitrag über die Emissionen von Kraftfahrzeugen beschreibt.

Eine unrealistische Sichtweise? Vielleicht, wenn man von den gängigen Denkmustern ausgeht. Aber, wie wir glauben, eine Sichtweise, die sich früher oder später allgemein durchsetzen wird.

Wie also kann der Weltenergiebedarf gedeckt werden? Wenn die Energieverschwendung der Welt stark abnimmt, kann der Bedarf irgendwann im nächsten Jahrhundert durch die Nutzung der vielfältigen Formen erneuerbarer Energien gedeckt werden. Das ist gewiß keine Wunschphantasie. Carlo LaPorta informiert uns in seinem Beitrag über die rasant sinkenden Anschaffungskosten und die atemberaubenden technologischen Fortschritte im Bereich der erneuerbaren Energieträger. Gemessen an den Aufwendungen für Forschung und Entwicklung im Bereich fossiler Energien und Kernenergie sind bisher relativ wenig Mittel in die Erforschung und Entwicklung dieser Technologien geflossen.[17] Es gibt sogar Hinweise darauf, daß die Mineralöl- und die Atomindustrie sowie die sie unterstützenden Parlamentarier jahrelang die Entwicklung erneuerbarer Energien bei jeder sich bietenden Gelegenheit systematisch behindert haben.[18]

Viele Fachleute sprechen von einem möglicherweise unmittelbar bevorstehenden »Explosionspunkt« für erneuerbare Energien. Dann würden die Marktkräfte selber eine Eigendynamik entfalten, die es unvernünftig erscheinen ließe, diesen Energien nicht den Vorrang vor fossilen Energien zu geben. Wir müssen nur dafür sorgen, daß diese Wirtschaftlichkeitsschwelle möglichst schnell erreicht wird. Dazu müssen Gesetze erlassen werden, die die Entwicklung erneuerbarer Energien fördern, und die Mittel für Forschung und Entwicklung müssen in Projekte fließen, die das Allgemeininteresse und nicht die Partikularinteressen einflußreicher wirtschaftlicher Kreise, wie der Mineralöl- und Atomindustrie, diktiert.

6. *Der Ausbau der Kernenergie beziehungsweise der Ersatz vorhandener Kernkraftwerke nach Ablauf ihrer betrieblichen Nutzungszeit würde dazu führen, daß für kostengünstige Energielösungen der Treibhauskrise (also für die Steigerung der rationellen Energienutzung und die Entwicklung der meisten erneuerbaren Energieformen) weniger Geld zur Verfügung stünde. Dieser Ansatz sollte daher in der internationalen Anti-Treibhaus-Strategie keine Rolle spielen. Dies gilt vor allem dann, wenn man die Sicherheits-, Entsorgungs- und Stillegungsprobleme sowie die Gefahr der Weiterverbreitung von Atomwaffen mit berücksichtigt.*

Auf den ersten Blick mag es vernünftig erscheinen, Kohlekraftwerke durch Kernkraftwerke zu ersetzen, um die Treibhausgasemissionen zu reduzieren. Denn schließlich verursacht die Kernenergie – unmittelbar – keine nennenswerten Treibhausgasemissionen. (Man beachte aber, daß beim Abbau und bei der Zerkleinerung von Uran sowie in einigen anderen Phasen des nuklearen Brennstoffkreislaufs beachtliche Kohlendioxid-Emissionen entstehen.) Wie Bill Keepin in Kapitel 12 darlegt, fällt indes die Kernenergie schon allein aufgrund wirtschaftlicher Erwägungen (ganz zu schweigen von Umweltüberlegungen) aus dem Kreis vernünftiger Strategien zur Bekämpfung des Treibhauseffekts heraus. Der Plan, sämtliche Kohlekraftwerke zu ersetzen, ist besonders absurd: Ausgerechnet eine Branche, die in den Vereinigten Staaten erleben mußte, daß in den vergangenen 16 Jahren jeder Auftrag zur Errichtung eines Kernkraftwerks (insgesamt über 100) entweder annulliert oder ausgesetzt wurde, und die zehn bis zwölf Jahre braucht, um ein neues Kernkraftwerk zu bauen, müßte Tausende neuer Kernkraftwerke errichten – je ein Kraftwerk alle paar Tage über einen Zeitraum von dreißig Jahren oder mehr.

Aber auch der Plan eines begrenzten Ausbaus der Kernenergie und selbst der Ersatz ausgemusterter Kernkraftwerke hat keinen Sinn. In den USA liegen die durchschnittlichen Gestehungskosten für Atomstrom bei 13,5 Cents pro Kilowattstunde (zum

Kurs von 1987). Dem steht eine Vielzahl potentieller Energiesparinvestitionen gegenüber, die durchschnittlich zwei Cents oder weniger pro Kilowattstunde betragen. Für die globale Erwärmung bedeutet dies, daß jeder Dollar, der in die Verbesserung des energetischen Wirkungsgrads investiert wird, die Kohlendioxid-Emissionen siebenmal stärker reduziert als ein in Atomkraftwerke investierter Dollar.

Aber selbst wenn alle Möglichkeiten zur Effizienzsteigerung ausgeschöpft werden, müssen wir auch in Zukunft unsere Energie aus irgendwelchen Quellen beziehen. Auch hier sind die erneuerbaren Energien der Atomenergie eindeutig überlegen. Nach Keepin betragen die Stromgestehungskosten bei einigen regenerativen Techniken mittlerweile nur noch drei bis neun Cents/kWh. Und mit den allgemein prognostizierten Kostensenkungen bei solarer photovoltaischer Energie von gegenwärtig zwanzig bis vierzig Cents/kWH auf weniger als zehn Cents zu Beginn des nächsten Jahrhunderts werden die Kernkraftwerke, deren Strom gegenwärtig über 13 Cents/kWh kostet, als Energieoption wohl endgültig ad acta gelegt. Das gilt auch für den Fall, daß die Betriebskosten von Kernkraftwerken drastisch sinken sollten (während die Gesamtkosten der Kernenergie aufgrund einer Vielzahl noch gar nicht angepackter Entsorgungs- und Stillegungsprobleme wahrscheinlich weiter steigen werden).

Das einzige, worüber man sich beim Traum vom Atomstrom noch wundern kann, ist die Tatsache, daß noch nicht mehr Leuten die ökonomische und – weil sie die für erneuerbare Energien und für Steigerungen des Wirkungsgrads dringend benötigten finanziellen Mittel in Anspruch nimmt – in zunehmendem Maße auch ethische Fragwürdigkeit der Kernenergie aufgegangen ist.

7. *Eine ausgewogene Kombination von politischen Handlungsstrategien und das Ausmaß, in dem diese jeweils zum Einsatz kommen, sollten in den neunziger Jahren Gegenstand wissenschaftlicher Forschung werden. Zu den wichtigsten Sofortmaßnahmen gehören jedoch:*

- *die sofortige Reduktion von Kohlendioxid-Emissionen und die Ausarbeitung einheitlicher Strategien zum Ausstieg aus den fossilen Energien zum frühestmöglichen Zeitpunkt im nächsten Jahrhundert,*

- *die energische Bekämpfung der Waldvernichtung und die schnellstmögliche Einstellung der Produktion und Verwendung von FCKWs und verwandter Verbindungen, wie FKWs.*

Wir sollten alles daransetzen, die atmosphärischen Konzentrationen von Treibhausgasen zu stabilisieren. Aber sogar diese einfache Aussage wirft viele offene wissenschaftliche Fragen auf. Um welchen Betrag müßten wir dann die Emissionen verringern? Die Wissenschaftler des IPCC behaupten, nur durch eine sofortige globale Senkung um über 60 Prozent könne der atmosphärische Kohlendioxidgehalt auf dem gegenwärtigen Niveau (353 ppm) gehalten werden. Das ist schlechterdings unmöglich, es sei denn, man brächte es irgendwie fertig, die weltweite Verbrennung von Kohle, Erdöl und Erdgas über Nacht um mehr als die Hälfte zu reduzieren. Was also sollen wir tun?

Die Modellstudie von Mick Kelly im vierten Kapitel dieses Buches zeigt, daß selbst dann, wenn wir die Waldvernichtung bis zum Ende dieses Jahrhunderts stoppen, in den ersten beiden Jahrzehnten des nächsten Jahrhunderts ein Gebiet von 200 Millionen Hektar wiederaufforsten (was lediglich einer Wiederzunahme der gegenwärtigen Waldfläche um fünf Prozent entspricht), die Herstellung von FCKWs und verwandten Verbindungen bis 1995 einstellen und die Zunahme landwirtschaftlich bedingter Methan- und Distickstoffoxid-Emissionen abbremsen würden, die Kohlendioxid-Emissionen weltweit immer noch um 70 Prozent reduziert werden müßten, um in der ersten Hälfte des 21. Jahrhunderts die Treibhausgaskonzentrationen in der Atmosphäre stabilisieren zu können. Wenn Kellys Modell stimmt, würde sich die Treibhausgaskonzentration auf einem Niveau stabilisieren, das einer Kohlendioxid-Konzentration von 445 ppm entspricht und damit um lediglich acht Prozent über dem gegenwärtigen Niveau liegen würde.

Das ist nur eine mögliche Kombination von Maßnahmen, die vielleicht in den kommenden Jahrzehnten ausprobiert werden. Zweifellos müssen alle in diesem Bereich getroffenen Maßnahmen fortwährend überprüft werden. Jetzt kommt es darauf an, daß die internationale Völkergemeinschaft die Weichen stellt.

Greenpeace erachtet es als unerläßlich, die fossilen Energien von der Liste der Energieträger zu streichen. Dieses Ziel sollte sich in den für das Jahr 2000 angepeilten Richtwerten niederschlagen. Sollen die Treibhausgaskonzentrationen in der Atmosphäre stabilisiert werden, dann müssen die Waldvernichtung eingestellt und die FCKWs aus dem Verkehr gezogen werden.

Auch wenn die vielen wissenschaftlichen Unsicherheiten, mit denen die Klimamodelle behaftet sind, vermindert werden, bleibt für die Wissenschaftler noch viel zu tun. Einer der Schwerpunkte in den kommenden Jahren muß eindeutig die Ausweitung der internationalen Forschungs- und Überwachungsaktivitäten sein. Dies sollte aber nicht – wie einige Regierungschefs zu glauben scheinen – ein Ersatz für politische Maßnahmen sein. Die Wissenschaftler gehen im allgemeinen davon aus, daß sie mit der Zeit einige offene Fragen klären können. In ihrem Bericht aber kommen die Wissenschaftler des IPCC zu dem Schluß, daß »wir angesichts der Komplexität des Problems und des Umfangs der notwendigen Forschungsprogramme wissen, daß nicht mit schnellen Resultaten zu rechnen ist. Weitere Erkenntnisfortschritte können sogar unerwartete Probleme und ungeahnte Wissenslücken zum Vorschein bringen.«[19] Der Leiter der Abteilung für Klimaforschung an der Princeton University, Professor Suyukuro Manabe, hat dies in seiner Rede auf der Tagung der American Association for the Advancement of Science im Jahre 1990 noch deutlicher formuliert: »Wir werden niemals ein vollkommenes Modell haben. Und selbst wenn wir eins hätten, wüßten wir es nicht.«[20]

17.3 Die Zukunftsprognose des IPCC im Unterschied zur Zukunftsprognose von Greenpeace

Daß der Intergovernmental Panel on Climate Change in seiner grundlegenden Funktion, die Regierungschefs der Welt bei der Konzipierung effektiver Handlungsstrategien zur Bekämpfung der globalen Erwärmung zu beraten, lahmgelegt wurde, ist der Arbeitsgruppe 3 »Gegenstrategien« zu verdanken, die im folgenden als Strategie-Arbeitsgruppe bezeichnet wird. Die Gruppe hat in ihrem Abschlußbericht,[21] der im Juni 1990 fertiggestellt wurde, die wichtigsten Schlußfolgerungen des im Mai von der wissenschaftlichen Arbeitsgruppe 1 vorgelegten Abschlußberichts geflissentlich übergangen beziehungsweise absichtlich mißdeutet.

Der Bericht der Wissenschaftler stellt klipp und klar fest, daß die verbleibenden wissenschaftlichen Unsicherheiten, wie zahlreich sie auch sein mögen, sich nur auf die Frage beziehen, *wie* negativ und *wann* sich der anthropogene Treibhauseffekt bemerkbar machen wird, nicht aber, ob er überhaupt negative Folgen haben wird. Die Wissenschaftler sagen ganz deutlich, daß es zweifellos zu einer globalen Erwärmung kommen wird, wenn alles beim alten bleibt und keine Maßnahmen zur Eindämmung der Treibhausgasemissionen ergriffen werden. Die offenen Fragen beziehen sich lediglich auf das Ausmaß dieser Erwärmung. Die Wissenschaftler berücksichtigten, daß in einem sich erwärmenden Klimasystem sowohl positive als auch negative Rückkopplungen ins Spiel kommen können, daß nur wenige dieser Rückkopplungen bisher in vorhandene Klimamodelle einbezogen wurden, und daß die in die Modelle eingegangenen Rückkopplungen lediglich grobe Annäherungen an die natürlichen Verhältnisse darstellen. Darüber hinaus betonen sie, daß positive Rückkopplungen, wie ein Rückgang der Kohlenstoff-Aufnahmekapazität der Meere, eine Zunahme der mikrobiellen Atmung in sich erwärmenden Böden, die Zerstörung des atmosphärischen Hydroxyl-Reservoirs und die Methan-Freisetzung aus sich immer weiter ausdehnenden Feuchtgebieten, auftauenden Tundren und Küstengebieten eher vorherrschen werden als negative Rückkopplungen. Dies bedeutet – wie der wissenschaftliche Bericht deutlich unterstreicht –, daß auch die »günstigsten« von Computermodellen erstellten Schätzungen über künftige Temperaturanstiege (2 Grad Celsius über dem vorindustriellen Niveau im Jahre 2030 und 4 Grad Celsius über diesem Niveau im Jahre 2090) wahrscheinlich hinter den wirklichen Gegebenheiten des nächsten Jahrhunderts (vielleicht weit) zurückbleiben.

Obgleich die Wissenschaftler während des gesamten IPCC-Arbeitsprozesses der Strategie-Arbeitsgruppe ihren noch unvollendeten Bericht zur Verfügung stellten, wird in der vorletzten Version des Strategie-Berichts der Begriff »globale Erwärmung« nicht ein einziges Mal erwähnt. Diese Version enthält 46mal den Begriff »Klimaveränderung«, der nur ein einziges Mal näher bestimmt wird, und dann ausgerechnet mit dem Adjektiv »potentiell«, was nur möglich ist, wenn man eine der wichtigsten Schlußfolgerungen des wissenschaftlichen Berichts ignoriert. Zwar gebraucht der Strategie-Bericht Adjektive wie »gewaltig« und »beträchtlich«, aber immer nur, wenn es um die Schwierigkeiten geht, denen sich die Strategie-Arbeitsgruppe gegenübersieht, oder um die verbleibenden wissenschaftlichen Unsicherheiten zu bezeichnen.

Der Strategie-Bericht setzt sich auch über wichtige Schlußfolgerungen der sich mit möglichen Folgewirkungen befassenden Arbeitsgruppe 2 »Auswirkungen« hinweg. Erdgeschichtliche Analysen zeigen, daß ein Anstieg der globalen Durchschnittstemperatur um 1,5 bis 4,5 Grad Celsius, den die globalen Zirkulationsmodelle bei einer Verdopplung der atmosphärischen Treibhausgaskonzentration vorhersagen, viel schneller eintreten würde, als es bei jeder früheren Temperaturzunahme der Fall war, seit Menschen sich die Erde untertan gemacht haben. Dieser schnelle Temperaturanstieg würde seinerseits – ganz abgesehen von möglichen Verstärkungen durch positive Rückkopplungen – die Ökosysteme beispiellosen Belastungen aussetzen. Die Arbeitsgruppe »Auswirkungen« hält demgemäß in der vorletzten Fassung ihres Berichts fest, daß »diese Temperaturzunahme wahrscheinlich zu schnell vor sich gehen wird, als daß die Ökosysteme sich darauf einstellen können. Daher könnten in den großen Vegetationszonen ernste Störungen und Schäden auftreten«. Die Arbeitsgruppe 2 spricht auch von der Möglichkeit »einer beträchtlichen Verringerung der biologischen Artenvielfalt« und der geographischen Ausbreitung einiger Schädlinge und Krankheiten, »die es ermöglicht, daß heute noch auf Tropenländer beschränkte Schädlinge auf gegenwärtig noch subtropische und gemäßigte Zonen übergreifen« und die dort wachsenden Kulturpflanzen schädigen. Was die Landwirtschaft anbetrifft, so kommt die Arbeitsgruppe zu dem Schluß, daß die »Bodenfeuchte in einigen Gebieten abnehmen wird, und zwar vor allem in schon heute ertragsschwachen Gebieten, wie sie in

Afrika anzutreffen sind«. In Hinblick auf Gefahren für die menschliche Gesundheit warnen die Wissenschaftler davor, daß »große Ballungsgebiete besonders stark betroffen seien« und Klimaveränderungen »die Formen infektiöser Erkrankungen radikal verändern könnten, indem sie sie in höhere Breiten übertragen und so große Bevölkerungsgruppen gefährden«. Den gesamten Bericht der Arbeitsgruppe 2 durchzieht gleich einem roten Faden die Warnung, daß – wie George M. Woodwell, Brian Huntley und Andrew Haines in dem Teil des *Greenpeace Reports,* der sich mit den Auswirkungen einer globalen Erwärmung befaßt, darlegen – hinter den zahlreichen noch ungelösten Fragen schwerwiegende Gefahren für die Menschheit lauern könnten.

Der Bericht der Strategie-Arbeitsgruppe hingegen deutet mit keinem Wort an, was wirklich auf dem Spiel steht. Statt dessen betont er an sechs verschiedenen Stellen, daß Klimaveränderungen nur »möglicherweise« schwerwiegende Auswirkungen haben werden.

Ohne überhaupt die Stärken und Schwächen des Maßnahmenbündels zu erörtern, das die ersten beiden IPCC-Arbeitsgruppen zur Vorbeugung gegen die von ihnen beschriebenen Szenarios der globalen Erwärmung empfohlen hatten, betont der Bericht der Strategie-Arbeitsgruppe allzusehr die Notwendigkeit verstärkter Forschungsanstrengungen. In der Zusammenfassung des Berichts wird die wissenschaftliche Erforschung zwölfmal mit Adjektiven wie »sorgfältig« beziehungsweise »umfangreich« qualifiziert. Und dies trotz der klaren Feststellung der Wissenschaftler, daß zusätzliche Forschungsanstrengungen – so unverzichtbar sie auch sind – die offenen wissenschaftlichen Fragen während der nächsten zehn Jahre wohl kaum merklich reduzieren werden.

Die Strategie-Arbeitsgruppe des IPCC empfahl die Aufnahme von Verhandlungen über eine Klimakonvention, die jedoch lediglich »die allgemeinen Prinzipien und Verpflichtungen zur Bekämpfung der Klimaveränderung festlegen sollte«. Kein Wort über die spezifische Reduzierung von Treibhausgasemissionen. Die amerikanische Umweltschutzbehörde EPA und die IPCC-Wissenschaftler stellen übereinstimmend fest, daß die Stabilisierung des atmosphärischen Treibhausgasgehalts eine sechzig- bis achtzigprozentige Verringerung der globalen Kohlendioxid-Emissionen erfordern würde. Angesichts der Vorhersage der IPCC-Wissenschaftler, in einer Treibhauswelt würden positive Rückkopplungen vorherrschen, drückt diese Schlußfolgerung implizit die Warnung aus, daß es ein leichtsinniges Spiel mit der Umweltsicherheit künftiger Generationen wäre, diesen Richtwert nicht zu beachten oder nicht wenigstens auf seine Einhaltung hinzuarbeiten.

Statt dessen sprach sich die Strategie-Arbeitsgruppe nicht einmal für ein Einfrieren der Emissionen aus. Ihren Bericht bezeichnete sie selbst als »wichtige Zwischenbilanz für politische Entscheidungsträger«, machte jedoch zugleich darauf aufmerksam, daß »es nicht möglich war, die Analyse (quantitativer Zielvorgaben) bis zum Zeitpunkt der Veröffentlichung des Berichts abzuschließen«. Und doch haben im selben Zeitraum zahlreiche Wissenschaftler und Forschungsteams präzise Szenarios für Emissionsverringerungen erarbeitet und veröffentlicht – zu denen auch die in Kapitel 4 dieses Buches vorgestellte Studie von Mick Kelly gehört.

Der Bericht der IPCC-Strategie-Arbeitsgruppe erwähnt immer wieder die vermutlichen Kosten von Gegenmaßnahmen, verliert aber kein Wort über den Preis des Nichtstuns. Für den Fall, daß man sich ernsthaft um eine Eindämmung der Treibhausgasemissionen bemühen sollte, sagt der Bericht sogar eine potentielle Krise der Weltwirtschaft voraus. So rechtfertigt die Strategie-Arbeitsgruppe beispielsweise ihren Verzicht auf die Angabe – respektive die bloße Erörterung – genauer Zielvorgaben für die Emissionsreduzierung folgendermaßen: »Das wichtigste Hindernis bei der Erstellung dieser Untersuchung war der schwerwiegende Mangel an Daten über die wirtschaftlichen und sozialen Kosten verschiedener Handlungsstrategien.« Und mit bemerkenswerter Kurzsichtigkeit im Hinblick auf die qualitativen Implikationen der Arbeit der ersten beiden IPCC-Arbeitsgruppen führt die Strategie-Arbeitsgruppe aus, daß »die Vorteile, die sich aus der Vermeidung von Klimaveränderungen ergeben, ebenfalls nicht hinreichend geklärt sind«.

Nirgends wird in den vergangenen und gegenwärtigen Aufstellungen der Treibhausgasemissionen nach der Verantwortung oder nach Gerechtigkeit gefragt. Dabei haben die IPCC-Wissenschaftler zweifelsfrei bewiesen, daß, historisch gesehen, die weitaus größte Menge an Treibhausgasen von den Industrieländern stammt und daß die reichen Länder die Rangliste der Emittenten weiterhin anführen, auch wenn die Entwicklungsländer nun langsam beginnen, aufzuschließen. Wegen der verzögerten Reaktion des Klimasystems auf die Wirkung der Treibhausgase werden die Emissionen der reichen Länder in den nächsten Jahrzehnten weiterhin die Ursache für die Erwärmung in den armen Ländern sein. Daher wäre es nur recht und billig, wenn die Industrieländer den Löwenanteil der erforderlichen Reduktionen übernehmen würden. Diese naheliegende Schlußfolgerung wurde gar nicht erst diskutiert, geschweige denn als Empfehlung in den Abschlußbericht der Strategie-Arbeitsgruppe aufgenommen. Dieser befürwortete Handlungsstrategien, in denen sich »die Verpflichtungen von Industrie- und Entwicklungsländern widerspiegeln« und argumentierte mit Recht, daß es »zur Eindämmung der Klimaänderung in den Entwicklungsländern des Technologientransfers bedarf«, errichtete aber zugleich, trotz seines grundsätzlich vernünftigen (um nicht zu sagen: humanen) Gerechtigkeitsbegriffs »einige Hindernisse«, zu denen auch »fehlende finanzielle Mittel« gehören.

Der Bericht der Strategie-Arbeitsgruppe ist durch und durch Ausdruck eines Denkens, das eine nachhaltige Veränderung des Status quo ablehnt. So heißt es etwa in bezug auf den Verkehrssektor, der wirtschaftliche Spielraum und das Marktpotential für Alternativen seien hier »sehr gering, da Benzinkraftstoffe relativ billig sind«, und zudem durch die »Konsumentennachfrage und -präferenz für größere, leistungsstärkere und besser ausgestattete Autos« stark eingeschränkt. Das Mandat der Strategie-Arbeitsgruppe gestattete es ihr eindeutig, bestimmte gesetzliche Maßnahmen zu erörtern, ja sogar zu empfehlen, die solche Hindernisse auf dem Weg in eine gesicherte treibhausfreie Zukunft aus dem Weg räumen könnten. Und doch enthält der Bericht keine einzige derartige Empfehlung. Die unangemessene und unbewiesene Folgerung, daß »gerade kurzfristig die sich auf Marktmechanismen stützenden Gegenmaßnahmen die wirkungsvollsten sind«, wird von dem oben genannten Kraftfahrzeugbeispiel eindeutig widerlegt.

17.4 Der einzelne und die globale Erwärmung

Der Abschnitt dieses Buches, der sich mit möglichen Gegenstrategien befaßt, hat sich vor allem auf die Rolle der Regierungen und der Industrie, die Nahtstellen zwischen beiden und die Beziehungen zwischen Staaten beziehungsweise nationalen Organisationen konzentriert. In diesen Bereichen muß das für unser Überleben unverzichtbare Umdenken stattfinden. Und doch ist der einzelne genauso wichtig. Denn Regierungen und Unternehmen orientieren sich an den Menschen. Der einzelne kann sich nicht nur für Veränderungen in Politik und Wirtschaft einsetzen, sondern muß sich auch bemühen, eine treibhausvermeidende Lebensweise zu praktizieren. Wie diese aussehen könnte, weiß jeder, der den *Greenpeace Report* gelesen hat. Im Anschluß beschreiben wir nur einige Leitlinien für eine individuelle treibhausvermeidende Lebensweise. Diese Leitlinien werden in mehreren ausgezeichneten populärwissenschaftlichen Büchern, die in jüngster Zeit erschienen sind, ausführlicher erörtert.[22] Wir betonen, daß die hier vorgeschlagenen Maßnahmen nur einen »ersten Schritt« für jeden darstellen, den die globale Erwärmung ernsthaft beunruhigt.

Einige Anti-Treibhaus-Maßnahmen, die jeder einzelne ergreifen kann:
(Die Reihenfolge entspricht nicht unbedingt den jeweils eingesparten Treibhausgasemissionen.)

- Tauschen Sie konventionelle Glühlampen gegen Energiesparleuchten aus.
- Isolieren Sie das Dach, den Wassertank (sofern vorhanden) und die Außenwände.
- Dichten Sie die Fugen an Fenstern und Türen ab; setzen Sie doppelt verglaste Fenster ein und verwenden Sie Heizkörperthermostate.
- Ersetzen Sie alte elektrische Haushaltsgeräte durch die neuesten Modelle mit der rationellsten Energienutzung.
- Bringen Sie anfallendes Papier zu öffentlichen Sammelstellen,

und vermeiden Sie überflüssige Verpackungen und Wegwerfgüter.

- Tun Sie alles, was in Ihren Kräften steht, um dem »Autofetischismus« unserer Zeit zu entgehen: Benutzen Sie soweit wie möglich öffentliche Verkehrsmittel, und lassen Sie Ihr Auto stehen, so oft es nur geht.
- Kaufen Sie Agrarerzeugnisse aus ökologischem Anbau, und verzichten Sie auf Produkte aus intensiver Landwirtschaft.
- Ziehen Sie vegetarische Produkte Fleischgerichten vor.
- Boykottieren Sie die Produkte von Unternehmen, deren Aktivitäten die Treibhausgefahr erhöhen.
- Stützen Sie sich im Kampf gegen den Treibhauseffekt auf die Macht des geschriebenen Wortes.

Zunächst einmal sollte man in den eigenen vier Wänden sämtliche Möglichkeiten zur Energieeinsparung ausschöpfen. Schon die Isolation von Dach, Wänden, Heißwasserbehältern, Türen und Fenstern würde ausreichen, um die Treibhausgasemissionen der Kraftwerke beträchtlich zu reduzieren. Die Menge an Kohlendioxid, die ein perfekt wärmegedämmtes Haus jährlich einspart, beläuft sich auf mehrere Tonnen. Ein positiver Nebeneffekt dieser Dämmung besteht darin, daß Haushalte, deren jährliche Heizkosten bislang mehrere hundert Dollar verschlangen, jetzt nur noch einige zig Dollar bezahlen müssen.[23] Treibhausgasemissionen und Geld lassen sich zusätzlich einsparen, wenn man Heizkörperthermostate und andere Methoden der Heizungskontrolle, wärmereflektierende oder -speichernde Fenster und zahlreiche andere Techniken einsetzt. Viele von diesen Techniken erörtert Amory Lovins in seinem Beitrag zu diesem Buch.

Unbedingt notwendig ist es auch, elektrische Haushaltsgeräte nach Ablauf ihrer Lebenszeit (oder schon früher) durch die neuesten Modelle mit der rationellsten Energienutzung zu ersetzen, weil sich die marktgängigen Modelle gerade in dieser Hinsicht sehr stark voneinander unterscheiden. Amory Lovins stellt in seinem Kapitel zahlreiche Beispiele dafür vor. Doch nur selten werden dem Verbraucher auf den Warenauszeichnungen derartige Unterschiede erläutert. Gäbe es eine Kennzeichnungspflicht für den Energienutzungsgrad, könnten die Verbraucher darauf hinwirken, daß energiesparende, treibhausvermeidende Güter statt energieverschwendender Güter produziert werden.

In der Zwischenzeit kann der interessierte Verbraucher jedoch jederzeit um Rat bitten. Sobald dies genügend viele Konsumenten tun, wird sich der Hersteller zu unternehmerischem Umdenken genötigt sehen. Vielleicht dauert es nicht mehr lange, bis der Wettbewerb zwischen den Herstellern von Gütern und Dienstleistungen so ausgetragen wird, daß das Kriterium der »Treibhausvermeidung«, und zwar sowohl bei der Endnutzung des Produktes als auch bei seiner Herstellung, den Ausschlag gibt. Natürlich wird jeder für sich entscheiden müssen, ob er ein bestimmtes Produkt überhaupt benötigt. Aber bei der Anschaffung wichtiger Güter kann eine bewußte »Anti-Treibhaus«-Orientierung der Käufer einen wichtigen Beitrag zur Bekämpfung der globalen Erwärmung leisten.

Das Recycling von Papier, das Vermeiden unnötiger Verpackungen und der Verzicht auf Wegwerfprodukte sind deshalb unumgänglich, weil Papier und Verpackung auf Mülldeponien landen können, wo sie zur Methan-Erzeugung beitragen. Je mehr Papier und Verpackungen, um so mehr Methan. Wenn die Regierungen hier stärker eingreifen würden, als es heute gemeinhin der Fall ist, und wohlüberlegte steuerliche Anreize einführen würden, um wirkungsvolle Antitreibhaustechniken zu fördern, könnte sehr viel getan werden, um die notwendige Erweiterung des nationalen und kommunalen Recyclings zu unterstützen.

Uns bleibt nichts anderes übrig, als nach Auswegen aus unserer gegenwärtigen »Autozivilisation« zu suchen. Wie Michael Walsh in seinem Kapitel beschreibt, sind die Kraftfahrzeuge mit zweistelligen Prozentzahlen am zusätzlichen Treibhauseffekt beteiligt. Dies ist mehr als jeder andere Bereich menschlicher Tätigkeit ein deutliches Symptom für die kollektive Gleichgültigkeit der Menschheit gegenüber der Luftverschmutzung. Entgegen dem wissenschaftlichen Konsens über die Gefahr einer globalen Erwärmung und trotz zunehmender öffentlicher Besorgnis geben die Autohersteller überall in der Welt täglich Millionen von Dollar für ihre Werbestrategien aus, um uns weiszumachen, daß unser Ansehen, unsere Lebensqualität und sogar unsere Sexualität mit der Leistung unseres Autos zusammenhängen. Die Mineralölkonzerne, deren Geschäft weitgehend von unseren Autos abhängt, geben ähnlich große Summen aus, um uns zu ködern, indem sie uns versichern, daß gerade ihr Kraftstoff uns den entscheidenden Vorsprung vor unseren Rivalen verschafft. Und doch werden jedesmal, wenn ein Liter Benzin verbrannt wird – gleichgültig, ob von einer Esso- oder Shell-Tankstelle, ob in einem vornehmen BMW oder in einem Citroen 2CV –, 2,5 Kilogramm Kohlendioxid in die Luft freigesetzt. Ein durchschnittliches Auto emittiert pro Jahr eine Menge an Kohlendioxid, die dem Vierfachen seines Gesamtgewichts entspricht.[24] Für den umweltbewußten Bürger ist die Benutzung öffentlicher Verkehrsmittel eine Selbstverständlichkeit, und das eigene Auto wird er so oft wie möglich stehen lassen.

Es ist wohl nur eine Frage der Zeit, bis die ersten Alternativen zum Verbrennungsmotor in größerem Umfang für private Kraftfahrzeuge zur Verfügung stehen werden. Aber Elektroautos verlagern die Kohlendioxid-Emissionen nur auf die Kraftwerke, wenn diese weiterhin fossile Energien verbrennen. Deshalb muß das Umdenken bei den Verkehrsmitteln mit einem Umdenken in der Energieversorgung einhergehen.

Die zusätzlichen Distickstoffoxid-Emissionen durch den Einsatz von Kunst- anstelle von Naturdünger lassen es dringend geboten erscheinen, ökologisch angebaute Produkte statt Erzeugnisse aus der intensiven Landwirtschaft zu kaufen. Weitere Aspekte der Umweltbelastung durch Dünger, wie etwa die Nitrat-Zunahme im Trinkwasser, und die zunehmende Einsicht, daß intensive Landwirtschaft langfristig nicht tragbar ist und auf Dauer den Boden ruiniert,[25] sind weitere Gründe, Erzeugnisse aus ökologischem Anbau vorzuziehen. Auch drängt sich jedem, der ernsthaft über die Gefahr einer globalen Erwärmung besorgt ist und der sich die von Anne Ehrlich in Kapitel 14 beschriebenen Zahlen über die Methan-Emissionen von Wiederkäuern vergegenwärtigt, der Schluß auf, daß vegetarische Kost einer fleischlichen Ernährung vorzuziehen ist.

Auch der Boykott bestimmter Produkte ist für den einzelnen eine sehr wichtige Handlungsoption. So kann man etwa die Produkte von Unternehmen vermeiden, die zur Vernichtung des Tropenwalds beitragen; ebenso die Produkte von Firmen, die es offensichtlich vorziehen, treibhausfördernde Profite einzustreichen, statt frühzeitig eine Unternehmensstrategie der Treibhausvermeidung zu entwickeln. Noch wirkungsvoller ist es, wenn man den betroffenen Unternehmen die Gründe für den Boykott ihrer Waren schriftlich mitteilt. Eine genügend große Zahl von Verbrauchern kann das Unternehmen zu einer Kursänderung zwingen, wenn es nicht schwere Gewinneinbrüche riskieren will. Sich konsequent auf die Macht des geschriebenen Wortes zu stützen, ist vielleicht die wichtigste Handlungsoption des besorgten Bürgers. Wie jeder Greenpeace-Aktivist bestätigen wird, befassen sich Politiker, öffentliche Bedienstete und auch Unternehmen unverzüglich und sehr ernsthaft mit jedem Problem, das eine große briefliche Resonanz erzeugt. Das Schreiben von Briefen ist für jeden, den die Gefahr einer globalen Erwärmung beunruhigt, ein unverzichtbares Instrument, um darauf hinzuwirken, daß es in den gesellschaftlichen Funktionsabläufen zu treibhausvermeidenden Veränderungen kommt. Jede nationale Greenpeace-Organisation informiert Sie jederzeit darüber, wie Sie dabei vorgehen sollten.

17.5 Schlußfolgerung

In einem kürzlich veröffentlichten Aufsatz, den ich in diesem Schlußkapitel bereits erwähnt habe, befürwortet der ehemalige Präsident des amerikanischen Mineralölkonzerns Shell Oil den verstärkten Einsatz fossiler Energieträger bis ins nächste Jahrhundert hinein. Wenn man den führenden Klimatologen der Welt glauben darf, dann hat er sich tatsächlich für etwas ausgesprochen, das sich schon in wenigen Generationen als ein gewaltiger globaler Selbstmordpakt enthüllen könnte. In demselben Aufsatz ist auch folgendes zu lesen: »Ein Grund dafür, daß sich jede neue Energiequelle nur langsam durchsetzt, ist die außerordentliche Trägheit des Systems, die sowohl soziale als auch wirtschaftliche und technologische Dimensionen umfaßt. Die Veränderung von Lebensstilen und individuellen Vorlieben geschieht nur langsam und kommt häufig erst nach zwei oder mehr Generationen zum Tragen.«[26]

Hier muß die erste und wichtigste der tiefgreifenden Veränderungen einsetzen, ohne die die Menschheit und ein Großteil der natürlichen Umwelt der Treibhausgefahr erliegen werden. Die Menschen sind nicht für den kollektiven Selbstmord programmiert. Angesichts des zeitlichen Rahmens, in dem wir die gewöhnlichen Abläufe in unserem Leben planen, besteht aber die Gefahr, daß viele Menschen die Ernsthaftigkeit der Bedrohung erst dann begreifen, wenn es für geeignete Gegenmaßnahmen schon zu spät ist. Was die vielen Menschen, die jetzt die Gefahren der globalen Erwärmung erkennen, so ungemein frustriert, ist die Tatsache, daß die Lösungen auf der Hand liegen. Aber es ist nicht zu leugnen, daß deren Umsetzung eine Änderung menschlicher Verhaltensmuster – vor allem im Bereich der zwischenstaatlichen Zusammenarbeit – erfordern wird, die in der Geschichte ohnegleichen sind. Das ist die große Herausforderung der neunziger Jahre. Kein anderes Problem ist zur Zeit für die Menschheit von größerer Bedeutung.

Anmerkungen

Einführung Jeremy Leggett

1 W. Booth, "Action urged against global warming: scientists appeal for curbs on gases", in: **Washington Post,** 2. Februar 1990.

2 J. Legett, "The New Manhattan Project: America's weapons labs are turning to a new enemy", in: **New Scientist,** 16. September 1989.

3 Intergovernmental Panel on Climate Change, Report to IPCC from Working Group 1: Policymakers' Summary of the Scientific Assessment of Climate Change, Juni 1990.

4 Siehe Anm. 3, S. 10. Siehe auch die Kapitel von Jeremy Leggett beziehungsweise David Schimel im vorliegenden Band.

5 Eine Zusammenfassung dieser Ereignisse finden Sie in: S. Boyle, J. Ardill, **The Greenhouse Effect: A practical guide to the world's changing climate,** New English Library 1989.

6 Gemeinsame Erklärung der Teilnehmer der internationalen Konferenz: "The Changing Atmosphere: Implications for Global Security", Toronto, 30. Juni 1988.

7 W. Schwarz, "Stirrings of hope in the forest", in: **Guardian,** 14. März 1989.

8 B. Bolin, Rede vor dem Dritten Plenum des Intergovernmental Panel on Climate Change, Washington, DC, Februar 1990.

9 R. Sivard, **World Military and Social Expenditures,** 1989.

10 Leitartikel im **Wall Street Journal,** 6. Februar 1990.

11 Intergovernmental Panel on Climate Change. Report to IPCC from Working Group 3: Policymakers Summary, Reponse Strategies Working Group, Juni 1990.

12 D. A. Lashof und D. A. Tirpak (Hrsg.), **Policy Options for Stabilizing Global Climate.** Vorläufiger Bericht an den Kongreß, US Environmental Protection Agency (im Februar 1989 abgeschlossen, im Druck).

13 P. M. Kelly, **Halting Global Warming,** Greenpace International Climate in Crisis Series, Nr. 1, Februar 1990.

14 Siehe Anm. 3

15 Margaret Thatcher, Rede vor der Vollversammlung der Vereinten Nationen am 8. November 1989; vgl. auch ihre Rede vor der Royal Society im September 1988.

16 W. Keepin, M. Barrett, **Critique of the UK case study for IPCC,** Greenpeace Special Report, Juni 1990.

17 G. Lean, "Revealed: the will to fight", in: **Observer,** 15. April 1990.

18 Research/Strategy/Management Inc., **Global warming and energy priorities: a national perspective,** Studie für die Union of Concerned Scientists, November 1989.

19 Siehe Anm. 3, S. 10.

Kapitel 1: Der Treibhauseffekt Jeremy Leggett

Der Autor möchte Mick Kelly, Dan Lashof, John Mitchell und Stephen H. Schneider seinen Dank für ihre Kommentare zu den einzelnen Abschnitten dieses Kapitels aussprechen.

1 Intergovernmental Panel on Climate Change, **Scientific Assessment of Climate Change,** Report of Working Group 1, and accompanying Policymakers' Summary, Juni 1990.

2 Der potentielle Beitrag zur globalen Erwärmung ist die Fähigkeit eines Kilogramms (oder einer anderen Maßeinheit) Treibhausgas, die Atmosphäre in dem Maße zu erwärmen wie die gleiche Masseneinheit Kohlendioxid; dabei ist die jeweils unterschiedliche Lebensdauer (Verweildauer) der Gase in der Atmosphäre berücksichtigt. Siehe IPCC, Anm. 1, Abschnitt 2.

3 Die Kryosphäre umfaßt die Eiskappen und Gletscher der Welt, ihre von der Jahreszeit abhängige Schneedecke und ständig gefrorenen Boden (Permafrost).

4 Die Biosphäre ist der Bereich auf und nahe der Oberfläche der Erde, in dem alles Leben – die Gesamtheit aller lebenden Organe – existiert.

5 Die Geosphäre ist der feste Bereich der Erde.

6 Siehe IPCC, Anm. 1, Abschnitt 2.

7 Aerosole sind feste oder flüssige, feinverteilte Schwebpartikel in der Atmosphäre.

8 Der Begriff Albedo bezeichnet das Vermögen von Boden, Vegetation, Eis, Schnee, Wasser, Wolken oder Aerosolen – einzeln oder zusammen –, Sonnenstrahlung zu reflektieren. Je größer die Albedo, desto größer das Reflexionsvermögen.

9 Die Physik des Treibhauseffekts und die wahrscheinlichen Auswirkungen wärmeeinfangender Gase auf die Atmosphäre wurden um die Jahrhundertwende von dem schwedischen Wissenschaftler Svante Arrhenius berechnet.

10 Siehe die allgemeinverständliche Darstellung von J. Gribbin, "The end of the ice ages?", in: **New Scientist,** 17. Juni 1989, S. 48–52; siehe auch J. Imbrie, J. Hays, D. Martinson, A. McIntyre, J. Mix, N. Morley, N. Pi-

sias, W. Prell, N. Shackleton, "The orbital theory of Pleistocene climate: support from a revised chronology of the marine ^{18}O record", in: A. Berger u. a. (Hrsg.), **Milankovitch and Climate,** Teil 1, Dordrecht, Riedel, S. 296–306.

11 Siehe beispielsweise den Kommentar von J. Smagorinsky, "Strenghts and weaknesses of GCMs", introductory paper to the symposion on "Climate Change – models and policies", AAAS-Meeting, New Orleans, 19. Febraur 1990.

12 Siehe IPCC, Anm. 1.

13 Die wichtigsten Zentren sind: University of Illionis; Goddard Institute for Space Studies, NASA; Geophysical Fluid Dynamics Laboratory, NOAA, Princeton University; National Center for Atmospheric Research, Colorado; das Lawrence Livermore National Laboratory in Kalifornien; das UK Meteorological Office, Hamburg; das kanadische Klimazentrum und das CSIRO in Melbourne, Australien.

14 Siehe IPCC, Anm. 1.

15 Ibid.

16 Siehe IPCC, Anm. 1, Abschnitt 5.

17 Siehe IPCC, Anm. 1, Abschnitt 7.

18 S. H. Schneider, "The changing global climate", in: **Scientific American,** Bd. 261, Nr. 3, September 1989, S. 38–47.

19 Siehe IPCC, Anm. 1, Policymakers Summary, S. 16.

20 C. Lorius u. a., "Antarctic ice core: CO_2 and climate change over the last climatic cycle", in: **Eos,** Bd. 79, Nr. 26, Juni 1988, S. 681–684.

21 Siehe Gribbin, Imbrie u. a., Anm. 10.

22 Siehe Lorius u. a., Anm. 20.

23 Siehe Gribbin, Imbrie u. a., Anm. 10.

24 F. I. Woodward, **Climate and Plant Distribution,** Cambridge University Press 1987.

25 H. und E. Stommel, "The year without a summer", in: **Scientific American,** Juni 1979.

26 Siehe IPCC, Anm. 1, Policymakers' Summary, S. 10.

27 Siehe Abschnitt 1.5.7 über die Meereszirkulation.

28 Siehe IPCC, Anm. 1, Policymakers' Summary.

29 Siehe Schneider, Anm. 18.

30 Siehe **Biota and Palaeotemperatures,** eine Zusammenstellung von Abhandlungen im: **Journal of the Geological Society of London,** Bd. 146, 1989, S. 145–186.

31 J. Hansen, Aussage vor dem amerikanischen Kongreß, 1988.

32 Siehe beispielsweise die Leserbriefe in: **Science,** 4. August 1989, S. 451–452.

33 R. A. Houghton, G. M. Woodwell, "Global climate change", in: **Scientific American,** April 1989, S. 36–44.

34 C. Clover, "Thin ice alert by polar scientists", in: **Daily Telegraph,** 1. September 1989; siehe auch: A. Coghlan, "American Navy witholds 'greenhouse' data", in: **New Scientist,** 9. September 1989, S. 46.

35 R. Highfield, "Global warming melts polar ice at British Antarctic Base", in: **Daily Telegraph,** 27. September 1989.

36 Siehe IPCC, Anm. 1, Policymakers Summary, S. 22.

37 W. S. Broecker, "Unpleasant surprises in the greenhouse?", in: **Nature,** Bd. 328, Juli 1987, S. 123–126.

38 Siehe IPCC, Anm. 1, Abschnitt 1.

39 Beachten Sie jedoch die Vorbehalte in der Arbeit von Tans, Takahashi u. a.; siehe den Abschnitt über Kohlendioxid-Düngung weiter unten.

40 R. A. Berner, A. C. Lasaga, "Modelling the geochemical carbon cycle", in: **Scientific American,** März 1989, S. 54–61.

41 IPCC, Anm. 1, setzt in Anlehnung an R. P. Detwiler, C. A. S. Hall, "Tropical forests and the global carbon cycle", in: **Science,** Bd. 239, 1988, S. 43–47, die Bandbreite für infolge Abholzens freigesetzten Kohlenstoff auf 0,6 bis 2,5 Gigatonnen Kohlenstoff an. Siehe auch F. Pearce "Felled trees deal double blow to global warming", in: **New Scientist,** 16. September 1989, S. 25. In diesem Artikel, der auf einem Interview beruht, behauptet Charles Keeling von der Scripps Institution of Oceanography, daß jährlich vier Gigatonnen Kohlenstoff und nicht zwei Gigatonnen, wie allgemein angenommen, auf Abholzen zurückzuführen sind.

42 Siehe Houghton, Woodwell, Anm. 33.

43 B. Bolin, "How much CO_2 will remain in the atmosphere? The carbon cycle and projections for the future", in: B. Bolin, B. R. Doos, J. Jager, R. A. Warrick (Hrsg.), **The Greenhouse Effect, Climate Change, and Ecosystems,** SCOPE Report Nr. 29, John Wiley, S. 93–155.

44 J. F. Bookout, "Two centuries of fossil fuel energy", in: **Episodes** (Journal of the International Union of Geological Sciences), Dezember 1989, S. 257–262.

45 Siehe Schneider, Anm. 18.

46 World Resources Institute, **World Resources 1988–89,** Washington, DC.

47 Siehe Bookout, Anm. 44.

48 Z. Jiaheng, H. Gulian, "The development of energy and its influences on environment", paper submitted for the the 39th Pugwash Conference on Science and World Affairs, Cambridge, MA, 23.–28. Juli 1989.

49 Baron u. a., zitiert in Anm. 33.

50 V. Ramanathan, B. R. Barkstrom, E. F. Harrison, "Climate and the Earth's radiation budget", in: **Physics Today,** Mai 1990, S. 22–32.

51 Siehe IPCC, Anm. 1, Policymakers' Summary, S. 2.

52 Ibid., S. 10.

53 Ibid., S. 19.

54 A. Raval, V. Ramanathan, "Observational determination of the greenhouse effect", in: **Nature,** Bd. 342, 1989, S. 758–761.

55 Siehe IPCC, Anm. 1, Abschnitt 3.3.3, S. 9.

56 Die Troposphäre ist die »Wetterzone« der Atmosphäre – die unteren 10 bis 15 Kilometer.

57 R. D. Cess u. a., "Interpretation of cloud climate feedback as produced by 14 atmospheric general circulation models", in: **Science,** Bd. 245, 1989, S. 513–516.

58 Siehe Ramanathan u. a., Anm. 50.

59 Siehe IPCC, Anm. 1, Abschnitt 3.3.4.

60 W. J. Ingram zum UK Met. Office-Modell auf dem AAAS-Meeting in New Orleans, Februar 1990, J. F. B. Mitchell, C. A. Senior, W. J. Ingram, "CO_2 and climate: a missing feedback?", in: **Nature,** Bd. 341, 1989, S. 132–134.

61 Michael Schlesinger und Anthony del Genio, für das OSU/UI beziehungsweise das GISS-Modellierungs-Team, auf dem Symposion "Climate Change – models and policies", AAAS-Meeting in New Orleans, 19. Februar 1990.

62 S. Hameed, R. Cess, "Impact of a global warming on biospheric sources of methane and its climatic consequences", in: **Tellus,** Bd. 35B, 1983, S. 1–7.

63 Siehe Anm. 58 und D. A. Lashof, "The dynamic greenhouse: feedback processes that may influence future concentrations of atmospheric trace gases and climate change", in: **Climatic Change,** Bd. 14, 1989, S. 213–242.

64 Laut Paul Crutzen, "Global changes in atmospheric chemistry", der Ersten Vollversammlung der Academia Europeae vorgelegte Abhandlung (in Druck), beträgt die durchschnittliche Hydroxyl-Konzentration in der Troposphäre 3×10^{-14}. Siehe auch J. Lelieveld, P. Crutzen, "Influences of cloud photochemical processes on tropospheric ozone", in: **Nature,** Bd. 343, 1990, S. 227–233.

65 Siehe IPCC, Anm. 1, Abschnitt 2.2.3.

66 Siehe IPCC, Anm. 1, Abschnitt 2, und T. Wigley, "Possible climate change due to SO_2-derived cloud condensation nuclei", in: **Nature,** Bd. 339, 1989, S. 365–367.

67 Siehe IPCC, Anm. 1, Abschnitt 8.

68 T. Takahashi, "The carbon dioxide puzzle", in: **Oceanus,** Bd. 32, 1989, Nr. 2, S. 22–29.

69 Siehe IPCC, Anm. 1, Abschnitt 1.2.7.1.1.

70 Ibid., Abschnitt 1.

71 Ibid., Abschnitt 1.2.7.1.1.; siehe auch Lashof, Anm. 63.

72 Natural Environment Research Council, **Oceans and the global carbon cycle,** NERC, 1989.

73 Siehe Takahashi, Anm. 68.

74 Siehe IPCC, Anm. 1, Abschnitt 1.2.7.1.2.

75 Ibid. Beachten Sie, daß der Ozean – vertikal – im wesentlichen aus drei Schichten besteht. Die erste ist die dem Einfluß der Jahreszeiten unterliegende Durchmischungsschicht. Sie ist in den Tropen normalerweise weniger als hundert Meter tief; in den subpolaren Meeren kann sie Hunderte von Metern tief sein. Die Kaltwasserschicht ist die Tiefsee; sie macht 80 Prozent des Volumens der gesamten Weltmeere aus; durch kaltes Oberflächenwasser, das an den Polen absinkt, wird ihr Sauerstoff zugeführt. Zwischen beiden befindet sich die Warmwasserschicht oder das permanente Thermoklin, dem durch die jahreszeitliche Durchmischungsschicht Sauerstoff zugeführt wird (siehe IPCC, Anm. 1, Abschnitt 3.2.2).

76 B. H. Stauffer u. a., "Atmospheric CO_2 concentrations during the last glaciation", in: **Annals on Glaciology,** Bd. 5, 1984, S. 760–764, und W. S. Broecker, "Unpleasant surprises in the greenhouse?", in: **Nature,** Bd. 328, 1987, S. 123–126.

77 Siehe Broecker, Anm. 76, und IPCC, Anm. 74.

78 Siehe Takahashi, Anm. 68.

79 Siehe IPCC, Anm. 1, Abschnitt 1.2.7.1.3.

80 Ibid., Abschnitt 1.2.7.1.4.

81 B. R. Strain, J. D. Dure (Hrsg.), **Direct effect of increasing carbon dioxide on vegetation,** DOE-ER-0238, US Department of Energy, Washington, DC, 1985; und IPCC, Anm. 1, Abschnitt 1.2.7.2.1.

82 IPCC, ibid.

83 Siehe Bolin, Anm. 43.

84 Siehe IPCC, Anm. 1, Abschnitt 1.

85 Siehe Takahashi, Anm. 68, S. 29; P. P. Tans, I. Y. Fung, T. Takahashi, "Observational constraints on the global atmospheric CO_2 budget", in: **Science,** Bd. 247, 1990, S. 1431–1438.

86 Siehe Takahashi, Anm. 68.

87 Siehe IPCC, Anm. 1, Abschnitt 1.2.7.2.2.

88 Siehe zum Beispiel den Bericht einer kürzlichen Dahlem-Konferenz: J. Cherfas, "The fringe of the ocean – under siege from land", in: **Science,** Bd. 248, 1990, S. 163–165.

89 Siehe IPCC, Anm. 1, Abschnitt 1.2.7.2.2.

90 Ibid., Abschnitt 1.2.7.2.3.

91 Ibid., Abschnitt 1, Abb. 1 und Verweise in der Bildlegende.

92 G. Woodwell, "Global warming: and what can we do about it", in: **Amicus Journal,** Bd. 8, Herbst 1986, S. 8–12.

93 Siehe Lashof, Anm. 63.

94 Siehe IPCC, Anm. 1, Abschnitt 1.2.7.2.4.

95 Ibid., Abschnitt 1.2.7.2.5.

96 J. T. Overpeck, D. Rind, R. Goldberg, "Climate-induced changes in forest disturbance and vegetation", in: **Nature,** Bd. 343, 1990, S. 51–54.

97 Siehe Lashof, Anm. 63, S. 227.

98 R. Cess, "Biosphere-albedo feedback and climate modelling", in: **Journal of Atmospheric Science,** Bd. 35, 1978, S. 1765–1769.

99 Siehe IPCC, Anm. 1, Abschnitt 1.2.7.1.5.

100 UNEP, **Environmental effects of ozone depletion,** report of the Panel for Environmental Assessment, UNEP/OZL. Pro. Asmt. 1/Inf. 2, 1989.

101 Siehe IPCC, Anm. 1, Abschnitt 1.3.3.2.

102 Ibid., Tabelle 2.8.

103 Siehe Lashof, Anm. 63, S. 233–235.

104 Siehe IPCC, Anm. 1, Abschnitt 1.3.4.1.

105 Siehe Lashof, Anm. 63, S. 235.

106 Siehe IPCC, Anm. 1, Abschnitt 1.3.4.1.

107 Siehe Lashof, Anm. 63, S. 235.

108 Siehe IPCC, Anm. 1, Abschnitt 1.3.4.2.

109 Ibid.

110 Siehe Lashof, Anm. 63.

111 E. G. Nisbett, "Some northern sources of atmospheric methane: production, history, and future implications", in: **Canadian Journal of Earth Sciences,** Bd. 26, 1989, S. 1603–1611.

112 Siehe IPCC, Anm. 1, Abschnitt 1.3.4.2.

113 Siehe Nisbett, Anm. 111.

114 K. A. Kvenvolden, "Methane hydrates and global change", in: **Global Biogeochemical Cycles,** Bd. 2, September 1988, S. 221–229.

115 G. J. MacDonald, "Role of methane clathrates in past and future climates", paper presented at the Second North American Conference on "Preparing for Climate Change: A Cooperative Approach", sponsored by the Climate Institute, Washington, DC, 6.–8. Dezember 1988.

116 Siehe Berner und Lasaga, Anm. 40.

117 Siehe Kvenvolden, Anm. 114, S. 224.

118 Siehe MacDonald, Anm. 115.

119 Siehe Nisbett, Anm. 111.

120 Ibid., S. 1603 und 1608.

121 Beachten Sie auch, daß oft beträchtliche Mengen Methan als freies Gas unter den durchlässigen Hydratschichten in vielen dem Festland vorgelagerten Bereichen eingeschlossen sind (siehe Kvenholden, Anm. 114; und MacDonald, Anm. 115 und dort angeführte Literatur). Würde eine Konvektion von Flüssigkeiten eine beträchtliche Ansammlung von Hydrat-plus-freies-Gas freisetzen, dann käme es zu massiven Emissionen. Diese würden in Küstennähe Gaswolken erzeugen.

122 J. W. Clarke, P. St. Armand, M. Matson, "Possible causes of plumes from Bennett Island, Soviet Far Arctic", in: **American Association of Petroleum Geologists Bulletin,** Bd. 70, 1986, S. 574.

123 Siehe Nisbett, Anm. 111, S. 1608.

124 Siehe IPCC, Anm. 1, Policymakers' Summary, S. 8.

125 D. A. Lashof, D. A. Tirpak (Hrsg.), "Policy Responses for Stabilizing Global Climate", draft report to Congress, US Environmental Protection Agency, Office of Policy, Planning and Evaluation, Washington, DC, 1989.

Kapitel 2: Wissenschaftliche Klimamodelle – ein Beitrag zur Diskussion über globale Erwärmung Stephen H. Schneider

Die in diesem Artikel geäußerten Erkenntnisse, Ansichten, Schlußfolgerungen und Empfehlungen stammen vom Autor und spiegeln nicht unbedingt die Ansichten des National Center for Atmospheric Research oder die von dessen wichtigstem Förderer, der National Science Foundation, wider.

1 Intergovernmental Panel on Climate Change (IPCC), **Scientific Assessment of Climate Change,** 2. Entwurf, World Meteorological Organization, Genf 1990.

2 S. H. Schneider, "Climate Modelling", in: **Scientific American,** Bd. 256, Nr. 5, 1987, S. 72–80.

3 M. O. Andreae, D. S. Schimel (Hrsg.), **Dahlem Workshop on Exchange of Trace Gases between Terrestrial Ecosystems and the Atmosphere,** John Wiley & Sons, New York, 1989.

4 A. Raval, V. Ramanathan, "Observational Determination of the Greenhouse Effect", in: **Nature,** Bd. 342, 1989, S. 758.

5 L. O. Mearns, S. H. Schneider, S. L. Thompson, L. R. McDaniel, "Analysis of climate variability in general circulation models: Comparison with observations and changes in variability in 2xCO_2 experiments", in:

Journal of Geophysical Research (in Druck); D. Rind, R. Goldberg, R. Ruedy, "Change in Climate Variability in the 21st Century", in: **Climatic Change,** Bd. 14, 1989, S. 5–37.

6 K. C. Land, S. H. Schneider, "Forecasting in the Social and Natural Sciences: An Overview and Analysis of Isomorphisms", in: **Climatic Change,** Bd. 11, 1987, S. 7–31.

7 J. E. Kutzbach, P. J. Guetter, "The Influence of Changing Orbital Parameters and Surface Boundary Conditions on Climate Simulations for the Past 18 000 Years", in: **Journal of Atmospheric Sciences,** Bd. 43, 1986, S. 1726–1759.

8 COHMAP Members (P. M. Anderson u. a.), "Climatic Changes of the Last 18 000 Years: Observations and Model Simulations", in: **Science,** Bd. 241, 1988, S. 1043–1052.

9 R. E. Dickinson, R. J. Cicerone, "Future global warming from atmospheric trace gases", in: **Nature,** Bd. 319, 1986, S. 109–115.

10 W. M. Washington, G. A. Meehl, "Climate Sensitivity Due to Increased CO_2: Experiments With a Coupled Atmosphere and Ocean General Circulation Model", in: **Climate Dynamics,** Bd. 4, 1989, S. 1–38; R. J. Stouffer u. a., "Interhemispheric asymmetry in Climate Response to a Gradual Increase of Atmospheric CO_2", in: **Nature,** Bd. 342, 1989, S. 660–662.

11 S. H. Schneider, S. L. Thompson, "Atmospheric CO_2 and Climate: Importance of the Transient Response", in: **Journal of Atmospheric Science,** Bd. 37, 1981, S. 895–900.

12 George C. Marshall Institute, **Scientific Perspectives on the Greenhouse Problem,** Washington, DC, 1989.

13 W. T. Brookes, "The Global Warming Panic", in: **Forbes,** 25. Dezember 1989, S. 96–102.

14 R. Peters (Hrsg.), **Proceedings of the Conference on the Consequences of the Greenhouse Effect for Biological Diversity,** Yale University Press, New Haven, in Druck.

15 "Loads of Media Coverage", Leitartikel in: **Detroit News,** 22. November 1989; S. H. Schneider, "News Plays Fast and Loose With the Facts", **Detroit News,** 5. Dezember 1989.

16 Siehe George C. Marshall Inst., Anm. 12.

17 H. W. Ellsaesser, "The Climatic Effect of CO_2: A Different View", in: **Atmospheric Environment,** Bd. 18, 1984, S. 431–434; R. Lindzen, "Some Coolness concerning global warming", in: **Bulletin of the American Meteorological Society,** Bd. 77, 1990, S. 288–299.

18 Siehe Raval, Ramanathan, Anm. 4.

19 J. F. B. Mitchell, W. J. Ingram, C. A. Senior, "CO_2 and Climate: A Missing Feedback?", in: **Nature,** Bd. 341, 1989, S. 132–134.

20 Siehe IPCC, Anm. 1.

21 National Academy of Sciences, **Current Issues in Atmospheric Change,** National Academy Press, Washington, DC, 1987.

22 Siehe George C. Marshall Institute, Anm. 12.

23 J. Hansen, D. Johnson, A. Lacis, S. Lebedeff, P. Lee, D. Rind, G. Russell, "Climate Impact of Increasing Atmospheric Carbon Dioxide", in: **Science,** Bd. 213, 1981, S. 957–966; R. L. Gilliland, S. H. Schneider, "Volcanic CO_2 and Solar Forcing of Northern and Southern Hemisphere Surface Air Temperatures", in: **Nature,** Bd. 310, 1984, S. 38–41; T. M. L. Wigley, S. C. B. Raper, "Natural Variability of the Climate System and Detection of the Greenhouse Effect", in: **Nature,** Bd. 344, 1990, S. 324–327.

24 Siehe Kap. 8, Anm. 1.

25 R. W. Spencer, J. R. Christy, "Precise Monitoring of Global Temperature Trends from Satellites", in: **Science,** Bd. 247, 1990, S. 1558–1562.

26 J. Hansen, S. Lebedeff, "Global surface air temperatures: Update through 1987", in: **Geophysical Research Letter,** Bd. 15, 1988, S. 323–326.

Kapitel 3: Biogeochemische Rückkopplungen im System Erde
David Schimel

1 S. H. Schneider, " Global Climate and trace gas composition: From atmospheric history to the next century", in: M. O. Andreae, D. S. Schimel (Hrsg.), **Exchange of Trace Gases between Terrestrial Ecosystems and the Atmosphere,** John Wiley & Sons, New York 1989, S. 281–290.

2 V. Ramanathan, "The radiative and climatic consequences of the changing atmospheric composition of trace gases", in: F. S. Rowland, I. S. A. Isaksen (Hrsg.), **The Changing Atmosphere,** John Wiley & Sons, New York 1988, S. 159–186.

3 W. S. Broecker, "Glacial to interglacial changes in ocean and atmospheric chemistry", in: A. Berger (Hrsg.), **Climate variations and variability: facts and theories,** D. Reidel, Dordrecht 1981, S. 109–120; J. M. Barnola, D. Raynaud, Y. Korotkevich, C. Lorius, "Vostok ice core provides 160000-year record of atmospheric CO_2", in: **Nature,** Bd. 331, 1987, S. 675–679.

4 T. E. Graedel, P. J. Crutzen, "The Changing Atmosphere", in: **Managing Planet Earth,** Scientific American special publication, W. H. Freeman and Co., New York 1990, S. 13–23.

5 W. C. Oechel, B. R. Strain, "Native species responses to increased atmospheric carbon dioxide concentration", in: B. R. Strain, J. D. Cure (Hrsg.), **Direct effects of increasing carbon dioxide on vegetation,** DOE-ER-0238, US Department of Energy, Washington, DC, 1985.

6 W. J. Parton, D. S. Schimel, C. V. Cole, D. S. Ojima, "Analysis of factors controlling soil organic matter levels in Great Plains grasslands", in: **Soil**

Science Society of America Journal, Bd. 51, 1987, S. 1173–1179; J. M. Melillo, R. J. Naiman, J. D. Aber, A. E. Linkins, "Factors controlling mass loss and nitrogen dynamics of plant litter decaying in northern streams", in: **Bulletin of Marine Science,** Bd. 35, 1984, S. 341–356.

7 Siehe Parton u. a., Anm. 6.

8 D. S. Schimel, W. J. Parton, T. G. F. Kittel, D. S. Ojima, C. V. Cole, "Grassland biochemistry: links to atmospheric processes", in: **Climatic Change,** 1990, in Druck.

9 Siehe Anm. 8.

10 Siehe Parton u. a., Anm. 6.

11 A. F. Bouwman, "Background", in: A. F. Bouwman (Hrsg.), **Soils and the Greenhouse Effect,** John Wiley & Sons, New York 1990.

12 Siehe Parton u. a., Anm. 6; S. E. Trumbore, G. Bonani, W. Wolfi, "The rates of carbon cycling in several soils from AMS 14C measurements of fractionated organic matter", siehe A. F. Bouwman (Hrsg.), Anm. 11, S. 407–414.

13 Siehe Anm. 8.

14 Siehe Parton u. a., Anm. 6.

15 J. Pastor, W. M. Post, "Influence of climate, soil moisture and succession on forest carbon and nitrogen cycles", in: **Biogeochemistry,** Bd. 2, 1986, S. 3–27.

16 D. H. Ehhalt, "How has the atmospheric concentration of CH_4 changed?", in: F. S. Rowland, I. S. A. Isaksen (Hrsg.), Anm. 2, S. 25–32.

17 Siehe Anm. 16 und 4.

18 Siehe Anm. 11; H. U. Neue, P. Becker-Heidemann, H. W. Scharpenseel, "Organic matter dynamics, soil properties and cultural practices in rice lands and their relationship to methane production", in: A. F. Bouwman (Hrsg.), Anm. 11, S. 457–466.

19 H. U. Neue, persönliche Mitteilung.

20 H. Schutz, W. Seiler, R. Conrad, "Processes involved in formation and emission of methane in rice paddies", in: **Biogeochemistry,** Bd. 7, S. 33–54.

21 Siehe Neue u. a., Anm. 18.

22 E. G. Nisbett, "Some northern sources of atmospheric methane: production, history, and future implications", in: **Canadian Journal of Earth Sciences,** Bd. 26, S. 1603–1611; siehe Anm. 1.

23 Siehe Parton u. a., Anm. 6.

24 Siehe Anm. 8.

25 J. O. Wilson, P. M. Crill, K. B. Bartlett, D. I. Sebacher, R. C. Harriss, R. L. Sass, "Seasonal variation of methane emissions from a temperate swamp", in: **Biogeochemistry,** Bd. 8, S. 55–72.

26 J. M. Melillo, P. A. Steudler, J. D. Aber, R. D. Bowden, "Atmospheric deposition and nutrient cycling", in: M. O. Andreae, D. S. Schimel (Hrsg.), **Exchange of trace gases between terrestrial ecosystems and the atmosphere,** John Wiley & Sons, New York 1989, S. 263–280; J. M. Melillo, P. A. Steudler, "The effect of nitrogen fertilization on the CO_2 and CS_2 emission from temperate forest soils", in: **Journal of Atmospheric Chemistry,** in Druck.

27 Siehe Anm. 11.

28 Anonymus, "Conclusions and recommendations of the conference working groups", siehe A. F. Bouwman (Hrsg.), Anm. 11, S. 1–24.

29 A. R. Mosier, W. J. Parton, D. S. Schimel, "Rates and pathways of nitrous oxide production in a shortgrass steppe", in: **Biogeochemistry,** Bd. 6, 1988, S. 45–58; P. A. Matson, P. M. Vitousek, D. S. Schimel, "Regional extrapolation of trace gas flux based on soils and ecosystems", in: M. O. Andreae, D. S. Schimel (Hrsg.), **Exchange of trace gases between terrestrial ecosystems and the atmosphere,** John Wiley & Sons, New York 1989, S. 97–108.

30 R. J. Charlson, J. E. Lovelock, M. O. Andreae, S. G. Warren, "Oceanic phytoplankton, atmospheric sulphur, cloud albedo and climate", in: **Nature,** Bd. 326, 1987, S. 655–661.

31 M. O. Andreae, "The global biogeochemical sulfur cycle: a review", in: D. S. Schimel, B. Moore (Hrsg.), **Trace gases and the biosphere: Proceedings of the 1988 Global Change Institute,** Office for Interdisciplinary Earth Studies, Boulder, Colorado, 1990, in Druck.

32 M. O. Andreae, H. Raedmonck, "Dimethylsulfide in the surface ocean and the marine atmosphere: a global view", in: **Science,** Bd. 221, 1983, S. 744–747.

33 Siehe Anm. 31.

34 Siehe Anm. 30 und 31.

35 Intergovernmental Panel on Climate Change, **Scientific Assessment of Climate Change,** IPCC Working Group I Report, Juni 1990, in Druck.

36 R. E. Dickinson, "Uncertainties of estimates of climatic change: A review", in: **Climatic Change,** Bd. 15, 1989, S. 5–13.

37 S. H. Schneider, "The Changing Climate", in: **Managing Planet Earth,** siehe Anm. 4, S. 23–26.

38 Siehe Melillo u. a., Anm. 26.

39 J. Roughgarden, S. Gaines, H. Possingham, "Recruitment dynamics in complex life cycles", in: **Science,** Bd. 241, 1988, S. 1460–1466.

40 Siehe Anm. 28.

41 H. Rodhe, "A comparison of the contribution of various gases to the greenhouse effect", in: **Science,** Bd. 248, 1990, S. 1217–1219.

Kapitel 4: Was tun gegen die globale Erwärmung? Mick Kelly

Dieses Kapitel geht auf ein von Greenpeace International finanziertes Forschungsprojekt zurück. Der Autor möchte Tom Wigley vom Climatic Research Unit und all jenen, die sich an der genauen Überprüfung dieser Untersuchung beteiligt haben, für ihre unschätzbare Mithilfe bedanken. Dafür, daß ich mich der am Climatic Research Unit von Sarah Raper, Dick Warrick, Tom Wigley und Angela Wilkinson entwickelten Methodologien und Modelle bedienen konnte, möchte ich ebenfalls meinen Dank zum Ausdruck bringen.

1 Department of Energy, Washington, DC, **State of the Art Report on the Carbon Dioxide Research Programme,** mehrere Bde., 1985; B. Bolin, B. R. D. Döös, J. Jäger, R. A. Warwick (Hrsg.), **The Greenhouse Effect, Climatic Change and Ecosystems,** SCOPE 29, Wiley, Chichester 1986.

2 D. A. Lashof, D. A. Tirpak (Hrsg.), **Policy Options for Stabilizing Global Climate,** Environmental Protection Agency, Washington, DC, 1989.

3 World Meteorological Organization/United Nations Environment Programme, **Intergovernmental Panel on Climate Change,** 3 Bde., Genf 1990.

4 P. M. Kelly, "Halting Global Warming", in: **Climate in Crisis,** Nr. 1, Greenpeace International, Amsterdam 1990.

5 J. R. Trabalka (Hrsg.), **Atmospheric Carbon Dioxide and the Global Carbon Cycle,** Department of Energy, Washington, DC, 1985; B. Bolin, "How much CO_2 will remain in the atmosphere?", in: Bolin u. a., **The Greenhouse Effect,** S. 93–155; H.-J. Bolle, W. Seiler, B. Bolin, "Other greenhouse gases and aerosols", ibid., S. 157–203.

6 Siehe Bolin, Anm. 5.

7 T. M. L. Wigley, "Future CFC concentrations under the Montreal Protocol and their greenhouse-effect implications", in: **Nature,** Bd. 335, 1988, S. 333–335.

8 Siehe Bolle u. a., Anm. 5.

9 A. Wilkinson, R. A. Warwick, "Greenhouse-Gas Policy Model. User's Guide", Report to the Central Electricity Generating Board, Climate Research Unit, Norwich 1989.

10 T. M. L. Wigley, S. C. B. Raper, "Thermal expansion of sea water associated with global warming", in: **Nature,** Bd. 330, 1987, S. 127–131.

11 R. E. Dickinson, "How will climate change?", in: Bolin u. a., Anm. 5, S. 206–270.

12 Ibid.

13 T. M. L. Wigley, "Relative contribution of different trace gases to the greenhouse effect", in: **Climate Monitor,** Bd. 16, Nr. 1, 1987, S. 14–28.

14 V. Ramanathan, R. J. Cicerone, H. B. Singh, J. T. Kiehl, „Trace gas trends and their potential role in climate change", in: **Journal of Geo-**

physical Research, Bd. 90, D3, 1985, S. 5547–5566; siehe auch Wigley, Anm. 13.

15 Siehe Kelly, Anm. 4.

16 J. A. Edmonds, J. M. Reilly, R. H. Gardner, A. Brenkert, **Uncertainty in Future Global Energy Use and Fossil Fuel CO_2 Emissions 1975 to 2075,** TRO36, Department of Energy, Washington, DC, 1986.

17 Siehe Lashof, Tirpak, Anm. 2. Beachten Sie, daß 1 Petagramm einer Gigatonne (Gt) entspricht; diese Maßeinheit wird in anderen Kapiteln des vorliegenden Buches verwendet.

18 Die Prognose basiert auf Szenario (2) in: Wigley, Anm. 7.

19 Siehe Edmonds u. a., Anm. 16.

20 Siehe Bolin, Anm. 5.

21 R. A. Houghton, W. H. Schlesinger, S. Brown, J. F. Richards, "Carbon dioxide exchange between the atmosphere and terrestrial ecosystems", in: Trabalka (Hrsg.), Anm. 5, S. 113–140.

22 Siehe Wigley, Anm. 7.

23 Siehe Lashof, Tirpak, Anm. 2.

24 Da sich unmöglich bestimmen läßt, welcher Anteil der beobachteten Erwärmung, zu der es seit dem späten 19. Jahrhundert gekommen ist, auf eine Verstärkung des Treibhauseffekts zurückzuführen ist, kann der derzeitige Wert der globalen Temperatur nicht als Ausgangswert angesetzt werden. Siehe T. M. L. Wigley, P. D. Jones, P. M. Kelly, "Empirical climate studies", in: Bolin u. a., Anm. 5, S. 271–322.

25 Intergovernmental Panel on Climate Change, **Scientific Assessment of Climate Change,** Report of IPCC Working Group 1, United Nations, Juni 1990.

26 F. Krause, W. Bach, J. Koomey, **Energy Policy in the Greenhouse,** Bd. 1, **From Warming Fate to Warming Limit: Benchmarks for a Global Climate Convention,** European Environmental Bureau, Brüssel/International Project for Sustainable Energy Paths, El Cerrito, Kalifornien, 1989.

27 World Commission on Environment and Development, **Our Common Future,** Oxford University Press 1987.

28 Conference Statement, **The Changing Atmosphere: Implications for Global Security,** Toronto, 27.–30. Juni 1988, Environment Canada, 1988.

29 Siehe Kelly, Anm. 4.

30 J. Jäger u. a., **Developing Policies for Responding to Climatic Change,** WMO Report TD-Nr. 225, World Meteorological Organization, Genf 1988.

31 G. Marland, **The Prospect of Solving the CO_2 Problem through Global Reforestation,** TRO39, Department of Energy, Washington, DC, 1988.

32 Ibid.; K. F. Wiersum, P. Ketner, "Reforestation, a Feasible Contribution to Reducing the Atmospheric Carbon Dioxide Content", von der niederländischen Delegation dem DAC-Meeting der Working Party on Development Assistance and Environment, Paris 15. bis 16. November 1989, vorgelegter Beitrag.

33 Siehe Lashof, Tirpak, Anm. 2.

34 Siehe Krause u. a., Anm. 26.

35 Ibid.

36 Siehe Kelly, Anm. 4.

37 L. D. D. Harvey, "Managing atmospheric CO_2", in: **Climate Change,** Bd. 15, Nr. 3, 1989, S. 343–381.

38 J. H. W. Karas, P. M. Kelly, **The Heat Trap,** Friends of the Earth, London 1988.

Kapitel 5: Folgen der globalen Erwärmung George M. Woodwell

1 Die beteiligten Gase sind Kohlendioxid (CO_2), Methan (CH_4), Distickstoffoxid (N_2O), die Fluorchlorkohlenwasserstoffe (FCKWs), Ozon (O_3) und Wasser (H_2O). Ihr Einfluß ist im IPCC-Bericht und in zahlreichen anderen Untersuchungen geprüft worden, so in: **Changing Climate, Report of the Carbon Dioxid Assessment Committee, NAS-NRC,** National Academy Press, Washington, DC, 1983; **Conference Statement. International Assessment of the Role of Carbon Dioxide and of Other Greenhouse Gases in Climate Variations and Associated Impacts.** UNEP/WMO/ICSU Villach, 1985).

2 Die Größenordnung der Erwärmung wird meist angegeben als die Menge, die man vom Äquivalent einer Kohlendioxidverdopplung in der Atmosphäre erwartet – und zwar gemessen an dem Kohlendioxidgehalt, der Mitte des vorigen Jahrhunderts vorlag, etwa 270 ppm. Wenn immer wieder von einer Verdopplung die Rede ist, entsteht der Eindruck, daß die Klimaverhältnisse unter wärmeren Umständen eine neue Stabilität erreichen werden. Der Eindruck ist falsch. Die Erde wird sich weiterhin erwärmen, bis entschiedene Maßnahmen ergriffen werden, um eine weitere Konzentration wärmespeichernder Gase zu vermeiden.

3 Das Thema wird eingehend behandelt in: **Developing Policies for Responding to Climatic Change: a summary of discussions and recommendations of workshops held in Villach and Bellagio, 1987,** WMO/UNEP, 1988; Beweise für Niederschlagsveränderungen findet der Leser in: R. S. Bradley, H. F. Diaz, J. K. Eischeid, P. D. Jones, P. M. Kelly, C. M. Goodess, "Precipitation fluctuations over Northern Hemisphere land areas since the mid-19th century", **Science** Bd. 237, 1987, S. 171–175.

4 Die Frage, ob es Grenzen der Erwärmung gibt, die sich zeigen, wenn sich das Kohlendioxid in der Atmosphäre ansammelt und sich die Auswirkungen der Erwärmung weltweit ausbreiten, ist eindeutig mit nein beantwortet. Siehe Anm. 2 und 3.

5 Siehe Anm. 3.

6 Intergovernmental Panel on Climate Change, Working Group 3 Report, Response Strategies Working Group, Juni 1990.

7 Abholzung war die Hauptursache für die Akkumulation des Kohlendioxids bis zur Mitte unseres Jahrhunderts. Danach brachte ein plötzlicher Anstieg in der Verwendung fossiler Brennstoffe diese Quelle in der Rangfolge noch vor die weiter anwachsenden Emissionen durch die Abholzung. Zur Bedeutung der Abforstung siehe R. P. Detwiler, C. A. S. Hall, "Tropical forest and the global carbon cycle", **Science,** Bd. 239, 1987, S. 42–50; R. A. Houghton, J. E. Hobbie, J. M. Melillo, B. Moore, B. J. Peterson, G. R. Shaver, G. M. Woodwell, "Changes in the carbon content of terrestrial biota and soils between 1860 and 1980: a net release of CO_2 to the atmosphere", **Ecological Monographs,** Bd. 53, 1982, S. 235–262; R. A. Houghton, "Emissions of Greenhouse Gases", in: N. Myers (Hrsg.), **Deforestation Rates in Tropical Forests and Their Climatic Implications,** Friends of the Earth, London 1989; G. M. Woodwell, R. A. Houghton, "Biotic influences on the world carbon budget", in: W. Stumm (Hrsg.), **Global Chemical Cycles and Their Alterations by Man,** Dahlem Konferenzen, Berlin, 1977; G. M. Woodwell, R. H. Whittaker, W. A. Reiners, G. E. Likens, C. C. Delwiche, D. B. Botkin, "The biota and the world carbon budget", in: **Science,** Bd. 199, 1978, S. 141–146; G. M. Woodwell, J. E. Hobbie, R. A. Houghton, J. M. Melillo, B. Moore, B. J. Peterson, G. R. Shaver, "Global Deforestation: Contribution to Atmospheric Carbon Dioxid", in: **Science,** Bd. 222, 1983, S. 1081–1086; G. M. Woodwell, "Biotic effects on the concentration of atmospheric carbon dioxide: A review and projection", in: **Changing Climate,** Anm. 1.

8 Die Kohlenstoffmenge, die weltweit in Wäldern und ihren Böden enthalten ist, ist annähernd dreimal so groß wie gegenwärtig die Kohlenstoffmenge in der Atmosphäre. Die Menge in Pflanzen wird allgemein auf 500 bis 600 Milliarden Tonnen geschätzt, die Menge in den Böden auf ungefähr 1500 Milliarden Tonnen. Die Atmosphäre enthält gegenwärtig ungefähr 750 Milliarden Tonnen.

9 Diese Möglichkeit ist verschiedentlich diskutiert worden. Siehe insbesondere Woodwell, Anm. 7.

10 Siehe Anm. 8.

11 IPCC Working Group 1 Report, **Scientific Assessment of Climate Change,** Juni 1990.

12 Siehe Houghton, Anm. 7.

13 S. Broecker, "Unpleasant surprises in the greenhouse?", in: **Nature,** Bd. 328, 1987, S. 123–126.

14 Der jährliche Gesamtfluß zwischen Atmosphäre und Ozeanen umfaßt die Diffusion von ungefähr 100 Milliarden Tonnen Kohlenstoff in Form von CO_2 in beide Richtungen. Jede Veränderung dieses Flusses kann die Zusammensetzung der Atmosphäre in kurzer Zeit erheblich verändern. Ein ähnlicher Fluß existiert zwischen der Atmosphäre und den Landökosystemen. Siehe R. A. Houghton, G. M. Woodwell, Anm. 9 und G. M. Woodwell, "Biotic effects of climatic change: surprises in store" in: **Oceanus,** Bd. 29, 1986, S. 71–75.

15 B. R. Strain, J. D. Cure (Hrsg.), **Direct Effects of Increasing Carbon Dioxide on Vegetation,** US-Department of Energy, National Technical Information Service, Springfield, Virginia, 1985.

16 B. G. Drake, **Elevated atmospheric CO_2 concentration increases carbon sequestering in coastal wetlands,** Carbon Dioxide Information Analysis Center, Evironmental Sciences Division, ORNL, Oak Ridge, Tennessee, 1989.

17 W. C. Oechel, G. H. Reichers, "Impacts of increasing CO_2 on natural vegetation, particularly the tundra", in: **"Proceedings of the Climate-Vegetation Workshop,** NASA/GSFC, Greenbelt, Maryland, Januar 1986; B. G. Drake, R. J. Luxmoore, H. A. Mooney, W. C. Oechel und I. F. Pitelka, "How will terrestrial ecosystems interact with the changing CO_2 concentration of the atmosphere and anticipated climatic change?", unveröffentlichtes Manuskript, 1990.

18 Siehe Woodwell, 1988/89, Anm. 9.

19 D. A. Lashof, "The dynamic greenhouse: Feedback processes that may influence future concentrations of atmospheric tracegases and climatic change", in: **Climatic Change,** Bd. 14, 1989, S. 213–242.

20 W. R. Emanuel, H. H. Shugart, M. P. Stevenson, "Climatic change and the broad-scale distribution of terrestrial ecosystem complexes", in: **Climatic Change,** Bd. 7, 1985, S. 29–44.

21 A. Solomon, "Transient response of forests to CO_2-induced climate change: simulation modeling experiments in eastern North America" in: **Oecologia,** Bd. 68, 1986, S. 567–579.

22 G. M. Woodwell, R. H. Whittaker, "Primary production in terrestrial ecosystems", in: **American Zoologist,** Bd. 8, 1968, S. 19–30.

23 Siehe Woodwell, Anm. 7.

24 J. M. Barnola, D. Reynaud, Y. S. Korotkevich, C. Lorius, "Vostok ice core provides 160 000-year record of atmospheric CO_2", in: **Nature** Bd. 329, 1987, S. 408–418.

25 Bevor dieser Bohrkern zur Verfügung stand und bevor die Methoden entwickelt waren, um die Kohlendioxid- und Methan-Konzentrationen in der Luft nachzuweisen, die in dem Eis zur Zeit seiner Entstehung eingefangen wurde, gab es keine Möglichkeit, die Zusammensetzung der Atmosphäre in Hinblick auf die wärmespeichernden Gase in der Zeit vor 1958 zu bestimmen, dem Anfang der Aufzeichnungen auf dem Mauna Loa durch Keeling. Siehe R. Bacastow, C. D. Keeling, "Atmospheric carbon dioxide and radio carbon in the natural carbon cycle; changes from

A. D. 1700 to 2070 as deduced from a geochemical model", in: G. M. Woodwell and Pecan, **Carbon and the Biosphere,** USAEC Washington, DC, 1973.

26 J. Hansen, S. Lebedeff, "Global surface air temperatures: update through 1987", in: **Geophysical Research Letters,** Bd. 15, Nr. 4, 1986, S. 323–26; P. D. Jones, T. M. L. Wigley, P. B. Wright, "Global temperature variations between 1861 and 1984", in: **Nature,** Bd. 322, 1986, S. 430–434.

27 Die gesamte Kohlenstoff-Freisetzung durch alle menschlichen Aktivitäten ist nicht bekannt. Die Menge, die durch die Verwendung fossiler Brennstoffe jährlich ausgestoßen wird, beträgt ungefähr 5,6 Milliarden Tonnen Kohlenstoff in Form von Kohlendioxid, die Menge, die durch Abholzung frei wird, 1,5 bis 3,0 Milliarden Tonnen. Ein weiterer Ausstoß ist wahrscheinlich bedingt durch die Zersetzung der organischen Materie, die weltweit durch die bereits erfolgte Erwärmung angeregt wird. Dieser Zuwachs könnte sich ohne weiteres auf 1 bis 3 Milliarden Tonnen oder mehr belaufen.

28 C. D. Keeling, persönliche Mitteilung.

29 Eine detaillierte Analyse der Faktoren, die sich auf die Kohlendioxid-Konzentration in der Atmosphäre auswirken, haben Keeling und seine Mitarbeiter vorgelegt, "Aspects of Climate Variability in the Pacific and Western Americas", in: D. H. Peterson (Hrsg.), **Geophysical Monograph,** Bd. 55, 1983, S. 165–363, (American Geophysical Union).

30 U. Siegenthaler, "El Niño and atmospheric CO_2", in: **Nature,** Bd. 345, 1990, S. 295/96.

31 Das Thema ist auf unterschiedliche Weise und mit unterschiedlicher Gründlichkeit behandelt worden. Eine der sorgfältigsten Analysen ist: M. B. Davis, "Climatic change and survival of forest species", in: G. M. Woodwell (Hg.), **The Earth in Transition,** Cambridge University Press, New York 1990.

32 Ibid.

33 IPCC Working Group 2 Report, **Impacts,** Juni 1990; siehe auch P. Crossons Referat für die WMO/UNEP-Konferenz 1988, Anm. 3.

34 M. K. Burke, R. A. Houghton, G. M. Woodwell, "Progress toward predicting the potential for increased emissions of CH_4 from wetlands as a consequence of global warming", in: A. F. Bouwman (Hrsg.), **Soils and the Greenhouse Effect,** John Wiley & Sons, London, 1990, S. 451–455.

35 Ozeanographen und Klimatologen haben früher angenommen, daß die Zusammensetzung der Atmosphäre im wesentlichen durch die Wechselwirkungen zwischen der Atmosphäre und den Ozeanen bestimmt wird. Diese Annahme mag zwar für die langen Zeiträume von Jahrhunderten und Jahrtausenden zutreffen, doch sie gilt wahrscheinlich nicht für die kurzen Abschnitte von Jahren und Jahrzehnten. Der stärkste Anhaltspunkt für den Einfluß der Wälder ist ihre Fähigkeit, den Kohlendioxid-

Gehalt der Atmosphäre in wenigen Wochen durch den jährlichen Photosynthesezyklus um mehrere Prozent zu verändern. Andere Anhaltspunkte werden hier dargelegt. Die Diskussion ist in letzter Zeit durch den folgenden Artikel belebt worden, in dem die Auffassung vertreten wird, daß die Wälder der nördlichen Hemisphäre Kohlenstoff aus der Atmosphäre aufnehmen, obwohl es eindeutige Beweise gibt, daß die Größe und Dichte der Wälder über große Gebiete abnehmen: P. P. Tans, I. Y. Fung, T. Takahashi, "Observational constraints on the global atmospheric CO_2 budget", in: **Science,** Bd. 247, 1990, S. 1431–1438.

36 Kohlendioxid ist in Meerwasser leicht löslich und wird dort in die komplizierten Wechselwirkungen des Karbonat-Bikarbonat-Systems einbezogen. Methan dagegen ist in Wasser nicht gut löslich und wird in der Regel als Gas direkt in die Atmosphäre abgegeben.

Kapitel 6: Lehren aus Klimaverhältnissen der Vergangenheit
Brian Huntley

1 H. Oetschger, J. A. Eddy, **Global Changes of the Past,** IGBP Global Change Report, Nr. 6, 1989; B. Huntley, "Studying global change: the contribution of Quaternary palynology", in: **Paleography, Palaeoclimatology, Palaeoecology** (Global and Planetary Change Section): Bd. 82, 1990, ders. "Historical lessons for the future", in: I. F. Spellerberg, F. B. Goldsmith, M. G. Morris (Hrsg.), **Scientific Management of Temperate Communities for Conservation,** British Ecological Society Symposium, Nr. 31, Blackwell Scientific Publications, im Druck.

2 W. F. Ruddiman, M. E. Raymo, "Northern Hemisphere climate regimes during the past 3Ma: possible tectonic connections", in: **Philosophical Transactions of the Royal Society of London,** Ser. B. Bd. 318, 1988, S. 411–430; W. F. Ruddiman, J. E. Kutzbach, "Forcing of Late Cenozoic Northern Hemisphere Climate by Plateau Uplift in Southern Asia and the American West", in: **Journal of Geophysical Research,** Bd. 94, 1989, S. 18409–18427.

3 J. Imbrie, K. P. Imbrie, **Ice ages: solving the mystery,** Macmillan, London 1979; P. J. Bartlein, "Late-Tertiary and Quaternary paleoenvironments", in: B. Huntley, T. Webb III (Hrsg.), **Vegetation History,** Kluwer Academic Publishers, Dordrecht, 1988, S. 113–152; J. D. Hays, J. Imbrie, N. J. Shackelton, "Variations in the Earth's Orbit: Pacemaker of the Ice Ages", in: **Science,** Bd. 194, 1976, S. 1121–1132.

4 J. M. Barnola, D. Raynaud, Y. S. Korotkevich, C. Lorius, "Vostok ice core provides 160000-year record of atmospheric CO_2", in **Nature,** Bd. 329, 1987, S. 408–414; C. Lorius, N. I. Barkov, J. Jouzel, J. S. Korotkevich, W. M. Kotlyakov, D. Raynaud, "Antartic Ice Core: CO_2 und Climatic Change Over the Last Climatic Cycle", in: **Eos,** Bd. 69, 1988, S. 681, 683–684; D. Raynaud, J. Chapellaz, J. M. Barnola, J. S. Korotkevich, C. Lorius, "Climatic and CH_4 cycle implications of glacial-interglacial change in the Vostok ice core", in: **Nature,** Bd. 333, 1988, S. 655–657; dieselben, "Atmospheric CH_4 record over the last climatic cycle revealed by the Vostok ice core", in: **Nature,** in Vorbereitung.

5 J. M. Mitchell, "An overview of climatic variability and its causal mechanisms", in: **Quaternary Research** Bd. 6, 1976, S. 481–493; B. Huntley, T. Webb III, "Migration: species' response to climatic variations caused by changes in the earth's orbit", in: **Journal of Biogeography,** Bd. 16, 1989, S. 5–19.

6 Siehe Anm. 3.

7 Ibid. Siehe außerdem W. F. Ruddiman, M. Raymo, A. McIntyre, "Matuyama 41 000-year cycles: North Atlantic Ocean and northern hemisphere ice sheets", in: **Earth and Planetary Science Letters,** Bd. 80, 1986, S. 117–129: G. G. Start, W. I. Prell, "Evidence for two Pleistocene climatic modes: data from DSDP Site 502", in: A. L. Berger and C.Nicolis (Hrsg.), **New Perspectives in Climate Modelling,** Elsevier, Amsterdam 1984, S. 3–22.

8 I. I. Borzenkova und V. A. Zubakov, "The late-Atlantic climatic optimum of the Holocene as a model of global climate of the early 21st century", unveröffentliches Referat bei Joint US/USSR Meeting on Anthropogenic Climatic Change, 3. bis 9. Juli 1983; T. Webb III, T. M. L. Wigley, "What past climates tell about a warmer world", in: M. C. MacCracken und F. M. Luther (Hrsg.) **DOE State of the Art Report: Climatic effects of Increasing CO_2 Concentrations,** Department of Energy, Wahshington, DC, 1985, S. 239–257; T. Webb III, **A Global Paleoclimatic Data BAse for 6000 yr. B.P.,** Department of Energy, Washington, DC., 1985; V. A. Zubakov und I. I. Borzenkova, "Pliocene paleoclimates: Past climates as possible analogues of mid-twenty-first century climate", in: **Palaeogeography, Palaeoclimatology, Palaeoecology,** Bd. 65, 1988, S. 35–49; T. J. Crowley, "Are there any satisfactory geological analogs for a future greenhause warming?", in: M. E. Schlesinger (Hrsg.), **Greenhouse-gas-induced Climatic Change: A Critical Appraisal of Simulations and Observations,** Elsevier, Amsterdam, in Druck: M. I. Budyko, "Climatic Conditions of the Future", unveröffenltichtes Referat bei der Tagung der IPCC-Arbeitsgruppe I zum Thema "Paleo-analog Forecasting", Bath, 20. bis 21. November 1989.

9 P. J. Bartlein, T. Webb III, E. Fleri, "Holocene climatic change in the northern Midwest; pollen-derived estimates", in: **Quaternary Research,** Bd. 22, 1984, S. 361–374; P. J. Bartlein, T. Webb III, "Mean July temperature estimates for 6000 yr B.P. in eastern North America; regression equations for estimates from fossil pollen data", in: C. R. Harrington (Hrsg.), **Climate Change in Canada 5, Syllogeus,** Bd. 55, 1985, S. 301–342; B. Huntley, I. C. Prentice, "July temperatures in Europe from pollen data, 6000 years before present", in: **Science,** Bd. 241, 1988, S. 687–690.

10 Siehe Budyko, Anm. 8.

11 Siehe Zubakov, Borzenkova, Crowley, Anm. 8.

12 Siehe Ruddiman, Raymo, Anm. 2; N. J. Shackleton u. a., "Oxygen isotope calibration of the onset of ice-rafting and history of glaciation in the North Atlantic region", in: **Nature,** Bd. 307, 1984, S. 620–624.

13 Siehe Ruddiman, Kutzbach, Anm. 2: W. F. Ruddiman, W. L. Prell, M. E. Raymo, "Late Cenozoic Uplift in Southern Asia and the American West: Rationale for General Circulation Modeling Experiments", in: **Journal of Geophysical Research,** Bd. 94, 1989, S. 18379–18391; J. E. Kutzbach, P. J. Guetter, W. F. Ruddiman, W. L. Prell, "Sensivity of Climate to Late Cenozoic Uplift in Southern Asia and the American West: Numerical Experiments", in: **Journal of Geophysical Research,** Bd. 94, 1989, S. 18393–18407; W. F. Ruddiman, J. E. Kutzbach, "Late Cenozoic Plateau Uplift and Climate Change", unveröffentlichtes Manuskript.

14 N. J. Shackleton, unveröffentlichte Ergebnisse, referiert auf einer Tagung der IPCC-Arbeitsgruppe 1 zum Thema "Paleo-analog Forecasting", Bath, 20. bis 21. November 1989.

15 Siehe Bartlein, Anm. 3; W. A. Watts, "Late-Tertiary and Pleistocene vegetation history – Europe", in: B. Huntley und T. Webb III (Hrsg.), **Vegetation History,** Kluwer Academic Pubishers, Dordrecht 1988, S. 155–192.

16 Siehe Barnola u. a., Lorius u. a., Anm. 4.

17 Siehe Barnola u. a, Anm. 4; A. Neftel, E. Moor, H. Oeschger, B. Stauffer, "Evidence from polar ice cores for the increase in atmospheric CO_2 in the past two centuries", in: **Nature,** Bd. 315, 1985, S. 45–47; H. Oeschger, "The Ocean System – /Ocean/Climate and Ocean/CO_2 Interactions", in: T. Rosswall, R. G. Woodmansee, P. G. Risser (Hrsg.), **Scales and Global Change,** Wiley, New York 1988, S. 319–352.

18 C. J. Lorius, "Polar ice cores and climate", in: A. Berger u. a. (Hrsg.), **Climate and Geo-Sciences,** Kluwer Academic Publishers, Dordrecht 1989, S. 77–103.

19 Siehe Bartlein, Anm. 3: J. E. Kutzbach, P. J. Guetter, "The influence of changing orbital parameters and surface boundary conditions on climate simulations for the past 18000 years", in: **Journal of Atmospheric Science,** Bd. 43, 1986, S. 1726–1759; COHMAP members, "Climatic changes of the last 18000 years: Observations and model simulations", in: **Science,** Bd. 241, 1988, S. 1043–1052.

20 Siehe Anm. 9.

21 Siehe Webb, Wigley, Anm. 8.

22 Siehe Kutzbach, Guetter; COHMAP members, Anm. 19.

23 S. Manabe, R. J. Stouffer, "Sensitivity of a global climate model to an increase in the Co_2 concentration in the atmosphere", in: **Journal of Geophaysical Research,** Bd. 85, 1980, S. 5529–5554; C. A. Wilson, J. F. B. Mitchell, "A $2 \times CO_2$ climate sensivity experiment with a global climate model including a simple ocean, in: **Journal of Geophysical Research,** Bd. 92, 1987, S. 13315–13343.

24 T. Webb III, J. Kutzbach, F. A. Street-Perrott, "20000 Years of global climatic change: Paleoclimatic research plan", in: T. F. Malone, J. G. Roederer (Hrsg.), **Global Change,** Cambridge University Press, Cambridge 1985, S. 182–218; T. Webb III, F. A. Street-Perrott, J. E. Kutzbach, "Late-Quarternary paleoclimatic data and climate models", in: **Episodes,** Bd. 10, 1987, S. 4–6.

25 Siehe COHMAP members, Anm. 19.

26 Siehe Kutzbach, Guetter, Anm. 19.

27 Siehe COHMAP members, Anm. 19.

28 P. J. Bartlein, I. C. Prentice, T. Webb III, "Climatic response surfaces from pollen data for some eastern North American taxa", in: **Journal of Biogeography,** Bd. 13, 1986, S. 35–57.

29 Siehe COHMAP members., Anm. 19.

30 Siehe COHMAP members, Anm. 19; T. Webb III, P. J. Bartlein, J. E. Kutzbach, "Climatic change in eastern North America during the past 18000 years; comparisons of pollen data with model results", in: W. F. Ruddiman und H. E. Wright jr. (Hrsg.), **The Geology of North America, VolK-3, North America and Adjacent Oceans during the Last Deglaciation,** Geological Society of America, Boulder, Colorado, 1987, S. 447–462.

31 B. Huntley, "Pollen – climate response surfaces and the study of climate change",in: **Applied Quaternary Research,** Protokolle der Tagung der Quaternary Research Association vom Januar 1990, in Vorbereitung.

32 M. I. Budyko, A. B. Ronov, A. L. Yanshin, **History of the Earth's Atmosphere L.: Gidrometeoizdat,** 1985; engl. übers.: Springer Verlag, 1987.

33 J. Hansen, I. Fung, A. Lacis, S. Lebedeff, D. Rind, R. Ruedy, G. Russell, P. Stone, "Global climate changes as forecast by the Giss 3 D model", in: **Journal of Geophysical Research,** Bd. 93, 1988, S. 5385–5412.

34 Siehe Huntley, Prentice, Anm. 9.

35 S. P. Harrison, S. E. Metcalfe, "Variations in lake levels during the Holocene in North America: An indicator of changes in atmospheric circulation patterns", in: **Géographie physique et Quaternaire,** Bd. 39, 1985, S. 141–150.

36 B. Huntley, "Glacial and Holocene vegetation history – Europe", in: B. Huntley und T. Webb III (Hrsg.), **Vegetation History,** Kluwer Academic Publishers, Dordrecht 1988, S. 341–383.

37 T. Webb III, "Glacial and Holocene vegetation history – Eastern North America", ibid. 385–414.

38 Siehe Ruddiman, Raymo: Ruddiman, Kutzbach, Anm. 2; Ruddiman, Kutzbach, Anm. 13: W. F. Ruddiman u. a., "Late Miocene to Pleistocene evolution of climate in Africa and the low-latitude Atlantic: Overview of Leg108 results", in: **Proceedings of the Ocean Drilling Program, Scientific Results,** Bd. 108, Nr. 29, 1989, S. 463–484.

39 S. Schneider, "The changing global climate", in: **Scientific American,** Bd. 261, Nr. 3, 1989, S. 38–347.

40 Ibid.

41 C. D. Pigott, "Biological Flora of the British Isles, *Cirsium acaulon* (L.) Scop", in: **Journal of Ecology,** Bd. 56, S. 597–612; F. I. Woodward, C. D. Pigott, "The climatic control of the altitudinal distribution of *Sedum rosea* (L.)Scop and *S. telephium* (L.i.). Field Observations", in: **New Phytologist,** Bd. 74, 1975, S. 323–334; F. I. Woodward, "The climatic control of the altitudinal distribution of *Sedum rosea* (L.) Scop and *S. telephium* (L.ii.). The analysis of plant growth in controlled environments", ibid., S. 335–348; C. D. Pigott, J. P. Huntley, "Factors controlling the distribution of *Tilia cordata* at the northern limits of its geographical range. i. Distribution in north-west England", in: **New Phytologist,** Bd. 81, 1978, S. 429–441; dieselben, "Factors controlling the distribution of *Tilia cordata* at the northern limits of its geographical range. ii. History in north-west England", in: **New Phytologist,** Bd. 84, 1980, S. 145–164; dieselben, "Factors controlling the distribution of *Tilia cordata* at the northern limits of its geographical range. iii. Nature and cause of seed sterility", in: **New Phytologist,** Bd. 87, 1981, S. 817–839; C. D. Pigott, "Nature of seed sterility and natural regeneration of *Tilia cordata* near its northern limit in Finland", in: **Annales Botanici Fennici,** Bd. 18, 1981, S. 255–263; F. I. Woodward, **Climate and plant distribution,** Cambridge University Press, Cambridge 1987.

42 A. M. Salomon, "Transient response of forests to CO_2-induced climate change: simulation modeling experiments in eastern North America", in: **Oecologia,** Bd. 68, 1986, S. 567–579; J. T. Overpeck, P. J. Bartlein, "Assessing the response of vegetation to future climate change: Ecological response surfaces and paleoecological model validation", in: **The Potential Effects of Global Climate Change on the United States,** Appendix D: Forests, United States Environmental Protection Agency, 1989.

43 Siehe Huntley, Webb, Anm. 5.

44 Siehe Anm. 36; Anm. 37: M. B. Davis, "Pleistocene biogeography of temperate deciduous forests", in: **Geoscience and Man,** Bd. 13, 1976, S. 13–26; ders., "Holocene vegetational history of the eastern United States", in: H. E. Wrigth jr. (Hrsg.), **Late-Quaternary environments of the United States,** University of Minnesota Press, Minneapolis 1983, S. 166–181; B. Huntley, H. J. B. Birks, **An atlas of past and present pollen maps for Europe: 0–13 000 years ago,** Cambridge University Press, Cambridge 1983.

45 G. R. Coope, "Climatic fluctuation in northwest Europe since the last interglacial indicated by fossil assemblages of Coleoptera", in: **Geological Journal Spezial Issue,** Bd. 6, 1975, S. 153–168.

46 A. J. Stuart, **Pleistocene vertebrates in the British Isles,** Longman, London 1982.

47 Siehe Huntley, Birks, Anm. 44; J. Iversen, "The Late-glacial flora of

Denmark and its relation to climate and soil", in: **Danmarks geologische Undersögelse,** Ser. 2, Bd. 80, 1954, S. 87–119.

48 Siehe Huntley, Webb, Anm. 5; Anm. 36; Anm. 37; Davis 1976, 1983, Huntley, Birks, Anm. 44; B. Huntley, "European post-glacial vegetation history: a new perspective", in: **Proceedings of the XIX Intgernational Ornithological Congress,** Ottawa 1986, University of Ottawa Press, Ottawa 1989, S. 1060–1077.

49 R. W. Graham, E. C. Grimm, "The paleobiological perspective for the response of terrestrial biological systems to global warming", in **Trends in Ecology and Evolution,** Bd. 5, in Druck.

50 Siehe Huntley, Webb. Anm. 5; Anm. 36; Anm. 49; R. G. West, "Inter-relations of ecology and Quaternary palaeobotany", in: **Journal of Ecology,** Bd. 52 (Suppl.), 1964, S. 47–57; B. Huntley, "European vegetation history: palaeovegetation maps from pollen data – 13000 B.P. to present", in: **Journal of Quaternary Science,** Bd. 5, 1990; ders. "How plants respond to climate change: migration rates, individualism and the consequences for plant communities", in: **Annals of Botany** (Suppl. **Global Change and the Biosphere)** in Vorbereitung; ders., "European forests since the last glacial: compositional changes in response to climatic change", in: **Journal of Vegetation Science,** Bd. 1, in Druck.

51 Siehe Anm. 36; Huntley, Birks, Anm. 44; Huntley 1990, in Druck, Anm. 50.

52 Siehe Anm. 49.

53 G. L. Jacobsen, T. Webb III, E. C. Grimm, "Patterns and rates of vegetation change during the deglaciation of eastern North America", in: W. F. Ruddiman, H. E. Wright jr. (Hrsg.), **The Geology of Northern America, VolK-3, North America and Adjacent Oceans during the Last Deglaciation,** Geological Society of America, Boulder, Colorado, 1987, S. 277–288.

54 B. Huntley, "Dissimilarity mapping between fossil and contemporary pollen spectra in Europe for the past 13000 years", in: **Quaternary Research,** Bd. 33, 1990, S. 360–376.

55 M. G. Kelly, B. Huntley, "An 11000-year record of vegetation and environment from Lago di Martignano, Latium, Italy", in: **Journal of Quaternary Science,** in Druck.

56 Siehe Anm. 54.

57 Siehe Huntley, Birks, Anm. 44.

58 Siehe Anm. 36; Huntley, Birks, Anm. 44.

59 Siehe Davis 1976, Anm. 44.

60 Siehe Huntley, Anm. 48.

61 A. J. Gear, "Holocene vegetation history and the palaeoecology of *Pinus sylvestris* in northern Scotland", Dissertation, University of Durham, 1989.

62 A. J. Gear, B. Huntley, "Rapid Changes in the range limits of Scots Pine four thousand years ago" in: **Science,** in Vorbereitung.

63 Siehe Huntley, Webb. Anm. 5; Huntley, Anm. 48.

64 Siehe Huntley, Webb., Anm. 5.

65 Siehe Huntley, Birks, Anm. 44; H. J. B. Birks, "The use of pollen analysis in the reconstruction of past climates: a review", in: T. M. L. Wigley, M. J. Ingram, G. Farmer (Hrsg.), **Climate and History,** Cambridge University Press, Cambridge 1981, S. 111–118; I. C. Prentice, "Postglacial climatic change: vegetation dynamics and the pollen record", in: **Progress in Physical Geography,** Bd. 7, 1983, S. 273–286; M. B. Davis, "Climatic instability, time lags, and community disequilibrium", in: J. Diamond, T. J. Case (Hrsg.), **Community ecology,** Harper and Row, New York 1984, S. 269–284; K. D. Bennett, "The rate of spread and population increase of forest trees during the postglacial", in: **Philosophical Transactions of the Royal Society of London,** Ser. B., Bd. 314, 1986, S. 523–531; M. B. Davis, K. Woods, S. L. Webb, R.P. Futyama, "Dispersal versus climate: expansion of *Fagus* and *Tsuga* into the Upper Great Lakes region", in: **Vegetatio,** Bd. 67, 1986, S. 93–103; W. A. Pennington (Mrs. T. G. Tutin), "Lags in adjustment of vegetation to climate caused by the pace of soil development", ibid, S. 105–118; I. C. Prentice, "Vegetation response to past climatic variation", ibid, S. 131–141; T. Webb III, "Is vegetation in equilibrium with climate? How to interpret late-Quaternary pollen data", ibid. S. 75–91.

66 Siehe Huntley, Birks, Anm. 44.

67 Siehe Huntley, in Vorbereitung, Anm. 50.

68 Siehe Woodward 1987, Anm. 41.

69 Siehe Huntley, Birks, Anm. 44.

70 Siehe Huntley, Prentice, Anm. 9.

71 Siehe Huntley, in Druck, Anm. 1; Huntley, in Vorbereitung, Anm. 50; M. L. Hunter, G. L. Jacobson, T. Webb III, "Paleoecology and the coarse-filter approach to maintaining biological diversity", in: **Conservation Biology,** Bd. 2, 1988, S. 375–385; B. Huntley, T. Webb III, die Erörterung in: B. Huntley, T. Webb III (Hrsg.), **Vegetation History,** Kluwer Academic Publishers, Dordrecht 1988, S. 779–785.

72 J. P. Grime, **Plant Strategies and Vegetation Processes,** Wiley, Chichester 1979.

73 Siehe Anm. 72.

74 Siehe Anm. 49; Huntley, in Vorbereitung, Anm. 50.

75 D. Rind, "Climate variability and climate change", unveröffentlichtes Manuskript und unveröffentlichte Zahlen, die 1989 im Global Change Institute vorgetragen wurden: **Explaining records of past global changes,** Snowmass, Colorado: Department of the Environment, **Global Climate Change,** Central Office of Information, HMSO, London 1989.

76 M. L. Parry, T. R. Carter, N. T. Konijn, "Climate impact analysis in cold regions", in **Nordia,** Bd. 18, 1984, S. 67–79.

77 Siehe Huntley, in Vorbereitung, Anm. 50.

78 Siehe Huntley, in Druck, Anm. 1; Huntley, in Vorbereitung, Anm. 50; Hunter u. a., Huntley, Webb, Anm. 71.

79 Siehe Huntley, in Druck, Anm. 1; Anm. 49; Huntley, in Vorbereitung, Anm. 50; Huntley, Webb, Anm. 71.

80 Siehe Department of the Environment, Anm. 75.

81 J. Leggett, Kapitel 1 dieses Buches.

82 Siehe Chapellaz u. a., Anm. 4; Anm. 81.

83 S. H. Schneider, "Climate Modeling", in: **Trends in Computing,** Mai 1987, S. 132–139.

Kapitel 7
Gesundheitliche Folgen Andrew Haines

1 L. S. Kalkstein, R. E. Davis, J. A. Skindlov, K. M. Valimont, "The Impact of Human-Induced Climate Warming Upon Human Mortality: A New York Case Study", in **Proceedings of the International Conference on Health and Environmental Effects of Ozone Modification in Climate Change,** Washington, DC, 1986.

2 E. Rogot, S. J. Padgett, "Associations of Coronary and Stroke Mortality with Temperature and Snowfall in Selected Areas of the United States 1962–1966", in: **American Journal of Epidemiology,** Bd. 103, 1976, S. 565–575.

3 C. A. Keller, R. P. Nugent, "Seasonal Patterns in Perinatal Mortality and Pre-Term Delivery", in: **American Journal of Epidemiology,** Bd. 118, 1983, S. 689–698.

4 J. G. Ayres, "Meteorology and Respiratory Disease", in: **Update,** 1990, S. 596–605.

5 E. G. Brown, "Dust Storms and their Possible Effects on Health", in: **Public Health Report,** Bd. 50, 1935, S. 1369–1383.

6 W. F. McDonnell, D. H. Horstman, S. Abdul-Salaam, D. E. House, "Reproducibility of Individual Responsiveness to Ozone Exposure", in: **American Review of Respiratory Diseases,** Bd. 131, 1985, S. 36–40.

7 J. Q. Koenig, D. S. Covert, Q. S. Hanley, G. Van Belle, W. E. Person, "Prior Exposure to Ozone Potentiates Subsequent Response to Sulphur Dioxide in Adolescent Asthmatic Subjects", in: **American Review of Respiratory Diseases,** Bd. 141, 1990, S. 377–380.

8 J. D. Gillett, "Increased Atmospheric Carbon Dioxide and the Spread of Parasitic Disease", in: **Parasitological Topics: A Presentation Volume to**

P. C. Garnham FRS, on his 80th birthday, Society of Protozoologists, Sonderveröffentlichung, Bd. 1, 1981, S. 106–111.

9 P. C. Garnham, "Factors Influencing the Development of Protozoa in their Anthropodan Hosts", in: A. E. R. Taylor (Hrsg.), **Host Parasite Relationships in Invertebrate Hosts,** Blackwell Scientific Publications, Oxford 1964.

10 P. Curson, "Human Health in the Greenhouse Era", in: **Planning for the Greenhouse,** School of Earth Sciences, MacQuarie University, MacQuarie Unviersity Continuing Education Programme, Australien, 1989; P. F. S. Liehne, "Climatic Influences on Mosquito-Borne Diseases in Australia", in: G. R. Pearman (Hrsg.), **Greenhouse – Planning for Climate Change,** Division of Atmospheric Research CSIRO, Australien, 1989.

11 J. A. Longstreth, "Human Health", in: J. B. Smith, D. Tirpak, **The Potential Effects of Global Climate Change on the United States,** United States Environmental Protection Agency, 1989.

12 M. Giannini, "Suppression of Pathogenesis in Cutaneous Leishmaniasis by UV Irradiation", in: **Infection Immunology,** Bd. 51, 1986, S. 831–843.

13 C. Spellman, R. Daynes, "Modification of Immunological Potential by Ultraviolet Radiation, II Generation of Suppressor Cells in Short-Term UV-Irradiated Mice", in: **Transplantation,** Bd. 24, 1977, S. 120–126; M. Fisher, M. Kripke, "Systematic Alterations Induced in Mice by Ultraviolet Light, Irradiation and its Relationship to Ultraviolet Carcinogenesis", in: **Proc. Nat. Acad. Sci.,** USA, Bd. 74, 1977, S. 1688–1692.

14 L. K. Roberts, W. E. Samlowski, R. A. Daynes, "The Immunological Consequences of Ultraviolet Radiation Exposure", in: **Photodermatology,** Bd. 3, 1986, S. 284–298.

15 **State of the World's Children 1990,** UNICEF, Oxford University Press, 1990.

16 D. Grigg, **The World Food Problem 1950–1980,** Basil Blackwell, Oxford 1985.

17 L. R. Brown, J. E. Young, "Feeding the World in the Nineties", in: L. R. Brown (Hrsg.), **State of the World 1990,** (ein Bericht des Worldwatch Institute über die Fortschritte auf dem Weg zu einer lebensfähigen Gesellschaft), W. W. Norton & Co., New York/London 1990.

18 C. Rosenzweig, M. M. Daniel, "Agriculture", in: Smith, Tirpak, Anm. 11.

19 D. M. Damkaer, D. B. Day, G. A. Heron, E. F. Prentice, "Effects of UV-B radiation on near surface zooplankton of Puget Sounds', in: **Oecologia,** Bd. 44, Nr. 1, 1980, S. 49–58; G. Dohler, "Effect of UV-B radiation (290–320 nm) on the nitrogen metabolism of several marine diatoms", in: **Journal of Plant Physiology,** Bd. 118, 1985, S. 391–400.

20 J. W. Maurits la Riviere, "Threats to the World's Water", in: **Scientific American,** Bd. 3, 1989, S. 48–55.

21 N. W. Mugler, M. C. Rubino, "Water Resources", in: Smith, Tirpak, Anm. 11.

22 J. L. Jacobson, "Holding Back the Sea", in: Brown, **State of the World 1990,** Anm. 17.

23 United Nations Environment Programme, **Criteria for Assessing Vulnerability to Sea Level Rise; A Global Inventory of High Risk Areas,** Delft Hydraulics Laboratory, Delft 1989.

24 L. A. Boorman, J. D. Goss-Custard, S. McGrorty, **Climatic Change Rising Sea Level and The British Coast,** Insititute of Terrestrial Ecology Report Nr. 1, London, HMSO, 1989.

25 B. C. Chamberlin, "Mayo Seminars in Psychiatry: The Psychological Aftermath of Disaster", in: **Journal of Clinical Psychiatry,** Bd. 41, 1980, S. 238–244.

26 J. L. Titchener, T. K. Frederic, "Family and Character Change at Buffalo Creek", in: **American Journal of Psychiatry,** Bd. 133, 1976, S. 3.

27 E. Parker, "Cyclone Tracy and Darwin evacuees: on the restoration of the species", in: **British Jorunal of Psychiatry,** Bd. 130, 1977, S. 548–555.

28 G. Bennet, "Bristol floods 1968: controlled survey on effects on health of local community disaster', in: **British Medical Journal,** Bd. 3, 1970, S. 454–458.

29 M. J. Abrahams, J. Price, F. A. Whirlock, u. a., "The Brisbane Floods, January 1974: their impact on health", in: **Medical Journal of Australia,** Bd. 2, 1976, S. 936.

30 S. E. Davis, "Greenhouse Effect: The Human Response", **Washington Post,** 17. April 1990.

Kapitel 8: Politische Reaktionen auf die globale Erwärmung
Jose Goldemberg

1 Dean Abrahamson, Peter Ciborowski (Hrsg.), **The Greenhouse Effect: policy implications of a global warming**, Proceedings of a Symposium held in Minneapolis, Minnesota, 29.–30. Mai 1984; Michael C. Barth, James G. Titus (Hrsg.), **Greenhouse Effect and Sea Level Rise – a challenge for this generation**, McGraw Hill Book, 1984.

2 D. A. Lashof, D. A. Tirpak (Hrsg.), "Policy Options for Stabilizing Global Climate", US EPA Office of Policy, Planning and Evaluation, Manuskript im Februar 1989 fertiggestellt, bislang unveröffentlicht; A. J. Streb, "Energy Efficiency and Global Warming", in: **Energy Technologies for Reducing Emissions from Greenhouse Gases**, 2 Bde., OECD, Paris 1989.

3 Y. Kaya, K. Yamaji, R. Matsuhashi, "A Grand Strategy for Global Warming", Tokyo Conference on the Global Evironment and Human Response toward Sustainable Development, 11. bis 13. September 1989.

4 J. Goldemberg, T. B. Johansson, A. K. N. Reddy, R. H. Williams, **Energy for a Sustainable World,** Wiley Eastern Ltd., 1988.

5 Siehe Lashof, Tirpak, Anm. 2.

6 B. Bolin, "Preventive Measures to Slow Down Man-Induced Climate Change", Report of the Second Session of the Steering Committee of IPCC Working Group 3, Genf, 10. bis 12. Mai 1989.

7 Ibid.

8 E. S. Kalapula, "Woodfuel Situation and Deforestation in Zambia", in: **Ambio**, Bd. 18, Nr. 5, S. 293; und in: **Energie Internationale,** 1989/90.

9 "Amazonia: facts, problems and solutions", International Symposium on the Amazon, Universität von São Paulo, Brasilien, Juli 1989, Koordinator: J. Goldemberg.

10 OECD, **The Polluter-Pays Principle,** OECD, Paris 1975.

11 OECD, **Economic Instruments for Environmental Protection,** OECD, Paris 1989, S. 11–12.

12 Ibid, 31.

13 Ibid.

14 F. von Hippel, B. G. Levi, "Automotive Fuel Efficiency: the opportunities and weakness of existing market incentives", in: **Ressources and Conservation**, Bd. 10, Nr. 103, 1983, S. 103–124

15 R. H. Williams, "Innovative Approaches to Market Electric Efficiency", in: T. B. Johansson, B. Bodlund, R. H. Williams (Hrsg.), **Electricity-Efficiency End-Use and New Generation Technologies and Their Planning Implications,** Lund University Press, Schweden, 1989; C. J. Cichetti, W. Hogan, **Including Unbundled Demand Side Options in Electric Utility Bidding Programs,** Energy and Environmental Policy Center Report Nr. E–88–07, J. F. Kennedy School of Government, Harvard University, Cambridge, Mass., 1988; A. B. Lovins, "Saving Gigabucks with Megawatts", in: **Public Utilities Fortnightly,** 1965, S. 19–26.

16 McKinsey and Company Inc., Background paper on funding mechanisms, prepared for the Ministerial Conference on Atmospheric Pollution and Climate Change, Noordwijk, 6. bis 7. November 1989.

17 Siehe Lashof, Tirpak, Anm. 2.

18 Center for Strategic and International Studies, **Implications of Global Climate Policies,** Washington, DC, 27. Juni 1989.

19 Siehe Anm. 3.

20 Conference on the Changing Atmosphere: **Implications for Global Security,** Toronto, Juni 1988.

21 Siehe Anm. 3.

22 A. S. Manne, R. G. Richels, "CO_2 Emission Limits: an economic cost analysis for the USA – November 1989", in: **The Energy Journal,** in Vorbereitung.

23 R. H. Williams, "Energy Policy", in: **The Energy Journal,** in Vorbereitung.

24 A. M. Strout, "Energy-Intensive Materials and the Developing Countries", in: **Materials and Society,** Bd. 9, Nr. 3, 1985, S. 281–330.

25 Geraldo Barbieri, Alecseo Kravec, Fakultät für Wirtschaft und Verwaltung, Universität von São Paulo, Brasilien, persönliche Mitteilung, 1989.

26 Siehe Anm. 4.

27 Siehe Anm. 23.

Kapitel 9: Die Bedeutung rationeller Energienutzung Amory Lovins

Dieser Beitrag ist eine auf den neuesten Stand gebrachte Fassung zweier früherer Arbeiten: einmal eines Vortrags auf der Konferenz der Hoover Institution zum Thema "Human Demography and Natural Resources", Hoover Institution, Stanford University, Stanford, Kalifornien, 1. bis 3. Februar 1989, zum anderen eines Vortrags vor dem Plenum der Air and Waste Management Association auf ihrer Konferenz in Anaheim, 26. Juni 1989. Es handelt sich um die Veröffentlichungen Nr. E89–1 und E89–33 des Rocky Mountain Institute.

1 Dieses Potential wird erschöpfend dokumentiert in den vierteljährlichen technischen Berichten des Rocky Mountain Institute, den **Competitek**-Diensten, die gegenwärtig mehr als 160 Subskribenten in 30 Ländern erhalten (vor allem Elektrizitätsgesellschaften und Regierungen). Die Anwendung dieser technischen und wirtschaftlichen Daten auf einen praktischen Fall illustriert die RMI-Untersuchung vom Juni 1988 **Negawatts for Arkansas** (Veröffentlichung Nr. U88–30), Bd. 1. Dieser Studie liegt die Annahme zugrunde, daß keine Brennstoffe gegeneinander ausgetauscht werden (etwa Gas gegen Elektrizität), obwohl das gelegentlich von Nutzen sein kann. Zum Vergleich mit internationalen Ergebnissen siehe: A. B. Lovins, "End-Use/Least-Cost Investment Strategies", World Energy Conference, Montreal, September 1989, RMI-Veröffentlichungen Nr. E89–35.

2 Wenn es sich um Kernkraft handelt, wird sie in der Regel die Produktion von einem halben Curie Strontium 90 und Cäsium 137 vermeiden, dazu von ungefähr 25 mg Plutonium, das in seiner Sprengkraft ungefähr 385 kg TNT entspricht (siehe A. B. Lovins, "Nuclear weapons and power-reactor plutonium", in: **Nature,** Bd. 283, Nr. 5750, 1980, S. 817–823; wenn es sich um ein ölbefeuertes Kraftwerk handelt (heute sehr selten in den vereinigten Staaten), wird sie in der Regel die Verfeuerung von 200 Litern (1,25 Barrel) Öl überflüssig machen – genug, um einen amerikanischen Mittelklassewagen 1600 Kilometer fahren zu lassen oder mit dem Prototyp eines Supersparautos von Küste zu Küste und zurück zu gelangen. In allen diesen Berechnungen sind Vertriebsverluste und Einflüsse von Klimaanlagen berücksichtigt. Zu den Einzelheiten siehe A. B. Lovins, "Factsheet: How a Compact Fluorescent Lamp Saves a Ton of CO_2", RMI-Publikation Nr. E90–5.

3 A. B. Lovins, "Drill Rigs and Battleships Are the Answer! (But What Was the Question?)" in: R. Reed und F. Fesharaki (Hrsg.), **The Petroleum Market in the 1990s,** Westview, Boulder, 1989; RMI-Publikation Nr. S88–6. Hier wird ein begrenzter Austausch von Öl gegen Gas angenommen, aber nur, wenn das Gas ebenfalls eingespart wird (statt zu einer verstärkten Nachfrage zu führen), dagegen wird im Transportbereich keine Änderung der Brennstoffart oder der Beförderungsmittel angenommen. Zur graphischen Darstellung der Angebotskurve siehe A. B. Lovins, "Abating Air-Pollution at Negative Cost via Energy Efficiency", RMI-Publikation Nr. E89–33) oder Abbildung 9.2 in diesem Kapitel.

4 Ein Gigawatt (GW) oder 1000 Megawatt oder 1 Million Kilowatt ist die Sollkapazität eines einzigen Großkraftwerks.

5 A. Fickett. C. Gellings, A. B. Lovins, "Efficient Use of Electricity", in: **Scientific American,** September 1990, in Druck.

6 **Efficient Electricity-Use: Estimates of Maximum Energy Savings,** EPRI, CU–6746, März 1990.

7 Insbesondere: Als ihre Spitzenlast 14 GW betrug, hat die Southern California Edison (SCE) ihre langfristige Spitzenlastprognose um fast 1,2 GW/Jahr gesenkt; ungefähr 45 Prozent durch eigene Programme, die 0,3 Cent/kWh für rationelle Energienutzung und ungefähr 31 Dollar Last/kw für Last-Management kosteten, und etwa 55 Prozent durch staatliche Programme, wie bestimmte Bauvorschriften, durch die für die Elektrizitätsgesellschaft überhaupt keine Kosten entstanden. Auch ohne staatliche Interventionen hätte die SCE zu ähnlichen Ergebnissen gelangen können, wobei die anfallenden Kosten von Null (für eine Staffelung der Anschlußgebühren anstelle von Bauvorschriften) bis ungefähr 0,6 Cent/kWh (für Händlerrabatte anstelle von Gerätenormen) gereicht hätten. Insgesamt wären der Elektrizitätsgesellschaft dadurch Durchschnittskosten von 0,1–0,2 Cent/kWh entstanden. Die entsprechenden Kosten für die Gesellschaft, einschließlich des Kundenbeitrags, wären um ein Mehrfaches höher gewesen, hätten aber immer noch unter 1 Cent/kWh gelegen.

8 Von 1975 bis 1985 kam ein größerer Teil der US-Kapazität von kleinen Wasserkraftwerken und Windkraftanlagen als von den herkömmlichen Kohle- und Kernkraftwerken, die Auftragstornierungen für solche Anlagen nicht mitgerechnet, die insgesamt mehr als 100 GW ausmachten. In dieser Zeit wurden alle diese Möglichkeiten erheblich subventioniert, wenn auch die erneuerbaren Energiequellen wahrscheinlich in geringerem Maße pro Einheit gelieferter Energie (siehe Anm. 23).

9 Da die verstreuten Investitionen klein sind, nur kleine Einheiten schaffen, relativ billig sind, kurze Beschaffungszeiten und Kapitalrückflußdauer haben und einen sehr raschen Bargeldfluß aufweisen, sind die Risiken für das Unternehmen viel geringer. Eine Großanlage für mehrere Milliarden Dollar setzt nämlich voraus, daß die Bedarfsprognosen sehr genau sind, damit sich die Anlage auch wirklich amortisiert.

10 Auf die meisten, wenn auch nicht auf alle dieser Vorschläge könnte man sich verlassen, um reale und zuverlässige Kapazitäten zu erzeugen. Viele Elektrizitätsgesellschaften haben überdies festgestellt, daß die private Nebenerzeugung in der Regel zuverlässiger ist als die Produktion ihrer eigenen Großanlagen.

11 D. Moskovitz (Ex-Vorsitzender der Maine Public Utilities Commission), persönliche Mitteilung 1989.

12 Die erste Maßnahme in der Angebotskurve – das ungefähr 92prozentige Einsparpotential bei der Beleuchtungsenergie, das ungefähr 120 GW der US-amerikanischen Kapazität überflüssig machen würde – verursacht negative Kosten (die die positiven Kosten nachfolgender Schritte ausgleichen, die bis zu 50 Prozent des Gesamtverbrauchs ausmachen). Das liegt daran, daß die energiesparenden neuen Beleuchtungskörper häufig langlebiger sind als die von ihnen verdrängten energieverschwendenden Glühlampen oder daß weniger von ihnen erforderlich sind. Dadurch machen sich die neuen Beleuchtungskörper mehr als bezahlt, weil sie dem Verbraucher Wartungskosten ersparen. Das Stromsparen ist also nicht nur kostenlos, sondern bringt obendrein noch Geld ein (ungefähr 30 Milliarden Dollar im Jahr). Siehe A. B. Lovins, R. Sardinsky, **The State of the Art: Lighting,** in: RMI/**Competitek,** März 1988. Die angegebene Menge der eingesparten »Antriebskraft«, die sich aus 35 Kategorien von Verbesserungen der Motorsysteme ergibt, ist wahrscheinlich um einen Faktor von 2 zu tief angesetzt (siehe A. B. Lovins u. a., **The State of the Art: Drivepower,** in: RMI/**Competitek,** Mai 1989), doch würde man ihr einen höheren Wert geben, müßte man andere Faktoren wie zum Beispiel die Klimatisierung von Räumen niedriger ansetzen, um Doppelzählungen zu vermeiden.

13 Eine allgemeinverständliche Zusammenfassung findet der Leser in: A. B. Lovins, “Making Markets in Resource Efficiency”, RMI-Publikation Nr. E89–27.

14 Wie dokumentiert und ausgeführt in den Implementation Papers des RMI-Dienstes **Competitek.**

15 In Form irgendeiner Kombination aus Finanzierung, Information, Planungshilfe, Projektleitung, Ausstattung, Einrichtung, Abnahme, Ausbildung, Bedienung, Kontrolle und Wartung. Ein Versorgungsunternehmen, das solche Elemente verkauft, kann, muß aber nicht, die Rechnung entsprechend der gelieferten Energiedienstleistungen ausstellen.

16 K. Menke, J. Woodwell, **Water Productivity and Development: Strategies for More Efficient Use,** RMI-Publication Nr. W90–10.

17 Siehe Anm. 13.

18 Der Wirkungsgrad des Autos hängt im wesentlichen von seinem Gewicht ab, das man durch spezielle Werkstoffe und Plastik verringern kann. Bei Verwendung solcher Stoffe können große, komplexe Teile als Einheiten geformt werden. Die zusätzlichen Kosten für die Formpressen und die ungewöhnlichen Materialien sind geringer als die Kosten, die bei der Herstellung und der Montage der vielen Einzelteile anfallen. Das verbleibende Geld kann man für intelligentere Computersteuerung des Motors, bessere Windschlüpfrigkeit und ähnliches investieren, so daß Nettogrenzkosten von etwa Null entstehen. Extrapoliert man die Kosten konventioneller Verbesserungen, so ergibt sich natürlich ein weit weniger günstiges, aber auch unzuverlässigeres Ergebnis.

19 Zweifellos läßt sich eine weitere Energienutzung für positive Grenzkosten erzielen, aber sie sind hier ebenso fortgelassen worden wie andere nicht unerhebliche Fortschritte, die durch grundlegende technische Neuerungen erreicht werden könnten, etwa Hybridantriebe, Antriebsmotoren mit modernster Drehzahlregelung und knautschfähige Metallschaumkörper.

20 A. B. Lovins, "Energy Strategy: The Road Not Taken?", in: **Foreign Affairs,** Bd. 55, Nr. 1, Oktober 1976, S. 65–96; das Konzept wurde später von meinem Kollegen Roger Sant in einer Reihe neuartiger quantitativer Analysen genauer entwickelt und der Begriff »Kostenminimierung« *(least-cost)* eingeführt. Interessanterweise war das Diagramm des »weichen Weges« in dem genannten **Foreign-Affairs-**Artikel keine bloße Illustration, keine Prognose, sondern eine genaue Wiedergabe der 1988 tatsächlich vorhandenen Versorgung aus erneuerbaren Energiequellen (ein Viertel des Weges in dem abgebildeten halben Jahrhundert) und gibt den gesamten Energiebedarf von 1988 um mindestens ein Zehntel höher an, als er wirklich war.

21 Entsprechend belohnten seine Steuerfreibeträge für Sonnenenergie mehr das Bemühen als den Erfolg – sie belohnten Menschen dafür, daß sie Geld ausgaben, nicht dafür, daß sie Energie einsparten oder lieferten, und der größte Teil der Vergütung wurde von den Anbietern eingestrichen. So sorgten die Kredite dafür, daß Scharlatane ihr Glück versuchten, daß konkurrenzunfähige Technologien erhalten blieben, nicht die lohnenden und intelligenten Entwicklungen, und daß keine Anreize zur Kostensenkung geschaffen wurden. Das Warten auf Kredite, die nicht oder zu spät gezahlt wurden, ruinierte ungefähr die Hälfte der Solarindustrie-Unternehmen; ihr Verlust wiederum führte dazu, daß auch die andere Hälfte größtenteils aufgeben mußte, weil die Vertriebswege für viele durchaus konkurrenzfähige Produkte austrockneten. Leider beschnitt der Kongreß die Kredite, statt sie zu verbessern – behielt dafür aber die weit größeren Subventionen für die traditionellen Energieformen bei oder erhöhte sie sogar, so daß die Situation am Ende noch ungleichgewichtiger war als vorher.

22 Beispielsweise wurde die Elektrizität pro gelieferter Energieeinheit elfmal so hoch bezuschußt wie direkte Brennstoffe; die Kernkraft erhielt etwa achtzigmal soviel an Subventionen wie Technologien zur rationelleren Energienutzung und erneuerbare Energiequellen, die nicht auf Wasserkraft beruhten; die Zuschüsse pro gelieferter Energieeinheit waren bei der Kernkraft mindest zweihundertmal so hoch wie bei rationeller Energienutzung.

23 H. R. Heede, **A Preliminary Analysis of Federal Energy Subsidies in FY 1984,** RMI-Publication Nr. CS85–7, 1985, zusammengefaßt in: H. R. Heede, A. B. Lovins, "Hiding the True Cost of Energy Sources", in: **Wall Street Journal,** (17. September 1985, S. 28, RMI-Publikation Nr. CS85–22. Heedes sehr viel ausführlicherer Abschlußbericht, durch jüngste Daten auf den neuesten Stand gebracht, wird als RMI-Publikation 1990 erscheinen.

24 Vor allem durch Aufhebung der meisten Zuschüsse für rationelle Energienutzung und erneuerbare Energiequellen. Andere politische Maßnahmen vergrößern den Schaden noch. 1988 erhielt die Kernkraft beispielsweise einen neuen, fast 9 Milliarden Dollar umfassenden Zuschuß in Form eines Forderungsverzichts. Das US-Energieministerium hatte die Warnungen von vielen Experten, unter anderem auch von mir, der ich 1980/81 dem Beraterstab des Ministeriums angehört hatte, in den Wind geschlagen, daß sich diese Forderungen als unbezahlbar erweisen würden.

25 Zu den neuesten Beispielen, die jetzt bekannt werden, gehören die Undurchsetzbarkeit der Verordnungen zur Wiederherstellung der Landschaften, die durch den Kohletagbau zerstört wurden, der völlige Mangel an Kontrolle der arktischen Ölunternehmen (vor allem was die Umweltverschmutzung, etwa durch Bohrschlamm, angeht) und zahlreiche mit der Kernkraft verknüpfte Probleme. Dazu gehören die Rücknahme des Versprechens, Ende 1988 Nevadas unabhängige Kontrollinstanz für Atomentsorgungsunternehmen zu finanzieren, oder die Annahme von Sicherheitsbestimmungen durch das NRC. Diese sind so merkwürdig, daß nach ihren Zahlen neue Druckwasserreaktoren kostendeckend arbeiten, wenn sie keine Sicherheitsbehälter besitzen, wobei die Wahrscheinlichkeit eines Unfalls von Tschernobyl-Ausmaßen alle paar Jahre besteht. Siehe J. Harding, **A Current Appraisal of Reactor Safety and Risk Issues,** MHB Associates, San Jose, Kalifornien, 1990. Die großen amerikanischen Umweltgruppen haben Dutzende solcher Fragen eingehend dokumentiert.

26 Das setzt sich noch immer fort, so beispielsweise in den vom US-Energieministerium vorgeschlagenen Gerätenormen. Der für die Vereinigten Staaten vorgeschlagene Building Energy Performance Standard (BEPS) war auf freiwilliger Basis und nicht verbindlich, und sogar die freiwilligen Normen für den Privatsektor wurden nie verabschiedet.

27 »Verschwendet« in dem Sinne, daß sie verbraucht wird, statt durch billigere Lösungen der rationellen Energienutzung eingespart zu werden, die heute auf dem Markt, einsatzfähig und lieferbar sind und die die gleichen Aufgaben verrichten können.

28 Die entsprechende Verschwendung in jedem nachfolgenden Jahr ist wahrscheinlich noch größer.

29 In unbekanntem Ausmaß zusammen mit einer 70prozentigen Einschränkung in der Auflage der Regierungsschrift **Gas Mileage Guide,** so daß zwei Drittel der Käufer von Neuwagen kein Exemplar bekommen konnten.

30 Wie stark die Selbsttäuschung bei der Förderung letzteren Sektors ist, wird erörtert in: A. B. Lovins, "The Origins of the Nuclear Power Fiasco", in: **Energy Policy Studies,** Bd. 3, 1986, S. 7–34, RMI-Publikation Nr. E86–29.

31 Siehe N. 23.

32 Dies ist trügerisch wegen der sogenannten *Opportunity-cost* (durch Nichtverwendung von Mitteln für alternative Zwecke entgangener Nutzen), denn alle anderen Lösungen sind teurer als die rationelle Energienutzung. Da beispielsweise die Grenzkosten für die Kernkraft sehr viel höher sind als für reationelle Energienutzung, kann die Kernkraft im Verhältnis pro investiertem Dollar weniger durch Kohleverfeuerung gewonnenen Strom ersetzen. Wenn man sich also für Kernkraft statt für rationelle Energienutzung entscheidet, verschlimmert sich die globale Erwärmung. Außerdem ist diese Lösung sowieso nicht sehr praktisch. Siehe W. N. Keepin, G. Kats, "Greenhouse Warming: comparative analysis of nuclear and efficiency abatement strategies", in: **Energy Policy,** Bd. 16, Nr. 6, Dezember 1988, S. 538–561; und "Global Warming", in: **Science,** Bd. 241, 1988, S. 1027; und A. B. Lovins, "Energy Options", in: **Science,** Bd. 243, 6. Januar 1989, S. 12.

33 Und billiger noch, wenn man rationelle Energienutzung mit Hilfe der vielen erprobten Verfahren liefert, die die Kosten zwischen Anbietern und Kunden teilen: So decken in der Regel die Rabatte der Elektrizitätsgesellschaften beispielsweise 15 Prozent der Kosten ab, während der Kunde die verbleibenden 85 Prozent aufbringt, weil er ja hofft, am Strompreis zu sparen.

34 Zum Beispiel wurde in der Studie **Negawatts for Arkansas** (siehe Anm. 1) festgestellt, daß in diesem Staat ein technisches Einsparpotential von ungefähr 5 bis 7 Milliarden Dollar (Stand 1986) vorhanden ist – bei vermeidbaren kurzfristigen Grenzkosten von lediglich 2 Cent/kWh.

35 Einschließlich von Stromeinsparungen, die nur ein Viertel so groß und mehrfach so teuer sind, wie sie nach RMI-Einschätzungen heute sein könnten. Bei der Studie handelt es sich um: H. Geller u. a., **Acid Rain and Electricity Conservation,** American Council for an Energy-Efficient Economy, Washington, DC, 1987.

36 A. B. Lovins, L. H. Lovins, L. Ross, "Nuclear Power and Nuclear Bombs", **Foreign Affairs,** Bd. 58, Nr. 5, Sommer 1980, S. 1133–1177; A. B. Lovins, L. H. Lovins, **Energy/War: Breaking the Nuclear Link,** Harper & Row Colophon, New York 1980, in englischer Ausgabe vergriffen, aber noch in verschiedenen anderen Sprachen lieferbar; P. O'Heffernan, L.

H. Lovins, A. B. Lovins, **The First Nuclear World War,** W. W. Norton, New York 1983, RMI-Publication Nr. S83–14.

37 A. B. Lovins, L. H. Lovins, **Brittle Power: Energy Strategy for National Security,** (ursprünglich im Auftrag der US-Behörde für Zivilverteidigung entstanden), Brick House, Andover, MA, 1982; ungefähr 1200 Literaturhinweise zusammengefaßt in: "The Fragility of Domestic Energy", in: **The Atlantic,** Bd. 252, Nr. 5, November 1983 S. 118–126, RMI-Publikation Nr. S83–8. Siehe auch die eingehendere Erörterung in: RMI, **EnergySecurity Reader,** 2. Aufl., Publikation Nr. S88–45, Oktober 1988, eine Sammlung, die viele der hier zitierten Aufsätze enthält.

38 Siehe Anm. 3; A. B. Lovins, L. H. Lovins, "The Avoidable Oil Crisis", in: **The Atlantic,** Bd. 260, Nr. 6, Dezember 1987, S. 22–30, RMI-Publikation Nr. S87–25 und Briefe, Bd. 261, Nr. 4, April 1988, S. 10–11, und Bd. 261, Nr. 6, Juni 1988, S. 10–12, RMI-Publikation Nr. S88–15; und "Oil-Risk Insurance: Choosing the Best Buy", in: **GAO Journal,** US General Accounting Office, Washington, DC, Bd. 2, Sommer 1988, S. 52–60, RMI-Publikation Nr. S88–26.

39 Jeder Cent pro Kilowattstunde entspricht im Wärmeinhalt 17 Dollar pro Barrel Öl. Damit ist der US-amerikanische Strompreis im Endverbrauch pro enthaltener Wärmeeinheit im Durchschnitt etwa siebenmal so hoch wie der gegenwärtige Ölpreis auf dem Weltmarkt.

40 Zumindest in der Wirkung, mag es auch anders aussehen. Die Schweiz hat beispielsweise ungefähr 1200 Elektrizitätsgesellschaften, zumeist sehr kleine Versorgungsbetriebe. Doch über die Mittelverteilung für die Schweizer Elektrizitätsindustrie entscheiden im wesentlichen ein paar Leute in einer Handvoll großer Unternehmen.

41 J. S. Nørgård, "Low Electricity Appliances – Options for the Future", in: T. B. Johansson u. a. (Hrsg.), **Electricity,** Lund University Press, Lund 1989. Nørgårds Berechnung enthält noch nicht die Raumheizung und die kommerzielle Beleuchtung. Bei ihrer Berücksichtigung sollte sein Ergebnis günstiger ausfallen, da Raumheizungen, obwohl eine relativ kostspielige Ersparnis, in Dänemark selten mit Strom betrieben werden und deshalb gegenüber den anderen Einspararten nicht ins Gewicht fallen, während die Einsparungen an der kommerziellen Beleuchtung einen erheblichen Beitrag mit sehr großen Negativkosten leisten.

42 B. Bodlund u. a., "The Challenge of Choices: Technology Options for Swedish Electricity Sector", in: **Electricity,** siehe Anm. 41, S. 883–947.

43 Eine wichtige neue Klasse von Technologien: Sie isolieren zwei bis dreimal so gut wie Dreifachfenster, kosten ungefähr das gleiche, halten Gebäude im Sommer kühler und im Winter wärmer, machen sich in ungefähr zwei bis drei Jahren bezahlt. Das Einsparpotential in den Vereinigten Staaten entspricht den doppelten Fördermengen von Öl und Gas von Alaska und der Nordsee, bei Kosten, die einige wenige Dollar pro Barrel ausmachen.

44 Weil die Ausgangsisolierung wahrscheinlich weniger gut ist und weil das einheimische Klima und die Gebäudegröße günstiger für solche Meßwerte sind.

45 Ein sowjetischer Energiewirtschaftler, der vor kurzem eine Kooperative zum Verkauf von energiesparenden Dienstleistungen in Moskau gründete, berichtet, daß Energiepreise ungefähr ein Drittel der realen Kosten ausmachen, daß aber die Energienutzung auch etwa dreimal so schlecht ist wie im Westen und daß deshalb der Wirtschaftszweig des Energiesparens etwa die gleiche Wirkung erzielt.

46 J. Goldemberg, T. B. Johansson, A. K. N. Reddy, R. H. Williams, **Energy for a Sustainable World,** World Resources Institute, Washington, DC, 1987, und Wiley-Eastern, New Delhi, 1988.

47 A. B. Lovins, L. H. Lovins, F. Krause, W. Bach, **Least-Cost Energy: Solving the CO_2 Problem,** Brick House, Andover, MA, 1981, Neuauflage 1989 durch RMI als Publikation Nr. E89–17; zusammengefaßt in: **Climatic Change,** Bd. 4, 1982, S. 217–220, RMI-Publikation Nr. E82–2. Würde man die Ergebnisse mit heutigen Energiespartechnologien noch einmal durchrechnen, so käme man auf etwas höhere Einsparungen zu erheblich geringeren Kosten – geringer um einen Faktor, der wahrscheinlich größer wäre als der gleichzeitig erfolgende Rückgang der realen Energiepreise.

48 Dr. Gadgil, heute am Lawrence Berkeley Laboratory, und M. Anjali Sastry vom Rocky Mountain Institute haben in Zusammenarbeit mit der Bombayer Elektrizitätsgesellschaft und anderen indischen Institutionen jetzt ein breit angelegtes Projekt begonnen, was diesen allgemeinen Effekt nachweisen soll.

49 Ursprünglich ging man bei der Erschließung des Feldes von einem Rohölmarktpreis von 20 Dollar pro Barrel aus. Als die Shellplaner den Preiseinbruch von 1986 kommen sahen, erklärten sie, das Projekt werde nur fortgeführt, wenn der Preis pro Barrel auf 12 Dollar gedrückt werden könne. Die Ingenieure hielten das zunächst für unmöglich. Sie brauchten ein Jahr, um es zu schaffen. Offenbar hatte man zuvor immer von ihnen verlangt, neue Felder so rasch wie möglich und ohne Rücksicht auf die Kosten zu erschließen. Diesmal hatte man sie aufgefordert, ein Feld so billig wie möglich zu erschließen, selbst wenn es ein bißchen länger dauerte – so entwickelten sie ein vollständig anderes Verfahren. In wie vielen anderen Versorgungstechnologien noch mögen wir die falsche Antwort bekommen haben, weil wir die falschen Aufgaben gestellt haben?

50 Siehe RMI, **Catalog of Water-Efficient Technologies for the Urban/Residential Sector,** Publikation Nr. W87–30, 1988.

51 Wie es jetzt von John Todd u. a. bei der Four Elements Corporation (Falmouth, Massachusetts) auf den Markt gebracht wird. Dabei werden die Abwässer mit Hilfe eines raffinierten, von einem Treibhaus umschlossenen »Schlammbeckens« in extrem sauberes Trinkwasser, Nutzpflanzen und Blumen verwandelt – ohne Risiken, ohne Geruchsbelästigung, und mit Kapitalkosten, die um zwei Drittel niedriger liegen als bei einer chemischen Kläranlage.

52 Wie etwa das phantastische Bussystem, das jetzt von Jaime Lerner in Brasilien entwickelt wurde.

53 Überraschenderweise gilt das auch für hochindustrialisierte, dicht bevölkerte, kalte und wolkige Länder. Nach den Untersuchungen, die ich seit 1972 durchgeführt habe, hat Japan wahrscheinlich von allen OECD-Ländern die meisten – auf jeden Fall die umfangreichsten – Möglichkeiten zur Energiegewinnung mittels erneuerbarer Träger. Das klimatische Anwendungsgebiet für Solartechnologien ist durch David Mills von der Sydney University erheblich erweitert worden: Seine hochselektiven solarabsorbierenden Flächen in einem forcierten Vakuum können an einem wolkigen Wintertag in Stockholm eine Leistung von 600 °C bringen.

54 Siehe die Erläuterungen zu Tabelle 9.1. Doch das hängt auch von der Technologie ab. Wie Ernie Robertson, der damals am Biomass Institute in Winnipeg war, einmal festgestellt hat, gibt es drei Möglichkeiten, Kalkstein in Baumaterial zu verwandeln: a) Man kann ihn in Blöcke schneiden. Das ist nicht sehr interessant. b) Man kann ihn bei einigen tausend Grad zu Portlandzement brennen. Das ist nicht sehr elegant. c) Man kann ihn stückchenweise an ein Huhn verfüttern. Zwölf Stunden später taucht er als Eierschale wieder auf, mehrfach so haltbar wie Portlandzement. Offenbar verfügt das Huhn über eine Umgebungstemperaturtechnologie, die uns unbekannt ist.

55 Das gilt auch pro Kopf: Allein in dem Zeitraum von 1975 bis 1984 fiel der Stahlverbrauch pro Kopf um 11,5 Prozent. Das entsprach dem Trend in vielen anderen Ländern, sowohl in Industrieländern (Großbritannien –32 Prozent, Schweden –43 Prozent usw.) und in den Entwicklungsländern (Brasilien –40 Prozent, Argentinien –46 Prozent, Philippinen –50 Prozent und so fort). Das liegt zum Teil an den gestiegenen Importen stahlintensiver Produkte wie beispielsweise der Autos, aber entscheidend auch daran, daß die Autos leichter geworden sind, um beim Beispiel zu bleiben.

56 Die vielen Vorteile von traditionellen Baustoffen wie Adobeziegeln, Caliche und gestampfter Erde werden jetzt sogar in den höchstentwickelten Ländern wiederentdeckt – unter anderem durch die Arbeiten von Pliny Fisk in Austin, Texas, und vom verstorbenen Hassan Fathy in Ägypten.

57 Solange wir uns bewußt machen, daß die Kosten und Preise des Markts weder offenbarte Wahrheiten sind noch an sich einen sinnvollen Prüfstein für wünschenswertes Verhalten abgeben, weil sie weitgehend auf unausgesprochenen Voraussetzungen und Überzeugungen beruhen – etwa darauf, ob man erschöpfliche Ressourcen nach den Kosten bewertet, die ihr Abbau verursacht oder die entstehen, wenn man diese Ressourcen langfristig ersetzt.

58 Das sind die wichtigsten Forschungsgebiete des Rocky Mountain Institute: die effiziente und schonende Nutzung von Ressourcen als Weg zu

globaler Sicherheit. Natürlich läßt sich Sicherheit (»die Freiheit von der Angst vor Raub oder Angriff«) nicht allein durch technologische Mittel erreichen, mögen diese auch eine wichtige Rolle spielen. Es ist dazu auch eine wirksame Mischung aus Konfliktverhinderung, Konfliktlösung und effektiver, aber nicht-provozierender Verteidigungsfähigkeit erforderlich. Siehe Harvey, M. Shuman, D. Arbess, **Reclaiming Security: Beyond the Controlled Arms Race,** Hill and Wang, New York, August 1990, in Druck.

59 Die letzte dieser Reaktionen – die einzige, die noch bleibt, nachdem sich die anderen als haltlos erwiesen haben – ist im wesentlichen ein theologisches Argument, das sich nicht auf technischer Grundlage entkräften läßt. Es beherrscht einen Großteil der heutigen energiepolitischen Debatte in einer scheinbar plausiblen Form: »Wir müssen mehr Kraftwerke haben, falls die Menschen die Technologien zur rationellen Energienutzung nicht mehr so bereitwillig annehmen wie bisher.« Natürlich schafft die Entscheidung für Kraftwerke starke wirtschaftliche Anreize (zumindest für die Entscheidungsträger), mehr Energie zu verkaufen, nicht weniger.

Kapitel 10: Erneuerbare Energien: Ihr wirtschaftlicher Erfolg in den USA als Gradmesser für ihre Zukunftsaussichten Carlo LaPorta

1 **Cairo Compact,** report of the Cairo Conference on Preparing for Climate Change, Dezember 1989, Climate Institute, Washington, DC, 1990.

2 Draft report, Energy and Industry Subgroup of IPCC Working Group 3, 26. März 1990, S. E–4.

3 L. D. Ostlie, "Creating Production Economies of Scale Through Government Action: The Case of Biomass Energy from Whole-Tree Burning", Forum on Renewable Energy and Climate Change, Washington, DC, 14. Juni 1990.

4 J. A. Duffie, W. A. Beckman, **Solar Energy Thermal Processes,** John Wiley & Sons, New York 1974, S. 4.

5 Bearbeitet nach: International Energy Agency, **Renewable Sources of Energy,** International Energy Agency, Paris 1987, S. 29.

6 R. San Martin, "Environmental Emissions from Energy Technology Systems: The Total Fuel Cycle", **Forum on Renewable Energy and Climate Change,** 14. Juni 1989, US Department of Energy, Washington, DC, 1989, S. 5.

7 Siehe IPCC, Anm. 2, S. 2–14.

8 Siehe IEA, **Renewable Sources,** Anm. 5, S. 24.

9 Die geothermischen Energiereserven sind zwar endlich, werden aber doch zu den erneuerbaren Energieträgern gezählt, weil unter der Erdoberfläche riesige Mengen von thermischer Energie bereitstehen.

10 Meridian Corporation, for US Department of Energy, Characterization of U.S. Energy Resources and Reserves, Washington, DC, Juni 1989, S. 19.

11 Ibid., S. 25.

12 Ibid., S. 30.

13 Public Utility Regulatory Policies Act (PURPA) von 1978.

14 P. Gipe, "Wind Energy Comes of Age in California", paper for American Society of Mechanical Engineers and the National Aeronautical and Space Administration, 1989.

15 C. LaPorta, K. Porter, "1984 Wind Energy Market Status Survey", American Wind Energy Association, Alexandria, Virginia, 1985.

16 L. J. Rogers, "The U.S. Department of Energy Wind Technology Research Program", Presentation to the American Wind Energy Association R&D Committee, 5. Dezember 1989.

17 Siehe Gipe, Anm. 14.

18 Ibid.

19 D. R. Smith u. a., **PG&E's Evaluation of Wind Energy,** Pacific Gas & Electric Companc Department of Research and Development, San Ramon, California, 1989.

20 R. Lynette, "Wind Energy Systems", **Forum on Renewable Energy and Climate Change,** Washington, DC, 14. Juni 1989.

21 N. Rader, **Power Surge,** Public Citizen, Washington, DC, 1989.

22 Ibid.

23 M. Lotker, Luz Development and Finance Company, presentation on SOLTECH 90, Austin, Texas, März 1990.

24 **Five Year Research and Development Plan, Solar Buildings,** US Department of Energy, Washington, DC, 1986.

25 C. LaPorta, unveröffentlichte Analyse für US Environmental Protection Agency Division of Global Change, Washington, DC, 1990.

26 Persönliche Mitteilung von Marvin Goodman, Architekt, Kingston, Jamaica.

27 **Solar Collector Manufacturing Activity Report,** Energy Information Administration, US Department of Energy, Washington, DC, 1988.

28 Siehe LaPorta, Anm. 25.

29 Angaben der Solar Energy Industries Association, Washington, DC.

30 **Statistical Abstract of the United States,** US Government Printing Office, Washington, DC, 1989.

31 Private Mitteilung von Mitarbeitern des Energieministeriums, die die nationale Energiestrategie der USA entwickeln.

32 Gespräch mit Solar Dynamics, Bridgetown, Barbados.

33 **Solar Water Heating,** California Public Utility Commission, San Francisco, California, 1985.

34 Gespräch mit Mitarbeitern von Volunteers in Technical Assistance, Arlington, Virginia, 1989.

35 Power Systems Group, Ametek, **Solar Energy Handbook: Theory and Applications,** Chilton Book Company, Radnor, Pennsylvania, 1979, S. 82.

36 "Taking Charge of Your Energy Costs", draft report for US Department of Energy, CBY Associates, Washington, DC, 1990.

37 O. Hohmeyer, **Social Costs of Energy Consumption,** Springer-Verlag, Berlin 1988.

38 Ibid.

39 Gespräch mit O. Hohmeyer, Washington, DC, 1989.

40 Gespräch mit L. Nelson, Vorsitzender der California Solar Energy Industries Association, März 1990.

41 L. Nelson, CALSEIA.

42 Gespräch mit R. Bingman, Vorsitzender, Ramada Energy Company, Phoenix, Arizona, 1988.

Kapitel 11: Kraftfahrzeuge und globale Erwärmung Michael P. Walsh

1 M. A. DeLuchi u. a., "Transportation Fuels and the Greenhouse Effect", Beitrag zum: **Transportation Research Record.**

2 Intergovernmental Panel on Climate Change, **Scientific Assessment of Climate Change,** Report of Working Group 1, Juni 1990.

3 **Regulatory Impact Analysis: Protection of Stratospheric Ozone,** Environmental Protection Agency, Washington, DC, Dezember 1987.

4 "The Transport Sector and Global Warming", background study for OTA Report, Parsons, 31. Mai 1989.

5 US Congressional Office of Technology Assessment, April 1988.

6 US EPA Mobile 4 Emissions Model, 1989.

7 B. Lubkert, S. de Tilly, **An Emission Inventory For SO_2, NO_x and VOCs in North-Western Europe,** Organization for Economic Cooperation and Development, Paris 1987.

8 "OECD Environmental Data", Organization for Economic Cooperation and Development, Paris 1987.

9 A. M. Thompson, R. J. Cicerone, "Atmospheric CH_4, CO and OH from 1860 to 1985", in: **Nature,** Bd. 321, 1986, S. 148–150; G. J. MacDonald, "The Greenhouse Effect and Climate Change", paper presented to US Senate Environment and Public Works Committee, 28. Januar 1987.

10 V. Ramanathan, "The Greenhouse Theory of Climate Change: A Test by an Inadvertent Global Experiment", in: **Science,** 15. April 1988.

11 Siehe MacDonald, Anm. 9.

12 "Methane: the hidden greenhouse gas", in: **New Scientist,** 6. Mai 1989.

13 M. A. K. Khalil, R. A. Rasmussen, "Carbon Monoxide in The Earth's Atmosphere: Indications of a Global Increase", in: **Nature,** Bd. 332, 1988, S. 242–245.

14 D. A. Lashof, D. R. Ahuja, "Relative contributions of greenhouse gas emissions to global warming", in: **Nature,** Bd. 344, 1990, S. 529.

15 **National Air Quality and Emissions Trends Report, 1988,** US Environmental Protection Agency, März 1990.

16 L M. Thomas, Testimony before the Subcommittee on Health and the Environment, Committee on Energy and Commerce, Washington, DC, 19. Februar 1987.

17 "Tighter Ozone Standard Urged By Scientists", in **Science,** 24. Juni 1988.

18 J. J. Mackensie, M. El-Ashry, **Ill Winds Pollution's Toll on Trees and Crops,** World Resources Institute, September 1988.

19 American Lung Association, Comments to EPA, 1988.

20 Siehe Anm. 16.

21 **Acute Effects of Carbon Monoxide Exposure on Individuals with Coronary Artery Disease,** Health Effects Institute Research Report Nr. 25, November 1989.

22 F. B. Stern u. a., **Heart Disease Mortality Among Bridge and Tunnel Officers Exposed to Vehicular Exhaust,** National Institute for Occupational Safety and Health (NIOSH), Cincinnati, Ohio.

23 Siehe Anm. 10.

24 Lindvall, **Health Effects of Nitrogen Dioxide and Oxidants,** Department of Environmental Hygiene, National Institute of Environmental Medicine and Karolinska Institute, März 1982.

25 Orehek u. a., "Effect of Short-Term, Low-Level Nitrogen Dioxide Exposure on Bronchial Sensitivity of Asthmatic Patients", in: **The Journal of Clinical Investigation,** Bd. 57, Februar 1976; Mostardi u. a., "The University of Akron Study on Air Pollution and Human Health Effects", in: **Archives of Environmental Health,** Bd. 36, Nr. 5, September/Oktober 1981.

26 G. S. Whetstone, A. Rosencranz, **Acid Rain in Europe and North America,** Environmental Law Institute, 1983.

27 Internationale Ministerkonferenz über sauren Regen, Ottawa, Kanada, März 1985.

28 R. A. Derwent, "A Better Way To Control Pollution", in: **Nature,** Bd. 331, 1988.

29 Siehe Anm. 27.

Kapitel 12: Kernenergie und globale Erwärmung Bill Keepin

1 Nicholas Ridley, zitiert in: C. Flavin, "Slowing Global Warming" in: **State of the World 1990,** W. W. Norton, New York 1990.

2 Der nukleare Brennstoffkreislauf setzt geringe Mengen von Kohlendioxid frei (so verursacht die Gewinnung und der Transport von Uran eine gewisse Verbrennung von fossilen Brennstoffen). Nach amerikanischen Angaben emittiert der Brennstoffkreislauf des Siedewasserreaktors rund neunzigmal weniger Kohlendioxid als ein konventionelles kohlebefeuertes Kraftwerk; siehe Meridian Corporation, "Energy System Emissions and Material Requirements", prepared for the US Department of Energy, draft version, November 1988. Nach Angaben aus der Bundesrepublik Deutschland emittiert der Brennstoffkreislauf des Druckwasserreaktors zwanzigmal weniger Kohlenstoff als der Kohle-Brennstoffkreislauf; siehe U. Fritsche, L. Rausch, K. H. Simon, **Environmental Analysis of Energy Systems: The Total-Emission-Model for Integrated Systems,** Öko-Institut e.V., Darmstadt, September 1989. Diesem Bericht zufolge sind die Emissionen von erneuerbaren Alternativen erheblich geringer als die der Kernenergie: Photovoltaik-Systeme emittieren etwa 10 Prozent, kleine Windanlagen etwa 20 Prozent der Kohlenstoff-Emissionen des nuklearen Brennstoffkreislaufs.

3 S. Boyle, **Limiting Climate Change: An Assessment of Global/Regional/ National Energy-CO_2 Scenarios,** Association for the Conservation of Energy, 9 Sherlock Mews, London, 1990.

4 H. L. Schmid, **Energy Scenarios, Technologies and Strategies and Their Impact on CO_2 Emissions,** Eidgenössisches Amt für Energie, Bern, März 1989.

5 J. Cook, "Nuclear Follies", in: **Forbes,** 11. Februar 1985.

6 D. Fishlock, "Lord Marshall Attacks U-Turn on Reactors", in: **Financial Times,** 29. Januar 1990.

7 B. Keepin, G. Kats, "Greenhouse Warming: Comparative Analysis of Nuclear and Efficiency Abatement Strategies", in: **Energy Policy,** Bd. 16, Nr. 6, Dezember 1988, S. 538–561.

8 "Scenario B" in: J. A. Edmonds, J. Reilly, J. R. Trabalka, D. E. Reichle, **An Analysis of Possible Future Atmospheric Retention of Fossil Fuel CO_2,** United States Department of Energy DOE/OR/21400–1, Washington, DC, September 1984.

9 In der veröffentlichten technischen Fassung dieser Analyse (siehe Keepin, Kats, Anm. 7) wird auch ein zweites Szenario untersucht. Beide Szenarien zusammen bilden eine Ergebnisliste der drohenden Gefahren, wenn wir energiepolitisch so weitermachen wie bisher. Da sich in beiden Fällen ähnliche Schlußfolgerungen ergeben, wird hier nur das weniger extreme Szenario untersucht.

10 Für eine detaillierte Beschreibung des Modells siehe J. Edmonds, J. Reilly, "Global Energy and CO_2 to the Year 2050", in: **Energy Journal,** 1983, Bd. 4, Nr. 3, 1983, S. 21–47; und J. Edmonds, J. Reilly, "A Long-Term Global Energy-Economic Model of Carbon Dioxide Release from Fossil Fuel Use", in: **Energy Economics,** Bd. 5, 1983, S. 74–88. Mit diesem Modell wurden eingehende Sensitivitäts- und Unsicherheitsanalysen durchgeführt, darunter eine probabilistische Szenarioanalyse mit Hilfe ausgefeilter Monte-Carlo-Verfahren. Siehe J. M. Reilly u.a., "Uncertainty Analysis of the IEA/ORAU CO_2 Emissions Model", in: **Energy Journal,** Bd. 8, Nr. 3, 1987, S. 1–30.

11 Genaugenommen ist das TW eine Leistungseinheit und das TW-Jahr eine Einheit der Primärenergie. Die eigentliche Einheit ist hier TW-Jahr pro Jahr, aber da das »Jahr« sowohl im Zähler als auch im Nenner auftritt, wird die Einheit in der Literatur gewöhnlich nur mit TW abgekürzt.

12 Im IPCC "Country Study Base Case" beträgt der Primärenergiebedarf im Jahre 2025 24,2 TW, bei Kohlenstoff-Emissionen von 12,2 Gt/Jahr; aus: "Energy and Industry Subgroup Report", draft report for IPCC, März 1990, S. 2–42.

13 Kohle ist der kohlenstoffintensivste fossile Brennstoff, gefolgt von Erdöl und Erdgas. Die Kohlenstoff-Emissionen je Einheit des verfeuerten Primärbrennstoffs betragen 0,75 Gt/TW-Jahr für Kohle, 0,62 Gt/TW-Jahr für Erdöl und 0,43 Gt/TW-Jahr für Gas; aus: G. Marland, "The Impact of Synthetic Fuels on Global CO_2 Emission", in: W. Clark (Hrsg.), **CO_2 Review 1982,** Oxford University Press, Oxford 1982.

14 Die Zeitverzögerung wird hauptsächlich auf die thermische Trägheit der Ozeane zurückgeführt, die sich nur langsam erwärmen können.

15 Hier wird angenommen, daß Schieferöl oder Teersande keinen größeren Beitrag leisten. Man beachte, daß die Emissionen des Treibhausgases N_2O aus der Kohleverbrennung ebenfalls verdrängt werden.

16 Da die meisten Untersuchungen zum Treibhausproblem hundert oder mehr Jahre in die Zukunft blicken, wird sich der Leser vielleicht fragen, warum wir hier nur die nächsten Jahrzehnte betrachten. Der Grund ist der, daß wir die Aussichten für eine nukleare Antwort auf das Treibhausproblem unter den günstigsten Annahmen untersuchen, und deshalb müssen wir einen massiven Übergang zur Kernenergie während der nächsten Jahrzehnte annehmen. Jenseits dieses Zeithorizonts wird einfach um des Arguments willen angenommen, daß jedes weitere Wachstum des Energiebedarfs durch Kernenergie (oder eine andere CO_2-arme Quelle) gedeckt wird. Deshalb gehen die Berechnungen nicht über das Jahr 2025 hinaus (andernfalls wäre das durchschnittliche Tempo des nuklearen Kapazitätenausbaus noch höher als im folgenden berechnet).

17 Die Kostenangaben sind in US-Dollar von 1987; siehe "A Comparison of Future Costs of Nuclear and Coal-Fired Electricity: An Update", Study Group of the Committee on Financial Considerations, US Council for Energy Awareness, Juli 1987. Eine Kilowattstunde sind 1000 Watt, die eine Stunde lang verbraucht werden.

18 Diese Zahl wird in Abschnitt 12.2.1 erläutert.

19 Private Mitteilung, Französische Botschaft, Washington, DC, Oktober 1987.

20 Von nun an beziehen sich die Ausdrücke kW, MW und GW auf Strom oder Stromkapazität. Hinweis: 1 GW = 1000 MW = 1 000 000 kW.

21 Eine weitere optimistische Annahme besteht darin, daß diese Analyse die Energie (und die damit verbundenen Kohlenstoff-Emissionen) ignoriert, die für den Bau der Kernkraftwerke erforderlich wäre. Nach einer neueren Studie liefern große Kernenergiesysteme selbst unter optimistischen Annahmen nur einen relativ geringen Nettobetrag von Energie, unter weniger optimistischen Annahmen einen vernachlässigbaren bis negativen Nettoertrag. (Die Studie zitiert auch einen älteren Bericht, demzufolge windgetriebene Stromerzeugungssysteme keine Nettoproduzenten von Energie sind, obwohl sich das auf Modelle vor 1985 bezog und seither erhebliche Fortschritte gemacht wurden.) Siehe G. Tyner sr., R. Costanza, R. G. Fowler, "The Net-Energy Yield of Nuclear Power", in: **Energy,** Bd. 13, Nr. 1, 1988, S. 73–81.

22 In allen Fällen wird der Wirkungsgrad der Umwandlung von Primär- in Sekundärenergie für Kohle mit 33 Prozent angenommen, die Lastfaktoren von Kernkraftwerken werden mit 65 Prozent angenommen (der weltweite Durchschnitt über zwanzig Jahre betrug 63 Prozent), und die Lebensdauer der Anlage wird mit dreißig Jahren angenommen. Das sind übliche Mittelwerte, die sich dank technologischer Verbesserungen zwar im Laufe der Zeit ändern könnten, doch läßt sich das nicht vorhersagen. Im übrigen könnten sich solche Veränderungen gegenseitig kompensieren; so würde ein verbesserter Umwandlungsgrad bei der Kohle dazu beitragen, die zur Ersetzung der Kohle erforderliche nukleare Kapazität zu erhöhen, während verbesserte Lastfaktoren von Kernkraftwerken dazu beitragen würden, die erforderliche Kapazität zu senken. Statt über die künftige Entwicklung dieser Details herumzuspekulieren, werden Werte angenommen, die heute als vertretbar gelten.

23 Unter Verwendung von Daten aus: **Nucleonics Week,** 4. Juni 1987.

24 Da die Lastfaktoren in Entwicklungsländern bislang eher niedrig waren, könnte in der Praxis noch mehr installierte Kapazität erforderlich sein.

25 Siehe Keepin, Kats, Anm. 7.

26 J. Van Domelen, **Power to Spare: The World Bank and Electricity Conservation,** The World Wildlife Fund, Washington, DC, 1988.

27 Bis 2025 würden die Kohlendioxid-Emissionen ungefähr auf dem heutigen Niveau bleiben, und anschließend würden die Emissionen in diesem

Szenario wegen verstärkter Verbrennung von Öl und Gas stetig zunehmen. Siehe Keepin, Kats, Anm. 7.

28 Im Prinzip könnte die Kernenergie auch Öl und Gas ersetzen (so könnten Pkws und Lkws mit Strom oder Wasserstoff betrieben werden, der durch Elektrolyse mittels Kernenergie gewonnen wurde). Die größte Kohlenstoff-Reduktion ließe sich jedoch durch die Verdrängung der Kohle erzielen, und deshalb würde das vermutlich als erstes geschehen. Hier soll gerade gezeigt werden, daß selbst die Verdrängung der Kohle mehr Kernkraftwerke erfordern würde, als in den nächsten Jahrzehnten überhaupt gebaut werden können.

29 N. Kouvaritakis, **Exploring the Robustness of Energy Policy Measures Designed to Reduce Long-Term Accumulations of Carbon Dioxide: An Approach,** International Energy Agency, Paris, Juni 1989.

30 N. Kouvaritakis, **Policy Measures and their Impact on CO_2 Emissions and Accumulations,** International Energy Agency, Paris, Dezember 1989.

31 Siehe Keepin, Kats, Anm. 7.

32 J. Goldemberg, T. B. Johansson, A. K. N. Reddy, R. H. Williams, **Energy for a Sustainable World,** Wiley Eastern Ltd, New Delhi 1988.

33 Berechnet anhand angenäherter empirischer Werte von 3000 Dollar je installiertem Kilowatt (Dollarkurs von 1987), nominale Fixkostenbelastung pro Jahr (einschließlich Zinsen während der Bauzeit) 20 Prozent, Lastfaktor 0,65 (was für US-Anlagen optimistisch ist) und jeweils 1 Cent/kWh für Brennstoff, Betrieb und Wartung sowie Fremdkapitalbedarf (Angaben von Komanoff Associates, New York, USA). Diese Rechnung ergibt die Stromgestehungskosten (bevor der Strom ins Netz geht). Aufgrund von Netzverlusten bei der Weiterleitung und Verteilung kostet eine gelieferte Kilowattstunde etwa 5 Prozent mehr. In Entwicklungsländern sind derartige Verluste weit höher – bis zu 40 Prozent (dies wird im Szenario nicht berücksichtigt). Man beachte, daß Strom, der durch rationelle Endnutzung eingespart wird, automatisch »geliefert« ist, weil er bereits an Ort und Stelle ist. Genaugenommen müßte die Analyse also die Kosten der rationellen Energienutzung mit den Kosten des gelieferten Stroms vergleichen, doch das geschieht hier nicht (was bedeutet, daß die Resultate in den Abbildungen 12.2 und 12.3 die Kernenergie ein wenig begünstigen).

34 Siehe zum Beispiel H. Geller u. a., **Annual Review of Energy,** Bd. 12, 1987, S. 357, wo die gewichteten Durchschnittskosten von Stromeinsparungsmaßnahmen in Tabelle 4 mit 2 Cents/kWh angegeben werden. Eine detaillierte Untersuchung des Wohnsektors in Michigan ergab, daß 29 Prozent des für das Jahr 2005 prognostizierten Stromverbrauchs zu durchschnittlichen Kosten von 2 Cents/kWh eingespart werden könnten. Die durchschnittlichen Kosten der ersten 75 Prozent der Einsparungen betragen nur 1,1 Cents/kWh: F. Krause, A. Rosenfeld, M. Levine, **Analysis of Michigan's Demand-Side Electricity Resources in the Residential Sector,** Lawrence Berkeley Laboratory, Berkeley, CA, April 1988.

35 So wird offenbar argumentiert in: P. M. S. Jones, "Greenhouse Warming – A Comment", in: **Energy Policy,** Bd. 17, Nr. 6, Dezember 1989, S. 613–614; und in: F. Conrad, "Kernenergie-Ausbau vs. rationellere Energienutzung zur Lösung des CO_2-Problems?", in: **Atomwirtschaft,** August/September 1989.

36 Geld, das nicht in Kernenergie investiert wird, wird deshalb nicht unbedingt in rationellere Energienutzung investiert, aber Geld, das in Kernenergie investiert wird, kann mit Sicherheit nicht für eine rationellere Energienutzung ausgegeben werden, und es kann gegenteilige Anreize schaffen. So haben viele US-Versorgungsunternehmen in dem Bemühen, ihre übermäßigen Investitionen in Kern- und Kohlekraftwerke wieder hereinzuholen, Programme zur rationellen Energienutzung zugunsten der Stromvermarktung abgebrochen. Das Electric Power Research Institute schätzte, daß dadurch bis zum Jahre 2000 rund 35 GW an zusätzlicher Spitzenlastnachfrage erzeugt werden: **Impact of Demand-Side Management on Future Customer Electricity Demand,** Palo Alto, CA, EPRI EM-4815-SR, Oktober 1986, S. 4–9. Investitionen in Kraftwerke und Investitionen in rationelle Energienutzung sind daher nicht bloß neutrale Konkurrenten um Geldmittel; sie schließen sich bis zu einem gewissen Grade aus, weil die Versorgungsunternehmen einen erhöhten Verbrauch benötigen, um neue Kraftwerke bezahlen zu können.

37 Siehe Keepin, Kats, Anm. 7.

38 Siehe z. B. **A Comparison of Future Costs of Nuclear and Coal-Fired Electricity: An Update,** Study Group of the Committee on Financial Considerations, US Council for Energy Awareness (USCEA), Washington, DC, Juli 1987.

39 P. E. Gray, "Nuclear Reactors Everyone Will Love", in: **Wall Street Journal,** 17. August 1989.

40 So behauptet Amory Lovins vom Rocky Mountain Institute (RMI), daß die USA 75 Prozent ihres Stromverbrauchs für rund 0,5 Cents/kWh einsparen könnten. Angabe in: **Competitek,** Update Service, Rocky Mountain Institute, Snowmass, Colorado.

41 A. B. Lovins u. a., **The State of the Art: Drivepower,** Rocky Mountain Institute, Snowmass, Colorado, April 1989.

42 C. Flavin, **Slowing Global Warming: A Worldwide Strategy,** Worldwatch Paper 91, Worldwatch Institute, Washington, DC. Laut Tabelle 4 auf S. 47 betragen die »Kohlenstoffvermeidungskosten« 19 Dollar/Tonne für rationelle Energienutzung und 617 Dollar/Tonne für Kernenergie; das Verhältnis ist also 617/19 = 32,5.

43 B. Keepin, G. Kats, "The Efficiency-Renewable Synergism", in: **Energy Policy,** Bd. 17, 1989, S. 614–616.

44 B. Keepin, M. Barrett, "Critique of UK IPCC Case Study", Juni 1990.

45 T. Jackson, S. Roberts, **Getting Out of the Greenhouse: An Agenda for**

UK Action on Energy Policy, Friends of the Earth, London, Dezember 1989.

46 A. Gadgil, G. de M. Jannuzzi, "Conservation Potential of Compact Fluorescent Lamps in India and Brazil", draft version, Lawrence Berkeley Laboratory, 2. Mai 1989.

47 Die Zahlen beziehen sich auf nicht abgezinste Dollar von 1985. H. Geller u.a., "Electricity Conservation in Brazil: Potential and Progress", in: **Energy,** Bd. 13, Nr. 6, 1988, S. 469–483.

48 L. M. Lidsky, "Safe Nuclear Power", in: **The New Republic,** 28. Dezember 1987.

49 A. M. Weinberg, I. Spiewak, "Inherently Safe Nuclear Reactors and a Second Nuclear Era", in: **Science,** 29. Juni 1984.

50 K. E. Stahlkopf, J. C. DeVine, W. R. Sugnet, **US ALWR Programme Sets Out Utility Requirements for Future Plants,** Electric Power Research Institute, Palo Alto, CA, 1988.

51 C. F. McDonald, "Nuclear Power – A Technology Vector in Carbon Dioxide Emission Reduction and Acid Rain Abatement", paper delivered to 10th International Conference SMiRT, Anaheim, CA, 14. bis 18. August 1989.

52 L. Hahn, B. Nockenburg, "Aspekte des Exports und der militärischen Nutzbarkeit von HTR-Modulanlagen", Auftrag der Grünen im Bundestag, Öko-Institut e.V., Darmstadt, Juni 1989.

53 "Outlook on Advanced Reactors", in: **Nucleonics Week,** 30. März 1989, zitiert in: Flavin, Anm. 1.

54 Ibid.

55 N. Rader u.a., **Power Surge: The Status and Near-Term Potential of Renewable Energy Technologies,** Public Citizen, Washington, DC, Mai 1989.

56 **Wind Energy in Denmark: Research and Technological Development, 1990,** Ministry of Energy, Danish Energy Agency, Kopenhagen 1990. Zugrunde gelegt werden gemittelte Jahreskosten 0,334 DK/kWh und ein Wechselkurs von 1 Dollar = 6,273 Dänische Kronen (DK).

57 Siehe Keepin, Barrett, Anm. 44.

58 J. Ogden, R. H. Williams, M. Fulmer, **Cogeneration Applications of Biomass Gasifier/Gas Turbine Technologies in the Cane Sugar and Alcohol Industries,** Center for Energy and Environmental Studies, Princeton University, Princeton, NJ, 1990.

59 Siehe Rader u.a., Anm. 55.

60 R. L. San Martin, **Environmental Emissions from Energy Technology Systems: The Total Fuel Cycle,** US Department of Energy, Washington, DC, April 1989.

61 Man beachte, daß dies den Erzeugungskosten in der Grundlast entspricht.

62 **The Potential of Renewable Energy: An Interlaboratory White Paper,** United States Department of Energy, SERI/TP-260-3674, DE 90000322, Washington, DC, März 1990, Anhang G.

63 J. Ogden, R. H. Williams, **Solar Hydrogen: Moving Beyond Fossil Fuels,** World Resources Institute, Washington, DC, Oktober 1989.

64 Ibid., S. 19.

65 Siehe Rader u. a., Anm. 55.

66 B. Bodlund, E. Mills, T. Karlsson, and T. B. Johansson, "The Challenge of Choices: Technology Options for the Swedish Electricity Sector", in: Johansson u. a., (Hrsg.), **Electricity,** Lund University Press, Lund 1989.

67 O. Hohmeyer, **Social Costs of Energy Consumption; External Effects of Electricity Generation in the Federal Republic of Germany,** Springer-Verlag, New York 1988.

68 Deutsche Mark von 1982 wurden mit dem Faktor 0,63 in US-Dollar umgerechnet von Sandia National Laboratories in Albuquerque, NM. Siehe Abschnitt IV-1 in Rader u. a., Anm. 55.

69 P. Jones, "Social Costs of Energy", in: **Atom,** Bd. 403, 1990, S. 23–27.

70 E. Teller, Rede vor der American Association of Petroleum Geologists, zitiert in: **San Francisco Chronicle,** 7. Juni 1990.

71 Überschrift einer Anzeige zum Tag der Erde, 22. April 1990, die in US-Zeitschriften und Sonntagsbeilagen erschien, im Auftrag des United States Council for Energy Awareness, Washington, DC, 1990.

72 C. Hohenemser, "The Accident at Chernobyl: Health and Environmental Consequences and the Implications for Risk Management", in: **Annual Review of Energy 13,** Palo Alto, CA, 1988, S. 383–428.

73 Ibid. Siehe auch F. v. Hippel, T. B. Cochran, "Chernobyl: Estimating Long Term Health Effects", in: **Bulletin of Atomic Scientists,** Bd. 3, Nr. 1, August/September 1986. (Der heldenhafte sowjetische Hubschrauberpilot, der Sand und Zement abwarf, um die Strahlungsquelle von Tschernobyl zu verschließen, erkrankte an Leukämie und starb im Juli 1990 in Seattle an den Komplikationen einer Knochenmarkstransplantation.)

74 C. Flavin, "Reassessing Nuclear Power", in: **State of the World 1987,** W. W. Norton, New York 1987.

75 M. Simons, "Study in East Finds Unsafe Atom Plants", in: **International Herald Tribune,** 8. Juni 1990.

76 S. Islam, K. Lindgren, "How Many Reactor Accidents Will There Be?", in: **Nature,** 21. August 1986.

77 **Managing the Nation's Commercial High-Level Radioactive Waste,** Office of Technology Assessment, Washington, DC, 1985.

78 L. J. Carter, "Nuclear Imperatives and Public Trust: Dealing With Radioactive Waste", in: **Issues in Science and Technology,** Winter 1987.

79 E. W. Colglazier, R. B. Langum, "Policy Conflicts in the Process for

Siting Nuclear Waste Repositories", in: **Annual Review of Energy 13,** Palo Alto, CA, 1988, S. 317–357.

80 "Nuclear Cleanup Costs Go Higher: 50 per cent over original estimate", in: **San Francisco Chronicle,** 4. Juli 1990.

81 L. Roberts, "Atomic Bomb Doses Reassessed", in: **Science,** 18. Dezember 1987.

82 M. J. Gardner u.a., "Results of Case-Control Study of Leukaemia and Lymphoma Among Young People Near Sellafield Nuclear Plant in West Cumbria" und "Methods and Basic Data of Case-control Study of Leukaemia and Lymphoma among Young People Near Sellafield Nuclear Plant in West Cumbria", in: **British Medical Journal,** 17. Februar 1990.

83 L. Roberts, "British Radiation Study Throws Experts into Tizzy", in: **Science,** 6. April 1990.

84 "BNF cover fallout", in: **The Times,** 10. März 1990.

85 D. Albright, H. A. Feiveson, "Plutonium Recycling and the Problem of Nuclear Proliferation", in: **Annual Review of Energy 13,** Palo Alto, CA, 1988, S. 239–265.

86 United States Department of Energy, Anm. 62, S. 8.

Kapitel 13: Tropische Wälder Norman Myers

1 **Tropical Forest Resources,** Food and Agriculture Organization, Rom, 1981; N. Myers, **Conversion of Tropical Moist Forests,** report to the National Academy of Sciences, National Research Council, Washington, DC, 1980; ders., **The Primary Source: Tropical Forests and Our Future,** W. W. Norton, New York, London 1984; R. A. Houghton, R. D. Boone, J. M. Melillo, C. A. Palm, G. M. Woodwell, N. Myers, B. Moore, D. L. Skole, "Net Flux of Carbon Dioxide from Tropical Forests in 1980", in: **Nature,** Bd. 316, 1985, S. 617–620; J.-P. Lanly, **Tropical Forest Resources,** Food and Agriculture Organization, Rom, 1982; J. M. Melillo, C. A. Palm, R. A. Houghton, G. M. Woodwell, N. Myers, "A Comparison of Recent Estimates of Disturbance in Tropical Forests", in: **Environmental Conservation,** Bd. 12, 1985, S. 37–40; J. Molofsky, C. A. S. Hall, N. Myers, **Comparison of Tropical Forest Surveys,** US Department of Energy, Washington, DC, 1986.

2 N. Myers, **Deforestation Rates in Tropical Forests and Their Climatic Implications,** Friends of the Earth, London 1989. Der ursprüngliche Bericht, der sechsmal so lang ist wie dieses Kapitel, geht ausführlich auf die Waldvernichtung in einzelnen Ländern ein und stützt sich dabei auf 400 verschiedene Quellen. Er informiert auch über die Forschungsmethoden, die Zuverlässigkeit der Daten und weitere Hintergrundaspekte. Außerdem enthält der Bericht eine Analyse der entwaldungsbedingten Kohlenstoff-Emissionen und eine Reihe von Vorschlägen zur politischen Bewertung und zur Walderhaltung. Der ursprüngliche Bericht führt etwa 400

Aufsätze und sonstige Publikationen über die Waldvernichtung an und beschränkt sich nahezu ausschließlich auf die Literatur der achtziger Jahre mit einem besonderen Schwerpunkt auf die Veröffentlichungen nach 1985. Zum Zustandekommen dieses Überblicks trug neben anderen Formen der Kommunikation auch ein umfangreicher Briefwechsel bei; wir haben mehrere Säcke mit Post – insgesamt über 600 Briefe – verschickt, ebenso zahlreiche Nachfragen.

3 Siehe Myers, Anm. 2.

4 W. Booth, "Monitoring the Fate of Forests from Space", in: **Science,** Bd. 243, 1989, S. 1428/1429; Y. J. Kaufman, C. J. Tucker, I. Y. Fung, "Remote Sensing of Biomass Burning in the Tropics", in: **Advances in Space Research,** Bd. 9, 1988, S. 265–268; N. Myers, "Tropical Deforestation and Remote Sensing", in: **Forest Ecology and Management,** Bd. 23, 1988, S. 215–225; C. J. Tucker, P. J. Sellers, "Satellite Remote Sensing of Primary Production", in: **International Journal of Remote Sensing,** Bd. 7, 1986, S. 1395.

5 Man beachte, daß das bewaldete Amazonien sehr viel kleiner ist als die offizielle Fläche Amazoniens von 5 Millionen km^2. Man vergesse auch nicht, daß der Begriff »Wald«, wie er hier verwendet wird, sich in Übereinstimmung mit der einleitenden Definition auf Feuchtwälder bezieht und damit die sogenannten Cerrado-Wälder, das heißt Trockenwälder, Südamazoniens ausklammert. Einige in diesem Abschnitt angeführten Quellen beziehen sich auch auf Cerrado-Wälder; insofern sie wichtige Daten über Feuchtwälder anführen, werden sie in diesen Überblick mit einbezogen, obwohl sie auch die Cerrado-Komponente berücksichtigen. Siehe R. P. da Cunha, **Deforestation Estimates Through Remote Sensing: The State of the Art in the Legal Amazonia,** Instituto Nacional de Pesquisas Espaciais, São Jose dos Campos, São Paulo, 1989; P. M. Fearnside, "Forest Management in Amazonia: The Need for New Criteria in Evaluating Economic Development Options", in: **Forest Ecology and Management,** Bd. 27, 1989, S. 61–79; ders., "Deforestation in Brazilian Amazonia", in: G. M. Woodwell (Hrsg.), **Biotic Impoverishment,** Cambridge University Press, New York, in Druck; **Avaliacao da Alteracao da Cobertura Florestal na Amazonia Legal Utilizando Sensoriamento Remoto Orbital,** Instituto de Pesquisas Espaciais, São Jose dos Campos, São Paulo, 1989.

6 Siehe für einige neuere Bestandsaufnahmen die unter Anm. 5 genannten Quellen. Des weiteren: H. P. Binswanger, **Brazilian Policies that Encourage Deforestation in the Amazon,** Environment Department Working Paper Nr. 16, Weltbank, Washington, DC, 1989; R. J. Buschbacher, C. Uhl, E. A. S. Serrao, "Large-scale Development in Eastern Amazonia", in: C. F. Jordan (Hrsg.), **Amazonian Rainforests: Ecosystem Disturbance and Recovery,** Springer-Verlag, New York 1987; A. D. Johns, "Economic Development and Wildlife Conservation in Brazilian Amazonia", in: **Ambio,** Bd. 17, 1988, S. 302–306; D. J. Mahar, "Government Policies and Deforestation in Brazil's Amazon Region", Environment Department

Working Paper Nr. 7, Weltbank, Washington, DC 1988; J.-P. Malingreau und C. J. Tucker, "Large-Scale Deforestation in the Southern Amazon Basin of Brazil", in: **Ambio,** Bd. 17, 1988, S. 49–55; C. A. Nobre, A. Setzer, "Deforestation Rates in Brazilian Amazonia", paper presented at Tropical Forests and Climate Change Conference, Royal Meteorological Society, London, 19. Mai 1990, Instituto de Pesquisas Espaciais, São Jose dos Campos, São Paulo, 1990; C. Peres, "Conservation of Primates in Western Brazilian Amazonia: Progress Report to World Wildlife Fund-U.S.", Washington, DC, 1987; A. W. Setzer, M. C. Pereira, "Amazon Biomass Burnings in 1987 and their tropospheric emissions", in: **Ambio,** in Druck; A. W. Setzer, M. C. Pereira, A. C. Pereira jr., S. A. O. Almeida, **Relatorio de Atividades do Projeto IBDF-INPE "SEQE" – Ano 1987,** Instituto Nacional de Pesquisas Espaciais, São Jose dos Campos, São Paulo, Brasilien, 1988; G. M Woodwell, R. A. Houghton, T. A. Stone, R. F. Nelson, W. Kovalick, "Deforestation in the Tropics: New Measurements in the Amazon Basin Using Landsat and NOAA Advanced Very High Resolution Radiometer Imagery", in: **Journal of Geophysical Research,** Bd. 92, 1987, S. 2157–2163.

7 Siehe Mahar, Anm. 6; Malingreau, Tucker, Anm. 6; und Woodwell u.a., Anm. 6; auch P. M. Fearnside, "Spatial Concentration of Deforestation in the Brazilian Amazon", in: **Ambio,** Bd. 15, 1986, S. 74–81, ders., "Deforestation and International Economic Development Projects in Brazilian Amazonia", in: **Conservation Biology,** Bd. 1, 1987, S. 214–221, sowie "An Ecological Analysis of Predominant Land Use in the Brazilian Amazon", in: **The Environmentalist,** Bd. 8, 1988, S. 281–300; W. P. Groeneveld, "Can Alternatives to Present Unsustainable Land-Use Mitigate Effects of Deforestation? The Case of Rondonia, Brazil", in: **Proceedings of Symposium on Amazonia, Deforestation and Possible Effects,** 46th International Congress of the Americanists, Amsterdam 1989; R. B. Nato, "Dispute About Destruction", in: **Nature,** Bd. 338, 1989, S. 531, und "Burning Continues, Slightly Abated", in: **Nature,** Bd. 339, 1989, S. 569; T. A. Stone, I. F. Brown, G. M. Woodwell, "Estimates of Land Use Change in Central Rondonia, Brazil, by Remote Sensing", in: **Forest Ecology and Management,** in Druck.

8 Siehe Mahar, Malingreau, Tucker, Anm. 6; sowie R. Nelson, N. Horning, T. Stone, "Determining the Rate of Forest Conversion in Mato Grosso, Brazil, Using Landsat MSS and AVHRR Data", in: **International Journal of Remote Sensing,** Bd. 8, 1987, S. 1767–1784; siehe auch Setzer u.a., Anm. 6, der jedoch eine viel kleinere Zahl angibt.

9 Siehe Malingreau, Tucker, Anm. 6; J.-P. Malingreau, persönliche Mitteilung, 1989; C. J. Tucker, persönliche Mitteilung, 1989.

10 Siehe Setzer u.a., Anm. 6.

11 Siehe Fearnside, Anm. 5 (beide Quellen); J.-P. Malingreau, persönliche Mitteilung, 1989; C. J. Tucker, persönliche Mitteilung, 1989.

12 Schätzung, die auf der Diskussion des Autors mit über zwanzig auf diesem Gebiet tätigen Wissenschaftlern beruht.

13 Siehe **Tropical Forest Resources** und Myers, **Conversion of Tropical Moist Forests,** Anm. 1.

14 Ibid.

15 Ibid.

16 Siehe Mahar, Anm. 6, und Peres, Anm. 6; sowie H. P. Binswanger, **Fiscal and Legal Incentives With Environmental Effects on the Brazilian Amazon,** Weltbank, Washington, DC, 1987.

17 Einen niedrigeren, allerdings stark bezweifelten Schätzwert von 251 000 km^2 nennt da Cunha, Anm. 5, und **Avaliacao da Alteracao da Cobertura Florestal,** Anm. 5.

18 Schätzungen, die auf der Diskussion des Autors mit über zwanzig auf diesem Gebiet tätigen Wissenschaftlern basieren.

19 P. Furley, **Land Cover and Land Cover Change Between Boa Vista and Maraca Island 1978–1985,** University of Edinburgh, Edinburgh 1989; P. Furley (Hrsg.), **The Rain Forest Frontier: Settlement and Change in Brazilian Roraima,** Routledge, London, in Druck.

20 Siehe Nobre, Setzer, Anm. 6.

21 Siehe **Avaliacao da Alteracao da Cobertura Florestal,** Anm. 5

22 Ibid.

23 Siehe Peres, Anm. 6.

24 Siehe Johns, Anm. 6.

25 P. M. Fearnside, "The Charcoal of Carajas: A Threat to the Forests of Brazil's Eastern Amazon Region", in: **Ambio,** Bd. 18, 1989, S. 141–143.

26 Ibid.

27 Siehe Fearnside, Anm. 7.

28 Siehe **Tropical Forest Resources** und Myers, "Conversion of Tropical Moist Forests", Anm. 1; F. White, **The Vegetation of Africa,** UNESCO, Paris 1983.

29 H. Schissel, "Zaire Seeks Better Climate for Timber", in: **Financial Times,** 11. Oktober 1989.

30 Department of Land Affairs, Environment and Nature Conservation (Zaire), "Institutional Study of the Forestry Sector", Kinshasa, 1988.

31 Ibid; R. F. W. Barnes, "Deforestation Trends in Tropical Africa", in: **African Journal of Ecology,** in Druck; Department of Land Affairs, Environment and Nature Conservation (Zaire), "Zaire Forest Policy Review", Kinshasa, 1988; C. Doumenge, "La Conservation des écosystèmes forestiers du Zaire", International Union for Conservation of Nature and Natural Resources, Gland, Schweiz, 1990; J. Goodson, **Conservation and Management of Tropical Forests and Biological Diversity in**

Zaire, US Agency for International Development, Kinshasa 1988; K. Kendrick, "Equatorial Africa", in: D. G. Campbell, H. D. Hammond (Hrsg.), **Floristic Inventory of Tropical Countries,** New York Botanical Garden, New York 1989, S. 203–216; J. Kenrick, "Deforestation in Zaire: Interim Report", Institut für Ökologie und angewandte Ethnologie, Mönchengladbach 1989; siehe auch C. Boeckle, H. Croze, "Tropical Forest Extent, Changes, Wood Production, Exports and Imports", United Nations Environment Programme, Nairobi 1986; und **Zaire: Conservation of Biological Diversity,** World Conservation Monitoring Centre, Cambridge 1988.

32 Eine Übersicht findet sich bei Myers, **Conversion of Tropical Moist Forests,** Anm. 1.

33 Persönliche Mitteilung von R. Roberts, Direktor des Forstwirtschaftssektors im Kanadischen Amt für Internationale Entwicklung, Ottawa 1989.

34 Siehe Kendrick, Anm. 31.

35 Siehe Quellenangaben unter Anm. 31; persönliche Mitteilung von Roberts, 1989.

36 Siehe **Tropical Forest Resources,** Anm. 1.

37 Siehe Goodson, Anm. 31; Barnes, Anm. 31.

38 R. Cribb, "The Politics of Environmental Protection in Indonesia", Centre of Southeast Asian Studies, Monash University, Melbourne 1988; J. Davidson, "Conservation Planning in Indonesia's Transmigration Programme: Case Studies from Kalimantan", Ministry of Transmigration, Djakarta 1987; C. MacAndrews, C. L. Sien (Hrsg.), **Too Rapid Rural Development: Perceptions and Perspectives from Southeast Asia,** Ohio University Press, Athens, Ohio, 1982; L. Murphy, **A Selected Annotated Bibliography on Natural Resources and the Environment of Indonesia, and a Guide to Additional Resources,** International Institute for Environment and Development, Washington, DC, 1987; N. Myers, **Report on Visit to Jakarta for Cabinet Discussions, 12–15 September 1988,** World-Wide Fund for Nature, Zeist, Niederlande, 1988; R. G. P. Petocz, **Conservation and Development in Irian Jaya: A Strategy of Rational Resource Utilization,** World Wildlife Fund, Bogor, Indonesien, 1987; A. C. Smiet, "Forest Conversion and Its Impact on Watershed Management in Indonesia", in: T. F. Rijnberg (Hrsg.), **Proceedings of Joint Seminar on Watershed Management and Research,** 10. bis 17. Februar 1990, Bogor, Indonesien, Duta Rimba, Djakarta 1990; D. Setyomo, **A Review of Issues Affecting the Sustainable Development of Indonesia's Forest Land,** Ministry of Forestry, Djakarta, Indonesien, 1985; J. Tarrant u.a., **Natural Resources and Environmental Management in Indonesia: An Overview,** US Agency for International Development, Djakarta 1987; A. Whitten, "Indonesia's Transmigration Programme and Its Role in the Loss of Tropical Rain Forests", in: **Conservation Biology,** Bd. 1, 1987, S. 239–246; A. J. Whitten, H. Haeruman, H. S. Alikodra, M. Thohari, **Transmigration and Environment in Indonesia,** Conservation Monitoring Centre, Cambridge 1987;

Indonesia: The Outer Islands: Issues in the Sustainable Use of Land and Forest Resources, Weltbank, Washington, DC, 1987.

39 Regionale Übersichten findet man im Regionalteil des Regional Physical Planning Programme for Transmigration, Land Resources Development Centre, Overseas Development Administration, London 1987/89; siehe auch T. M. B. Abell, "The Application of Land Systems Mapping to the Management of Indonesian Forests", in: **Journal of World Forest Resource Management,** Bd. 3, 1988, S. 111–127; siehe auch **Forests, Land and Water: Issues in Sustainable Development,** Weltbank, Djakarta 1988.

40 Siehe Weltbank, Anm. 39.

41 Ibid.

42 Ibid.

43 Genauere Informationen finden sich bei Myers, Anm. 38.

44 Ausführlichere Daten über einzelne Länder stehen bei Myers, Anm. 2.

45 Siehe Quellenangaben, Anm. 13.

46 Siehe Myers, Anm. 2.

47 Ibid.

48 Einige anschauliche Beispiele über Kolumbien finden sich bei J. Battjees, **A Survey of the Secondary Vegetation in the Surroundings of Araracuara, Amazonas, Colombia,** Hugo de Vries Laboratory, University of Amsterdam, Amsterdam 1988; über die Philippinen bei M. C. J. Cruz, I. Zosa-Feranil, C. L. Goce, "Population Pressure and Migration: Implications for Upland Development in the Philippines", in: **Journal of Philippine Development,** Bd. 15, 1988, S. 15–46; über Indonesien bei Myers, Anm. 38; über mehrere Staaten Lateinamerikas bei D. Schumann, W. L. Patridge, **Human Ecology of Tropical Land Settlement in Latin America,** Westview Press, Boulder, Colorado, 1989; über Ecuador bei D. Southgate, **How to Promote Tropical Deforestation: The Case of Ecuador,** Department of Agricultural Economics, Ohio State University, Columbus, Ohio, 1990; über mehrere Staaten Lateinamerikas bei W. C. Thiesenhusen (Hrsg.), **Searching for Agrarian Reform in Latin America,** Unwin Hyman, Boston, Mass., 1989.

49 J. O. Browder, "Development Alternatives for Tropical Rain Forests", in: H. J. Leonard (Hrsg.), **Environment and the Poor: Development Strategies for a Common Agenda,** Transaction Books, New Brunswick 1989, S. 111–133; siehe auch C. Uhl, "Factors Controlling Succession Following Slash-and-Burn Agriculture in Amazonia", in: **Journal of Ecology,** Bd. 75, 1987, S. 377–407.

50 E. G. Egler, "A Zona Bragantina do Estado do Para", in: **Revistal Brasileira de Geografia,** Bd. 23, 1961, S. 527–555.

51 Siehe Battjees, Anm. 48.

52 A. H. Gentry, "Northwest South America (Colombia, Ecuador and Peru)" in: Campbell, Hammond (Hrsg.), Anm. 31, S. 391–400.

53 M. J. Dourojeanni, **Si El Arbol de la Quina Hablara,** Fundacion Peruana para la Conversacion de la Naturaleza, Lima 1988.

54 A. V. Revilla, J. A. Canonizado, M. C. Gregorio, **Forest Resources Management Report,** Forest Resources Management Task Force, Resource Policy Group, Manila, Philippinen, 1987.

55 P. Hirsch, "Deforestation and Development in Thailand", in: **Singapore Journal of Tropical Geography,** Bd. 8, 1987, S. 129–138.

56 S. C. Chin, "Managing Malaysia's Forests for Sustained Production", in: **Wallaceana,** Bd. 55 und 56, 1989, S. 1–11.

57 Persönliche Mitteilung von S. M. Saulei, dem Leiter des Forstministeriums, Lae, Papua-Neuguinea, 1989.

58 F. N. Hepper, "West Africa", in: Campbell, Hammond (Hrsg.), Anm. 31, S. 189–197.

59 A. Bertrand, "Déforestation en zone de forêt en Côte d'Ivoire", in: **Bois et Forêts des Tropiques,** Bd. 202, 1983, S. 3–17.

60 M. D. Jenkins, **Madagascar: An Environmental Profile,** Conservation Monitoring Centre, Cambridge 1987.

61 F. S. P. Ng, "Ecological Principles of Tropical Lowland Rain Forests Conservation", in: S. L. Sutton, T. Whitmore, A. C. Chadwick (Hrsg.), **Tropical Rain Forests: Ecology and Management,** Blackwell Scientific Publications, Oxford 1983, S. 359–373.

62 P. M. Fearnside, "Brazil's Amazon Forest and the Global Carbon Problem: Reply to Lugo and Brown", in: **Interciencia,** Bd. 11, 1986, S. 58–64.

63 C. Uhl, "Factors Controlling Succession Following Slash-and-Burn Agriculture in Amazonia", in: **Journal of Ecology,** Bd. 75, 1987, S. 377–407.

64 P. M. Fearnside, "Human-Use Systems and the Causes of Deforestation in the Brazilian Amazon", paper presented at UNU International Conference on Climatic, Biotic and Human Interactions in the Humid Tropics; São Jose dos Campos, São Paulo, Brasilien, 25. Februar bis 1. März 1985; siehe auch A. E. Lugo, S. Brown, "Brazil's Amazon forest and the Global Carbon Problem", in: **Interciencia,** Bd. 11, 1986, S. 57/58; P. M. Fearnsides Entgegnung, Anm. 62; C. Uhl, R. Buschbacher, E. A. S. Serrao, "Abandoned Pastures in Eastern Amazonia: Patterns of Plant Succession", in: **Journal of Ecology,** Bd. 76, 1988, S. 663–681.

65 "An Interim Report on the State of Forest Resources in the Developing Countries", Food and Agriculture Organization, Rom 1988.

66 Siehe Myers, Anm. 2.

67 Eine aufschlußreiche Kritik an der Erschließung des Amazonasgebiets durch Brasilien und überzeugende Stellungnahmen zu einer Entwicklungspolitik, die unwissentlich die Waldvernichtung in anderen Regionen, z.B. den Philippinen, Malaysia, Indonesien und Westafrika, sehr viel stärker fördert, als eigentlich beabsichtigt, finden sich in: R. Repetto,

M. Gillis, **Public Policy and the Misuse of Forest Resources,** Cambridge University Press, Cambridge 1988.

68 **Forestry Development in Repelita V,** Ministry of Forestry, Djakarta 1989; siehe auch Myers, Anm. 38.

69 N. Myers, "The World's Forests and Human Populations: The Environmental Interface", in: K. Davis, M. S. Bernstam (Hrsg.), **Population and Development Review,** Bd. 16, Special Supplement, 1990, S. 1–15; T. K. Rudel, "Population, Development and Tropical Deforestation: A Cross-National Study", in: **Rural Sociology,** Bd. 54, 1989, S. 327–338; R. P. Shaw, "Rapid Population Growth and Environmental Degradation: Ultimate Versus Proximate Factors", in: **Environmental Conservation,** Bd. 16, 1989, S. 199–208.

70 Barbira-Scazzocchio (Hrsg.), **Land, People and Planning in Contemporary Amazonia,** Centre of Latin American Studies, Cambridge University, Cambridge 1980; Cruz, Zosa-Feranil, Goce, Anm. 48; G. W. Jones, H. V. Richter, **Population Mobility and Development: Southeast Asia and the Pacific,** Development Studies Centre, Canberra 1981; M. Palo, J. Salmi (Hrsg.), **Deforestation or Development in the Third World?,** Finnish Forest Research Institute, Helsinki 1988; W. J. Peters, L. F. Neuenschwander, **Slash and Burn Farming in Third World Forests,** University of Idaho Press, Moscow, Idaho, 1988; R. J. Pryor (Hrsg.), **Migration and Development in Southeast Asia,** Oxford University Press, Oxford 1979; H. Ruthenberg, **Farming Systems in the Tropics,** Oxford University Press, Oxford 1983; W. Schulte, **Report on Population Data in Slash-and-Burn Forestry Communities in Asia,** Food and Agriculture Organization, Rom 1981; D. Schumann, W. L. Patridge, **Human Ecology of Tropical Land Settlement in Latin America,** Westview Press, Boulder, Colorado, 1989; R. Sinha, "Landlessness: A Growing Problem", FAO Economic and Social Development Series Nr. 28, Rom 1984; W. C. Thiesenhusen (Hrsg.), Anm. 48; H. Uhlig (Hrsg.), **Spontaneous and Planned Settlement in Southeast Asia,** Institut für Asienkunde, Hamburg, und Gießener Geographische Schriften, Bd. 58, 1984.

71 Siehe Malingreau, Tucker, Anm. 6.

72 Siehe Myers, Anm. 2.

73 E. Salati, C. A. Nobre, "Possible Climatic Impacts of Tropical Deforestation", in: **Climatic Change,** in Druck.

74 S. H. Schneider, **Global Warming: Are We Entering the Greenhouse Century?,** Sierra Club Books, San Francisco, California, 1989.

75 J. McCormick, **Acid Earth: The Global Threat of Acid Pollution,** Earthscan, London 1989; H. Rodhe, R. Herrera (Hrsg.), **Acidification in Tropical Countries,** John Wiley & Sons, Chichester and New York 1988.

76 D. Zhao, B. Sun, "Air Pollution and Acid Rain in China", in: **Ambio,** Bd. 15, 1986, S. 2–5.

77 Dieser Abschnitt stützt sich auf das Kapitel "Emissions of Greenhouse

Gases" in dem Bericht der Friends of the Earth (siehe Myers, Anm. 2), der von Richard A. Houghton vom Woods Hole Research Center, Massachusetts, USA, verfaßt worden ist.

78 Siehe Myers, Anm. 2.

79 J. Evans, "Plantation Forestry in the Tropics – Trends and Prospects", in: **International Tree Crops Journal,** Bd. 4, 1986, S. 3–15; D. Pandey, "Growth and Yield of Plantation Species in the Tropics", FAO, Rom 1983; B. J. Zobel, G. V. Wyk, P. Stohl, **Growing Exotic Forests,** Wiley Inter-Science, New York 1987; siehe auch S. Brown, A. E. Lugo, J. Chapman, "Biomass of Tropical Tree Plantations and its Implications for the Global Carbon Budget", in: **Canadian Journal of Forestry Research,** Bd. 16, 1985, S. 390–394.

80 L. G. Brandao, "Short-Rotation Forestry for Energy and Industry", in: H. Egneus, A. Ellegard (Hrsg.), **Bioenergy '84,** Elsevier Applied Science Publishers, London 1985, ii, S. 77–85.

81 Ähnliche Berechnungen finden sich bei G. Marland, **The Prospect of Solving the CO_2 Problem Through Global Reforestation,** Carbon Dioxide Research Division, US-Department of Energy, Washington, DC, 1988; bei S. Postel, L. Heise, **Reforesting the Earth,** Worldwatch Paper Nr. 83, Worldwatch Institute, Washington, DC, 1988; und bei M. C. Trexler, P. E. Faeth, J. M. Kramer, **Forestry as a Response to Global Warming: An Analysis of the Guatemala Agroforestry Carbon Sequestration Project,** World Resources Institute, Washington, DC, 1989.

82 N. Myers, T. Goreau, "Tropical Forests and the Greenhouse Effect: A Management Response", in: **Climatic Change,** in Druck; R. A. Houghton, G. M Woodwell, "Global Climatic Change", in: **Scientific American,** Bd. 260, 1989, S. 36–44.

83 S. Postel, L. Heise, **Reforesting the Earth,** Worldwatch Paper Nr. 83, Worldwatch Institute, Washington, DC, 1988.

Kapitel 14: Der Beitrag der Landwirtschaft zur globalen Erwärmung
Anne Ehrlich

Die Verfasserin möchte Paul Ehrlich, John Harte, Cheryl Holdren, John Holdren, Pamela Matson und Peter Vitousek dafür danken, daß sie das Manuskript gelesen und Verbesserungsvorschläge gemacht haben. Darüber hinaus möchte ich Peter Gleick, John Harte, Rafe Pomerance, Joel Swisher, Peter Vitousek und Brooks Yaeger meinen Dank dafür aussprechen, daß sie mir so großzügig Informationen, Literaturhinweise und Quellenmaterial für diese Arbeit zur Verfügung gestellt haben.

1 IPCC Working Group 3 "Response Strategies", Policymakers' Summary, first draft, 1. Mai 1990. Die beste verfügbare zusammenfassende Übersicht über Treibhausgase stammt von R. Watson u. a., "Greenhouse Gases and Aerosols", in **The Scientific Assessment of Climate Change,**

report to the IPCC Working Group 1, Section 1, Peer Reviewed Assessment for Working Group 1 Plenary, 25. April, World Meteorological Organization, Genf 1990; IPCC Working Group 3, "Response Strategies", Subgroup on Agriculture, Forestry, and Other Human Activities, World Meteorological Organization, Genf 1990.

2 P. H. Gleick, C. Shirley, "Greenhouse Gas Emissions from Agricultural Activities", Bericht des Office of Technology Assessment vom 3. Dezember 1988, unveröffentlicht, aber erhältlich beim Pacific Institute, 1681 Shattuck Ave., Suite H, Berkeley, CA 94709.

3 **1990 World Population Data Sheet,** Population Reference Bureau, Washington, DC, 1990.

4 P. R. Ehrlich, A. H. Ehrlich, **The Population Explosion,** Simon & Schuster, New York 1990; S. H. Schneider, **Global Warming,** Sierra Club Books, San Francisco 1989; P. R. Ehrlich, A. H. Ehrlich, "How the rich can save the poor and themselves: lessons from the global warming", in: **Global Warming and Climate Change: Perspectives from Developing Countries,** proceedings of the Tata Energy Research Conference, Neu-Delhi, Februar 1989, in Druck.

5 P. Ciborowski, "Sources, sinks, trends, and opportunities", in: D. E. Abrahamson (Hrsg.), **The Challenge of Global Warming,** Island Press, Washington, DC, 1989; M. A. K. Khalil, R. A. Rasmussen, "Sources, sinks, and seasonal cycles of atmospheric methane", in: **Journal of Geophysical Research,** Bd. 88, Juni 1983, S. 5131–5144.

6 K. Shine u. a., "Radiative Forcing of Climate", Section 2, Peer Reviewed Assessment for Working Group 1 Plenary, 27. April 1990; Watson u. a., siehe Anm. 1; die IPCC Working Group 3, Subgroup on Agriculture (siehe Anm. 1) gab eine Zahl von 20 Prozent an. Etwas niedrigere Zahlen für Methan im Vergleich zu CO_2 aufgrund der kürzeren atmosphärischen Verweilzeit von Methan werden in zwei neueren Aufsätzen genannt. D. A. Lashof und D. R. Ajuha gehen in ihrer Abhandlung, "Relative contributions of greenhouse-gas emissions to global warming", in: **Nature,** Bd. 344, 1990, S. 529–531, davon aus, daß Methan nur 3,7fach so wirksam ist wie CO_2. Eine andere Berechnung kommt auf einen Wert von 5 in bezug auf die direkten Auswirkungen von Methan und einen Wert von 10, wenn auch die indirekten Auswirkungen berücksichtigt werden (das heißt, wenn photochemische Reaktionen CO_2, O_3 und stratosphärischen Wasserdampf erzeugen). Siehe hierzu H. Rohde, "A comparison of the contributions of various gases to the greenhouse effect", in: **Science,** Bd. 248, 1990, S. 1212.

7 R. J. Cicerone, R. S. Oremland, "Biogeochemical aspects of atmospheric methane", in: **Global Biogeochemical Cycles,** 1989; D. R. Blake, F. S. Rowland, "Continued worldwide increase in tropospheric methane, 1978–1987", in: **Science,** Bd. 239, 1988, S. 1129–1131.

8 J. Chappellaz, J. M. Barnola, D. Reynaud, Y. S. Korotkevich, C. Lorius, "Icecore record of atmospheric methane over the past 160000 years", in:

Nature, Bd. 345, 1990, S. 127–131. Diese Studie zeigte eine enge Korrelation zwischen der atmosphärischen Methan-Konzentration und Temperaturänderungen während mehrerer eiszeitlicher und zwischeneiszeitlicher Perioden; die Autoren wiesen auch darauf hin, daß »der natürliche Methan-Zyklus bei jeder künftigen globalen Erwärmung als positive Rückkopplung wirken könnte«.

9 Watson u. a., Anm. 1, schätzen 40 bis 48 Tg; andere Quellen (Ciborowski, Anm. 5; Cicerone, Oremland, Anm. 7; D. R. Blake, F. S. Rowland, Anm. 7) geben etwas höhere Schätzwerte (etwa 60 Tg) an.

10 S. Hameed, R. Cess, "Impact of a global warming on biospheric sources of methane and its climatic consequences", in: **Tellus,** Bd. 35B, 1983, Nr. 1, S. 7; R. Revelle, "Methane hydrates in continental slope sediments and increasing atmospheric carbon dioxide", in: **Changing Climate,** Carbon Dioxide Assessment Committee, National Research Council, National Academy Press, Washington, DC, 1983; M. A. K. Khalil, R. A. Rasmussen, "Causes of increasing atmospheric methane: depletion of hydroxyl radicals and the rise of emissions", in: **Atmospheric Environment,** Bd. 19, 1985, S. 397–407.

11 Siehe Watson u. a., Anm. 1; D. A. Lashof, D. A. Tirpak, (Hrsg.), **Policy Options for Stabilizing Clobal Climate,** draft report to Congress, Bd. 1, Kap. 2, Environmental Protection Agency, Washington, DC, 1989; Gleick, Shirley, Anm. 2.

12 M. Wahlen, N. Tanaka, R. Henry, B. Deck, J. Zeglen, J. S. Vogel, J. Southon, A. Shemesh, R. Fairbanks, W. Broecker, "Carbon-14 in methane sources and in atmospheric methane: the contribution from fossil carbon", in: **Science,** Bd. 245, 1989, S. 286–290.

13 Siehe Ciborowski, Anm. 5; Revelle, Anm. 10; J. Leggett, "Critique of the policymakers' summary of the scientific assessment of climate change", report to IPCC from Working Group 1, 3. Entwurf, 2. Mai 1990; siehe Greenpeace International Submission for the Working Group 1 Final Plenary, 23. bis 25. Mai 1990 (vorgelegt am 17. Mai), und die darin enthaltenen Literaturhinweise.

14 Siehe Watson u. a., Anm. 1.

15 Ibid. und Literaturhinweise Anm. 7.

16 Übernommen von Watson u. a., Anm. 7; IPCC Working Group 3, Subgroup on Agriculture, Anm. 1, gibt fälschlicherweise in ihrem undatierten Berichtsentwurf die jeweiligen prozentualen Anteile mit 15, 9 und 8 an.

17 Siehe Gleick, Shirley, Anm. 2; Khalil, Rasmussen, Anm. 5; Lashof, Tirpak, Anm. 11.

18 Laut Schätzung der IPCC Working Group 1. Andere Quellen geben ähnliche Spannen an: Siehe Gleick, Shirley, Anm. 2; Cicerone, Oremland, Anm. 7; Lashof, Tirpak, Anm. 11.

19 H. H. Neue, H. W. Scharpenseel, "Gaseous products of decomposition of organic matter in submerged soils", International Rice Research Institute, **Organic Matter and Rice,** Los Banos, Philippinen, 1984, S. 311–328; A. Holzapfel-Pschorn, W. Seiler, "Methane emission during a cultivation period from an Italian rice paddy", in: **Journal of Geophysical Research,** Bd. 92, 1986, S. 4225–4230; R. J. Cicerone, J. D. Shetter, "Sources of atmospheric methane: measurements in rice paddies and a discussion", in: **Journal of Geophysical Research,** Bd. 86, 1981, S. 7203–7209; R. J. Cicerone, J. D. Shetter, C. C. Delwiche, "Seasonal variation of methane flux from a California rice paddy", in: **Journal of Geophysical Research,** Bd. 88, 1983, S. 11 022–11 024.

20 Siehe Gleick, Shirley, Anm. 2; Cicerone u. a., Anm. 19; Lashof, Tirpak, Anm. 11.

21 P. J. Crutzen, I. Aselmann, W. Seiler, "Methane production by domestic animals, wild ruminants, other herbivorous fauna, and humans", in: **Tellus,** Bd. 38B, 1986, S. 271–284. Gute Zusammenfassungen findet man in: Lashof, Tirpak, Anm. 11; und Gleick, Shirley, Anm. 2.

22 **1988 Food Production Yearbook,** FAO, Rom 1989.

23 Siehe Watson u. a., Anm. 1; Lashof, Tirpak, Anm. 11; Crutzen u. a., Anm. 21.

24 **World Agricultural Production,** WAP 3–90, Foreign Agricultural Service, US Department of Agriculture, Washington, DC, März 1990; L. R. Brown u. a., **State of the World 1990,** W. W. Norton, New York 1990.

25 Siehe Watson u. a., Anm. 1. Andere Schätzungen über die Verbrennung von Biomasse liegen höher: Siehe zum Beispiel Cicerone, Oremland, Anm. 7, die auf einen Wert von 50 bis 100 Tg pro Jahr kommen.

26 Siehe Ciborowski, Anm. 5; D. Blake, "Methane, CFCs and other greenhouse gases", in: D. E. Abrahamson, **The Challenge of Global Warming,** Island Press, Washington, DC, 1989; Watson u. a., Anm. 1.

27 Siehe Ciborowski, Anm. 5.

28 Siehe Blake, Anm. 26.

29 Siehe Watson u. a., Anm. 1.

30 T. A. Steudler, R. D. Bowden, J. M. Melillo, J. D. Aber, "Influence of nitrogen fertilization on methane uptake in forest soils", in: **Nature,** Bd. 341, 1989, S. 314.

31 M. Oppenheimer, R. H. Boyle, **Dead Heat,** Basic Books, New York 1990; siehe auch Watson u. a., Anm. 1; Ciborowski, Anm. 5; Cicerone, Oremland sowie Blake, Rowland, Anm. 7.

32 Siehe Watson u. a., Anm. 1; IPCC Working Group 1, Policymakers' Summary, 2. Mai 1990.

33 Die IPCC Working Group 3, Subgroup on Agriculture, Anm. 1, schätzt, daß die Emissionen um 10 bis 30 Prozent reduziert werden könnten, belegt diese Aussage aber nicht weiter.

34 P. M. Vitousek, persönliche Mitteilung; siehe Gleick, Shirley, Anm. 2.

35 Siehe Anm. 1, IPCC Working Group 3, Subgroup on Agriculture.

36 K. L. Blaxter, J. L. Clapperton, "Prediction of the amount of methane produced by ruminants", in: **British Journal of Nutrition,** Bd. 19, 1965, S. 511–522. Neuere Forschungen haben gezeigt, daß ein hoher Stärke-Zellulose-Anteil im Viehfutter zu niedrigeren Emissionen führt. New South Wales Department of Agriculture, Beef Cattle Nutrition Unit, CSIRO, persönliche Mitteilung.

37 Siehe **Food Production Yearbook,** Anm. 22.

38 Siehe Gleick, Shirley, Anm. 22.

39 Siehe **Food Production Yearbook,** Anm. 22.

40 World Resources Institute, **World Resources 1988–89,** Basic Books, New York 1989, das sich dabei auf Schätzungen der Weltbank stützt.

41 Siehe Brown u. a., Anm. 24.

42 Siehe Lashof, Tirpak, Anm. 11; Watson u. a., Anm. 1; Lashof, Ahuja, Anm. 6, errechnen für N_2O einen Wert von 180.

43 Siehe Shine u. a., Anm. 6.

44 Siehe Ciborowski, Anm. 5.

45 Siehe Watson u. a., Anm. 1; M. Keller, W. A. Kaplan, S. C. Wofsy, "Emissions of N_2O, CH_4, and CO_2 from tropical soils", in: **Journal of Geophysical Research,** Bd. 91, 1986, S. 11791–11802; P. A. Matson, P. M. Vitousek, "Cross-system comparisons of soil nitrogen transformations and nitrous oxide flux in tropical forest ecosystems", in: **Global Biogeochemical Cycles,** Bd. 1, 1987, S. 163–170.

46 Siehe Watson u. a., Anm. 1; P. A. Matson, P. M. Vitousek, persönliche Mitteilung.

47 M. B. McElroy, S. C. Wofsy, "Tropical forests: interactions with the atmosphere", in: G. T. Prance (Hrsg.), **Tropical Rain Forests and the World Atmosphere,** Westview, Boulder, Colorado, 1986, S. 33–60.

48 F. Luizao, P. Matson, G. Livingston, R. Luizao, P. Vitousek, "Nitrous oxide flux following tropical land clearing", in: **Global Biogeochemical Cycles,** Bd. 3, 1989, S. 281–285.

49 T. J. Goreau, W. Z. de Mello, "Tropical deforestation: some effects on atmospheric chemistry", in: **Ambio,** Bd. 17, Nr. 4, 1988, S. 275–281.

50 N. Myers, **Deforestation Rates in Tropical Forests and their Climatic Implications,** Friends of the Earth, London 1989; World Resources Institute, **World Resources, 1990–91,** Basic Books, New York, World Resources Institute, 1990.

51 Eine verständliche Beschreibung der komplizierten Mechanismen des Stickstoff-Kreislaufs findet man bei: P. R. Ehrlich, A. H. Ehrlich, J. P. Holdren, **Ecoscience: Population, Resources, Environment,** Freeman, San Francisco 1977, Kap. 3.

52 Auf der Grundlage dieser Zahl und dieser Schätzungen über die Stick-

oxid-Emissionen je Kilogramm Dünger gehen Lashof, Tirpak, Anm. 11, davon aus, daß diese Quelle jährlich zwischen 0,14 und 2,4 Tg Stickstoff freisetzt.

53 Committee on the Role of Alternative Farming Methods in Modern Production Agriculture, **Alternative Agriculture,** Board on Agriculture, National Research Council, National Academy Press, Washington, DC, 1989; L. D. King, "Sustainable soil fertility practices", in: C. A. Francis, C. B. Flora, L. D. King (Hrsg.), **Sustainable Agriculture in Temperate Zones,** John Wiley & Sons, New York 1990; P. M. Vitousek, persönliche Mitteilung.

54 Siehe auch IPCC Working Group 3, "Response Strategies", 1990, Anm. 1.

55 Ibid.

56 Siehe Ehrlich u. a., Anm. 51, Kap. 11.

57 Siehe Francis u. a., Anm. 53.

58 Siehe Gleick, Shirley, Anm. 2; G. A. Breitenbeck, A. M. Blackmer, J. M. Bremner, "Effects of different nitrogenous fertilizers on emissions of nitrous oxides from soils", in: **Geophysical Research Letters,** Bd. 7, Nr. 1, 1980, S. 85–88; J. M. Bremner, A. M. Blackner, "Nitrous oxide: emission from soils during nitrification of fertilizer nitrogen", in: **Science,** Bd. 199, 1978, S. 295/296; F. Slemr, W. Seiler, "Field measurements of NO and NO_2 emissions from fertilized and unfertilized soils", in: **Journal of Atmospheric Chemistry,** Bd. 2, 1984, S. 1–24; I. Fung, E. Matthews, J. Lerner, "Trace gas emissions associated with agricultural activities", EPA Workshop on Agriculture and Climate Change, Washington, DC, 29. Februar bis 1. März 1988.

59 Der bei ineffizienter Düngung verlorengehende Stickstoff gelangt häufig in Flüsse, wo er zu Eutrophierungsproblemen, das heißt zur Überdüngung von Binnengewässern beiträgt. Bei der dadurch geförderten Algenblüte entstehen große Mengen Methan. Siehe C. W. R. Spedding, J. M. Walsingham, A. M. Hoxey, **Biological Efficiency in Agriculture,** Academic Press, London, New York 1981, Kap. 4.

60 Die folgenden Empfehlungen gehen im wesentlichen auf Gleick, Shirley, Anm. 2, zurück. Einige verdanke ich auch persönlichen Mitteilungen von P. M. Vitousek und P. A. Matson.

61 Siehe Gleick, Shirley, Anm. 2.

62 Siehe Committee on the Role of Alternative Farming, Anm. 53; Francis u. a., Anm. 53; J. P. Reganold, R. I. Papendick, J. F. Parr, "Sustainable agriculture", in: **Scientific American,** Juni 1990; P. H. Abelson, "Opportunities in agricultural research", (Leitartikel), in: **Science,** Bd. 248, 1990, S. 941.

63 Siehe Committee on Alternative Farming Methods, Anm. 53.

64 Siehe IPCC Working Group 3, Subgroup on Agriculture, Anm. 1.

65 Population Reference Bureau (PRB), 1990. Das PRB erarbeitet die Prognosen über das Bevölkerungswachstum zwar hausintern, stützt sich dabei aber in hohem Maße auf Statistiken und Prognosen der Vereinten Nationen, der Weltbank und anderer offizieller Quellen.

66 Nach den Aussagen eines Vertreters der FAO, die aber hier nicht näher dargelegt werden.

67 L. Brown, **The changing world food prospect: the nineties and beyond,** Worldwatch Paper 85, Worldwatch Institute, Washington, DC, Oktober 1989, Brown u.a., Anm. 24.

68 Umweltprogramm der Vereinten Nationen (United Nations Environmental Programme), **Environmental Data Report,** Basil Blackwell, Oxford 1987; World Resources Institute, Anm. 40.

69 Siehe Brown, Anm. 67.

70 Die Ursachen hierfür diskutiert A. H. Ehrlich in ihrem Beitrag "Development and Agriculture", in: P. R. Ehrlich, J. P. Holdren, (Hrsg.), **The Cassandra Conference; Resources and the Human Predicament,** Texas A & M University Press, College Station, Texas, 1988.

71 G. C. Daily, P. R. Ehrlich, "An explanatory model of the impact of rapid climate change on the world food situation", Working Paper Nr. 0034, Morrison Institute for Population and Resource Studies, Stanford University, Stanford, California, 1990.

72 Wie eng dieser Spielraum in den Augen eines Biologen ist, läßt sich nachlesen bei P. M. Vitousek, P. R. Ehrlich, A. H. Ehrlich, P. A. Matson, "Human appropriation of the products of photosynthesis", in: **Bioscience,** Bd. 36, Nr. 6, Juni 1986, S. 368–373.

Kapitel 15: Die Rolle der Dritten Welt bei der Bekämpfung der globalen Klimaveränderung Kilaparti Ramakrishna

1 World Climate Conference, **Declaration and Supporting Documents,** World Meteorological Organisation, Genf, 1979.

2 Statement by UNEP/WMO/ICSU Conference on the Assessment of the Role of Carbon Dioxide and of Other Greenhouse Gases in Climate Variations and Associated Impacts, Villach, Österreich, Oktober 1985, in: B. Bolin, B. R. Doos, J. Jager, R. A. Warwick, (Hrsg.), **The Greenhouse Effect, Climatic Change, and Ecosystems,** SCOPE/ICSU/UNEP/WMO, John Wiley & Sons, New York 1986.

3 Die Tagungsberichte der Workshops von Villach und Bellagio erschienen in einem Sonderheft von **Climate Change,** Bd. 15, Nr. 1–2, 1989; Michael Oppenheimer (guest editor), **Greenhouse Gas Emissions: Environmental Consequences and Policy Responses,** Kluwer Academic Publishers, 1989.

4 Die Erkenntnisse und Empfehlungen des Workshops von Bellagio sind

zusammengestellt in dem Bericht von J. Jager, **Developing Policies for Responding to Climatic Change,** WMO/UNEP, April 1988.

5 **Proceedings of the World Conference on the Changing Atmosphere: Implications for Global Security,** 27. bis 30. Juni 1988, WMO, Nr. 710, 1989.

6 Siehe United Nations General Assembly, **Resolutions and Decisions Adopted by the General Assembly During its Forty-Third Session,** UN/GA43/49/Add. 1, Vereinte Nationen, New York, 1986.

7 WMO/UNEP IPCC, **Report of the First Session of the WMO/UNEP IPCC,** WMO/UNEP, TD-Nr. 267, Genf, 9. bis 11. November 1988.

8 WMO/UNEP IPCC, **Report of the Second Session of the WMO/UNEP IPCC,** WMO/UNEP, Nairobi, 28. bis 30. Juni 1989; G. M. Woodwell, K. Ramakrishna, **Second Session of the IPCC, Nairobi, June 28–30 1989: A Summary of Proceedings,** the Woods Hole Research Center, Juli 1989.

9 WMO/UNEP IPCC, **Report of the Third Session of the WMO/UNEP IPCC,** WMO/UNEP, Washington, DC, 5. bis 7. Februar 1990.

10 Dieses Problem diskutieren: G. M. Woodwell, K. Ramakrishna "Guest Editorial – The Warming of the Earth: Perspectives and Solutions in the Third World", in: **Environmental Conservation,** Bd. 16, Nr. 4, 1989, S. 289–291.

11 **A Proposal for Assisting Developing Countries to More Effectively Contribute to an Improved Understanding of the Physical Basis of Global Climate Change, Assessment of the Socio-Economic Impacts Resulting from Climate Change, and the Formulation of Suitable Response Strategies,** IPCC-II/Doc. 6, 8. Juni 1989; **Involvement of Developing Countries in the Work of the IPCC,** IPCC-II/Rev. 1, 28. Juni 1989.

12 **Preliminary Budget Estimates for the Support of the Participation of the Developing Countries in the Activities of IPCC,** IPCC-II/Doc. 8, 29. Juni 1989.

13 **International Conference on Global Warming and Climatic Change: Perspectives from Developing Countries,** Neu-Delhi, 21. bis 23. Februar 1989, Tata Energy Research Institute, the Woods Hole Research Center, UNEP, and the World Resources Institute, Februar 1989.

14 K. Ramakrishna, "Interest Articulation by the Developing Countries in the International Environment Movement", in: **Revue de Droit Contemporain,** Nr. 2, 1984, S. 45–56.

15 M.Tolba, Stellungnahme auf der Ministerkonferenz über den Schutz der Ozonschicht, die im März 1989 in London stattfand.

16 Weltkommission für Umwelt und Entwicklung (World Commission for Environment and Development, WCED), **Our Common Future,** Oxford University Press, Oxford 1987.

17 G. Harlem Brundtland, "Our Common Future: A Climate for Change", siehe Anm. 5.

18 "Noordwijk-Erklärung zur Klimaveränderung" (The Noordwijk Decla-

ration on Climate Change), die von der Ministerkonferenz über Luftverschmutzung und Klimaveränderung beschlossen wurde, die vom 6. bis 7. November 1989 in den Niederlanden stattfand.

19 Dies gelang dadurch, daß man im August und September 1971 mehrere Seminare unter der Schirmherrschaft der Regionalkommissionen der Vereinten Nationen und des Economic and Social Office in Beirut veranstaltete. Einen Überblick über diese Tagungen gibt die Dokumentation "Regional Seminars on Development and Environment", UN Doc. A/Conf. 48/10, Annex III, S. 1–9.

20 B. Johnson, "The United Nations Institutional Response to Stockholm: A Case Study in the International Politics of Institutional Change", in: **International Organization,** Bd. 26, 1972, S. 255–301.

Kapitel 16: Ordnung schaffen im globalen Haus – Eine Neubestimmung der Ökonomie im Zeitalter des Treibhauseffekts Susan George

1 Adam Smith, **The Wealth of Nations,** zitiert nach dem **Oxford English Dictionary,** Stichwort "Economy". Ich möchte D. Smith, einem Kollegen vom Transnational Institute, danken, auf dessen institutsinternes Arbeitspapier "Towards a Green Political Economy: Notes for the TNI Seminar of 4 June 1990" ich mich hier teilweise beziehe.

2 Report of Working Group 3, International Union of Geological Sciences, Workshop on Global Change, Interlaken, Schweiz, 1989.

3 S. Pain, "On the Edge of Disaster", in: **New Scientist,** 28. April 1990.

4 Nach Berechnungen der Weltbank, **World Development Report,** Tabelle 5.

5 C. Flavin, "Slowing Global Warming", in: **State of the World 1990,** Worldwatch Institute, Washington, DC, 1990.

6 P. Buhle, (US) **Guardian,** 14. September 1988; J. Weston, "For an Ecological Politics of Hope", in: **Monthly Review,** Bd. 41, Nr. 9, Februar 1990, wo Buhle zitiert wird.

7 J. Vargha, "Green Revolutions in East Europe", in: **Panoscope** (Zeitschrift des Panos-Instituts), London, Mai 1990. Diese Nummer von **Panoscope** ist ausschließlich Mittel- und Osteuropa gewidmet und informiert sehr prägnant über das Ausmaß der Umweltzerstörung und den Stand der Umweltschutzbewegungen im Jahre 1990; Z. A. Medvedev, "The Environmental Destruction of the Soviet Union", in: **The Ecologist,** Bd. 20, 1990, Nr. 1.

8 E. Pudlis, "Who will pay for the clean-up?", in: **Panoscope,** Mai 1990.

9 F. F. Clairmonte, J. H. Cavanagh, "Transnational Corporations and Services: the Final Frontier", in: **Trade and Development: An UNCTAD Review,** 1984, Nr. 5; eine frühere Untersuchung über die Macht der multinationalen Konzerne stammt von R. Barnet und R. Muller, **Global**

Reach: The Power of the Multinational Corporations, Simon & Schuster, New York 1974.

10 GATT, **Le Commerce International 1987–88,** Bd. 2, Genf 1988, S. 57/58.

11 Ausführliche Belege für diese unverantwortliche Praxis der Kreditgewährung und -aufnahme sowie deren Folgen findet man in S. George, **A Fate Worse than Debt,** Penguin, Harmondsworth 1988, Kap. 1 und **passim.**

12 World Bank, **Annual Report 1989,** Washington, DC, 1989, S. 11.

13 Ibid., Tabellen 4–10, S. 76.

14 Siehe insbesondere G. Hancock, **Lords of Poverty,** Macmillan, London 1989, sehr aufschlußreich ist der Untertitel "The power, prestige and corruption of the international aid business"; C. Payer, "The World Bank: A Critical Analysis", in: **Monthly Review Press,** New York 1982.

15 Siehe World Bank, **Annual Report 1982,** S. 113; unter Kredite für den Ausbau des Verkehrswesens (Transportation); Jose Lutzenberger (der 1990 brasilianischer Umweltminister wurde), "The World Bank's Polonoroeste Project", in: **The Ecologist,** Bd. 15, Nr. 1/2, 1985; siehe auch Payer, Anm. 14, S. 345–351, der ausführlich auf den Willensbildungsprozeß innerhalb der Weltbank eingeht. Beim Polonoroeste-Projekt wurden die wohlbegründeten Warnungen eines Anthropologen, das Projekt würde dreißig verschiedene, seit langem in diesen Wäldern lebende Indianerstämme in ihrem Fortbestand gefährden, konsequent ignoriert.

16 Siehe Hancock, Anm. 14, S. 131, der sich für Rondônia auf Bruce Rich, den Generalbevollmächtigten des Environmental Defense Fund, bezieht.

17 P. M. Fearnside, "Deforestation in Brazilian Amazon: the Rates and Causes of Forest Destruction", in: **The Ecologist,** Bd. 19, Nr. 6, 1989, S. 216.

18 S. Hecht, "The Sacred Cow in the Green Hell: Livestock and Forest Conversion in the Brazilian Amazon", in: **The Ecologist,** Bd. 19, Nr. 6.

19 S. George, **A Fate Worse than Debt,** Penguin, Harmondsworth 1988, Kap. 10, "Financing Ecocide", S. 157, der sich auf eine Darstellung im Entwicklungsbericht der Zeitschrift **The Economist** vom November 1984 bezieht. Dieses Kapitel untersucht den Zusammenhang zwischen der Verschuldung der Dritten Welt und der Umweltkrise.

20 Über das Transmigrasi-Programm berichten Hancock, Anm. 14, und George, Anm. 19; siehe auch **The Ecologist,** Bd. 16, Nr. 2/3, 1986, wo mehrere Artikel zu diesem Thema erschienen sind.

21 N. Guppy, "Tropical Deforestation: A Global View", in: **Foreign Affairs,** Bd. 62, Nr. 4, Frühjahr 1984, S. 942–943.

22 Siehe Hancock, Anm. 14, der sich auf die Rede bezieht, die Barber Conable am 5. Mai 1987 vor dem World Resources Institute in Washington, DC, gehalten hat.

23 Siehe den Bericht der Weltbank, Anm. 12, S. 50.

24 Rainforest Action Network, **World Rainforest Report,** Bd. 6, Nr. 2, 1990, S. 6.

25 R. Monastersky, "Biomass Burning Ignites Concern", in: **Science News,** 31. März 1990; ders., "Amazon forest unlikely to rise from ashes", in: **Science News,** 17. März 1990.

26 C. H. Farnsworth, "Conable's World Bank: Finding Fault and Praise", in: **New York Times,** 1. Febr. 1990, zitiert in: J. Cavanagh, R. Broad, W. Bello, "Rekindling the Development Debate", Artikelentwurf, Typoskript.

27 FAO, World Bank, World Resources Institute, and United Nations Development Programme, **The Tropical Forestry Action Plan** (der Tropen-Forstwirtschafts-Aktionsplan), FAO, Rom 1987.

28 Environmental Policy Institute, "The Tropical Forestry Action Plan: A Critique", Fotokopie, Washington, DC, 15. Oktober 1989.

29 J. N. Barnes, Memorandum to M. Pissaloux, französisches Finanzministerium, 26. Oktober 1989.

30 N. Hildyard, "Amazonia: The Future in the Balance", (Leitartikel) in: **The Ecologist,** Bd. 19, Nr. 6, 1989.

31 L. Lohmann, "Commercial Tree Plantations in Thailand: Deforestation by Any Other Name", in: **The Ecologist,** Bd. 20, Nr. 1, 1990. Dieser lange und sehr gut dokumentierte Artikel zeigt, wie ortsansässige Geschäftsleute, multinationale Konzerne, die japanische »Entwicklungshilfe« und die internationale UN-Organisation gemeinsam daran arbeiten, die Lebensgrundlage von mehreren Millionen thailändischen Bauern zu zerstören. Diese versuchen, ihre Interessen zu verteidigen, indem sie sich zu Bürgerinitiativen zusammenschließen und die Plantagen sabotieren.

32 Siehe EPI, Anm. 28.

33 Ibid.

34 René Dumont, "L'Afrique Noire est-elle perdue?", in **Le Monde Diplomatique,** Mai 1990.

35 Siehe Lohmann, Anm. 31; Rainforest Action Network, "1990: The Year to 'Ban Japan' from the Rainforest", in: **World Rainforest Report,** Bd. 6, Nr. 2, 1990; E. Schreiber, "Global Warming: Japan spends more yen in the two-thirds world", in: **Bulletin of the Debt Crisis Network,** Februar 1990.

36 European Campaign on Debt and Development, "Tropical forests shrink as debt payments rise", Informationsblatt und grafische Darstellungen, die auf Daten der Weltbank und der Friends of the Earth beruhen, ohne Datum, 1990.

37 Berechnet auf Grundlage von Handelsdaten in: GATT, **World Trade 1987–88,** Genf 1988, und Bevölkerungsangaben in: World Bank, **World Development Report 1989.**

38 P. Bunyard, "Guardians of the Amazon", in: **New Scientist,** 16. Dezember 1989. Der Verfasser spricht M. von Hildebrand, dem Leiter der kolumbianischen Indianerbehörde und einem der wichtigsten Initiatoren dieser Politik, seine Anerkennung aus.

39 Siehe Farnsworth, Anm. 26.

40 J. Gordon, "The Foreign Policy Challenge", Rede bei der ICCET-Konferenz über "Environmental Callenges: the Institutional Dimension", Fotokopie, London, Oktober 1989.

Kapitel 17: Globale Erwärmung: Wie Greenpeace die Dinge sieht
Jeremy Leggett

1 Zu den internationalen Abkommen über den sauren Regen gehören die EG-Richtlinien für Großverbrennungsanlagen und die Genfer Konvention über die langfristige grenzüberschreitende Luftverschmutzung. Aber die von diesen Abkommen festgesetzten Grenzwerte für Schwefeldioxid- und Stickoxid-Emissionen werden dazu führen, daß die »Belastungsschwellen« überschritten werden, die wir nach Ansicht von Wissenschaftlern brauchen, um unsere Umwelt vor Schaden zu schützen. Die »Belastungsschwelle« ist jener Betrag, bei dessen Überschreitung chemische Veränderungen eintreten, die langfristig Schäden an den empfindlichsten Ökosystemen verursachen.

2 J. Sweet, A. Tickle, "Memorandum on the energy market implications of flue gas desulphurisation and alternative means of reducing sulphur emissions", (Beweismaterialien, die dem Energieausschuß des britischen Unterhauses vorgelegt wurden), Greenpeace Atmosphere Campaign Report, April 1990.

3 Die Befürchtung, daß FCKWs stratosphärisches Ozon zerstören könnten, ergab sich zunächst aus theoretischen Erwägungen. Siehe M. Molina, F. Sherwood Rowland, "Stratospheric sink for chlorofluoromethanes: chlorine atom-catalyzed destruction of ozone", in: **Nature,** 28. Juni 1974.

4 Das Ozonloch über der Antarktis wurde zum erstenmal 1982 von britischen Topographen entdeckt. Ihre Messungen wurden erst im Frühjahr 1985 veröffentlicht. Sie kamen so unerwartet, daß man sie ganze zwei Jahre lang überprüft hat. Siehe J. C. Farman u. a., "Large losses of total ozone in Antarctica reveal seasonal CLO_x/NO_x interaction", in: **Nature,** 16. Mai 1985.

5 H. Steven, A. Lindley, **New Scientist,** 16. Juni 1990, S. 48.

6 J. S. Hoffman, M. J. Gibbs, **Future concentrations of stratospheric chlorine and bromine,** US Environmental Protection Agency, 1988.

7 **Fifty percent more: the failure of the Montreal Protocol,** Greenpeace International, Juni 1990.

8 Intergovernmental Panel on Climate Change, Report to IPCC from Working Group 1, **Scientific Assessment of Climate Change,** Juni 1990, Kap. 2.

9 Ibid., Kap. 1.

10 John Houghton, Leiter des britischen Amts für Meteorologie und Vorsitzender der IPCC Working Group 1, anläßlich der Vorstellung des Abschlußberichts der IPCC-Wissenschaftlergruppe auf einer Pressekonferenz in der Nähe von Windsor am 25. Mai 1990.

11 Siehe Anm. 8, Kap. 2.

12 J. Leggett, **New Scientist,** 6. Juli 1990.

13 J. Goldemberg, T. B. Johansson, A. K. N. Reddy, R. H. Williams, **Energy for a sustainable world,** John Wiley & sons, 1988.

14 Ibid.

15 S. Boyle, D. Olivier, **The relationship between economic growth and energy use/CO_2 emissions: some comments on the analysis by Professor Y. Kaya for the Energy and Industry Sub-Group of IPCC Working Group 3,** Greenpeace International, 13. November 1989.

16 J. F. Bookout, "Two centuries of fossil fuel energy", in: **Episodes,** Bd. 12, Dezember 1989, S. 257–262.

17 So hat etwa der britische Energieminister John Wakeham am 19. Februar 1990 vor dem Unterhaus angekündigt, daß in den Jahren 1989 und 1990 für die Erforschung und Entwicklung von erneuerbaren Energien und von Möglichkeiten zur Steigerung der rationellen Energienutzung 18 beziehungsweise 8,9 Millionen britische Pfund zur Verfügung stünden. Die Mittel für Forschung und Entwicklung im Bereich Kernenergie beliefen sich – auch nachdem die Finanzfachleute von London im Rahmen der Privatisierung der Elektrizitätswirtschaft der Kernenergie eine Absage erteilten – immer noch auf 137 Millionen Pfund. Ähnliche Prioritäten gibt es in der EG und – während der Reagan-Bush-Ära – auch in den USA, wie in der Einleitung zu diesem **Greenpeace Report** ausführlich dargelegt worden ist.

18 Ein Beispiel hierfür ist die Geschichte von Salter's Duck, einer Wellenenergiemaschine, deren Förderung 1982 von Befürwortern der Kernenergie im britischen Energieministerium kurzerhand eingestellt wurde – und zwar ausgerechnet zu dem Zeitpunkt, als sich herausgestellt hatte, daß die Maschine das britische Versorgungsnetz mit Elektrizität beliefern könnte, die nur 5,5 Pence je Kilowattstunde kosten würde. Siehe J. Jeffrey, "The parting over the waves", in: **Guardian,** 16. Februar 1990.

19 Siehe IPCC, Anm. 8, Policymakers' Summary, S. 26.

20 Professor S. Manabe, auf einer Pressekonferenz anläßlich der Jahresversammlung der American Association for the Advancement of Science in New Orleans am 20. Februar 1990.

21 Intergovernmental Panel on Climate Change, Report to IPCC from Working Group 3, Response Strategies, Juni 1990.

22 Siehe z. B. S. Boyle, J. Ardill, **The Greenhouse Effect: A practical guide to the world's changing climate,** New English Library, 1989; P. M. Kelly, J. Gribbin, **Winds of Change,** Hodder and Stoughton, 1989; F. Pearce, **Turning Up the Heat,** Paladin, 1989.

23 Siehe z. B. Association for the Conservation of Energy/Worldwide Fund for Nature, **Solving the Greenhouse dilemma: A strategy for the UK,** Juni 1989.

24 Ibid.

25 J. R. Reganold, R. I. Papendick, J. F. Parr, "Sustainable agriculture", in: **Scientific American,** Juni 1990, S. 72–78.

26 Siehe Bookout, Anm. 16.

Deutschsprachige Literatur zur Einführung

- Enquete-Kommission des Deutschen Bundestags (Hrsg.):
  Dritter Bericht der Enquete-Kommission – Vorsorge zum Schutz der Erdatmosphäre
  Bonn 1990

- Fabian, Peter:
  Atmosphäre und Umwelt. Chemische Prozesse, menschliche Eingriffe, Ozon-Schicht, Umweltverschmutzung, Smog, saurer Regen
  Springer-Verlag 1987

- Gaber, Harald / Natsch, Bruno:
  Gute Argumente: Klima
  C. H. Beck'sche Verlagsbuchhandlung 1989

- Graßl, Hartmut / Klingholz, Rainer:
  Wir Klimamacher
  Fischer Verlag 1990

- Jakobi, Hans W.:
  FCKW, Verwendung und Vermeidung – Aktivitäten und Defizite
  Erich Schmidt Verlag 1989

- Kerner, Dagny / Kerner, Imre:
  Der Klimareport. Globale Erwärmung, gefährdete Gebiete, Zukunftsprognosen, Verbraucherratschläge
  Kiepenheuer & Witsch 1990

- Schönwiese, Christian-Dietrich / Dickmann, Bernd:
  Der Treibhauseffekt. Der Mensch ändert das Klima
  Deutsche Verlags-Anstalt Stuttgart 1987

- Spitzley, Helmut:
  Die andere Energiezukunft. Sanfte Energienutzung statt Atomwirtschaft und Klimakatastrophe
  Bonn Aktuell Stuttgart 1989

- Umweltbundesamt (Hrsg.):
  Verzicht aus Verantwortung. Maßnahmen zur Rettung der Ozonschicht, Bericht 7/89
  Ericht Schmidt Verlag, Berlin

Verzeichnis häufiger verwendeter Abkürzungen

ANWR	Arctic National Wildlife Refuge
BIP	Bruttoinlandsprodukt
BSP	Bruttosozialprodukt
BTU	British Thermal Unit (engl. Wärmeeinheit) – In Deutschland wird in Steinkohleeinheiten (SKE) gerechnet
cm^2s^{-1}	Quadratzentimeter pro Sekunde
EG	Europäische Gemeinschaft
EPA	Environmental Protection Agency (US-Umweltschutzbehörde)
EPI	Environmental Policy Institute (Institut für Umweltpolitik)
EPRI	Electric Power Research (Forschungsinstitut für die US-Versorgungsbetriebe)
ERBE	Earth Radiation Budget Experiment (Experiment zum Strahlungshaushalt der Erde)
EUGEP-Studie	End-Use Global Energy Project
Exajoule	1 Trillion (10^{18}) Joule
FAO	Food and Agricultural Organization (Fachorganisation der Vereinten Nationen für Ernährung, Landwirtschaft und Forstwesen)
FOE	Friends of the Earth (US-Umweltschutzvereinigung)
GCM	Global Circulation Models (globale oder allgemeine Zirkulationsmodelle)
Gt	Gigatonne (Milliarde = 10^9 Tonnen)
GW	Gigawatt (Milliarde = 10^9 Watt)
HTR	Hochtemperaturreaktor
IDA	International Development Association (Internationale Entwicklungsorganisation)
IEA	International Energy Agency (Internationale Energie-Agentur)

IIAA	International Institute for Applied System Analysis (Internationales Institut für angewandte Systemanalyse)
IPCC	Intergovernmental Panel of Climate Change (Zwischenstaatlicher Klimaausschuß)
IWF	Internationaler Währungsfonds (International Monetary Fund, IMF)
MBÖ	Milliarden Barrel Öläquivalent (TEP)
MPG	Meilen/Gallone (ca. 5,6 Liter/100 km)
MW	Megawatt (Million = 10^6 Watt)
NASA	National Aeronautics and Space Administration (US-Luft- und Raumfahrtorganisation)
NCAR	National Center for Atmospheric Research
NGO	Non-governmental Organization (nicht regierungsgebundene Organisation)
OECD	Organization for Economic Co-operation and Development (Organisation für Wirtschaftliche Zusammenarbeit und Entwicklung)
Pg	Petagramm (Billiarde = 10^{15} Gramm)
ppb	parts per billion (milliardstel Volumenanteil)
ppm	parts per million (millionstel Volumenanteil)
ppt	parts per trillion (billionstel Volumenanteil)
PV	Photovoltaik
quads	10^{15} BTU oder 1,055 Exajoule
SKE	Steinkohleeinheit (1 kg SKE = 27778,5 BTU oder 29308 Kilojoule)
TFAP	Tropenforstwirtschafts-Aktionsplan
TEP	Tonnen-Erdöl-Äquivalent
Tg	Teragramm (Billion = 10^{12} Gramm)
UK	United Kingdom (Großbritannien)
UNDP	United Nations Development Programme (Entwicklungsprogramm der Vereinten Nationen)

UNEP	United Nations Environment Programme (Umweltprogramm der Vereinten Nationen)
UNICEF	United Nations International Children's Emergency Fund (Internationaler Kinderhilfsfonds der Vereinten Nationen)
WMO	World Meteorological Organization (Weltorganisation für Meteorologie)
WRI	World Ressources Institute

Register

Die Angaben beziehen sich auf die Kapitelnummern und die durchgezählten Unterkapitel. Die Kapitelnummer ist fett gedruckt. Wenn nur die Kapitelnummer angegeben ist, beschäftigt sich das gesamte Kapitel mit dem Gegenstand; ein Sternchen deutet an, daß der Gegenstand in den einleitenden Bemerkungen des jeweiligen Kapitels erwähnt ist. Einf. verweist auf die Einführung.

Klaus Hahlbrock

Kann unsere Erde die Menschen noch ernähren?

Bevölkerungsexplosion · Umwelt · Gentechnik
254 Seiten mit 42 Abbildungen, davon 11 in Farbe. Geb.

Eine dramatisch zunehmende Weltbevölkerung ernährt sich auf Kosten ihrer bedrohten Umwelt. Das ökologische Gleichgewicht der Erde ist längst nachhaltig gestört. Der tiefste Eingriff des Menschen in die ursprüngliche Vielfalt und Verbreitung der Arten ist die Landwirtschaft. Ohne Frage steuern wir auf den ökologischen Kollaps zu, wenn die Anbauflächen noch weiter ausgedehnt und in bisherigem Umfang Agrochemikalien eingesetzt werden. Damit ist die Ausgangssituation beschrieben, die Klaus Hahlbrock zu seinem Buch motiviert hat. »Eine umweltgerechte Landwirtschaft, die mehr Menschen ernährt und weniger ökologische Schäden verursacht, ist wahrscheinlich unsere größte Herausforderung für die kommenden Jahrzehnte.« Wesentliche Beiträge werden vor allem von der Züchtung neuer ertragreicher und widerstandsfähiger Pflanzensorten erwartet.
Der Autor erläutert in allgemeinverständlicher Sprache, wie es zu der angesprochenen Entwicklung kam, welche Folgerungen wir daraus ziehen müssen und weshalb ihm neue Wege in der Pflanzenzüchtung mit gentechnischen Methoden besonders aussichtsreich erscheinen.

Erhard Keppler

Sonne, Monde und Planeten

Was geschieht in unserem Sonnensystem?
Überarbeitete und erweiterte Neuausgabe.
328 Seiten mit 18 farbigen Abbildungen auf Tafeln und 69 Abbildungen im Text. Serie Piper 1195.

Dieses Buch liefert allen, die – über die Faszination der Bilder hinaus – mehr über unser Sonnensystem erfahren möchten, das nötige Grundwissen.

»Besonders gut ist es ihm gelungen, die klassischen Erkenntnisse über die Sonne, den Mond und die Schwesterwelten der Erde in die modernen Ergebnisse der Weltraumfahrt einzubringen.« DIE WELT

Vom selben Autor ist lieferbar:

Die Luft, in der wir leben

Physik der Atmosphäre
334 Seiten mit 9 Farbabbildungen auf Tafeln, 69 Grafiken und 15 Tabellen. Geb.

Die gespeicherte Sonne

Wasserstoff als Lösung des Energie- und Umweltproblems
Herausgegeben von Hermann Scheer. Mit Beiträgen von Wilfrid Bach, Reinhard Dahlberg, Joachim Gretz, Henry Kalb, Konstantin Ledjeff, Harry Muuß, Joachim Nitsch, Rolf Povel, Hermann Scheer, Helmut Tributsch, Werner Vogel und Hartmut Wendt.
301 Seiten mit 52 Abbildungen. Serie Piper 828.

In diesem Buch erläutern erste Experten aus Forschung, Wirtschaft und Politik diese zukunftsträchtige Energiequelle und die zu ihrer Realisierung notwendigen Maßnahmen.

Eugen Seibold

Das Gedächtnis des Meeres

Boden · Wasser · Leben · Klima
447 Seiten mit 15 farbigen Abbildungen auf Tafeln und 92 Abbildungen im Text. Geb.

Der international renommierte Meeresgeologe Eugen Seibold geht in diesem Buch dem »Gedächtnis des Meeres« auf den Grund. Dieses Gedächtnis – eine Art erdgeschichtliches Archiv – liegt in den Ablagerungen auf dem Meeresgrund und im Gestein des Untergrunds. Welche Strömungen gab und gibt es in den Meeren? Was verraten diese über die Verbreitung von Lebewesen oder die Geschichte des Klimas? Wie und weshalb verändert sich der Meeresspiegel heute, und wie kam es zu seinen Schwankungen um viele Meter im Verlauf der Erdgeschichte? Wie genau kann man mit Fossilien die Umwelt der Vorzeit rekonstruieren? Was hat das Aussterben ganzer Tierstämme verursacht? Wie folgten Kalt- und Warmphasen der Eiszeit aufeinander? Wie mag das zukünftige globale Klima aussehen – mit oder ohne Eingriffe des Menschen? Solche und andere Fragen behandelt Seibolds großes Buch, mit dem er auch neugierig machen will auf das Meer und Verständnis wecken will für ein schwer bedrohtes Ökosystem.